ŒUVRES

COMPLÈTES

DE BOSSUET

PUBLIÉES

D'APRÈS LES IMPRIMÉS ET LES MANUSCRITS ORIGINAUX

PURGÉES DES INTERPOLATIONS ET RENDUES A LEUR INTÉGRITÉ

PAR F. LACHAT

ÉDITION

RENFERMANT TOUS LES OUVRAGES ÉDITÉS ET PLUSIEURS INÉDITS

VOLUME XXIV

PARIS

LIBRAIRIE DE LOUIS VIVÈS, ÉDITEUR

RUE DELAMBRE, 9

1864

ŒUVRES COMPLÈTES

DE BOSSUET.

Besançon — imprimerie d'Outhenin Chalandre fils.

ŒUVRES

COMPLÈTES

DE BOSSUET

PUBLIÉES

D'APRÈS LES IMPRIMÉS ET LES MANUSCRITS ORIGINAUX

PURGÉES DES INTERPOLATIONS ET RENDUES A LEUR INTÉGRITÉ

PAR F. LACHAT

ÉDITION

RENFERMANT TOUS LES OUVRAGES ÉDITÉS ET PLUSIEURS INÉDITS

VOLUME XXIV

PARIS

LIBRAIRIE DE LOUIS VIVES, EDITEUR

RUE DELAMBRE, 9

1864

POLITIQUE

TIRÉE DES PROPRES PAROLES

DE L'ÉCRITURE SAINTE.

———

DISCOURS
SUR L'HISTOIRE UNIVERSELLE.

REMARQUES HISTORIQUES.

Nous avons parlé dans le précédent volume de trois ouvrages que Bossuet composa pour l'éducation du Dauphin ; nous devons encore parler ici de deux chefs-d'œuvre qu'il burina sur le marbre dans le même but.

I. *Politique tirée des propres paroles de l'Ecriture sainte.* — Le Dauphin commençoit la dix-septième année de son âge. On lui avoit enseigné la grammaire et la langue latine, la rhétorique et la logique, un peu les sciences et les arts ; on lui avoit appris l'histoire ancienne et l'histoire moderne, spécialement l'histoire de son pays : que restoit-il à faire pour compléter son éducation ? Il falloit tracer devant ses yeux les principes, les règles et les devoirs de la politique. Voilà ce que fit son précepteur : « Dans un ouvrage particulier, nous découvrons, dit-il, les secrets de la politique, les maximes du gouvernement, et les sources du droit, dans la doctrine et dans les exemples de la sainte Ecriture. On y voit non-seulement avec quelle piété il faut que les rois servent Dieu, ou le fléchissent après l'avoir offensé ; avec quel zèle ils sont obligés à défendre la foi de l'Eglise, à maintenir ses droits, et à choisir ses pasteurs : mais encore l'origine de la loi civile ; comment les hommes ont commencé à former leur société ; avec quelle adresse il faut manier les esprits ; comment il faut former le dessein de conduire une guerre, ne l'entreprendre pas sans bon sujet, faire une paix, soutenir l'autorité, faire des lois et régler un état (1). »

Pour préciser davantage, la *Politique sacrée* présente comme deux

---

⁹ *Lettre à Innocent XI*, vol. précéd., pag. 28, n. XIII.

parties, composées l'une de six, l'autre de quatre livres. Dans la première partie, l'auteur traite des matières que voici : 1° Des principes de la société : Dieu père de tous les hommes, la charité fraternelle, l'amour de la patrie, les lois, le gouvernement. 2° De l'autorité royale : la monarchie héréditaire, forme de gouvernement la plus naturelle, la plus ancienne, la plus commune et la plus favorable au bonheur des peuples. 3° De la nature et des propriétés de l'autorité royale : elle est sacrée. 4° Elle est absolue. 5° Elle est soumise à la raison. 6° Des devoirs des sujets envers le prince : le service et l'obéissance. Dans la deuxième partie, le savant publiciste parle : 7° Des devoirs de la royauté : la religion, sa vérité, son importance, ses motifs, son culte. 8° De la justice : ses qualités, qui sont la constance, la prudence et la clémence. 9° Des secours de la royauté : les armes, les richesses, les finances et les conseils. 10° Encore les richesses et les finances; puis les inconvéniens et les tentations qui accompagnent la royauté, et les remèdes qu'on y doit apporter.

Au reste, on peut embrasser d'un seul coup d'œil toutes les dimensions de l'ouvrage, parce qu'il est conçu pour ainsi dire sur un plan géométrique. En effet, chaque livre est divisé en plusieurs articles et chaque article en plusieurs propositions, qui découlent les unes des autres dans l'ordre nécessaire du principe et de la conséquence; si bien que la table des matières renferme, comme dans un discours suivi, l'analyse raisonnée de l'ouvrage. Une autre chose qu'il faut aussi remarquer, c'est que l'écrivain tire les preuves et les exemples de l'Ecriture sainte; et les textes se présentent avec tant d'ordre sous sa plume, ils se suivent dans la trame du discours avec une si merveilleuse connexion, qu'ils semblent être faits pour se servir mutuellement de support et d'appui. Dieu même, et non l'homme, parle dans la *Politique tirée des propres paroles de l'Ecriture* : c'est là le principe et la force de l'ouvrage; c'est là ce qui le distingue de tous ceux qu'on a faits sur le même sujet; c'est aussi là ce qui commande l'étonnement et l'admiration, de voir dans le Livre des vérités éternelles des règles si sûres et des maximes si profondes sur les choses passagères de ce monde. L'habile interprète suit ordinairement le latin de la Vulgate; quelquefois, pour plus d'exactitude et plus de clarté, le grec et l'hébreu. Au lieu d'adopter les traductions françoises, il traduit lui-même les célestes oracles : il les traduit avec l'ingénuité sublime qui le distingue, joignant la fidélité à l'indépendance du discours, la simplicité à la majesté du génie. Qu'on nous permette de dire nettement notre opinion : la *Politique* est un des plus beaux ouvrages de Bossuet; il n'a montré nulle part plus de connoissance des Ecritures, ni plus de force de raisonnement; il n'a déployé nulle part de plus larges conceptions, ni de plus grandes beautés littéraires. — On dit souvent qu'il favorise le despotisme et la tyrannie. Que répondre à cela? L'homme éclairé sait à quoi s'en tenir, le libéral ignorant n'entendroit à rien. Passons.

Bossuet termina les six premiers livres de la *Politique*, mais ceux-là
seulement, vers la fin de l'éducation du Dauphin, dans l'année 1679. Il
croyoit cette première partie suffisante pour l'instruction de son auguste
élève; et de graves occupations vinrent l'arrêter dans sa tâche : les opérations de l'assemblée de 1682, le gouvernement du diocèse de Meaux,
l'*Histoire des variations*, et mille travaux non moins importans.

En 1692, il communiqua la partie finie de son ouvrage à Fénelon, de
même qu'au duc de Beauvilliers, les autorisant à s'en servir dans l'éducation du duc de Bourgogne. On sait qu'il leur avoit déjà confié la
Connoissance de Dieu et de soi-même. Heureux le peuple, heureux le
siècle où les plus grands génies concertoient leurs efforts pour former
les princes de la nation! Fénelon et le duc de Beauvilliers, voyant avec
admiration la société humaine s'élever sur la base des divines Ecritures,
conjurèrent l'auteur d'achever son ouvrage.

Bossuet travailloit au *Commentaire des Livres sapientiaux*, et vouloit
terminer cet ouvrage avant de reprendre la *Politique ;* car il devoit puiser
dans les livres de Salomon des preuves et des enseignemens précieux.
Le Commentaire parut en 1693. De ce moment l'infatigable auteur
promit à ses amis la fin du travail tant désiré; employant le langage
d'un architecte : « Oui, leur dit-il, dans un an vous aurez toute ma
politique, et je vous en mettrai la clef à la main (1). »

Le nouveau quiétisme, qui agita si douloureusement les consciences,
l'empêcha d'accomplir cette promesse, en l'armant pour la défense de
la morale chrétienne. Au milieu de la lutte et des combats, de hauts
personnages, Turenne, le duc de Bourgogne, lui demandèrent par de
nouvelles instances la continuation de son ouvrage sur le droit public.
Lorsque la décision suprême eut abattu l'erreur, aussitôt après l'assemblée de 1700, le grand évêque annonça qu'il « alloit reprendre la
Politique pour y mettre la dernière main (2) ; » et nous voyons que,
dans peu de temps, « il en avoit revu plusieurs cahiers mis au net (3). »
Plus tard il disoit, à son secrétaire intime, « que cet ouvrage demandoit
une révision fort exacte, de peur des redites qui pourroient lui être
arrivées, à cause qu'il avoit fort augmenté ce livre depuis six mois, sans
en avoir revu la première partie, qui étoit faite depuis plus de vingt-
deux ans (4). »

Voici de nouveaux travaux qui viennent l'enlever encore à son occupation favorite : la correspondance avec Leibnitz pour la réunion des
protestans d'Allemagne à l'Eglise romaine, et les deux *Instructions sur
la Version de Trévoux* contre Richard Simon. Sitôt qu'il eut recouvré

---

¹ Ledieu, *Journal*, 1693. — ² *Ibid.*, 27 septembre 1700. — ³ *Ibid.*, 4 janvier
1701. — 4 *Ibid.*, 20 août 1701.

quelque loisir, en 1703, il déclara « qu'il vouloit revoir sa *Politique*
pour la dernière fois; et que, pour le bien faire, il alloit y travailler
toutes les matinées (1). » Hélas! une cruelle maladie brisa bientôt cette
plume qui avoit donné tant de gloire à la littérature, à la vérité tant de
triomphes!

Bossuet a terminé la *Politique* dans ses parties essentielles; seulement
il ne put faire le résumé général, qui devoit mettre tout l'ouvrage sous
un seul point de vue; aussi la dernière page du manuscrit laissoit-elle
voir ces mots : *Abrégé et conclusion de ce discours*. L'abbé Bossuet
voulut bien, et c'est lui-même qui nous l'apprend, lui offrir sa main
« pour rendre cet ouvrage parfait, dit-il, en faisant cet abrégé et cette
conclusion; » mais le grand oncle du petit neveu, comme s'exprime le
comte de Maistre, lui répondit « que toute la force de son esprit y étoit
nécessaire, qu'il n'attendoit qu'un rayon de santé pour le faire, et que
comme il en avoit seul la parfaite compréhension, lui seul pouvoit y
travailler (2). » Ainsi, point de badigeon sur le dessin du maître. Après
les mots rapportés tout à l'heure, annonçant la conclusion du livre,
Bossuet avoit aussi écrit de sa main : *Saint Augustin, de la Cité de
Dieu*. D'après cela, dit encore l'abbé Bossuet, « on a mis en la place,
et comme conclusion, un trait d'un des plus grands docteurs de l'Église,
de saint Augustin, parlant aux empereurs chrétiens, qui semble être fait
exprès pour servir de conclusion à cet ouvrage, et qu'on n'a même pas
lieu de douter que l'auteur n'ait voulu employer en cet endroit (3). »

Comme on l'a prévu déjà, la *Politique sacrée* fut publiée pour la
première fois par le même abbé Bossuet, en 1709, chez Pierre Cot,
en un magnifique volume in-4°. « Tout en avouant que le libraire n'y
gagneroit rien, » l'habile éditeur se réserva, sur un tirage d'un mille,
« 300 exemplaires, dont 60 reliés en maroquin, les autres en veau,
mais propres (4). » A peine sa provision de livres fut-elle prête, qu'il
courut la distribuer « au roi, aux princes, à toute la cour; » l'abbé
Ledieu le trouva quelques jours après « dans un accès de fièvre, parce
qu'il s'étoit trop échauffé (5). » Il avoit dédié sa publication au Dauphin :
« Fine politique de cet abbé, d'avoir profité de cette occasion pour
s'attirer la considération de Monseigneur contre l'intention même de
l'auteur, qui avoit résolu de publier cet ouvrage sans y faire davantage
aucune mention du prince (6). »

C'est l'imprimé de l'abbé Bossuet qui nous a servi de type et de
modèle dans la réimpression de l'ouvrage; car le prudent éditeur n'a
point laissé de manuscrit original après lui : moyen sûr et facile de
prévenir et de déconcerter les impertinences de la critique.

---

¹ L'abbé Ledieu, *Journal*, 16 et 22 août 1703. — ² *Politique tirée des propres
paroles de l'Écriture sainte*, édition de l'abbé Bossuet, *Préface*, XXII. — ³ *Ibid.*
— ⁴ L'abbé Ledieu, *Journal*, 21 janvier 1708 — ⁵ *Ibid.*, 10 septembre 1709. —
⁶ *Ibid.*

II. *Discours sur l'histoire universelle.* — Bossuet nous explique lui-même le plan, le but et la fin de cet ouvrage. Dans la *Lettre à Innocent XI*, parlant de l'éducation du Dauphin : « Maintenant que le cours de ses études est presque achevé, dit-il, nous avons cru devoir travailler... à une histoire universelle, qui eût deux parties : dont la première comprît depuis l'origine du monde jusqu'à la chute de l'ancien empire romain, et au couronnement de Charlemagne : et la seconde, depuis ce nouvel empire établi par les François. Il y avoit déjà longtemps que nous l'avions composée, et même que nous l'avions fait lire au Prince : mais nous la repassons maintenant, et nous y avons ajouté de nouvelles réflexions, qui font entendre toute la suite de la religion, et les changemens des empires avec leurs causes profondes que nous reprenons dès leur origine. Dans cet ouvrage, on voit paroître la religion toujours ferme et inébranlable, depuis le commencement du monde : le rapport des deux Testamens lui donne cette force ; et l'Evangile qu'on voit s'élever sur les fondemens de la loi, montre une solidité qu'on reconnoît aisément être à toute épreuve. On voit la vérité toujours victorieuse, les hérésies renversées, l'Eglise fondée sur la pierre les abattre par le seul poids d'une autorité si bien établie : pendant qu'on voit au contraire les empires les plus florissans, non-seulement s'affoiblir par la suite des années, mais encore se défaire mutuellement, et tomber les uns sur les autres. Nous montrons d'où vient d'un côté une si ferme constance, et de l'autre un état toujours changeant et des ruines inévitables. Cette dernière recherche nous a engagés à expliquer en peu de mots les lois et les coutumes des Egyptiens, des Assyriens et des Perses, celles des Grecs, celles des Romains, et celles des temps suivans : ce que chaque nation a eu dans les siennes qui ait été fatal aux autres et à elles-mêmes, et les exemples que leurs progrès ou leur décadence ont donnés aux siècles futurs. Ainsi nous tirons deux fruits de l'histoire universelle. Le premier est de faire voir tout ensemble l'autorité et la sainteté de la religion, par sa propre stabilité et par sa durée perpétuelle. Le second est que connoissant ce qui a causé la ruine de chaque empire, nous pouvons sur leur exemple trouver les moyens de soutenir les Etats si fragiles de leur nature, sans toutefois oublier que ces soutiens mêmes sont sujets à la loi commune de la mortalité qui est attachée aux choses humaines, et qu'il faut porter plus haut ses espérances (1). »

Bossuet n'a pas rempli tout le plan qu'il vient de tracer. Il a divisé, comme on a vu, l'histoire en deux parties : l'histoire ancienne s'étendant de l'origine du monde jusqu'à l'empire de Charlemagne, et l'histoire moderne commençant à cet empire pour finir au règne de Louis XIV. Il annonce la même division dans l'avant-propos de l'ouvrage ; après avoir

---

[1] *Lettre à Innocent XI*, plus haut, vol. XXIII, pag. 27 et 28, n. XII.

fixé la fin de la première partie toujours à l'empire de Charlemagne :
« La suite de l'histoire, continue t-il en parlant au Dauphin, vous sera
proposée dans une seconde partie, qui vous mènera jusqu'au siècle que
nous voyons illustré par les actions immortelles du Roi votre père (1). »
Malheureusement il ne nous a pas « proposé cette suite de l'histoire, »
en écrivant la seconde partie de son projet. M. de la Barre a tenté de
combler cette lacune ; mais sa *Continuation* n'a pas satisfait l'opinion
publique ; on ne l'imprime plus que pour grossir, dans les éditions
séparées, le volume du *Discours sur l'histoire universelle*.

Nous avons vu aussi, dans le passage cité, qu'en « repassant son
ouvrage avec le Dauphin, Bossuet y ajouta de nouvelles réflexions : »
voici pourquoi. Dans sa première pensée, il vouloit tracer seulement,
pour aider les souvenirs de son élève, un abrégé de l'histoire générale,
en le faisant précéder de considérations qui devoient servir de préface.
Les amis qu'il avoit coutume de consulter, après avoir entendu la lecture
de ces remarques, l'engagèrent d'y donner plus de développement et plus
d'étendue. Alors ce qui devoit constituer le corps de l'ouvrage, c'est-à-
dire l'exposé des faits, devint comme la préface ; et ce qui devoit servir
de préface, c'est-à-dire les réflexions, forma le corps de l'ouvrage.

Tel qu'il existe dans sa dernière forme, le *Discours sur l'histoire uni-
selle* a trois parties : les époques ou la suite des temps, la suite de
la religion et les empires. Dans la première partie, l'auteur assigne douze
époques qui sont comme autant de jalons dans la route de l'histoire,
et qu'il ne faut jamais perdre de vue. Les voici en quelques mots : Adam
ou la création, Noé ou le déluge, Abraham ou le commencement de la
première alliance, Moïse ou la loi écrite, la prise de Troie, Salomon ou
le temple achevé, Romulus ou Rome fondée, Cyrus ou les Juifs rétablis,
Scipion ou Carthage vaincue, Jésus-Christ venu dans ce monde ou la
seconde alliance, Constantin ou la paix de l'Eglise, Charlemagne ou
l'établissement du nouvel empire. Ces époques sont tracées d'une main
rapide et tout ensemble en traits pénétrans ; l'Aigle découvre les événemens des sommités de l'histoire et parcourt à tire d'ailes les âges du
monde ; point de remarques, point de disputes ; l'habile précepteur ne
vouloit ni ne devoit faire un discoureur de son royal élève : « La chronologie contentieuse, lui dit-il, par exemple... sert peu à éclairer l'esprit
d'un grand prince ; je n'ai point voulu raffiner sur cette discussion des
temps. » — Dans la deuxième partie, l'historien nous montre la
suite constante de la religion dans le cours des siècles : les vérités primitives gravées dans les cœurs, la loi divine écrite sur des tables de
pierre et pour ainsi dire sur le marbre, les promesses de l'avenir annon-
cées par les prophètes, les récompenses et les châtimens célestes maintenant le peuple élu dans l'alliance, Jésus-Christ éclairant les hommes

¹ *Discours sur l'histoire universelle*, dans ce volume, p. 263.

par sa doctrine et les subjuguant par ses miracles, les apôtres portant
l'Evangile jusqu'aux extrémités du monde et plantant la croix sur les
ruines du paganisme, l'enfer armant les persécuteurs et l'Eglise toujours
victorieuse. Est-ce dans les conversations du célèbre Duguet que le
savant théologien puisa, comme on l'a dit (1), ses vues sur les destinées
du peuple juif? Qui le croira? Ces conceptions si larges et si profondes
germèrent dans son grand cœur à Metz, au milieu des travaux qu'il
entreprit pour amener les Juifs à la connoissance de Jésus-Christ. —
Enfin, dans la troisième partie, Bossuet passe en revue les empires qui
ont rempli le monde de leur gloire et de leurs ruines : les Egyptiens, le
premier des peuples policés, célèbre par l'amour des sciences et des
arts, et de la paix ; les royaumes de Ninive et de Babylone parvenus au
faite de la grandeur humaine, abattus par les Perses marchant à la suite
de Cyrus; les Perses si terribles dans la guerre, tombant sous les coups
des Grecs conduits par Agésilas et par Alexandre le Grand ; l'empire
romain, fondé par une troupe de voleurs, subjuguant les Grecs ; asser-
vissant la terre et se gorgeant de ses dépouilles ; les Barbares appelés
par la justice divine, déchirant en pièces l'empire romain, les Francs
ramenant sous Pepin l'ordre en Italie et Charlemagne fondant un nouvel
empire. Dans ces révolutions continuelles qui changent la face du monde,
au milieu « de ce fracas effroyable d'empires et de trônes qui tombent les
uns sur les autres, » Bossuet nous montre la main de Dieu disposant
toutes choses pour l'établissement du règne de Jésus-Christ.

   Parlerons nous du *Discours sur l'histoire universelle* considéré comme
œuvre littéraire? Nicole en a porté ce jugement : « Il y a dans ce livre
tant d'esprit, tant de solidité, d'élévation, de grandeur, de génie, de
lumière sur le fond de la religion, qu'il n'y en a aucun où un esprit
bien fait puisse apprendre davantage (2). » Et Voltaire lui même : « *Le
Discours sur l'histoire universelle* n'a eu ni modèle ni imitateurs. Son
style n'a trouvé que des admirateurs. On fut étonné de cette force ma-
jestueuse dont il décrit les mœurs, le gouvernement, l'accroissement et
la chute des grands empires, et de ces traits rapides d'une vérité éner-
gique, dont il peint et dont il juge les nations (3). » Cet ouvrage réunit
tout ce que la politique a de plus profond, la morale de plus sage, le
style de plus vigoureux, l'art de plus étonnant et le génie de plus sublime.
Quelle rapidité dans le récit, quel ordre dans le plan! quelle étendue
dans les vues! quelle profondeur dans les réflexions! Quand on lit le
Discours sur l'histoire universelle, si l'on se rappelle tant d'autres

----

¹ *Lettres de Sénès sur les erreurs*, p. 47.— Abrégé de *l'Hist. eccl.*, t. XII, p. 612.
— ² *Lettres*, tom. XII, lett. 89. — ³ *Histoire du siècle de Louis XIV*, ch. XXIV. Si
l'abbé Guenée ou J. J. Rousseau avoient écrit des phrases pareilles, Voltaire les
auroit traités de *Velches*. Toutefois, son jugement sur l'œuvre de Bossuet en vaut
mille, pour la raison qu'on sait.

ouvrages sortis de la même plume, Bossuet s'élève bien au-dessus de tous
les grands hommes du grand siècle. Au reste, si l'on veut des phrases
et des éloges, on en trouvera dans toutes les rhétoriques, dans tous les
cours de littérature, partout.

Le *Discours sur l'histoire universelle* fut achevé comme alloit finir
l'éducation du Dauphin, vers la fin de 1679. Il parut dans les premiers
mois de 1681, à Paris, chez Marbre-Cramoisy, un volume in-4°. La
deuxième édition fut donnée, chez le même libraire, en 1682, un volume
in-12 : dans un certain nombre d'exemplaires, le frontispice changé
porte : 1691, *chez L. Roulland*. Le même L. Roulland publia la troisième
édition dans le mois de mars 1700, un volume in-12 : il y a aussi des
exemplaires qui ont au frontispice : *Chez Michel David*, 1703. La
troisième édition est la dernière qui ait été revue par l'auteur, et donnée
de son vivant. En même temps que le *Discours sur l'histoire universelle*
paroissoit en France, on le publioit à l'étranger; l'année même de sa
première édition, en 1681, on en fit trois contrefaçons en Hollande, la
première sans indication de lieu, la deuxième à Amsterdam, et la troisième à la Haye : on trouvera plus tard, dans les lettres de l'auteur, des
renseignemens curieux sur ces contrefaçons. D'un autre côté, deux traductions italiennes parurent en 1712, l'une à Modène sous les auspices
du Comte Philippe Verzano, l'autre à Venise par les soins d'un Carme
caché sous le faux nom de Selvagio Cantaleni. Ajoutons que l'abbé de
Partenay, aumônier de la duchesse de Berri, publia du même ouvrage,
en 1718, une traduction latine sous le titre de *Commentarii in uni-
versam historiam*, etc. Cette traduction ne le cède à l'original ni pour
l'élégance, ni pour la force du style.

Maintenant, pour finir, un mot sur notre édition. Bossuet fit à son
ouvrage des corrections nombreuses, mettant les unes dans la deuxième
et dans la troisième édition, laissant les autres en manuscrit. Les corrections faites dans les éditions remplissent en quelque sorte un double
office : non-seulement elles changent des formes de langage et déve-
loppent le texte par des additions; mais elles mettent des titres au milieu
des discussions, si bien qu'elles augmentent le nombre des chapitres,
surtout dans la deuxième partie de l'ouvrage. Les corrections laissées en
manuscrit, toutes tracées de la main de Bossuet, sont des additions
importantes; elles ont pour but principal de faire ressortir dans une
plus vive lumière l'authenticité des Livres saints, et les rapports de
l'Ancien et du Nouveau Testament; la plus considérable forme le chapitre xxix de la deuxième partie. Nous avons soigneusement recueilli
toutes ces corrections, et les premières et les dernières, dans le texte de
l'ouvrage; bien plus, nous les avons signalées d'une manière à l'œil du
lecteur, en mettant au bas des pages les mots, les phrases, les passages
qu'elles remplacent dans le discours. Grace à ce procédé, on assistera

pour ainsi dire à la composition de l'ouvrage, et l'on trouvera souvent plusieurs expressions différentes de la même idée. Aucune édition, que je sache, n'offre cet avantage. Voici encore une chose à remarquer. Bossuet selon la coutume de son époque, et nombre d'éditeurs dans l'espoir de gagner le public par un certain appareil typographique, ont mis à la marge les dates des faits et des événemens. Nous ne dirons pas que ce système disperse et par là fatigue la vue, tout le monde le comprend aisément; mais nous ferons observer qu'il produit nécessairement la confusion. Souvent la même ligne renferme la fin d'un fait et le commencement d'un autre, quelquefois même deux faits entièrement exprimés; cela se rencontre particulièrement dans le récit des expéditions d'Alexandre, des guerres de ses successeurs, des invasions de Pyrrhus en Macédoine, etc. Eh bien, dans ces cas-là, si la date se trouve au bout de la ligne, auquel des deux faits la rapporterons-nous? Rien dans l'imprimé n'éclaircira nos doutes, rien ne dirigera notre choix; nous l'avons appris à la sueur de notre front, nous qui avons eu tant de peine à mettre à leur place les chiffres dans le texte.

Enfin l'ordre des matières sembloit appeler le *Discours sur l'histoire universelle* avant la *Politique tirée de l'Ecriture;* mais la division des volumes nous a forcé d'intervertir cet ordre. D'ailleurs le volume de l'*Histoire de France* devoit suivre celui-ci.

POLITIQUE

TIRÉE DES PROPRES PAROLES

DE L'ÉCRITURE SAINTE.

(SUITE.)

LIVRE SIXIÈME.

LES DEVOIRS DES SUJETS ENVERS LE PRINCE, ÉTABLIS PAR LA DOCTRINE
PRÉCÉDENTE.

ARTICLE PREMIER.

Du service qu'on doit au prince.

1re PROPOSITION.

On doit au prince les mêmes services qu'à sa patrie.

Personne n'en peut douter, après que nous avons vu que tout
l'Etat est en la personne du prince. En lui est la puissance. En
lui est la volonté de tout le peuple. A lui seul appartient de faire
tout conspirer au bien public. Il faut faire concourir ensemble
le service qu'on doit au prince et celui qu'on doit à l'Etat, comme
choses inséparables.

IIe PROPOSITION.

Il faut servir l'Etat comme le prince l'entend.

Car nous avons vu qu'en lui réside la raison qui conduit l'Etat.
Ceux qui pensent servir l'Etat autrement qu'en servant le
prince et en lui obéissant, s'attribuent une partie de l'autorité
royale : ils troublent la paix publique, et le concours de tous les
membres avec le chef.

Tels étoient les enfans de Sarvia, qui par un faux zèle vouloient perdre ceux à qui David avoit pardonné. « Qu'y a-t-il entre vous et moi, enfans de Sarvia ? Vous m'êtes aujourd'hui un satan [1]. »

Le prince voit de plus loin et de plus haut : on doit croire qu'il voit mieux ; et il faut obéir sans murmure, puisque le murmure est une disposition à la sédition.

Le prince sait tout le secret et toute la suite des affaires : manquer d'un moment à ses ordres, c'est mettre tout en hasard. « David dit à Amasa : Assemblez l'armée dans trois jours, et rendez-vous près de moi en même temps. Amasa alla donc assembler l'armée, et demeura plus que le roi n'avoit ordonné. Et David dit à Abisaï : Séba nous fera plus de mal qu'Absalon : allez vite avec les gens qui sont près de ma personne, et poursuivez-le sans relâche [2]. »

Amasa n'avoit pas compris que l'obéissance consiste dans la ponctualité.

IIIe PROPOSITION.

Il n'y a que les ennemis publics qui séparent l'intérêt du prince de l'intérêt de l'État.

Dans le style ordinaire de l'Ecriture, les ennemis de l'Etat sont appelés aussi les ennemis du roi. Nous avons déjà remarqué que Saül appelle ses ennemis les Philistins, ennemis du peuple de Dieu [3]. David ayant défait les Philistins : « Dieu, dit-il, a défait mes ennemis [4]. » Et il n'est pas besoin de rapporter plusieurs exemples d'une chose trop claire pour être prouvée.

Il ne faut donc point penser, ni qu'on puisse attaquer le peuple sans attaquer le roi, ni qu'on puisse attaquer le roi sans attaquer le peuple.

C'étoit une illusion trop grossière, que ce discours que faisoit Rabsace, général de l'armée de Sennachérib roi d'Assyrie. Son maître l'avoit envoyé pour exterminer Jérusalem, et transporter les Juifs hors de leur pays. Il fait semblant d'avoir pitié du peuple réduit à l'extrémité par la guerre, et tâche de le soulever contre son roi Ezéchias. Voici comme il parle devant tout le peuple aux

---

[1] II *Reg.*, xix, 22. — [2] *Ibid.*, xx, 4, 5, 6. — [3] I *Reg.*, xiv, 24. — [4] II *Reg.*, v, 20.

envoyés de ce prince : « Ce n'est pas à Ezéchias votre maître que le roi mon maître m'a envoyé ; il m'a envoyé à ce pauvre peuple réduit à se nourrir de ses excrémens. Puis il cria à tout le peuple : Ecoutez les paroles du grand roi, le roi d'Assyrie. Voici ce que dit le roi : Qu'Ezéchias ne vous trompe pas ; car il ne pourra vous délivrer de ma main. Ne l'écoutez pas ; mais écoutez ce que dit le roi des Assyriens : Faites ce qui vous est utile, et revenez à moi. Chacun de vous mangera de sa vigne et de son figuier, et boira de l'eau de sa citerne, jusqu'à ce que je vous transporte à une terre aussi bonne et aussi fertile que la vôtre, abondante en vin, en blé, en miel, en olives et en toutes sortes de fruits : n'écoutez donc plus Ezéchias qui vous trompe [1]. »

Flatter le peuple pour le séparer des intérêts de son roi, c'est lui faire la plus cruelle de toutes les guerres, et ajouter la sédition à ses autres maux.

Que les peuples détestent donc les Rabsacé et tous ceux qui font semblant de les aimer, lorsqu'ils attaquent leur roi. On n'attaque jamais tant le corps, que quand on l'attaque dans la tête, quoiqu'on paroisse pour un temps flatter les autres parties.

IVe PROPOSITION.

Le prince doit être aimé comme un bien public, et sa vie est l'objet des vœux de tout le peuple.

De là ce cri de *Vive le roi!* qui a passé du peuple de Dieu à tous les peuples du monde. A l'élection de Saül, au couronnement de Salomon, au sacre de Joas, on entend ce cri de tout le peuple : *Vive le roi, vive le roi, vive le roi David, vive le roi Salomon* [2] !

Quand on abordoit les rois, on commençoit par ces vœux : « O roi, vivez à jamais [3] ! Dieu conserve votre vie, ô roi mon seigneur ! »

Le prophète Baruch commande pendant la captivité à tout le peuple, de « prier pour la vie du roi Nabuchodonosor, et pour la vie de son fils Baltasar [4]. »

[1] IV *Reg.*, XVIII, 27, 28, 29, etc. — [2] I *Reg.*, X, 24 ; III *Reg.*, I, 31, 34, 39 ; IV *Reg.*, XI, 12. — [3] II *Esdr.*, II, 3. — [4] *Baruc*, I, 11.

Tout le peuple « offroit des sacrifices au Dieu du ciel, et prioit pour la vie du roi et celle de ses enfans [1]. »

Saint Paul nous a commandé de prier pour les puissances [2], et a mis dans leur conservation celle de la tranquillité publique.

On juroit par la vie du roi comme par une chose sacrée; et les chrétiens si religieux à ne point jurer par les créatures, ont révéré ce serment, adorant les ordres de Dieu dans le salut et la vie des princes. Nous en avons vu les passages.

Le prince est un bien public que chacun doit être jaloux de se conserver. « Pourquoi nos frères de Juda nous ont-ils dérobé le roi, comme si c'étoit à eux seuls de le garder [3]? » et le reste que nous avons vu.

De là ces paroles, déjà remarquées : « Le peuple dit à David : Vous ne combattrez pas avec nous; il vaut mieux que vous demeuriez dans la ville pour nous sauver tous [4]. »

La vie du prince est regardée comme le salut de tout le peuple : c'est pourquoi chacun est soigneux de la vie du prince comme de la sienne, et plus que de la sienne.

« L'oint du Seigneur, que nous regardions comme le souffle de notre bouche [5], » c'est-à-dire qui nous étoit cher comme l'air que nous respirons. C'est ainsi que Jérémie parle du roi.

« Les gens de David lui dirent : Vous ne viendrez plus avec nous à la guerre, pour ne point éteindre la lumière d'Israël [6]. »

Voyez comme on aime le prince; il est la lumière de tout le royaume. Qu'est-ce qu'on aime davantage que la lumière? Elle fait la joie et le plus grand bien de l'univers.

Ainsi un bon sujet aime son prince comme le bien public, comme le salut de tout l'Etat, comme l'air qu'il respire, comme la lumière de ses yeux, comme sa vie et plus que sa vie.

[1] 1 *Esdr.*, VI, 10. — [2] 1 *Tim.*, II, 2. — [3] II *Reg.*, XIX, 42, etc. — [4] *Ibid.*, XVIII, 3. — [5] *Jerem. Lam.*, IV, 20. — [6] II *Reg.*, XXI, 17.

Ve PROPOSITION.

La mort du prince est une calamité publique : et les gens de bien la regardent comme un châtiment de Dieu sur tout le peuple.

Quand la lumière est éteinte, tout est en ténèbres, tout est en deuil.

C'est toujours un malheur public, lorsqu'un Etat change de main, à cause de la fermeté d'une autorité établie et de la foiblesse d'un règne naissant.

C'est une punition de Dieu pour un Etat, lorsqu'il change souvent de maître. « Les péchés de la terre, dit le Sage, sont cause que les princes sont multipliés : la vie du conducteur est prolongée, afin que la sagesse et la science abonde [1]. » C'est un malheur à un Etat d'être privé des conseils et de la sagesse d'un prince expérimenté : et d'être soumis à de nouveaux maîtres, qui souvent n'apprennent à être sages qu'aux dépens du peuple.

Ainsi quand Josias eut été tué dans la bataille de Mageddo, « toute la Judée et tout Jérusalem le pleurèrent, principalement Jérémie, dont tous les musiciens et les musiciennes chantent encore à présent les lamentations sur la mort de Josias [2]. »

Et ce ne sont pas seulement les bons princes comme Josias, dont la mort est réputée un malheur public; le même Jérémie déplore encore la mort de Sédécias; de ce Sédécias dont il est écrit « qu'il avoit mal fait aux yeux du Seigneur; et qu'il n'avoit pas respecté la face de Jérémie, qui lui parloit de la part de Dieu [3]. » Loin de respecter ce saint prophète, il l'avoit persécuté [4]. Et toutefois après la ruine de Jérusalem, où Sédécias fait prisonnier eut les yeux crevés, Jérémie, qui déplore les maux de son peuple, déplore comme un des plus grands malheurs le malheur de Sédécias. « L'oint du Seigneur, qui étoit comme le souffle de notre bouche, a été pris pour nos péchés : lui à qui nous disions : Nous vivrons sous votre ombre parmi les gentils [5]. » Un roi captif, un roi dépouillé de ses Etats et même privé de la vue, est regardé comme le soutien et la consolation de son peuple captif avec lui.

[1] *Prov.*, XXVIII, 2. — [2] II *Paralip.*, XXXV, 24. — [3] *Ibid.*, XXXVI, 12. — [4] *Jerem.*, XXVII et XXXVIII. — [5] *Jerem. Lam.*, IV, 20.

Ce reste de majesté sembloit encore répandre un certain éclat sur la nation désolée : et le peuple touché des malheurs de son prince, les déplore plus que les siens propres. « Le Seigneur, dit-il, a renversé sa maison ; il a oublié les fêtes et les sabbats de Sion ; le roi et le pontife ont été l'objet de sa fureur. Les portes de Jérusalem sont abattues : Dieu a livré son roi et ses princes aux gentils [1]. »

Le Prophète regarde le malheur du prince comme un malheur public et un châtiment de Dieu sur tout le peuple : même le malheur d'un prince méchant ; car il ne perd pas par ses crimes la qualité d'oint du Seigneur, et la sainte onction qui l'a consacré le rend toujours vénérable.

C'est pourquoi David pleure avec tout le peuple la mort de Saül, quoique méchant. « Tes princes sont morts sur tes montagnes, ô Israël ! Comment les forts ont-ils été tués ? Ne portez point cette nouvelle dans Geth : ne l'annoncez point dans les rues d'Ascalon, de peur que les femmes des Philistins ne s'en réjouissent : de peur que ce ne soit un sujet de joie aux filles des incirconcis. Montagnes de Gelboé, que la rosée ni la pluie (a) ne distillent plus sur vous, que vos champs stériles ne portent plus de quoi offrir des prémices, puisque sur vous sont tombés les boucliers des forts, le bouclier de Saül, comme s'il n'avoit pas été oint de l'huile sacrée [2]. » Et le reste que nous avons déjà rapporté.

C'est ainsi que la mort du prince, quoique méchant, quoique réprouvé, fait la joie des ennemis de l'Etat et la douleur de ses sujets. Tout le pleure : tout est en deuil pour sa mort : et il faut que les choses les plus insensibles, comme les montagnes, et enfin que toute la nature s'en ressente.

VI° PROPOSITION.

Un homme de bien préfère la vie du prince à la sienne et s'expose pour la sauver.

Nous l'avons vu : le peuple va combattre, il ne se soucie pas de son péril, pourvu que le prince soit en sûreté [3].

---

[1] *Jerem. Lam.*, II, 6, 9. — [2] II *Reg.*, I, 19, 20, 21. — [3] II *Reg.*, XVIII et XXI.
(a) II° *Edit.* Et la pluie.

La manière dont on fait la garde autour du prince, à la ville et
à la campagne, le fait voir. Quand David entra de nuit dans la tente
de Saül, il fallut passer au travers d'Abner et de tout le peuple,
qui reposoit autour de lui[1]. Et David ayant pris la coupe du roi et
sa pique[2], pour montrer qu'il avoit été maître de sa vie, « crie de
loin à Abner et à tout le peuple : Abner, êtes-vous un homme ?
Pourquoi gardez-vous si mal le roi votre maître ? quelqu'un est
entré dans sa tente pour le tuer. Vive le Seigneur, vous méritez
tous la mort, vous tous qui gardez si mal le roi votre maître,
l'oint du Seigneur. Regardez où est sa pique et sa coupe[3]. »

Le peuple doit garder le prince ; le peuple campe autour de lui ;
il faut avoir enfoncé tout le camp, avant qu'on puisse venir au
prince ; on doit veiller afin que le prince repose en sûreté ; qui néglige de le garder est digne de mort.

Quand le roi étoit à la ville, le peuple et les grands mêmes cou-
choient à sa porte. « Urie (quoiqu'il fût homme de commandement) couchoit à la porte du palais royal, avec les autres serviteurs du roi son maître[4]. »

Durant la rébellion d'Absalon, Ethaï Géthéen marchoit devant
lui à la tête de six cents hommes de Geth, tous braves soldats.
C'étoit des troupes étrangères, dont David vouloit éprouver la
fidélité, et il dit à Ethaï : « Pourquoi venir avec nous ? Retournez, et attachez-vous au nouveau roi. Vous êtes étranger, et
vous êtes sorti de votre pays : vous arrivâtes hier, et dès aujour-
d'hui vous marcherez avec nous ? Pour moi, j'irai où je dois aller ; mais vous, allez, remenez vos frères, et le Seigneur récom-
pensera la fidélité et la reconnoissance que vous m'avez témoignée.
Ethaï répondit au roi : Vive le Seigneur, et vive le roi mon maître ;
en quelque lieu que vous soyez, ô roi mon seigneur, j'y serai
avec vous ; et je ne vous quitterai ni à la vie ni à la mort. David
lui dit : Venez[5]. » A la réponse qu'il lui fit, il le connut pour un
homme qui savoit ce que c'étoit de servir les rois.

---

[1] 1 *Reg.*, XXVI, 7. — [2] *Ibid.*, 12. — [3] *Ibid.*, 14, 15, 16. — [4] II *Reg.*, XI, 9. — [5] *Ibid.*
XV, 19, 20, 21, 22.

ARTICLE II.

De l'obéissance due au prince.

Iʳᵉ PROPOSITION.

Les sujets doivent au prince une entière obéissance.

Si le prince n'est ponctuellement obéi, l'ordre public est renversé, et il n'y a plus d'unité, par conséquent plus de concours ni de paix dans un Etat.

C'est pourquoi nous avons vu que quiconque désobéit à la puissance publique, est jugé digne de mort. « Qui sera orgueilleux, et refusera d'obéir au commandement du pontife et à l'ordonnance du juge, il mourra, et vous ôterez le mal du milieu d'Israël[1]. »

C'est pour empêcher ce désordre que Dieu a ordonné les puissances ; et nous avons ouï saint Paul dire en son nom : « Que toute ame soit soumise aux puissances supérieures ; car toute puissance est de Dieu : il n'y en a point que Dieu n'ait ordonnée. Ainsi qui résiste à la puissance, résiste à l'ordre de Dieu[2]. »

« Avertissez-les d'être soumis aux princes et aux puissances, de leur obéir ponctuellement, d'être prêts à toute bonne œuvre[3]. »

Dieu a fait les rois et les princes ses lieutenans sur la terre, afin de rendre leur autorité sacrée et inviolable. C'est ce qui fait dire au même saint Paul « qu'ils sont ministres de Dieu[4] : » conformément à ce qui est dit dans le livre de la *Sagesse*, « que les princes sont ministres de son royaume[5]. »

De là saint Paul conclut « qu'on leur doit obéir par nécessité, non-seulement par la crainte de la colère, mais encore par l'obligation de la conscience[6]. »

Saint Pierre a dit aussi : « Soyez soumis pour l'amour de Dieu à l'ordre qui est établi parmi les hommes. Soyez soumis au roi, comme à celui qui a la puissance suprême ; et aux gouver-

[1] *Deut.*, XVII, 12. — [2] *Rom.*, XIII, 1, 2. — [3] *Tit.*, III, 1. — [4] *Rom.*, XIII, 4. — [5] *Sap.*, VI, 6. — [6] *Rom.*, XIII, 5.

neurs, comme étant envoyés de lui, parce que c'est la volonté de
Dieu[1]. »

A cela se rapporte, comme nous avons déjà vu, ce que disent
ces deux apôtres, « que les serviteurs doivent obéir à leurs maîtres, quand même ils seroient durs et fâcheux[2]. Non à l'œil et
pour plaire aux hommes, mais comme si c'étoit à Dieu[3]. »

Tout ce que nous avons vu pour montrer que la puissance des
rois est sacrée, confirme la vérité de ce que nous disons ici : et il
n'y a rien de mieux fondé sur la parole de Dieu, que l'obéissance
qui est due par principe de religion et de conscience aux puissances légitimes.

Au reste quand Jésus-Christ dit aux Juifs : « Rendez à César,
ce qui est dû à César[4], » il n'examine pas comment étoit établie
la puissance des Césars : c'est assez qu'il les trouvât établis et ré-
gnans : il vouloit qu'on respectât dans leur autorité l'ordre de
Dieu et le fondement du repos public.

IIe PROPOSITION.

**Il n'y a qu'une exception à l'obéissance qu'on doit au prince, c'est quand il
commande contre Dieu.**

La subordination le demande ainsi. « Obéissez au roi comme à
celui à qui appartient l'autorité suprême, et au gouverneur
comme à celui qu'il vous envoie[5]. » Et encore : « Il y a divers degrés ; l'un est au-dessus de l'autre : le puissant a un plus puissant
qui lui commande, et le roi commande à tous les sujets[6]. »

L'obéissance est due à chacun selon son degré, et il ne faut
point obéir au gouverneur au préjudice des ordres du prince.

Au-dessus de tous les empires est l'empire de Dieu. C'est à vrai
dire le seul empire absolument souverain, dont tous les autres
relèvent ; et c'est de lui que viennent toutes les puissances.

Comme donc on doit obéir au gouverneur, si dans les ordres
qu'il donne il ne paroît rien de contraire aux ordres du roi : ainsi
doit-on obéir aux ordres du roi, s'il n'y paroît rien de contraire
aux ordres de Dieu.

---

[1] I *Petr.*, II, 13, 14, 15. — [2] I *Petr.*, II, 18. — [3] *Ephes.*, VI, 5 ; *Colos.*, III, 22,
23. — [4] *Matth.*, XXII, 21. — [5] I *Petr.*, II, 13, 14. — [6] *Eccles.*, V, 7, 8.

Mais par la même raison comme on ne doit pas obéir au gouverneur contre les ordres du roi, on doit encore moins obéir au roi contre les ordres de Dieu.

C'est alors qu'a lieu seulement cette réponse que les apôtres font aux magistrats : « Il faut obéir à Dieu plutôt qu'aux hommes[1]. »

IIIᵉ PROPOSITION.

On doit le tribut au prince.

Si, comme nous avons vu, on doit exposer sa vie pour sa patrie et pour son prince, à plus forte raison doit-on donner une partie de son bien pour soutenir les charges publiques. Et c'est ce qu'on appelle ici le tribut.

Saint Jean-Baptiste l'enseigne. « Les publicains (c'étoit eux qui recevoient les impôts et les revenus publics) vinrent à lui pour être baptisés, et lui demandoient : Maître, que ferons-nous pour être sauvés[2] ? » Il ne leur dit pas : Quittez vos emplois, car ils sont mauvais et contre la conscience : « mais il leur dit : N'exigez pas plus qu'il ne vous est ordonné[3]. »

Notre-Seigneur le décide. Les pharisiens (a) croyoient que le tribut qu'on payoit par tête à César dans la Judée ne lui étoit pas dû. Ils se fondoient sur un prétexte de religion, disant que le peuple de Dieu ne devoit point payer de tribut à un prince infidèle. Ils voulurent voir ce que diroit Notre-Seigneur sur ce sujet : parce que, s'il parloit pour César, ce leur étoit un moyen de le décrier parmi le peuple ; et s'il parloit contre César, ils le déféreroient aux Romains. Ainsi ils lui envoyèrent leurs disciples qui lui demandèrent : « Est-il permis de payer le tribut qu'on exige par tête pour César ? Jésus connoissant leur malice leur dit : Hypocrites, pourquoi tâchez-vous de me surprendre ? Montrez-moi une pièce de monnoie. Ils lui donnèrent un denier. Et Jésus leur dit : De qui est cette image et cette inscription ? De César, lui dirent-ils. Alors il leur dit : Rendez donc à César ce qui est à César, et à Dieu ce qui est à Dieu[4]. »

[1] *Act.*, V, 29. [2] *Luc.*, III, 12. — [3] *Ibid.*, 13. — [4] *Matth.*, XXII, 17, 18, 19, 20, 21.
(a) Ces pharisiens.

Comme s'il eût dit : Ne vous servez plus du prétexte de la religion, pour ne point payer le tribut. Dieu a ses droits séparés de
ceux du prince. Vous obéissez à César ; la monnoie dont vous
vous servez dans votre commerce, c'est César qui la fait battre :
s'il est votre souverain, reconnoissez sa souveraineté en lui payant
le tribut qu'il impose.

Ainsi les tributs qu'on paie au prince, sont une reconnoissance de l'autorité suprême ; et on ne les peut refuser sans rébellion.

Saint Paul l'enseigne expressément. « Le prince est ministre
de Dieu, vengeur des mauvaises actions. Soyez-lui donc soumis
par nécessité, non-seulement par la crainte de la colère du prince,
mais encore par l'obligation de votre conscience. C'est pourquoi
vous lui payez tribut ; car ils sont ministres de Dieu, servant pour
cela. Rendez donc à chacun ce que vous lui devez : le tribut à qui
est dû le tribut : la taille à qui elle est due : la crainte à qui elle
est due : et l'honneur, à qui est dû l'honneur [1]. »

On voit par ces paroles de l'Apôtre, qu'on doit payer le tribut
au prince religieusement et en conscience : comme on lui doit
rendre l'honneur et la sujétion qui est due à son ministère.

Et la raison fait voir que tout l'Etat doit contribuer aux nécessités publiques auxquelles le prince doit pourvoir.

Sans cela il ne peut ni soutenir ni défendre les particuliers, ni
l'Etat même. Le royaume sera en proie, les particuliers périront
dans la ruine de l'Etat. De sorte qu'à vrai dire, le tribut n'est
autre chose qu'une petite partie de son bien qu'on paie au prince,
pour lui donner moyen de sauver le tout.

IV⁰ PROPOSITION.

**Le respect, la fidélité et l'obéissance qu'on doit aux rois, ne doivent être altérés
par aucun prétexte.**

C'est-à-dire qu'on les doit toujours respecter, toujours servir,
quels qu'ils soient, bons ou méchans. « Obéissez à vos maîtres,
non-seulement quand ils sont bons et modérés, mais encore quand
ils sont durs et fâcheux [2]. »

[1] *Rom.*, XIII, 4, 5, 6, 7. — [2] *I Petr.*, II, 18.

L'Etat est en péril et le repos public n'a plus rien de ferme, s'il est permis de s'élever pour quelque cause que ce soit contre les princes.

La sainte onction est sur eux : et le haut ministère qu'ils exercent au nom de Dieu, les met à couvert de toute insulte.

Nous avons vu David, non-seulement refuser d'attenter sur la vie de Saül, mais trembler pour avoir osé lui couper le bord de sa robe, quoique ce fût à bon dessein. « Que j'ose lever ma main contre l'oint du Seigneur, à Dieu ne plaise. Et le cœur de David fut frappé, parce qu'il avoit coupé le bord de la cotte d'armes de Saül [1]. »

Les paroles de saint Augustin sur ce passage sont remarquables. « Vous m'objectez, dit-il à Pétilien, évêque donatiste, que celui qui n'est pas innocent ne peut avoir la sainteté. Je vous demande, si Saül n'avoit pas la sainteté de son sacrement et de l'onction royale, qu'est-ce qui causoit en lui de la vénération à David ? Car c'est à cause de cette onction sainte et sacrée, qu'il l'a honoré durant sa vie et qu'il a vengé sa mort. Et son cœur frappé trembla, quand il coupa le bord de la robe de ce roi injuste. Vous voyez donc que Saül, qui n'avoit point l'innocence, ne laissoit pas d'avoir la sainteté ; non la sainteté de vie, mais la sainteté du sacrement divin, qui est saint même dans les hommes mauvais [2]. »

Il appelle sacrement l'onction royale ; ou parce qu'avec tous les Pères, il donne ce nom à toutes les cérémonies sacrées ; ou parce qu'en particulier l'onction royale des rois dans l'ancien peuple, étoit un signe sacré institué de Dieu, pour les rendre capables de leur charge et pour figurer l'onction de Jésus-Christ même.

Mais ce qu'il y a ici de plus important, c'est que saint Augustin reconnoît après l'Ecriture, une sainteté inhérente au caractère royal, qui ne peut être effacé par aucun crime.

C'est, dit-il, cette sainteté que David injustement poursuivi à mort par Saül, David sacré lui-même pour lui succéder a respectée dans un prince réprouvé de Dieu. Car il savoit que c'étoit

[1] I Reg., XXIV, 6, 7. — [2] Lib. II cont. litt. Petil., cap. XLVIII, n. 112.

à Dieu seul à faire justice des princes ; et que c'est aux hommes à respecter le prince, tant qu'il plaît à Dieu de le conserver.

Aussi voyons-nous que Samuel après avoir déclaré à Saül que Dieu l'avoit rejeté, ne laisse pas de l'honorer. « J'ai mal fait, lui dit Saül ; mais je vous prie, portez mon péché, et retournez avec moi pour adorer le Seigneur. Samuel lui répondit : Je n'irai pas avec vous, parce que vous avez rejeté la parole du Seigneur, et le Seigneur vous a aussi rejeté : il ne veut plus que vous soyez roi. Samuel se tournoit pour se retirer, et Saül le prit par le haut de son manteau qui se déchira. Sur quoi Samuel lui dit : Le Seigneur a séparé de vous le royaume d'Israël, et l'a donné à un plus homme de bien. Ce Dieu puissant et victorieux ne s'en dédira pas ; car il n'est pas comme un homme, pour se repentir de ses desseins. J'ai péché, répondit Saül ; mais honorez-moi devant les sénateurs de mon peuple et devant tout Israël ; et retournez avec moi, afin que j'adore avec vous le Seigneur votre Dieu. Alors Samuel suivit Saül, et Saül adora le Seigneur [1]. »

On ne peut pas déclarer plus clairement à un prince sa réprobation ; mais Samuel à la fin se laisse fléchir, et consent à honorer Saül devant les grands et devant le peuple : nous montrant par cet exemple que le bien public ne permet pas qu'on expose le prince au mépris.

Roboam traita durement le peuple ; mais la révolte de Jéroboam et des dix tribus qui le suivirent, quoique permise de Dieu en punition des péchés de Salomon, ne laisse pas d'être détestée dans toute l'Ecriture, qui déclare qu'en se révoltant contre la maison de David, ils se révoltoient contre Dieu qui régnoit par elle [2].

Tous les prophètes qui ont vécu sous les méchans rois : Elie et Elisée sous Achab et sous Jézabel en Israël : Isaïe sous Achaz et sous Manassés : Jérémie sous Joachim, sous Jéchonias, sous Sédécias : en un mot, tous les prophètes sous tant de rois impies et méchans, n'ont jamais manqué à l'obéissance, ni inspiré la révolte, mais toujours la soumission et le respect.

Nous venons d'ouïr Jérémie après la ruine de Jérusalem, et

---

[1] I *Reg.*, xv, 24, 25, 26, 27, 28, 30, 31. — [2] II *Paralip.*, xiii, 5, 6, 7, 8.

l'entier renversement du trône des rois de Juda, parler encor
avec un respect profond de son roi Sédécias. « L'oint du Seigneur, que nous regardions comme le souffle de notre bouche, a
été pris pour nos péchés, lorsque nous lui disions : Nous vivrons
sous votre ombre parmi les gentils [1]. »

Les bons sujets ne se tenoient pas quittes du respect qu'ils devoient à leur roi, après même que son royaume fut renversé, et
qu'il fut emmené comme un captif avec tout son peuple. Ils res-
pectoient jusque dans les fers et après la ruine du royaume, le
caractère sacré de l'autorité royale.

Ve PROPOSITION.

L'impiété déclarée, et même la persécution, n'exemptent pas les sujets de
l'obéissance qu'ils doivent aux princes.

Le caractère royal est saint et sacré même dans les princes infidèles ; et nous avons vu que Cyrus est appelé par Isaïe « l'oint
du Seigneur [2]. »

Nabuchodonosor étoit impie et orgueilleux jusqu'à vouloir s'é-
galer à Dieu, et jusqu'à faire mourir ceux qui lui refusoient un
culte sacrilége : et néanmoins Daniel lui dit ces mots : « Vous
êtes le roi des rois, et le Dieu du ciel vous a donné le royaume,
et la puissance, et l'empire, et la gloire [3]. »

C'est pourquoi le peuple de Dieu prioit pour la vie de Nabuchodonosor, de Baltasar [4], et d'Assuérus [5].

Achab et Jézabel avoient fait mourir tous les prophètes du Seigneur. Elie s'en plaint à Dieu [6] : mais il demeure toujours dans
l'obéissance.

Les prophètes durant ce temps font des prodiges étonnans, pour
défendre le roi et le royaume [7].

Elisée en fit autant sous Joram fils d'Achab [8], aussi impie que
son père.

Rien n'a jamais égalé l'impiété de Manassés, qui pécha et fit
pécher Juda contre Dieu, dont il tâcha d'abolir le culte, persécutant les fidèles serviteurs de Dieu et faisant regorger Jérusalem

---

[1] *Jerem. Lam.*, IV, 20. — [2] *Isa.*, XLV, 1. — [3] *Dan.*, II, 37. — [4] *Baruch*, I, 11. —
[5] I *Esd.*, VI, 11. — [6] III *Reg.*, XIX, 10, 14, — [7] *Ibid.*, XX. — [8] IV *Reg.*, III, VI, VII.

de leur sang[1]. Et cependant Isaïe, et les saints prophètes qui le reprenoient de ses crimes, jamais n'ont excité contre lui le moindre tumulte.

Cette doctrine s'est continuée dans la religion chrétienne.

C'étoit sous Tibère, non-seulement infidèle, mais encore méchant, que Notre-Seigneur dit aux Juifs : « Rendez à César ce qui est à César[2]. »

Saint Paul appelle à César[3], et reconnoît sa puissance.

Il fait prier pour les empereurs[4], quoique l'empereur qui régnoit du temps de cette ordonnance fût Néron, le plus impie et le plus méchant de tous les hommes.

Il donne pour but à cette prière la tranquillité publique, parce qu'elle demande qu'on vive en paix, même sous les princes méchans et persécuteurs.

Saint Pierre et lui commandent aux fidèles d'être soumis aux puissances[5]. Nous avons vu leurs paroles; et nous avons vu quelles étoient alors les puissances dans lesquelles ces deux saints apôtres faisoient respecter aux fidèles l'ordre de Dieu.

En conséquence de cette doctrine apostolique, les premiers chrétiens, quoique persécutés durant trois cents ans, n'ont jamais causé le moindre mouvement dans l'empire. Nous avons appris leurs sentimens par Tertullien, et nous les voyons dans toute la suite de l'histoire ecclésiastique.

Ils continuoient à prier pour les empereurs, même au milieu des supplices auxquels ils les condamnoient injustement. « Courage, dit Tertullien, arrachez, ô bons juges, arrachez aux chrétiens une ame qui répand des vœux pour l'empereur[6]. »

Constance fils de Constantin le Grand, quoique protecteur des ariens et persécuteur de la foi de Nicée, trouva dans l'Eglise une fidélité inviolable.

Julien l'Apostat son successeur, qui rétablit le paganisme condamné par ses prédécesseurs, n'en trouva pas les chrétiens moins fidèles ni moins zélés pour son service : tant ils savoient distin-

---

[1] IV *Reg.*, XXI, 2, 3, 16.— [2] *Matth.*, XXII, 21. — [3] *Act.*, XXV, 10, 11, etc. — [4] I *Tim*, II, 1, 2.— [5] *Rom.*, XIII, 5 ; 1 *Petr.*, II, 13, 14, 17, 18. — [6] Tertul., *Apolog.*, n. 30.

guer l'impiété du prince, d'avec le sacré caractère de la majesté souveraine.

Tant d'empereurs hérétiques qui vinrent depuis : un Valens, une Justine, un Zénon, un Basilisque, un Anastase, un Héraclius, un Constant, quoiqu'ils chassassent de leur siége les évêques orthodoxes, et même les papes ; et qu'ils remplissent l'Eglise de carnage et de sang ; ne virent jamais leur autorité attaquée ou affoiblie par les catholiques.

Enfin durant sept cents ans, on ne voit pas seulement un seul exemple où l'on ait désobéi aux empereurs sous prétexte de religion. Dans le huitième siècle tout l'empire demeure (a) fidèle à Léon Isaurien, chef des iconoclastes et persécuteur des fidèles. Sous Constantin Copronyme son fils, qui succéda à son hérésie et à ses violences aussi bien qu'à sa couronne, les fidèles d'Orient n'opposèrent que la patience à la persécution. Mais dans la chute de l'empire, lorsque les césars suffisoient à peine à défendre l'Orient où ils s'étoient renfermés, Rome abandonnée près de deux cents ans à la fureur des Lombards, et contrainte d'implorer la protection des François, fut obligée de s'éloigner des empereurs.

On pâtit longtemps avant que d'en venir à cette extrémité ; et on n'y vint enfin que quand la capitale de l'empire fut regardée par ses empereurs comme un pays exposé en proie, et laissé à l'abandon.

VI° PROPOSITION.

Les sujets n'ont à opposer à la violence des princes que des remontrance respectueuses, sans mutinerie et sans murmure, et des prières pour leur conversion.

Quand Dieu voulut délivrer les Israélites de la tyrannie de Pharaon, il ne permit pas qu'ils procédassent par voie de fait contre un roi dont l'inhumanité envers eux étoit inouïe. Ils demandèrent avec respect la liberté de sortir, et d'aller sacrifier à Dieu dans le désert.

Nous avons vu que les princes doivent écouter même les particuliers ; à plus forte raison doivent-ils écouter le peuple, qui leur

(a) 11° *Edit.* demeura.

porte avec respect ses justes plaintes par les voies permises. Pharaon, tout endurci et tout tyran qu'il étoit, ne laissoit pas du moins d'écouter les Israélites. Il écoutoit Moïse et Aaron [1]. Il reçut à son audience « les magistrats du peuple d'Israel, qui vinrent se plaindre à lui avec de grands cris, et lui disoient : Pourquoi traitez-vous ainsi vos serviteurs [2] ? »

Qu'il soit donc permis au peuple oppressé de recourir au prince par ses magistrats et par les voies légitimes : mais que ce soit toujours avec respect.

Les remontrances pleines d'aigreur et de murmure sont un commencement de sédition qui ne doit pas être souffert. Ainsi les Israélites murmuroient contre Moïse, et ne lui ont jamais fait une remontrance tranquille [3].

Moïse ne cessa jamais de les écouter, de les adoucir, de prier pour eux, et donna un mémorable exemple de la bonté que les princes doivent à leurs peuples; mais Dieu pour établir l'ordre, de grands châtimens de ces séditieux.

Quand je dis que ces remontrances doivent être respectueuses, j'entends qu'elles le soient effectivement, et non-seulement en apparence, comme celles de Jéroboam et des dix tribus, qui dirent à Roboam : « Votre père nous a imposé un joug insupportable : diminuez un peu un joug si pesant, et nous vous serons fidèles sujets [4]. »

Il y avoit dans ces remontrances quelque marque extérieure de respect, en ce qu'ils ne demandoient qu'une petite diminution et promettoient d'être fidèles. Mais faire dépendre leur fidélité de la grace qu'ils demandoient, c'étoit un commencement de mutinerie.

On ne voit rien de semblable dans les remontrances que les chrétiens persécutés faisoient aux empereurs. Tout y est soumis, tout y est modeste; la vérité de Dieu y est dite avec liberté; mais ces discours sont si éloignés des termes séditieux, qu'encore aujourd'hui on ne peut les lire sans se sentir porté à l'obéissance.

L'impératrice Justine, mère et tutrice de Valentinien II, voulut

---

[1] *Exod.*, v, 4, 5. — [2] *Ibid.*, v, 15. — [3] *Num.*, XI, XIII, XIV, XX, XXI, etc. — [4] III *Reg.*, XII, 4; II *Par.*, X, 4.

obliger saint Ambroise à donner une église aux ariens qu'elle
protégeoit, dans la ville de Milan, résidence de l'empereur. Tout
le peuple se réunit avec son évêque, et assemblé à l'église il
attendoit l'événement de cette affaire. Saint Ambroise ne sortit
jamais de la modestie d'un sujet et d'un évêque. Il fit ses remontrances à l'empereur. « Ne croyez pas, lui disoit-il, que vous
ayez pouvoir d'ôter à Dieu ce qui est à lui. Je ne puis pas vous
donner l'église que vous demandez : mais si vous la prenez, je
ne dois pas résister [1]. » Et encore : « Si l'empereur veut avoir les
biens de l'Eglise, il peut les prendre; personne de nous ne s'y
oppose : qu'il nous les ôte, s'il veut; je ne les donne pas; mais
je ne les refuse pas [2]. »

« L'empereur, ajoutoit-il, est dans l'Eglise; mais non au-
dessus de l'Eglise. Un bon empereur loin de rejeter le secours
de l'Eglise, le recherche. Nous disons ces choses avec respect;
mais nous nous sentons obligés de les exposer avec liberté [3]. »

Il contenoit le peuple assemblé tellement dans le respect, qu'il
n'échappa jamais une parole insolente. On prioit, on chantoit les
louanges de Dieu, on attendoit son secours.

Voilà une résistance digne d'un chrétien et d'un évêque. Cependant parce que le peuple étoit assemblé avec son pasteur, on
disoit au palais que ce saint pasteur aspiroit à la tyrannie. Il répondit : « J'ai une défense; mais dans les prières des pauvres. Ces
aveugles et ces boiteux, ces estropiés et ces vieillards, sont plus
forts que les soldats les plus courageux [4]. » Voilà les forces d'un
évêque, voilà son armée.

Il avoit encore d'autres armes, la patience et les prières qu'il
faisoit à Dieu. « Puisqu'on appelle cela une tyrannie, j'ai des
armes, disoit-il; j'ai le pouvoir d'offrir mon corps en sacrifice.
Nous avons notre tyrannie et notre puissance. La puissance d'un
évêque est sa foiblesse. Je suis fort quand je suis foible, disoit
saint Paul [5]. »

En attendant la violence dont l'Eglise étoit menacée, le saint
évêque étoit à l'autel, demandant à Dieu avec larmes qu'il n'y

[1] Ambr., Ep. xxi, al. xiii, n. 16, 22. — [2] Ambr., orat. de Basilicis non trudendis.,
n. 33. — [3] Ibid., n. 36. — [4] Ibid., n. 33. — [5] Ambr., Ep. xxi, al. xiii, n. 23.

eût point de sang répandu, ou du moins qu'il plût à Dieu de se
contenter du sien. « Je commençai, dit-il, à pleurer amèrement
en offrant le sacrifice; priant Dieu de nous aider de telle sorte,
qu'il n'y eût point de sang répandu dans la cause de l'Eglise;
qu'il n'y eût du moins que le mien qui fût versé, non-seulement
pour le peuple, mais même pour les impies [1]. »

Dieu écouta des prières si ardentes : l'Eglise fut victorieuse, et
il n'en coûta le sang à personne.

Peu de temps après, Justine et son fils presque abandonnés de
tout le monde eurent recours à saint Ambroise, et ne trouvèrent
de fidélité ni de zèle pour leur service qu'en cet évêque, qui s'étoit
opposé à leurs desseins dans la cause de Dieu et de l'Eglise.

Voilà ce que peuvent les remontrances respectueuses : voilà ce
que peuvent les prières. Ainsi faisoit la reine Esther; ayant conçu
le dessein de fléchir Assuérus son mari, après qu'il eut résolu de
sacrifier tous les Juifs à la vengeance d'Aman, elle fit dire à Mardochée : « Assemblez tous les Juifs que vous trouverez à Suse, et
priez pour moi. Ne mangez ni ne buvez pendant trois jours et
trois nuits : je jeûnerai de même avec mes femmes : après, je
m'exposerai à perdre la vie, et je parlerai au roi contre la loi,
sans attendre qu'il m'appelle [2]. »

Quand elle parut devant le roi, « les yeux étincelans de ce
prince témoignèrent sa colère : mais Dieu se ressouvenant des
prières d'Esther et de celles des Juifs, changea la fureur du roi
en douceur [3]. » Et les Juifs (a) furent délivrés à la considération
de la reine.

Ainsi quand le Prince des apôtres fut arrêté prisonnier par
Hérode, « toute l'Eglise prioit pour lui sans relâche [4]. » Et Dieu
envoya son ange pour le délivrer. Voilà les armes de l'Eglise :
des vœux et des prières persévérantes.

Saint Paul prisonnier pour Jésus-Christ, n'a que ce secours et
ces armes. « Préparez-moi un logement; car j'espère que Dieu
me donnera à vos prières [5]. »

---

[1] Ambr., Ep. XXI, al. XIII, n. 5. — [2] *Esther.*, IV, 16. — [3] *Ibid.*, XV, 10, 11;
et VIII, IX. — [4] *Act.*, XII, 5 et seq. — [5] *Ep. ad Philem.*, 22.

(a) *Edit. :* Les Juifs.

En effet il sortit de prison, « et il fut délivré de la gueule du lion [1]. » Il appelle ainsi Néron, l'ennemi non-seulement des chrétiens, mais de tout le genre humain.

Que si Dieu n'écoute pas les prières de ses fidèles; si pour éprouver et pour châtier ses enfans, il permet que la persécution s'échauffe contre eux, ils doivent alors se ressouvenir que Jésus-Christ les a « envoyés comme des brebis au milieu des loups [2]. »

Voilà une doctrine vraiment sainte, vraiment digne de Jésus-Christ et de ses disciples.

ARTICLE III.

Deux difficultés tirées de l'Écriture : de David et des Machabées.

Ire PROPOSITION.

La conduite de David ne favorise pas la rébellion.

David persécuté par Saül, ne se contenta pas de prendre la fuite : mais encore « il assembla ses frères et ses parens; tous les mécontens, tous ceux qui étoient accablés de dettes, et dont les affaires étoient en mauvais état, se joignirent à lui au nombre de quatre cents, et il fut leur capitaine [3]. »

Il demeura en cet état dans la Judée, armé contre Saül qui l'avoit déclaré son ennemi, et qui le poursuivit comme tel avec toutes les forces d'Israël [4].

Il se retira enfin dans le royaume d'Achis, roi des Philistins, avec lequel il traita, et en obtint la ville de Siceleg [5].

Achis regardoit tellement David comme l'ennemi juré des Israélites, qu'il le mena avec lui les allant combattre, et lui dit : « Je vous donnerai ma vie en garde tout le reste de mes jours [6]. »

En effet David et ses gens marchoient à la queue avec Achis; et il ne se retira de l'armée des Philistins que lorsque les satrapes, qui se défioient de lui, obligèrent le roi à le congédier [7].

Il paroît qu'il ne se retire qu'à regret. « Qu'ai-je fait, dit-il à Achis, et qu'avez-vous remarqué en moi qui vous déplaise de-

---

[1] II Tim., IV, 17. — [2] Matth., X, 16. — [3] I Reg., XXII, 1, 2. — [4] Ibid., 6, 7; XXIX, 2, 3; XXVI, 1, 2, 3, 4.— [5] Ibid., XXVII, 6. — [6] I Reg., XXVIII, 1, 2. — [7] Ibid., XXIX, 1, 2, 3, etc.

puis que je suis avec vous, pour m'empêcher de vous suivre et de combattre les ennemis du roi mon seigneur[1]? »

Etre armé contre son roi, traiter avec ses ennemis, aller combattre avec eux contre son peuple : voilà tout ce que peut faire un sujet rebelle.

Mais pour justifier David, il ne faut que considérer toutes les circonstances de l'histoire.

Ce n'étoit pas un sujet comme les autres; il étoit choisi de Dieu pour succéder à Saül, et déjà Samuel l'avoit sacré[2].

Ainsi le bien public, autant que son intérêt particulier, l'obligeoit à garder sa vie, que Saül lui vouloit ôter injustement.

Son intention toutefois n'étoit pas de demeurer en Israël, avec ces quatre cents hommes qui suivoient ses ordres. « Il s'étoit retiré auprès du roi de Moab avec son père et sa mère, jusqu'à ce qu'il plût à Dieu de déclarer sa volonté[3]. »

Ce fut un ordre de Dieu porté par le prophète Gad[4], qui l'obligea de demeurer dans la terre de Juda où il étoit plus aimé, parce que c'étoit sa tribu.

Au reste il n'en vint jamais à aucun combat contre Saül, ni contre son peuple. Il fuyoit de désert en désert, seulement pour s'empêcher d'être pris[5].

Etant dans le Carmel, au plus riche pays de la Terre Sainte et au milieu des biens de Nabal, l'homme le plus puissant du pays, il ne lui enleva jamais une brebis dans un immense troupeau; et loin de le vexer, il le défendoit contre les courses des ennemis[6].

Quelque cruelle que fût la persécution qu'on lui fit, il ne perdit jamais l'amour qu'il avoit pour son prince, dont il regarda toujours la personne comme sacrée[7].

« Il sut que les Philistins attaquoient la ville de Ceïlan, et pilloient les environs. Il y fut avec ses gens; il tailla en pièces les Philistins; il leur prit leur bagage et leur butin; et sauva ceux de Ceïlan[8]. »

« Ses gens s'opposoient à ce dessein. Quoi! disoient-ils, à peine

---

[1] 1 Reg., XXIX, 8. — [2] Ibid., XVI, 12, 13. — [3] Ibid., XXII, 3, 4. — [4] Ibid., 5. — [5] Ibid., XXII, XXIII, XXIV, XXVI. — [6] Ibid., XXV, 15, 16. — [7] Ibid., XXIV, XXVI. — [8] Ibid., XXIII, 1, 5.

pouvons-nous vivre en sûreté dans la terre de Juda? Que n'aurons-nous pas à craindre si nous marchons vers Ceïlan contre les Philistins [1] ? » Mais le zèle de David l'emporta sur leur crainte.

C'est ainsi que poursuivi à outrance, il ne perd jamais le désir de servir son prince et son pays.

Il est vrai qu'à la fin il se retira chez Achis, et qu'il traita avec lui. Mais encore qu'il eût l'adresse de persuader à ce prince qu'il faisoit des courses sur les Juifs [2], en effet il n'enlevoit rien qu'aux Amalécites et aux autres ennemis du peuple de Dieu.

Quant à la ville que lui donna le roi Achis, il l'incorpora au royaume de Juda [3] ; et le traité qu'il fit avec l'ennemi profita à son pays.

Que si pour ne point donner de défiance à Achis, il le suit quand il marche contre Saül : si pour la même raison il témoigne qu'il ne se retire qu'à regret, c'est un effet de la même adresse qui lui avoit sauvé la vie.

Il faut tenir pour certain que dans cette dernière rencontre il n'eût pas plus combattu contre son peuple, qu'il avoit fait jusqu'alors. Il étoit à la queue du camp avec le roi des Philistins [4], auquel il paroît assez que la coutume de ces peuples ne permettoit pas de se hasarder.

De savoir ce qu'il eût fait dans la mêlée, si le combat fût venu jusqu'au roi Achis, c'est ce qu'on ne peut deviner. Ces grands hommes abandonnés à la Providence divine, apprennent sur l'heure ce qu'ils ont à faire; et après avoir poussé la prudence humaine jusqu'où elle peut aller, ils trouvent, quand elle est à bout, des secours divins, qui contre toute espérance les dégagent des inconvéniens où ils sembloient devoir être inévitablement enveloppés.

IIᵉ PROPOSITION.

Les guerres des Machabées n'autorisent point les révoltes.

Les Juifs conquis par les Assyriens étoient passés successivement sous la puissance des Perses, sous celle d'Alexandre et enfin sous celle des rois de Syrie.

---

[1] *I Reg.*, XXIII, 3, 4, 5. — [2] *Ibid.*, XXVII, 2, 3, 8, 9, 10, etc. — [3] *Ibid.*, 6. — [4] *Ibid.*, XXIX, 2.

Il y avoit environ trois cent cinquante ans qu'ils étoient dans cet état, et il y en avoit cent cinquante qu'ils reconnoissoient les rois de Syrie, lorsque la persécution d'Antiochus l'Illustre leur fit prendre les armes contre lui, sous la conduite des Machabées. Ils firent longtemps la guerre, durant laquelle ils traitèrent avec les Romains et avec les Grecs, contre les rois de Syrie leurs légitimes seigneurs, dont enfin ils secouèrent le joug, et se firent des princes de leur nation.

Voilà une révolte manifeste : ou si ce n'en est pas une, cet exemple semble montrer qu'un gouvernement tyrannique, et surtout une violente persécution où les peuples sont tourmentés pour la véritable religion, les exempte de l'obéissance qu'ils doivent à leurs princes.

Il ne faut nullement douter que la guerre des Machabées ne fût juste, puisque Dieu même l'a approuvée : mais si on remarque les circonstances du fait, on verra que cet exemple n'autorise pas les révoltes que le motif de la religion a fait entreprendre depuis.

La religion véritable jusqu'à la venue du Messie, devoit se perpétuer dans la race d'Abraham, et par la trace du sang.

Elle devoit se perpétuer dans la Judée, dans Jérusalem, dans le temple, lieu choisi de Dieu pour y offrir les sacrifices, et y exercer les cérémonies de la religion interdites partout ailleurs.

Il étoit donc de l'essence de la religion, que les enfans d'Abraham subsistassent toujours, et subsistassent dans la terre donnée à leurs pères, pour y vivre selon la loi de Moïse : dont aussi les rois de Perse et les autres jusqu'à Antiochus, leur avoient toujours laissé le libre exercice.

Cette famille d'Abraham fixée dans la Terre Sainte, en devoit être transportée une seule fois par un ordre exprès de Dieu, mais non pour en être éternellement bannie. Au contraire le prophète Jérémie qui avoit porté au peuple l'ordre de passer à Babylone [1], où Dieu vouloit qu'ils subissent la peine due à leurs crimes, leur avoit en même temps promis qu'après soixante et dix ans de captivité ils seroient rétablis dans leur terre, pour y pratiquer comme

[1] *Jerem.,* XXI, 7, 8, 9.

auparavant la loi de Moïse, et y exercer leur religion à l'ordinaire dans Jérusalem et dans le temple rebâti [1].

Le peuple ainsi rétabli devoit toujours demeurer dans cette
terre, jusqu'à l'arrivée de Jésus-Christ; auquel temps Dieu devoit
former un nouveau peuple, non plus du sang d'Abraham, mais
de tous les peuples du monde, et disperser en captivité par toute
la terre les Juifs infidèles à leur Messie.

Mais auparavant ce Messie devoit naître dans cette race, et
commencer dans Jérusalem au milieu des Juifs, cette Eglise qui
devoit remplir tout l'univers. Ce grand mystère de la religion est
attesté par tous les prophètes, et ce n'est pas ici le lieu d'en rapporter les passages.

Sur ces fondemens il paroît que laisser éteindre la race d'Abraham, ou souffrir qu'elle fût chassée de la Terre Sainte au temps
des rois de Syrie, c'étoit trahir la religion et anéantir le culte
de Dieu.

Il ne faut plus maintenant que considérer quel étoit le dessein
d'Antiochus.

Il ordonna que les Juifs quittassent leur loi pour vivre à la
mode des gentils, sacrifiant aux mêmes idoles et renonçant à leur
temple, qu'il fit profaner jusqu'à y mettre sur l'autel de Dieu
l'idole de Jupiter Olympien [2].

Il ordonna la peine de mort contre ceux qui désobéiroient [3].

Il vint à l'exécution : toute la Judée regorgeoit du sang de ses
enfans [4].

Il assembla toutes ses forces « pour détruire les Israélites et les
restes de Jérusalem : et pour effacer dans la Judée la mémoire du
peuple de Dieu, y établir les étrangers, et leur distribuer par sort
toutes les terres [5]. »

Il avoit résolu de vendre aux gentils tout ce qui échapperoit à
la mort : et les marchands des peuples voisins vinrent en foule
avec de l'argent pour les acheter [6].

Ce fut dans cette déplorable extrémité, que Judas le Machabée

---

[1] *Jerem.*, XXV, 12; XXVII, 11, 12; XXIX, 10, 14; XXX, 3, etc. — [2] I *Mach.*, I, 43,
46, 47, etc., 57. — [3] *Ibid.*, 52. — [4] *Ibid.*, 60, 73, 64, etc. II *Mach.*, VI, 8, 9, 10, etc.
— [5] I *Mach.*, III, 35, 36. — [6] I *Mach.*, III, 41; II *Mach.*, VIII, 11, 14, 34, 26.

prit les armes avec ses frères et ce qui restoit du peuple juif.
Quand ils virent le roi implacable tourner toute sa puissance « à
la ruine totale de la nation, ils se dirent les uns aux autres : Ne
laissons pas détruire notre peuple, combattons pour notre patrie
et pour notre religion, qui périroit avec nous [1]. »

Si des sujets ne doivent plus rien à un roi qui abdique la
royauté, et qui abandonne tout à fait le gouvernement : que
penserons-nous d'un roi qui entreprendroit de verser le sang de
tous ses sujets, et qui las de massacres, en vendroit le reste aux
étrangers? Peut-on renoncer plus ouvertement à les avoir pour
sujets, ni se déclarer plus hautement, non plus le roi et le père,
mais l'ennemi de tout son peuple?

C'est ce que fit Antiochus à l'égard de tous les Juifs, qui se
virent non-seulement abandonnés, mais exterminés en corps par
leur roi ; et cela sans avoir fait aucune faute, comme Antiochus
lui-même est contraint à la fin de le reconnoître. « Je me sou-
viens des maux que j'ai faits dans Jérusalem et des ordres que
j'ai donnés sans raison, pour exterminer tous les habitans de la
Judée [2]. »

Mais les Juifs étoient encore en termes bien plus forts, puisque
selon la constitution de ces temps et de l'ancien peuple avec eux
périssoit la religion : et que c'étoit y renoncer que de renoncer à
leur terre. Ils ne pouvoient donc se laisser ni vendre, ni transporter, ni détruire en corps : et en ce cas la loi de Dieu les obligeoit manifestement à la résistance.

Dieu aussi ne manqua pas à leur déclarer sa volonté, et par
des succès miraculeux, et par les ordres exprès que Judas reçut,
lorsqu'il vit en esprit le prophète Jérémie « qui lui mettoit en
main une épée d'or, en prononçant ces paroles : Recevez cette
sainte épée que Dieu vous envoie, assuré qu'avec elle vous ren-
verserez les ennemis de mon peuple d'Israël [3]. »

C'est à Dieu de choisir les moyens de conserver son peuple.
Quand Assuérus surpris par les artifices d'Aman, voulut exterminer tout le peuple Juif, Dieu rompit ce dessein impie, changeant par le moyen de la reine Esther le cœur de ce roi, qu'une

[1] I Mach., I, 42, 43. — [2] Ibid., VI, 12. — [3] II Machab., XV, 15, 16.

malheureuse facilité plutôt qu'une malice obstinée avoit engagé dans un si grand crime. Mais pour le superbe Antiochus, qui faisoit ouvertement la guerre au ciel, Dieu voulut l'abattre d'une manière plus haute ; et il inspira à ses enfans un courage contre lequel les richesses, la force et la multitude ne furent que d'un secours fragile.

Dieu leur donna tant de victoires, qu'à la fin les rois de Syrie firent la paix avec eux, et autorisèrent les princes qu'ils avoient choisis, les traitant d'amis et de frères [1] : de sorte que tous les titres de puissance légitime concoururent à les établir (a).

LIVRE VII.

DES DEVOIRS PARTICULIERS DE LA ROYAUTÉ.

ARTICLE PREMIER.

Division générale des devoirs du prince.

Les sujets ont appris leurs obligations. Nous avons donné aux princes la première idée des leurs. Il faut descendre au détail : et afin de ne rien omettre, faisons une exacte distribution de ces devoirs.

La fin du gouvernement est le bien et la conservation de l'Etat.

Pour le conserver, il faut : en premier lieu, y entretenir au dedans une bonne constitution.

En second lieu, profiter des secours qui lui sont donnés.

En troisième lieu, il faut sauver les inconvéniens dont il est menacé.

---

[1] I *Mach.*, xi, 24, 25, etc.; xiv, 38, 39, etc.; xv, 1, 2, etc.

(a) On trouvera ces difficultés, et plusieurs autres matières concernant les devoirs de la sujétion sous l'autorité légitime, traitées à fond dans le *cinquième Avertissement contre le ministre Jurieu*, et dans la *Défense de l'histoire des variations contre le ministre Basnage*. (Note de la 1re édit.)

Ainsi se conserve le corps humain, en y maintenant une bonne constitution : en se prévalant des secours dont la foiblesse des choses humaines veut être appuyée : en lui procurant les remèdes convenables contre les inconvéniens et les maladies dont il peut être attaqué.

La bonne constitution du corps de l'Etat consiste en deux choses : dans la religion et dans la justice : ce sont les principes intérieurs et constitutifs des Etats. Par l'une, on rend à Dieu ce qui lui est dû ; et par l'autre, on rend aux hommes ce qui leur convient.

Les secours essentiels à la royauté et nécessaires au gouvernement, sont les armes : les conseils : les richesses ou les finances : où on parlera du commerce et des impôts.

Enfin nous finirons par la prévoyance des inconvéniens qui accompagnent la royauté : et des remèdes qu'on y doit apporter.

Le prince sait tous ses devoirs particuliers quand il sait faire toutes ces choses. C'est ce que nous allons lui enseigner dans les livres suivans. Commençons à lui expliquer ce qu'il doit à la religion.

ARTICLE II.

De la religion, en tant qu'elle est le bien des nations et de la société civile.

Ire PROPOSITION.

Dans l'ignorance et la corruption du genre humain, il s'y est toujours conservé
quelques principes de religion.

Il est vrai que saint Paul parlant aux peuples de Lycaonie, il leur a dit « que Dieu avoit laissé toutes les nations aller chacune dans leurs voies [1]. » Comme s'il les avoit entièrement abandonnées à elles-mêmes, et à leurs propres pensées en ce qui regarde le culte de Dieu, sans leur en laisser aucun principe. Il ajoute cependant, au même endroit, « qu'il ne s'étoit pas laissé lui-même sans témoignage, répandant du ciel ses bienfaits, donnant la pluie et les temps propres à produire des fruits : remplissant nos cœurs de la nourriture convenable et de joie [2]. » Ce qu'il n'auroit

[1] *Act.*, XIV, 15. — [2] *Ibid.*, 16.

pas dit à ces peuples ignorans, si malgré leur barbarie il ne leur fût resté quelque idée de la puissance et de la bonté divine.

On voit aussi parmi ces barbares une connoissance de la Divinité, à laquelle ils vouloient sacrifier [1]. Et cette espèce de tradition de la Divinité, du sacrifice et de l'adoration instituée pour la reconnoître, se trouve dès les premiers temps si universellement répandue parmi les nations où il y a quelque espèce de police, qu'elle ne peut être venue que de Noé et de ses enfans.

Ainsi quoique le même saint Paul parlant aux Gentils convertis à la foi, leur ait dit « qu'ils étoient auparavant sans Dieu en ce monde [2], » il ne veut pas dire qu'ils fussent absolument sans divinité, puisqu'il reproche ailleurs aux Gentils « qu'ils se laissoient entraîner à l'adoration des idoles sourdes et muettes [3]. »

Si donc il reproche aussi aux Athéniens [4] les temps d'ignorance, où l'on vivoit sans connoissance de Dieu, c'est seulement pour leur dire qu'ils n'avoient de Dieu que des connoissances confuses et pleines d'erreur, quoiqu'au reste ils ne fussent pas tout à fait destitués de la connoissance de Dieu, puisque même ils l'adoroient quoiqu'inconnu [5], et qu'ils lui rendissent dans leur ignorance quelque sorte de culte.

De semblables idées de la Divinité se trouvent dans toute la la terre de toute antiquité ; et c'est ce qui fait qu'on ne trouve aucun peuple sans religion, de ceux du moins qui n'ont pas été absolument barbares, sans civilité et sans police.

II° PROPOSITION.

Ces idées de religion avoient dans ces peuples quelque chose de ferme et d'inviolable.

« Passez aux îles de Cethim, disoit Jérémie, et envoyez en Cédar (aux pays les plus éloignés de l'Orient et de l'Occident) ; considérez attentivement ce qui s'y passe : et voyez si une seule de ces nations a changé ses dieux : et cependant ce ne sont pas des dieux. » Ces principes de religion étoient donc réputés pour

---

[1] *Act.*, XIV, 10-12. — [2] *Ephes.*, II, 12. — [3] I *Cor.*, XII, 2. — [4] *Act.*, XVII, 30. — [5] *Act.*, XVII, 23. — *Jerem.*, II, 10, 11.

inviolables : et c'est aussi par cette raison qu'on a eu tant de peine d'en retirer ces nations.

IIIᵉ PROPOSITION.

Ces principes de religion, quoiqu'appliqués à l'idolâtrie et à l'erreur, ont suffi pour établir une constitution stable d'Etat et de gouvernement.

Autrement il s'ensuivroit qu'il n'y auroit point de véritable et légitime autorité hors de la vraie religion et de la vraie Eglise : ce qui est contraire à tous les passages où l'on a vu que le gouvernement des empires, même idolâtres, et où règne l'infidélité, étoit saint, inviolable, ordonné de Dieu et obligatoire en conscience.

La religion du serment reconnue dans toutes les nations, prouve la vérité de notre proposition.

Saint Paul observe deux choses dans la religion du serment [1]. L'une, qu'on jure par plus grand que soi. L'autre, qu'on jure par quelque chose d'immuable. D'où le même Apôtre conclut « que le serment fait parmi les hommes le dernier affermissement, la dernière et finale décision des affaires. »

Il y faut encore ajouter une troisième condition : c'est qu'on jure par une puissance qui pénètre le plus secret des consciences; en sorte qu'on ne peut la tromper, ni éviter la punition du parjure.

Cela posé et le serment étant établi parmi toutes les nations, cette religion établit en même temps la sûreté la plus grande qui puisse être parmi les hommes, qui s'assurent les uns les autres par ce qu'ils jugent le plus souverain, le plus stable, et qui seul se fait sentir à la conscience.

C'est pourquoi il a été établi qu'en deux cas, où la justice humaine ne peut rien; dont l'un est quand il faut traiter entre deux puissances égales, et qui n'ont rien au-dessus d'elles; et l'autre est lorsqu'il faut juger des choses cachées, et dont on n'a pour témoin ni pour arbitre que la conscience; il n'y a point d'autre moyen d'affermir les choses que par la religion du serment.

[1] *Hebr.*, VI, 13, 16, 17, 18.

Pour cela il n'est pas absolument nécessaire qu'on jure par le Dieu véritable : et il suffit que chacun jure par le Dieu qu'il reconnoît. Ainsi comme le remarque saint Augustin [1], on affermissoit les traités avec les barbares par les sermens en leurs dieux. *Juratione barbaricâ.* Ce que ce Père prouve par le serment qui affermit le traité de paix entre Jacob et Laban, chacun d'eux jurant par son Dieu : Jacob par le vrai Dieu, « qui avoit été redouté et révéré par son père Isaac ; » et Laban idolâtre jurant par ses dieux [2] : comme il paroîtra à ceux qui sauront le bien entendre.

C'est donc ainsi que la religion, vraie ou fausse, établit la bonne foi entre les hommes, parce qu'encore que ce soit aux idolâtres une impiété de jurer par de faux dieux, la bonne foi du serment qui affermit un traité n'a rien d'impie ; étant au contraire en elle-même inviolable et sainte, comme l'enseigne le même docteur au même lieu. C'est pourquoi Dieu n'a pas laissé d'être le vengeur des faux sermens entre les infidèles, parce qu'encore que les sermens par les faux dieux soient en abomination devant lui, il n'en est pas moins le protecteur de la bonne foi, qu'on veut établir par ce moyen.

Nous avons vu [3] que les nations qui ne connoissoient pas le vrai Dieu, n'ont pas laissé d'affermir leurs lois par les oracles de leurs dieux ; cherchant d'établir la justice et l'autorité, c'est-à-dire la tranquillité et la paix, par les moyens les plus inviolables qui se trouvassent parmi les hommes.

Par là ils ont prétendu que leurs lois et leurs magistrats devenoient des choses saintes et sacrées. Et Dieu même n'a pas dédaigné de punir l'irréligion des peuples qui profanoient les temples qu'ils croyoient saints, et les religions qu'ils croyoient véritables, à cause qu'il juge chacun par sa conscience.

Que si l'on demande ce qu'il faudroit dire d'un Etat où l'autorité publique se trouveroit établie sans aucune religion : on voit d'abord qu'on n'a pas besoin de répondre à des questions chimériques. De tels Etats ne furent jamais. Les peuples où il n'y a

---

[1] Aug., Epist. XLVII, *ad Public.* n. 2. — [2] *Gen.*, XXXI, 53, etc. — [3] Ci-devant, liv. I, art. 4, VIIe propos.

point de religion sont en même temps sans police, sans véritable subordination et entièrement sauvages. Les hommes n'étant point tenus par la conscience, ne peuvent s'assurer les uns les autres. Dans les empires où les histoires rapportent que les savans et les magistrats méprisent la religion, et sont sans Dieu dans leur cœur, les peuples sont conduits par d'autres principes, et ils ont un culte public.

Si néanmoins il s'en trouvoit où le gouvernement fût établi, encore qu'il n'y eût aucune religion (ce qui n'est pas et ne paroît pas pouvoir être), il y faudroit conserver le bien de la société le plus qu'il seroit possible : et cet état vaudroit mieux qu'une anarchie absolue, qui est un état de guerre de tous contre tous.

IV° PROPOSITION.

La véritable religion étant fondée sur des principes certains, rend la constitution des Etats plus stable et plus solide.

Quoiqu'il soit vrai que les fausses religions, en ce qu'elles ont de bon et de vrai, qui est qu'il faut reconnoître quelque divinité à laquelle les choses humaines sont soumises, puissent suffire absolument à la constitution des Etats : elles laissent néanmoins toujours, dans le fond des consciences, une incertitude et un doute, qui ne permet pas d'établir une parfaite solidité.

On a honte dans son cœur des fables dont sont composées les fausses religions, et de ce qu'on voit dans les écrits des sages païens. [Quand il n'y auroit d'autre mal que celui d'adorer des choses muettes et insensibles, comme les astres, la terre et les élémens : ou que de croire la Divinité figurable, d'en attacher la vertu au bois, à la pierre et aux métaux; et d'adorer les idoles, c'est-à-dire l'ouvrage de ses mains : c'est quelque chose de si insensé et de si bas, qu'on ne peut s'empêcher d'en rougir au dedans de soi : et c'est pourquoi les sages païens n'en vouloient rien croire, encore qu'à l'extérieur ils se conformassent aux coutumes populaires, comme saint Paul le leur a reproché [1].

De là vient l'irréligion : et l'athéisme prend facilement racine

[1] Rom., I, 20, etc.

dans de telles religions : comme il paroît par l'exemple des épicuriens, avec lesquels saint Paul disputoit [1].

Cette secte n'admettoit des dieux qu'en paroles et par politique,
pour se soustraire à la haine et aux châtimens publics. Mais au
reste tout le monde savoit que les dieux que les épicuriens ad-
mettoient, sans soin des choses humaines, sans puissance et sans
providence, ne faisoient aucun bien, et n'appuyoient en aucune
sorte la foi publique. On les toléroit toutefois, encore que leur
déisme fût au fond un vrai athéisme; et que leur doctrine, qui
flattoit les sens, gagnât publiquement le dessus parmi les gens
qui se piquoient d'avoir de l'esprit.

Les stoïciens, qui leur étoient opposés, contre lesquels saint
Paul disputa aussi [2], n'avoient pas une opinion plus favorable à
la Divinité, puisqu'ils faisoient un dieu de leur sage, et même le
préféroient à leur Jupiter.

Ainsi les fausses religions n'avoient rien qui se soutînt. Aussi
ne consistoient-elles que dans un zèle aveugle, séditieux, turbulent, intéressé, plein d'ignorance, confus et sans ordre ni raison : comme il paroît dans l'assemblée confuse et tumultueuse
des Ephésiens, et dans leurs clameurs insensées en faveur de
leur grande Diane [3]. Ce qui est bien éloigné du bon ordre, et de
la stabilité raisonnable qui constitue les Etats : c'est cependant la
suite inévitable de l'erreur. Il faut donc chercher le fondement
solide des Etats dans la vérité, qui est la mère de la paix : et la
vérité ne se trouve que dans la véritable religion.

ARTICLE III.

Que la véritable religion se fait connoître par des marques sensibles.

Ire PROPOSITION.

La vraie religion a pour marque manifeste son antiquité.

« Souvenez-vous des anciens jours ; pensez à toutes les générations particulières : interrogez votre père, et il vous l'annon-

[1] *Act.*, XVII, 18. — [2] *Ibid.* — [3] *Ibid.*, XIX, 24, 28, 34, etc.

cera : demandez à vos ancêtres, et ils vous le diront [1]. » C'est le témoignage qu'en rendoit Moïse à tout le peuple dans ce dernier cantique qu'il lui laissoit comme l'abrégé et le mémorial éternel de son instruction. D'où il conclut : « N'est-ce pas Dieu qui est votre père, qui vous a possédés, qui vous a faits, qui vous a créés [2] ? » Voilà sur quoi il fonde la religion.

Salomon dit la même chose : « N'outre-passez point les bornes que vos pères ont établies [3]. » Ne changez rien, n'innovez rien.

Jérémie a encore donné ce grand caractère à la religion, pour détruire les nouveautés que le peuple y introduisoit (a). « Tenez-vous, dit-il, sur les grands chemins, et informez-vous des voies anciennes, et quelle est la bonne voie, et marchez-y : et vous trouverez la consolation et le rafraîchissement de vos ames [4]. »

Tout cela veut dire qu'en quelque état qu'on regarde la religion et en quelque temps qu'on se trouve, on verra toujours ses ancêtres, et même son père devant soi : on trouvera toujours des bornes posées, qu'il n'est pas permis d'outre-passer : on verra toujours devant soi le chemin battu, dans lequel on ne s'égare jamais.

Les apôtres ont donné le même caractère à l'Eglise chrétienne. « O Timothée (ô homme de Dieu, ô pasteur, ô prédicateur, qui que vous soyez, et en quelque temps que vous veniez) : gardez le dépôt qui vous a été confié (une chose qui vous a été laissée, que vous trouverez toujours toute établie dans l'Eglise) : évitant les profanes nouveautés dans les paroles. » Ce que l'Apôtre répète par deux fois [5].

Le moyen que les apôtres ont laissé à l'Eglise pour cela, est celui-ci, que saint Paul marque au même Timothée : « Mon fils, fortifiez-vous dans la grace qui est en Jésus-Christ. Et ce que vous avez ouï de moi en présence de plusieurs témoins, laissez-le, et le confiez à des hommes fidèles qui soient capables d'en instruire d'autres [6]. »

Jésus-Christ avoit proposé le même moyen, et l'avoit rendu

[1] *Deut.*, XXXII, 7.— [2] *Ibid.*, 6. — [3] *Prov.*, XXII, 28. — [4] *Jerem.*, VI, 16.— [5] I *Tim.*, VI, 20 ; II *Tim.*, II, 16. — [6] II *Tim.*, II, 1, 2.

(a) 1° *Edit.* Que le peuple introduisoit.

éternel, en disant à ses apôtres et en leurs personnes à leurs successeurs, selon le ministère qu'il leur a commis : « Allez, enseignez, baptisez : et moi je suis avec vous, tous les jours (sans interruption), jusqu'à la fin des siècles[1] : » parce qu'il promet qu'il
n'y aura jamais d'interruption dans cette suite du ministère extérieur. Ce qui se confirme encore par cette parole : « Tu es Pierre,
et sur cette pierre je bâtirai mon Eglise : et les portes d'enfer ne
prévaudront point contre elle[2]. » D'où il s'ensuit qu'en quelque
temps et en quelque état qu'on soit, on trouvera toujours l'Eglise
ferme : Jésus-Christ toujours avec ses pasteurs : la bonne doctrine par conséquent toujours établie et venue de main en main.
Ce qui fera qu'on dira en tout temps : Je crois l'Eglise catholique. Et toujours avec saint Paul : « Si quelqu'un vous annonce
et vous donne pour évangile autre chose que ce que vous avez
reçu, qu'il soit anathème[3]. »

Sur ce fondement, en quelque état et en quelque temps qu'on
se trouve après Jésus-Christ, on possédera toujours la vérité, en
allant devant soi dans le chemin battu par nos pères : en révé-
rant les bornes qu'ils ont posées : et en les interrogeant de ce
qu'ils croyoient. Par ce moyen, de proche en proche, on trouvera Jésus-Christ : lorsqu'on y sera arrivé, on interrogera encore
ses pères, et on trouvera qu'ils croyoient le même Dieu, et attendoient le même Christ à venir : sans qu'il intervienne d'autre
changement entre hier et aujourd'hui, sinon celui d'attendre
hier, celui qu'aujourd'hui on croit venu. Ce qui fait dire à l'A-
pôtre : « Dieu que je sers, selon la foi qui m'a été laissée par mes
ancêtres[4]. » Et parlant à Timothée : « Souvenez-vous de la foi
qui est en vous, sans fiction : et qui a premièrement habité
(comme dans un lieu permanent et dans une demeure ordinaire),
dans votre aïeule Loïde et dans votre mère Eunice[5]. » Et encore
plus généralement : « Jésus-Christ étoit hier, et aujourd'hui, et
il est aux siècles des siècles. » D'où le même apôtre conclut : « Ne
vous laissez point emporter à des doctrines variables et étrangères[6]. »

[1] Matth., XXVIII, 19, 20. — [2] Matth., XVI, 18. — [3] Gal., I, 9. — [4] II Tim., I, 3.
— [5] Ibid., 5. — [6] Hebr., XIII, 8, 9.

Par ce moyen, après la succession de l'Eglise qui a son commencement dans les apôtres et en Jésus-Christ, vous venez à celle de la loi et de ses pontifes, qui ont leur commencement dans Moïse et dans Aaron. C'est là que Moïse nous apprend à interroger encore nos pères : et on trouve qu'ils adoroient le Dieu d'Abraham, d'Isaac et de Jacob, qui adoroient celui de Melchisédech, qui adoroit celui de Sem et de Noé, qui adoroit celui d'Adam : dont la mémoire étoit récente, la tradition toute fraîche, le culte très-bien établi et très-connu. De sorte qu'en quelque temps donné que ce puisse être, en remontant de proche en proche, on vient à Adam et au commencement de l'univers par un enchaînement manifeste.

IIe PROPOSITION.

Toutes les fausses religions ont pour marque manifeste leur innovation.

Pour confondre les idolàtries des rois de Juda, même dans les temps les plus ténébreux : celle d'Achaz, de Manassés, d'Amon, de Joachaz et de ses enfans, jusqu'au dernier roi qui fut Sédécias, il ne faut que leur dire avec Moïse : « Interrogez votre père, demandez à vos ancêtres [1]. » Et sans recourir jusqu'à eux et remonter jusqu'à l'origine des histoires oubliées, il n'y avoit qu'à leur dire : Interrogez Josias, dont la mémoire est toute récente : interrogez Ezéchias : interrogez Manassés lui-même, dont les égaremens ont été les plus extrêmes; et souvenez-vous de la pénitence par laquelle Dieu l'a fait revenir au culte de son père Ezéchias. Au-dessus d'Ezéchias et du temps d'Achaz, interrogez Ozias son père, son aïeul Joatham et son bisaïeul Amasias : interrogez Josaphat, interrogez Asa : voyez quelle religion ils ont suivie. Pour confondre Abiam et son père Roboam fils de Salomon, qui à la fin se sont égarés, obligez-les à interroger Salomon : s'ils vous objectent ses dernières actions, rappelez-leur les premières, lorsque la sagesse de Dieu étoit en lui si visiblement. Montrez-leur David et Samuel qui l'a oint : et Héli, sous qui Samuel s'étoit formé : et de proche en proche tous les juges jusqu'à

[1] *Deut.*, XXXII, 6, 7.

)

Josué; et immédiatement au-dessus de Josué, Moïse même. Mais Moïse vous renvoie à vos ancêtres, et il ne fait que vous montrer des patriarches, dont la mémoire étoit toute fraîche jusqu'à Abraham, et le reste que nous avons dit.

Il est vrai que dans cette suite, il y avoit souvent eu de mauvais exemples : et c'est pourquoi il est dit de certains rois qu'ils firent mal devant le Seigneur, comme de Joakim et de ses successeurs : « Celui-ci fit mal devant le Seigneur, ainsi qu'avoient fait ses pères [1]. » Et en général de tout le peuple : « Ils firent mal comme leurs pères, qui ne vouloient point obéir au Seigneur [2]. » Cependant à travers la suite des mauvais exemples que souvent on recevoit de ses derniers pères, il étoit toujours aisé de démêler ceux qui demeuroient dans la foi des anciens pères et ceux qui l'abandonnoient. De sorte qu'on disoit toujours : Interrogez vos ancêtres et le Dieu de vos pères.

IIIe PROPOSITION.

La suite du sacerdoce rend cette marque sensible.

La succession du sacerdoce marquoit aussi la suite de la religion. Le sang de Lévi une fois consacré à cet office, n'a jamais cessé de donner des ministres au temple et à l'autel : d'Aaron et de ses enfans sortis de Lévi, sont toujours sortis des pontifes et des sacrificateurs, sans que jamais la succession du sacerdoce ait été interrompue pour peu que ce fût : et parmi ces sacrificateurs il y en a toujours eu qui conservoient le vrai culte, les vrais sacrifices et toute la religion établie de Dieu par Moïse. Témoins « les sacrificateurs enfans de Sadoc, qui ont toujours conservé, dit le Seigneur, les cérémonies de mon sanctuaire, pendant que les enfans d'Israël et même ceux de Lévi s'égaroient [3]. »

Tout ce qu'on chantoit dans le temple, les Psaumes de David et des autres que tout le peuple savoit par cœur, le temple même, l'autel même, la pâque, la circoncision et tout le reste des observances légales, étoient en témoignage (a) aux errans. Tout rap-

---

[1] IV *Reg.*, XXIII, 32, 37. — [2] *Ibid.*, XVII, 14. — [3] *Ezech.*, XLVIII, 11.

(a) IIe *Edit. :* Un témoignage.

peloit à David, à Moïse, à Abraham, à Dieu créateur de tout, et
toujours de proche en proche : en sorte qu'il n'y avoit qu'à ouvrir les yeux, pour reconnoître la suite de la religion toute manifeste par des faits constans et sans aucun embarras, pourvu seulement qu'on voulût voir.

Le schisme de Jéroboam avoit de pareilles marques d'innovation. Car la mémoire du temple bâti par Salomon étoit récente. Il
n'étoit pas moins visible que Salomon n'avoit fait que suivre les
desseins de son père David, qui lui-même n'avoit fait autre chose
que de désigner selon les préceptes tant de fois réitérés par
Moïse, le lieu où le Seigneur vouloit être servi.

Ainsi Jéroboam et les schismatiques qui le suivoient, n'avoient
qu'à interroger leurs pères : et même qu'à se souvenir, parce
qu'ils avoient vu de leurs yeux sous Salomon et sous David, dans
le temps où tout le peuple étoit réuni dans un même culte et où
tout Israël étoit d'accord, que c'étoit en sa pureté le culte établi
par Moïse, dont tous recevoient les oracles.

Il n'étoit pas moins évident que les schismatiques s'étoient retirés des lévites enfans de Lévi, et des sacrificateurs enfans
d'Aaron ; à qui toute la nation et les schismatiques eux-mêmes,
ne pouvoient pas ignorer que Dieu n'eût donné le sacerdoce, et
tout le ministère de la religion.

Jéroboam savoit bien lui-même qu'Ahias, prophète du Seigneur, qui lui avoit prédit qu'il seroit roi, servoit le Dieu de ses
pères, et détestoit ses veaux d'or. Il continue dans son schisme
à le consulter, et en reçoit de dures réponses suivies d'un prompt
effet [1]. Il étoit notoire à tout le monde, que les veaux d'or de Jéroboam n'avoient été érigés que par une pure politique, contre
les maximes véritables de la religion; comme il a été expliqué
ailleurs. Et enfin il n'y avoit rien de plus évident que ce que disoit Abia, fils de Roboam, aux schismatiques, pour les rappeler
à l'unité de leurs frères : « Dieu (qui a toujours été notre roi)
possède encore le royaume par les enfans de David. Il est vrai
que vous avez parmi vous un grand peuple, et les veaux d'or
vos nouveaux dieux que Jéroboam a fabriqués [2]. » Mais vous avez

[1] III *Reg.*, xiv, 1, 2 et seq. — [2] II *Par.*, xiii, 8, 9, 10, 12.

rejeté les sacrificateurs du Seigneur, les enfans d'Aaron et les lévites » (que vous-mêmes vous reconnoissiez avec nous, et à qui vous savez bien que Dieu a donné le sacerdoce par Moïse) : « et vous vous êtes fait des sacrificateurs, comme les autres peuples du monde » (sans succession, sans ordre de Dieu) : « le premier venu est fait sacrificateur. Pour nous, notre Seigneur c'est Dieu même, que nous n'avons point abandonné : et nous persistons à reconnoître les sacrificateurs qu'il nous a donnés, qui sont les enfans d'Aaron et les Lévites, chacun en son rang. Ainsi Dieu est dans notre armée avec ses sacrificateurs qu'il a établis. Enfans d'Israël, ne combattez point contre le Seigneur votre Dieu : car cela ne vous sera point utile [1]. » C'étoit ouvertement combattre contre Dieu, que d'innover si manifestement dans la religion, et que d'en mépriser tous les monumens (a) qui restoient encore.

IV° PROPOSITION.
Cette marque d'innovation est ineffaçable.

Le long temps n'effaçoit point cette tache. On se souvenoit toujours de David et de Salomon, sous qui toutes les tribus étoient unies. On ne se souvenoit pas moins distinctement de Jéroboam, qui les avoit séparées. Deux ou trois cents ans après le schisme, Ezéchias disoit encore aux schismatiques : « Enfans d'Israël, retournez au Seigneur Dieu d'Abraham, d'Isaac et de Jacob [2]. » On leur parloit d'y retourner, comme à ceux qui s'en étoient séparés. « Ne soyez point, poursuivoit-il, comme vos pères et vos frères, qui se sont retirés du Dieu de leurs pères [3]. » On leur apprenoit à distinguer leurs derniers pères des premiers, dont on s'étoit séparé. « N'imitez pas vos pères, qui se sont retirés des leurs. Suivez le Dieu de vos pères, et remontez à la source. Venez à son sanctuaire, qu'il a sanctifié pour toujours [4]. » Ce n'étoit pas pour un temps que David et Salomon avoient fait le temple en exécution de la loi de Moïse : « Servez donc le Dieu de vos pères ; » le Dieu de Salomon et de David, qui étoit sans contestation celui de Moïse et celui d'Abraham.

[1] II *Paralip.*, XIII, 8, 9, 10, 12.— [2] II *Paralip.*, XXX, 6.—[3] *Ibid.*, 7.— [4] *Ibid.*, 8.
(a) 11° *Edit.* Les mouvemens.

Le caractère du schisme étoit d'avoir rompu cette chaîne. Cette marque d'innovation suit les schismatiques de génération en génération ; et une tache de cette nature ne se peut jamais effacer.

Vᵉ PROPOSITION.

La même marque est donnée pour connoître les schismatiques séparés de l'Eglise chrétienne.

Ainsi en est-il arrivé à tous ceux qui ont fait de nouvelles sectes dans la religion, et autant parmi les chrétiens que parmi les Juifs. L'apôtre saint Jude leur a donné pour caractère « de se séparer eux-mêmes [1]. » Et il a expressément marqué que c'étoit là l'instruction commune que tous les apôtres avoient laissée aux églises. « Pour vous, dit-il, mes bien-aimés, souvenez-vous des paroles de la prédiction des apôtres : qu'il viendroit dans les derniers temps des trompeurs, qui marcheroient selon leurs désirs dans leurs impiétés [2]. » Pour les connoître sans difficulté voici leur marque : « Ce sont ceux, ajoute-t-il, qui se séparent eux-mêmes. » C'est une tache ineffaçable : et les apôtres, qui craignoient pour les fidèles la séduction de ces trompeurs, se sont accordés à en donner ce caractère sensible. Ils rompront avec tout le monde ; ils renonceront à la religion qu'ils trouveront établie, et s'en sépareront. Ils ont toujours sur le front ce caractère d'innovation, selon la prédiction des apôtres.

Nulle hérésie ne s'en est sauvée, quoi qu'elle ait pu faire. Ariens, macédoniens, nestoriens, pélagiens, eutychiens, tous les autres, dans quelques siècles qu'ils aient paru, loin ou proche de nous, portent dans leur nom, qui vient de celui de leur auteur, la marque de leur nouveauté. On nommera éternellement Jéroboam, qui s'est séparé et qui a fait pécher Israël. Le schisme est toujours connu par son auteur : la plaie ne se ferme pas par le temps ; et pour peu qu'on y regarde de près, la rupture paroît toujours fraîche et sanglante.

[1] *Ep. Jud.*, 19. — [2] *Ibid.*, 17, 18, 19.

VI° PROPOSITION.

Il ne suffit pas de conserver la saine doctrine sur les fondemens de la foi : il faut en tout et partout être uni à la vraie Eglise.

Les Samaritains adoroient le vrai Dieu, qui étoit le Dieu de Jacob; et ils attendoient le Messie. La Samaritaine déclare l'un et l'autre, lorsqu'elle dit au Sauveur : « Nos pères ont adoré dans cette montagne [1]. » Et un peu après : « Le Christ va venir, et nous apprendra toutes choses [2]. » Doctrine qu'on sait d'ailleurs avoir été commune aux Samaritains avec le peuple de Dieu. Et nèanmoins, parce qu'ils étoient séparés de Jérusalem et du temple, sans communiquer à la vraie Eglise et à la tige du peuple de Dieu, cette femme reçoit cette sentence de la bouche du Fils de Dieu : « Vous adorez ce que vous ne savez pas : pour nous (pour nous autres Juifs), nous adorons ce que nous savons, et le salut vient des Juifs [3]. » C'est de nous que viendra le Christ; c'est parmi nous qu'il le faut chercher, et il n'y a de salut que parmi les Juifs.

Ainsi en est-il de tous les schismes; et c'est en vain qu'on s'y glorifie d'avoir conservé les fondemens du salut.

VII° PROPOSITION.

Il faut toujours revenir à l'origine.

Quelque temps qu'ait duré un schisme, il ne prescrira jamais contre la vérité. Le schisme de Samarie avoit sa première origine dans celui de Jéroboam; et il y avoit près de mille ans qu'il subsistoit, quand le Fils de Dieu le réprouva par la sentence qu'on vient d'entendre.

Les Chutéens appelés depuis les Samaritains, avoient été introduits dans la terre des dix tribus séparées, que les Assyriens en avoient chassées [4]. Leur religion naturelle étoit le culte des idoles; mais instruits par un prêtre des Israélites, ils y joignirent quelque chose du culte de Dieu, suivant que le pratiquoient les schismatiques. Ils étoient donc à leur place, et leur succédèrent; mais

---

[1] *Joan.*, IV, 20. — [2] *Ibid.*, 25. — [3] *Ibid.*, 22. — [4] IV *Reg.*, XVII, 24 et seq.

quoiqu'ils se soient corrigés dans la suite, et du faux culte des
Israélites, et de leurs idolâtries particulières, ne rendant plus
d'adoration ni de culte qu'au vrai Dieu : tout cela et le long
temps de leur séparation fut inutile ; et Jésus-Christ a décidé
qu'il n'y avoit de salut pour eux qu'en revenant à la tige.

VIII° PROPOSITION.

L'origine du schisme est aisée à trouver.

La connoissance de l'origine de celui des Samaritains dépen-
doit de certains faits qui étoient notoires ; telle qu'étoit l'histoire de
Jéroboam et de la première séparation des dix tribus après
le règne de David et de Salomon, où tout le peuple étoit uni. Ce
commencement ne s'oublie jamais : et on oublieroit aussitôt son
père et sa mère que David et Salomon et Jéroboam, dont le dernier avoit séparé ce que les deux autres avoient conservé dans
l'union qu'on avoit toujours gardée avant eux.

Ce mal ne se répare point. Après cent générations on trouve
encore le commencement, c'est-à-dire la fausseté de sa religion.
Ce qui rend ce commencement et la date du schisme manifeste
dans toutes les sectes séparées qui sont ou qui furent jamais,
c'est qu'il y a toujours un point où l'on demeure court, sans qu'on
puisse remonter plus haut. Il n'en étoit pas ainsi du vrai peuple,
à qui la succession de ses prêtres et de ses lévites rendoit témoignage : tout parloit pour lui, le temple même et la cité sainte,
dont il étoit en possession de tout temps. Mais au contraire les
schismatiques de Samarie ne pouvoient jamais établir leur succession, ni remonter jusqu'à la source, ni par conséquent effacer
la marque de la rupture. C'est pourquoi le Fils de Dieu prononce
contre eux la condamnation qu'on a ouïe.

Tous les schismes ont la même marque. Encore que le sacerdoce ou le ministère chrétien ne suive pas la trace du sang,
comme celui de l'ancien peuple, la succession n'en est pas moins
assurée. Les pontifes, ou les évêques du christianisme, se suivent
les uns les autres, sans interruption ni dans les siéges ni dans
la doctrine ; mais le novateur, qui change la doctrine de son pré-

décesseur, il se fera remarquer par son innovation. Les caté-
chismes, les rituels, les livres de prières, les temples mêmes et
les autels, où son prédécesseur et lui-même avant l'innovation
ont servi Dieu, porteront témoignage contre lui. C'est ce qui faisoit dire à Jésus-Christ : « Vous adorez ce que vous ne savez
pas [1]. » Vous ne savez pas l'origine, ni de la religion, ni de
l'alliance. « Pour nous (pour les Juifs du nombre desquels je suis),
nous adorons ce que nous savons. » Nous en connoissons l'origine, jusqu'à la source de Moïse et d'Abraham : et le salut n'est
que pour nous.

IXe PROPOSITION.

**Le prince doit employer son autorité pour détruire dans son Etat les fausses
religions.**

Ainsi Asa, ainsi Ezéchias, ainsi Josias, mirent en poudre les
idoles que leurs peuples adoroient. Il ne leur servit de rien d'avoir
été érigés par les rois : ils en abattirent les temples et les autels :
ils en brisèrent les vaisseaux qui servoient à l'idolâtrie : ils en
brulèrent les bois sacrés : ils en exterminèrent les sacrificateurs
et les devins : et ils purgèrent la terre de toutes ces impuretés [2].
Leur zèle n'épargna pas les personnes les plus augustes, ou qui
leur étoient les plus proches : ni les choses les plus vénérables,
dont le peuple abusoit par un faux culte. Asa ôta à sa mère Maa-
cha, fille d'Absalon, la dignité qu'elle prétendoit se donner en
présidant au culte d'un Dieu infâme : et pour la punir de son impiété, il fut contraint de la dépouiller de la marque de la royauté [3].
On gardoit religieusement le serpent d'airain, que Moïse avoit
érigé dans le désert par ordre de Dieu. Ce serpent, qui étoit la
figure de Jésus-Christ [4] et un monument des miracles que Dieu
avoit opérés par cette statue [5], étoit précieux à tout le peuple.
Mais Ezéchias ne laissa pas de le mettre en pièces [6], et lui donna
un nom de mépris, parce que le peuple en fit une idole et lui
brûla de l'encens. Jéhu est loué de Dieu pour avoir fait mourir
les faux prophètes de Baal, qui séduisoient le peuple, sans en

---

[1] *Joan.*, IV, 22.— [2] III *Reg.*, XV, 11, 12, 13; IV *Reg.*, XVIII, 4; XXIII, 5, 6, 7 et seq.
II *Par.*, XIV, 2, 3, 4, 5; XV, 8; XXXIV, 1, 2, 3 et seq.— [3] III *Reg.*, XV, 2, 13. II *Part.*
XV, 16. — [4] *Joan.*, III, 14. — [5] *Num.*, XXI, 9. — [6] IV *Reg.*, XVIII, 4.

laisser échapper un seul [1] : et en cela il ne faisoit qu'imiter le zèle
d'Elie [2]. Nabuchodonosor fit publier par tout son empire un édit
où il reconnoissoit la gloire du Dieu d'Israël, et condamnoit sans
miséricorde à la mort ceux qui blasphémoient son nom [3].

Xe PROPOSITION.

On peut employer la rigueur contre les observateurs des fausses religions : mais
la douceur est préférable.

« Le prince est ministre de Dieu. Ce n'est pas en vain qu'il
porte l'épée : quiconque fait mal, le doit craindre comme le vengeur de son crime [4]. » Il est le protecteur du repos public, qui est
appuyé sur la religion ; et il doit soutenir son trône, dont elle est
le fondement, comme on a vu. Ceux qui ne veulent pas souffrir
que le prince use de rigueur en matière de religion, parce que la
religion doit être libre, sont dans une erreur impie. Autrement il
faudroit souffrir dans tous les sujets et dans tout l'Etat, l'idolâtrie, le mahométisme, le judaïsme, toute fausse religion, le
blasphème, l'athéisme même, et les plus grands crimes seroient
les plus impunis.

Ce n'est pourtant qu'à l'extrémité qu'il en faut venir aux rigueurs, surtout aux dernières. Abia étoit armé contre les rebelles
et les schismatiques d'Israël [5] : mais avant que de combattre, il fait
précéder la charitable invitation que nous avons vue.

Ces schismatiques étoient abattus, et leur royaume détruit
sous Ezéchias et sous Josias ; et ces princes étoient très-puissants.
Mais sans employer la force, Ezéchias envoya des ambassadeurs
dans toute l'étendue de ce royaume, « depuis Bersabée jusqu'à
» Dan, pour les inviter en son nom et au nom de tout le peuple à
» la pâque [6] » qu'il préparoit avec une magnificence royale. Tout
respire la compassion et la douceur dans les lettres qu'il leur
adresse. « Et quoique ceux de Manassé, d'Ephraïm et de Zabulon,
se moquassent avec insulte de cette invitation charitable, » il ne

[1] IV *Reg.*, x, 25, 26, 30. — [2] III *Reg.*, XVIII, 40.—[3] *Dan.*, III, 96, 98. *Ibid.*, IV,
4 et seq., 34. — [4] *Rom.*, XIII, 4. — [5] II *Paral.*, XIII, 9 et seq. — [6] *Ibid.*, XXX, 5
et seq.

prit point de là occasisn de les maltraiter, et il en eut pitié comme de malades.

« Ne vous endurcissez pas, leur disoit-il, contre le Dieu de vos pères : soumettez-vous au Seigneur, et venez à son sanctuaire qu'il a sanctifié pour toujours : servez le Dieu de vos pères, et sa colère se détournera de dessus vous. Si vous retournez au Seigneur, vos frères et vos enfans, que les Assyriens tiennent captifs, trouveront miséricorde devant leurs maîtres ; et ils reviendront en cette terre : car le Seigneur est bon, pitoyable et clément ; et il ne détournera pas sa face de vous, si vous retournez à lui [1]. »

Pour Josias, il se contenta de « renverser l'autel de Bethel, que Jéroboam avoit érigé contre l'autel de Dieu : et tous les autels érigés dans la ville de Samarie, et dans les tribus de Manassé, d'Ephraïm et de Siméon, jusqu'à Nephtali [2]. » Mais il n'eut que de la pitié pour les enfans d'Israël, et ne leur fit aucune violence ; ne songeant qu'à les ramener doucement au Dieu de leurs pères, et faisant faire d'humbles prières pour les restes d'Israël et de Juda [3].

Les princes chrétiens ont imité ces exemples, mêlant selon l'occurrence la rigueur à la condescendance. Il y a de fausses religions qu'ils ont cru devoir bannir de leurs Etats sous peine de mort ; mais je ne veux exposer ici que la conduite qu'ils ont tenue contre les schismes et les hérésies. Ils en ont ordinairement banni les auteurs. Pour leurs sectateurs, en les plaignant comme des malades, ils ont employé avant toutes choses, pour les ramener, de douces invitations. L'empereur Constant, fils de Constantin, fit porter aux donatistes des aumônes abondantes, sans y ajouter autre chose qu'une exhortation pour retourner à l'unité, dont ils s'étoient séparés par un aheurtement et une insolence inouïe. Quand les empereurs virent que ces opiniâtres abusoient de leur bonté, et s'endurcissoient dans l'erreur, ils firent des lois pénales, qui consistoient principalement à des amendes (a) consi-

---

[1] II *Par.*, xxx, 8, 9. — [2] IV *Reg.*, xxiii, 15, 19. II *Paralip.*, xxxiv, 6. — [3] II *Paral.*, xxxiv, 21.

(a) IIe. *Edit.* En des amendes.

dérables. Ils en vinrent jusqu'à leur ôter la disposition de leurs biens, et à les rendre intestables. L'Eglise les remercioit de ces lois ; mais elle demandoit toujours qu'on n'en vînt point au dernier supplice, que les princes aussi n'ordonnoient que dans les cas où la sédition et le sacrilége étoient unis à l'hérésie. Telle fut la conduite du quatrième siècle. En d'autres temps on a usé de châtimens plus rigoureux : et c'est principalement envers les sectes qu'une haine envenimée contre l'Eglise, un aheurtement impie, un esprit de sédition et de révolte, portoit à la fureur, à la violence et au sacrilége.

XIᵉ PROPOSITION.

Le prince ne peut rien faire de plus efficace, pour attirer les peuples à la religion, que de donner bon exemple.

« Tel qu'est le juge du peuple, tels sont ses ministres : tel qu'est le souverain d'un Etat, tels en sont les citoyens [1]. »

« Dès l'âge de huit ans, le roi Josias marcha dans les voies de son père David, sans se détourner ni à droite ni à gauche. A seize ans, et dans la huitième année de son règne, pendant qu'il étoit encore enfant, il commença à rechercher (avec un soin particulier) le Dieu de son père David [2]. » A vingt ans et à la douzième année de son règne, il renversa les idoles, non-seulement dans tout son royaume, mais encore dans tout le royaume d'Israël, qui étoit de l'ancien domaine de la maison de David, quoiqu'alors assujetti par les Assyriens.

« A la dix-huitième année de son règne, il renouvela l'alliance de tout le peuple avec Dieu, étant debout sur le degré du temple, à la vue de tout le peuple, qui jura solennellement après lui de marcher dans toutes les voies du Seigneur : et tout le monde acquiesça à ce pacte. Il ôta donc de dessus la terre et de toutes les régions, non-seulement de Juda, mais encore d'Israël, toutes les abominations. Et il fit que tout ce qui restoit d'Israël (et les dix tribus autant que les autres) servirent le Seigneur leur Dieu. Durant tous les jours de Josias, ils ne s'éloignèrent point du Sei-

---

[1] *Eccli.*, x, 2. — [2] IV *Reg.*, XXII, 1, 2. II *Paralip.*, XXXIV, 1, 2, 3.

gneur Dieu de leurs pères [1]. » Tant a de force dans un roi
l'exemple d'une vertu commencée dès l'enfance, et continuée
constamment durant tout le cours de la vie.

XIIᵉ PROPOSITION.

Le prince doit étudier la loi de Dieu.

« Quand le roi sera assis sur le trône de son empire, il fera dé-
crire en un volume la loi du *Deutéronome* (qui est l'abrégé de
toute la loi de Moïse), dont il recevra un exemplaire des sacrificateurs de la race de Lévi : et il l'aura avec lui, et il le lira tous
les jours de sa vie, afin qu'il apprenne à craindre le Seigneur
son Dieu, et à garder ses paroles [2]. » Il doit faire de la loi de
Dieu la loi fondamentale de son royaume.

On voit ici deux grands préceptes pour les rois. L'un, de recevoir la loi de Dieu des mains des Lévites, afin que la copie qu'ils
en auront soit sûre, sans altération et conforme à celle qui se
lisoit dans le temple. L'autre, de prendre son temps pour en lire
ce qu'il pourra avec attention. Dieu ne lui ordonne pas d'en lire
beaucoup à la fois : mais de se faire une habitude de la méditer,
et de compter cette sainte lecture parmi ses affaires capitales.
Heureux le prince qui liroit ainsi l'Evangile : à la fin il se trouveroit bien récompensé de sa peine.

XIIIᵉ PROPOSITION. ·

Le prince est exécuteur de la loi de Dieu.

C'est pourquoi l'une des principales cérémonies du sacre des
rois de Juda, étoit de lui mettre en main la loi de Dieu. « Ils
prirent le fils du roi, et ils lui mirent le diadème sur le front, et
la loi de Dieu à la main ; et le pontife Joïada l'oignit avec ses enfans, et ils crièrent : Vive le roi [3] ! » Qu'il vive, en employant sa
puissance pour faire servir Dieu qui la lui donne, et qu'il tienne
la main à l'exécution de sa loi !

C'est ce que David lui prescrit par ces paroles : « Maintenant,

---

[1] IV *Reg.*, XXII, 3; XXIII, 2, 3, etc. II *Paralip.*, XXXIV, 8, 29, 30, etc. — [2] *Deut.*,
XVII, 18, 19. Voyez ci-devant, liv. V, art. 1, IXᵉ propos. — [3] II *Par.*, XXIII, 11.

ô rois, entendez : instruisez-vous, arbitres de la terre : servez le Seigneur en crainte[1]. » Servez-le comme tous les autres : car vous êtes avec (a) tous les autres ses sujets : mais servez-le comme rois, dit saint Augustin, en faisant servir à son culte votre puissance royale, et que vos lois soutiennent les siennes.

De là vient que les lois des empereurs chrétiens, et en particulier celles de nos anciens rois, Clovis, Charlemagne et ainsi des autres, sont pleines de sévères ordonnances contre ceux qui manquoient à la loi de Dieu : et on les mettoit à la tête, pour servir de fondement aux lois politiques. De quoi nous verrons peut-être un plus grand détail.

PROPOSITION XIV.

Le prince doit procurer que le peuple soit instruit de la loi de Dieu.

« A la troisième année de son règne, Josaphat envoya les grands du royaume, et avec eux plusieurs lévites et deux prêtres : et ils enseignoient le peuple, ayant en main la loi du Seigneur : et ils alloient par toutes les villes du royaume de Juda, et ils instruisoient le peuple[2]. »

Le prince ne doit régner que pour le bien du peuple, dont il est le père et le juge. Et si Dieu a ordonné aussi expressément aux rois d'écrire eux-mêmes le livre de la loi, d'en avoir toujours avec eux un exemplaire authentique, de le lire tous les jours de leur vie, comme nous l'avons déjà remarqué : on ne peut douter que ce ne soit principalement pour les rendre capables d'en instruire leurs peuples, et de leur en procurer l'intelligence ; comme fit le vaillant et pieux roi Josaphat.

Quel soin, quel empressement ne voyons-nous pas encore dans le roi Josias d'écouter cette loi, et d'en faire lui-même la lecture au peuple, aussitôt que le grand-prêtre Helcias lui eut remis entre les mains l'exemplaire authentique du *Deutéronome*, qui avoit été égaré dès les premières années du règne de l'impie Manassés son aïeul, et que ce pontife venoit de retrouver dans le

---

[1] *Ps.* II, 10. — [2] II *Par.*, XVII, 7, 8, 9. Ci-devant liv. V, art. 1, XVIIIᵉ propos.
(a) Iʳᵉ *Edit.* : Comme...

temple du Seigneur ? « Le roi ayant fait assembler tous les anciens de Juda et de Jérusalem, il monta au temple du Seigneur,
accompagné de tous les hommes de Juda et des citoyens de Jérusalem, des prêtres, des lévites, des prophètes et de tout le
peuple, depuis le plus petit jusqu'au plus grand. Ils se mirent
tous à écouter dans la maison du Seigneur : et le roi leur lut
toutes les paroles de ce livre de l'alliance, qui avoit été trouvé
dans la maison du Seigneur [1]. »

L'Ecriture nous fait assez entendre qu'on devoit imputer la
principale cause des désordres et des impiétés auxquelles s'étoient
abandonnés les rois de Juda, prédécesseurs de Josias, aussi bien
que la juste vengeance que le Seigneur alloit exercer sur eux, à
la négligence qu'ils avoient eue de s'instruire sur la loi de Dieu,
et à l'ignorance profonde de cette loi où ils avoient laissé tomber
le peuple. « Car, dit ce prince, la colère du Seigneur s'est em-
brasée contre nous, et est prête de fondre sur nos têtes, parce
que nos pères n'ont point écouté les paroles du Seigneur, et n'ont
point accompli ce qui a été écrit dans ce Livre [2]. »

En effet leur négligence avoit été portée à un tel excès, que
ces rois avoient laissé égarer l'exemplaire authentique du *Deutéronome*, que Moïse avoit mis en dépôt à côté de l'arche d'alliance, et qui fut retrouvé du temps de Josias.

Ce fut aussi sans doute pour récompenser le zèle dont fut rempli ce saint roi en cette mémorable occasion, que Dieu l'exempta
expressément de la sentence terrible qu'il avoit prononcée contre
les rois de Juda. « Quant au roi de Juda, qui nous a envoyés ici
pour prier et pour consulter le Seigneur, répondit aux envoyés
de Josias la prophétesse Olda inspirée de Dieu, voici ce que dit le
Seigneur Dieu d'Israël : Parce que vous avez écouté les paroles
de ce livre (que vous en avez pénétré le sens, que vous en avez
instruit votre peuple), que votre cœur en a été attendri, que vous
vous êtes humilié devant moi en entendant les maux dont j'ai
menacé Jérusalem et ses habitans : je vous ai aussi exaucé, dit le
Seigneur. Je vous ferai reposer avec vos pères : vous serez mis

[1] IV *Reg.*, XXIII, 1, 2. II *Paralip.*, XXXIV, 29, 30. — [2] IV *Reg.*, XXII, 13. II *Paralip.*, XXXIV, 21.

en paix dans votre tombeau, et vos yeux ne verront point tous
les malheurs que je dois faire tomber sur cette ville et sur ses
habitans [1].» Juste récompense de la sainte ardeur qu'eut ce prince
pieux, d'écouter la loi de Dieu, de s'y rendre attentif, et d'en
avoir procuré l'intelligence à son peuple.

ARTICLE IV.

*Erreurs des hommes du monde et des politiques, sur les affaires
et les exercices de la religion.*

Ire PROPOSITION.

La fausse politique regarde avec dédain les affaires de la religion; et on ne se
soucie ni des matières qu'on y traite, ni des persécutions qu'on fait souffrir
à ceux qui la suivent. Première erreur des puissances et des politiques du
monde.

Il n'y a rien de plus bizarre que les jugemens des hommes
d'Etat et des politiques sur les affaires de la religion.

La plupart les traitent de bagatelles et de vaines subtilités. Les
Juifs amenoient saint Paul avec une haine obstinée, « au tribunal de Gallion, proconsul d'Achaïe, et lui disoient que cet homme
vouloit faire adorer Dieu contre ce que la loi en avoit réglé [2]. »
Ils croyoient avoir attiré son attention, par une accusation si
griève et si sérieuse. « Mais Paul n'eut pas plutôt ouvert la
bouche (pour sa défense) que le proconsul l'interrompit, et du
haut de son tribunal : S'il s'agissoit, dit-il aux Juifs, de quelque injustice et de quelque mauvaise action, je vous donnerois
tout le temps que vous souhaiteriez. Mais pour les questions de
mots et de noms, et de disputes sur votre loi, faites-en comme
vous voudrez : je ne veux point être juge de ces choses [3]. » Il ne
dit pas : Elles sont trop hautes, et passent mon intelligence : il
dit que tout cela n'est que dispute de mots et vaines subtilités,
indignes d'être portées à un jugement sérieux et d'occuper le
temps d'un magistrat.

Les Juifs voyant que ce juge se mettoit si peu en peine de leurs

---

[1] IV *Reg.*, XXII, 18, 19, 20; II *Paralip.*, XXXI, 26, 27, 28. — [2] *Act.*, XVIII, 12,
13. — [3] *Ibid.*, 14, 15.

plaintes, et sembloit abandonner Paul et son compagnon à leur fureur, « se jetèrent sur Sosthènes, et le battoient[1] » (sans aucun respect pour le tribunal d'un si grand magistrat) : « et Gallion ne se mettoit point en peine de tout cela. » Tout lui paroissoit bagatelles dans ces disputes de religion, et une ardeur imprudente de gens entêtés de choses vaines.

IIe PROPOSITION.

Autre erreur des grands de la terre sur la religion : Ils craignent de l'approfondir.

D'autres sembloient prendre la chose plus sérieusement. Félix, gouverneur de Judée, étoit très-bien informé de cette voie[2], c'est-à-dire du christianisme. C'est pourquoi entendant Paul discourir de la justice, que les magistrats devoient rendre avec tant de religion : de la chasteté, qu'on devoit garder avec tant de soin et de précaution (parole si dure aux mondains, qui n'aiment que leurs plaisirs) ; et du jugement à venir, où Dieu demanderoit compte de toutes ces choses avec une sévérité implacable : pour ne point trop approfondir des matières si désagréables, quoiqu'il ne pût s'empêcher d'en être effrayé, Félix lui dit : « C'en est assez pour maintenant ; je vous appellerai en un autre temps plus commode[3]. » Des objets qui l'occupoient davantage dissipoient ces frayeurs : l'avarice le dominoit ; et il ne mandoit plus saint Paul « que dans l'espérance qu'il lui donneroit de l'argent, le laissant captif durant deux ans, et permettant néanmoins à tous ses amis de le voir[4]. »

IIIe PROPOSITION.

Autre procédé des gens du monde, qui prennent la religion pour une folie, sans aucun soin de faire justice, ou d'empêcher les vexations qu'on fait à l'innocence.

Festus, nouveau gouverneur envoyé à la place de Félix, étoit à peu près dans le sentiment de Gallion, sinon qu'il poussoit encore la chose plus loin. Le roi Agrippa et la reine Bérénice, celle qui depuis fut si célèbre par la passion que Tite eut pour elle,

---

[1] *Act.*, XVIII, 17.— [2] *Act.*, XXIV, 22. — [3] *Ibid.*, 25. — [4] *Ibid.*, 26.

désiroient beaucoup d'entendre saint Paul : et Festus leur en voulut donner le plaisir dans une assemblée solennelle, qu'on tint exprès pour cela avec une grande pompe. « Au reste, disoit-il au roi, je n'ai rien trouvé de mal en cet homme : mais il y avoit entre lui et les Juifs qui me l'amenoient des disputes sur leurs superstitions, et sur un certain Jésus qui étoit mort, et dont Paul assuroit qu'il étoit vivant [1]. » Ces gens occupés du monde et de leur grandeur, traitoient ainsi les affaires de la religion et du salut éternel : sans même daigner s'informer de faits aussi importans et aussi extraordinaires que ceux qui regardoient le Fils de Dieu : car tout cela ne faisoit rien à leurs intérêts, ni à leurs plaisirs, ou aux affaires du monde. Comme saint Paul eut pris la parole, et qu'il commençoit à entrer dans le fond des questions, Festus l'interrompit [2]; et sans respecter la présence du roi et de la reine, ni attendre leur jugement et celui de l'assemblée, « il lui cria à haute voix : Paul, vous êtes fol ; trop d'étude vous a tourné l'esprit [3]. »

On voit par là que quelque équitable que parût Festus envers saint Paul, lorsqu'il demeure d'accord « qu'il ne l'a point trouvé criminel, et qu'on l'auroit pu renvoyer, s'il n'avoit point appelé à l'empereur [4] : il entroit dans ce sentiment un secret mépris du fond de la chose, que Festus ne jugeoit pas assez importante pour en faire la matière d'un jugement, ou mériter que l'empereur en prît connoissance. La seule affaire qu'il trouvoit ici, étoit de savoir ce qu'il en manderoit à l'empereur : « Je ne sais, dit-il, qu'en écrire au maître [5]. » Et il avoit peur qu'on ne crût qu'il lui renvoyoit des affaires tout à fait frivoles. Car de l'informer des miracles ou de la doctrine de Jésus-Christ, ou de Paul, et d'examiner les prophéties, où l'Apôtre mettoit son fort, ou enfin de parler sérieusement de l'affaire du salut éternel, il n'en étoit pas question.

Cependant cet homme équitable, qui ne vouloit point condamner saint Paul, ne craignoit pas de le livrer à ses ennemis. Car au lieu de le juger à Césarée, où tout étoit disposé pour cela,

---

[1] *Act.*, XXV, 1, 2, etc. 13, 14, 19, 22, 23, 25. — [2] *Ibid.*, XXVI, 1, 2 et seq. — [3] *Ibid.*, 24. — [4] *Ibid.*, XXV, 18, 25; XXVI, 32. — [5] *Ibid.*, XXV, 26.

et le renvoyer aussitôt, il proposa de le transporter à Jérusalem,
pour faire plaisir aux Juifs, qui avoient fait un complot pour le
tuer, ou sur le chemin, ou bien dans Jérusalem, où tout le peuple
étoit à eux. Ce qui obligea saint Paul de dire à Festus : « Je n'ai
fait aucun tort aux Juifs, comme vous le savez parfaitement :
personne ne me peut livrer à eux. J'appelle à César, et c'est à
son tribunal que je dois être jugé [1]. »

Voici donc tout ce que Festus trouvoit de réel et de sérieux
dans cette affaire ; faire plaisir aux Juifs, contenter la curiosité
d'Agrippa, et résoudre ce qu'il falloit écrire à l'empereur. Quand
on alloit plus avant et qu'on vouloit examiner le fond, on étoit
fol.

IV° PROPOSITION.

Autre erreur : Les égards humains font que ceux qui sont bien instruits de
certains points de religion, n'en osent ouvrir la bouche.

Agrippa qui étoit Juif, attaché à sa religion et bien instruit des
prophéties, agissoit plus sérieusement. Saint Paul, qui le connut, le prit à témoin des faits qu'il avançoit touchant Jésus-
Christ. « Et lorsque Festus lui cria qu'il étoit fol : Non, non, dit-
il, très-excellent Festus, je ne suis pas fol : le roi sait la vérité de
ce que je dis, et je parle hardiment devant lui. Car tout cela ne
s'est point passé dans un coin, mais aux yeux de tout le public. »
Puis adressant la parole au roi lui-même : « O roi Agrippa, dit-
il, ne croyez-vous pas aux prophètes? Je sais que vous y
croyez [3]. » Saint Paul vouloit l'engager à dire de bonne foi devant Festus et les Romains, ce qu'il savoit sur ce sujet-là ; et il
devoit ce témoignage à des païens. Mais il ne fait qu'éluder : et
sans rien dire de tant de merveilles qui s'étoient passées en Judée,
ni même oser témoigner ce qu'il croyoit des prophéties où il
étoit tant parlé du Christ, il se contenta de répondre à saint Paul
par manière de raillerie : « Peu s'en faut que vous ne me per-
suadiez d'être chrétien [4]. »

Voilà ce que pensoient les grands de la terre, les rois, et tous

---

[1] *Act.*, xxv, 9, 10, 11. — [2] *Ibid.*, xxvi, 24, 25, 26. — [3] *Act.*, xxvi, 27. — [4] *Ibid.*,
28.

les hommes du monde, sur la grande affaire de ce temps-là, qui
étoit celle de Jésus-Christ. On ne vouloit ni la savoir, ni l'approfondir, ni dire ce que l'on en savoit. Qui peut après cela s'étonner de ce qu'on en trouve si peu de chose dans les histoires profanes?

V° PROPOSITION.

Indifférence des sages du monde sur la religion.

Mais il n'y eut rien alors de plus merveilleux que les Athéniens. Athènes étoit de tout temps le siége de la politesse, du savoir et de l'esprit : les philosophes y triomphoient : et depuis
qu'assujettie aux Romains elle n'avoit plus à traiter de la paix et
de la guerre, ni des affaires d'Etat, elle s'étoit toute tournée à la
curiosité : « en sorte qu'on n'y pensoit à autre chose, qu'à dire
ou à ouïr quelque nouveauté [1], » surtout en matière de doctrine.
saint Paul y étant arrivé, il se trouvoit dans le Lycée avec les
philosophes stoïciens et épicuriens. « Il discouroit avec eux. Les
uns disoient : Que veut dire ce discoureur ? Et les autres : C'est
assurément un homme qui s'est entêté de nouvelles divinités (ou
comme ils parloient), de nouveaux démons [2]. » Ils se souvenoient que parmi eux on avoit fait une pareille accusation à Socrate : et ils s'en tenoient toujours à leurs anciennes idées. Sur
cela on le mena à l'Aréopage [3], la plus célèbre compagnie de
toute la Grèce, sans autre vue que de contenter la curiosité des
Athéniens, et on tint pour cela le sénat exprès. Paul fut écouté,
tant qu'il débita les grands principes de la philosophie : et la
Grèce fut bien aise de lui entendre citer si à propos ses poëtes.
Mais depuis qu'il vint au principal, qui étoit de leur annoncer
Jésus-Christ ressuscité, et les miracles que Dieu avoit faits pour
montrer que ce Jésus-Christ étoit celui qu'il avoit choisi pour déclarer sa volonté aux hommes : « Les uns se moquèrent de
Paul [4] : » les autres, plus polis à la vérité, mais au fond ni mieux
disposés, ni moins indifférens, lui dirent honnêtement : « Nous
vous entendrons une autre fois sur cette matière. Et Paul sortit
ainsi du milieu d'eux [5]. » En pénétrant davantage, l'affaire fût

---

[1] *Act.*, xvii, 21.— [2] *Ibid.*, 18. — [3] *Ibid.*, 19 et seq.— [4] *Ibid.*, 32. — [5] *Ibid.*, 32, 33.

devenue sérieuse : il eût fallu tout de bon se convertir : et le monde ne vouloit songer qu'à la curiosité et à son plaisir.

On en avoit usé de même dès le commencement envers Jésus-Christ. Hérode, à qui Pilate l'avoit renvoyé, ne vouloit voir que des miracles ; et il auroit souhaité qu'un Dieu employât sa toute-puissance pour le divertir. Parce qu'il ne voulut pas lui faire un jeu des ouvrages de sa puissante main, il le méprisa, et le renvoya comme un fol avec un habit blanc dont il le revêtit [1].

Pilate ne fit pas mieux. Comme Jésus lui eut dit : « Je suis né, et je suis venu dans le monde afin de rendre témoignage à la vérité [2] : » parole profonde, où il vouloit lui apprendre à chercher la vérité de Dieu, il lui repartit : « Et qu'est-ce que la vérité [3] ? » Après quoi il leva le siège sans s'en informer davantage : comme s'il eût dit : La vérité, dites-vous ? et qui la sait ? ou que nous importe de la savoir, cette vérité qui nous passe ? Les mondains, et surtout les grands, ne s'en soucient guère ; et ils n'ont à cœur que les plaisirs et les affaires.

Nous ne sommes pas meilleurs que tous ceux dont nous venons de parler : et si nous ne méprisons pas si ouvertement Jésus-Christ et sa doctrine ; quand il en faut venir au sérieux de la religion, c'est-à-dire à la pratique et à sacrifier son ambition ou son plaisir à Dieu et à son salut, nous nous rions secrètement de ceux qui nous le conseillent : et la religion ne nous est pas moins un jeu qu'aux infidèles.

VIe PROPOSITION.

Comment la politique en vint enfin à persécuter la religion, avec une iniquité manifeste.

Si on n'eût fait que discourir de la religion comme d'une matière curieuse, le monde ne l'auroit peut-être pas persécutée : mais comme on vit qu'elle condamnoit ceux qui ne la suivoient pas, les intérêts s'en mêlèrent. Les Pharisiens ne purent souffrir qu'on décriât leur avarice, ni qu'on vînt ruiner la domination qu'ils usurpoient sur les consciences. Ceux qui faisoient des idoles, et les autres qui profitoient parmi les païens du culte supersti-

[1] *Luc.*, XXIII, 8, 11. — [2] *Joan.*, XVIII, 37. — [3] *Ibid.*, 38.

Librairie ecclésiastique et religieuse de Louis VIVÈS,

RUE DELAMBRE, A PARIS.

l

ŒUVRES COMPLÈTES

DE

SAINT JEAN CHRYSOSTOM

TRADUITES INTÉGRALEMENT DU GREC EN FRANÇAIS

par M. l'abbé BAREILLE

Traduction française avec le texte grec en regard, 26 vol. in-4°, à deux col., sur papier vergé à la colle animale. . . . . . prix :	320
Traduction française seulement, 20 vol. in-8°, sur papier vélin satiné.	100
Traduction française seulement, 13 vol. in-4°, à deux col., sur papier vélin satiné.	50 f

Deux volumes de l'édition in-8° sont en vente. — Deux volumes de l'édition grecque-française et un de l'édition fr in-4° seront livrés en janvier prochain.

Les volumes parus de chacune de ces éditions devront être payés, chaque année, dans le mois de juillet.

Les mille premiers souscripteurs à l'édition grecque-française recevront une prime de 100 francs en livres ; les souscr à la traduction française en 20 vol. in-8° auront droit, jusqu'au mois de janvier seulement, à une prime de 40 en livres. La valeur de ces primes sera comprise dans le premier payement et ne viendra en déduction que sur le versement à effectuer.

Les ouvrages demandés à titre de prime pourront être choisis parmi nos livres de fonds annoncés dans notre catalog

---

Saint Jean Chrysostome est l'un des Pères que chaque prêtre veut lire et étudier. Certes nous ne louerons pas des écrits connus de tous, exaltés par les docteurs et les savants de tous les siècles. Nous dirons seulement quelques mots de la traduction.

Pour traduire saint Jean Chrysostome, il ne suffit pas de connaître, de posséder même à fond la langue grecque, ce qui déjà n'est pas commun de nos jours. Une traduction exacte pourrait n'être après tout qu'une traduction mauvaise. Ce n'est pas l'idée seulement qu'il s'agit de faire passer dans notre langue, c'est le tour, le mouvement, la physionomie du discours. Il ne suffit pas de mouler en plâtre une figure inanimée ; il faut raviver cette grande figure, faire parler encore cette Bouche d'or en lui donnant un autre idiome.

Au sens littéral il faut donc unir le sens littéraire et tout à la fois le sens oratoire, puisque l'auteur a toujours été regardé comme le plus éloquent des Pères de l'Église. Le sens chrétien n'est pas moins nécessaire à cette traduction ; on n'aurait sans cela qu'un Chrysostome amoindri, défiguré, privé de la meilleure partie de son âme, tel qu'on le voit dans les fragments qu'en ont donnés les universitaires. L'expérience de la prédication n'est pas chose inutile enfin, pour interpréter le grand prédicateur d'Antioche et de Constantinople. Ces conditions réunies formeraient, à plusieurs égards, un travail original, un vrai monument français.

Voilà le but que nous nous sommes proposé dans la publication des œuvres complètes de saint Chrysostome.

Aussi, après avoir fait examiner par des juges com une première traduction qui nous était offerte, l'avo refusée, et chargé de ce travail un prêtre connu brillants succès dans l'enseignement, dans la lit dans la littérature : M. Bareille, l'habile directeur de de Sorèze, le célèbre prédicateur de la capitale et d l'auteur d'*Emilia Paula*, de la *Vie de saint Thomas* traduction des *Œuvres de Grenade*, etc.

L'opinion publique a approuvé notre choix. La tion française des Œuvres de saint Chrysostom M. l'abbé Bareille, a été jugée on ne peut plus fav ment ; plusieurs journaux en ont rendu témoignag nombre de nos souscripteurs s'est accru rapidemen

Une accueil aussi favorable, des approbations s tantes, ont fait souhaiter pour ainsi dire une place nneur à cette traduction ; des prêtres distingués, tiques habiles et des amis de la bonne littérature ont prié de lui donner l'original pour cortège. Co obligé : nous publions le texte grec avec la traductio çaise *en regard*.

Par cette publication du texte avec la traductio donnons satisfaction à tous ceux qui connaissent le qui veulent lire saint Jean Chrysostome dans la lang a parlée. De plus, nous donnons aux ecclésiastiques quelques notions de grec le moyen de se perfec dans l'étude de cette langue tout en se formant à dication. On ne pourrait choisir un meilleur modèl Jean Chrysostome parle la langue de Démosthène une rare perfection.

OEUVRES COMPLÈTES DE SAINT BERNARD

ADUCTION FRANÇAISE et INTÉGRALE du TEXTE et des NOTES de L'ÉDITION SI ESTIMÉE DES BÉNÉDICTINS

par M. l'abbé CHARPENTIER

CHANOINE HONORAIRE DE VERSAILLES, DOCTEUR EN THÉOLOGIE.

8 vol. in-4°, à deux colonnes, papier vélin satiné . . . . . . Prix : 40 fr.

Les volumes parus devront être payés dans le mois de juillet de chaque année.
Les mille premiers souscripteurs auront droit à une prime de 12 francs, en livres qu'ils pourront choisir dans notre catalogue rmi nos ouvrages de fonds. La valeur de la prime sera comprise dans le premier payement et viendra en déduction sur le nier versement à effectuer.

Nous ne louerons pas plus saint Bernard que saint rysostome : nous nous contenterons de donner la liste ses principaux ouvrages.

LETTRES (440) : monument impérissable de savoir, de prudence, de zèle et de charité, renfermant des instructions pour us les états. — SERMONS pour toute l'année. — SUR LE NTIQUE DES CANTIQUES (86 sermons).—DE LA CONSIDÉRATION. DES DOUZE DEGRÉS de l'Humilité. — DE L'AMOUR DE DIEU. DE LA CONVERSION.— SUR L'INCARNATION. — DE LA GRACE et libre arbitre. — DES COMMANDEMENTS et des dispenses. CONTRE ABAILARD. — VIE DE SAINT MALACHIE. — MÉDITATION sur la connaissance de la nature humaine. — DE DIFICATION de la maison intérieure ou de la conscience.—

LA CHARITÉ. — VIE MYSTIQUE ou de la Passion de Jésus-rist. — MÉDITATION sur la Passion et la Résurrection.— S VERTUS. — EXPOSITION de l'Oraison dominicale, etc., etc.

Le manque d'espace ne nous permet pas de citer d'autres traités. L'énumération que nous venons de faire suffit pour montrer la ressource qu'offrent aux ecclésiastiques les œuvres complètes du saint abbé de Clairvaux.

Génie français, saint Bernard réunit toutes les qualités des bons écrivains de sa race. On retrouve en lui la vigueur, la hardiesse, la noblesse, la clarté, le bon sens et l'enjouement des écrivains de notre nation : « il intéresse, il réjouit, il plaît ; il donne de la crainte et inspire de l'amour. » C'est peut-être celui des Pères dont la lecture est la plus attrayante et contribue davantage à nourrir la piété. Aussi n'y a-t-il pas de Père dont les ouvrages aient été aussi souvent réimprimés.

Notre édition des œuvres de saint Bernard sera précédée du portrait et de la vie de l'auteur, puis terminée par une table générale et analytique de toutes les matières.

DE THEOLOGICIS DOGMATIBUS

OPUS

DIONYSII PETAVII AURELIANENSIS

E SOCIETATE JESU

NOVA EDITIO NOTIS AC DISSERTATIONIBUS

ancisci Antonii Zachariæ ejusdem societatis illustrata, quibus accesserunt selectæ notæ Adriani Leclerc aliorumque nec non quædam recens editæ, accurante iterumque annotante

J. B. FOURNIALS

CAN. ALBIENSI.

vol. grand in-4°, sur deux colonnes, reproduisan les 7 tomes in-folio du P. Zacharia, et terminés par une table générale des matières.

Papier vergé à la colle animale. — Prix : 80 fr. — Papier vélin satiné. — Prix : 50 fr.

Les mille premiers souscripteurs à l'édition sur papier vergé auront droit à une prime de 20 fr. en livres de notre ds, à leur choix ; mais la valeur de cette prime sera comprise dans le premier payement qui, pour les deux éditions, devra ir lieu au mois de juillet prochain, et ne viendra en déduction que sur le dernier versement à effectuer. — Les autres yements devront être faits au mois de juillet de chaque année.

Le livre des *Dogmes théologiques* traite de Dieu et de ses ributs, de la Trinité et de ses adorables perfections, des ges et de leurs propriétés, de la création et de l'ornemention du monde, de l'incarnation et du pélagianisme, de la et de la grâce, du pouvoir de consacrer et de la comunion, de la puissance épiscopale et des lois ecclésiastices, de la pénitence publique et de la préparation à la mmunion.

Le P. Petau fait parler tous les Pères, mais dans un dre admirable, avec une dialectique rigoureuse. Il emasse d'un seul coup d'œil, dans l'unité d'une seule rception, tout ce que l'antiquité chrétienne renferme de

plus solide et de plus capital sur chaque dogme révélé. Comme il n'avait pas moins étudié l'antiquité profane que l'antiquité sacrée, il fait déposer tour à tour l'histoire et la philosophie, les langues et l'archéologie, les sciences et les arts, et partout on trouve une grande sûreté d'érudition, la plus saine critique et une grande profondeur de raisonnement.

Mentionnons aussi la beauté de son style, qui a quelque chose de celui de Cicéron. « Peut-on rien voir de plus charmant, dit Richard Simon, que ce beau latin dans les matières les plus épineuses ? »

HISTOIRE DE N.-S. JÉSUS-CHRIST

EXPOSITION DES SAINTS ÉVANGILES

par M. l'abbé DARRAS

Chanoine honoraire d'Ajaccio et de Quimper.

Deux beaux volumes in-8. — Prix : 6 fr.

« Cet ouvrage, » nous a écrit Mgr l'Évêque de Quimper, » ne restera point dans vos magasins, parce que, depuis » la première page jusqu'à la dernière, on y trouvera » les qualités voulues pour une lecture d'érudition, de » piété et même d'agrément. Les faits évangéliques y sont » toujours présentés dans les paroles mêmes du texte sacré : » les explications des Pères de l'Église, les renseignements » tirés des auteurs profanes, la connaissance approfon[die] » des événements historiques et des institutions contem[...] » poraines, répandent une telle lumière sur l'ensem[ble] » du récit, que d'une seule expression, d'un seul m[ot] » on voit souvent jaillir, non-seulement l'authenticité de » narration divine, mais encore des preuves claires » saisissantes. »

AVIS.

Les volumes parus de nos publications en cours d'exécution seront expédiés à deux époques de l'année, en janvier et en juillet, francs de port, jusqu'au chef-lieu d'arrondissement qui nous sera désigné.

LE CENSEUR GÉNÉRAL DE LA LIBRAIRIE.

Un éditeur de province, qui s'est donné la mission de décentraliser, sinon le gouvernement impérial, du moins la librairie, se donne aussi le charitable plaisir d'attaquer à la fois, et les libraires qui habitent la capitale, et les libraires qui n'impriment pas eux-mêmes leurs ouvrages, et tout particulièrement le libraire qui parle ici ; il attaque, dis-je, les libraires de toute dénomination, non-seulement dans les *prospectus* proprement dits qu'il donne sans rétribution, mais encore dans un *prospectus* périodique qu'il fait payer à titre de revue semi-mensuelle. Ordinairement nous le laissons tout à son aise jeter en l'air ses paroles ; mais à la longue, tant de manœuvres et tant d'attaques, renouvelées toujours et jamais déjouées, pourraient blesser l'honneur dans les esprits confiants : le devoir nous commande aujourd'hui de prendre notre propre défense. Dans l'intérêt de la brièveté et pour plus de précision, nous rapporterons textuellement les allégations du libraire décentralisateur, et nous mettrons à l'encontre des faits catégoriques autant qu'incontestables. Tout le monde le verrait avec plaisir, qu'il veuille nous en croire, employer la même méthode.

Il commence ainsi : « J'ai repoussé les attaques que deux éditeurs dirigeaient contre mon saint Jean Chrysostome. » Un de ces deux éditeurs coupables, celui qu'il poursuit incessamment dans ses *prospectus* de tout genre, de toute sorte, c'est nous ; il prouve donc une seule de nos attaques par une citation formelle. Pour lui, dans ses plus grands emportements, « lorsqu'il semble provocateur, il croit simplement détruire, nous dit-il, les insinuations perfides d'un prospectus, les dangereuses calomnies d'une lettre dans un grand séminaire, les insaisissables déblatérations d'un voyageur ; » c'est-à-dire que, pour n'être point agresseur, il réfute des *insinuations*, *des calomnies, des*

dblatérations qu'il invente à plaisir ; il combat des monst[res] qu'il [...] pour le besoin de sa cause, selon la fécondité [de] son imagination.

Il continue : « Je persiste à réclamer contre votre a[n]nonce d'un saint. Jean Chrysostome traduit *pour la pr[e]mière fois.* Mon tome 1er a paru avant le vôtre. » Comm[e] il nous avait accusé d'avoir dérobé à son génie l'id[ée] de traduire en français saint Jean Chrysostome, no[us] lui avons répondu qu'il réclamait contre l'évidence mêm[e] la conception d'une « œuvre connue de tout le mond[e] désirée partout, mille fois discutée, réalisée en partie depu[is] plus de deux siècles ; » bien plus, nous lui avons prou[vé] pièces en main, par une correspondance authentique, qu[e] nous poursuivions il y a neuf ans déjà, longtemps ava[nt] qu'il fût libraire, l'entreprise dont il revendiquait la pr[e]mière idée. Dans l'impossibilité de répondre à nos preuve[s] abandonnant son accusation ridicule, il fait volte-fa[ce] pour donner le change au public ; il dit gravement : « [Je] persiste à réclamer contre votre annonce d'un saint Je[an] Chrysostome traduit *pour la première fois.* » Pour être co[u]rageuse, l'évolution n'est ni habile ni honorable. — Co[n]tinuons de l'écouter.

« Après avoir énuméré, nous dit-il, les qualités [de] votre traducteur (de saint Jean Chrysostome) ; vous ajo[u]tiez et vous répétez encore aujourd'hui : « Nous somm[es] si convaincu du succès de son œuvre, que nous *prenons l'en*[*gagement*] d'annuler les souscriptions, si l'opinion publi[que] que et ses organes ne lui donnent pas la *préférence* s[ur] tous les travaux semblables qui pourraient paraître pe[n]dant la publication. Qui décidera, poursuit-il, que vot[re] traduction est *préférable* (1) ? L'opinion publique aya[nt]

(1) C'est l'éditeur de province qui souligne partout.

lusieurs organes, comme vous le dites (nous n'avons jamais énoncé cette incontestable vérité), comment les obligerez-vous d'être tous unanimes...? » etc., etc. — Pourquoi nt vous tourmenter? La difficulté, vous le savez bien, 'est que dans votre fausse citation. Voici ce que nous vons dit à nos souscripteurs : « Dans le cours de notre ublication, à quelque nombre de volumes qu'elle soit rivée, si vous trouvez une autre traduction meilleure ue la nôtre, nous annulons votre souscription. » Voilà souscripteur constitué juge; pourquoi donc, de quel roit vient-on nous demander : *Qui décidera...? qui...? mment...?* — Nous ajoutions que, si la proposition faite à os souscripteurs inspirait des craintes au libraire provincial, « il avait un moyen, mais un seul, de conjurer péril: c'était d'offrir à ses clients les mêmes avantages ue nous offrions aux nôtres ; c'était de les délier de tout agagement, si l'avenir leur faisait préférer à la sienne ne autre traduction. » Au lieu de prendre un parti si mple et si convenable, il a mieux aimé falsifier nos paroles !

« Les éditeurs non imprimeurs ne surveillent pas euxêmes l'impression de leurs ouvrages ; ils ne peuvent viter, poursuit la Revue prospectus, l'incorrection, l'imperdection typographiques. » — Qu'on nous permette un exemle. Le simple libraire dit à un imprimeur : Faites mon vre avec des caractères neufs ; sinon, je le donne à un utre qui accepte, et voilà comment nous avons fait renouder les caractères pendant l'impression de tous nos rands ouvrages ; mais le libraire qui imprime lui-même, orté toujours à ménager ses intérêts, fait servir ses caracres le plus longtemps possible. Au reste, qu'on prenne une part notre Bossuet ou notre saint Jean Chrysostome, n 13 volumes ; qu'on prenne d'un autre côté les mèes ouvrages de l'artiste imprimeur, et qu'on prononce r *l'imperfection typographique*. Il est vrai que, dans le ossuet inimitable, ce filet qui enveloppe les pages et les upe en deux si gracieusement, remonte jusqu'au berau de l'imprimerie !

« L'éditeur qui n'imprime pas lui-même, » dit le *prosectus* semi-mensuel, ne peut éviter la lenteur ;... M. Guérin, nprimeur,... est à même de montrer plus d'exactitude. » — Voyons donc les preuves de la *lenteur* parisienne et de *exactitude* provinciale. Depuis un an, nous avons donné u public, sans imprimer nous-même, 93 volumes in-8° rdinaire ou grand in-8° ; c'est au moins trois fois plus, sauf rreur, que n'a produit le libraire imprimeur depuis le ommencement de son œuvre, c'est-à-dire depuis plus de uatre ans.

« Malgré l'acquisition..., malgré les frais..., malgré la eauté..., malgré les soins..., malgré..., j'ai pu mainnir cette publication (il s'agit toujours du saint Jean hrysostome) à un bon marché, qui généralement est imposible aux éditeurs non imprimeurs. » — Des faits vaudraient ieux que tant de paroles. Nous allons donner les prix omparatifs de quelques ouvrages ; mais qu'on sache tout 'abord que nos éditions sont aussi bonnes, pour ne pas ire meilleures, que celles du censeur général de la lirairie. Saint Jean Chrysostome publié par nous, 13 volmes grand in-8°, sur deux colonnes, prix porté dans ce rospectus, 50 fr; même ouvrage du critique, 11 volumes,

sur deux colonnes, prix 72 fr., 22 fr. de plus. — Le P. Petau donné par nous, 7 volumes grand in-8°, sur deux colonnes, prix qu'on peut voir dans ce *prospectus*, 50 fr. ; même ouvrage du libraire-imprimeur, format pareil, prix 64 fr., 14 fr. de plus. — Suarez édité par nous, 28 volumes grand in-8°, sur deux colonnes, prix 8 fr. le volume pour les premiers souscripteurs; Baronius que publie dans ce moment le libraire au bon marché, même format, prix 13 fr. le volume pareillement pour les premiers souscripteurs, 5 fr. de plus par volume. — Voici deux ouvrages récemment édités : de notre côté l'*Histoire de Notre-Seigneur Jésus-Christ*, du côté de l'éditeur provincial *Les Evangiles et la critique;* que le lecteur compare la partie matérielle de ces ouvrages, le papier et les caractères; nous dirons seulement que le nôtre a deux volumes contenant 1078 pages, tandis que celui du libraire inimitable n'a qu'un volume renfermant 520 pages; or nous vendons nos deux volumes 6 fr., et l'éditeur économique vend son unique volume pareillement 6 fr. Voilà son bon marché incomparable ! Cependant lisez :

« C'est en vain qu'on essayerait d'y suppléer (au bon marché qu'on vient de voir) par des *primes*. La meilleure prime de *dix francs* ne vaut que *cinq ou six francs* à peine, *en espèces* (1) : ajoutez que c'est un moyen déguisé de se débarrasser d'un ouvrage qui moisit dans les magasins, et de l'imposer au client : enfin on ne livre souvent cette prime qu'au bout de plusieurs années, » etc. — On sait que nous avons accordé, pour notre édition en 20 volumes de saint Jean Chrysostome, une prime de 40 francs à fournir en livres; on sait aussi que nous donnons à tous la faculté de choisir librement les ouvrages dans tout notre catalogue; on sait enfin que nous les cédons avec la première livraison du saint Jean Chrysostome; on sait cela, dis-je, et les intéressés ne l'ignorent pas plus à Saint-Dizier qu'à Bar-le-Duc. Cependant l'honnête industriel insinue, car il n'a pas le courage de parler ouvertement; il insinue subrepticement, mais de la manière la plus claire et la moins équivoque, que notre prime n'est que de *dix francs*; que nous *imposons au client* les livres qui forment cette prime, en les forçant par *un moyen déguisé* de prendre les mauvais ouvrages qui *moisissent dans nos magasins*; enfin que nous les retenons avec une sorte d'acharnement le plus longtemps possible, et ne les *livrons qu'au bout de plusieurs années*... — Il va nous dire un mot d'un autre de ses ouvrages.

« Mon édition de Bossuet a été tirée à 3,500 exemplaires; il ne m'en reste plus que 400. Concluez d'après vos prémisses. » — Nous avons tiré le même ouvrage à 6,000, et le nombre des exemplaires vendus dépasse beaucoup votre tirage. D'après vos chiffres, vous avez écoulé 3,100 exemplaires, mais pourquoi? Parce que le public, s'en rapportant à vos annonces et même au titre de l'ouvrage, a cru que vous aviez collationné votre Bossuet sur les documents originaux, tandis que vous l'avez imprimé, comme nous l'avons montré par des citations laissées sans réplique, sur les éditions vulgaires. Cela dit, malgré votre invitation, mais avec votre permission, et parce que vous ne nous refuserez pas maintenant selon toute apparence, nous nous dispensons de *conclure;* car aussi bien le lecteur l'a déjà fait pour nous.

(1) Toujours souligné par l'éditeur provincial.

AVIS. — *Nous venons de publier le catalogue de notre librairie ancienne et d'occasion, où sont annoncés plus de ,000 articles sur les différentes branches de la science ecclésiastique ; nous l'enverrons franco par la poste, à ceux qui en eront la demande par lettre affranchie.*

Paris, imprimerie E. DONNAUD, rue Cassette, 9.

tieux, animoient le peuple. On se souvint « que Diane étoit la grande déesse des Ephésiens, quand on vit qu'en la décriant, la majesté de son temple que tout le monde révéroit[1], » et ensemble la grande considération, et le grand profit qui venoit de ce côté-là aux particuliers et au public[2], s'en alloit à rien.

Rome elle-même se fâcha qu'on voulût décrier ses dieux, à qui elle se persuadoit qu'elle devoit ses victoires. Les empereurs s'irritèrent de ce qu'on ne vouloit plus les adorer. La politique romaine décida qu'il s'en falloit tenir à la religion ancienne, et qu'y souffrir du changement, c'étoit l'exposer à sa ruine. On voulut s'imaginer des séditions, des révoltes, des guerres civiles, dans l'établissement du christianisme : encore que l'expérience fît voir qu'en effet la religion s'établissoit sans même que les persécutions, quelque violentes qu'elles fussent, excitassent, je ne dis pas aucun mouvement et aucune désobéissance, mais même aucun murmure dans les chrétiens. Mais le monde superbe et corrompu ne vouloit pas se laisser convaincre d'ignorance et d'aveuglement, ni souffrir une religion qui changeoit la face du monde.

VII° PROPOSITION.

Les esprits foibles se moquent de la piété des rois.

Michol, femme de David nourrie dans le faste et sans piété avec son père Saül, quand elle vit le roi son mari tout transporté devant l'arche qu'il faisoit porter dans Sion avec une pompe royale, « le méprisa en son cœur. Qu'il étoit beau, disoit-elle, de voir le roi d'Israël avec les servantes, marchant nu comme un bateleur[3] ! » Ne faisoit-il pas là un beau personnage ? Mais David, quoiqu'il l'aimât tendrement, lui répondit : « Vive le Seigneur, qui m'a élevé plutôt que votre père et sa maison : je m'humilierai encore plus que je n'ai fait devant lui, et je serai méprisable à mes yeux ; et je tiendrai à gloire de m'humilier, comme vous disiez, avec les servantes[4]. »

Il ne faut point laisser dominer cet esprit de raillerie dans les Cours, surtout dans les femmes, quand même elles seroient reines,

---

[1] *Act.*, XIX, 27, 28. — [2] *Ibid.*, 25, 26. — [3] II *Reg.*, VI, 16, 20. — [4] *Ibid.*, 21, 22.

puisque c'est là au contraire ce qu'on doit le plus réprimer. Dieu récompensa la piété de David, et punit Michol par une éternelle stérilité [1].

VIIIe PROPOSITION.

Le sérieux de la religion connu des grands rois. Exemple de David.

L'arche étoit dans l'ancien peuple le symbole de la présence de Dieu, bien inférieur à celui que nous avons dans l'Eucharistie : et néanmoins la dévotion de David pour l'arche étoit immense. Quand il la fit transporter en Sion, il fit au peuple de grandes largesses en l'honneur d'un jour si solennel. « On immoloit des victimes (tout le long du chemin où passoit l'arche). Elle marchoit au son des trompettes, des tambours, et des hautbois, et de toute sorte d'instrumens de musique. » Le roi dépouillé de l'habit royal qu'il n'osa porter devant Dieu, « et revêtu simplement d'une tunique de lin, alloit après avec tout le peuple et ses capitaines en grande joie, jouant de sa lyre et dansant de toutes ses forces, dans le transport où il étoit [2]. » C'étoit des cérémonies que le temps autorisoit.

Dans une occasion plus lugubre, lorsqu'en punition de son péché il fuyoit devant Absalon, nous avons vu qu'on lui apporta l'arche comme la seule chose qui lui pouvoit donner de la consolation. Mais il ne se jugea pas digne de la voir en l'état où il étoit, où Dieu le traitoit comme un pécheur. « Hé ! dit-il, si je trouve grace devant le Seigneur (après ces jours de châtimens), il me la montrera un jour en son tabernacle [3]. » C'étoit là le plus cher objet de ses vœux. Et durant le temps de Saül, banni de son pays et des saintes assemblées du peuple de Dieu, il ne soupiroit qu'après l'arche. Grand exemple pour faire connoître ce qu'on doit sentir en présence de l'Eucharistie, dont l'arche n'étoit qu'une figure imparfaite.

[1] II *Reg.*, vi, 23. — [2] *Ibid.*, 13 et seq.; I *Par.*, xv, 25 et seq. — [3] II *Reg.*, xv, 25.

IXe PROPOSITION.

Le prince doit craindre trois sortes de fausse piété : et premièrement la piété à l'extérieur et par politique.

Deux raisons doivent faire craindre au prince de donner trop à l'extérieur, dans les exercices de la piété. La première, parce qu'il est un personnage public : par conséquent composé et peu naturel, s'il n'y prend garde par les grands égards qu'il doit avoir pour le public, qui a les yeux attachés sur lui. Secondement, parce qu'en effet la piété est utile à établir la domination : de sorte qu'insensiblement le prince pourroit s'accoutumer à la regarder de ce côté-là. Ainsi Saül disoit à Samuel qui l'abandonnoit, et ne vouloit plus assister avec lui au sanctuaire de Dieu devant tout le peuple : « J'ai mal fait; mais honorez-moi devant Israël et devant les sénateurs de mon peuple; et retournez avec moi pour adorer le Seigneur votre Dieu [1]. » Il ne vouloit plus l'appeler le sien; et peu soigneux de la religion, il ne songeoit plus qu'à garder les dehors par politique.

Ainsi les rois d'Israël se montroient quelquefois pieux contre Baal et ses idoles. Mais ils se gardoient bien de détruire les veaux d'or que Jéroboam avoit érigés pour y attacher le peuple. Car « il avoit dit en lui-même : Le royaume retournera à la maison de David, si ce peuple monte toujours à Jérusalem dans la maison du Seigneur pour y offrir les sacrifices. Le cœur de ce peuple se tournera vers Roboam roi de Juda, et ils me feront mourir, et ils retourneront à lui. Ainsi par un conseil médité, il fit deux veaux d'or : et il leur dit : Ne montez plus à Jérusalem; ô Israël, voilà tes Dieux, qui t'ont tiré de la terre d'E-gypte [2]. »

Ainsi Jéhu massacra tous les sacrificateurs de Baal, et il en brisa la statue, et il mit le feu dans son temple. Et comme s'il eût voulu s'acquitter de tous les devoirs de la religion, il prend dans son chariot le saint homme Jonadab fils de Réchab, pour être témoin de sa conduite. « Venez, lui dit-il, et voyez mon zèle pour le Seigneur. Mais il ne se retira pas des péchés de Jéro-

[1] I *Reg.*, xv, 30. — [2] III *Reg.*, xii, 26, 27, 28.

boam, ni des veaux d'or qu'il avoit dressés à Bethel et à Dan [1]. »
La raison d'Etat ne le vouloit pas.

Telle est la religion d'un roi politique. Il fait paroître du zèle
dans les choses qui ne blessent pas son ambition, et il semble
même vouloir contenter les plus gens de bien : mais la fausse
politique l'empêche de pousser la piété jusqu'au bout. Joachaz,
un des successeurs de Jéhu dans le royaume d'Israël, sembla vouloir aller plus loin. « Dieu avoit livré Israël à Hazaël roi de Syrie,
et à son fils Benadad : et Joachaz pria le Seigneur, qui écouta sa
voix : car il eut pitié d'Israel, que ces rois avoient réduit à l'extrémité [2]. » Mais Joachaz, qui sembloit vouloir retourner à Dieu
de tout son cœur dans sa pénitence, n'eut pas la force d'abattre
ces veaux d'or, qui étoient le scandale d'Israël : « et il ne se retira pas des péchés de Jéroboam : Dieu aussi l'abandonna. Et le
roi de Syrie fit de lui et de son peuple, comme on fait de la
poudre qu'on secoue dans la batture [3]. »

Tout cet extérieur de piété n'est qu'hypocrisie : et il est fami-
lier aux princes rusés, qui ne songent qu'à amuser le peuple par
les apparences. Ainsi Hérode, ce vieux et dissimulé politique,
faisant semblant d'être zélé pour la loi des Juifs, jusqu'à rebâtir le
temple avec une magnificence qui ne cédoit rien à celle de Salomon, en même temps il élevoit des temples à Auguste.

Et on sait ce qu'il voulut faire contre Jésus-Christ [4]. A ne regarder que l'extérieur, il ne désiroit rien tant que d'adorer avec
les Mages ce roi des Juifs, nouveau-né. Il assembla le conseil
ecclésiastique comme un homme qui ne vouloit autre chose que
d'être éclairci des prophéties; mais tout cela pour couvrir le noir
dessein d'assassiner le Sauveur, que le titre de roi des Juifs rendoit odieux à son ambition, encore que la manière dont il voulut
paroître aux hommes montrât assez que son royaume n'étoit pas
de ce monde.

[1] IV *Reg.*, x, 15, 28, 29. — [2] IV *Reg.*, xiii, 3, 4, 5. — [3] *Ibid.*, 6. 7. — [4] *Matth.*,
ii, 3, 4 et seq.

Xᵉ PROPOSITION.

Seconde espèce de fausse piété : La piété forcée ou intéressée.

Telle étoit celle d'Holopherne, lorsqu'il disoit à Judith : « Votre Dieu sera mon Dieu, s'il fait pour moi ce que vous promettez [1], » c'est-à-dire tant de victoires. Les ambitieux adoreront qui vous voudrez, pourvu que leur ambition soit contente.

« Hérode craignoit saint Jean qui le reprenoit (avec une force invincible) : car il savoit que c'étoit un homme saint et juste ; et il faisoit plusieurs choses par son avis, et il l'écoutoit volontiers [2]. » Car nous avons vu que ces politiques veulent quelquefois contenter les gens de bien. Mais tout cela n'étoit qu'artifice ou terreur superstitieuse, puisqu'il craignoit tellement saint Jean, qu'après lui avoir fait couper la tête il craignoit encore qu'il ne fût ressuscité des morts [3] pour le tourmenter.

Ecoutez un Antiochus, ce superbe roi de Syrie. « Il est juste, dit-il, d'être soumis à Dieu, et qu'un mortel n'entreprenne pas de s'égaler à lui. Et il ne parle que d'égaler aux Athéniens les Juifs, qu'il ne jugeoit pas dignes seulement de la sépulture, et d'affranchir Jérusalem, qu'il avoit si cruellement opprimée ; combler de dons le temple qu'il avoit dépouillé : et enfin de se faire Juif [4]. » Mais c'est qu'il sentoit la main de Dieu, à laquelle il s'imaginoit se pouvoir soustraire par toutes ces vaines promesses. Dieu méprisa sa pénitence forcée : « et ce méchant demandoit la miséricorde qu'il ne devoit pas obtenir [5]. »

Galère Maximien et Maximin, les deux plus cruels persécuteurs de l'Eglise des chrétiens, moururent avec un aveu aussi forcé et aussi vain de leur faute [6] : et avant que de les livrer au dernier supplice, Dieu leur fit faire amende honorable à son peuple, qu'ils avoient si longtemps tyrannisé.

---

[1] *Judith*, XI, 21.— [2] *Marc.*, VI, 20. *Luc*, III, 19. — [3] *Marc*, VI, 16.— [4] II *Machab.*, IX, 11, 12 et seq.— [5] II *Machab.*, IX, 13.— [6] Euseb., *Hist. Eccl.*, lib. VIII, cap. XVI, XVII, et lib. IX, cap. X ; Lactant., *de Mort. persecut.*, n. XXXIII et XLIX.

XIe PROPOSITION.

Troisième espèce de fausse piété : La piété mal entendue, et établie où elle n'est pas.

« Va, et passe au fil de l'épée ce méchant peuple d'Amalec : et ne réserve rien de cette nation impie, que j'ai dévouée à la vengeance, dit le Seigneur à Saül. Et ce prince sauva du butin les brebis et les bœufs, pour les immoler au Seigneur. Mais Samuel lui dit : Sont-ce des victimes ou des sacrifices que le Seigneur demande, et non pas qu'on obéisse à sa voix ? L'obéissance vaut mieux que le sacrifice, et il est meilleur d'obéir que d'offrir la graisse des béliers ; car désobéir, c'est comme qui consulteroit les devins ; et ne se soumettre pas, c'est le crime d'idolàtrie [1]. »

La sentence partit d'en haut. « Dieu t'a rejeté, dit Samuel ; et tu ne seras plus roi [2]. »

Hérode, qui fit mourir saint Jean-Baptiste, au milieu de ses plus grands crimes n'étoit pas sans quelques sentimens de religion. Il mit en prison le saint Précurseur qui le reprenoit hautement de son inceste. Mais en même temps nous avons vu « qu'il le craignoit, sachant que c'étoit un homme juste et saint : qu'il le faisoit venir souvent, et même suivoit ses conseils [3]. » Il le livra néanmoins à la fin : et injustement scrupuleux, la religion du serment l'emporta à son crime. « Il fut fâché de s'être engagé : mais à cause du serment qu'il avoit fait et de la compagnie, il passa outre [4]. » Il en eut peur, après même qu'il l'eut fait mourir : « et entendant les miracles de Jésus, Jean, dit-il, que j'ai décollé revit en lui, et c'est sa vertu qui opère [5]. » Il méprisoit la religion, la superstition le tyrannise. Il écoutoit et considéroit celui qu'il tenoit dans les fers, un prisonnier qui avoit du crédit à la Cour ; l'intrépide censeur du prince et l'ennemi déclaré de sa maîtresse, qui néanmoins se faisoit écouter : un homme qu'on faisoit mourir, et qu'après cela on craignoit encore. Tant de craintes qui se combattoient : celle de perdre un homme saint, d'ouïr de sa bouche des reproches trop libres, celle de troubler

[1] I *Reg.*, xv, 18 et seq.— [2] *Ibid.*, 23.— [3] *Marc*, vi, 20. — [4] *Matth.*, xiv, 9 ; *Marc.* vi, 26. — [5] *Matth.*, xiv, 1, 2.

ses plaisirs, celle de paroître foible à la compagnie, celle de la justice divine qui ne cessoit de revenir, quoique si souvent repoussée : tout cela faisoit ici un étrange composé. On ne sait que croire d'un tel prince : on croit tantôt qu'il a quelque religion, et tantôt qu'il n'en a point du tout. C'est une énigme inexplicable, et la superstition n'a rien de suivi.

On multiplie ses prières, qu'on fait rouler sur les lèvres sans y avoir le cœur. Mais c'est imiter les gentils, « qui s'imaginent, dit le Fils de Dieu, être exaucés en multipliant leurs paroles [1]. » Et on entend de la bouche du Sauveur : « Ce peuple m'honore des lèvres, mais son cœur est loin de moi [2]. »

On gâte de très-bonnes œuvres : on jeûne et on garde avec soin les abstinences de l'Eglise : il est juste. Mais, comme dit le Fils de Dieu, « on laisse des choses de la loi plus importantes, la justice, la miséricorde, la fidélité. Il falloit faire les unes, et ne pas omettre les autres [3]. Savez-vous quel est le jeûne que j'aime, dit le Seigneur ? Délivrez ceux qui sont détenus dans les prisons; déchargez un peuple accablé d'un fardeau qu'il ne peut porter; nourrissez le pauvre ; habillez le nu : alors votre justice sera véritable et resplendissante comme le soleil [4]. »

Vous bâtissez des temples magnifiques; vous multipliez vos sacrifices, et vous faites dire des messes à tous les autels. Mais Jésus-Christ répond : « Allez apprendre ce que veut dire cette parole : J'aime mieux la miséricorde que le sacrifice [5]. Le sacrifice agréable à Dieu, c'est un cœur contrit et abaissé devant lui [6]. La vraie et pure religion, c'est de soulager les veuves et les oppressés, et de tenir son ame nette de la contagion de ce siècle [7]. »

Mettez donc chaque œuvre en son rang. Si en faisant les petites, vous croyez vous racheter de l'obligation de faire les grandes, vous serez de ceux dont il est écrit : « Ils se fient dans des choses de néant. Ils ont tissu des toiles d'araignées. Leurs toiles ne sont pas capables de les habiller, et ils ne seront pas couverts de leurs œuvres : car leurs œuvres sont des œuvres inutiles, et leurs pensées sont des pensées vaines [8]. »

[1] *Matth.*, VI, 7. — [2] *Ibid.*, XV, 8; *Isa.*, XXIX, 13. — [3] *Matth.*, XXIII, 23. — [4] *Isa.*, LVIII, 6, 7, 8. — [5] *Matth.*, IX, 13. — [6] *Ps.* I, 19. — [7] *Jac.*, I, 27. — [8] *Isa.*, LIX, 4, 5, 6, 7.

ARTICLE V.

Quel soin ont eu les grands rois du culte de Dieu.

Iʳᵉ PROPOSITION.

Les soins de Josué, de David et de Salomon, pour établir l'arche d'alliance et bâtir le temple de Dieu.

Josué n'eut pas plutôt conquis et partagé la Terre promise, que pour la mettre à jamais sous la protection de Dieu qui l'avoit donnée à son peuple, « il établit le siége de la religion à Silo, où il mit le tabernacle [1]. » Il falloit commencer par là, et mettre Dieu en possession de cette terre et de tout le peuple, dont il étoit le vrai roi.

David trouva dans la suite un lieu plus digne à l'arche et au tabernacle, et l'établit dans Sion, où il la fit transporter en grand triomphe [2] : et Dieu choisit Sion et Jérusalem, comme le lieu où il établissoit son nom et son culte.

Il fit aussi, comme on a vu, les préparatifs du temple, où Dieu vouloit être servi avec beaucoup de magnificence, y consacrant les dépouilles des nations vaincues [3].

Il en désigne le lieu, que Dieu même avoit choisi, et charge Salomon de le bâtir.

Salomon fit ce grand ouvrage avec la magnificence qu'on a vue ailleurs. Car il le vouloit proportionner, autant qu'il pouvoit, à la grandeur de celui qui vouloit y être servi. « La maison, dit-il, que je veux bâtir est grande, parce que notre Dieu est au-dessus de tous les dieux. Qui seroit donc assez puissant, pour lui bâtir une maison digne de lui [4] ? »

IIᵉ PROPOSITION.

Tout ce qu'on fait pour Dieu de plus magnifique, est toujours au-dessous de sa grandeur.

Ce fut le sentiment de Salomon, après qu'il eut bâti un temple si riche que rien n'égala jamais. « Qui pourroit croire, dit-il, que

---

[1] *Jos.*, XVIII, 1. — [2] II *Reg.*, VI, 12 et seq. — [3] II *Reg.*, VII ; I *Paralip.*, XXII. — [4] II *Paral.*, II, 5.

Dieu habite sur la terre avec les hommes, lui que les cieux, et les cieux des cieux ne peuvent renfermer [1]? » Et David, qui en avoit fait les préparatifs, quoiqu'il n'eût rien épargné et qu'il eût consacré à cet ouvrage « cent mille talens d'or : un million de talens d'argent : avec du cuivre et du fer sans nombre : et les pierres avec tous les bois qu'il falloit pour un si grand édifice [2], » sans épargner le cèdre, qui est le plus précieux : il trouvoit tout cela pauvre à comparaison de son désir : « J'ai, dit-il, offert tout cela dans ma pauvreté [3]. »

IIIᵉ PROPOSITION.

Les princes font sanctifier les fêtes.

Moïse fait mettre en prison, et ensuite il punit de mort par ordre de Dieu celui qui avoit violé le sabbat [4]. La loi chrétienne est plus douce, et les chrétiens plus dociles n'ont pas besoin de telles rigueurs : mais aussi se faut-il garder de l'impunité.

Les ordonnances sont pleines de peines contre ceux qui violent les fêtes, et surtout le saint dimanche. Et les rois doivent obliger les magistrats à tenir soigneusement la main à l'entière exécution de ces lois contre lesquelles on manque beaucoup sans qu'on y ait apporté tous les remèdes nécessaires.

C'est principalement de la sanctification des fêtes que dépend le culte de Dieu : dont le sentiment se dissiperoit dans les occupations continuelles de la vie, si Dieu n'avoit consacré des jours pour y penser plus sérieusement, et renouveler en soi-même l'esprit de la religion.

Les saints rois Ezéchias et Josias sont célèbres dans l'histoire du peuple de Dieu, pour avoir fait solenniser la Pâque avec religion et une magnificence extraordinaire. Tout le peuple fut rempli de joie : « on n'avoit jamais rien vu de semblable depuis le » temps de Salomon. » C'est ce qu'on dit de la pâque d'Ezéchias [5]. Et on dit de celle de Josias [6] « qu'il ne s'en étoit point fait de semblable sous tous les rois précédens, ni depuis le temps de Samuel. »

---

[1] II *Paral.*, vi, 18. — [2] I *Paral.*, xxii, 14. — [3] *Ibid.* — [4] *Num.*, xv, 32 et seq. — [5] II *Paral.*, xxx, 26. — [6] IV *Reg.*, xxiii, 22, 23 ; II *Paral.*, xxxv, 18.

Les fêtes des chrétiens sont beaucoup plus simples, moins contraignantes ; et en même temps beaucoup plus saintes et beaucoup plus consolantes que celles des Juifs, où il n'y avoit que des ombres des vérités qui nous ont été révélées. Et cependant on est bien plus lâche à les célébrer.

IVᵉ PROPOSITION.

Les princes ont soin, non-seulement des personnes consacrées à Dieu, mais encore des biens destinés à leur subsistance.

« Honorez le Seigneur de toute votre ame ; honorez aussi ses ministres [1]. »

« Qui vous écoute, m'écoute ; qui vous méprise, me méprise, » dit Jésus-Christ même à ses disciples [2].

« Prenez garde de n'abandonner jamais le lévite, tant que vous serez sur la terre [3]. » La terre vous avertit en vous nourrissant, que vous pourvoyiez à la subsistance des ministres de Dieu qui la rend féconde.

Toute la loi est pleine de semblables préceptes. Abraham en laissa l'exemple à toute sa postérité, en donnant la dîme des dépouilles remportées sur ses ennemis à Melchisédech le grand pontife du Dieu très-haut, qui le bénissoit et offroit le sacrifice pour lui et tout le peuple [4].

Abraham suivit en cela une coutume déjà établie. On la voit dans tous les peuples, dès la première antiquité. Et nous en avons un beau monument dans l'Egypte, sous Pharaon et Joseph. Tous les peuples vendirent leur terre au roi pour avoir du pain, « excepté les sacrificateurs, à qui le roi avoit donné leur terre, qu'ils ne furent point obligés de vendre comme les autres : sans compter que leur nourriture leur étoit fournie des greniers publics par ordre du roi [5]. »

Le peuple d'Israël ne se plaignoit pas d'être chargé de la nourriture des lévites et de leurs familles, qui faisoient plus d'une douzième partie de la nation, étant une de ses tribus des plus abondantes. Au contraire on les nourrissoit avec joie. Il y avoit

---

[1] *Eccli.*, VII, 33. — [2] *Luc.*, X, 16. — [3] *Deut.*, XII, 19. — [4] *Gen.*, XIV, 18, 19, 20. — [5] *Ibid.*, XLVII, 22.

du temps de David trente-huit mille lévites, à les compter depuis trente ans : sans .y comprendre les sacrificateurs enfans d'Aaron, divisés en deux familles principales par les deux fils d'Aaron, et subdivisés du temps de David en ving-tquatre familles très-nombreuses sorties de ces deux premières [1]. Tout le peuple les entretenoit de toutes choses très-abondamment avec leurs familles. Car les lévites n'avoient d'autres possessions ni partages parmi leurs frères, que les dîmes, les prémices, les oblations, et le reste -que le peuple leur donnoit. Et on mettoit dans cet entretien un des principaux exercices de la religion, et le salut de tout le peuple.

Vᵉ PROPOSITION.

Les soins admirables de David.

Les grands rois de la maison de David ont rendu leur règne célèbre par le grand soin qu'ils ont pris de maintenir l'ordre du ministère, et de toutes les fonctions des sacrificateurs et des lévites, selon la loi de Moïse.

David leur en avoit donné l'exemple; et il fit ce beau règlement qui fut suivi et exécuté par ses successeurs. Ce roi aussi pieux et aussi sage que guerrier et victorieux, employa à cette grande affaire les dernières années de sa vie, pendant que tout le royaume étoit en paix : assisté des principaux du royaume et surtout du souverain pontife, avec les chefs des familles lévitiques et sacerdotales, et des prophètes Gad et Nathan [2] : étant lui-même prophète et rangé dans l'Ecriture au nombre des hommes inspirés de Dieu.

Avec ce conseil et par une inspiration particulière, il régla les heures du service. « Il ordonna aux lévites de venir au temple le matin et le soir, pour y bénir Dieu et pour y chanter ses louanges [3]. »

Il établit la subordination nécessaire dans ce grand corps des ministres consacrés à Dieu, en ordonnant aux lévites de servir « chacun à leur rang, en gardant les rits sacrés et toutes les

---

[1] I *Paralip.*, XXIII, 3 et seq. — [2] *Ibid.*, XXIII, 2 et seq.; XXIV, 6; II *Paral.*, XXIX, 23. — [3] I *Paral.*, XXIII, 30.

observances des enfans d'Aaron, qui présidoient à ces fonctions par l'ordre de Dieu [1], » et selon la loi de Moïse.

Parmi ces lévites, il y en avoit trois principaux « qui servoient auprès du roi : » Asaph, Idithun et Héman. Ce dernier étoit appelé le Voyant ou le prophète du roi [2]; et Asaph prophétisoit aussi auprès du prince; il est aussi appelé *le Voyant* [3], et se rendit si célèbre par ses cantiques, qu'on le rangeoit avec David. Tels étoient les ecclésiastiques, pour parler à notre manière, qui approchoient le plus près de la personne du roi : des gens inspirés de Dieu et les plus célèbres de leur ordre. David avoit aussi auprès de lui un sacrificateur nommé Ira, qui étoit honoré du titre de prêtre ou de sacrificateur de David [4].

VIe PROPOSITION.
Soin des lieux et des vaisseaux sacrés.

Le roi Joas, instruit par Joïada souverain pontife, fit venir les lévites avec les autres sacrificateurs, pour les obliger à travailler aux réparations du temple qu'ils négligeoient depuis plusieurs années. Il en prescrivit l'ordre, et en régla les fonds : et un officier commis par le roi les touchoit avec le pontife, ou quelqu'un commis de sa part, pour les mettre entre les mains des ouvriers, « qui rétabliroient le temple dans sa première splendeur et solidité. Le reste de l'argent fut apporté au roi et au pontife : et on en fit des vaisseaux sacrés d'or et d'argent, pour servir aux sacrifices [5]. »

Ezéchias ne se rendit pas moins célèbre, lorsqu'il assembla les lévites et les sacrificateurs [6], pour les obliger à purifier avec soin le temple et les vaisseaux sacrés, qui avoient été profanés par les rois impies. Et il fit soigneusement exécuter le règlement de David [7].

On ne peut assez louer le saint roi Josias, et le soin qu'il prit de purifier et de rebâtir le temple [8]. Dieu inspira un auteur sacré pour lui donner cet éloge, afin d'exciter les rois à de semblables pratiques.

---

[1] 1 *Paral.*, XXII, 32 ; XXIV, 19.— [2] *Ibid.*, XXV, 2, 5, 6.— [3] II *Paral.*, XXIX, 30.— [4] II *Reg.*, XX, 26.— [5] IV *Reg.*, XII, 4, 7 et seq.; II *Paral.*, XXIV, 5, 6 et seq.— [6] II *Paral.*, XXIX, 5, 16 et s.— [7] *Ib.*, 25.— [8] IV *Reg.*, XXII et XXIII; II *Paral.*, XXXIV.

VII° PROPOSITION.

Louanges de Josias et de David.

L'*Ecclésiastique* parle ainsi de Josias : « La mémoire de Josias est douce comme une composition de parfums faite d'une main habile; elle est douce en toutes les bouches comme du miel, et comme une excellente musique dans un banquet, où on a servi du vin le plus exquis. Il a été envoyé de Dieu pour inspirer la pénitence à la nation ; et il a ôté (du temple et de la terre) toutes les abominations. Dieu gouverna son cœur et fortifia sa piété dans un temps d'iniquité et de désordre [1], » où tout étoit corrompu par les mauvais exemples des rois ses prédécesseurs.

Le même auteur sacré célèbre aussi en ces termes les louanges de David : « Il a glorifié Dieu dans toutes ses œuvres. Il l'a loué de tout son cœur, » (dans ses divins Psaumes que tout le peuple chantoit). « Il a aimé de tout son cœur le Dieu qui l'avoit fait, et Dieu l'a rendu puissant contre ses ennemis. Il a rangé les chantres devant l'autel, et il a composé des airs agréables pour les hommes, qu'ils devoient chanter par leur voix harmonieuse. Il a rempli de splendeur la célébration du service divin : et sur la fin de sa vie il a distribué les temps, en sorte qu'on louàt le saint nom du Seigneur ; et que dès le matin on le célébrât dans son sanctuaire [2]. »

Voilà comme le Saint-Esprit loue les rois pieux, qui ont pris soin de régler les ministères sacrés, de décorer le temple, et de faire faire le service divin avec la splendeur convenable.

VIII° PROPOSITION.

Soin de Néhémias et comme il protége les lévites contre les magistrats.

Il ne faut pas oublier Néhémias, gouverneur du peuple de Dieu sous les rois de Perse, et restaurateur du temple et de la cité sainte. Il fit justice aux lévites qu'on avoit privés de leurs droits [3]. Les chantres sacrés et tous les autres ministres, qui avoient été contraints de se retirer chez eux, et d'abandonner le

---

[1] *Eccli.*, XLIX, 1, 2, 3, 4. — [2] *Eccli.*, XLVII, 9, 10, 11, 12. — [3] II *Esdr.*, XIII, 10.

service faute d'avoir reçu le juste salaire qui leur étoit ordonné, furent rappelés. Il ôta à Tobie le maniement qu'Eliasib sacrificateur, son parent, lui avoit donné pour l'enrichir; et disposa selon l'ancien ordre, des fonds destinés au temple et au service divin [1]. « Il soutint la cause des lévites contre les magistrats (qui avoient manqué à leurs devoir envers eux), et il mit leurs grains et leurs revenus en des mains fidèles : préposant à ce ministère le prêtre Sélémias et quelques lévites [2]. Au surplus en prenant soin d'eux, il leur fit soigneusement garder les règlemens de David [3]. La subordination fut observée : le peuple rendoit honneur aux lévites (en leur donnant ce qu'il leur devoit) : et les lévites le rendoient aux enfans d'Aaron, qui étoient leurs supérieurs [4]. Ils gardoient soigneusement toutes les observances de leur Dieu [5]. »

Néhémias y tenoit la main : il ordonnoit aux sacrificateurs et aux lévites de veiller à ce qui leur étoit prescrit. « Il disoit aux lévites de se purifier : et ne pouvoit souffrir ceux qui profanoient le sacerdoce, et méprisoient le droit sacerdotal et lévitique [6], » c'est-à-dire les règlemens que leur prescrivoient leurs offices. Ce qui lui faisoit dire avec confiance : « O Dieu, souvenez-vous de moi en bien : et n'oubliez par le soin que j'ai eu de la maison de mon Dieu et de ses cérémonies, et de l'ordre sacerdotal et lévitique [7]. »

O princes, suivez ces exemples. Prenez en votre garde tout ce qui est consacré à Dieu : et non-seulement les personnes, mais encore les lieux et les biens qui doivent être employés à son service. Protégez les biens des églises, qui sont aussi les biens des pauvres. Souvenez-vous d'Héliodore et de la main de Dieu qui fut sur lui, pour avoir voulu envahir les biens mis en dépôt dans le temple [8]. Combien plus faut-il conserver les biens, non-seulement déposés dans le temple, mais donnés en fonds aux églises?

---

[1] II *Esdr.*, XIII, 5, 7, 8, 9. — [2] *Ibid.*, 11, 13. — [3] *Ibid.*, XII, 24, 44, 45. — [4] *Ibid.*, 46. — [5] *Ibid.*, 44. — [6] *Ibid.*, XIII, 22, 29. — [7] *Ibid.*, 14, 30, 31. — [8] II *Machab.*, III, 24 et seq.

IX⁰ PROPOSITION.

Réflexions que doivent faire les rois, à l'exemple de David, sur leurs libéralités envers les églises; et combien il est dangereux de mettre la main dessus.

Ces grands biens viennent des rois, je l'avoue : ils ont enrichi les églises de leurs libéralités; et les peuples n'en ont point fait, sans que leur autorité y ait concouru : mais tout ce qu'ils ont donné, ils l'avoient premièrement reçu de Dieu. « Qui suis je? disoit David : qu'est-ce que tout mon peuple, que nous osions vous promettre tous ces présens pour votre temple? Tout est à vous, et nous vous donnons ce que nous avons reçu de votre main [1]. »

Il continue : « Nous sommes des voyageurs et des étrangers devant vous, comme tous nos pères [2]. » Nous n'avons rien qui nous soit propre : notre vie même n'est pas à nous. « Nos jours s'en vont comme une ombre, et nous n'avons qu'un moment à vivre. » Tout nous échappe, et il n'y a rien qui soit à nous. « O Seigneur notre Dieu, toute cette abondance de richesses, que nous préparons pour votre saint temple vient de votre main, et tout est à vous [3]. »

Quel attentat de ravir à Dieu ce qui vient de lui, ce qui est à lui, et ce qu'on lui donne; et de mettre la main dessus pour le reprendre de dessus les autels !

Mais le péril est bien plus grand de mettre la main sur les ministres de Dieu. « Ne touchez point à mes oints, dit David [4] : » il parloit d'Abraham et d'Isaac (a), qui étoient au rang de ses sacrificateurs et de ses ministres. « Dieu ne permet pas aux peuples de leur nuire, et il châtie les rois qui les offensent [5]. »

« Hérode fit couper la tête à Jacques, frère de Jean : et par complaisance pour les Juifs, il ajouta à son crime de mettre la main même sur Pierre, qu'il fit garder par seize soldats, dans le dessein de l'exposer au peuple après la fête de Pâque [6]. » Mais Dieu, qui le destinoit à souffrir dans un autre temps et dans un

[1] I *Paralip.*, XXIX, 14. — [2] *Ibid.*, 15. — [3] I *Paralip.*, XXIX, 16. — [4] *Ps.* CIV, 15. — [5] *Ibid.*, 14. — [6] *Act.*, VII, 1, 2, 3, 4.

(a) D'Abraham, d'Isaac.

lieu plus célèbre, non-seulement le sut tirer de la prison, mais il sut encore faire sentir au tyran sa main puissante. Car peu de temps après, livré à un orgueil insensé, pendant qu'il se laissoit louer et admirer comme un Dieu, « l'Ange du Seigneur le frappa, et il mourut mangé de vers[1]. »

Saül, qui fit massacrer Abimélec et les autres sacrificateurs pour avoir favorisé David, est en abomination devant Dieu et devant les hommes. « Ses officiers à qui il commanda de les tuer, eurent horreur d'étendre leurs mains contre les prêtres du Seigneur. » Et il n'y eut que Doëg Iduméen, un étranger et de la race des impies, qui osât souiller ses mains de leur sang, sans respecter le saint habit qu'ils portoient[2]. David pour avoir été l'occasion innocente de ce meurtre sacrilége, en frémit. « Je suis coupable, dit-il, de ce sang injustement répandu. Il prit en sa protection Abiathar fils d'Abimélec. Demeurez avec moi, lui dit-il, ne craignez rien ; qui en veut à votre vie, attaque la mienne, et mon salut est inséparable du vôtre[3]. »

Xe PROPOSITION.

Les rois ne doivent pas entreprendre sur les droits et l'autorité du sacerdoce : et ils doivent trouver bon que l'ordre sacerdotal les maintienne contre toute sorte d'entreprises.

Lorsqu'Ozias voulut entreprendre sur ces droits sacrés et porter sa main à l'encensoir, les prêtres étoient obligés par la loi de Dieu à s'y opposer, autant pour le bien de ce prince que pour la conservation de leur droit, qui étoit, comme on a dit, celui de Dieu. Ils le firent avec vigueur : et se mettant devant le roi avec leur pontife à leur tête, ils lui dirent : « Ce n'est point votre office, Ozias, de brûler de l'encens devant le Seigneur; mais c'est celui des sacrificateurs et des enfans d'Aaron, que Dieu a députés à ce ministère. Sortez du sanctuaire : ne méprisez pas notre parole : car cette entreprise par laquelle vous prétendez vous honorer, ne vous sera pas imputée à gloire par le Seigneur notre Dieu[4]. »

Au lieu de céder à ce discours et à l'autorité du pontife et de

[1] *Act.*, XII, 22, 23. — [2] I *Reg.*, XXII, 16, 17, 18. — [3] *Ibid.*, 22, 23. — [4] II *Paral.*, XXVI, 16, 17, 18.

ses prêtres [1], « Ozias se mit en colère, menaçant les prêtres, per-
sistant à tenir en main l'encensoir pour offrir l'encens. La terre
trembla [2]. La lèpre parut sur le front de ce prince en présence des
prêtres, qui (avertis par ce miracle) furent contraints de le chasser du sanctuaire. Lui-même effrayé d'un coup si soudain, sentit
qu'il venoit de la main de Dieu, et prit la fuite. La lèpre ne le
quitta plus : il le fallut séparer selon la loi. Et son fils Joathan
prit l'administration du royaume, et le gouverna sous l'autorité
du roi son père [1]. »

Au contraire le pieux roi Josaphat, loin de rien attenter sur les
droits sacrés du sacerdoce, distingua exactement les deux fonctions, la sacerdotale et la royale, en donnant cette instruction
« aux lévites, aux sacrificateurs, et aux chefs des familles d'Israël
qu'il envoya dans toutes les villes pour y régler les affaires :
« Amarias sacrificateur, votre pontife, conduira ce qui regarde le
service de Dieu : et Zabadias fils d'Ismahel, qui est chef de la
maison de Juda, conduira celles qui appartiennent à la charge de
roi : et vous aurez les lévites pour maîtres et pour docteurs [3]. »

On voit avec quelle exactitude il distingue les affaires, et détermine à chacun de quoi il se doit mêler : ne permettant pas à
ses ministres d'attenter sur les ministres des choses sacrées, ni
réciproquement à ceux-ci d'entreprendre sur les droits royaux.

A la vérité nous avons vu que les rois se sont mêlés des choses
saintes : nous avons vu en même temps que c'étoit en exécution
des anciens règlemens, et des ordres déjà donnés de la part de
Dieu : et encore avec les pontifes, les sacrificateurs et les prophètes.

Les choses saintes réservées à l'ordre sacerdotal, sont encore
plus clairement distinguées dans le Nouveau Testament, d'avec
les choses civiles et temporelles réservées aux princes. C'est pourquoi les rois chrétiens dans les affaires de la religion, se sont
soumis les premiers aux décisions ecclésiastiques. Cent exemples
le feroient voir, si la chose étoit douteuse : mais en voici un entre
les autres, qui regarde les rois de France.

[1] II *Paralip.*, XXVI, 19, 20, 21. — [2] *Amos.*, I, 1; *Zachar.*, XIV, 5. — [3] II *Paralip.*,
XIX, 8, 11.

XIe PROPOSITION.

Exemple des rois de France, et du concile de Chalcédoine.

Les sectateurs d'Elipandus archevêque de Tolède, et de Félix
évêque d'Urgel, qui renouveloient en Espagne l'hérésie de Nestorius, prièrent Charlemagne de prendre connoissance de ce dif-
férend, avec promesse de s'en rapporter à sa décision. Ce prince
les prit au mot, et accepta l'offre dans le dessein de les ramener
à l'unité de la foi, par l'engagement où ils étoient entrés. Mais
il savoit comme un prince peut être arbitre en ces matières. Il
consulta le saint Siége, et en même temps les autres évêques,
qu'il trouva conformes à leur chef : et sans discuter davantage la
matière dans sa lettre qu'il écrit aux nouveaux docteurs, il leur
envoie « les lettres, les décisions, et les décrets formés par l'autorité ecclésiastique : les exhortant à s'y soumettre avec lui, et à
ne se croire pas plus savans que l'Eglise universelle : leur décla-
rant en même temps, qu'après ce concours de l'autorité du Siége
apostolique, et de l'unanimité synodale : ni les novateurs ne pouvoient plus éviter d'être tenus pour hérétiques : ni lui-même et
les autres fidèles n'osoient plus avoir de communion avec eux[1]. »
Voilà comme ce prince décida : et sa décision ne fut autre chose
qu'une soumission absolue aux décisions de l'Eglise.

Voilà pour ce qui regarde la foi. Et pour la discipline ecclésiastique, il me suffit de rapporter ici l'ordonnance d'un empereur roi de France : « Je veux, dit-il aux évêques, qu'appuyés
de notre secours et secondés de notre puissance, comme le bon
ordre le prescrit, vous puissiez exécuter ce que votre autorité
demande[2]. » Partout ailleurs la puissance royale donne la loi, et
marche la première en souveraine. Dans les affaires ecclésiastiques, elle ne fait que seconder et servir : *famulante, ut decet,
potestate nostrâ* : ce sont les propres termes de ce prince. Dans
les affaires non-seulement de la foi, mais encore de la discipline
ecclésiastique, à l'Eglise la décision : au prince la protection, la
défense, l'exécution des canons et des règles ecclésiastiques.

---

[1] Epist. Car. Mag. *ad Elipand.* tom. *Concil. Gall.;* Labb., tom. VII, col. 1047.
— [2] Lud. Pii, *Capit.* XI, tit. IV, tom. II, *Concil. Gall.*

C'est l'esprit du christianisme, que l'Eglise soit gouvernée par les canons. Au concile de Chalcédoine, l'empereur Marcien souhaitant qu'on établît dans l'Eglise certaines règles de discipline, lui-même en personne les proposa au concile, pour être établies par l'autorité de cette sainte assemblée[1]. Et dans le même concile, s'étant émue sur le droit d'une métropole une question où les lois de l'empereur sembloient ne s'accorder pas avec les canons, les juges préposés par l'empereur pour maintenir le bon ordre d'un concile si nombreux, où il y avoit six cent trente évêques, firent remarquer cette contrariété aux Pères, et leur demandèrent ce qu'ils pensoient de cette affaire. Aussitôt « le saint concile s'écria d'une commune voix : Que les canons l'emportent : qu'on obéisse aux canons[2] : » montrant par cette réponse, que si par condescendance et pour le bien de la paix elle cède en certaines choses qui regardent son gouvernement à l'autorité séculière, son esprit, quand elle agit librement (ce que les princes pieux lui défèrent toujours très-volontiers), est d'agir par ses propres règles et que ses décrets prévalent partout.

XIIᵉ PROPOSITION.

Le sacerdoce et l'empire sont deux puissances indépendantes, mais unies.

Le sacerdoce dans le spirituel et l'empire dans le temporel, ne relèvent que de Dieu. Mais l'ordre ecclésiastique reconnoît l'empire dans le temporel : comme les rois dans le spirituel, se reconnoissent humbles enfans de l'Eglise. Tout l'état du monde roule sur ces deux puissances. C'est pourquoi elles se doivent l'une à l'autre un secours mutuel. « Zorobabel (qui représentoit la puissance temporelle) sera revêtu de gloire; et il sera assis, et dominera sur son trône : et le pontife ou le sacrificateur sera sur le sien, et il y aura un conseil de paix, (c'est-à-dire un parfait concours) entre ces deux[3]. »

[1] Conc. Chalced., act. VI : tom. IV *Concil.*, col. 575 et seq. — [2] Conc. Chalced., act. XIII, col. 716. — [3] *Zach.*, VI, 13.

XIIIe PROPOSITION.

En quel péril sont les rois qui choisissent de mauvais pasteurs.

Ceci se dit à l'occasion des rois qui ont reçu de l'Eglise, sous quelque forme que ce soit, le droit de nommer ou de présenter aux évêchés et aux autres prélatures : principalement à l'occasion des rois de France, qui ont ce droit par un concordat perpétuel. Je ne craindrai point de dire que c'est la partie la plus importante de leurs soins, et aussi la plus dangereuse, et dont ils rendront à Dieu un plus grand compte.

Toute l'instruction du peuple dépend de là. « Les lèvres du sacrificateur gardent la science, et le peuple recherche la loi dans sa bouche [1]. Le roi même la reçoit de sa main. C'est l'Ange [2] (c'est l'envoyé, c'est l'ambassadeur) du Seigneur des armées [3]. Nous sommes ambassadeurs pour Jésus-Christ, dit saint Paul, et Dieu exhorte par nous [4]. »

L'expérience ne fait que trop voir que l'ignorance ou les désordres des pasteurs ont causé presque tous les maux de l'Eglise, et des scandales à faire tomber en erreur, s'il se pouvoit, jusqu'aux élus.

Si donc les pasteurs ne sont, comme dit saint Paul, « des ouvriers irréprochables, qui sachent traiter droitement la parole de vérité [5], » c'est la plus grande tentation du peuple fidèle.

Jésus-Christ a établi ses apôtres « pour être la lumière du monde, et les a mis sur le chandelier pour éclairer la maison de Dieu [6] » (plus encore par leur bonne vie que par leur doctrine). « Mais si la lumière qui est en nous n'est que ténèbres, que seront les ténèbres mêmes [7]? »

Vous donc, qui regardez plus ou la brigue ou la faveur que le mérite, en mettant des sujets indignes ou par l'ignorance ou par la vie, avez-vous entrepris de rendre le sacerdoce et l'Eglise même méprisables? Ecoutez ce que dit un prophète à de tels pasteurs : « Vous vous êtes détournés de la voie, et vous avez scandalisé le peuple de Dieu, en n'observant pas la loi (que vous

---

[1] *Malach.*, II, 7. — [2] *Deut.*, XVII, 18. — [3] *Malach.*, II, 7. — [4] II *Cor.*, V, 20. — [5] II *Tim.*, II, 15. — [6] *Matth.*, V, 14, 15. — [7] *Ibid.*, VI, 23.

prêchiez) : je vous ai livrés au mépris des peuples (vous tomberez dans le décri) : vous serez vils à leurs yeux[1]. »

Car que fera-t-on « d'un sel insipide et affadi? Il n'est plus bon,
dit le Fils de Dieu, que pour être foulé aux pieds[2]. »

Il est écrit de « Simon fils d'Onias, souverain pontife, qu'en
montant au saint autel, il honoroit et ornoit le saint habit qu'il
portoit[3]. » Par une raison contraire les pontifes qui ne sont pas
saints, en montant à l'autel déshonorent (a) le saint habit qui les
fait regarder avec tant de respect, et ternissent l'éclat de l'Eglise
et de la religion.

Que ferez-vous donc, ô prince, pour éviter le malheur de donner à l'Eglise de mauvais pasteurs? Faites ce que dit saint Paul :
« Qu'ils soient éprouvés, et puis qu'ils servent[4]. » S'il parle ainsi
des diacres, que diroit-il des évêques? Le clergé est une milice :
ne mettez pas à la tête celui qui n'a jamais eu de commandement. Consultez la voix publique. « Il faut, dit saint Paul, que
celui qu'on veut faire évêque, ait bon témoignage, même de ceux
de dehors (même, s'il peut, des hérétiques et des infidèles : à plus
forte raison des fidèles) : de peur qu'il ne tombe dans le mépris[5]. »

Toutes les fois qu'il faut nommer un évêque, le prince doit
croire que Jésus-Chist même lui parle en cette sorte : O prince
qui me nommez des ministres, je veux que vous me les donniez
dignes de moi. Je vous ai fait roi, faites-moi régner, et donnez-
moi des ministres qui puissent me faire obéir. Qui m'obéit vous
obéit : votre peuple est le peuple que j'ai mis en votre garde.
Mon Eglise est entre vos mains. Ce choix n'étoit pas naturellement de votre office : vous avez voulu vous en charger : prenez
garde à votre péril et à mon service.

Les rois ne doivent pas croire sous prétexte qu'ils ont le choix
des pasteurs, qu'il leur soit libre de les choisir à leur gré : ils
sont obligés de les choisir tels que l'Eglise veut qu'on les choi-
sisse. Car l'Eglise leur en laissant la nomination ou le choix, n'a
pas prétendu exempter ses ministres de sa discipline (b).

---

[1] *Malach.*, II, 8, 9.— [2] *Matth.*, v, 13.— [3] *Eccli.*, L, I, 12.— [4] I *Tim.*, III, 10.—
[5] *Ibid.*, 7.

(a) *II⁰ Edit.* : Déshonoroient. — (b) *II⁰ Edit.* : De la discipline.

L'abrégé de toutes les lois de l'Eglise est celle-ci, du concile de
Trente [1]. En choisissant les évêques, on est obligé « de choisir
ceux qu'on jugera en conscience les plus dignes et les plus utiles
à l'Eglise, à peine de péché mortel. » Décret qu'on ne peut trop
lire, et trop souvent inculquer aux princes. « Telle est la ville,
quel est son conducteur, » dit le Saint-Esprit [2]. Ainsi « tout l'état
et tout l'ordre de la famille de Jésus-Christ est en péril, si ce
qu'on veut trouver dans le corps ne se trouve auparavant dans
le chef [3], » dit le concile de Trente. Il en est de même à proportion de tous les prélats et de tous les ministres de l'Eglise.

Le prince par un mauvais choix des prélats, se charge devant
Dieu et son Eglise du plus terrible de tous les comptes : et non-
seulement de tout le mal qui se fait par les indignes prélats, mais
encore de l'omission de tout le bien qui se feroit s'ils étoient meilleurs.

XIVᵉ PROPOSITION.

Le prince doit protéger la piété, et affectionner les gens de bien.

Ils sont le soutien de son Etat. « S'il se trouve cinquante justes
dans cette abominable (qu'on ne nomme pas) ; s'il s'y en trouve
quarante-cinq ; s'il s'y en trouve quarante, ou trente, ou vingt ;
s'il s'y en trouve jusqu'à dix, je ne perdrai pas la ville pour l'a-
mour de ces dix justes [4], » dit le Seigneur à Abraham.

XVᵉ PROPOSITION.

Le prince ne souffre pas les impies, les blasphémateurs, les jureurs, les parjures,
ni les devins.

« Le roi sage dissipe les impies, et courbe des voûtes sur
eux [5]. » Il les enferme dans des cachots, d'où personne ne les
peut tirer. Ou comme d'autres traduisent sur l'original : « Il
tourne des roues sur eux. » Il les brise, il les met en poudre, en
faisant rouler sur eux des chariots armés de fer : comme fit Gédéon à ceux de Soccoth [6], et David aux enfans d'Ammon [7].

Le Seigneur dit à Moïse : « Menez le blasphémateur hors du

---

[1] Conc. Trid., sess. XXIV, de reform., cap. 1. — [2] Eccli., x, 2. — [3] Conc. Trid.,
ibid. — [4] Gen., XVIII, 26 et seq. — [5] Prov., XX, 26. — [6] Jud., VIII, 16. — [7] II Reg.,
XII, 81; I Par., XX, 3.

camp » (il ne faut point qu'on y respire le même air que lui, et
son dernier soupir exhalé dedans l'infecteroit) : « et que ceux qui
l'ont ouï mettent la main sur sa tête (en témoignage), et que tout
le peuple le lapide. Et tu diras, ajoute-t-il, à tout Israël : Celui
qui maudit son Dieu, portera son péché; que celui qui blasphème
le nom du Seigneur, meure de mort. Toute la multitude l'accablera de pierres, soit qu'il soit citoyen ou étranger [1]. » Chacun se
doit purger de la part qu'on pourroit avoir à un crime si abominable.

Nabuchodonosor un prince infidèle, étonné des merveilles de
Dieu qui avoit délivré des flammes ces trois jeunes hommes si
célèbres dans l'histoire sainte, fit cette ordonnance : « C'est de
moi, dit-il, qu'est parti ce décret royal : Quiconque blasphémera
contre le Dieu de Sidrach, Misach, et Abdénago, qu'il périsse et
que sa maison soit renversée : car il n'y a pas un autre Dieu, qui
puisse sauver comme celui-là [2]. »

Le parjure est un impie et un blasphémateur : « qui prend le
nom de Dieu en vain [3] : » qui par là traite Dieu de chose vaine :
qui ne croit pas que Dieu soit juste, ni puissant, ni véritable : qui
le défie de lui faire du mal, et ne craint non plus sa justice qu'il
invoque contre soi-même, que si au lieu de Dieu il nommoit une
idole vaine et muette.

Le jurement fréquent tient du blasphème, et expose au parjure. « Le discours mêlé de beaucoup de sermens fait dresser les
cheveux : et l'irrévérence du nom de Dieu pris en vain, fait bou-
cher les oreilles [4]. L'homme qui jure beaucoup sera rempli d'iniquité, et la plaie ne sortira point de sa maison [5]. »

C'est par la même raison que le prince doit exterminer de dessus la terre les devins et les magiciens, qui s'attribuent à eux-
mêmes, ou qui attribuent aux démons la puissance divine. Et on
sait ce qui arriva à Saül, pour avoir lui-même violé l'ordonnance
qu'il avoit faite contre cette impiété [6].

---

[1] *Levit.*, XXIV, 13 et seq. — [2] *Dan.*, III, 96. — [3] *Exod.*, XX, 7. — [4] *Eccli.*, XXVII,
15. — [5] *Eccli.*, XXIII, 12. — [6] I *Reg.*, XXVIII, ci-devant, liv. V, art. 3, 1re propos.

XVIe PROPOSITION.

Les blasphèmes font périr les rois et les armées.

Sennachérib roi d'Assyrie, après avoir fait à Ezéchias et à son peuple des menaces pleines de blasphèmes, et leur avoir envoyé des ambassadeurs avec une lettre où étoient ces paroles [1] : « Que votre Dieu, en qui vous mettez votre confiance, ne vous trompe pas. Les dieux des autres nations les ont-ils sauvés? Où est le roi d'Emath et le roi d'Arphad, et les rois de tant d'autres peuples vaincus, » qui ont invoqué leurs dieux inutilement contre moi? « Voici, dit Ezéchias, un jour d'affliction, un jour de menace, un jour de blasphème » (mais, ô Seigneur, nous ne pouvons rien). Tout ce peuple fait des efforts inutiles, « semblables à ceux d'une femme dont l'enfant est prêt à sortir, et qui n'a pas assez de force pour accoucher. Mais peut-être que Dieu écoutera les blasphèmes de ses ennemis » (qui le comparent aux idoles des Gentils). Et Ezéchias prit les lettres de la main des ambassadeurs : et il alla dans le temple, et il les étendit tout ouvertes devant le Seigneur [2]. » Il n'eut point de plus fortes armes. Et les blasphèmes de ce prince impie le firent périr lui et son armée : et il y eut en une nuit cent quatre-vingt-cinq mille hommes égorgés de la main d'un ange [3].

Quoique Dieu ne fasse pas toujours des exécutions si éclatantes, il sait venger les blasphèmes par des voies aussi efficaces, quoique plus cachées. Celui qui avoit envoyé son ange contre Sennachérib, inspira contre Nicanor un invincible courage à Judas le Machabée et à ses soldats. L'impie périt avec son armée immense qui menaçoit le ciel : « la main qu'il avoit levée contre le temple y fut attachée. Sa tête fut exposée au haut d'une tour. Et sa langue, dont il avoit dit : Y a-t-il un Dieu puissant dans le ciel? et moi je suis puissant sur la terre : fut donnée en proie aux oiseaux du ciel. Et tous les cieux bénirent le Seigneur en disant : Béni soit Dieu qui a conservé son temple [4]. »

[1] IV Reg., xix, 10, 11, 12, 13. — [2] IV Reg., xix, 3, 4. — [3] Ibid., 14, 15, 35. — [4] II Mach., xv, 4, 5, 32, 33, 34.

XVIIe PROPOSITION.

Le prince est religieux observateur de son serment.

Nous avons vu les qualités du serment marquées par saint Paul [1] : et premièrement, « qu'on jure par plus grand que soi [2]. »

Cela regarde les rois d'une manière toute spéciale. On jure (a) par plus grand que soi : c'est-à-dire on jure (b) par son souverain, par son juge. Dieu est le souverain des rois et des puissances suprêmes. Il est leur juge spécial, parce que lui seul les peut juger, et qu'il faudroit qu'il les jugeât quand il ne jugeroit pas le reste des hommes.

« On jure, ajoute l'Apôtre, par quelque chose d'immuable. » Ce qu'il explique en disant « qu'on jure par quelque chose qui ne peut mentir, ni tromper personne [3]. » Et c'est ce qui devoit être principalement ordonné à l'égard des rois : parce que tout le monde étant si porté à les flatter et à les tromper, il falloit prendre contre eux pour témoin et pour juge celui qui seul ne es flatte pas.

Le prince jure à Dieu dans son sacre (comme nous allons le voir plus au long), de maintenir les priviléges des églises : de conserver la foi catholique qu'il a reçue de ses pères : d'empêcher les violences, et de rendre justice à tous ses sujets. Ce serment est le fondement du repos public : et Dieu est d'autant plus obligé par sa propre vérité à se le faire tenir, qu'il en est le seul vengeur.

Il y a une autre sorte de serment, que les puissances souveraines font à leurs égales, de garder la foi des traités. Car comme dans tout traité on se soumet pour l'exécution à quelque juge, ceux qui n'ont pour juge que Dieu ont recours à lui dans leurs traités, comme au dernier appui de la paix publique.

De tout cela il résulte que les princes qui manquent à leurs

---

[1] Ci-devant, liv. VII, art. 2, IIIe propos., p. 293. — [2] *Hebr.*, VI, 16. — [3] *Hebr.*, VI, 18.

(a) IIe *Edit.* : On juge. — (b) On juge.

sermens (ce qu'à Dieu ne plaise qu'il leur arrive jamais), autant qu'il est en eux, rendent vain ce qu'il y a de plus ferme parmi les hommes : et en même temps rendent impossible la société et le repos du genre humain. Par où ils font Dieu et les hommes leurs justes et irréconciliables ennemis : puisque pour les concilier, il ne reste plus rien au-dessus de ce qu'ils ont rendu nul.

Qui ne sent pas combien cela est terrible, n'a plus rien qu'il puisse sentir que l'enfer même : et la vengeance de Dieu manifestement et impitoyablement déclarée.

XVIIIe PROPOSITION.

Où l'on expose le serment du sacre des rois de France.

L'archevêque consacrant, ou les évêques, parlent en ces termes au roi dès le commencement de son sacre, au nom de toutes les églises qui lui sont sujettes : « Nous vous supplions d'accorder à nous et à nos églises que vous conserverez et défendrez le privilége canonique, avec la loi et la justice qui leur est due [1]. » Ce qui comprend les immunités ecclésiastiques, également établies par les canons et par les lois. Et le roi répond : « Je vous promets de conserver à vous et à vos églises, le privilége canonique, avec la loi, et la justice qui leur est due. Et je leur promets de leur accorder la défense de ces choses, ainsi qu'un roi la doit accorder par droit dans son royaume à un évêque, et à l'église qui lui est commise. »

Puis on chante le *Te Deum*. Et le roi debout fait les promesses suivantes : « Je promets au nom de Jésus-Christ, ces trois choses au peuple chrétien qui m'est sujet. Premièrement, que tout le peuple chrétien de l'Eglise de Dieu conserve en tout temps sous nos ordres, la paix véritable. En second lieu, que j'interdise toute rapacité et iniquité. En troisième lieu, qu'en tout jugement j'ordonne l'équité et la miséricorde. »

Après qu'on a dit les *Litanies,* le prince prosterné se relève, et est interrogé en cette sorte par le seigneur métropolitain : « Voulez-vous tenir la sainte foi, qui vous a été laissée par des hommes

---

[1] *Cerémonial françois,* pag. 14.

catholiques, et l'observer par des bonnes œuvres. Et le roi répond :
Je le veux. Le métropolitain continue : Voulez-vous être le tuteur
et le défenseur des églises et des ministres des églises? Et le roi
répond : Je le veux. Le métropolitain demande encore : Voulez-
vous gouverner et défendre votre royaume qui vous a été accordé
de Dieu, selon la justice de vos pères? Et le roi répond : Je le
veux : et autant qu'il me sera possible, avec la grace de Dieu, en
consolation à tout le monde. Ainsi je promets de le faire fidèlement, en tout et partout [1]. » '

On lui demande enfin « s'il veut défendre les saintes églises de
Dieu, et leurs pasteurs, et tout le peuple qui lui est soumis, justement et religieusement, par une royale providence, selon les
coutumes de ses pères [2]. Et après qu'il a répondu qu'il le fera de
tout son pouvoir, l'évêque demande au peuple s'il ne s'engage
pas à se soumettre à un tel prince (qui lui promet la justice et
toute sorte de bien), et s'assujettir à son règne, avec une ferme
fidélité; et obéir à ses commandemens, selon ce que dit l'Apôtre :
Que toute ame soit assujettie aux puissances supérieures [3] : *soit
au roi, comme étant au-dessus de tous les autres* [4]. Qu'alors il
soit répondu d'une même voix, par tout le clergé, et par tout le
peuple : Qu'il soit ainsi : Qu'il soit ainsi. Amen. Amen. »

Après l'onction accoutumée, un évêque fait cette prière :
« Accordez-lui, Seigneur, qu'il soit le fort défenseur de sa patrie,
le consolateur des églises et des saints monastères, avec une
grande piété et une royale munificence. Qu'il soit le plus courageux et le plus puissant de tous les rois : le vainqueur de ses
ennemis. Qu'il abatte ceux qui se soulèveront contre lui, et les
nations païennes. Qu'il soit terrible à ses ennemis, par la grande
force de la puissance royale. Qu'il paroisse magnifique, aimable
et pieux aux grands du royaume : et qu'il soit craint et aimé de
tout le monde [5]. »

En lui donnant le sceptre, la main de justice et l'épée, l'arche
vêque lui dit : « Que cette épée est bénite, afin d'être selon l'ordre de Dieu, la défense des saintes églises [6] : et on l'avertit de se

---

[1] *Cérémonial françois*, pag. 16. — [2] Pag. 16, 17. — [3] *Rom.*, XIII, 1. — [4] I *Petr.*,
II, 13. — [5] *Cérémonial françois*, pag. 19. — [6] *Ibid.*, 20, 21.

souvenir de celui à qui il a été dit par le Prophète : *Mettez votre épée à votre côté, ô très-puissant* [1]. Afin que l'équité ait toute sa force : que les remparts de l'iniquité soient puissamment détruits : et enfin que vous méritiez par le soin que vous prendrez de la justice, de régner éternellement avec le Fils de Dieu, dont vous êtes la figure [2]. »

Le roi promet aussi « de conserver la souveraineté, les droits et noblesses de la couronne de France : sans les aliéner ou les transporter à personne ; et d'exterminer de bonne foi, selon son pouvoir, tous hérétiques (a) notés et condamnés par l'Eglise [3]. » Et il affermit toutes ces choses par serment.

Dans la bénédiction de l'épée, on prie Dieu, « qu'elle soit en la main de celui qui désire s'en armer, pour la défense et la protection des églises, des veuves, des orphelins, et de tous les serviteurs de Dieu [4]. » Ainsi on montre que la force n'est établie qu'en faveur de la justice et de la raison, et pour soutenir la foiblesse.

Les richesses, l'abondance de toute sorte de biens, la splendeur et la magnificence royale, sont demandées à Dieu pour le roi, par cette prière : « Faites, Seigneur, que de la rosée du ciel et de la graisse de la terre, le blé, le vin, l'huile, et toute la richesse et l'abondance des fruits, lui soient données et continuées par la sagesse divine. En sorte que durant son règne, la santé et la paix soit dans le royaume : et que la gloire et la majesté de la dignité royale éclate dans le palais aux yeux de tout le monde, et envoie partout les rayons de la puissance royale [5]. »

Cette splendeur doit porter dans tous les esprits, une impression de la puissance des rois, et paroître comme une image de la cour céleste.

Quel compte ne rendront point à Dieu les princes qui négligeroient de tenir des promesses si solennellement jurées ?

---

[1] *Psal.*, XLIV, 4. — [2] *Cérémonial françois,* pag. 20, 21. — [3] *Ibid.,* pag. 33. — [4] *Ibid.,* p. 34. — [5] *Ibid.,* 35.

(a) *Edit.:* Tous les hérétiques. — (b) L'abondance et toute sorte de biens.

XIX° PROPOSITION.

Dans le doute, on doit interpréter en faveur du serment.

C'est ainsi que fit Josué. La ville de Gabaon étoit de celles que Dieu avoit destinées à la demeure de son peuple, et dont il avoit ordonné que les habitans seroient passés sans miséricorde au fil de l'épée, à cause de leurs crimes, aussi bien que tous les autres. Les Amorrhéens habitans de Gabaon, effrayés des victoires de Josué et des Israélites, usèrent de finesse : et feignant de venir de pays bien éloignés, ils les abordèrent en disant qu'ils « venoient de loin, émerveillés des prodiges que Dieu faisoit en leur faveur, pour se soumettre à leur empire [1]. » Ils firent tout ce qu'il falloit pour tromper Josué et les autres chefs, qui leur promirent la vie avec serment.

Trois jours après, on connut la vérité. La question fut de savoir si on s'en tiendroit à l'alliance jurée. Deux fortes raisons s'y opposoient : l'une étoit la fraude de ces peuples, à qui on ne pardonna que sur un faux exposé ; l'autre étoit le commandement de Dieu, qui ordonnoit qu'on les exterminât entièrement. Mais Josué et les chefs du peuple s'en tinrent au serment et à l'alliance.

Contre la surprise, on disoit qu'il falloit s'être informé de la vérité avant que de s'engager « et interroger la bouche du Seigneur [2], » en quoi Josué avoit manqué ; mais que l'engagement étant pris, et le nom de Dieu y étant interposé, il s'en falloit tenir là.

Au commandement divin de faire passer tous ces peuples au fil de l'épée, Josué et les chefs opposoient un commandement plus ancien et plus important, de ne prendre pas en vain le nom de Dieu. « Nous avons juré par le nom du Seigneur Dieu d'Israël, que nous leur sauverions la vie : nous ne pouvons la leur ôter [3]. » Tout le peuple qui murmuroit auparavant se rendit à cette raison : et approuva la décision de Josué et de ses chefs.

Dieu même la confirma, lorsqu'il délivra Gabaon des rois

[1] Jos., IX, 3 et seq. — [2] Jos., IX, 14. — [3] Ibid., 19.

Amorrhéens qui la tenoient assiégée, par cette fameuse victoire où Josué arrêta le soleil[1].

Et longtemps après, du vivant de David, parce que pendant le règne de Saül, ce prince cruel avoit voulu remuer cette question, et sous prétexte de zèle faire mourir les Gabaonites; Dieu envoya la peste en punition de cet attentat, et ne se laissa fléchir qu'après qu'on eut puni rigoureusement la cruauté de Saül dans sa famille[2] : soit qu'elle y eût concouru, soit qu'elle fût justement châtiée pour d'autres crimes. Ainsi la décision de Josué fut confirmée par une déclaration manifeste de la volonté de Dieu : et tout le peuple y demeura ferme jusqu'aux derniers temps.

La force de la décision eut un effet perpétuel : et non-seulement sous les rois, mais encore du temps d'Esdras et au retour de la captivité[3].

C'est ainsi que furent sauvés les Gabaonites. La foi du peuple de Dieu, la sainteté des sermens, la majesté et la justice du Dieu d'Israël, éclatèrent magnifiquement dans cette occasion : et il resta à la postérité un exemple mémorable, d'interpréter les traités en faveur du serment.

ARTICLE VI.

Des motifs de religion particuliers aux rois.

Ire PROPOSITION.

C'est Dieu qui fait les rois, et qui établit les maisons régnantes.

Saül cherchoit les ânesses de son père Cis : David paissoit les brebis de son père Isaï, quand Dieu les a élevés d'une condition si vulgaire à la royauté[4].

Comme il donne les royaumes, il les coupe par la moitié quand il lui plaît. Il fit dire à Jéroboam par son prophète : « Je partagerai le royaume de Salomon, et je t'en donnerai dix tribus, à cause qu'il a adoré Astarthé la déesse des Sidoniens, et Chamos le dieu de Moab, et Moloch le dieu des enfans d'Ammon. Je lui lais-

---

[1] *Jos.*, x. — [2] II *Reg.*, xxi, 1, 2 et seq. — [3] *Esdr.*, ii, 70; vii, 7, 24; viii, 17, 20; II *Esdr.*, vii, 60: x, 28. — [4] I *Reg.*, ix, x, xvi.

serai une tribu à cause de David mon serviteur : et Jérusalem la cité sainte que j'ai choisie[1]. »

Le prophète Jéhu, fils d'Hanani, eut aussi ordre de dire à Baasa, le troisième roi d'Israël après Jéroboam : « Je t'ai élevé de la poussière, et je t'ai donné la conduite de mon peuple d'Israël; et tu as marché sur les voies de Jéroboam, et tu as excité mon indignation contre toi : je te perdrai, toi et ta maison[2]. »

Par la même autorité un prophète alla à Jéhu, fils de Josaphat, fils de Namsi : « et le trouvant au milieu des grands, il dit tout haut : O prince, j'ai à vous parler. A qui de nous voulez-vous parler, répondit Jéhu ? A vous, prince, continua le prophète. Et il le tira selon l'ordre qu'il avoit reçu de Dieu, dans le cabinet le plus secret de la maison, et lui dit : Le Seigneur vous a oint roi sur le peuple d'Israël : et vous détruirez la maison d'Achab votre seigneur[3]. »

Dieu exerce le même pouvoir sur les nations infidèles. « Va, dit-il au prophète Elie, retourne sur tes pas par le désert jusqu'à Damas : et quand tu y seras arrivé, tu oindras Hazaël pour être roi de Syrie[4]. »

Par ces actes extraordinaires, Dieu ne fait que manifester plus clairement ce qu'il opère dans tous les royaumes de l'univers, à qui il donne des maîtres tels qu'il lui plaît. « Je suis le Seigneur, dit-il; c'est moi qui ai fait la terre avec les hommes et les animaux : et je les mets entre les mains de qui je veux[5]. »

C'est Dieu encore qui établit les maisons régnantes. Il a dit à Abraham : « Les rois sortiront de vous[6]; » et à David : « Le Seigneur vous fera une maison[7]; » et à Jéroboam : « Si tu m'es fidèle, je te ferai une maison comme j'ai fait à David[8]. »

Il détermine le temps que doivent durer les maisons royales. « Tes enfans seront sur le trône jusqu'à la quatrième génération, dit-il à Jéhu[9]. »

« J'ai donné ces terres à Nabuchodonosor, roi de Babylone. Ces

---

[1] III Reg., XI, 31, 32, 33. — [2] Ibid., XVI, 1, 2, 3. — [3] IV Reg., IX, 4, 5 et seq. — [4] III Reg., XIX, 15. — [5] Jerem., XXVII, 5. — [6] Gen., XVII, 6. — [7] II Reg., VII, 11. — [8] III Reg., XI, 38. — [9] IV Reg., X, 30.

peuples seront assujettis à lui, à son fils et au fils de son fils, jusqu'à ce que le temps soit venu[1]. »

Et tout cela est la suite de ce conseil éternel, par lequel Dieu a résolu « de faire sortir tous les hommes d'un seul, pour les répandre sur toute la face de la terre, en déterminant les temps et les termes de leur demeure[2]. »

IIe PROPOSITION.

Dieu inspire l'obéissance aux peuples, et il y laisse répandre un esprit de soulèvement.

Dieu, qui tient en bride les flots de la mer, est le seul qui peut aussi tenir sous le joug l'humeur indocile des peuples. Et c'est pourquoi David lui chantoit : « Béni soit le Seigneur mon Dieu, mon protecteur en qui j'espère, qui soumet mon peuple à ma puissance[3]. »

Il agit dans les cœurs des nouveaux sujets qu'il avoit donnés à Saül : « et une partie de l'armée, dont Dieu toucha le cœur, suivit Saül[4]. »

En inspirant l'obéissance aux sujets, il met aussi dans le cœur du prince une confiance secrète, qui le fait commander sans crainte : « Et Dieu donna à Saül un autre cœur[5]. » Lui qui se regardoit auparavant, comme le dernier de tout le peuple d'Israël, prend en main le commandement et des peuples, et des armées : et sent en lui-même toute la force qu'il falloit pour agir en maître.

Après que le prophète envoyé de Dieu eut parlé à Jéhu pour le faire roi, « les seigneurs lui demandèrent : Que vous vouloit cet insensé? Et il leur dit : Le connoissez-vous, et savez-vous ce qu'il m'a dit? Ils lui répondirent : Tout ce qu'il aura dit est faux : mais ne laissez pas de nous le raconter[6]. » Voilà ce qu'ils dirent, peu disposés, comme on voit, à en croire le prophète. Mais Jéhu ne leur eut pas plutôt rapporté que ce prophète l'avoit sacré roi, que « tous aussitôt prirent leurs manteaux, les étendant sous ses pieds en forme de tribunal, et firent sonner la trompette, et criè-

---

[1] *Jerem.*, XXVII, 6, 7. — [2] *Act.*, XVII, 26. — [3] *Ps.* CXLIII, 1, 2. — [4] 1 *Reg.*, X, 26. — [5] *Ibid.*, 9; IX, 21. — [6] IV *Reg.*, IX, 11, 12.

rent : Jéhu est roi [1]. » Et ils oublièrent Joram leur roi légitime, pour qui ils venoient d'exposer leur vie dans une bataille sanglante contre le roi de Syrie, et dans le siége de Ramoth-Galaad : tant Dieu changea promptement les cœurs.

Il faut toujours se souvenir que ces choses si extraordinaires ne servent qu'à manifester ce que Dieu fait ordinairement d'une manière aussi efficace, quoique plus cachée. En même temps qu'il inspire aux grands de suivre Jéhu par un secret jugement de sa providence, il se répand dans le peuple un esprit de soulèvement universel, et rien ne le soutient plus dans le royaume. Jéhu marche avec sa troupe conjurée, à Jezraël où étoit le roi. Comme on le vit arriver, Joram envoie pour lui demander s'il venoit en esprit de paix [2]. De quelle paix me parlez-vous, dit-il à celui qui lui faisoit ce message? Passez ici, et suivez-moi. Joram en envoya un autre pour faire la même demande : il reçut la même réponse, et il imita le premier en se joignant à Jéhu. Le roi, qui ne recevoit aucune réponse, avance en personne avec le roi de Juda, croyant étonner Jéhu par la présence de deux rois unis, dont l'un étoit son souverain. « Aussitôt qu'il eut aperçu Jéhu, il lui dit : Venez-vous en paix ? Quelle paix y a-t-il pour vous ? répliqua-t-il. Et en même temps il banda son arc, et perça d'un coup de flèche le cœur de Joram, qui tomba mort à ses pieds [3]. » Il restoit dans le palais la reine Jézabel mère de Joram : « elle parut à la fenêtre richement parée, les yeux colorés d'un fard exquis. Qui est celle-là, dit Jéhu? Et il ordonne aux eunuques de cette princesse, de la précipiter du haut en bas [4]. » Après toute cette sanglante exécution, il envoie des ordres à Samarie de faire mourir les enfans du roi [5] : et tous les grands du royaume résolurent de les faire mourir au nombre de soixante et dix, dont ils portèrent les têtes à Jéhu : et il envahit le royaume sans résistance. Dieu vengea par ce moyen les impiétés d'Achab et de Jézabel, sur eux et sur leur maison.

Voilà l'esprit de révolte qu'il envoie, quand il veut renverser les trônes. Sans autoriser les rébellions, Dieu les permet : et

[1] IV *Reg.*, ix, 13. — [2] *Ibid.*, 18, 19, 20, 21. — [3] *Ibid.*, 22 et seq. — [4] *Ibid.*, 30 et seq. — [5] *Ibid.*, x, 1 et seq.

punit les crimes par d'autres crimes, qu'il châtie aussi en son temps, toujours terrible et toujours juste.

IIIe PROPOSITION.

Dieu décide de la fortune des Etats.

« Le Seigneur Dieu frappera Israël, comme on remue un roseau dans l'eau ; et l'arrachera de la bonne terre, qu'il avoit donnée à leurs pères : et comme par un coup de vent, il les transportera (a) à Babylone[1]. » Tant est grande la facilité avec laquelle il renverse les royaumes les plus florissans.

IVe PROPOSITION.

Le bonheur des princes vient de Dieu; et a souvent de grands retours.

Enflé d'une longue suite de prospérités, un prince insensé dit en son cœur : Je suis heureux, tout me réussit ; la fortune, qui m'a toujours été favorable, gouverne tout parmi les hommes, et il ne m'arrivera aucun mal. « Je suis reine, » disoit Babylone, qui se glorifioit dans son vaste et redoutable empire : « je suis assise » (dans mon trône heureuse et tranquille) : je serai toujours dominante ; jamais je ne serai veuve, jamais privée d'aucun bien : jamais je ne connoîtrai ce que c'est que stérilité et foiblesse[2]. » Tu ne songes pas, insensée, que c'est Dieu qui t'envoie ta félicité : peut-être pour t'aveugler, et te rendre ton infortune plus insupportable. « J'ai tout mis entre les mains de Nabuchodonosor roi de Babylone ; et jusqu'aux bêtes, je veux que tout fléchisse sous lui. Les rois et les nations qui ne voudront pas subir le joug périront, non-seulement par l'épée de ce conquérant, mais de mon côté je leur enverrai la famine et la peste, jusqu'à ce que je les détruise entièrement[3]. » Afin que rien ne manque ni à son bonheur ni au malheur de ses ennemis.

Mais tout cela n'est que pour un temps, et cet excès de bonheur a un prompt retour. « Car pendant qu'il se promenoit dans sa Babylone, dans ses salles et dans ses cours ; et qu'il disoit en son

---

[1] III *Reg.*, XIV, 15. — [2] *Isaï.*, XLVII, 7, 8. — [3] *Jerem.*, XXVII, 6-8.

(a) IIe *Edit.* : Il les transporta.

cœur : N'est-ce pas cette grande Babylone, que j'ai bâtie dans ma force et dans l'éclat de ma gloire ? » sans seulement jeter le moindre regard sur la puissance suprême, d'où lui venoit tout ce bonheur : « une voix partit du ciel, et lui dit : Nabuchodonosor, c'est à toi qu'on parle. Ton royaume te sera ôté à cet instant : on te chassera du milieu des hommes : tu vivras parmi les bêtes, jusqu'à ce que tu apprennes que le Très-Haut tient en sa main les empires, et les donne à qui il lui plaît[1]. »

O prince ! prenez donc garde de ne pas considérer votre bonheur comme une chose attachée à votre personne; si vous ne pensez en même temps qu'il vient de Dieu, qui le peut également donner et ôter. « Ces deux choses, la stérilité et la viduité viendront sur vous en un même jour, dit Isaie[2]. » Tous les maux vous accableront. « Et pendant que vous n'aurez à la bouche que la paix et la sécurité, la ruine survient tout à coup[3]. »

Ainsi le roi Baltasar au milieu d'un festin royal qu'il faisoit avec ses seigneurs et ses courtisans en grande joie[4], ne songeoit qu'à « loüer ses dieux d'or et d'argent, d'airain et de marbre, » qui le combloient de tant de plaisirs et de tant de gloire; quand ces trois doigts (si célèbres) parurent en l'air, qui écrivoient sa sentence sur la muraille : « MANÉ : THÉCEL : PHARÈS. Dieu a compté tes jours, et ton règne est à sa fin. Tu as été mis dans la balance, et tu as été trouvé léger. Ton empire est divisé et il va être livré aux Mèdes et aux Perses. »

Vᵉ PROPOSITION.

Il n'y a point de hasard dans le gouvernement des choses humaines; et la fortune n'est qu'un mot, qui n'a aucun sens.

C'est en vain que les aveugles enfans d'Israël « dressoient une table à la Fortune, et lui sacrifioient[5]. » Ils l'appeloient la reine du ciel, la dominatrice de l'univers; et disoient à Jérémie[6] : O prophète, « nous ne voulons plus écouter vos discours : nous en ferons à notre volonté. Nous sacrifierons à la reine du ciel : et nous lui ferons des effusions, comme ont fait nos pères, nos

---

[1] *Dan.*, IV, 26-29. — [2] *Isa.*, XLVII, 9. — [3] *I Thess.*, V, 3. — [4] *Dan.*, V, 1 et seq. — [5] *Isai.*, LXV, 11. — [6] *Jerem.*, XLIV, 16, 17.

princes et nos rois. Et tout nous réussissoit, et nous regorgions de biens. »

C'est ainsi que séduits par un long cours d'heureux succès, les hommes du monde donnent tout à la fortune, et ne connoissent point d'autre divinité. Ou ils appellent la reine du ciel, l'étoile dominante et favorable, qui selon leur opinion fait prospérer leurs desseins. C'est mon étoile, disent-ils, c'est mon ascendant, c'est l'astre puissant et benin qui a éclairé ma nativité, qui met tous mes ennemis à mes pieds.

Mais il n'y a dans le monde, ni fortune ni astre dominant. Rien ne domine que Dieu. « Les étoiles, comme son armée, marchent à son ordre : chacune luit dans le poste qu'il lui a donné. Il les appelle par leur nom, et elles répondent : Nous voilà. Et elles se réjouissent, et luisent avec plaisir pour celui qui les a faites [1]. »

VIe PROPOSITION.

Comme tout est sagesse dans le monde, rien n'est hasard.

« Dieu a répandu la sagesse sur toutes ses œuvres [2]. Dieu a tout vu, Dieu a tout mesuré, Dieu a tout compté [3]. Dieu a tout fait avec mesure, avec nombre et avec poids [4]. » Rien n'excède, rien ne manque. A regarder le total, rien n'est plus grand ni plus petit qu'il ne faut : ce qui semble défectueux d'un côté, sert à un autre ordre supérieur et plus caché, que Dieu sait. Tout est épandu (a) à pleines mains : et néanmoins tout est fait et donné par compte. « Jusqu'aux cheveux de notre tête, ils sont tous comptés [5]. Dieu sait nos mois et nos jours : il en a marqué le terme, qui ne peut être passé [6]. Un passereau même ne tombe pas sans votre Père céleste [7]. » Ce qui emporteroit d'un côté, a son contre-poids de l'autre : la balance est juste, et l'équilibre parfait.

Où la sagesse est infinie, il ne reste plus de place pour le hasard.

---

[1] *Baruch,* III, 34, 35. — [2] *Eccli.,* I, 10. — [3] *Ibid.,* 9. — [4] *Sap.,* XI, 21. — [5] *Matth.,* X, 30. — [6] *Job,* XIV, 5. — [7] *Matth.,* X, 29.

(a) Répandu.

VII° PROPOSITION.

Il y a une providence particulière dans le gouvernement des choses humaines.

« L'homme prépare son cœur, et Dieu gouverne sa langue[1]. »

« L'homme dispose ses voies : mais Dieu conduit ses pas[2]. »

On a beau compasser dans son esprit tous ses discours et tous ses desseins; l'occasion apporte toujours je ne sais quoi d'imprévu : en sorte qu'on dit et qu'on fait toujours plus ou moins qu'on ne pensoit. Et cet endroit inconnu à l'homme dans ses propres actions et dans ses propres démarches, c'est l'endroit secret par où Dieu agit, et le ressort qu'il remue.

S'il gouverne de cette sorte les hommes en particulier, à plus forte raison les gouverne-t-il en corps d'Etats et de royaumes. C'est aussi dans les affaires d'Etat, « que nous sommes (principalement) en sa main, nous et nos discours, et toute sagesse, et la science d'agir[3]. »

« Dieu a fait en particulier les cœurs des hommes; il entend toutes leurs œuvres. C'est pourquoi, ajoute le Psalmiste, le roi n'est pas sauvé par sa grande puissance, ou par une grande armée, mais par la puissante main de Dieu[4]. » Lui qui gouverne les cœurs de tous les hommes, et qui tient en sa main le ressort qui les fait mouvoir, a révélé à un grand roi qu'il exerce spécialement ce droit souverain sur les cœurs des rois : « Comme la distribution des eaux (est entre les mains de celui qui les conduit), ainsi le cœur du roi est entre les mains de Dieu, et il l'incline où il lui plaît[5]. » Il gouverne particulièrement le mouvement principal, par lequel il donne le branle aux choses humaines.

VIII° PROPOSITION.

Les rois doivent plus que tous les autres s'abandonner à la providence de Dieu.

Toutes les propositions précédentes aboutissent à celle-ci. Plus l'ouvrage des rois est grand, plus il surpasse la foiblesse humaine, plus Dieu se l'est réservé, et plus le prince qui le manie doit s'unir à Dieu, et s'abandonner à ses conseils.

---

[1] *Prov.*, XVI, 1. — [2] *Ibid.*, 9. — [3] *Sap.*, VII, 16. — [4] *Ps.* XXXII, 15, 16. — [5] *Prov.*, XXI, 1.

En vain un roi s'imagineroit qu'il est l'arbitre de son sort, à
cause qu'il l'est de celui des autres : il est plus gouverné qu'il ne
gouverne : « Il n'y a point de sagesse, il n'y a point de prudence,
il n'y a point de conseil contre le Seigneur [1]. »

« Les pensées des mortels sont tremblantes, et leur prévoyance
incertaine [2]. »

« Il s'élève plusieurs pensées dans le cœur de l'homme (elles le
rendent timide et irrésolu) : les conseils de Dieu sont éternels [3]. »
Ceux-là seuls subsistent toujours, ils sont invincibles.

IXe PROPOSITION.

Nulle puissance ne peut échapper les mains de Dieu.

Salomon bien averti par un prophète que Jéroboam partage-
roit un jour son royaume, tâche de le faire mourir ; mais en
vain, puisqu'il trouve une retraite assurée chez Sésac, roi d'E-
gypte [4].

Achab roi d'Israël est averti par Michée qu'il périroit dans une
bataille [5]. « Je changerai d'habit, dit-il, et j'irai ainsi au combat. » Mais pendant que l'ennemi le cherche en vain, et tourne
tout l'effort contre Josaphat roi de Juda, qui seul paroissoit en
habit royal, « il arriva qu'un soldat en tirant en l'air blessa le roi
d'Israël entre le col et l'épaule. Je suis blessé, s'écria-t-il : tournez, continua-t-il à celui qui conduisoit son chariot ; et tirez-moi
du combat. » Mais le coup qu'il avoit reçu étoit mortel ; et il en
mourut le soir même.

Tout sembloit concourir à le sauver. Car encore qu'il y eût
ordre de l'attaquer seul, on ne le connoissoit pas : et Josaphat,
qu'on prit pour lui, fut délivré, Dieu détournant tous les coups
qu'on lui portoit. Achab, contre qui on ne tiroit pas faute de pouvoir le connoître, fut atteint par une flèche tirée au hasard. Mais
ce qui semble tiré au hasard, est secrètement guidé par la main
de Dieu.

Il n'y avoit plus qu'un moment pour sauver Achab : le soleil

[1] *Prov.*, xxi, 30. — [2] *Sap.*, ix, 14. — [3] *Prov.*, xix, 21. — [4] III *Reg.*, xi, 40. —
[5] II *Paralip.*, xviii, 27-29 et seq.

alloit se coucher; la nuit alloit séparer les combattans : mais il falloit qu'il pérît : « et il fut tué au soleil couchant[1]. »

C'est en vain que Sédécias croit dans la prise de Jérusalem avoir évité par la fuite les mains de Nabuchodonosor, à qui Dieu vouloit le livrer[2] : « il est repris avec ses enfans, qui furent tués à ses yeux : et on les lui crève, » après ce triste spectacle.

David étoit sage et prévoyant plus qu'homme de son siècle : et il se servit de toute son adresse pour couvrir son crime. Mais Dieu le voyoit : « Tu l'as fait, dit-il, en cachette : mais moi j'agirai à découvert. (Et tout ce que tu crois avoir enveloppé dans des ténèbres impénétrables), paroîtra aux yeux de tout Israël, et aux yeux du soleil[3]. »

Les finesses sont inutiles : tout ce que l'homme fait pour se sauver, avance sa perte : « Il tombe dans la fosse qu'il a creusée : et le filet qu'on a tendu nous prend nous-mêmes[4]. »

Il n'y a donc de recours qu'à s'abandonner à Dieu avec une pleine confiance.

X⁰ PROPOSITION.

Ces sentimens produisent dans le cœur des rois une piété véritable.

Telle fut celle de David. Lorsque fuyant devant son fils Absalon, abandonné de tous les siens, il dit à Sadoc sacrificateur et aux lévites qui lui amenoient l'arche d'alliance du Seigneur : « Reportez-la dans Jérusalem : si j'ai trouvé grace devant le Seigneur, il me la montrera et le tabernacle. Que s'il me dit : Vous ne me plaisez pas, il est le maître, qu'il fasse ce qu'il lui plaira[5]. » Je suis soumis à sa volonté.

Ses serviteurs fondoient en larmes, le voyant obligé de fuir avec tant de précipitation et d'ignominie : mais David avec un cœur intrépide, leur relève le courage. Il veut même par une générosité qui lui étoit naturelle, renvoyer six cents de ses plus vaillans soldats, avec Ethaï le Géthéen, qui les commandoit, pour ne les pas exposer à une ruine qui paroissoit inévitable[6]. «Pourquoi venez-vous avec nous? Retournez. Pour moi, ajoute-t-il,

---

[1] II *Paralip.*, XVIII, 34. — [2] *Jerem.*, XXXIX, 4-7. — [3] II *Reg.*, XII, 12. — [4] *Ps.* VII, 16; XXXIV, 8; *Eccli.*, XXVII, 29. — [5] II *Reg.*, XV, 24-26. — [6] *Ibid.*, 19-21.

j'irai où je dois aller. » Quel courage, quelle grandeur d'ame !
mais en même temps quelle résignation à la volonté de Dieu !
Il reconnoît la main divine qui le poursuit justement : et met
toute sa confiance en cette même main qui seule peut le sauver.

XI° PROPOSITION.
Cette piété est agissante.

Il y a un abandon à Dieu qui vient de force et de piété : il y en
a un qui vient de paresse. S'abandonner à Dieu sans faire de son
côté tout ce qu'on peut, c'est lâcheté et nonchalance.

La piété de David n'a point ce bas caractère. En même temps
qu'il attend avec soumission ce que Dieu ordonnera du royaume
et de sa personne pendant la révolte d'Absalon, sans perdre un
moment de temps, il donne tous les ordres nécessaires aux
troupes, à ses conseillers, à ses principaux confidens, pour assurer sa retraite et rétablir les affaires [1].

Dieu le veut : agir autrement, c'est le tenter contre sa défense :
« Vous ne tenterez pas le Seigneur votre Dieu [2]. » Ce n'est pas en
vain qu'il vous a donné une sagesse, une prévoyance, une liberté : il veut que vous en usiez. Ne le faire pas et dire en son
cœur : J'abandonnerai tout au gré du hasard ; et croire qu'il n'y
a point de sagesse parmi les hommes, sous prétexte qu'elle est
subordonnée à celle de Dieu : c'est disputer contre lui ; c'est vouloir secouer le joug, et agir en désespéré.

XII° PROPOSITION.
Le prince qui a failli ne doit pas perdre espérance ; mais retourner à Dieu par la pénitence.

Ainsi Manassés roi de Juda, après tant d'impiétés et d'idolâtrie ; après avoir répandu tant de sang innocent, jusqu'à en faire
regorger les murailles de Jérusalem [3], frappé de la main de Dieu,
« et livré à ses ennemis qui le transportèrent à Babylone, et
chargé de fers, pria le Seigneur son Dieu dans son angoisse, et
se repentit avec beaucoup de douleur devant le Dieu de ses
pères : et il lui fit des prières, et il le pria instamment. Et Dieu

[1] II Reg., XV-XVIII. — [2] Deut., VI, 16. — [3] IV Reg., XXI, 2, 16.

écouta sa prière, et il le ramena à Jérusalem dans son trône : et Manassés reconnut que le Seigneur étoit le vrai Dieu[1]. » Mais il faut ſbien remarquer que la pénitence de ce prince fut ʹsérieuse, son humilité sincère et ses prières pressantes.

Dieu ne laisse pas quelquefois d'avoir égard à la pénitence des impies, lorsque même sans se convertir, ils sont effrayés de ses menaces. Achab ayant entendu les menaces que Dieu faisoit par le prophète Elie, en fut effrayé[2]. « Il déchira ses habits, et couvrit sa chair d'un cilice, et il jeûna : et il se coucha en son lit revêtu d'un sac : et il marcha la tête baissée (cette tête auparavant si superbe). Et le Seigneur dit à Elie : N'avez-vous pas vu Achab humilié devant moi? Parce donc qu'il s'est humilié à cause de moi, je ne ferai pas tomber sur lui tout le mal dont je l'ai menacé : mais je frapperai sa maison du temps de son fils. »

Dieu semble avoir de la complaisance à voir les grands rois et les rois superbes humiliés devant lui. Ce n'est pas que les plus grands rois soient plus que les autres hommes à ses yeux, devant lesquels tout est également un néant : mais c'est que leur humiliation est d'un plus grand (a) exemple au genre humain.

On ne finiroit jamais si on vouloit ici parler de la pénitence de David, si célèbre dans toute la terre. Elle a tellement effacé tous ses péchés, qu'il semble même que Dieu les ait entièrement oubliés. David est demeuré comme auparavant, l'homme selon le cœur de Dieu : le modèle des bons rois : et le père par excellence du Messie. Dieu lui a rendu, et même augmenté, non-seulement l'esprit de justice, mais encore l'esprit de prophétie et les dons extraordinaires : en sorte qu'on peut dire qu'il n'a rien perdu.

XIIIe PROPOSITION.

La religion fournit aux princes des motifs particuliers de pénitence.

« J'ai péché contre vous seul, » disoit David[3]. Contre vous seul, puisque vous m'aviez rendu indépendant de toute autre puissance que de la vôtre. Tel est le premier motif : « J'ai péché

---

[1] II *Paralip.*, xxxiii, 11-13. — [2] III *Reg.*, xxi, 27-29. — [3] *Ps.* L, 6.

(a) *Edit. II* : Est d'un grand.

contre vous seul. » Je dois donc par ce motif spécial de l'offense que j'ai commise contre vous, me dévouer entièrement à la pénitence.

Le second motif, c'est que si les princes sont exposés à de plus dangereuses tentations, Dieu leur a donné de plus grands moyens de les réparer par leurs bonnes œuvres.

Le troisième, c'est que le prince dont les péchés sont plus éclatans, les doit expier aussi par une pénitence plus édifiante.

XIVe PROPOSITION.

Les rois de France ont une obligation particulière à aimer l'Eglise ; et à s'attacher au saint Siége.

« La sainte Eglise romaine, la mère, la nourrice et la maîtresse de toutes les églises, doit être consultée dans tous les doutes qui regardent la foi et les mœurs : principalement par ceux qui comme nous ont été engendrés en Jésus-Christ par son ministère, et nourris par elle du lait de la doctrine catholique. » Ce sont les paroles d'Hincmar, célèbre archevêque de Reims.

Il est vrai qu'une partie de ce royaume, comme l'église de Lyon et les voisines, ont reçu la foi d'une mission qui leur venoit d'Orient et par le ministère de saint Polycarpe, disciple de l'apôtre saint Jean. Mais comme l'Eglise est une par tout l'univers, cette mission orientale n'a pas été moins favorable à l'autorité du saint Siége, que celle qui en est venue directement. Ce qui paroît par la doctrine de saint Irénée évêque de Lyon, qui dès le second siècle a célébré si hautement la nécessité de s'unir à l'Eglise romaine : « comme à la principale église de l'univers : fondée par les deux principaux apôtres, saint Pierre et saint Paul[1]. »

L'Eglise gallicane a été fondée par le sang d'une infinité de martyrs. Et je ne veux ici nommer qu'un saint Pothin, un saint Irénée, les saints martyrs de Lyon et de Vienne, et saint Denis avec ses saints compagnons.

L'Eglise gallicane a porté des évêques des plus doctes, des plus saints, des plus célèbres qui aient jamais été : et je ne ferai mention que de saint Hilaire et de saint Martin.

[1] Iren., lib. III *adv. Hæres.*, cap. III.

Quand le temps fut arrivé que l'empire romain devoit tomber en Occident, Dieu, qui livra aux Barbares une si belle partie de cet empire et celle où étoit Rome, devenue le chef de la religion : il destina à la France des rois qui devoient être les défenseurs de l'Eglise. Pour les convertir à la foi avec toute la belliqueuse nation des Francs, il suscita un saint Remi homme apostolique : par lequel il renouvela tous les miracles qu'on avoit vus éclater dans la fondation des plus célèbres églises, comme le remarque saint Remi lui-même dans son testament [1].

Ce grand saint et ce nouveau Samuel appelé pour sacrer les rois, sacra ceux de France en la personne de Clovis, comme il dit lui-même, « pour être les perpétuels défenseurs de l'Eglise et des pauvres [2], » qui est le plus digne objet de la royauté. Il les bénit et leurs successeurs, qu'il appelle toujours ses enfans : et prioit Dieu nuit et jour, qu'ils persévérassent dans la foi. Prière exaucée de Dieu avec une prérogative bien particulière, puisque la France est le seul royaume de la chrétienté qui n'a jamais vu sur le trône que des rois enfans de l'Eglise.

Tous les saints qui étoient alors furent réjouis du baptême de Clovis : et dans le déclin de l'empire romain, ils crurent voir dans les rois de France, « une nouvelle lumière pour tout l'Occident et pour toute l'Eglise [3]. »

Le pape Anastase II crut aussi voir dans le royaume de France nouvellement converti, « une colonne de fer, que Dieu élevoit pour le soutien de sa sainte (a) Eglise, pendant que la charité se refroidissoit partout ailleurs [4], » et même que les empereurs avoient abandonné la foi.

Pélage II se promet des descendans de Clovis comme des voisins charitables de l'Italie et de Rome, la même protection pour le saint Siége qu'il avoit reçue des empereurs [5]. Saint Grégoire le Grand enchérit sur ses saints prédécesseurs, lorsque touché de la foi et du zèle de ces rois, il les met « autant au-dessus des autres

---

[1] *Test. S. Remig.*, apud Flod., lib. I, cap. xxviii.— [2] *Ibid.*— [3] Epist. Avit. Vienn. ad Clodov., tom. I *Conc. Gall.*, p. 154. — [4] Anastas. II, *Ep. ii ad Clod.*, tom. IV *Conc.*, col. 1282. — [5] Pelag. II, *Ep. ad Aunach.*, tom. I *Conc. Gall.*, p. 376.

(a) *Edit. II :* De la sainte.

souverains, que les souverains sont au‑dessus des particuliers [1]. »

Les enfans de Clovis n'ayant pas marché dans les voies que saint Remi leur avoit prescrites, Dieu suscita une autre race pour régner en France. Les papes et toute l'Eglise la bénirent en la personne de Pepin, qui en fut le chef [2]. L'empire y fut établi, en la personne de Charlemagne et de ses successeurs. Aucune famille royale n'a jamais été si bienfaisante envers l'Eglise romaine. Elle en tient toute sa grandeur temporelle : et jamais l'empire ne fut mieux uni au sacerdoce, ni plus respectueux envers les papes, que lorsqu'il fut entre les mains des rois de France.

Après ces bienheureux jours, Rome eut des maîtres fâcheux : et les papes eurent tout à craindre, tant des empereurs que d'un peuple séditieux. Mais ils trouvèrent toujours en nos rois ces charitables voisins que le pape Pélage II avoit espérés. La France plus favorable à leur puissance sacrée que l'Italie et que Rome même, leur devint comme un second siége, où ils tenoient leurs conciles et d'où ils faisoient entendre leurs oracles à toute l'Eglise : comme il paroît par les conciles de Troyes, de Clermont, de Toulouse, de Tours et de Reims.

Une troisième race étoit montée sur le trône. Race, s'il se peut, plus pieuse que les deux autres ; sous laquelle la France est déclarée par les papes « un royaume chéri et béni de Dieu, dont l'exaltation est inséparable de celle du saint Siége [3]. » Race aussi, qui se voit seule dans tout l'univers, toujours couronnée et toujours régnante, depuis sept cents ans entiers sans interruption : et ce qui lui est encore plus glorieux, toujours catholique, Dieu par son infinie miséricorde, n'ayant même pas permis qu'un prince, qui étoit monté sur le trône dans l'hérésie, y persévérât.

Puisqu'il paroît par cet abrégé de notre histoire que la plus grande gloire des rois de France leur vient de leur foi, et de la protection constante qu'ils ont donnée à l'Eglise, ils ne laisseront

---

[1] Greg. Magn., *Epist.* lib. IV, ep. VI, tom. II, col. 795. — [2] Paul. I, *Ep.* X, *ad Franc.*, tom. II *Conc. Gall.*, p. 59. — [3] Alex. III, Ep. XXX, tom. X *Conc.*, col. 1212 ; Greg. IX, tom. XI *Conc.*, col. 367.

pas affoiblir cette gloire : et la race régnante la fera passer à la postérité jusqu'à la fin des siècles.

Elle a produit saint Louis, le plus saint roi qu'on ait vu parmi les chrétiens. Tout ce qui reste aujourd'hui de princes de France, est sorti de lui. Et comme Jésus-Christ disoit aux Juifs : « Si vous êtes enfans d'Abraham, faites les œuvres d'Abraham [1]; » il ne me reste qu'à dire à nos princes : Si vous êtes enfans de saint Louis, faites les œuvres de saint Louis (a).

[1] *Joan.*, VIII, 39.

(a) Nous insérons ici un fragment des *Mémoires de Louis XIV*, qui a un rapport particulier aux matières traitées dans ce liv. VII. On y remarquera que les instructions du père à son fils s'accordent parfaitement avec les leçons de l'instituteur à son élève ; et on verra en même temps quelle importance ce grand roi mettoit à inspirer au dauphin, en toute occasion, les sentimens de religion dont il étoit lui-même pénétré.

Après avoir parlé des mesures qu'il prit pour la répression des duels, il continue ainsi :

Je rétablis par une nouvelle ordonnance la rigueur des anciens édits contre les juremens, dont je fis bientôt après quelques exemples; et pour autoriser toutes ces actions extérieures par une marque de piété personnelle, j'allai publiquement à pied, avec tous mes domestiques, aux stations du jubilé, voulant que tout le monde conçût par le profond respect que je rendois à Dieu, que c'étoit de sa grace et de sa protection, plutôt que de ma propre conduite, que je prétendois obtenir l'accomplissement de mes desseins et la félicité de mes peuples.

Car vous devez savoir avant toutes choses, mon fils, que nous ne saurions montrer trop de respect pour celui qui nous fait respecter de tant de milliers d'hommes.

La première partie de la politique est celle qui nous enseigne à le bien servir. La soumission que nous avons pour lui est la plus belle leçon que nous puissions donner de celle qui nous est due ; et nous péchons contre la prudence, aussi bien que contre la justice, quand nous manquons de vénération pour celui dont nous ne sommes que les lieutenans. Ce que nous avons d'avantages sur les autres hommes est pour nous un nouveau titre de sujétion ; et après ce qu'il a fait pour nous, notre dignité se relève par tous les devoirs que nous lui rendons. Mais sachez que, pour le servir selon ses désirs, il ne faut pas se contenter de lui rendre un culte extérieur comme font la plupart des autres hommes; des obligations plus signalées veulent de nous des devoirs plus épurés : et comme en nous donnant le sceptre, il nous a donné ce qui paroît de plus éclatant sur la terre, nous devons, en lui donnant notre cœur, lui donner ce qui est de plus agréable à ses yeux.

Quand nous aurons armé tous nos sujets pour la défense de sa gloire, quand nous aurons relevé ses autels abattus, quand nous aurons fait connoître son nom aux climats les plus reculés de la terre, nous n'aurons fait que l'une des parties de notre devoir ; et sans doute nous n'aurons pas fait celle qu'il désire le plus de nous, si nous ne nous sommes soumis nous-mêmes au joug de ses commandemens. Les actions de bruit et d'éclat ne sont pas toujours celles qui le touchent davantage; et ce qui se passe dans le secret de notre cœur est souvent ce qu'il observe avec plus d'attention.

Il est infiniment jaloux de sa gloire; mais il sait mieux que nous discerner en

LIVRE VIII.

SUITE DES DEVOIRS PARTICULIERS DE LA ROYAUTÉ :

DE LA JUSTICE.

ARTICLE PREMIER.

Que la justice est établie sur la religion.

Ire PROPOSITION.

Dieu est le juge des juges ; et préside aux jugemens.

« Dieu a pris sa séance dans l'assemblée des dieux : et assis au milieu d'eux, il juge les dieux [1]. »

Ces dieux que Dieu juge, sont les rois, et les juges assemblés sous leur autorité pour exercer leur justice. Il les appelle des dieux, à cause que le nom de Dieu dans la langue sainte, est un nom de juge : et qu'aussi l'autorité de juger est une participation de la justice souveraine de Dieu, dont il a revêtu les rois de la terre.

Ce qui leur mérite principalement le nom de dieux, c'est l'indépendance avec laquelle ils doivent juger sans distinction de per-

quoi elle consiste. Il ne nous a peut-être faits si grands qu'afin que nos respects l'honorassent davantage ; et si nous manquons de remplir en cela ses desseins, peut-être qu'il nous laissera tomber dans la poussière de laquelle il nous a tirés.

Plusieurs de mes ancêtres, qui ont voulu donner à leurs successeurs de pareils enseignemens, ont attendu pour cela l'extrémité de leur vie ; mais je ne suivrai pas en ce point leur exemple. Je vous en parle dès cette heure, mon fils, et vous en parlerai toutes les fois que j'en trouverai l'occasion. Car outre que j'estime qu'on ne peut de trop bonne heure imprimer dans les jeunes esprits des pensées de cette conséquence, je crois qu'il se peut faire que ce qu'ont dit ces princes, dans un état si pressant, ait quelquefois été attribué à la vue du péril où ils se trouvoient ; au lieu que vous en parlant maintenant, je suis assuré que la vigueur de mon âge, la liberté de mon esprit et l'état florissant de mes affaires, ne vous pourront jamais laisser pour ce discours aucun soupçon de foiblesse ou de déguisement.

Mém. de Louis XIV, ann. 1661 à 1666 : fragmens. Ire part. pag. 33 et suiv. (*Edit. de Vers.*)

[1] *Ps.* LXXXI, 1.

sonnes, et sans craindre le grand, non plus que le petit, « parce que c'est le jugement du Seigneur, » disoit Moïse [1], où l'on doit juger avec une indépendance semblable à celle de Dieu, sans craindre ni ménager personne.

Il est dit que Dieu juge ces dieux de la terre, parce qu'il se fait devant lui une perpétuelle révision de leurs jugemens.

Le psaume continue, et fait parler Dieu en cette sorte : « Jusques à quand jugerez-vous avec injustice, et que vous regarderez (a) en jugeant (non le droit), mais les personnes des hommes [2] ? » Il touche la racine de toute injustice, qui consiste à avoir égard aux personnes plutôt qu'au droit.

« Jugez pour le pauvre et pour le pupille : justifiez le foible et le pauvre. Arrachez le pauvre et le mendiant de la main du pécheur qui l'opprime [3]. »

« Jugez pour le pauvre. » Cela s'entend, s'il a le droit pour lui : car Dieu défend ailleurs, « d'avoir pitié du pauvre en jugement [4], » parce qu'il ne faut non plus juger par pitié que par complaisance ou par colère, mais seulement par raison. Ce que la justice demande, c'est l'égalité entre les citoyens, et que celui qui opprime demeure toujours le plus foible devant la justice. C'est ce que veut ce mot : *Arrachez*. Ce qui marque une action forte contre l'oppresseur, afin d'opposer la force à la force : la force de la justice à celle de l'iniquité.

Après cette sévère répréhension et ce commandement suprême, Dieu se plaint dans la suite du psaume, des juges qui n'écoutent pas sa voix. « Ils n'ont pas compris, ils n'ont pas su : ils marchent dans les ténèbres : tous les fondemens de la terre seront ébranlés [5]. » Il n'y a rien d'assuré parmi les hommes si la justice ne se fait pas.

C'est pourquoi Dieu regarde en colère les juges injustes : et les fait souvenir qu'ils sont mortels. « Je l'ai dit : Vous êtes des dieux [6] » (et je ne m'en dédis pas) : « et vous êtes tous les enfans du Très-haut » (par ce divin écoulement de la justice souveraine

---

[1] *Deut.*, I, 17. — [2] *Ps.* LXXXI, 2. — [3] *Ibid.*, 3, 4. — [4] *Exod.*, XXIII, 3. — [5] *Ps.* LXXXI, 5. — [6] *Ibid.*, 6.

(a) *Edit. II :* Et regarderez-vous.

de Dieu sur vos personnes) : « mais vous mourez comme des
hommes (*a*), et tombez (dans le sépulcre) comme tous les princes[1]. »
Vous serez jugés avec eux.

Après quoi il ne reste plus qu'à se tourner vers Dieu, et lui
dire : Il n'y a point de justice parmi les hommes : «Elevez-vous,
ô Dieu : jugez vous-même la terre, puisque toutes les nations
sont votre héritage[2]. »

C'est ainsi que le Saint-Esprit nous montre dans ce divin psaume,
la justice établie sur la religion.

IIe PROPOSITION.

La justice appartient à Dieu ; et c'est lui qui la donne aux rois.

« O Dieu, donnez votre jugement au roi, et votre justice au
fils du roi, pour juger votre peuple selon la justice, et vos pauvres avec un jugement droit[3]. » C'est la prière que faisoit David
pour Salomon.

Le peuple, que le roi doit juger, est le peuple de Dieu plus que
le sien. Les pauvres sont à lui par un titre plus particulier, puisqu'il s'en déclare le père.

C'est donc à lui qu'appartiennent en propriété la justice et le
jugement : et c'est lui qui les donne aux rois. C'est-à-dire qu'il
leur donne non-seulement l'autorité de juger, mais encore l'inclination et l'application à le faire comme il le veut, et selon ses
lois éternelles.

IIIe PROPOSITION.

La justice est le vrai caractère d'un roi : et c'est elle qui affermit son trône.

David connut et prédit le règne heureux de Salomon. « La justice se lèvera en ses jours avec l'abondance de la paix, pour durer
autant que la lune dans le ciel[4]. » La justice se lève comme un
beau soleil, dans le règne d'un bon roi : la paix la suit comme
sa compagne inséparable. Le même David le déclare ainsi[5] : « Les
montagnes recevront la paix pour tout le peuple : et les collines
seront remplies de la justice. » Elle tombera sur les montagnes

---

[1] *Ps.* LXXXI, 7. — [2] *Ibid.,* 8. — [3] *Ibid.,* LXXI, 1. — [4] *Ibid.,* 7. — [5] *Ibid.,* 3.
(*a*) *Edit. II :* Vous mourrez comme des hommes et tomberez.

et sur les collines, comme la pluie qui les arrose et qui les engraisse. Le trône du roi s'affermira : « et sera stable comme le soleil et comme la lune. » Ou, comme dit un autre psaume, « son trône demeurera comme le soleil, et comme la lune qui est faite pour durer toujours témoin fidèle dans le ciel [1] » (par la régularité de son cours) de l'immutabilité des desseins de Dieu.

Si quelque empire doit s'étendre, c'est celui d'un prince juste. Tout le monde le désire pour maître. « Il dominera d'une mer à l'autre, et du fleuve (principal de son domaine) jusqu'à l'extrémité du monde. Les Éthiopiens se prosterneront devant lui ; ses ennemis lui baiseront les pieds. Les rois de Tharse et des îles les plus éloignées, les rois d'Arabie et de Saba lui offriront des présens. Tous les rois l'adoreront ; toutes les nations prendront plaisir à le servir [2]. »

C'est la description du règne de Jésus-Christ : et le règne d'un prince juste en est la figure : « parce qu'il délivrera le foible et le pauvre de la main du puissant qui l'opprime [3]. » Le pauvre demeuroit sans assistance ; mais il a trouvé dans le prince un secours assuré. C'est un second rédempteur du peuple après Jésus-Christ : et l'amour qu'il a pour la justice a son effet.

IVe PROPOSITION.

Sous un Dieu juste, il n'y a point de pouvoir purement arbitraire.

Sous un Dieu juste, il n'y a point de puissance qui soit affranchie par sa nature, de toute loi naturelle, divine, ou humaine.

Il n'y a point au moins de puissance sur la terre qui ne soit sujette à la justice divine.

Tous les juges, et même les plus souverains, que Dieu pour cette raison appelle des dieux, sont examinés et corrigés par un plus grand juge. « Dieu est assis au milieu des dieux : et là il juge les dieux [4], » comme il vient d'être dit.

Ainsi tous les jugemens sont sujets à révision, devant un plus auguste tribunal. Dieu dit aussi par cette raison : « Quand le temps en sera venu, je jugerai les justices [5]. » Les jugemens ren-

---

[1] *Ps.* LXXI, 5. — [2] *Ps.* LXXI, 8-11. — [3] *Ibid.*, 12, 13. — [4] *Ps.* LXXXI, 1. — [5] *Ps.* LXXIV, 3.

dus par des justices humaines, repasseront devant mes yeux.

Ainsi les jugemens les plus souverains et les plus absolus sont comme les autres, par rapport à Dieu, sujets à la correction : avec cette seule différence, qu'elle se fait d'une manière cachée.

Les juges de la terre sont peu attentifs à cette révision de leurs jugemens, parçe qu'elle ne produit point d'effets sensibles et qu'elle est réservée à une autre vie : mais elle n'en est que plus terrible, puisqu'elle est inévitable. Quand le temps de ces jugemens divins sera venu, « vous n'aurez de secours, ni du levant, ni du couchant, ni des montagnes solitaires » (et des lieux retirés, d'où il descend souvent des secours cachés), « parce qu'alors Dieu est juge [1], » contre lequel il n'y a point de secours.

« Il a en main la coupe de sa vengeance, pleine d'un vin (a) pur et brûlant [2] : » d'une justice qui ne sera tempérée par aucun mélange adoucissant. Au contraire « il sera mêlé d'amertume : » de liqueurs nuisibles et empoisonnantes. C'est une seconde raison pour craindre cette terrible révision des jugemens humains : elle se fera dans un siècle où la justice sera toute pure : et s'exercera dans sa pleine et inexorable rigueur. « Cette coupe est en la main du Seigneur ; et il l'épanche sur celui-ci et sur celui-là, » à qui il la présente à boire. Il la présente aux pécheurs endurcis et incorrigibles, et surtout aux juges injustes : « Il faudra l'avaler toute entière, et jusqu'à la lie. » Et il n'y aura plus pour eux de miséricorde : en sorte que cette vengeance sera éternelle.

ARTICLE II.

Du gouvernement que l'on nomme arbitraire.

1re PROPOSITION.

Il y a parmi les hommes une espèce de gouvernement que l'on appelle *arbitraire :* mais qui ne se trouve point parmi nous, dans les États parfaitement policés.

Quatre conditions accompagnent ces sortes de gouvernement. Premièrement : les peuples sujets sont nés esclaves, c'est-à-dire

---

[1] *Ps.* LXXIV, 7. — [2] *Ibid.*, 9.
(a) *IIe édit. :* De vin.

vraiment serfs : et parmi eux il n'y a point de personnes libres.

Secondement : on n'y possède rien en propriété : tout le fonds appartient au prince ; et il n'y a point de droit de succession, pas même de fils à père.

Troisièmement : le prince a droit de disposer à son gré, non-seulement des biens, mais encore de la vie de ses sujets, comme on feroit des esclaves.

Et enfin en quatrième lieu : il n'y a de loi que sa volonté.

Voilà ce qu'on appelle puissance arbitraire. Je ne veux pas examiner si elle est licite ou illicite. Il y a des peuples et de grands empires qui s'en contentent ; et nous n'avons point à les inquiéter sur la forme de leur gouvernement. Il nous suffit de dire que celle-ci est barbare et odieuse. Ces quatre conditions sont bien éloignées de nos mœurs : et ainsi le gouvenement arbitraire n'y a point de lieu.

C'est autre chose que le gouvernement soit absolu, autre chose qu'il soit arbitraire [1]. Il est absolu par rapport à la contrainte : n'y ayant aucune puissance capable de forcer le souverain, qui en ce sens est indépendant de toute autorité humaine. Mais il ne s'ensuit pas de là que le gouvernement soit arbitraire, parce qu'outre que tout est soumis au jugement de Dieu, ce qui convient aussi au gouvernement qu'on vient de nommer arbitraire, c'est qu'il y a des lois dans les empires contre lesquelles tout ce qui se fait est nul de droit ; et il y a toujours ouverture à revenir contre, ou dans d'autres occasions, ou dans d'autres temps. De sorte que chacun demeure légitime possesseur de ses biens : personne ne pouvant croire qu'il puisse jamais rien posséder en sûreté au préjudice des lois, dont la vigilance et l'action contre les injustices et les violences est immortelle, ainsi que nous l'avons expliqué ailleurs plus amplement. Et c'est là ce qui s'appelle le gouvernement légitime, opposé par sa nature au gouvernement arbitraire.

[1] Ci-devant, liv. IV, art. 1.

Nous ne toucherons ici que les deux premières conditions de cette puissance qu'on appelle arbitraire, que nous venons d'exposer. Car pour les deux dernières, elles paroissent si contraires à l'humanité et à la société, qu'elles sont trop visiblement opposées au gouvernement légitime.

IIe PROPOSITION.

Dans le gouvernement légitime, les personnes sont libres.

Il ne faut que rappeler les passages où nous avons établi que le gouvernement étoit paternel, et que les rois étoient des pères[1] : ce qui fait la dénomination des enfans, dont la différence d'avec les esclaves, c'est qu'ils naissent libres et ingénus.

Le gouvernement est établi pour affranchir tous les hommes de toute oppression et de toute violence, comme il a été souvent démontré[2]. Et c'est ce qui fait l'état de parfaite liberté : n'y ayant dans le fond rien de moins libre que l'anarchie, qui ôte d'entre les hommes toute prétention légitime, et ne connoît d'autre droit que celui de la force.

IIIe PROPOSITION.

La propriété des biens est légitime et inviolable.

Nous avons vu sous Josué la distribution des terres, selon les ordres de Moïse[3].

C'est le moyen de les faire cultiver : et l'expérience fait voir que ce qui est non-seulement en commun, mais encore sans propriété légitime et incommutable, est négligé et à l'abandon. C'est pourquoi il n'est pas permis de violer cet ordre, comme l'exemple suivant le fait voir d'une manière terrible.

IVe PROPOSITION.

On propose l'histoire d'Achab roi d'Israël : de la reine Jézabel sa femme et de Naboth.

« Naboth, habitant de Jezrahel, qui étoit la ville royale, y avoit une vigne auprès du palais d'Achab roi de Samarie. Le roi lui

---

[1] Ci-devant, liv. II, art. I; liv. III, art. III. — [2] Ci-devant, liv. I, art. I. — [3] *Jos.*, XIII, XIV et seq.

dit : Donnez-moi votre vigne pour faire un jardin potager, parce
qu'elle est voisine et proche de ma maison : et je vous en donnerai une ailleurs : ou, s'il vous est plus commode, je vous en paie-
rai le prix qu'elle vaut. A Dieu ne plaise, répondit Naboth, que
je vous donne l'héritage de mes pères, (ce qui aussi étoit défendu
par la loi de Dieu). Achab retourna à sa maison plein d'indignation et de fureur, contre la réponse de Naboth : et se jetant sur
son lit, il tourna le visage vers la muraille, et ne put manger.

« Jézabel, sa femme le trouvant en cet état, lui dit : Quel est
le sujet de votre affliction, et pourquoi ne mangez-vous pas ? Il
lui raconta la proposition qu'il avoit faite à Naboth, avec sa réponse. Jézabel lui repartit : Vraiment vous êtes un homme de
grande autorité et un digne roi d'Israël, qui savez bien commander. Levez-vous, mangez, soyez en repos; je vous donnerai cette
vigne. Elle écrivit aussitôt une lettre au nom d'Achab; et la
scella de son anneau ; et l'envoya aux sénateurs et aux grands,
qui demeuroient dans la ville avec Naboth. Et la teneur de la
lettre étoit : Ordonnez un jeûne solennel : et faites asseoir Naboth
avec les premiers du peuple : suscitez contre lui deux faux témoins, qui disent : Il a parlé contre Dieu et contre le roi : qu'on
le lapide et qu'il meure. Cet ordre fut exécuté : et les grands rendirent compte de l'exécution à Jézabel. Ce qu'ayant appris, la
reine dit à Achab : Allez, et mettez-vous en possession de la vigne
de Naboth, qui n'a pas voulu consentir à ce que vous souhaitiez :
car il est mort. Achab alla donc pour se mettre en possession de
cette vigne.

« Alors la parole de Dieu fut adressée à Elie le Thesbite (son
prophète), et il lui dit : Lève-toi, et marche au-devant d'Achab,
qui va posséder la vigne de Naboth ; et lui-dis : Voici la parole
du Seigneur : Tu as fait mourir un innocent : et outre cela tu as
possédé ce qui ne t'appartenoit pas : et tu ajouteras : Mais le Seigneur a dit : En ce lieu où les chiens ont léché le sang de Naboth (injustement lapidé comme criminel et blasphémateur), ils
lècheront ton sang [1]. »

Achab crut éluder la rigueur de cette juste sentence en faisant

_____
[1] III *Reg.*, XXI, 1 et seq.

une querelle particulière à Elie, qui avoit eu ordre de la lui prononcer, et lui disant : « M'avez-vous trouvé votre ennemi, pour
me traiter de cette sorte? Oui, lui dit Elie (au nom du Seigneur).
Je vous ai trouvé mon ennemi, puisque vous êtes vendu (comme
un esclave à l'iniquité) pour faire mal devant le Seigneur. Et moi
de mon côté, dit le Seigneur, j'amènerai sur toi le mal (le mal
d'un juste supplice pour le mal que tu as commis injustement) :
je détruirai ta postérité, et tout ce qui t'appartient sans rien épargner ; et je ne laisserai pas survivre un chien de la maison
d'Achab, et tout ce qu'il y aura de plus méprisable en Israël.
Et je ferai de ta maison comme j'ai fait de celle de Jéroboam
et de celle de Baasa, deux rois d'Israël que j'ai entièrement
exterminés, puisque comme eux tu as provoqué ma colère, et
que tu as fait pécher Israël (par tes exemples scandaleux et tes
ordres injustes). Et le Seigneur a prononcé contre Jézabel :
Les chiens lècheront le sang de Jézabel dans les champs de Jezrahel. Si Achab périt dans la ville, les chiens mangeront ses
chairs : et s'il meurt à la campagne, elles seront la proie des oiseaux du ciel.

L'Ecriture ajoute « qu'il n'y a point eu d'homme plus méchant
qu'Achab, vendu pour faire le mal aux yeux du Seigneur. Sa femme
Jézabel (qu'il avoit crue dans son premier crime), le portoit au
mal. » Elle acquit tout pouvoir sur son esprit pour son malheur :
et il fut le plus malheureux, comme le plus abominable de tous
les rois : « poussant l'abomination jusqu'à adorer les idoles des
Amorrhéens, que le Seigneur avoit exterminés par l'épée des enfans d'Israël. »

En exécution de cette sentence, Achab et Jézabel périrent,
ainsi que Dieu l'avoit prédit. La vengeance divine poursuivit
aussi avec une impitoyable rigueur, les restes de leur sang : et
leur postérité de l'un et de l'autre sexe fut exterminée, sans qu'il
en restât un seul [1].

Le crime que Dieu punit avec tant de rigueur, c'est dans Achab
et dans Jézabel la volonté dépravée de disposer à leur gré, indépendamment de la loi de Dieu qui étoit aussi celle du royaume,

_____

[1] IV *Reg.*, IX-XI.

des biens, de l'honneur, de la vie d'un sujet : comme aussi de se rendre les maîtres des jugemens publics, et de mettre en cela l'autorité royale.

Ils vouloient contraindre ce sujet à vendre son héritage. C'est ce que n'avoient jamais fait les bons rois, David et Salomon, dans le temps qu'ils bâtissoient les magnifiques palais dont il est parlé dans l'Ecriture. La loi vouloit que chacun gardât l'héritage de ses pères, pour la conservation des biens des tribus. C'est pourquoi Dieu compte lui-même entre les crimes d'Achab, non-seulement qu'il avoit tué, mais encore qu'il avoit possédé ce qui ne lui pouvoit appartenir. Cependant il est expressément marqué qu'Achab offroit la juste valeur du morceau de terre qu'il vouloit qu'on lui cédât, et même un échange avantageux. Ce qui montre combien étoit réputé saint et inviolable le droit de la propriété légitime, et combien l'invasion étoit condamnée.

Cependant Achab étoit en furie du refus de Naboth. Il en perd le boire et le manger, et compte pour rien un si grand royaume et tant de possessions, s'il n'y ajoute une vigne pour augmenter son jardin. Tant la royauté est pauvre de soi, et tant elle est incapable de contenter un esprit déréglé.

Sa femme Jézabel survient : et au lieu de guérir cet esprit malade, au contraire elle lui persuade par des manières moqueuses qu'il a perdu toute autorité, s'il ne fait tout à sa fantaisie. Enfin sans garder aucune forme de jugement, elle ordonne elle-même les voies de fait qu'on a vues.

Elle sacrifie encore la religion à ses injustes desseins. Elle veut qu'on se serve de celle du jeûne public, pour immoler un homme de bien à la vengeance du roi et à cette idée d'autorité, qu'on fait consister à faire tout ce qu'on veut

La considération où étoit Naboth, ne l'arrête pas. C'étoit un homme d'importance, puisqu'on le met entre les premiers du peuple. Jézabel fait semblant de lui conserver son rang et sa dignité, pour le perdre plus sûrement : et joignant la dérision à la violence et à l'injustice, à ce prix elle se croit reine, et croit rendre la royauté au roi son époux.

En même temps la justice divine se déclare. Achab est puni en

deux manières : Dieu le livre au crime, pour le livrer plus justement au supplice.

Jézabel n'avoit déjà que trop de pouvoir sur ce prince, puisqu'Elie n'eut pas plutôt exterminé les faux prophètes de Baal, que
le roi en donna l'avis à Jézabel, pour sacrifier un si grand prophète à la vengeance de cette femme autant impérieuse qu'impie [1]. Mais depuis qu'elle l'eut rendu maître de ce qu'il vouloit
d'une manière si détestable, elle eut plus que jamais tout pouvoir sur l'esprit de ce malheureux prince, qui se livra à tous les
désirs de sa femme, comme vendu à l'iniquité.

Comme il alloit à l'abandon de crime en crime, il fut aussi précipité de supplice en supplice, lui et sa famille : où tout fut immolé à une juste, perpétuelle et inexorable vengeance. Et c'est
ainsi que furent punis ceux qui vouloient introduire dans le
royaume d'Israël la puissance arbitraire.

Cependant au milieu de ces châtimens, où la main de Dieu est
si déclarée contre une famille royale, Dieu toujours juste et toujours vengeur de la dignité des rois, dont il est la source, la conserve toute entière en cette occasion : puisque l'injustice d'Achab
n'est pas de punir de mort celui qui parle contre le roi, mais
d'avoir imputé un tel attentat à un homme qui en est innocent.
En sorte qu'il passe pour constant que c'est là un digne sujet du
dernier supplice : et que ce crime, de mal parler du roi, est
presque traité d'égal avec celui de blasphémer contre Dieu.

ARTICLE III.

De la législation et des jugemens.

Ire PROPOSITION.

On définit l'un et l'autre.

La loi donne la règle ; et les jugemens en font l'application aux
affaires et aux questions particulières, ainsi qu'il a été dit [2].

« Si c'est véritablement et d'un cœur sincère que vous vantez
la justice, enfans des hommes, jugez droitement [3]. » Si vous ai-

---

[1] III *Reg.*, XIX, 1, 2. — [2] Ci-devant, liv. 1, art. IV. — [3] *Ps.* LVII, 1.

mez la justice dictée par la loi, mettez-la donc en pratique : et qu'elle soit la seule règle de vos jugemens.

II⁰ PROPOSITION.

Le premier effet de la justice et des lois, est de conserver non-seulement à tout le corps de l'Etat, mais encore à chaque partie qui le compose, les droits accordés par les princes précédens.

Ainsi fut conservée à la tribu de Juda la prérogative dont elle avoit toujours joui, de marcher à la tête des tribus.

Ainsi celle de Lévi jouit éternellement de droits accordés par la loi, selon les favorables explications des anciens rois.

Ainsi fut conservé aux tribus de Gad et de Ruben ce qui leur avoit été accordé par Moïse [1], pour avoir passé les premiers le Jourdain.

Ainsi les Gabaonites furent toujours maintenus dans l'exécution du traité fait avec eux par Josué [2] : aussi leur fidélité fut inébranlable.

La bonne foi des princes engage celle des sujets, qui demeurent dans l'obéissance, non-seulement par la crainte, mais encore inviolablement par affection.

III⁰ PROPOSITION.

Les louables coutumes tiennent lieu de lois.

Avant que David montât sur le trône, il s'étoit élevé une dispute entre les soldats qui avoient été au combat, et ceux qui étoient restés par son ordre à garder les bagages : et ce sage prince jugea en faveur des derniers, et prononça cette sentence : « La part du butin sera la même pour ceux qui auront combattu, et pour ceux qui sont demeurés pour la garde des bagages; et ils partageront également. Et de ce jour et depuis, cette ordonnance subsiste, et a été comme une loi en Israël [3]. »

La conservation de ces anciens droits et de ces louables coutumes, concilie aux grands royaumes une idée non-seulement de fidélité et de sagesse, mais encore d'immortalité, qui fait regar-

---

[1] *Num.*, XXXII, 33; *Jos.*, XIII, 8. — [2] Ci-devant, liv. V, art. V, XIX⁰ propos. — [3] *I Reg.*, XXX, 24 et seq.

der l'état comme gouverné ainsi que l'univers, par des conseils d'une immortelle durée.

IVe PROPOSITION.

Le prince doit la justice : et il est lui-même le premier juge.

« Faites-nous des rois qui nous jugent, comme en ont les autres nations [1]. » C'est l'idée des peuples, lorsqu'ils demandent des rois à Samuel. Et ainsi le nom de roi est un nom de juge.

Quand Absalon aspira à la royauté, « il alloit à la porte des villes et dans les chemins publics, interrogeant ceux qui venoient de tous côtés au jugement du roi, et leur disant : Vous me paroissez avoir raison; mais il n'y a personne préposé par le roi pour vous entendre. Et il ajoutoit : Qui m'établira juge sur la terre, afin que tous ceux qui ont des affaires viennent à moi, et que je juge justement [2]? » Il n'osoit dire : Qui me fera roi? la rébellion eût été trop déclarée : mais c'étoit le nom de roi qu'il demandoit sous celui de juge.

Il décrioit le gouvernement du roi son père, en disant qu'il n'y avoit point de justice : c'étoit une calomnie : et loin de négliger la justice, David la rendoit lui-même avec un soin merveilleux. « Il régnoit sur Israël : et dans les jugemens, il faisoit justice à tout son peuple [3]. »

Nathan vint à David lui porter la plainte du pauvre, à qui un riche injuste avoit enlevé une brebis qu'il aimoit [4] : et David irrité reçut la plainte. C'étoit une parabole : mais puisque la parabole se tire des choses les plus usitées, celle-ci montre la coutume de porter aux rois les plaintes des particuliers : et David rendit justice en disant : « Il rendra la brebis au quadruple [5]. »

« Je suis une femme veuve et j'avois deux fils, disoit au même David cette femme de Thécué, qui s'étant querellés à la campagne sans que personne les pût séparer, l'un a frappé l'autre, et il en est mort : et la famille poursuit son frère, pour le faire punir de mort. Ils me ravissent mon seul héritier, et cherchent à éteindre la seule étincelle qui me reste sur la terre, pour faire revivre le

[1] 1 Reg., VIII, 5. — [2] II Reg., XV, 2 et seq. — [3] Ibid., VIII, 15. — [4] Ibid., XII, 1 et seq. — [5] Ibid., 6.

nom de mon mari. Et le roi lui répondit : Allez en repos à votre maison ; et j'ordonnerai ce qu'il faudra en votre faveur [1]. »

Elle ajoute : « Que cette iniquité demeure sur moi et sur la maison de mon père : mais que le roi et son trône en demeurent innocens [2]. » On ne croyoit pas le roi innocent, ni son trône sans tache, s'il refusoit de rendre justice. Aussi David répondit : « Amenez-moi vos parties, ceux qui s'opposent à vous et qui vous poursuivent : et on cessera de vous nuire [3]. »

La poursuite paroissoit juste selon la rigueur de la loi, qui condamnoit à mort le meurtrier : et c'étoit le cas d'avoir recours à la grace et à la clémence du prince, dans une cause si favorable à une mère affligée.

La femme pressoit David en lui disant : « Que le roi se souvienne du Seigneur son Dieu, et ne laisse pas multiplier par la vengeance le sang répandu. Elle ne craint point d'appeler David devant le juge des rois. Et ce juste prince approuva sa plainte, et lui dit : « Vive le Seigneur ; il ne tombera pas un cheveu de la tête de votre fils [4]. »

On sait le jugement de Salomon qui lui attira dans tout le peuple cette crainte respectueuse, qui fait obéir les rois et qui établit leur empire.

Ve PROPOSITION.

Les voies de la justice sont aisées à connoître.

Le chemin de la justice n'est pas de ces chemins tortueux, qui semblables à des labyrinthes, vous font toujours craindre de vous perdre. » La route du juste est droite : c'est un sentier étroit, et qui n'a point de détour ; l'on y marche en sûreté [5]. »

Un païen même disoit qu'il ne faut point faire ce qui est douteux et ambigu [6]. L'équité, poursuit cet auteur, éclate par elle-même et le doute semble envelopper quelque secret dessein d'injustice.

Voulez-vous savoir le chemin de la justice, marchez dans le pays découvert : allez où vous conduit votre vue : et « que vos

---

[1] II *Reg.*, xiv, 5 et seq. — [2] *Ibid.*, 9. — [3] *Ibid.*, 10. — [4] *Ibid.*, 11. — [5] *Isa.*, xxvi, 7. — [6] Cic., *de Offic.*, lib. 1, c. ix.

yeux, comme dit le Sage, précèdent vos pas [1]. » La justice ne se
cache pas.

Il est vrai qu'en beaucoup de points elle dépend des lois posi-
tives; mais le langage de la loi est simple; sans vouloir briller ni
raffiner, elle ne veut être que nette et précise.

Comme néanmoins il est impossible qu'il ne se trouve des difficultés et des questions compliquées, le prince pour n'être pas
surpris et pour donner lieu à un plus grand éclaircissement de la
vérité, y apporte le remède qu'on va expliquer.

VIᵉ PROPOSITION.

**Le prince établit des tribunaux : il en nomme les sujets avec grand choix, et
les instruit de leurs devoirs.**

Ainsi l'avoit pratiqué Moïse lui-même [2], de peur de se consumer par un travail inutile.

C'est de quoi il rend compte au peuple en ces termes : « Je ne
puis pas terminer seul toutes vos affaires ni vos procès. Choisissez parmi vous des hommes sages et habiles, dont la conduite
soit approuvée. Et j'ai tiré de vos tribus des gens sages, nobles et
connus : et je les ai établis vos juges, en leur disant : Ecoutez le
peuple : et prononcez ce qui sera juste entre le citoyen ou l'étranger, sans distinction de personnes, jugeant le petit comme le
grand : parce que c'est le jugement du Seigneur, qui n'a nul
égard aux personnes. Et vous me rapporterez ce qui sera de plus
difficile [3]. »

On voit trois· choses dans ces paroles de Moïse. En premier
lieu : l'établissement des juges sous le prince. En second lieu :
leur choix et les qualités dont ils doivent être ornés. En troisième lieu : la réserve des affaires les plus difficiles au prince
même.

Ces juges étoient établis dans toutes les villes et dans chaque
tribu : et Moïse l'avoit ainsi ordonné [4].

A cet exemple, nous avons vu les tribunaux établis par Josa-

---

[1] *Prov.*, IV, 25. — [2] *Exod.*, XVIII, 13 et seq. — [3] *Deuter.*, I, 12, 13 et seq. —
[4] *Ibid.*, XVI, 18.

phat[1], prince zélé pour la justice, s'il en fut jamais parmi les rois de Juda et sur le trône de David.

Ces tribunaux étoient de deux sortes. Il y avoit ceux de toutes les villes particulières : et il y en avoit un premier dans la capitale du royaume, et sous les yeux du roi, à l'exemple et peut-être pour perpétuer le grand sénat des soixante et dix que Moïse avoit établi.

Nous avons aussi remarqué le soin qu'il prenoit de les instruire en personne[2], à l'exemple de Moïse. Ce qui avoit deux bons effets : le premier, de faire sentir la capacité du prince ; ce qui tenoit tout le monde dans le devoir : et le second, de graver plus profondément dans les cœurs les règles de la justice. Dans la suite, on voit subsister parmi les Juifs ces deux sortes de tribunaux.

Dans les actions solennelles où il s'agissoit de quelque grand bien de l'Etat, les bons rois, comme Josias[3], « ramassoient ensemble les sénateurs, tant des villes de Juda que ceux de Jérusalem. » Il apprenoit de leur concours ce qu'il falloit faire pour le bien commun, et de l'Etat en général, et des villes en particulier.

ARTICLE IV.

Des vertus qui doivent accompagner la justice.

Iʳᵉ PROPOSITION.

Il y en a trois principales, marquées par le docte et pieux Gerson[4], dans un sermon prononcé devant le roi : la constance, la prudence, et la clémence.

La justice doit être attachée aux règles, ferme et constante : autrement elle est inégale dans sa conduite ; et plus bizarre que réglée, elle va selon l'humeur qui la domine.

Elle doit savoir connoître le vrai et le faux, dans les faits qu'on lui expose : autrement elle est aveugle dans son application. Ce discernement est un avantage qu'elle tient de la prudence.

Enfin elle doit quelquefois se relâcher : autrement elle est ex-

[1] II *Paralip.*, xix, 5-8; Ci-devant. liv. V, art. xviiiᵉ propos. — [2] II *Paralip.* xix, 9, 10. — [3] IV *Reg.*, xxiii, 1. — [4] Gerson, *de Just.*, tom. IV.

cessive et insupportable dans ses rigueurs : et cet adoucissement de la rigueur de la justice, est l'effet de la clémence.

La constance l'affermit dans les maximes : la prudence l'éclaire dans les faits : la clémence lui fait supporter et excuser la foiblesse. La constance la soutient, la prudence l'applique; et la clémence la tempère.

IIᵉ PROPOSITION.

La constance et la fermeté sont nécessaires à la justice contre l'iniquité qui domine dans le monde.

Le genre humain dès son origine étoit devenu si criminel aux yeux de Dieu, qu'il résolut de le perdre par le déluge : « voyant que la malice des hommes étoit grande sur la terre, et que toute la pensée du cœur humain étoit tournée au mal en tout temps [1]. » Voilà cette malheureuse fermeté dans le mal, dès le commencement du monde. Cette pente naturellement invincible du cœur humain vers le mal, fait dire aussi « que le péché est à la porte [2] » : c'est-à-dire qu'il ne cesse de nous presser à lui ouvrir.

Toutes les eaux du déluge n'ont pu effacer une tache si inhérente au cœur humain. « Parcourez, disoit Jérémie, toutes les rues et toutes les places de Jérusalem : considérez attentivement, et voyez si vous trouverez un homme de bien et de bonne foi [3]. » Par une fausse constance, ils se sont affermis dans le vice : « ils ont endurci leurs visages comme un rocher, et n'ont pas voulu revenir de leurs injustices [4]. »

« Malheur à moi, disoit Michée; il n'y a plus de saint sur la terre; la droiture ne se trouve plus parmi les hommes; chacun tend des piéges à son ami, pour en répandre le sang : une chasse cruelle et barbare s'est introduite, où chacun tâche de prendre, non des bêtes, mais ses amis comme sa proie. Ne croyez plus un ami : ne vous fiez plus au magistrat : ne dites point votre secret à celle qui se repose dans votre sein. Car le fils outrage son père; la fille s'élève contre sa mère; le maître a pour ennemis ceux de sa propre maison [5]. » Toutes les familles sont divisées, et les liaisons du sang n'ont point de lieu.

---

[1] *Gen.*, VI, 5. — [2] *Ibid.*, IV, 7. — [3] *Jerem.*, V, 1. — [4] *Ibid.*, 3. — [5] *Mich.*, VII, 1, 2, 5, 6.

Si dans ce désordre des choses humaines vous croyez trouver un refuge dans la justice publique (a), vous vous trompez. Elle n'a plus de règle ni de fermeté. « Tout ce qu'un grand ose demander, le juge se croit obligé de le lui donner comme une dette [1]. »

Le mal est appelé bien; et il n'y a plus de loi parmi les hommes.

« Les magistrats (qui devoient soutenir les foibles), sont des lions rugissans qui les dévorent; les juges sont des loups ravissans, qui ne réservent pas jusqu'au matin la proie qu'ils ont prise le soir [2]. » Ils contentent sur-le-champ leur appétit insatiable.

C'est ainsi que sont les hommes, naturellement loups les uns aux autres. David s'en étoit plaint le premier. « Il n'y a plus de juste, disoit-il, il n'y a plus de juste sur la terre : il n'y a plus d'homme intelligent, il n'y en a point qui cherche Dieu : tous se sont éloignés de la droite voie; tous sont inutiles. Il n'y a pas un homme de bien; il n'y en a pas même un seul [3]. »

Contre ce débordement de l'iniquité, il n'y a qu'une seule digue; qui est la fermeté de la justice.

IIIᵉ PROPOSITION.

Si la justice n'est ferme, elle est emportée par ce déluge d'injustice.

Si le devoir du juge est, comme dit l'*Ecclésiastique* [4], « d'enfoncer les cabales de l'iniquité (comme un bataillon réuni), il faut, pour accomplir ce devoir, que la justice ne soit pas seulement forte, mais encore qu'elle soit invincible et intrépide. Autrement il arrivera ce que disoit Isaïe : « Le jugement recule en arrière : la justice (qui vouloit entrer, repoussée par un si grand concours d'intérêts contraires) se tient éloignée [5]; et l'équité ne peut plus forcer de si grands obstacles.

Si le respect que l'on conserve pour le nom de la justice est affoibli, on ne la rend qu'à demi et seulement pour sauver les apparences. Ainsi, disoit le Prophète, « l'injustice a prévalu : l'opposition à la vérité s'est rendue la plus puissante. La loi a été déchirée (on en a pris une partie et méprisé l'autre); et le juge-

---

[1] *Mich.*, VI, 3. — [2] *Sophon.*, III, 3. — [3] *Ps.* XIII, 2, 3; *Rom.*, III, 10 et seq. — [4] *Eccli.*, VII, 6. — [5] *Isa..* LIX, 14.

(a) IIᵉ *édit.:* Politique.

ment n'arrive jamais à sa perfection [1]. » La justice rendue à demi n'est qu'une injustice colorée, et elle n'en est que plus dangereuse.

« La justice, disoit le Sage, est immortelle et perpétuelle [2]. » L'égalité est l'esprit de cette vertu. C'est en vain que ce magistrat se vante quelquefois de rendre justice : s'il ne la rend en tout et partout, l'inégalité de sa conduite fait que la justice n'avoue pas pour sien même ce qu'il fait selon les règles, puisque la règle cesse d'être règle, quand elle n'est pas perpétuelle et ne marche pas d'un pas égal.

Au milieu de tant de contrariétés, rendre la justice, c'est une espèce de combat, où « si l'on ne marche en face contre l'ennemi, et qu'on ne s'oppose pas comme une muraille (c'est-à-dire comme une digue affermie) pour la maison d'Israël, et pour le peuple de Dieu [3], » on est vaincu.

Il faut être par une ferme résolution et par une forte habitude, comme « une place fortifiée (et défendue de tous côtés), comme une colonne de fer, comme une muraille d'airain [4] : » autrement on est bientôt forcé.

Le prince doit donc par sa constance et par sa fermeté rendre aisé et facile l'exercice de la justice : car les choses difficiles ne sont pas de longue durée.

IV° PROPOSITION.

De la prudence, seconde vertu compagne de la justice. La prudence peut être excitée par les dehors, sur la vérité des faits : mais elle veut s'en instruire par elle-même.

« Le cri contre Sodome et Gomorrhe s'est augmenté : et leurs crimes se sont multipliés jusqu'à l'excès. Je descendrai, dit le Seigneur : et je verrai si la clameur qui est élevée contre ces villes est bien fondée ou s'il en est autrement, afin que je le sache [5]. »

Celui qui sait tout et ne peut être trompé, se rabaisse, disent les saints Pères, jusqu'à s'informer, afin d'instruire les princes, sujets à tant d'ignorances et à tant de surprises, de ce qu'ils ont à faire.

---

[1] *Habac.*, I, 3, 4. — [2] *Sap.*, I, 15. — [3] *Ezech.*, XIII, 5. — [4] *Jerem.*, I, 18. — [5] *Gen.*, XVIII, 20, 21.

Il leur donne trois instructions. Premièrement, quand il dit : « Je veux savoir ce qui en est, » il leur montre le désir qu'ils doivent avoir de connoître la vérité des faits dont ils doivent juger.

Secondement, en faisant connoître que le cri est venu jusqu'à lui, il leur apprend que leur oreille doit être toujours ouverte, toujours attentive, toujours prête à écouter ce qui se passe.

Enfin en ajoutant : « Je descendrai, et je verrai, » il leur montre qu'après avoir écouté, il faut venir à une exacte perquisition, et n'asseoir son jugement que sur une connoissance certaine.

Les rapports et les bruits communs doivent exciter le prince ; mais il ne doit se rendre qu'à la vérité connue [1].

Ajoutons qu'il ne suffit pas de recevoir ce qui se présente : il faut chercher de soi-même, et aller au-devant de la vérité, si nous voulons la découvrir. Nous l'avons déjà vu [2].

Les hommes, et surtout les grands, ne sont pas si heureux que la vérité aille à eux d'elle-même, ni d'un seul endroit, ni qu'elle perce tous les obstacles qui les environnent. Trop de gens ont intérêt qu'ils ne sachent pas la vérité toute entière : et souvent ceux qui les environnent, s'épargnent les uns les autres, pour ainsi dire à la pareille. Souvent même on craint de leur découvrir des vérités importunes, qu'ils ne veulent pas savoir. Ceux qui sont toujours avec eux se croient souvent obligés de les ménager, ou par prudence, ou par artifice. Il faut qu'ils descendent de ce haut faîte de grandeur, d'où rien n'approche qu'en tremblant ; et qu'ils se mêlent en quelque façon parmi le peuple, pour reconnoître les choses de près, et recueillir deçà et delà les traces dispersées de la vérité.

Saint Ambroise a ramassé tout ceci en peu de mots. « Quand Dieu dit qu'il descendra, il a parlé ainsi pour votre instruction, afin que vous appreniez à rechercher les choses avec soin. Je descendrai pour voir ; c'est-à-dire : Prenez soin de descendre, vous qui êtes dans les hautes places. Descendez par le soin de vous informer, de peur qu'étant éloigné, vous ne voyiez pas toujours ce qui se passe. Approchez-vous, pour voir les choses de

[1] Ci-devant, liv. V, art. II, IIe propos. — [2] Ibid., Ve propos.

près. Ceux qui sont placés si haut, ignorent toujours beaucoup
de choses [1]. »

Vᵉ PROPOSITION.

De la clémence, troisième vertu : et premièrement quelle est la joie du genre
humain.

« La sérénité du visage du prince est la vie de ses sujets : et sa
clémence est semblable à la pluie du soir [2]. » Ou si l'on veut,
peut-être plus conformément au texte original : « A la pluie de
» l'arrière-saison. » A la lettre, il faut entendre que la clémence
est autant agréable aux hommes qu'une pluie qui vient sur le
soir, ou (a) dans l'automne, tempérer la chaleur du jour ou celle
d'une saison plus brûlante, et humecter la terre que l'ardeur du
soleil a desséchée.

Il sera permis d'ajouter que comme le matin désigne la vertu,
qui seule peut illuminer la vie humaine, le soir nous représente
au contraire l'état où nous tombons par nos fautes, puisque c'est
là en effet que le jour décline et que la raison cesse d'éclairer.
Selon cette explication, la rosée du matin seroit la récompense de
la vertu; de même que la pluie du soir seroit le pardon accordé
aux fautes. Et ainsi Salomon nous feroit entendre que pour réjouir la terre, et pour produire les fruits (b) agréables de la bienveil-
lance publique, le prince doit faire tomber sur le genre humain et
l'une et l'autre rosée : en récompensant toujours ceux qui font bien,
et pardonnant quelquefois à ceux qui manquent, pourvu que le bien
public et la sainte autorité des lois n'y soient point intéressés.

Nous avons vu que David le modèle des bons rois, promit sa
protection à une mère, à qui on vouloit ôter son second fils le
reste de son espérance et de sa famille, en punition de la mort
qu'il avoit donnée à son aîné par un coup plus malheureux que
malin [3]. C'est ainsi que l'équité tempère souvent la rigueur que la
justice demandoit, contre celui qui avoit ôté la vie à son frère.
David avoit compris que la justice doit être exercée avec quelque
tempérament : qu'elle devient inique et insupportable, quand elle

---

[1] Ambros., _de Abrah._, lib. I, cap. VI, n. 47. — [2] _Prov._, XVI, 15. — [3] Ci-devant,
liv. III, art. III, XIIᵉ propos.

(a) _IIᵉ édit._ : Et. — (b) Des fruits.

use impitoyablement de tous ses droits : et que la bonté, qui mo-
dère ses rigueurs extrèmes, est une de ses parties principales.

VIe PROPOSITION.

La clémence est la gloire d'un règne.

Moïse, que l'Ecriture appelle roi [1], et un roi si absolu et si rigoureux quand il falloit, est renommé comme « le plus doux de
tous les hommes [2]. » Naturellement il eût pardonné : quand il
punissoit, ce n'étoit pas lui, mais la loi qui exerçoit la rigueur
pour le bien commun.

« Souvenez-vous de David, et de toute sa douceur [3]. » C'est ce
que chanta Salomon son fils à la dédicace du temple ; et il sembloit que la clémence deDavid eût fait oublier toutes ses autres
vertus.

Heureux le prince qui peut dire avec Job : « La clémence est
crue avec moi dès mon enfance : et elle est sortie avec moi du
ventre de ma mère [4]. »

C'étoit un beau caractère donné aux rois d'Israël, même par
leurs ennemis : « Les rois de la maison d'Israël sont clémens [5]. »

VIIe PROPOSITION.

C'est un grand bonheur de sauver un homme.

« Délivre´ ceux qu'on mène à la mort : ne cesse point d'arracher ceux que l'on entraîne au tombeau [6]. »

C'est le plus beau sacrifice que l'on puisse offrir au Père de
tous les vivans, que de lui sauver un de ses enfans, si ce n'est
qu'il soit de ceux dont la vie est la mort des autres, ou par sa
cruauté, ou par ses exemples.

VIIIe PROPOSITION.

C'est un motif de clémence que de se souvenir qu'on est mortel.

« Nous mourons tous, disoit à David cette femme sage de Thécué ; et comme les eaux nous nous écoulons sur la terre, sans

---

[1] *Deut.*, XXXIII, 5. — [2] *Num.*, XII, 3. — [3] *Psal.* CXXXI, 1. — [4] *Job*, XXXI, 18. —
[5] III *Reg.*, XX, 31. — [6] *Prov.*, XXIV, 11.

espérance de retour : et Dieu ne veut point qu'un homme périsse :
mais il repasse en lui-même la pensée de ne perdre pas entièrement celui qui est rejeté. Pourquoi donc ne pensez-vous pas à
rappeler un banni et un disgracié [1] ? »

La vie est si malheureuse d'elle-même et s'écoule si vite, qu'il
ne faut pas, s'il se peut, laisser passer dans l'accablement des
jours si briefs. La mortalité nous rend foibles : et dans cette fra-
gilité on fait aisément des fautes : il faut donc se porter à l'indulgence, et excuser les foiblesses du genre humain.

IXᵉ PROPOSITION.

**Le jour d'une victoire, qui nous rend maîtres de nos ennemis, est un jour
propre à la clémence.**

Saül défit les Ammonites. Et ses fidèles sujets, qui virent son
trône affermi par cette victoire, indignés contre ceux d'entre le
peuple qui peu auparavant méprisoient le nouveau roi, disoient
à Samuel : « Où sont ceux qui disoient : Est-ce que Saül régnera
sur nous ? Qu'on nous les livre, et nous les ferons mourir. Saül
répondit : Nul ne sera tué en ce jour, qui est un jour de salut
que Dieu donne au peuple [2]. » Et nous devons imiter sa miséricorde.

C'est encore une raison de pardonner, lorsque Dieu livre nos
ennemis entre nos mains par une grace et une providence particulière.

« Frappez-les d'aveuglement, Seigneur [3], » disoit Elisée des
Syriens qui faisoient la guerre aux Israélites. « Et Dieu les frappa
d'aveuglement. » Et en cet état (a) le Prophète les mena au milieu de Samarie. « Le roi d'Israël dit à Elisée : Mon père, ne faut-
il pas les tuer ? Gardez-vous-en bien, reprit Elisée ; car vous ne
les avez pris ni par votre épé: ni par votre arc, pour ainsi les
massacrer : mais donnez-leur du pain et de l'eau, afin qu'ils en
prennent en liberté, et les renvoyez à leur seigneur [4]. »

[1] II *Reg.*, xiv, 13, 14. — [2] I *Reg.*, xi, 11-13. — [3] IV *Reg.*, vi, 18. — [4] *Ibid.*, 21.
(a) *IIᵉ édit. :* En cet état.

X° PROPOSITION.

Dans les actions de clémence, il est souvent convenable de laisser quelque reste
de punition, pour la révérence des lois et pour l'exemple.

Un prince ne se montre jamais plus grand à ses ennemis, que
lorsqu'il use avec eux de générosité et de clémence.

« Vos raisons m'ont apaisé envers Absalon [1], » malgré l'attentat
énorme qu'il a commis sur son frère Amnon, disoit David à Joab.
« Faites donc revenir ce jeune prince dans sa maison : mais qu'il
ne voie point la face du roi. Ainsi il fut rappelé dans Jérusalem :
et il y demeura deux ans, sans oser se présenter devant le roi. »

Moïse avoit donné un semblable exemple, lorsque Marie sa
sœur devenue lépreuse pour avoir désobéi, demanda pardon à
Moïse par l'entremise d'Aaron. « Et Moïse cria au Seigneur, et le
pria de la délivrer. Mais le Seigneur répondit : Si son père (pour
quelque faute) lui avoit craché sur le visage, n'étoit-il pas juste
qu'elle portât sa confusion du moins durant sept jours? Qu'elle
soit donc éloignée du camp durant sept jours; et après elle sera
rappelée [2]. »

XI° PROPOSITION.

Il y a une fausse indulgence.

Telle fut celle de David envers Amnon son fils aîné, dont le
crime le contrista beaucoup [3] (mais cela ne suffisoit pas : et il falloit le punir). Au lieu que « ne voulant pas affliger l'esprit d'Amnon son fils aîné, qu'il aimoit beaucoup, » il laissa son attentat
impuni : ce qui causa la vengeance d'Absalon qui tua son frère.

Ce grand roi eut aussi trop d'indulgence pour les entreprises
d'Absalon et d'Adonias. Ce dernier « s'élevoit excessivement dans
la vieillesse de David. Ce père trop indulgent ne le reprit pas, en
lui disant : Pourquoi faites-vous ainsi [4]? » Et son excessive facilité eut les suites qu'on sait assez.

On sait aussi l'indulgence d'Héli souverain pontife homme saint
d'ailleurs, et la manière étrange dont Dieu le punit [5].

[1] II Reg., XIV, 21, 24, 28. — [2] Num., XII, 13, 14. — [3] III Reg., XIII, 21, 28, 29.
— [4] III Reg., I, 5, 6. — [5] I Reg., III, 13 ; IV, 14 et seq.

Ce sont des fautes dangereuses, dont on voit que les gens de bien portés naturellement à l'indulgence, ont plus à se garder que les autres hommes.

XII⁰ PROPOSITION.

Lorsque les crimes se multiplient, la justice doit devenir plus sévère.

C'est ce qui paroît dès l'origine du monde, par ces paroles de Lamech, de la race de Caïn, à ses deux femmes Ada et Sella : « Ecoutez ma voix, femmes de Lamech : prêtez l'oreille à mon discours. J'ai tué un homme pour mon malheur; et un jeune homme dont la blessure me perce moi-même. On prendra sept fois vengeance de Caïn, et de Lamech septante fois[1]. »

Les hommes s'accoutument au crime : et l'habitude de le voir le leur rend moins horrible. Mais il n'en est pas ainsi de la justice. La vengeance s'appesantit sur Lamech, qui bien éloigné de profiter de la punition de Caïn un de ses ancêtres, et de s'éloigner du crime par cet exemple domestique, semble plutôt avoir pris Caïn pour son modèle.

La juste sévérité que Dieu fait éclater si visiblement dans les saints Livres, quand les crimes se sont multipliés et sont parvenus jusqu'à un certain excès, doit être en quelque sorte le modèle de celle des princes dans le gouvernement des choses humaines.

ARTICLE V.

Des obstacles à la justice.

Iʳᵉ PROPOSITION.

Premier obstacle : la corruption et les présens.

« N'ayez point d'égard aux personnes ni aux présens : car les présens aveuglent les yeux des sages, et changent les paroles des justes[2]. »

Moïse ne dit pas : Ils aveuglent les yeux des méchans, et ils en changent les paroles. Il dit : Ils aveuglent les yeux des sages, et

[1] *Gen.*, IV, 23, 24. — [2] *Deut.*, XVI, 19.

ils changent la parole des justes. Auparavant, le juge parloit bien : le présent est venu, et ce n'est plus le même homme : une nouvelle jurisprudence, que son intérêt lui fournit, le fait changer de langage. Ce ne sont pas toujours les grands présens qui produisent cet effet : les petits donnés à propos, marquent quelquefois un secret empressement d'amitié, qui incline et gagne le cœur.

Ceux qui sont par leur dignité au-dessus de ce genre de corruption, ont d'autres présens à craindre, les louanges et les flatteries. Qu'ils se mettent bien dans l'esprit cette parole du Sage : « Ne louez point l'homme avant sa mort [1]. » Toute louange donnée aux vivans est suspecte : « Aimez la justice, ô vous qui jugez la terre [2]. » Ne soyez point le jouet d'un subtil flatteur.

Les services rendus à l'Etat sont encore une autre manière de séduire les rois. « Ne regardez point les personnes, » dit le Seigneur. Les services demandent une autre sorte de justice, qui est celle de la récompense. Prince, vous la devez : mais ne payez pas cette dette aux dépens d'autrui.

II° PROPOSITION.

La prévention : second obstacle.

C'est une espèce de folie qui empêche de raisonner. « Le fol n'écoute pas les paroles du prudent [3], » et ne veut entendre autre chose que ce qu'il a dans son cœur.

L'homme prévenu ne vous écoute pas : il est sourd : la place est remplie, et la vérité n'en trouve plus.

Salomon opposoit à la prévention cette humble prière : « Donnez à votre serviteur un cœur docile. Et Dieu lui donna un cœur étendu comme le sable de la mer [4], » capable de tout.

L'esprit du prince doit être une glace nette et unie, où tout ce qui vient, de quelque côté que ce soit, est représenté comme il est, selon la vérité. Il est dans un parfait équilibre : il ne se détourne ni à droite ni à gauche [5]. C'est pour cela que Dieu l'a mis

[1] *Eccli.*, XI, 30. — [2] *Sap.*, I, 1. — [3] *Prov.*, XVIII, 2. — [4] III *Reg.*, III, 9; IV, 29. — [5] *Deut.*, V, 32.

au faîte des choses humaines, afin que, libre des attaques qui lui viendront de ce qu'il a au-dessous de lui, il ne reçoive des impressions que d'en haut, c'est-à-dire de la vérité. « Apprenezmoi, Seigneur, la vérité, et la discipline, et la science [1]. »

Il y a deux moyens d'éviter les préventions. L'un est de considérer que nos jugemens seront revus par celui qui dit : « Je jugerai les justices [2]. » Entrez dans l'esprit du juge supérieur : et dépouillez-vous de vos préventions.

L'autre moyen : « Jugez du prochain par vous-même [3]. » Ainsi sorti de vous-même, vous jugerez purement, et vous ferez comme vous voudriez qu'on vous fît.

IIIe PROPOSITION.

Autres obstacles : la paresse et la précipitation.

« Ayez les yeux dans votre tête. Soyez attentif : et que vos paupières précèdent vos pas [4]. » Donnez-vous le temps de considérer : ne précipitez pas votre jugement : ne craignez pas la peine de penser. « L'homme impatient ne peut rien faire à propos, et n'opère que des folies [5]. »

A la paresse et à la précipitation, le prince doit opposer l'attention et la vigilance. Nous avons déjà traité cette matière [6], et il est inutile de la répéter ici.

IVe PROPOSITION.

La pitié et la rigueur.

N'ayez pitié de personne en jugement, pas même du pauvre. Nous l'avons déjà vu. « Rendez impitoyablement œil pour œil, dent pour dent, plaie pour plaie [7]. » Tournez votre pitié d'un autre côté. C'est de l'oppressé et du peuple qui souffre par les hommes injustes et violens, qu'il faut avoir compassion.

D'autres penchent toujours à la rigueur. Mais vous, Prince, ne

---

[1] *Ps.* CXVIII, 66.— [2] *Ps.* LXXIV, 3. — [3] *Eccli.*, XXXI, 18. — [4] *Eccles.*, II, 14; *Prov.*, IV, 25. — [5] *Prov.* XIV, 17. — [6] Ci-devant, liv. V, art. II, IIe propos. — [7] *Exod.*, XXI, 24.

vous détournez ni à droite ni à gauche. On se détourne vers la gauche, lorsqu'en tendant au relâchement et à la mollesse, on affoiblit la sévérité de la loi. On ne fait pas mieux en se détournant vers la droite, c'est-à-dire en poussant trop loin la rigueur des lois.

Le zèle de trouver le tort, fait souvent qu'on le donne à qui ne l'a pas. On veut déterrer les auteurs des crimes ; et plutôt que de les laisser impunis, on en charge l'innocent. La justice alors devient une oppression. Mais le Sage a dit : « Celui qui absout l'impie et celui qui condamne le juste, l'un et l'autre est abominable devant Dieu [1]. »

Vᵉ PROPOSITION.

La colère.

La colère est une passion des plus indignes du prince. On doit s'exercer à la vaincre, quand on aime la justice dont elle est l'ennemie. « L'homme patient est préféré au courageux : et celui qui surmonte sa colère, vaut mieux que celui qui prend des villes [2]. »

L'empereur Théodose le Grand avoit bien compris cette maxime du Sage. Ce prince tant de fois victorieux et illustre par ses conquêtes, encore qu'il fût naturellement d'une colère impétueuse, profita si bien des conseils de saint Ambroise, qu'à la fin, comme dit ce Père [3], il se tenoit obligé quand on le prioit de pardonner : et quand il étoit ému par un sentiment plus vif de la colère, c'étoit alors qu'il se portoit plus facilement à la clémence.

VIᵉ PROPOSITION.

Les cabales et la chicane.

« Rompez les liaisons des impies (des hommes injustes) : et ne permettez pas qu'on accable l'innocent : et ôtez-lui cette charge trop pesante à ses épaules [4]. »

Soyez en garde contre la protection que trouvent les richesses. N'abandonnez pas le pauvre sous prétexte qu'il n'a personne qui

[1] *Prov.*, XVII, 15. — [2] *Prov.* XVI, 32. — [3] Ambr., *de Obitu Theodos.*, orat. n. 13. — [4] *Is.*, LVIII, 6.

prenne en main sa défense. C'est l'effet du crédit et de la cabale.
« Le riche a fait quelque outrage (à un innocent), et il frémit. Il
est le premier à se plaindre et à menacer. Le pauvre au contraire,
quoique offensé et outragé, n'osera ouvrir la bouche [1]. » Veillez
donc et pénétrez le fond des choses, vous qui aimez la justice.

Pour les chicanes, il est écrit : « Qui aime les procès, aime sa
ruine [2]. » Et la justice les doit réprimer pour son propre bien,
aussi bien que pour celui des autres.

VIIe PROPOSITION.
Les guerres : et la négligence.

Trop occupé de la guerre, dont l'action est si vive, on ne songe
point à la justice. Mais il est écrit de David, au milieu de tant de
guerres et pendant qu'il combattoit les Moabites, les Ammonites,
les Syriens, les Philistins, les Iduméens, et tant d'autres ennemis :
« David faisoit jugement et justice à tout son peuple [3]. » C'est là
régner véritablement, que de faire régner la justice au milieu du
tumulte de la guerre, en sorte qu'elle ne manque à qui que ce
soit.

On est soigneux ordinairement de rendre la justice dans les
grands lieux : et on la néglige dans les villages et dans les lieux
déserts. Au contraire Isaïe écrit d'un bon roi, c'est Ezéchias dont il
parle; qu'en son temps « le jugement habitoit dans la solitude, et
que la justice tenoit sa séance dans les grands lieux [4], » qu'il appelle le Carmel, selon l'usage de la langue sainte. La justice éclai-
roit jusqu'aux lieux les plus écartés : les pauvres sentoient son
secours, et l'abondance ne corrompoit point ceux qui la rendoient.

VIIIe PROPOSITION.
Il faut régler les procédures de la justice.

« Vous poursuivrez justement ce qui est juste [5]. » Ce n'est pas
assez d'avoir bon droit : il faut encore le poursuivre par les bonnes
voies, sans fraude, sans détour, sans violence, sans se faire justice à soi-même, mais en l'attendant de la puissance publique.

[1] *Eccli.*, XIII, 4. — [2] *Prov.*, XVII, 19. — [3] *II Reg.*, VIII, 15; — [4] *Is.*, XXXII, 16.
— [5] *Deut.*, XVI, 20.

LIVRE IX.

DES SECOURS DE LA ROYAUTÉ:

LES ARMES, LES RICHESSES OU LES FINANCES.
LES CONSEILS.

ARTICLE PREMIER.

De la guerre et de ses justes motifs, généraux et particuliers.

Ire PROPOSITION.

Dieu forme les princes guerriers.

C'est ce qui fait dire à David : « Béni soit le Seigneur mon Dieu, qui donne de la force à mes bras pour le combat, et forme mes mains à la guerre [1]. »

IIe PROPOSITION.

Dieu fait un commandement exprès aux Israélites de faire la guerre.

Dieu ordonne à son peuple de faire la guerre à certaines nations.

Telles étoient les nations, dont il est écrit : « Vous détruirez devant vous plusieurs nations : le Héthéen, le Gergéséen, l'Amorrhéen, le Chananéen, le Phéréséen, le Hévéen, et le Jébuséen : sept nations plus grandes et plus fortes que vous; mais Dieu les a livrées entre vos mains, afin que vous les exterminiez de dessus la terre. Vous ne ferez jamais de traités avec elles, et vous n'en aurez aucune pitié [2]. »

Et encore : « Vous ne ferez jamais de paix avec elles : et vous ne leur ferez aucun bien durant tous les jours de votre vie, dans toute l'éternité [3]. » Voilà une guerre à toute outrance, à feu et à sang, irréconciliable, commandée au peuple de Dieu.

[1] *Ps.*, CXLIII, 1. — [2] *Deut.*, VII, 1, 2. — [3] *Deut.*, XXIII, 6.

C'est pourquoi Saül est puni sans miséricorde et privé de la royauté, pour avoir épargné les Amalécites [1], un de ces peuples Chananéens maudits de Dieu.

IIIᵉ PROPOSITION.

Dieu avoit promis ces pays à Abraham et à sa postérité.

Ce sont les peuples dont le Seigneur avoit promis à Abraham de lui donner le pays, par ces paroles : Lève les yeux, et regarde depuis le lieu où tu es. Je te donnerai toute la terre qui est devant toi, au midi et au nord, vers l'orient et vers l'occident, pour être ton héritage éternel et incommutable, et celui de ta postérité [2]. »

Et encore : « Dieu fait un traité d'alliance avec Abraham, et lui dit : Je donnerai à ta postérité toute cette terre, depuis le Nil qui arrose l'Egypte jusqu'au grand fleuve d'Euphrate : les Cinéens, les Héthéens, les Amorrhéens [3], » et les autres qu'on vient de nommer.

IVᵉ PROPOSITION.

Dieu vouloit châtier ces peuples, et punir leurs iniquités.

C'étoient des nations abominables et dès le commencement adonnées à toute sorte d'idolâtrie, d'injustices et d'impiétés : race maudite depuis Cham et Chanaan, à qui la malice avoit passé en nature par ses habitudes corrompues. Comme il est écrit dans le livre de la *Sagesse :* « Seigneur, vous les aviez en horreur, parce que leurs actions étoient odieuses, et leurs sacrifices exécrables. Ces peuples immoloient leurs propres enfans à leurs dieux : ils n'épargnoient ni leurs hôtes ni leurs amis : et vous les avez perdus par la main de nos ancêtres, parce que leur malice étoit naturelle et incorrigible [4]. »

Tels étoient, dit le Saint-Esprit dans ce divin Livre, les anciens habitans de la Terre-Sainte. Et c'est pourquoi Dieu les en chassa par un juste jugement, pour la donner aux Israélites.

---

[1] *I Reg.*, xv, 7, 8, 9 et seq. — [2] *Gen.*, xiii, 14, 15. — [3] *Ibid.*, xv, 18 et seq. — [4] *Sap.*, xii, 3, 4 et seq.

V° PROPOSITION.

Dieu avoit supporté ces peuples avec une longue patience.

« Les iniquités des Amorrhéens ne sont pas encore accomplies, dit le Seigneur à Abraham [1]. »

Quelque volonté qu'il eût de donner à un serviteur si fidèle et si chéri l'héritage qu'il avoit promis à sa foi, il en suspend la donation actuelle par un conseil de miséricorde.

Mais encore combien durera ce délai? Quatre cents ans, dit-il [2], pendant lesquels il exerce la patience de son peuple, et attend ses ennemis à la pénitence. En attendant, dit-il, « Tes enfans seront affligés quatre cents ans. » Tant il a de peine à déposséder de leur terre des peuples méchans et maudits.

Arbitre de l'univers, qui vous obligeoit à tant de ménagemens, vous qui ne craignez personne? comme il est marqué dans le livre de la *Sagesse*. « Et qu'avoit-on à vous dire, quand vous eussiez fait périr une des nations que vous avez faites? Mais c'est que vous voulez montrer que vous faites tout avec justice, et que plus vous êtes puissant, plus vous aimez à pardonner [3]. »

VI° PROPOSITION.

Dieu ne veut pas que l'on dépossède les anciens habitans des terres : ni que l'on compte pour rien les liaisons du sang.

Quoique maître absolu de toute la terre pour la donner à qui il lui plaît, Dieu ne se sert pas de ce droit et de ce domaine souverain, pour déposséder de leur pays les peuples qui en avoient la jouissance paisible : et il ne les en dépouille pour le donner à son peuple, que par un juste châtiment de leurs crimes.

C'est par cette raison qu'il donne cet ordre exprès aux Israélites : « Vous passerez par les confins de vos frères les enfans d'Esaü, qui occupent le mont de Séir, et qui seront effrayés de votre passage. Mais prenez garde soigneusement de ne faire aucun mouvement contre eux. Car je ne vous donnerai aucune parcelle de cette montagne que j'ai donnée en possession aux enfans

---

[1] *Gen.*, xv, 16. — [2] *Ibid.* 13. — [3] *Sap.*, xii, 13 - 16.

d'Esaü, pas même autant qu'en pourroit couvrir le pas d'un homme. (Vous garderez avec eux toutes les lois du commerce et de la société). Vous achèterez leurs vivres argent comptant, et leur paierez jusqu'à l'eau que vous puiserez dans leurs puits, et que vous boirez (dans un pays où elle est si rare). Vous ne passerez point sur leurs terres, mais vous prendrez un chemin détourné, [1] » de peur d'avoir occasion de querelle avec eux.

« Usez-en de même envers les Moabites et les Ammonites » (descendans de Lot cousin d'Abraham, et comme lui sorti de Tharé leur père commun). Ne combattez point contre eux ; car je ne vous donnerai aucune partie de leur terre, parce que je l'ai donnée aux enfans de Lot [2]. »

Les anciens habitans de ces terres, que Dieu avoit données aux enfans d'Esaü et à ceux de Lot, sont appelés des géans, et d'autres noms odieux [3], qui dans le style de l'Ecriture signifient des hommes robustes et de grande taille, mais sanguinaires, injustes, violens, oppresseurs et ravisseurs. Et l'Ecriture le marque, pour montrer que Dieu les avoit livrés à une juste vengeance, quand il les chassa de leurs terres; encore que ce ne fût pas avec un commandement aussi exprès et une providence aussi particulière, qu'il la fit paroître à son peuple dans la conquête de la Terre-Sainte.

En un mot, Dieu veut que l'on regarde les terres comme données par lui-même à ceux qui les ont premièrement occupées, et qui en sont demeurés en possession tranquille et immémoriale, sans qu'il soit permis de les troubler dans leur jouissance, ni d'inquiéter le repos du genre humain.

Dieu veut aussi que l'on conserve le souvenir de la parenté et des origines communes, si éloignées qu'elles soient.

Ainsi quelque éloignés que fussent les Israélites de Lot et d'Esaü, et même sans considérer qu'Esaü avoit été un mauvais frère, il veut toujours qu'on se souvienne des pères communs, et qu'Esaü comme Jacob venoit d'Isaac : parce qu'il est le père et le protecteur de la société humaine, et qu'il veut faire respecter aux

---

[1] *Deut.*, II, 4, 5, 6; II *Par.*, XX, 10. — [2] *Deut.* II, 20. — [3] *Ibid.*, 10, 11, 12, 19, 20 et seq.

hommes toutes les liaisons du sang pour rendre, autant qu'il se peut, la guerre odieuse par toute sorte de titres.

VIIe PROPOSITION.

Il y a d'autres justes motifs de faire la guerre : les actes d'hostilité injustes : le refus du passage demandé à des conditions équitables : le droit des gens violé en la personne des ambassadeurs.

Outre le motif du commandement exprès de Dieu comme juste juge, qui ne paroît qu'une fois dans l'Ecriture, en voici encore d'autres.

Quatre rois conjurés entrèrent dans le pays du roi de Sodome, du roi de Gomorrhe et de trois autres rois voisins [1]. Les agresseurs furent victorieux, et se retiroient chargés de butin, et emmenant leurs captifs, parmi lesquels étoit Lot neveu d'Abraham, qui demeuroit dans Sodome. Mais Dieu lui avoit préparé un libérateur. Son oncle Abraham poursuivit ces ravisseurs, les tailla en pièces ; ramena Lot, les femmes captives avec un peuple innombrable et tout le butin. Dieu agréa sa victoire, et le fit bénir par son grand pontife le célèbre Melchisédech, la plus excellente figure de Jésus-Christ.

Og, roi de Basan, vint aussi à main armée à la rencontre des Israélites pour les attaquer : et ils le taillèrent en pièces comme un agresseur injuste, et lui prirent soixante villes, malgré la hauteur de leurs murailles et de leurs tours [2].

Aussi ne doit-on pas épargner les agresseurs injustes. Et pour le refus du passage, le traitement rigoureux, mais juste, qu'on fit à Séhon roi d'Hésébon, est un exemple bien remarquable.

« Les Israélites envoyèrent des ambassadeurs à Séhon, roi d'Hésébon (pour lui faire cette paisible légation) : Nous passerons par votre terre, mais nous ne prendrons aucun détour suspect, ni à droite ni à gauche : nous marcherons dans le grand chemin. Vendez-nous nos alimens et jusqu'à l'eau que nous boirons ; nous ne vous demandons que le seul passage [3]. »

Pour le rassurer davantage, on lui propose l'exemple de la conduite qu'on avoit tenue avec les autres peuples. « C'est ainsi

[1] *Gen.*, xiv, 1 et seq — [2] *Deut.*, iii, 1, 2 et seq. — [3] *Deut.*, ii, 26, 27, 28.

qu'en ont usé les enfans d'Esaü et des Ammonites. Nous ne voulons point arrêter ; et nous ne voulons que venir jusqu'au Jourdain, à la terre que notre Dieu nous a donnée [1]. »

Le grand chemin est du droit des gens, pourvu qu'on n'entreprenne pas le passage par la force, et qu'on le demande à condition équitable. Ainsi on déclara justement la guerre à Séhon, dont
Dieu endurcit le cœur, pour ensuite lui refuser tout pardon : et il
fut mis sous le joug.

Voilà donc deux justes motifs de faire la guerre : l'injuste refus
du passage demandé à des conditions équitables, et l'hostilité manifeste qui vous rend agresseur injuste.

Il faut rapporter à ce dernier motif et s'affranchir d'un joug
injustement imposé, venger sa liberté opprimée (a). Et tel a été
le motif des guerres des Machabées, ainsi qu'il a été rapporté
ailleurs [2].

Enfin celui du droit des gens violé en la personne des ambassadeurs, est un des plus importans.

« Naas, roi des Ammonites, étant mort et son fils étant monté
sur le trône, David dit : Je montrerai de l'amitié à Hanon, comme
son père m'en a fait paroître [3]. » Les Ammonites (qui connoissoient peu le cœur généreux et reconnoissant de David), persuadèrent à leur roi que ces ambassadeurs étoient des espions, qui
venoient reconnoître le foible de la place, et exciter les peuples à
la rébellion. Ainsi il leur fit un traitement indigne : et sentant
combien ils avoient offensé David, ils se liguèrent contre lui avec
les rois voisins. Mais David envoya contre eux Joab avec une armée, et marcha lui-même en personne pour achever cette guerre,
qui lui fut heureuse.

C'est à quoi se réduisent les motifs de la guerre, qu'on nomme
étrangère, qui sont marqués dans l'Ecriture.

---

[1] *Deut.*, ii, 29, 30. — [2] Ci-devant, liv. VI, art. iii, ii⁰ propos., pag. 23 et
suiv. — [3] ii *Reg.*, x, 2 et seq.

(*a*) *II⁰ Edit. :* ... A ce dernier motif ce qu'a fait le peuple de Dieu pour s'affranchir d'un jong injustement imposé, pour venger sa liberté opprimée, et pour
défendre sa religion par l'ordre exprès de Dieu. Et tel a été...

ARTICLE II.

Des injustes motifs de la guerre.

Ire PROPOSITION.

Premier motif : les conquêtes ambitieuses.

Ce motif paroît bientôt après le déluge en la personne de Nemrod, homme farouche, qui devient par son humeur violente le premier des conquérans [1]. Mais il est expressément marqué qu'il étoit des enfans de Chus, fils de Cham, le seul des enfans de Noé qui ait mérité d'être maudit par son père.

Le titre de conquérant prend naissance dans cette famille : et l'Ecriture exprime cet événement, en disant « qu'il fut le premier puissant sur la terre, » c'est-à-dire qu'il fut le premier que l'amour de la puissance porta à envahir les pays voisins.

IIe PROPOSITION.

Ceux qui aiment la guerre et la font pour contenter leur ambition, sont déclarés ennemis de Dieu.

« Je redemanderai votre sang de la main de toutes les bêtes, et de celles de tous les hommes qui auront répandu le sang humain, qui est celui de leurs frères. Qui répandra le sang humain, son sang sera répandu, parce que l'homme est fait à l'image de Dieu [2]. »

Dieu a tant d'horreur des meurtres et de la cruelle effusion du sang humain, qu'il veut en quelque façon qu'on regarde comme coupables jusqu'aux bêtes qui le versent. Il sembleroit à entendre ces paroles, que Dieu voudroit obliger les animaux farouches à respecter l'ancien caractère de domination qui nous avoit été donné sur eux, quoique presque effacé par le péché. Le violement en est réputé aux bêtes comme un attentat : et c'est une espèce de punition où il les assujettit, de les rendre si odieuses, qu'on ne cherche qu'à les prendre et à les faire mourir.

La raison de cette défense est admirable : « C'est, dit-il, que

---

[1] *Gen.*, x, 8 — 11. — [2] *Ibid.*, IX, 5, 6.

l'homme est fait à l'image de Dieu. » Cette belle ressemblance ne
peut trop paroître sur la terre. Au lieu de la diminuer par les
meurtres, Dieu veut au contraire que les hommes se multiplient :
« Croissez, leur dit-il, et remplissez la terre[1]. »

Que si ravir à un seul homme le présent divin de la vie, c'est
attenter contre Dieu, qui a mis sur l'homme l'empreinte de son
visage : combien plus sont détestables à ses yeux ceux qui sacri-
fient tant de millions d'hommes et tant d'enfans innocens à leur
ambition ?

III° PROPOSITION.

Caractère des conquérans ambitieux tracé par le Saint-Esprit.

Après que Nabuchodonosor roi de Ninive et d'Assyrie eut défait et subjugué Arphaxad roi des Mèdes, « son empire fut élevé,
et son cœur s'enfla : et il envoya à tous les peuples qui habitoient
dans la Cilicie, à Damas, vers le Liban et le Carmel, aux Arabes,
aux Galiléens, dans les vastes plaines d'Esdrélon, aux Samaritains, et aux environs du Jourdain, et à toute la terre de Jessé
jusqu'aux limites de l'Ethiopie. Il dépêcha ses envoyés à tous
ces peuples, pour les obliger de se soumettre à sa puissance. Mais
ces nations (jalouses de leur liberté) renvoyèrent ses ambassadeurs les mains vides, et sans leur rendre aucun honneur. Alors
le roi d'Assyrie entra en indignation, et jura qu'il se défendroit
contre tous ces peuples[2]; » ou plutôt qu'il se vengeroit de leur
résistance.

Voilà le premier trait d'un conquérant injuste. Il n'a pas plutôt
subjugué un ennemi puissant, qu'il croit que tout est à lui : il
n'y a peuple qu'il n'oppresse : et si on refuse le joug, son orgueil
s'irrite. Il ne parle point d'attaquer, il croit avoir sur tous un
droit légitime. Parce qu'il est le plus fort, il ne se regarde pas
comme agresseur : et il appelle défense, le dessein d'envahir les
terres des peuples libres. Comme si c'étoit une rébellion de conserver sa liberté contre son ambition, il ne parle plus que de vengeance : et les guerres qu'il entreprend ne lui paroissent qu'une
juste punition des rebelles.

[1] *Gen.*, IX, 7. — [2] *Judith*, I, 5, 6, et seq.

Il passe outre : et non content d'envahir tant de pays qui ne relèvent de lui par aucun endroit, il croit ne rien entreprendre digne de sa grandeur, s'il ne se rend maître de tout l'univers. C'est la suite du caractère de cet injuste conquérant. « La parole fut répandue dans le palais du roi d'Assyrie, qu'il se défendroit et se vengeroit. Et appelant ses vieux conseillers, ses capitaines et ses guerriers, il leur déclara dans une assemblée tenue exprès en particulier avec eux, que sa volonté étoit de soumettre à son empire toute la terre habitable [1]. »

Ce n'étoit point un conseil qu'il demandoit à cette grande assemblée, il n'a pour conseil que son orgueil indomptable : et sans consulter davantage, pour en venir à l'exécution, « il donne ses ordres à Holoferne chef général de sa milice (grand homme de guerre) : et, dit-il, ne pardonne à aucun royaume, ni à aucune place forte : que vos yeux (a) ne soient touchés d'aucune pitié, et que tout fléchisse sous ma loi [2]. »

C'est le second trait de cet orgueilleux caractère. Ce superbe roi n'a pas besoin de conseil ; l'assemblée de ses conseillers n'est qu'une cérémonie, pour déclarer d'une manière plus solennelle ce qui est déjà résolu, et pour mettre tout en mouvement.

Mais voici un dernier trait. C'étoit de ne respecter ni connoître ni Dieu ni homme, et de n'épargner aucun temple, pas même celui du vrai Dieu, qu'il eût voulu mettre en cendres avec tous les autres, au milieu de Jérusalem. Car « il avoit commandé à Holoferne d'exterminer tous les dieux, afin qu'il n'y eût de Dieu que le seul Nabuchodonosor, dans toutes les terres que ses armes auroient subjuguées [3]. »

Cela se fait en deux manières. Ou en s'attribuant ouvertement les honneurs divins, ainsi qu'il est arrivé presque à tous les conquérans du paganisme. Ou par les effets, lorsqu'avec un orgueil outré, sans songer qu'il y ait un Dieu, on se rapporte ses victoires à soi-même, à sa force et à ses conseils, et que l'on semble dire en son cœur : « Je suis un Dieu, » et je me suis fait moi-même, comme il est écrit dans le Prophète [4].

[1] *Judith.*, II, 1, 2, 3. — [2] *Ibid.*, II, 4, 5, 6. — [3] *Ibid.*, III, 13. — [4] *Ezech.*, XXVIII, 2,
(a) *IIe Edit.* : Que tes yeux.

Ou pour répéter les paroles d'un autre Nabuchodonosor :
« N'est-ce pas là cette grande Babylone, que j'ai bâtie dans la
force de ma puissance, et dans l'éclat de ma gloire, pour être le
siége de mon empire[1] ? » sans songer qu'il y a un Dieu, à qui on
doit tout.

Tel est le caractère des conquérans ambitieux, qui enivrés du
succès de leurs armes victorieuses, se disent les maîtres du
monde, et que leur bras est leur Dieu.

IVe PROPOSITION.

Lorsque Dieu semble accorder tout à de tels conquérans, il leur prépare un
châtiment rigoureux.

« J'ai donné toutes les terres et toutes les mers à Nabuchodonosor roi de Babylone, mon serviteur[2] » (et ministre de mes
justes vengeances). Ce n'est pas à dire qu'il les ait données afin
qu'il en fût le légitime possesseur : c'est-à-dire que par un secret
jugement, il les a abandonnées à son ambition pour les occuper et
les envahir. Rien n'échappera de ses mains : « et jusqu'aux oiseaux
du ciel (c'est-à-dire ce qu'il y a de plus libre) y tombera[3]. »

Voilà en apparence une faveur bien déclarée : mais le retour
est terrible. « Le marteau qui a brisé les nations de l'univers, est
brisé lui-même[4]. Le Seigneur a rompu la verge, dont il a frappé
le reste du monde d'une plaie irrémédiable[5]. Je tombe sur toi, ô
superbe, dit le Seigneur des armées : ton jour est venu, et le
temps où tu seras visité (par la justice divine) : Dieu renversera
Babylone, comme il a fait Sodome et Gomorrhe, et ne lui laissera aucune ressource[6]. Il n'y a plus de remède à ses maux :
son jugement est monté jusqu'aux cieux, et a percé les nues[7]. »

Ve PROPOSITION.

Second injuste motif de la guerre : le pillage.

Ainsi s'armèrent les quatre rois dont on vient de parler[8] : et
ils relevèrent le riche butin et les captifs qu'Abraham délivra.

---

[1] *Dan*, IV, 27. — [2] *Jerem.*, XXVII, 6. — [3] *Dan.*, II, 38. — [4] *Jerem.*, L, 23. —
[5] *Isaï*, XIV, 5, 6. — [6] *Jerem.*, L, 31, 40. — [7] *Ibid.*, LI, 9. — [8] *Gen.*, XIV, 9, 11, 12.
Ci-devant, art. I, VIIe propos., pag. 133.

Si l'on souffre de telles guerres, il n'y aura plus de royaume ni de province tranquille. C'est pourquoi Dieu oppose à ces ravisseurs la magnanimité d'Abraham, qui ne se réserve rien du butin qu'il avoit recous (a), que ce qui appartenoit à ses alliés, compagnons de son entreprise. Et au surplus il ne veut pas que personne se pût vanter sur la terre d'avoir enrichi Abraham[1]. »

Souvent aussi Dieu livre ceux qui pillent à d'autres pillards. Ecoutez Isaïe. « Malheur à vous qui pillez! Ne serez-vous pas pillés vous-mêmes? Et vous qui méprisez (toutes les lois de la justice et croyez pouvoir tout voler impunément), ne serez-vous pas méprisés par quelque autre plus puissant que vous? Oui, quand vous aurez cessé de piller, on vous pillera. Et quand las de combattre, vous cesserez de mépriser vos ennemis (au milieu des périls d'une guerre injuste), vous tomberez dans le mépris[2]. »

VIᵉ PROPOSITION.

Troisième injuste motif : la jalousie.

« Isaac s'enrichit, et sa puissance alloit toujours croissant, jusqu'à ce qu'il devînt très-grand : et alors les Philistins lui portant envie, exercent contre lui des hostilités et des violences injustes. Et le roi du pays lui fit dire : Retirez-vous, parce que vous êtes devenu beaucoup plus puissant que nous[3]. »

Quoique cette raison de lui nuire fût basse et injuste, il céda pour le bien de la paix, se retirant dans le voisinage : et l'affaire se termina par un traité de paix solennel, où ses ennemis reconnurent le tort qu'ils avoient et le bon droit d'Isaac.

VIIᵉ PROPOSITION.

Quatrième injuste motif : la gloire des armes et la douceur de la victoire. Premier exemple.

Il n'y a rien de plus flatteur que cette gloire militaire : elle décide souvent d'un seul coup des choses humaines, et semble avoir une espèce de toute-puissance, en forçant les événemens : et

---

[1] *Gen.* XIV, 23, 24. — [2] *Isaï.*, XXXIII, 1. — [3] *Gen.*, XXVI, 12, 13 et seq.
(a) *IIᵉ Edit.*, : Fait.

c'est pourquoi elle tente si fort les rois de la terre. Mais on va voir combien elle est vaine.

Amasias roi de Juda avoit remporté des victoires signalées contre l'Idumée (a), et en avoit pris les forteresses les plus renommées. Enflé de ce succès, il envoya des ambassadeurs à Joas roi d'Israël, pour lui dire : Venez, et voyons-nous (à main armée; éprouvons nos forces). Joas (plus modéré) lui fit répondre : Vous avez prévalu contre les enfans d'Edom, et votre cœur s'est enflé : contentez-vous de cette gloire, et demeurez en repos. Pourquoi voulez-vous vous attirer un grand mal, et tomber vous et votre peuple sous ma main ? Amasias n'acquiesça pas à ce sage conseil. Le roi d'Israël marcha : ils se virent, comme Amasias l'avoit proposé, à Bethsamès, ville de Juda. Ceux de Juda furent battus, et prirent la fuite : Joas prit Amasias, et le remena (b) dans Jérusalem, et fit démolir quatre cents coudées de murailles de cette ville royale : et en enleva tout l'or et tout l'argent qui s'y trouva, et tous les vaisseaux de la maison du Seigneur (de celle d'Obédédom, où l'arche avoit reposé du temps de David), et du palais ; et prit des otages, et retourna à Samarie [1]. » Tel fut le fruit de la querelle que fit Amasias à Joas, sans autre sujet que celui d'une vaine gloire, et de faire paroître ses forces et le courage des siens.

VIIIe PROPOSITION.

Second exemple du même motif, qui fait voir combien la tentation en est dangereuse.

« Néchao roi d'Egypte marcha en bataille contre les Charcamites le long de l'Euphrate : et Josias alla à sa rencontre [2]. Mais Néchao lui envoya des ambassadeurs pour lui dire : Qu'ai-je à démêler avec vous, roi de Juda ? Ce n'est pas à vous que j'en veux : j'attaque un autre pays, où Dieu m'a commandé de marcher en diligence : ne combattez plus contre Dieu qui est avec moi, de peur que je ne vous fasse périr. Josias ne voulut point s'en retourner ; mais il se mit en état de faire la guerre, et ne voulut point écouter Néchao, qui lui parloit de la part de Dieu.

[1] IV *Reg.*, XIV, 7, 8 et seq. — [2] II *Paral.*, XXXV, 20, 21 et seq.
(a) IIe *Edit.* : Contre l'Iduméen. — (b) IIe *Edit.* : Ramena.

Il s'avança donc pour combattre dans la plaine de Mageddo. Blessé par les archers, il dit à ses serviteurs : Retirez-moi du combat, car je suis blessé. On l'enleva de son chariot pour le transporter dans un autre qui le suivoit selon la coutume des rois, et on le ramena à Jérusalem, où il mourut pleuré de tout le peuple : et principalement de Jérémie, dont les lamentations se chantent encore aujourd'hui par tout Israël. »

Si un si bon roi se laisse tenter par le désir de la victoire, ou en tout cas par celui de faire la guerre sans raison, que ne doit-on pas craindre pour les autres?

IXe PROPOSITION.

On combat toujours avec une sorte de désavantage, quand on fait la guerre sans sujet.

On peut remarquer sur ces deux exemples, que c'est un désavantage de faire la guerre sans raison.

Une bonne cause ajoute aux autres avantages de la guerre, le courage et la confiance. L'indignation contre l'injustice augmente la force, et fait que l'on combat d'une manière plus déterminée et plus hardie. On a même sujet de présumer qu'on a Dieu pour soi, parce qu'on y a la justice, dont il est le protecteur naturel. On perd cet avantage, quand on fait la guerre sans nécessité et de gaieté de cœur : de sorte que, quel que puisse être l'événement, selon les terribles et profonds jugemens de Dieu, qui distribue la victoire par des ordres et par des ressorts très-cachés, lorsqu'on ne met pas la justice de son côté, on peut dire par cet endroit-là que l'on combat toujours avec des forces inégales.

C'est même déjà un effet de la vengeance de Dieu, d'être livré à l'esprit de la guerre. Et il est écrit d'Amasias dans l'occasion que nous venons de voir, que ce prince ne voulut pas écouter les sages conseils du roi d'Israël, qui le détournoit d'une guerre injustement entreprise, « parce que c'étoit la volonté du Seigneur, qu'il fût livré aux mains de ses ennemis, à cause des dieux d'Idumée qu'il avoit servis [1]. »

[1] II *Paral.*, xxv, 20.

On a sujet d'espérer qu'on met Dieu de son côté, quand on y met la justice.

« Seigneur, disoit Josaphat, les enfans d'Ammon et de Moab et les habitans de la montagne de Séir, ont été épargnés par nos ancêtres, lorsqu'ils sortoient de l'Egypte : et ils se sont détournés à côté, pour ne passer point sur ces terres, et n'avoir pas occasion de combattre ces peuples. Et eux au contraire ils assemblent une armée immense pour nous chasser de la terre que vous nous avez donnée. Vous donc, notre Dieu, ne les jugerez-vous pas, puisque nous n'avons point assez de force pour nous opposer à cette prodigieuse multitude qui tombe sur nous ? Nous ne savons que faire pour leur résister, et il ne nous reste que de lever les yeux vers vous [1]. »

Ainsi pria Josaphat : et il reçut dans le moment des assurances de la protection de Dieu.

XIᵉ PROPOSITION.

Les plus forts sont assez souvent les plus circonspects à prendre les armes.

On en a vu les exemples dans les guerres d'Amasias et de Josias. J'en ajouterai encore un dans un fait particulier.

Dans une déroute des enfans d'Israël du parti d'Isboseth, conduit par Abner contre David, « Asaël un des frères de Joab, qui se fioit en la légèreté de ses pieds plus vites que ceux des chevreuils habitans des forêts, poursuivoit Abner sans se détourner à droite ni à gauche, et allant toujours sur ses pas. Abner regarda un moment derrière, et lui dit : Etes-vous Asaël ? Oui, répondit-il. Abner poursuivit : Retirez-vous d'un côté ou d'un autre, et attachez-vous à qui vous voudrez parmi la jeunesse fugitive, pour en avoir la dépouille. Asaël ne cessa point de le presser : et Abner répéta encore : Retirez-vous, je vous prie, et cessez de me poursuivre : autrement je serai contraint de vous percer, et de vous laisser attaché à la terre : et comment pourrai-je après cela lever les yeux devant votre frère Joab ? Asaël méprisa ce discours : et Abner le frappa dans l'aine, et le perça

---

[1] II *Paral.*, xx, 10, 11 et seq.

d'outre en outre. Il mourut sur-le-champ de sa blessure : et tous les passans s'arrêtoient pour voir Asaël couché par terre[1]. »

On ne pouvoit garder plus de modération dans sa supériorité que le faisoit Abner un des vaillans hommes de son temps, ni ménager davantage Joab et Asaël.

XIIᵉ PROPOSITION.

Sanglante dérision des conquérans par le prophète Isaïe.

« Comment êtes-vous tombé, bel astre qui luisiez au ciel comme l'étoile du matin ? Vous qui frappiez les nations et disiez en votre cœur : Je monterai jusqu'au ciel : je m'éleverai au-dessus des astres : je prendrai séance sur la montagne du temple où Dieu a fixé sa demeure à côté du nord : je volerai au-dessus des nues, et je serai semblable au Très-Haut. Mais je vous vois plongé dans les enfers, dans l'abîme profond du tombeau. Ceux qui vous verront se baisseront pour vous considérer dans ce creux, et diront en vous regardant : N'est-ce pas là celui qui troubloit la terre, qui ébranloit les royaumes, qui a fait du monde un désert, qui en a désolé les villes et renfermé ses captifs dans des cachots ? Les rois des Gentils sont morts dans la gloire, et enterrés dans leurs sépulcres : mais vous, on vous en a arraché, et vous êtes resté sur la terre, comme une branche inutile et impure, sans laisser de postérité[2]. »

Et un peu devant : « Quand vous êtes tombé à terre, tout l'univers est demeuré dans l'étonnement et dans le silence : les pins mêmes se sont réjouis, et ont dit que depuis votre mort personne ne les coupe plus (pour en construire des vaisseaux et en faire des machines de guerre). L'enfer a été troublé par votre arrivée, et a envoyé au-devant de vous les géans. Les rois de la terre se sont élevés, et tous les princes des nations; et tous vous disent : Quoi donc ! vous avez été blessé comme nous ? Vous êtes devenu semblable à nous ? Votre orgueil est précipité dans les enfers : votre cadavre est gisant dans le tombeau : vous êtes couché sur la pourriture, et votre couverture sont les vers[3]. »

[1] II *Reg.*, II, 17, 18 et seq. — [2] *Isai.* xiv, 12, 13 et seq. — [3] *Ibid.*, 6, 7 et seq.

XIIIe PROPOSITION.

Deux paroles du Fils de Dieu, qui anéantissent la fausse gloire, et éteignent l'amour des conquêtes.

Il n'y a rien au-dessus de ces expressions, que la simplicité de ces deux paroles du Fils de Dieu : « Que sert à l'homme de conquérir le monde, s'il perd son ame? Et qu'est-ce qu'on donnera en échange pour son ame[1]? »

Et encore, pour foudroyer d'un seul mot la fausse gloire : « Ils ont reçu leur récompense[2]. » Ils ont prié dans les coins des rues : ils ont jeûné : ils ont fait l'aumône. Ajoutons : ils ont exercé ces grandes vertus militaires, si laborieuses et si éclatantes, pour faire parler les hommes : « En vérité, je vous le dis; ils ont reçu leur récompense. » Ils ont voulu qu'on parlât d'eux : ils sont contens : on en parle par tout l'univers : ils jouissent de ce bruit confus dont ils étoient enivrés : et vains qu'ils étoient, ils ont reçu une récompense aussi vaine que leurs projets : *Receperunt mercedem suam, vani vanam*[3], comme dit saint Augustin.

Que de sueurs, que de travaux, disoit Alexandre (mais que de sang répandu), pour faire parler les Athéniens ! Il sentoit la vanité de cette frivole récompense : et en même temps il se repaissoit de cette fumée.

ARTICLE III.

Des guerres entre les citoyens, avec leurs motifs : et des règles qu'on y doit suivre.

Ire PROPOSITION.

Premier exemple. On résout la guerre entre les tribus par un faux soupçon : et en s'expliquant on fait la paix.

Ceux de la tribu de Ruben et de Gad, et la moitié de la tribu de Manassé, étoient séparés de leurs frères par le Jourdain : et ils érigèrent sur les bords de ce fleuve un autel d'une grandeur immense. Le reste des enfans d'Israël ayant appris qu'on érigeoit contre eux cet autel dans la terre de Chanaan, s'assemblèrent

---

[1] *Matth.*, XVI, 26. — [2] *Matth.*, VI, 2. 5. — [3] *In Ps.* CXVIII, serm. XII, n. 2.

tous en Silo pour combattre contre eux : et en attendant envoyèrent un député de chaque tribu, avec Phinéès fils d'Eléazar, souverain sacrificateur. Comme ils furent arrivés dans la terre de Galaad, où ils trouvèrent les Rubénistes et les autres qui élevoient cet autel, ils leur parlèrent ainsi : « Quelle est cette transgression de la loi de Dieu ? Pourquoi abandonnez-vous le Dieu d'Israël, et bâtissez-vous un autel sacrilége pour vous éloigner de son culte ? Que si vous croyez que la terre que vous habitez est immonde (faute d'être sanctifiée par un autel), venez plutôt avec nous dans la terre où est établi le tabernacle du Seigneur, et y demeurez. Nous vous prions seulement de ne pas délaisser le Seigneur ni notre société, en établissant un autre autel que celui du Seigneur notre Dieu : et de ne point attirer sur nous tous sa juste vengeance, comme fit Achan par son blasphème [1]. »

« Ceux de Ruben et les autres répondirent à ce discours : Le Seigneur le très-puissant Dieu sait, et tout Israël en sera témoin, que nous n'élevons cet autel que pour être un mémorial éternel du droit que nous avons, nous et nos enfans, sur les holocaustes, de peur qu'un jour vous ne leur disiez : Vous n'avez point de part au culte de Dieu. Phinéès, qui étoit le chef de la légation, ayant ouï cette réponse prononcée par les Rubénistes et les autres, avec exécration du sacrilége qu'on leur imputoit, en fit rapport à tout le peuple qui en fut content : et le nouvel autel fut appelé : Témoignage que le Seigneur étoit Dieu. »

On voit là que les tribus alloient armer contre leurs frères, qu'ils estimoient prévaricateurs : mais que, sans rien précipiter, on en vint à un entier éclaircissement, comme la prudence et la charité le vouloit : et la paix fut faite.

IIᵉ PROPOSITION.

Second exemple : le peuple arme pour la juste punition d'un crime, faute d'en livrer les auteurs.

Un Lévite faisant son chemin, logea en passant dans la ville de Gabaa, qui appartenoit à ceux de Benjamin : il en fut indignement traité, lui et sa femme, qui mourut entre leurs bras impu-

---

[1] *Jos.*, XXII, 10, 11 et seq.

diques [1]. Le Lévite, pour exciter la vengeance publique, en partagea le corps mort en douze morceaux, qu'il dispersa dans tous les confins d'Israël. A ce spectacle, chacun s'écrioit : « On n'a jamais vu une telle chose en Israël. Assemblez-vous, dit-on aux tribus, et ordonnez en commun ce qu'il faut faire [2]. »

Les tribus étant assemblées, il fut ordonné qu'avant toutes choses on demanderoit les coupables [3]. Mais au lieu de les livrer, ceux de Benjamin en entreprirent la défense, et se jetèrent dans Gabaa au nombre de vingt-cinq mille combattans, tous gens de main et de courage et très-instruits dans l'art de la guerre. Cependant les tribus entreprirent une guerre si difficile : et après divers combats avec un événement douteux, la tribu de Benjamin fut exterminée, à la réserve de six cents hommes, qui avoient échappé à tant de sanglantes batailles.

Outre la difficulté de cette guerre, il y avoit encore à considérer l'extinction d'une tribu dans Israël. C'est de quoi toutes les tribus étoient affligées : « Quoi donc, disoit-on [4], il périra une des tribus, une des sources d'Israël ? » Mais la justice l'emporta : et tout ce qu'obtint le regret d'une perte si considérable, c'est d'aider cette misérable tribu, autant qu'on pouvoit, à se rétablir par le mariage.

IIIe PROPOSITION.

Troisième exemple. On procédoit par les armes à la punition de ceux qui ne venoient pas à l'armée, étant mandés par ordre public.

C'est ce qui paroît dans la même guerre, où l'on introduisit une accusation en demandant : « Qui sont ceux qui ne se sont pas rendus à l'assemblée générale ? On trouva que ceux de Jabès Galaad y avoient manqué : et on choisit dix mille des meilleurs soldats pour les passer au fil de l'épée [5]. »

Gédéon avoit puni à peu près de même ceux de Soccoth, qui par un esprit de révolte refusèrent des vivres à l'armée qui marchoit à l'ennemi. Il prit la tour de Phanuel, où ils mettoient leur espérance : il la démolit, et en fit mourir les habitans [6].

[1] *Jud.*, xix, 1, 2 et seq. — [2] *Ibid.*, 30. — [3] *Ibid.*, xx, 1, 2 et seq. — [4] *Ibid.*, xxi, 3, 6, 7 et seq. — [5] *Ibid.*, 8, 9, 10. — [6] *Ibid.*, viii, 5, 6 et seq.

C'est ainsi qu'on ôte aux rebelles et aux mutins les forteresses dont ils abusent : et on laisse un exemple à la postérité du châtiment qu'on en fait.

On voit clairement par ces exemples, que la puissance publique doit être armée, afin que la force demeure toujours au souverain.

IVe PROPOSITION.

Quatrième exemple. La guerre entre David et Isboseth fils de Saül.

Tout le royaume de Saül, après la mort de ce prince, appartenoit à David. Dieu en étoit non-seulement le maître absolu par son domaine souverain et universel, mais encore le propriétaire par ses titres particuliers sur la famille d'Abraham et sur tout le peuple d'Israël. Dieu donc ayant donné ce royaume entier à David qu'il avoit fait sacrer par Samuel, et à sa famille, on ne peut douter de son droit : et néanmoins Dieu vouloit qu'il conquît ce royaume qui lui appartenoit à si juste titre.

Ce droit de David avoit été reconnu par tout le peuple, et même par la famille de Saül. Jonathas fils de Saül dit à David : « Je sais que vous régnerez sur Israël, et je serai le second après vous : et mon père ne l'ignore pas [1]. » En effet Saül lui-même dans un de ses bons momens, avoit parlé à David en ces termes : « Comme je sais que vous régnerez très-certainement, et que vous aurez en main le royaume d'Israël, jurez-moi que vous conserverez les restes de ma race [2]. » Ainsi le droit de David étoit constant.

Ce qui retarda l'exécution de la volonté de Dieu, fut qu'Abner fils de Ner, qui commandoit les armées sous Saül, fit valoir le nom de ce prince, et mit son fils Isboseth sur le trône durant sept ans [3] : pendant que David régnoit à Hébron sur la maison de Juda.

Quelque certain et reconnu que fût le droit de David, il n'usa pas de ses avantages durant cette guerre, et ménagea le sang des citoyens. En ce temps les Philistins, ennemis du peuple de Dieu, n'entreprenoient rien, et David n'avoit rien à craindre du côté des étrangers : ainsi il ne pressoit pas Isboseth, et le laissa

---

[1] I *Reg.*, XXIII, 17. — [2] *Ibid.*, XXIV, 21, 22. — [3] II *Reg.*, II, 8 et seq.

deux ans paisible sans faire aucun mouvement. La guerre s'alluma ensuite : « et il y eut un combat assez rude entre les deux partis[1]. » Mais Abner d'une hauteur où il s'étoit rallié, avec ce qu'il avoit de troupes plus affectionnées à la maison de Saül, qui étoient celles de la tribu de Benjamin, d'où il étoit, « ayant crié à Joab, qui poursuivoit âprement (a) l'armée en déroute : Jusqu'à quand poursuivrez-vous des fugitifs : et voulez-vous les passer tous au fil de l'épée? Ignorez-vous ce que peuvent de braves gens dans le désespoir? et ne vaut-il pas mieux empêcher vos troupes de pousser à bout leurs frères[2]? » Joab ne demandoit pas mieux ; et n'eut pas plutôt ouï le reproche d'Abner, qu'il lui répondit : « Vive le Seigneur, si vous aviez parlé plus tôt, le peuple dès le matin auroit cessé de poursuivre son frère. Il fit en même temps sonner la retraite : et le combat, qui avoit duré jusqu'au soir, cessa à l'instant. »

On voit en cette conduite l'esprit où l'on étoit d'épargner le sang fraternel, c'est-à-dire celui des tribus toutes sorties de Jacob. C'est le seul combat mémorable qui fut donné : et quelque rude qu'il eût été, on ne trouva parmi les morts que dix-neuf hommes du côté de David ; et de celui d'Abner, quoique battu, seulement trois cent soixante.

On remarque même que David n'alla jamais en personne à cette guerre, de peur que la présence du roi n'engageât un combat général. Ce prince ne vouloit pas tremper ses mains dans le sang de ses sujets : et il ménagea autant qu'il pouvoit les restes de la maison de Saül, à cause de Jonathas. Ce ne furent que rencontres particulières, où, comme « David alloit toujours croissant et se fortifiant de plus en plus, pendant que la maison de Saül ne cessoit de diminuer[3], » il crut qu'il valoit mieux la laisser tomber comme d'elle-même, que de la poursuivre à outrance.

Tout rouloit dans le parti d'Isboseth sur le crédit du seul Abner. David n'avoit qu'à le ménager, et à profiter comme il fit des mécontentemens qu'il recevoit tous les jours d'un maître également foible et hautain[4].

---

[1] Reg., II, 17. — [2] Ibid., 26, 27, 28. — [3] Ibid., III, 1. — [4] II Reg., III, 6, 7, 8.
(a) IIe Edit. : Apparemment.

Abner en son ame savoit que David étoit le roi légitime : et un jour maltraité par Isboseth, il le menaça de faire régner David sur tout Israël, comme le Seigneur l'avoit ordonné et promis [1].

Il traita en effet avec David, à qui il avoit gagné tout Israël et tout Benjamin, en leur disant : « Hier et avant-hier vous cherchiez David pour le faire roi : accomplissez donc ce que le Seigneur a dit, qu'il sauveroit par sa main tout Israël de la main des Philistins [2]. »

Il arriva dans ces conjonctures, que Joab tua Abner en trahison. « Et sa mort ne fut pas plutôt sue par Isboseth, que les bras lui tombèrent de foiblesse, et que tout Israël fut mis en troubles [3]. » Ce qui donna la hardiesse à deux capitaines de voleurs de le tuer lui-même en plein jour dans son lit, où il dormoit sur le midi : et ils apportèrent sa tête à David [4].

Ainsi finit la guerre civile, comme David l'avoit toujours espéré, sans presque verser de sang dans les combats. Mais David dont les mains en étoient pures, de peur qu'on ne crût qu'il avoit eu part à l'assassinat d'Abner et à celui d'Isboseth, s'en disculpa par deux actions éclatantes, qui lui gagnèrent tous les cœurs.

La conjoncture des temps, où le règne qui commençoit étoit encore peu affermi, ne permettoit pas à David de faire punir Joab, dont la personne étoit importante et les services nécessaires. Ce qu'il put faire au sujet du meurtre d'Abner fut de dire à toute l'armée et à Joab même : « Déchirez vos habits, et revêtez-vous de sacs, et pleurez dans les funérailles d'Abner. David lui-même suivoit le cercueil. Et quand on eut enterré Abner, David éleva sa voix, et dit en pleurant : Abner n'est pas mort comme un lâche : tes mains n'ont pas été liées, ainsi qu'on fait aux vaincus ; ni tes pieds n'ont pas été mis dans les entraves : tu es tombé comme il arrive aux plus braves, devant des enfans d'iniquité. A ces mots tout Israël redoubla ses pleurs. Et comme toute la multitude venoit pour manger avec le roi pendant le jour : A Dieu ne plaise, dit David, que j'interrompe le deuil, et que je goûte un morceau de pain avant le coucher du soleil.

---

[1] II *Reg.* III, 9, 11. — [2] *Ibid.*, 17, 18, 19.— [3] *Ibid.*, IV, 1. — [4] *Ibid.*, 5-8.

Ainsi Dieu me soit en aide. Tout le peuple entendit ce serment; et louant ce que fit David, le reconnut innocent du meurtre d'Abner[1].»

Il fit plus, et « disoit tout haut à ses serviteurs : Ne voyez-vous pas qu'Israël perd aujourd'hui un grand capitaine ? Pour moi, je suis foible encore, et sacré depuis peu de temps. Ces enfans de Sarvia (c'étoit Joab et Abisaï son frère) me sont durs : le Seigneur rende aux méchans suivant leurs crimes[2]. » C'est tout ce que permettoit la conjoncture des temps.

Pour ce qui regarde Isboseth, quand ces deux chefs de brigands, Baana et Réchab, lui en apportèrent la tête, croyant lui rendre un grand service : « Vive le Seigneur, dit-il, qui m'a toujours (a) délivré de toute angoisse. Celui qui vint m'annoncer la mort de Saül, dont il se vantoit d'être l'auteur, et qui croyoit m'apporter une nouvelle agréable, dont il attendoit récompense, fut mis à mort par mon ordre. Combien plus redemanderai-je à deux traîtres le sang d'un homme innocent, qu'ils ont tué sur son lit et qui ne leur avoit fait aucun mal[3]. » Ainsi périrent ces deux voleurs, comme avoit péri celui qui se glorifioit d'avoir tué le roi Saül. La différence qu'y mit David, c'est que celui-ci fut puni comme meurtrier de l'oint du Seigneur : et ceux-là furent tués comme coupables du sang d'un homme innocent qui ne leur faisoit aucun mal, sans l'appeler l'oint du Seigneur, parce qu'en effet il ne l'étoit pas.

On voit par la conduite de David, que dans une guerre civile un bon prince doit ménager le sang des citoyens. S'il arrive des meurtres, qu'on pourroit lui attribuer à cause qu'il en profite, il doit s'en justifier si hautement, que tout le peuple en soit content.

Vᵉ PROPOSITION.

Cinquième et sixième exemple. La guerre civile d'Absalon et de Séba : avec l'histoire d'Adonias.

Jamais prince n'étoit né avec de plus grands avantages naturels, ni plus capable de causer de grands mouvemens et de former un grand parti dans un Etat, qu'Absalon fils de David. Outre

---

[1] II *Reg.*, III, 31, 32 et seq. — [2] *Ibid.*, 38, 39. — [3] *Ibid.*, IV, 9, 10, 11.
(a) IIᵉ *Edit. :* Vive le Seigneur, qui m'a toujours.....

les graces qui accompagnoient toute sa personne [1], c'étoit le plus accueillant et le plus prévenant de tous les hommes. Il faisoit paroître un amour immense pour la justice, et savoit flatter par cet endroit-là tous ceux qui paroissoient avoir le moindre sujet de se plaindre [2]. Nous l'avons observé ailleurs : et je ne sais si nous avons aussi remarqué que David s'étoit peut-être un peu ralenti de ce côté-là, durant qu'il étoit occupé de Bethsabée. Quoi qu'il en soit, Absalon sut profiter de la conjoncture, où la réputation du roi son père sembloit être entamée par cette foiblesse et encore plus par le meurtre odieux d'Urie, un si brave homme, si attaché au service et si fidèle à son maître.

Il étoit le fils aîné du roi : le trône le regardoit; et il en étoit si proche, qu'à peine lui restoit-il un pas à faire pour y monter.

Pour se donner un relief proportionné à une si haute naissance, « il se fit des chariots et des cavaliers, avec cinquante hommes qui le précédoient [3]; » et il imposoit au peuple avec cet éclat. Ce fut une faute contre la bonne politique : et il ne falloit rien permettre d'extraordinaire à un esprit si entreprenant. Le roi peu défiant de sa nature et toujours trop indulgent à ses enfans, ne le reprit pas de cette démarche hardie. Absalon le savoit gagner par les flatteries : et privé dans une disgrace de la présence du roi, il lui fit dire : « Pourquoi m'avez-vous retiré de Gessur où j'étois banni? Il m'y falloit laisser achever mes jours. Que je voie la face du roi, ou qu'il me donne la mort [4]. »

Quand il eut assez établi ses intelligences par tout le royaume et qu'il se crut en état d'éclater, il choisit la ville d'Hébron, l'ancien siége de la royauté, qui lui étoit toute acquise, pour se déclarer. Le prétexte de s'éloigner de la Cour ne pouvoit être plus spécieux, ni plus flatteur pour le roi : « Pendant que j'étois banni de votre Cour, j'ai fait vœu, si je revenois à Jérusalem pour y jouir de votre présence, de sacrifier au Seigneur dans Hébron [5]. »

Absalon ne fut pas plutôt à Hébron, qu'il fit donner le signal de la révolte à tout Israël. Et on s'écria de tous côtés : « Absalon règne dans Hébron [6]. »

---

[1] II *Reg.*, XIV, 25. — [2] *Ibid.*, XV, 2 et seq. — [3] *Ibid.*, 1. — [4] *Ibid.*, XIV, 32. — — [5] *Ibid.*, XV, 7, 8. — [6] *Ibid.*, 10.

Ce prince artificieux engagea dans ce voyage deux cents hommes des principaux de Jérusalem [1], qui ne pensoient à rien moins qu'à faire Absalon roi : mais ils se trouvèrent cependant forcés à se déclarer pour lui. En même temps on vit paroître à la tête de son conseil « Achitophel, le principal ministre et le conseiller de David [2]; que l'on consultoit comme Dieu, et sous David, et depuis sous Absalon [3]. » En même temps Amasa, capitaine renommé, fut mis à la tête de ses troupes [4], et ce prince n'oublia rien pour donner de la réputation à son parti.

Pour imprimer dans tous les esprits que l'affaire étoit irréconciliable, Achitophel conseilla à Absalon, aussitôt qu'il fut arrivé à Jérusalem, d'entrer en plein jour dans l'appartement des femmes du roi [5], afin que quand on verroit l'outrage qu'il faisoit au roi dont il souilloit la couche, tout le monde sentît aussitôt qu'il étoit engagé sans retour, et qu'il n'y avoit plus de ménagement.

Tel étoit l'état des affaires du côté des rebelles. Considérons maintenant la conduite de David.

Il commença d'abord par se donner du temps pour se reconnoître; et abandonnant Jérusalem, où le rebelle devoit venir bientôt le plus fort pour l'accabler sans ressource, il se retira dans un lieu caché du désert avec l'élite des troupes [6].

Comme il sentit la main de Dieu qui le punissoit selon la prédiction de Nathan, il entra à la vérité dans l'humiliation qui convenoit à un coupable que son Dieu frappoit, se retirant à pied en pleurant avec toute sa suite, la tête couverte et reconnoissant le doigt du Seigneur [7]. Mais en même temps il n'oublia pas son devoir. Car ayant vu que tout le royaume étoit en péril par cette révolte, il donna tous les ordres nécessaires pour s'assurer tout ce qu'il avoit de plus fidèles serviteurs; comme les légions entretenues de Phéléthi et de Céréthi : comme la troupe étrangère d'Ethaï Géthéen : comme Sadoc et Abiathar avec leur famille [8]. Il songea aussi à être averti des démarches du parti rebelle, en diviser les conseils, et détruire celui d'Achitophel qui étoit le plus redoutable [9].

---

[1] II Reg., xv 11. — [2] Ibid., 12. — [3] Ibid., xvi, 23. — [4] Ibid., xvii, 25. — [5] Ibid., xvi, 20, 21. — [6] Ibid., xv, 14, 18, 28. — [7] Ibid., 16, 24, 30. — [8] Ibid., 17, 22, 27. — [9] Ibid., 31, 32 et seq.

Après avoir ainsi arrêté le premier feu de la rébellion, et pourvu aux plus pressans besoins par des ordres qui lui réussirent, il se mit en état de combattre. Il partagea lui-même son armée en trois (ce qu'il faut une fois observer), parce que cette division étoit nécessaire pour faire combattre sans confusion, surtout de grands corps d'armées telles qu'on les avoit alors. Il en nomma les officiers et les commandans, et leur dit : « Je marcherai à vo- » tre tête [1]. » Il vit bien qu'il y alloit du tout pour la royauté : et crut qu'il n'avoit point à se ménager, comme on a vu qu'il avoit fait contre Isboseth.

Tout le peuple s'y opposa, en lui disant « qu'ils le comptoient lui seul pour dix mille hommes : et que quelque malheur qui leur arrivât dans le combat, ils ne seroient point sans ressource, tant que le roi leur resteroit [2]. »

Nous avons remarqué ailleurs [3], qu'il ne fit point le faux brave à contre-temps, et qu'il céda aux sages conseils qui avoient pour objet le bien du royaume.

Il n'oublia pas le devoir de père; et recommanda tout haut à Joab et aux autres chefs de sauver Absalon [4]. Le sang royal est un bien de tout l'Etat, que David devoit ménager, non-seulement comme père, mais encore comme roi.

On sait l'événement de la bataille; comme Absalon y périt, malgré les ordres de David; et comme, pour épargner les citoyens, on cessa de poursuivre les fuyards [5].

David cependant fit une faute considérable, où le jeta son bon naturel. Il s'affligeoit démesurément de la perte de son fils, s'écriant sans cesse d'un ton lamentable : « Mon fils Absalon, Absalon mon fils, qui me donnera de mourir en votre place! O Absalon mon cher fils, mon fils bien-aimé [6]! »

La nouvelle en vint à l'armée, et la victoire fut changée en deuil : le peuple étoit découragé, et comme un peuple battu et mis en déroute, il n'osoit paroître devant le roi [7]. Ce qui obligea enfin Joab à lui donner le conseil que nous avons remarqué ailleurs [8].

---

[1] II *Reg.*, XVIII, 1 et seq. — [2] *Ibid.*, 3. — [3] Ci-devant, liv. III, art. III, XI° propos. — [4] II *Reg.*, XVIII, 5, 12. — [5] *Ibid.*, 6, 7 et seq. — [6] *Ibid.*, 33. — [7] *Ibid.*, XIX, 1. 2 et seq. — [8] Ci-devant, liv. V, art. II, III° propos.

Et ce qui doit faire entendre aux princes que dans les guerres civiles, malgré sa propre douleur contre laquelle il faut faire effort, on doit savoir prendre part à la joie publique que la victoire inspire; autrement on aliène les esprits, et l'on s'attire et au royaume de nouveaux malheurs.

Cependant la rébellion ne fut pas sans suite. Séba fils de Bochri, de la famille de Jémini, qui étoit celle de Saül, souleva par ces paroles de mépris le peuple encore ému : « Nous n'avons rien de commun avec David, et le fils d'Isaï ne nous touche en rien. Le roi connut le péril, et dit à Amasa : Hâtez-vous d'assembler tout Juda. Il exécuta cet ordre lentement; et David dit à Abisaï : Le fils de Bochri va nous faire plus de mal qu'Absalon : hâtez-vous donc, et prenez ce qu'il y a de meilleures troupes, sans lui laisser le temps de se reconnoître et de s'emparer de quelque ville [1]. » Abisaï prit les légions de Céréthi et de Phéléthi, avec ce qu'il y avoit de meilleurs soldats dans Jérusalem. Joab de son côté poursuivoit Séba, qui alloit de tribu en tribu soulevant le peuple, et emmenant ce qu'il pouvoit de troupes choisies. Mais Joab fit entendre à ceux d'Abéla, où le rebelle s'étoit renfermé, qu'il ne s'agissoit que de lui seul. A sa persuasion une femme sage du pays, qui se plaignoit qu'on vouloit perdre une si belle ville, sut la délivrer en faisant jeter à Joab la tête de Séba par-dessus les murailles.

Ainsi finit la révolte, sans qu'il en coûtât de sang que celui du chef des rebelles. La diligence de David sauva l'Etat. Il avoit raison de penser que cette seconde révolte, qui venoit comme du propre mouvement du peuple et d'un sentiment de mépris, étoit plus à craindre que celle qu'avoit excitée la présence du fils du roi. Il connut aussi combien il étoit utile d'avoir de vieux corps de troupes sous sa main : et tels furent les remèdes qu'il opposa aux rebelles.

On peut rapporter à ce propos ce qui arriva à Adonias, fils de David [2]. Ce prince se prévalant de la vieillesse du roi son père, dont il étoit l'aîné, vouloit malgré lui s'emparer du royaume, et s'entendoit pour cela avec Joab et avec Abiathar, grand sacrifica-

---

[1] II *Reg.*, xx, 1, 2 et seq. — [2] III *Reg.*; 1, 1, 7, 8 et seq.

teur. Mais Sadoc, le prince des prêtres après lui, et Banaias avec
les troupes dont il avoit le commandement et la force de l'armée
de David, n'étoit point pour Adonias. David avec ce secours prévint la guerre civile qu'Adonias, soutenu d'un grand parti, méditoit; et laissa le royaume paisible à Salomon, à qui il le destinoit par ordre de Dieu.

Ainsi l'on continua à reconnoître l'utilité des troupes entretenues, par lesquelles un roi demeure toujours armé et le plus
fort.

VIe PROPOSITION.

Dernier exemple des guerres civiles : celle qui commença sous Roboam par la
division de dix tribus.

La cause de cette révolte, dans laquelle le royaume d'Israël ou
des dix tribus fut érigé, viendra plus à propos ci-après dans
d'autres endroits. Nous remarquerons ici seulement :   .

En premier lieu, que les rois de Juda après une si grande révolte qui partagea le royaume, obligés à se défendre non-seulement contre l'étranger [1], mais encore contre leurs frères rebelles,
bâtirent dans le territoire de la tribu de Juda un grand nombre
de nouvelles forteresses et des arsenaux, où il y avoit des magasins de vivres en abondance, et à la fois de toute sorte d'ar-
mures [2].

En second lieu, ils se préparèrent à reconquérir par les armes
le nouveau royaume que la rébellion avoit élevé contre la maison
de David. Mais Dieu qui voulut montrer combien le sang d'Israël
devoit être cher à leurs frères, et que même après la division il
ne falloit pas oublier la source commune, fit défendre par son
prophète à ceux de Juda de faire la guerre à leurs frères [3], quoique rebelles et schismatiques.

Il arriva même dans la suite, et c'est ce qu'on remarque en
troisième lieu, que le royaume de Juda s'unit par une étroite alliance avec le royaume rebelle. Car encore que contre la volonté
de Dieu, et peut-être plus par la faute de ceux d'Israël que de
ceux de Juda, il y eût durant quelques règnes une guerre conti-

---

[1] III *Reg.*, xiv, 26. — [2] II *Par.*, xi, 5, 6, 7 et seq. — [3] *Reg.*, xii, 24; II *Par.*,
xi, 4.

nuelle entre les deux royaumes[1] : néanmoins par la suite du temps l'alliance fut établie si solidement entre eux, que le pieux roi Josaphat, invité par Achab roi d'Israël, à joindre ses armes avec celles des Israélites, pour les aider à recouvrer sur le roi de Syrie une place forte qu'ils prétendoient, vint en personne pour lui dire : « Vous et moi nous ne sommes qu'un. Votre peuple n'est qu'un même peuple avec le mien : ma cavalerie est la vôtre[2]. »

L'alliance se confirma dans la suite : et le même Josaphat répondit encore à Joram roi d'Israël, qui le prioit de le secourir contre le roi de Moab : « J'irai avec vous : qui est à moi est à vous; mon peuple est votre peuple, et ma cavalerie est la vôtre[3]. »

On voit par là, que pour le bien de la paix et pour la stabilité des choses humaines, les royaumes fondés d'abord sur la rébellion, dans la suite sont regardés comme devenus légitimes, ou par la longue possession, ou par les traités et la reconnoissance des rois précédens.

Et remarquez que la loi de la possession a eu lieu dans un royaume, qui avoit joint la révolte contre la religion véritable à la défection.

En quatrième lieu, les rois légitimes se doivent toujours montrer les plus modérés, en tâchant de ramener par la raison ceux qui s'étoient écartés de leur devoir. Ainsi en usa le roi Abia fils de Roboam, avant que d'en venir aux mains avec les rebelles : et les armées étant en présence, il monta sur une éminence, où il fit aux Israélites avec autant de force que de douceur ce beau discours qui commence ainsi : « Ecoutez, Jéroboam et tout Israël, » leur remontrant par vives raisons le tort qu'ils avoient contre Dieu et contre leurs rois[4]. Il étoit le plus fort sans comparaison ; mais plus soigneux encore de ramener les rebelles que de profiter de cet avantage, il ne s'aperçut pas que Jéroboam l'environnoit par derrière. Il se trouva presque enveloppé par ses ennemis. Dieu prit son parti, et répandit la terreur sur les rebelles, qui prirent la fuite.

[1] III *Reg.*, xiv, 30; xv, 32. — [2] *Ibid.*, xxii, 5. — [3] IV *Reg.*, iii, 7. — [4] II *Par.*, xiii, 4, 13, 14 et seq.

Nous donnerons pour cinquième et dernière remarque, que le royaume d'Israël, quoique rendu par la suite légitime et très-puissant, n'égala jamais la fermeté du royaume de Juda, d'où il s'étoit séparé.

Comme il s'étoit établi par la division, il fut souvent divisé contre lui-même. Les rois se chassoient les uns les autres. Baasa chassa la famille de Jéroboam, qui avoit fondé le royaume, dès la seconde génération. Zambri sujet de Baasa se souleva contre lui, et ne régna que sept jours. Amri prit sa place, et le contraignit à mettre lui-même le feu dans le palais, où il se brûla : le royaume se divisa en deux. Amri, dont le parti prévalut et qui sembloit avoir relevé le royaume d'Israël en bâtissant Samarie [1], y régna peu : et sa famille périt sous son petit-fils. Les familles royales les mieux établies virent à peine quatre ou cinq races. Et celle de Jéhu, que Dieu même avoit fait sacrer par Elisée, tomba bientôt par la révolte de Sellum, qui tua le roi et s'empara du royaume [2].

Au contraire dans le royaume de Juda, où la succession étoit légitime, la famille de David demeura tranquille sur le trône, et il n'y eut plus de guerre civile : on aimoit le nom de David et de sa maison. Parmi tant de rois qui régnèrent sur Israël, il n'y en eut pas un seul que Dieu approuvât : mais il sortit de David de grands et de saints rois imitateurs de sa piété. Le royaume de Juda eut le bonheur de conserver la loi de Moïse et la religion de ses pères. Il est vrai que pour leurs péchés, ceux de Juda furent transportés dans Babylone, et le trône de David fut renversé : mais Dieu ne laissa pas sans ressource le peuple de Juda, à qui il promit son retour dans la terre de ses pères après soixante et dix ans de captivité. Mais pour le royaume d'Israël, outre qu'il tomba plus tôt, il fut dissipé sans ressource par les mains de Salmanasar, roi d'Assyrie [3], et se perdit parmi les Gentils.

Telle fut la constitution et la catastrophe de ces deux royaumes. Celui que la révolte avoit élevé malgré les rois légitimes, quoiqu'ensuite reconnu par les mêmes rois, eut en lui-même une

[1] *III Reg.*, xv, 27; xvi, 9, 10, 16, 18, 21, 24. — [2] *IV Reg.*, ix, et x, 30; xv, 10, 12. — [3] *Ibid.*, xvii, xviii.

perpétuelle instabilité, et périt enfin sans espérance par ses fautes.

ARTICLE IV.

Encore que Dieu fit la guerre pour son peuple d'une façon extraordinaire et miraculeuse, il voulut qu'il s'aguerrit en lui donnant des rois belliqueux et de grands capitaines.

Ire PROPOSITION.

Dieu faisoit la guerre pour son peuple du plus haut des cieux, d'une façon extraordinaire et miraculeuse.

Ainsi l'avoit dit Moïse sur les bords de la mer Rouge : « Ne craignez point ce peuple immense dont vous êtes poursuivi. Le Seigneur combattra pour vous, et vous n'aurez qu'à demeurer en repos [1]. »

Outre qu'il ouvrit la mer devant eux, il mit son ange, pendant qu'ils passoient, entre eux et les Egyptiens, pour empêcher Pharaon de les approcher [2]. »

A la fameuse journée où le soleil s'arrêta à la voix de Josué, pendant que l'ennemi étoit en fuite, Dieu fit tomber du ciel de grosses pierres comme une grêle [3], afin que personne ne pût échapper, et que ceux qui avoient évité l'épée fussent accablés des coups d'en haut.

Les murailles tomboient devant l'arche; les fleuves remontoient à leur source pour lui donner (a) passage [4], et tout lui cédoit.

Quelquefois Dieu envoyoit à leurs ennemis dans leurs songes, des pronostics affreux de leur perte. Ils voyoient l'épée de Gédéon qui les poursuivoit de si près, qu'ils ne pouvoient échapper; et ils fuyoient en désordre avec de terribles hurlemens, au bruit de ses trompettes et à la lumière de ses flambeaux, et tiroient l'épée l'un contre l'autre, ne sachant à qui se prendre de leur déroute [5].

Une semblable fureur saisit les Philistins, quand Jonathas les

---

[1] *Exod.*, XIV, 13, 14. — [2] *Ibid.*, 19, 20. — [3] *Jos.*, X, 10, 11, 12, 13. — [4] *Jos.*, III et VI. — [5] *Jud.*, VI, 13 et seq.

(a) IIe *Edit.* : Leur donner.

attaqua, et ils firent un carnage horrible de leurs propres troupes [1].

Dieu faisoit gronder son tonnerre sur les fuyards [2], qui glacés de frayeur se laissoient tuer sans résistance.

Quelquefois on entendoit un bruit de chevaux et de chariots armés, qui épouvantoit l'ennemi, et lui faisoit croire qu'un grand secours étoit arrivé aux Israélites; en sorte qu'il se mit en fuite, et abandonna le camp avec tous les équipages [3].

D'autres fois, au lieu de ce bruit, Elisée faisoit apparoître des chariots enflammés à son compagnon effrayé [4], qui crut voir autour d'eux une armée invisible, plus forte que celle des Syriens leurs ennemis. Le même prophète frappa les Syriens d'aveuglement, et les conduisit jusqu'au milieu de Samarie [5].

On sait le carnage que fit un ange de Dieu en une nuit, à la prière d'Ezéchias, de cent quatre-vingt-cinq mille hommes de Sennachérib, qui assiégeoit Jérusalem [6].

Mais il faut finir ces récits par quelque spectace encore plus surprenant.

Josaphat, qui ne voyoit aucune ressource contre l'armée effroyable de la ligue des Iduméens, des Moabites et des Ammonites, soutenus par les Syriens [7]; après avoir imploré le secours de Dieu, et en avoir obtenu les assurances certaines par la bouche d'un saint prophète, comme il a été remarqué ailleurs, marcha contre l'ennemi par le désert de Thécué, et donna ce nouvel ordre de guerre : « Qu'on mît à la tête de l'armée les chantres du Seigneur, qui tous ensemble chantassent ce divin Psaume : Louez le Seigneur, parce qu'il est bon, parce que ses miséricordes sont éternelles [8]. » Ainsi l'armée change (a) en chœur de musique : à peine eut-elle commencé ce divin chant, que les ennemis qui étoient en embuscade se tournèrent l'un contre l'autre, et se taillèrent eux-mêmes en pièces : en sorte que ceux de Juda arrivés à une hauteur vers la solitude, virent de loin tout le pays couvert de corps morts, sans qu'il restât un seul homme en vie

---

[1] I Reg., XIV, 19, 20. — [2] Ibid., VII, 10. Eccli., XLVI, 20, 21. — [3] IV Reg., VII, 6, 7. — [4] Ibid., VI, 16, 17. — [5] Ibid., 18, 19. — [6] IV Reg., XIX, 35. — [7] II Paralip., I, 2 et seq. — [8] Ibid., 21.

(a) II édit. : Se change.

parmi les ennemis : et trois jours ne suffirent pas à ramasser leurs riches dépouilles. Cette vallée s'appela la *Vallée de Bénédiction*, parce que ce fut en bénissant Dieu qu'ils défirent une armée qui paroissoit invincible. Josaphat retourna à Jérusalem en grand triomphe ; et entrant dans la maison du Seigneur au bruit de leurs harpes, de leurs guitares et de leurs trompettes, on continua les louanges de Dieu, qui avoit montré sa bonté dans la punition de ces injustes agresseurs.

C'est ainsi que s'accomplissoit ce qu'avoit chanté la prophétesse Debbora : « Le Seigneur a choisi une nouvelle manière de faire la guerre : on a combattu du ciel pour nous ; et les étoiles, sans quitter leur poste, ont renversé Sisara[1]. » Toute la nature étoit pour nous : les astres se sont déclarés ; et les anges qui y président sous l'ordre de Dieu, et à la manière qu'il sait, ont lancé d'en haut leurs javelots.

II⁰ PROPOSITION.

Cette manière extraordinaire de faire la guerre n'étoit pas perpétuelle : le peuple ordinairement combattoit à main armée, et Dieu n'en donnoit pas moins la victoire.

La plupart des batailles de David se donnèrent à la manière ordinaire. Il en fut de même des autres rois : et les guerres des Machabées ne se firent pas autrement. Dieu vouloit former des combattans, et que la vertu militaire éclatât dans son peuple.

Ainsi fut conquise la Terre-Sainte par les valeureux exploits des tribus. Ils forçoient l'ennemi dans ses camps et dans ses villes, parce qu'ils étoient de vigoureux attaquans[2]. C'étoit Dieu toujours qui donnoit aux chefs dans les occasions les résolutions convenables, et aux soldats l'intrépidité et l'obéissance : au lieu qu'il envoyoit au camp ennemi l'épouvante, la discorde et la confusion. Jabès, le plus brave de tous ses frères, invoqua le Dieu d'Israël, et lui fit un vœu qui lui attira son secours[3] : mais ce fut en combattant vaillamment. Ainsi Caleb : ainsi Juda : ainsi les autres. Ruben et Gad conquirent les Agaréens et leurs alliés, « parce qu'ils invoquèrent le Seigneur dans le combat ; et il

[1] *Judic.*, v, 8, 20. — [2] I *Paral.*, VII, 2, 4. 5 et seq. — [3] I *Paral.*, IV, 10.

écouta leurs prières, à cause qu'ils eurent confiance en lui en combattant [1]. »

III⁰ PROPOSITION.

Dieu vouloit aguerrir son peuple : et comment.

« Je ne détruirai pas entièrement les nations que Josué a laissées en état avant sa mort [2]. » Dieu donc les a laissées en état, et ne les a pas voulu exterminer tout à fait, ni les livrer aux mains de Josué, « afin qu'Israël fût instruit par leur résistance : et que tous ceux qui n'ont pas vu les guerres de Chanaan, apprissent eux et leurs enfans à combattre l'ennemi, et s'accoutumassent à la guerre [3]. »

IV⁰ PROPOSITION.

Dieu a donné à son peuple de grands capitaines et des princes belliqueux.

C'étoit un nouveau moyen de le former à la guerre. Et il ne faut que nommer un Josué : un Jephté : un Gédéon : un Saül et un Jonathas : un David, et sous lui un Joab, un Abisaï, un Abner et un Amasa : un Josaphat : un Ozias : un Ezéchias : un Judas le Machabée, avec ses deux frères Jonathas et Simon : un Jean Hircan, fils du dernier : et tant d'autres dont les noms sont célèbres dans les saints livres et dans les archives du peuple de Dieu. Il ne faut, dis-je, que les nommer, pour voir dans ce peuple plus de grands capitaines et de princes belliqueux, de qui les Israélites ont appris la guerre, qu'on n'en connoît dans les autres nations.

On voit même, à commencer par Abraham, que ce grand homme si renommé par sa foi, ne l'est pas moins dans les combats.

Tous les saints Livres sont remplis d'entreprises militaires des plus renommées, faites non-seulement en corps de nation, mais aussi par les tribus particulières, dans la conquête de la Terre Sainte : ainsi qu'il paroît par les neuf premiers chapitres du premier livre des *Paralipomènes*. Si bien qu'on ne peut douter que la vertu militaire n'ait éclaté par excellence dans le peuple saint.

[1] I *Paral.*, v, 20. — [2] *Judic.*, II, 21, 23. — [3] *Ibid.*, III, 1, 2.

Vᵉ PROPOSITION.

Les femmes mêmes, dans le peuple saint, ont excellé en courage, et ont fait
des actes étonnans.

Ainsi Jahel, femme de Haber, perça de part en part les tempes
de Sisara avec un clou. Ainsi sous les ordres de Barac et de Debbora la prophétesse, se donna la sanglante bataille où Sisara fut
taillé en pièces[1].

La prophétesse chanta sa défaite par une ode[2], dont le ton sublime surpasse celui de la lyre d'un Pindare et d'un Alcée, avec
celle d'un Horace leur imitateur. Sur la fin, on y entend le discours de la mère de Sisara, qui regarde par la fenêtre, et s'é-
tonne de ne pas entendre le bruit de son char victorieux : pendant que la plus habile de ses femmes répondoit chantant ses
victoires, et se le représentoit comme un vainqueur à qui le sort
destinoit, dans sa part d'un riche butin, la plus belle de toutes les
femmes[3], comme faisoient les peuples barbares. Mais au contraire il étoit tombé par la main d'une femme. « Ainsi périssent,
Seigneur, conclut Debbora, tous tes ennemis : et que ceux qui
t'aiment brillent comme un beau soleil dans son orient[4]. » Telle
fut donc la victoire qui donna quarante ans de paix au peuple de
Dieu.

Tout le monde me prévient ici pour y ajouter une Judith, avec
la tête d'un Holoferne qu'elle avoit coupée, et par ce moyen mis
en déroute l'armée des Assyriens commandée par un si grand
général.

Ce fut en vain qu'il assembla une redoutable armée, qu'il sur-
monta tant de montagnes, força tant de places, traversa de si
grands fleuves, mit le feu dans tant de provinces, reçut les soumissions de tant de villes importantes, où il choisissoit ce qu'il y
avoit de braves soldats pour grossir ses troupes[5].

Sa vigilance à mener ses troupes, à les augmenter dans sa
marche, à visiter les quartiers, à reconnoître les lieux par où
une place pouvoit être réduite, et à lui couper les eaux, lui fut

---

[1] *Judic.*, IV.— [2] *Ibid.*, V, 1, 2 et seq.— [3] *Ibid.*, V, 28, 29, 30.— [4] *Ibid.*, 31, 32.
— [5] *Judith*, I, II, III.

inutile : sa tête étoit réservée à une femme, dont ce fier général croyoit s'être rendu le maître.

Cette femme par ses vigoureux conseils avoit premièrement relevé le courage de ses citoyens : et par la mort d'un seul homme, elle dissipa le superbe camp des Assyriens. « Ce ne fut point une vigoureuse jeunesse ; ce ne furent point les Titans hautains, ni les Géans, qui frappèrent leur capitaine : c'est Judith fille de Mérari, qui le captiva par ses yeux, et le fit tomber sous sa main. Les Perses furent effrayés de sa constance, et les Mèdes de son audace[1]. » Ainsi chantoit-elle, comme une autre Debbora, la victoire du Seigneur par une femme, qui durant tout le reste de sa vie fit l'ornement de toutes les fêtes, et demeura à jamais célèbre[2] pour avoir su joindre la force à la chasteté.

Les Romains vantent leur Clélie et ses compagnes, dont la hardiesse à traverser le fleuve étonna et intimida le camp de Porsenna. Voici, sans exagérer, quelque chose de plus. Et je n'en dis pas davantage.

VIe PROPOSITION.

Avec les conditions requises, la guerre n'est pas seulement légitime, mais encore pieuse et sainte.

« Chacun disoit à son prochain : Allons ; combattons pour notre peuple, pour nos saints lieux, pour nos saintes lois, pour nos saintes cérémonies[3]. »

C'est de telles guerres qu'il est dit véritablement : « Sanctifiez la guerre[4], » au sens que Moïse disoit aux Lévites : « Vous avez aujourd'hui consacré vos mains au Seigneur[5], » quand vous les avez armées pour sa querelle.

Dieu s'appelle ordinairement lui-même le Dieu des armées, et les sanctifie en prenant ce nom.

VIIe PROPOSITION.

Dieu néanmoins, après tout, n'aime pas la guerre ; et préfère les pacifiques aux guerriers.

« David appela son fils Salomon, et lui parla en cette sorte : Mon fils, je voulois bâtir une maison au nom du Seigneur mon

---

[1] *Judith*, XVI, 8, 12. — [2] *Ibid.*, 25, 26, 27. — [3] I *Machab.*, III, 43. — [4] *Jerem.*, VI, 4. — [5] *Exod.*, XXXII, 29.

Dieu : mais la parole du Seigneur me fut adressée en ces termes : Vous avez répandu beaucoup de sang, et vous avez entrepris beaucoup de guerres : vous ne pourrez édifier une maison à mon nom [1]. Je n'ai pas laissé de préparer pour la dépense de la maison du Seigneur cent mille talens d'or et dix millions de talens d'argent, avec de l'airain et du fer sans nombre, et des bois et des pierres pour tout l'ouvrage, avec des ouvriers excellens pour mettre tout cela en œuvre. Prenez donc courage, exécutez l'entreprise, et le Seigneur sera avec vous [2]. »

Dieu ne veut point recevoir de temple d'une main sanglante. David étoit un saint roi, et le modèle des princes : si agréable à Dieu qu'il avoit daigné le nommer l'homme selon son cœur. Jamais il n'avoit répandu que du sang infidèle dans les guerres qu'on appeloit guerres du Seigneur : et s'il avoit répandu celui des Israélites, c'étoit celui des rebelles, qu'il avoit encore épargné autant qu'il avoit pu. Mais il suffit que ce fût du sang humain, pour le faire juger indigne de présenter un temple au Seigneur, auteur et protecteur de la vie humaine.

Telle fut l'exclusion que Dieu lui donna dans la première partie du discours prophétique. Mais la seconde n'est pas moins remarquable : c'est le choix de Salomon pour bâtir le temple. Le titre que Dieu lui donne est celui de *Pacifique*. Des mains si pures de sang sont les seules dignes d'élever le sanctuaire. Dieu n'en demeure pas là, il donne la gloire d'affermir le trône à ce Pacifique [3], qu'il préfère aux guerriers par cet honneur. Bien plus, il fait de ce Pacifique la plus excellente figure de son Fils incarné : et lui donne le titre de *Fils de Dieu*, avec presque la même force qu'à Jésus-Christ (a).

David avoit conçu le dessein de bâtir le temple par un excellent motif : et il parla en ces termes au prophète Nathan : « J'habite dans une maison de cèdre : et l'arche de l'alliance du Seigneur est encore sous des tentes et sous des peaux [4]. » Le saint

---

[1] I *Paralip.*, XXII, 6, 7, 8; XXVIII, 3. — [2] *Ibid.*, XXII, 14, 15, 16. — [3] *Ibid.*, 9, 10. — [4] II *Reg.*, VII, 2; I *Paralip.*, XVII, 1, 2.

(a) 11ᵉ *Edit.* : Il fait de ce Pacifique une des plus excellentes figures de son Fils incarné.

prophète avoit même approuvé ce grand et pieux dessein, en lui disant : « Faites ce que vous avez dans le cœur : car le Seigneur est avec vous [1]. Mais la parole de Dieu fut adressée à Nathan la nuit suivante en ces termes : Voici ce que dit le Seigneur : Vous ne bâtirez point de temple en mon nom. Quand vous aurez achevé le cours de votre vie, un des fils que je ferai naître de votre sang, bâtira le temple, et j'affermirai son trône à jamais [2]. »

Dieu refuse à David son agrément en haine du sang dont il voit ses mains toutes trempées. Tant de sainteté dans ce prince n'en avoit pu effacer la tache. Dieu aime les pacifiques : et la gloire de la paix a la préférence sur celle des armes, quoique saintes et religieuses.

ARTICLE V.

Vertus, institutions, ordres et exercices militaires.

Iʳᵉ PROPOSITION.

La gloire préférée à la vie.

Bacchides et Alcime avoient vingt mille hommes, avec deux mille chevaux, devant Jérusalem : et Judas étoit campé auprès avec trois mille hommes seulement, tirés des meilleures troupes. Comme ils virent la multitude de l'armée ennemie, ils en furent effrayés. Cette crainte dissipa l'armée, où il ne demeura que huit cents hommes [3]. Judas dont l'armée s'étoit écoulée, pressé de combattre en cet état, sans avoir le temps de ramasser ses forces, eut le courage abattu. C'est le premier sentiment, qui est celui de la nature. Mais on le peut vaincre par celui de la vertu. « Judas dit à ceux qui restoient. Prenons courage : marchons à nos ennemis, et combattons-les. Ils l'en détournoient en disant : Il est impossible; sauvons-nous quant à présent : rejoignons nos frères, et après nous reviendrons au combat. Nous sommes trop foibles, et en trop petit nombre pour résister maintenant. Mais Judas reprit ainsi [4] : A Dieu ne plaise que nous fassions une action si honteuse, et que nous prenions la fuite. Si notre heure est venue et

---

[1] II *Reg.* VII, 3. — [2] *Ibid.,* 5, 12, 13. — [3] I *Mach.,* IX, 4-7. — [4] *Ibid.,* 8, 9, 10 et seq.

qu'il nous faille mourir, mourons courageusement en combattant pour nos frères, et ne laissons point cette tache à notre gloire. A ces mots il sort du camp : l'armée marche au combat en bon ordre. » L'aile droite de Bacchides étoit la plus forte : Judas l'attaqua avec ses meilleurs soldats, et la mit en fuite. Ceux de l'aile gauche voyant la déroute, prirent Judas par derrière, pendant qu'il poursuivoit l'ennemi : le combat s'échauffa, il y eut d'abord beaucoup de blessés de part et d'autre : Judas fut tué, et le reste prit la fuite.

Il y a des occasions où la gloire de mourir courageusement vaut mieux que la victoire. La gloire soutient la guerre. Ceux qui savent courir pour leur pays à une mort assurée, y laissent une réputation de valeur qui étonne l'ennemi : et par ce moyen ils sont plus utiles à leur patrie que s'ils demeuroient en vie.

C'est ce qu'opère l'amour de la gloire. Mais il faut toujours se souvenir que c'est la gloire de défendre son pays et sa liberté. Les Machabées s'étoient d'abord proposé cette fin, lorsqu'ils disoient : « Mourons tous dans notre simplicité : le ciel et la terre seront témoins que vous nous attaquez injustement [1]. » Et après : « Nous combattrons pour nos vies, pour nos femmes, pour nos enfans, pour nos ames et pour nos lois [2]. » Et encore : « Ne vaut-il pas mieux mourir en combattant que de voir périr devant nos yeux notre pays, et abolir nos saintes lois? Arrive ce que le Ciel en a résolu [3]. » Et pour tout dire en un mot, mourons pour nos frères, comme le dit le courageux Judas. Laissons-leur l'exemple de mourir pour nos saintes lois : et que la mémoire de notre valeur fasse trembler ceux qui voudront attaquer des gens si déterminés à la mort. Qu'il soit dit éternellement en Israël : Quelque foibles que nous soyons, qu'on ne nous attaque pas impunément.

II° PROPOSITION.

La nécessité donne du courage.

« Il n'en est pas aujourd'hui comme hier et avant-hier. Nous avons l'ennemi en face, disoit Jonathas aux siens; le Jourdain

---

[1] II Mach., II, 37. — [2] Ibid., III, 20, 21. — [3] Ibid., II, 59, 60.

deçà et delà, avec des rivages désavantageux, des marais, des bois, qui rompent l'armée; il n'y a pas moyen de reculer : poussons nos cris jusqu'au ciel [1]. » En même temps on marche à l'ennemi : Bacchides est poussé par Jonathas, qui le voyant ébranlé, passe le Jourdain à nage (a) pour le poursuivre, et lui tue mille hommes.

IIIᵉ PROPOSITION.

On court à la mort certaine.

Samson en avoit donné l'exemple. Après lui avoir crevé les yeux, les Philistins assemblés louoient leur dieu Dagon, qui leur avoit donné la victoire sur un ennemi si redoutable. Ils le faisoient venir dans leurs assemblées et dans leur banquet, pour s'en divertir : et le mirent au milieu de la salle, entre deux piliers qui soutenoient l'édifice [2].

Samson, qui sentoit avec la renaissance de ses cheveux le retour de sa force, « dit au jeune homme qui le menoit : Laisse-moi reposer un moment sur ces piliers [3]. » Toute la maison étoit pleine d'hommes et de femmes : et tous les princes des Philistins y étoient au nombre d'environ trois mille, qui étoient venus pour voir Samson, dont ils se jouoient. Alors il invoqua Dieu en cette sorte : « Seigneur, souvenez-vous de moi : rendez-moi ma première force, ô mon Dieu ! et que je me venge de mes ennemis (qui étoient ceux du peuple de Dieu, dont il étoit le chef et le juge) : et que par une seule ruine, je me venge des deux yeux qu'ils m'ont ôtés [4]. » En même temps saisissant les deux colonnes qui soutenoient l'édifice, l'une de sa main droite et l'autre de sa main gauche : « Que je meure, dit-il, avec les Philistins [5]. » Et ébranlant les colonnes, il renversa toute la maison sur les Philistins; et en tua plus en mourant par ce seul coup, qu'il n'avoit fait pendant sa vie.

Les interprètes prouvent très-bien par l'*Ecclésiastique* et par l'*Epître aux Hébreux,* que Samson étoit inspiré dans cette action.

---

[1] I *Mach.*, IX, 44 et seq. — [2] *Judic.*, XVI, XXI et seq. — [3] *Ibid.*, 26. — [4] *Ibid.*, 28, 29. — [5] *Ibid.*, 30.

(a) IIᵉ *Edit.* : A la nage.

Dieu donnoit de tels exemples d'un courage déterminé à la mort, pour accoutumer son peuple à la mépriser.

On peut croire qu'une semblable inspiration poussa Eléazar, qui voyoit le peuple étonné de la prodigieuse armée d'Antiochus, et plus encore du nombre et de la grandeur de ses éléphans, d'aller droit à celui du roi, qu'on reconnoissoit à sa hauteur et à son armure. « Il se livra pour son peuple, et pour s'acquérir un nom éternel. Et s'étant fait jour à droite et à gauche, au milieu des ennemis qui tomboient deçà et delà à ses pieds, il se mit sous l'éléphant, lui perça le ventre et fut écrasé par sa chute [1]. »

Ces actions d'une valeur étonnante, faisoient voir que tout est possible à qui sait mépriser sa vie; et remplissoient à la fois, et le citoyen de courage, et l'ennemi de terreur.

IVe PROPOSITION.
Modération dans la victoire.

Les exemples en sont infinis. Celui de Gédéon est remarquable.

Le peuple affranchi par ses victoires signalées, vint lui dire en corps : « Soyez notre seigneur souverain, vous et vos enfans, et les enfans de vos enfans, parce que nous vous devons notre liberté [2]. » Mais Gédéon sans s'enorgueillir et sans vouloir changer le gouvernement, répondit : « Je ne serai point votre seigneur, ni mon fils, ni notre postérité; et le Seigneur demeurera le seul souverain. »

Dès l'origine de la nation Abraham, après avoir repris tout le bien des rois ses amis que l'ennemi avoit enlevé, paie la dîme au grand pontife du Seigneur, conserve à ses alliés leur part du butin; et du reste sans se réserver « un seul fil ni une courroie, rend tout : et ne veut rien devoir à aucun mortel [3]. »

Ve PROPOSITION.
Faire la guerre équitablement.

Ménager ses anciens alliés, et leur demander le passage à de justes conditions : c'est ce qu'on a exposé dès le commencement de ce livre [4].

[1] *Mach.*, VI, 43-46. — [2] *Jud.*, VIII, 22, 23. — [3] *Gen.*, XIV, 23. — [4] Ci-dessus, p. 133.

Par l'effet de la même équité, on posoit des bornes entre les peuples voisins. C'étoient des témoins immortels de ce qui leur appartenoit. *Tumulus testis* [1].

« Ne transgressez point les bornes que vos pères ont établies, » dit le Sage [2].

Respecter ces bornes, c'est respecter Dieu, qu'on avoit pris à témoin et qui seul étoit présent quand on les posoit. « Nous n'avons témoin de nos traités que Dieu seul, qui est présent et qui nous regarde [3]. »

On le prend aussi pour vengeur de la foi violée : « Qu'il nous voie ; et qu'il voie entre nous, quand nous nous serons séparés [4]. »

C'est aussi par esprit de justice qu'Abraham, qui traitoit d'égal et de souverain à souverain avec le roi Abimélech, lui reproche la violence qu'on avoit faite à ses serviteurs, au lieu de commencer par se plaindre à lui. « Mais Abimélech repartit : Je ne l'ai pas su : vous ne m'en avez rien dit, et c'est d'aujourd'hui que je le sais [5]. »

Enfin cet esprit d'équité qui doit régner même au milieu des armes, ne paroît nulle part avec plus d'évidence que dans la manière de faire la guerre que Dieu prescrit à son peuple en lui mettant les armes à la main:

« Si vous assiégez une ville, d'abord vous lui offrirez la paix. Si elle l'accepte et qu'elle vous ouvre ses portes, tout le peuple qu'elle contient sera sauvé, et vous servira sous tribut. Si elle refuse l'accommodement et qu'elle vous fasse la guerre, vous la forcerez : et quand le Seigneur vous l'aura mise entre les mains, vous passerez au fil de l'épée tout ce qu'elle aura de combattans, en épargnant les femmes, les enfans et les animaux. Vous ferez ainsi à toutes les villes éloignées, et qui ne sont pas du nombre de celles qui doivent vous être données pour votre demeure [6]. » A celles-là, Dieu n'ordonne point de miséricorde pour des raisons particulières, que nous avons déjà remarquées [7] : mais c'est une exception qui, comme on dit, affermit la loi.

---

[1] *Gen.*, XXXI, 48. — [2] *Prov.*, XXXII, 28. — [3] *Gen.*, XXI, 50. — [4] *Ibid.*, 49. — [5] *Ibid.*, XXI, 25, 26. — [6] *Deut.*, XX, 10, 11 et seq. — [7] Ci-dessus, art. I, 2ᵉ propos., pag. 129 et suiv.

Moïse continue de la part de Dieu : « Lorsque vous tiendrez longtemps une ville assiégée, et que vous l'aurez environnée de travaux, vous ne couperez point les arbres fruitiers, et vous ne ravagerez point les environs. Vous ne vous armerez point de cognées contre les plantes ; car c'est du bois, et non pas des hommes qui peuvent accroître le nombre de ceux qui vous combattront (cela s'entend des arbres fruitiers). Mais pour les arbres sauvages, qui sont propres à d'autres usages, coupez-les, et dressez vos machines jusqu'à ce que la ville soit prise [1]. »

La prudence, la persévérance et en même temps la justice avec la bénignité, reluisent dans ces paroles.

VIe PROPOSITION.

Ne se point rendre odieux dans une terre étrangère.

« Vous me troublez par la guerre injuste que vous avez entreprise contre ceux de Sichem : et vous me rendez odieux aux peuples de cette contrée, que j'avois toujours si bien ménagés, » dit Jacob à Siméon et à Lévi ses enfans [1]. Il se retire, et cherche la paix.

VIIe PROPOSITION.

Cri militaire avant le combat, pour connoître la disposition du soldat.

« Quand on sera prêt à venir aux mains, les chefs de chaque escadron feront cette publication à toute l'armée : Si quelqu'un a bâti une maison et ne l'a pas dédiée, qu'il y retourne : et qu'il n'ait point le regret de la laisser peut-être dédier à un autre. Qui a planté une vigne dont il n'a point encore exposé le fruit en vente, qu'il fasse de même. Qui a fiancé une femme, et ne l'a point encore épousée, qu'il aille la prendre, et ne la laisse point à un autre [3]. »

Ce cri vouloit des soldats qui n'eussent rien à cœur que le combat, et n'eussent rien dans le souvenir qui pût ralentir leur ardeur.

Après on faisoit encore ce cri général [4] : « Si quelqu'un est

---

[1] *Deuter.*, xx, 19, 20. — [2] *Gen.*, xxxiv, 30. — [3] *Deut.*, xx, 2, 5 et seq. — [4] *Ibid.*, 8.

effrayé dans son cœur, qu'il se retire dans sa maison, de peur qu'il n'inspire à ses frères la terreur dont il est rempli. »

La coutume de ce cri duroit encore dans les guerres des Machabées[1]. Elle ne laissoit au soldat que l'amour de la patrie, avec le soin de combattre, sans avoir regret à sa vie.

VIIIe PROPOSITION.

Choix du soldat.

Quand Gédéon assembla l'armée pour poursuivre les Madianites, il reçut cet ordre de Dieu : « Parle au peuple, et que tout le monde entende ceci : Qui a peur, qu'il se retire. Il se retira vingt-deux mille hommes, et il n'en resta que dix mille. » Dieu continua[2] : «Mène ce peuple au bord des eaux. Que ceux qui lécheront les eaux en passant, à la manière des chiens, et que ceux qui fléchiront les genoux (pour boire à leur aise), soient mis à part : et le nombre des premiers qui prenant l'eau avec la main la portèrent à leur bouche, fut de trois cents seulement, que Dieu choisit pour combattre[3] ; » et apprit à ce général que ceux qui se trouveroient les plus propres à supporter la faim et la soif étoient les meilleurs soldats.

IXe PROPOSITION.

Qualité d'un homme de commandement.

« Sois courageux et fort. Soyez homme : ne craignez rien : n'appréhendez rien.[4] »

C'est la première qu'on demande aux hommes de commandement, et le fondement de tout le reste.

C'est aussi ce qui faisoit dire à Néhémias, gouverneur de la Judée, lorsqu'on lui inspiroit des conseils timides : « Mes pareils n'ont point peur, et ne fuient jamais[5]. »

[1] I *Mach.*, III, 56.— [2] *Judic.*, VII, 3.— [3] *Ibid.*, 4, 5, 6.— [4] *Jos.*, I, 6, 7, 9; I *Paral.*, XXII, 13.— [5] II *Esdr.*, VI, 11.

Xᵉ PROPOSITION.

Intrépidité.

« Josué leva les yeux, et vit devant lui un homme qui le menaçoit l'épée nue. Il s'avance sans s'effrayer, et lui dit : Etes-vous
des nôtres, ou du parti ennemi[1]? » comme qui diroit parmi
nous : *Qui vive?* Il apprit, en approchant, que c'étoit un ange.
« Je suis, dit-il, un des princes de l'armée du Seigneur » (de cette
armée invisible toujours prête à combattre pour ses serviteurs).
Et Josué tourna son attaque en adoration, après néanmoins
avoir appris par cette preuve qu'il ne faut rien craindre à la
guerre, pas même un ange de Dieu en forme humaine.

XIᵉ PROPOSITION.

Ordre d'un général.

« Que chacun fasse comme moi, et suive ce qu'il me verra exécuter[2], les yeux attachés au général et le cœur prêt à le suivre
dans tous les périls. »

Ainsi parla Gédéon au commencement d'un combat. C'est
l'ordre le plus noble et le plus fier que général donna jamais à
ses soldats.

XIIᵉ PROPOSITION.

Les tribus se plaignoient lorsqu'on ne les mandoit pas d'abord pour combattre l'ennemi.

« Ceux de la tribu d'Ephraïm disoient à Gédéon : D'où vient
que vous ne nous avez pas mandés plus tôt, et dès le moment
que vous alliez à la guerre contre Madian? Ils lui parloient durement, tout prêts à lui faire violence[3]. »

On les avoit seulement mandés pour poursuivre l'ennemi mis
en déroute, et ils avoient coupé chemin aux Madianites : en sorte
qu'ils avoient pris Oreb et Zeb, deux de leurs chefs, dont ils portoient les têtes au bout de leurs piques[4]. Et l'envie de combattre
étoit si grande, qu'ils murmuroient contre Gédéon, comme on
vient d'entendre.

---

[1] *Jos.*, v, 13-16. — [2] *Judic.*, VII, 17. — [3] *Ibid.*, VIII, 1. — [4] *Ibid.*, VII; 24, 25.

XIIIe PROPOSITION.

Un général apaise de braves gens en les louant.

« Mais Gédéon leur répondit : Qu'ai-je pu faire qui égale vos vaillans exploits ? Un raisin de la tribu d'Ephraïm vaut mieux que toute la vendange d'Abiézer (quelque abondant que soit ce pays). Le Seigneur vous a livré Oreb et Zeb : qu'ai-je pu faire qui vous égalât [1] ? » Leur colère fut apaisée par cette louange.

XIVe PROPOSITION.

Mourir, ou vaincre.

C'est ce qui fait des soldats déterminés, qui ne démordent jamais : tels que furent ceux dont il est parlé dans la guerre entre David et Isboseth.

« Abner dit à Joab : Que notre jeunesse joue devant nous [2] : » c'est-à-dire qu'elle combatte à outrance, en combat singulier, comme on faisoit dans nos tournois. « Aussitôt on en choisit douze de la tribu de Benjamin du côté d'Isboseth, et douze du côté de David. En ce moment ils s'approchent. Chacun d'eux prit la tête de son ennemi (à la façon peut-être des gladiateurs, qui avoient un rets à la main pour cela), et en même temps lui enfonça le poignard dans le flanc : et ils tombèrent tous morts l'un sur l'autre en même temps. » Sur l'heure on récompensa leur valeur, en appelant ce champ : *Le champ des forts en Gabaon.* Et le titre lui en demeura en mémoire d'une action si déterminée.

XVe PROPOSITION.

Accoutumer le soldat à mépriser l'ennemi.

« Amenez-moi ces cinq rois qui se sont cachés dans cet antre [3]. » Dieu les avoit condamnés à mort. « Quand on les eut amenés, Josué appela ses soldats, et en leur présence il donna cet ordre aux chefs : Mettez le pied sur la gorge à ces malheureux. Et pendant qu'on les fouloit ainsi aux pieds : Dieu, poursuit-il, en fera autant à tous vos ennemis. Soyez gens de cœur et ne crai-

---

[1] *Judic.*, VIII, 2, 3. — [2] II *Reg.*, II, 14, 15, 16. — [3] *Josue.*, X, 22, 23.

gnez rien. Et après les avoir tués, on les attacha à cinq poteaux jusqu'au soir, pour être en spectacle au peuple : et on les jeta dans la caverne où ils avoient été pris, entassant selon la coutume d'alors de grosses pierres à son ouverture, pour mémorial éternel à la postérité [1]. »

XVI° PROPOSITION.

La diligence et la précaution dans les expéditions et dans toutes les affaires de la guerre.

« Prenez des vivres autant qu'il en faut. Dans trois jours (à jour nommé) vous passerez le Jourdain : et vous entrerez dans le pays ennemi [2]. »

En même temps Josué envoie des gens aux nouvelles, et fait observer Jéricho. Il apprit que tout étoit dans l'épouvante. Il marche toute la nuit [3], voulant signaler le commencement de sa nouvelle principauté par quelque action d'éclat. « Je commencerai, dit le Seigneur, aujourd'hui à faire éclater ton nom comme celui de Moïse [4]. »

Gédéon se lève la nuit : assemble l'armée : bat l'ennemi : le poursuit sans relâche, tombe à l'impourvu sur quinze mille hommes qui restoient : prit leurs commandans, qui se reposoient en assurance et ne s'attendoient à rien moins qu'à être attaqués ; tailla tout en pièces, et revint devant le coucher du soleil [5].

Pour profiter de son avantage, et voyant que le soldat avoit repris cœur, Saül sans perdre un moment et sans même donner le temps de se rafraîchir, prend dix mille hommes qu'il trouva sous sa main : « Et, dit-il, maudit celui qui mangera avant que je sois vengé de mes ennemis. » Il en fit un grand carnage depuis Machmis jusqu'à Aïalon, dans un grand pays [6]. Non content de cette victoire, quoique ses soldats fussent très-fatigués : « Marchons, disoit-il, tombons-leur dessus pendant la nuit, et ne cessons de faire main basse jusqu'au matin [7]. »

Baasa roi d'Israël, fortifioit Rama, et empêchoit par ce moyen les rois de Juda de mettre les pieds sur ses terres, s'assurant un

[1] *Josue.*, x, 24, 25, 26. — [2] *Ibid.*, i 11. — [3] *Ibid.*, ii, 1, 2, 24; iii, 1. — [4] *Jos.*, i, 7. — [5] *Judic*, vii, 1; viii, 11, 12, 13. — [6] *I Reg.*, xiv, 24 et seq. — [7] *Ibid.*, 36.

poste d'où il tiroit de grands avantages. Mais Asa roi de Juda en vit l'importance. Sans ménager ni or ni argent, il gagne le roi de Syrie contre Baasa : l'ouvrage est interrompu par cette guerre imprévue, et Baasa se retire [1]. Asa sans perdre de temps, envoie ses ordres par tout son royaume, en cette forme absolue : « Que personne ne soit excusé. Ainsi on enleva en diligence les matériaux de la nouvelle fortification de Rama : et Asa en bâtit deux forteresses [2]. » Tel fut l'effet de sa diligence. Elle affoiblit l'ennemi, et le fortifia lui-même.

On iroit à l'infini, si l'on vouloit rapporter les exemples d'activité, de vigilance, de précautions qu'ont donnés dans les expéditions de guerre les Josué, les Gédéon, les David, les Machabées, et les autres grands capitaines dont l'histoire sainte nous a conservé la mémoire.

XVII° PROPOSITION.

Alliance à propos.

On en vient de voir un bel exemple, quand Asa s'unit si à propos avec le roi de Syrie : les autres seroient superflus ; et il suffit de remarquer une fois, qu'il y a des conjonctures où il ne faut rien épargner.

XVIII° PROPOSITION.

La réputation d'être homme de guerre tient l'ennemi dans la crainte.

« Chusaï dit à Absalon : Vous connoissez votre père et les braves gens qu'il a avec lui, d'un courage intrépide et qui s'irrite par ses pertes, comme une ourse à qui on a ôté ses petits. Votre père est un homme de guerre, et ne s'arrêtera point avec le reste du peuple : il vous attend dans quelque embuscade, ou dans quelque lieu avantageux. S'il vous arrive le moindre échec, le bruit aussitôt s'en répandra de tous côtés, et on publiera qu'Absalon a été battu : et ceux qui sont à présent comme des lions, perdront courage par cette nouvelle. Car on sait que votre père est un homme fort, et qu'il est environné de braves gens [3]. » Il concluoit à ne rien hasarder, et à l'attaquer à coup sûr. Ce qui

---

[1] III *Reg.*, xv, 17 - 21. — [2] *Ibid.*, 22. — [3] II *Reg.*, xvii, 8, 9, 10.

donnoit à David le temps de se reconnoître, et lui assuroit la victoire. Et il arrêta par cette seule considération l'impétuosité d'Absalon, qui craignit dans David les ressources que ce grand capitaine pouvoit trouver dans son habileté dans la guerre, et dans son courage.

XIXe PROPOSITION.

Honneurs militaires.

Saül après ses victoires érigea un arc de triomphe [1], en mémoire à la postérité et pour l'animer par les exemples et par de pareilles marques d'honneurs.

La constitution du pays ne permettoit pas alors d'ériger des statues, que la loi de Dieu réprouvoit. On érigeoit des autels, pour servir de mémorial [2]; ou l'on faisoit des amas de pierre [3].

XXe PROPOSITION.

Exercices militaires, et distinctions marquées parmi les gens de guerre.

David fit apprendre aux Israëlites à tirer de l'arc [4] : et fit un cantique pour cet exercice, à la louange de Saül, qui apparemment l'avoit établi.

Ceux de la tribu d'Issachar étoient en réputation de savoir mieux que les autres le métier de la guerre. « Il y avoit deux cents hommes de cette tribu qui étoient très-habiles, et savoient instruire Israël à faire en son temps et à propos toute sorte de mouvemens ; et le reste de la tribu suivoit leurs conseils [5]. »

Dans la paix profonde du règne de Salomon, les exercices militaires demeurèrent en honneur, et deux cent cinquante chefs instruisoient le peuple [6].

Ce prince si pacifique entretenoit dans le peuple l'humeur guerrière. Il employoit les étrangers aux ouvrages royaux, mais non pas les enfans d'Israël. C'étoient eux qu'il occupoit de la guerre [7]. Ils étoient les premiers capitaines, et commandoient la cavalerie et les chariots.

Les uns, et principalement ceux de Juda et de Nephthali, com-

---

[1] I Reg., xv, 12. — [2] Ibid., xiv, 35. — [3] Jos., x, 27; II Reg., xviii, 17, 18, — [4] II Reg., I, 18. — [5] I Paralip., xii, 32. — [6] II Par., viii, 10. — [7] Ibid., 9.

battoient avec le bouclier et la pique : les autres joignoient l'arc avec le bouclier [1] : et chacun étoit instruit à manier les armes dont il se servoit.

Josaphat, quoiqu'il fît la guerre plus pour ses alliés que pour lui-même, se rendit célèbre par le bon ordre qu'il donna à la milice [2].

La réputation d'Ozias fut portée bien loin par une semblable vigilance, qui lui fit ajouter aux soins des rois ses prédécesseurs celui de construire des magasins d'armes, de casques, de bou-cliers, d'arcs et de frondes, avec des machines de toutes les sortes; tant celles qu'il conservoit dans les tours que celles qu'il tenoit dressées sur les murailles, pour tirer des dards et jeter de grosses pierres [3]. En sorte que rien ne manquoit à l'exercice des armes.

Les distinctions honorables animèrent aussi le courage des braves gens.

On distinguoit sous David de ces espèces de titres [4] : les trois forts, de deux ordres différens : avec les trente qui avoient leur chef. Leurs actions étoient remarquées dans les registres publics. Il y en avoit qu'on nommoit *les capitaines du roi, les grands* ou *les premiers capitaines* [5], ou *les capitaines des capitaines* [6].

On voit ailleurs comme un Etat de deux mille six cents officiers principaux [7]. Sous chaque prince, on connoît ceux qui étoient établis pour les commandans généraux, ceux qui commandoient après eux, et tout l'ordre de la milice [8].

Dieu vouloit montrer dans son peuple un Etat parfaitement constitué, non-seulement pour la religion et pour la justice, mais encore pour la guerre comme pour la paix : et conserver la gloire aux princes guerriers.

---

[1] I *Paral.*, VIII, 40; XII, 24, 34, 38. — [2] II *Paral.*, XVII, 2, 10. 13 et seq. — [3] *Ibid.*, XXVI, 8, 14, 15. — [4] II *Reg.*, XXIII, 9 et seq.; I *Paral.*, XI, 10, 11, 15 et seq. — [5] II *Paral.*, XXVI, 11; VIII, 9. — [6] I *Paral.*, VII, 40. — [7] II *Paral.*, XXVI, 12. — [8] *Ibid.*, XVII, 14, 15 et seq.

ARTICLE VI.

Sur la paix et la guerre : observations sur l'une et sur l'autre.

Ire PROPOSITION.

Le prince doit affectionner les braves gens.

Saül, en qui l'on admiroit de si grandes qualités, se faisoit remarquer par celle-ci : « Tout homme qu'il voyoit courageux et propre à la guerre, il se l'attachoit [1]. »

C'est le moyen de s'acquérir tous les braves. Vous en prenez un, vous en gagnez cent. Quand on voit que c'est le mérite et la valeur que vous cherchez, on entre en reconnoissance du bien que vous faites aux autres, et chacun espère y venir à son tour.

IIe PROPOSITION.

Il 'y a rien de plus beau, dans la guerre, que l'intelligence entre les chefs et la conspiration de tout l'Etat.

Joab se voyant comme environné des ennemis, partagea l'armée en deux, pour faire tête de tous côtes : une partie contre les Ammonites, et une partie contre les Syriens. « Si les Syriens me forcent, dit Joab à Abisaï, secourez-moi : et si les Ammonites prévalent de votre côté, je serai à votre secours. Soyez homme de courage, et combattons pour notre peuple et pour la cité de notre Dieu. Après cela, que le Seigneur fasse ce qui plaira à ses yeux [2]. » Faire ce qu'on doit, s'entendre, être attentif l'un à l'autre, être résolu à tout et soumis à Dieu : c'est tout ce que doivent faire de bons généraux.

Judas parla en ces termes à son frère Simon : « Choisissez des hommes : marchez, et délivrez vos frères dans la Galilée : et moi, avec Jonathas, nous irons dans le pays de Galaad [3]. » Il laissa Joseph fils de Zacharie, et Azarias, deux chefs de l'armée, avec le reste des troupes pour garder la Judée, leur défendant de combattre jusqu'à leur retour. Simon avec trois mille hommes, com-

---

[1] *I Reg.*, XIV, 52. — [2] *II Reg.*, X, 11, 12. — [3] *I Mach.*, V, 17 et seq.

battit heureusement dans la Galilée, poursuivit les vaincus bien avant, et jusqu'aux portes de Ptolémaïde : fit beaucoup de butin, et amena en Judée ceux que les Gentils tenoient captifs avec leurs femmes et leurs enfans. En même temps, Judas et Jonathas passèrent le Jourdain avec huit mille hommes, prirent beaucoup de places fortes dans Galaad : et après avoir remporté sans perte et signalées victoires, ils retournèrent en triomphe dans Sion, où ils offrirent leurs holocaustes en action de grâces. Le peuple saint prit le dessus de ses ennemis par ce concours des trois chefs. Joseph, fils de Zacharie, et Azarie, un des chefs, rompirent ce beau concert, et firent une grande plaie en Israël, comme on le dira dans un moment.

Sous Saül, Jabès en Galaad, ville au delà du Jourdain, assiégée par Naas roi des Ammonites, offrit de traiter et de se soumettre à sa puissance. Naas répondit avec une dérision sanglante : « Tout le traité que je veux faire avec vous, c'est que vous me livriez chacun son œil droit, et que je vous fasse l'opprobre de tout Israël. Le conseil de la ville répondit : Donnez-nous sept jours pour envoyer aux tribus : et si dans ce temps nous ne sommes secourus, nous nous rendrons à votre volonté [1]. » Leurs envoyés vinrent donc à Gabaa, où Saül faisoit sa résidence, et ils déclarèrent à tout le peuple l'état où étoit la ville: tout le peuple éleva sa voix, et fondit en larmes. Chacun pleuroit une ville qu'on alloit perdre, comme si on lui arrachoit un de ses membres. Saül arriva pendant l'assemblée, suivant ses bœufs qui venoient de la campagne. Car nous avons déjà vu que tout sacré qu'il étoit, et reconnu roi, il faisoit sans façon etsans s'élever davantage, son premier métier. Telle étoit la simplicité de ces temps (a). Etant venu dans l'assemblée, il dit : « Quel est le sujet de tant de larmes, et de ces cris lamentables de tout le peuple [2]? » Alors on lui raconta l'état de Jabès. « L'esprit de Dieu le saisit, il mit en pièces ses deux bœufs, et en envoya les morceaux par tout Israël avec cet ordre : Ainsi sera fait aux bœufs de tout homme qui manquera de suivre Saül, et de marcher en

---

[1] *I Reg.*, XI, 1, 2 et seq.—[2] *I Reg.*, XI, 5, 6.

(a) IIe *édit.* : De ce temps.

campagne [1]. » On obéit : il fit la revue : il trouva sous ses étendards trois cent mille combattans : et la seule tribu de Juda y en
ajouta trente mille. Il renvoya les députés de Jabès avec cette
réponse précise : « Vous serez secourus demain. » L'effet suivit
la parole. Dès le matin, Saül partagea son armée en trois : entra
au milieu du camp ennemi, et ne cessa de tuer jusqu'à la grande
chaleur du jour : tous les ennemis furent dispersés, et il ne resta
pas deux hommes ensemble. C'est ce que fit l'intérêt public, la
diligence, la conspiration du roi, du peuple et de toutes les forces
de l'Etat.

On conserva éternellement la mémoire d'un tel bienfait. Ceux
de Jabès-Galaad touchés de ce souvenir, furent fidèles à Saül jusqu'après sa mort, et furent les seuls de tout Israël qui l'ensève-
lirent. David leur en sut bon gré, et leur fit dire : « Bénis soyez-
vous de Dieu, vous qui avez conservé vos reconnoissances à Saül
votre seigneur : le Seigneur vous le rendra, et moi-même je
vous récompenserai de ce devoir de piété. Car encore que Saül
votre seigneur soit mort, Juda m'a choisi pour roi. Et je succé-
derai à l'amitié qu'il avoit pour vous, ainsi qu'à son trône [1]. »

IIIe PROPOSITION.

Ne point combattre contre les ordres.

Pendant que Judas et Simon firent les exploits qu'on a vus en
Galilée et dans Galaad [3], Joseph et Azarie, les deux chefs à qui ils
avoient laissé la garde de la Judée, avec défense de combattre
jusqu'à la réunion de toute l'armée, furent flattés de la fausse
gloire de se faire un nom à leur exemple, en combattant les Gentils dont ils étoient environnés. Ils sortirent donc en campagne :
mais Gorgias vint à leur rencontre, et les poussa jusqu'aux confins de la Judée. Deux mille hommes des leurs demeurèrent sur
la place, et la frayeur se mit dans tout le pays : parce qu'ils n'o-
béirent pas aux sages ordres qu'ils avoient reçus de Judas, s'imaginant de partager (a) avec lui la gloire de sauver le peuple.

[1] *II Reg.*, 11, 4, 5 et seq. — [2] *I Mach.*, v, 55, 56 et seq.
(a) 11e *édit.* : S'imaginant partager.

« Mais ils n'étoient pas de la race dont devoit venir le salut [1]. »

Leur général les connoissoit mieux qu'ils ne se connoissoient eux-mêmes. On les laissoit pour garder le pays, et ils n'avoient qu'à demeurer sur la défensive. Faute d'avoir obéi, ils firent perdre à leurs troupes l'avantage de combattre avec tout le reste de l'armée et sous de plus sages chefs.

IVe PROPOSITION.

Il est bon d'accoutumer l'armée à un même général.

« Tout Israël et Juda aimoit David, même du vivant de Saül, parce qu'ils le voyoient toujours marcher à leur tête, et sortir en campagne devant eux [2]. » On s'accoutume, on s'attache, on prend confiance, on regarde un général comme un père qui pense à vous plus que vous-même.

On s'en souvint, lorsqu'il fallut réunir les tribus pour reconnoître David. « Hier et avant-hier, vous cherchiez David pour le faire régner sur vous. Faites donc, et rangez-vous sous son étendard [3]. » Ce n'est pas un inconnu que je vous propose, dit Abner à tout Israël.

Ve PROPOSITION.

La paix affermit les conquêtes.

Il est bon qu'un Etat ait du repos. La paix du temps de Salomon assura les conquêtes de David. Les Héthéens, les Amorrhées et les autres peuples que les Israélites n'avoient pas encore entièrement abattus, furent subjugués par Salomon, et devinrent ses tributaires [4].

VIe PROPOSITION.

La paix est donnée pour fortifier le dedans.

De quelque paix qu'on jouisse, toujours environné de voisins jaloux, il ne faut jamais entièrement oublier la guerre, qui vient tout à coup. Pendant que l'on vous laisse en repos, c'est le temps de se fortifier au dedans.

[1] *I Mach.,* v, 62— [2] *I Reg.,* XVIII, 16.— [3] *II Reg.,* III, 17, 18.— [4] *II Paralip.,* VIII, 7, 8.

Salomon en donna l'exemple. Il bâtit les villes qu'Hiram lui avoit cédées, et y établit des colonies d'Israélites [1]. Il fortifia Emath-Suba, place éloignée dans la Syrie et ancien siége des rois. Il bâtit Palmire dans le désert, qui plusieurs siècles après fut une ville royale, où Odenat et Zénobie tenoient leur siége. Il érigea en Emath plusieurs villes fortes, il éleva la haute et la basse Bethoron, et d'autres places murées, avec des remparts et des portes. Il établit aussi des places pour y tenir sa cavalerie et ses chariots : et il remplit de ses bâtimens Jérusalem, le Liban et toutes les terres de son obéissance.

Les autres grands rois, Asa, Josaphat et Ozias l'imitèrent.

« Asa construisoit des villes fortes, parce qu'il étoit dans le repos, et ne se trouvoit pressé d'aucune guerre. » La guerre demande d'autres soins, et ne donne pas ce loisir. Il prit donc ce temps pour dire à ceux de Juda : « Bâtissons ces villes : entourons-les de murailles : munissons-les par des tours : fortifions les portes, pendant que tout est paisible et qu'aucune guerre ne nous presse. Ils les bâtirent donc sans empêchement [3]. » On voit, en passant, les fortifications dont ces temps avoient besoin ; et l'on n'en négligeoit aucune.

« Josaphat bâtit aussi des châteaux en forme, et environna plusieurs villes de murailles : et on vit de tous côtés de grands travaux [4]. »

« Ozias fortifia les portes de Jérusalem, en les munissant de tours : la porte de l'angle et la porte de la vallée, et les autres du même côté de la muraille [5]. » C'étoient apparemment les endroits les plus difficiles à défendre, et qu'il falloit tâcher de rendre imprenables.

VIIᵉ PROPOSITION.

Au milieu des soins vigilans, il faut toujours avoir en vue l'incertitude des événemens.

Entre plusieurs exemples que nous fournit l'Ecriture de chutes inopinées (a), celui d'Abimélech est des plus remarquables.

[1] *II Paralip.*, VIII, 2, 3 et seq. — [2] *Ibid.*, XIV, 6. — [3] *Ibid.*, 7. — [4] *Ibid.*, XVII, 12, 13. — [5] *Ibid.*, XXVI, 9.

(a) *Edit.* : Des chutes inopinées.

Abimélech, fils de Gédéon, avoit persuadé à ceux de Sichem de se rendre à lui [1]. Ce poste étoit important, et c'est là où fut depuis bâtie Samarie. Il leva des troupes, de l'argent qu'ils lui donnèrent : et s'empara du lieu où étoient ses frères au nombre de soixante et dix, qu'il massacra tous sur une même pierre, à la réserve de Joatham le plus jeune, qu'on cacha. Il fut élu roi à un chêne près de Sichem, quoique Joatham leur reprochât leur ingratitude envers la maison de Gédéon leur libérateur : mais il fut contraint de prendre la fuite par la crainte d'Abimélech, qui demeura le maître durant trois ans, sans aucun trouble.

Après les trois ans, il se sema un esprit de division entre lui et les habitans de Sichem, qui commencèrent à le haïr, et les grands de Sichem, qui l'avoient aidé dans le parricide exécrable qu'il avoit commis contre ses frères. Au temps donc qu'Abimélech étoit absent, ils se firent un chef nommé Gaal, fils d'Obed, qui étant entré dans Sichem, donna courage aux habitans soulevés, qui alloient pillant et ravageant tout aux environs, et maudissant Abimélech au milieu de leurs festins et dans le temple de leur Dieu. Il restoit à Abimélech un ami fidèle, nommé Zébul, à qui il avoit laissé le gouvernement de la ville, qui aussi lui donna de secrets avis de tout ce qu'il avoit vu, l'exhortant à faire tout ce qu'il pourroit sans perdre de temps.

Abimélech part la nuit, et marche vers Sichem, où Gaal étoit le maître. Le combat se donne à la porte : et Gaal est contraint de se renfermer dans la place, qu'Abimélech assiégea. Les gens de Gaal furent battus et défaits pour la seconde fois. Abimélech pressoit le siége sans relâche; et ne laissa aucun habitant, ni pierre sur pierre dans la ville, qu'il réduisit (a) en une campagne qu'il sema de sel. Il restoit aux Sichémites un vieux temple, qu'ils avoient fortifié avec soin : mais Abimélech y fit transporter toute une forêt, et ayant allumé autour un grand feu, y fit crever de fumée ses ennemis.

Vainqueur de ce côté-là, il assiégea Thèbes, qu'il réduisit bientôt. Il y avoit une haute tour où les hommes et les femmes

---

[1] *Judic.*, IX, 1, 2 et seq.

(a) *Edit.* : Réduisoit.

s'étoient réfugiés avec les principaux de la ville. Abimélech la
pressoit avec vigueur, prêt à y mettre le feu : car il avoit tout
l'avantage : mais une femme trouvant sous sa main un morceau
d'une meule, la lui jeta sur la tête. Il tomba mourant; et celui qui
faisoit la guerre si ardemment et si heureusement, que rien ne
lui résistoit, périt par une main si foible : contraint dans son
désespoir de se faire percer le flanc par un de' ses soldats, « de
peur qu'il ne fût dit qu'une femme lui avoit donné le coup de la
mort [1]. »

Ne vous fiez ni dans votre force, ni dans votre diligence, ni
dans vos heureux succès, surtout dans les entreprises injustes et
tyranniques. La mort, ou quelque désastre affreux, vous viendra
du côté dont vous l'attendez le moins; et la haine publique, qui
armera contre vous la plus foible main, vous accablera.

VIIIe PROPOSITION.

Le luxe, le faste, la débauche aveuglent les hommes dans la guerre, et les font
périr.

Ela roi d'Israël, fils de Baasa, faisoit la guerre aux Philistins;
et son armée assiégeoit Gebbethon, une de leurs places des plus
fortes : sans se mettre en peine de ce qui se passoit à l'armée et à
la Cour : content de faire bonne chère chez le gouverneur de
Thersa, apparemment aussi peu soigneux des affaires que son
maître. Zambri cependant, à qui sans le bien connoître, Ela avoit
donné le commandement de la moitié de la cavalerie, l'ayant surpris dans le vin et à demi ivre chez le gouverneur, l'égorgea
avec sa famille et ses amis, et s'empara du royaume. Le bruit de
cette nouvelle étant venu dans l'armée qui assiégeoit Gebbethon,
elle fit un roi de son côté, nommé Amri, qui en étoit le général :
et Zambri se trouva forcé à se brûler dans le palais, après un
règne de sept jours [2].

L'aventure de Bénadad roi de Syrie, n'est guère moins surprenante. Il assiégeoit Samarie, capitale du royaume d'Israël, avec
une armée immense et trente-deux rois ses alliés [3]. Il étoit à table

---

[1] *Judic.*, IX, 54. — [2] III *Reg.*, XVI, 8, 9 et seq. — [3] *Ibid.*, XX, 1, 2 et seq.

avec eux sous le couvert de sa tente, plein de vin et d'emportement. On vit avancer quelques hommes : et on vint dire à Bénadad que quelqu'un étoit sorti de Samarie. « Allez, dit-il aussitôt,
et qu'on les prenne vifs, soit qu'ils viennent pour capituler ou
pour combattre[1]. » Il ne songeoit pas que sept mille hommes suivoient. On tua tous les Syriens qui s'avançoient à la négligence.
L'armée syrienne se mit en fuite : Bénadad prit la fuite aussi
avec sa cavalerie, et laissa toute sa dépouille au roi d'Israël.

Pour lui relever le courage, ses conseillers l'amusèrent par des
superstitions de sa religion, en lui disant : « Les dieux des montagnes sont leurs dieux : et si nous les combattons en pleine campagne, nous aurons pour nous les dieux des vallées [2]. » Mais ils
ajoutèrent à ce vain propos un conseil bien plus solide : « Laissez
tous ces rois (qui ne font qu'embarrasser une armée), et mettez
de bons capitaines à la place : rétablissez votre armée sur le
même pied qu'elle étoit : combattez-les dans la plaine et à découvert, et vous remporterez la victoire. » Le conseil étoit admirable : mais Bénadad étoit un roi timide et vain, qui n'avoit que
du faste et de l'orgueil. Et Dieu le livra encore entre les mains du
roi d'Israël : trop heureux de trouver de l'humanité dans son
vainqueur.

IXe PROPOSITION.

Il faut avant toutes choses connoître et mesurer ses forces.

« Qui est le roi qui ayant à faire la guerre contre un roi, ne
songe pas auparavant en lui-même s'il pourra marcher avec dix
mille hommes à la rencontre de celui qui en a vingt mille? Autrement pendant que son ennemi est encore éloigné, il envoie
une ambassade pour lui demander la paix [3]. » C'est ce que dit la
Sagesse éternelle.

Alors pour négocier la paix, on fait marcher devant les présens, comme Jacob fit à Esaü : et comme lui, on les accompagne
de paroles douces [4]. Car il est écrit, que « la parole vaut mieux
que le don [5]. »

---

[1] III Reg., xx, 18. — [2] Ibid., 23. — [3] Luc., xiv, 31, 32. — [4] Gen., xxxii, 3, 4,
5; xxxiii, 9, 10, 11. — [5] Eccli., xviii, 16.

XIe PROPOSITION.

Il y a des moyens de s'assurer des peuples vaincus, après la guerre achevée avec avantage.

David non-seulement crut nécessaire de mettre des garnisons dans les villes de la Syrie, de Damas et de l'Idumée, qu'il avoit conquises : mais lorsque les peuples étoient plus rebelles, il les désarmoit encore, et faisoit rompre les cuisses aux chevaux [1].

On punissoit rigoureusement les violateurs des traités. Ainsi les Israélites, non contens de détruire toutes les villes de Moab, ils couvroient de pierres les meilleures terres : ils bouchoient les sources : ils coupoient les arbres, et démolissoient les murailles [2].

Dans les guerres entreprises par des attentats plus horribles, comme lorsque les Ammonites violèrent avec une dérision cruelle, dans les ambassadeurs de David, les lois les plus sacrées parmi les hommes : on usa d'une plus terrible vengeance. Il voulut en faire un exemple, qui laissât éternellement dans tous ces peuples une impression de terreur qui leur ôtât tout courage de combattre : leur faisant passer sur le corps, dans toutes leurs villes, des chariots armés de couteaux [3].

On peut rabattre de cette rigueur ce que l'esprit de douceur et de clémence inspire dans la loi nouvelle : de peur qu'il ne nous soit dit, comme à ces disciples qui vouloient tout foudroyer : « Vous ne songez pas de quel esprit vous êtes [4]. »

Un vainqueur chrétien doit épargner le sang ; et l'esprit de l'Evangile est là-dessus bien différent de celui de la loi.

XIe PROPOSITION.

Il faut observer les commencemens et les fins des règnes, par rapport aux révoltes.

Lorsque l'Idumée fut assujettie par David, Adad, jeune prince de la race royale, trouva moyen de se retirer en Egypte, où il fut très-bien reçu de Pharaon [5]. Comme il apprit la mort de David et

---

[1] II *Reg.*, VIII, 4, 5, 13, 14. — [2] IV *Reg.*, III, 4, 5, 25. — [3] II *Reg.*, XII, 31. — [4] *Luc.*, IX, 55. — [5] III *Reg.*, XI, 17, 18.

celle de Joab, arrivée au commencement du règne de Salomon, croyant le royaume affoibli par la perte d'un si grand roi et par celle d'un général si renommé, il dit à Pharaon : « Laissez-moi aller dans ma terre [1]. » C'étoit pour y réveiller ses amis, et jeter les semences d'une guerre qu'on vit éclore en son temps.

L'extrême vieillesse de David donna lieu à des mouvemens qui menacèrent l'Etat d'une guerre civile.

Adonias, fils aîné de David après Absalon, faisoit revivre son frère par sa bonne mine, par le bruit et l'ostentation de ses équi- pages et par son ambition [2]. Il avoit sur Absalon ce malheureux avantage, qu'il trouva David défaillant, qui avoit besoin, non d'être poussé, puisqu'il avoit sa vigueur entière, mais d'être réveillé par ses serviteurs. Il avoit mis dans son parti Joab qui commandoit les armées, et Abiathar, souverain pontife, autrefois si fidèle à David, et beaucoup d'autres des serviteurs du roi de la tribu de Juda. Avec ce secours, il n'aspiroit à rien moins qu'à en- vahir le royaume du vivant du roi, et contre la disposition qu'il en avoit déclarée, en désignant Salomon pour son successeur et le faisant reconnoître par tous les grands, par toute l'armée, comme celui que Dieu préféroit à ses autres frères, pour le rem- plir de sagesse, et lui faire bâtir son temple au milieu d'une paix profonde [3].

Adonias vouloit renverser un ordre si bien établi. Pour ras- sembler le parti, et donner comme le signal à ses amis de le faire reconnoître pour roi, ce jeune prince fit un sacrifice solennel, suivi d'un superbe festin. Toute la Cour étoit attentive. L'on re- marqua qu'il avoit prié les principaux de Juda, avec Joab et Abiathar, et à la réserve de Salomon, tous les fils du roi. Comme on n'y vit ni ce prince, ni Sadoc sacrificateur, ni Nathan, ni Ba- naïas très-assuré à David et qui commandoit les vieilles troupes, tous attachés au roi et à Salomon, on pénétra le dessein d'Ado- nias, et on découvrit le mystère. En même temps Nathan et Bethsabée, mère de Salomon, agirent avec grand concert auprès de David, en lui parlant coup sur coup. Ils ouvrirent les yeux à ce prince, qui jusqu'alors demeuroit tranquille, non par mol-

[1] *III Reg.*, XI, 21, 22.— [2] *Ibid.*, I, 1, 2, 5 et seq.— [3] *I Paral.*, XXVIII, 1, 2 et seq.

lesse, mais par confiance, dans un pouvoir aussi établi que le sien et dans une résolution aussi expliquée. Le roi parla avec tant de fermeté et d'autorité ; ses ordres furent si précis et si promptement exécutés, qu'avant la fin du festin d'Adonias, toute la ville retentissoit de la joie du couronnement de Salomon. Joab, tout hardi qu'il étoit et tout expérimenté, fut surpris ; la chose se trouva faite, et chacun s'en retourna honteux et tremblant. Le nouveau roi parla à Adonias d'un ton de maître : rien ne branla dans le royaume, et la rebellion qui grondoit fut assoupie.

Elle ne revint qu'au commencement du règne de Roboam. Et c'est là un temps de foiblesse qu'il faut toujours observer avec plus de soin, si l'on veut bien assurer le repos public.

XII° PROPOSITION.

Les rois sont toujours armés.

Nous avons vu sous David les légions Céléthi et Phéléthi, que Banaïas commandoit, toujours sur pied.

Il avoit aussi conservé le corps de six cents vaillans combattans, commandés par Ethaï Gethéen, et des autres qui étoient venus avec lui pendant sa disgrace[1].

Je ne parlerai point des autres troupes entretenues, si nécessaires à un Etat. Ce sont tous des corps immortels, qui en se renouvelant dans le même esprit qu'ils ont été formés, rendent éternelles leur fidélité et leur valeur.

On ornoit ces troupes choisies d'une façon particulière, pour les distinguer. Et c'est à quoi étoient destinées les deux cents piques garnies d'or, et les deux cents boucliers lourds et pesans couverts de lames d'or, avec trois cents autres d'une autre figure, pareillement couverts d'or très-affiné et d'un grand poids, que Salomon gardoit dans ses arsenaux[2].

Outre les garnisons des places qu'on trouve partout dans les livres des *Rois* et des *Chroniques*, et outre les troupes qui

---

[1] II *Reg.*, xv, 18, 19; III *Reg.*, I, 8, 10, 38; I *Paralip.*, xii, 1 et seq.
[2] III *Reg.*, x, 16, 17; II *Paralip.*, ix, 15, 16.

étoient sur pied, il y en avoit d'infinies sous la main du roi, avec des chefs désignés et qui étoient prêts au premier ordre [1].

On ne sait en quel rang placer les gens de guerre, qui se relevoient au nombre de vingt-quatre mille, à chaque premier du mois avec douze commandans [2].

Il n'est pas nécessaire de marquer que, pour ne point charger l'Etat de dépenses, on les assembloit selon le besoin, dont l'on a beaucoup d'exemples.

Ainsi les Etats demeurent forts au dehors contre l'ennemi, et au dedans contre les méchans et les rebelles; et la paix publique est assurée.

LIVRE X ET DERNIER.

SUITE DES SECOURS DE LA ROYAUTÉ.

LES RICHESSES OU LES FINANCES. LES CONSEILS.
LES INCONVÉNIENS ET TENTATIONS QUI ACCOMPAGNENT LA ROYAUTÉ :
ET LES REMÈDES QU'ON Y DOIT APPORTER.

ARTICLE PREMIER.

Des richesses ou des finances. Du commerce : et des impôts.

Ire PROPOSITION.

Il y a des dépenses de nécessité : il y en a de splendeur et de dignité.

« Qui jamais fit la guerre à ses dépens? Quel soldat ne reçoit pas sa paye [3]? »

On peut ranger parmi ces dépenses de nécessité, toutes celles qu'il faut pour la guerre, comme la fortification des places, les arsenaux, les magasins et les munitions, dont il a été parlé.

Les dépenses de magnificence et de dignité ne sont pas moins

---

[1] II *Paralip.*, XVII, 14 et seq.; XXVI, 12, 13. — [2] I *Paralip.*, XXVII, 1, 2 et seq. — [3] I *Cor.*, IX, 7.

nécessaires à leurs manières, pour le soutien de la majesté, aux yeux des peuples et des étrangers.

Ce seroit une chose infinie de raconter les magnificences de Salomon[1].

Premièrement dans le temple, qui fut l'ornement comme la défense du royaume et de la ville. Rien ne l'égaloit dans toute la terre, non plus que le Dieu qu'on y servoit. Ce temple porta jusqu'au ciel et dans toute la postérité, la gloire de la nation et le nom de Salomon son fondateur[2].

Treize ans entiers furent employés à bâtir le palais du roi dans Jérusalem, avec les bois, les pierres, les marbres et les matériaux les plus précieux, comme avec la plus belle et la plus riche architecture qu'on eût jamais vue. On l'appeloit le Liban, à cause de la multitude de cèdres qu'on y posa, en hautes colonnes comme une forêt, dans de vastes et longues galeries et avec un ordre merveilleux[3].

On y admiroit en particulier le trône royal, où tout resplendissoit d'or, avec la superbe galerie où il étoit érigé. Le siége en étoit d'ivoire, revêtu de l'or le plus pur : les six degrés par où l'on montoit au trône et les escabeaux où posoient les pieds, étoient du même métal : les ornemens qui l'environnoient étoient aussi d'or massif[4].

Auprès se voyoit l'endroit particulier de la galerie où se rendoit la justice, tout construit d'un pareil ouvrage.

Salomon bâtit en même temps le palais de la reine sa femme, fille du roi Pharaon[5], où tout étinceloit des pierreries, et où avec la magnificence on voyoit reluire une propreté exquise.

Ce prince appela pour ces beaux ouvrages, tant de son royaume que des pays étrangers, les ouvriers les plus renommés pour le dessin, pour la sculpture[6], pour l'architecture, dont les noms sont consacrés à jamais dans les registres du peuple de Dieu, c'est-à-dire dans les saints Livres.

---

[1] *III Reg.*, VI, VII, VIII, IX ; *II Paralip.*, I, II, III, IV, V, VI, VII. — [2] *I Paralip.*, XXIX, 23, 24, 25. — [3] *III Reg.*, VII, 1, 2 et seq. — [4] *Ibid.*, X, 18, 19, 20; *II Par.*, X, 17, 18, 19. — [5] *III Reg.*, III, 1; IX, 24 ; *II Paralip.*, VIII, 11. — [6] *Ibid.*, II, 13, 14.

Ajoutons les lieux destinés aux équipages [1], où les chevaux, les chariots, les attelages étoient innombrables.

Les tables, et les officiers de la maison du roi pour la chasse, pour les nourritures, pour tout le service, dans leur nombre comme dans leur ordre, répondoient à cette magnificence [2].

Le roi étoit servi en vaisselle d'or. Tous les vases de la maison du Liban étoient de fin or [3]. Et le Saint-Esprit ne dédaigne pas de descendre dans tout ce détail, parce qu'il servit dans ce temps de paix à faire admirer et craindre, au dedans et au dehors, la puissance d'un si grand roi.

Une grande reine attirée par la réputation de tant de merveilles, vint les voir dans le plus superbe appareil et avec des chameaux chargés de toute sorte de richesses [4]. Mais quoique accoutumée à la grandeur où elle étoit née, elle demeuroit éperdue à l'aspect de tant de magnificences de la Cour de Salomon. Ce qu'il y eut de plus remarquable dans son voyage, c'est qu'elle admira la sagesse du roi plus que toutes ses autres grandeurs : et qu'il arriva ce qui arrive toujours à l'approche des grands hommes, qu'elle reconnut dans Salomon un mérite qui surpassoit sa réputation.

Les présens qu'elle lui fit en or, en pierreries, et en parfums les plus exquis, furent immenses : et demeurèrent cependant beaucoup au-dessous de ceux que Salomon lui rendit [5]. Par où le Saint-Esprit nous fait entendre qu'on doit trouver dans les grands rois une grandeur d'ame qui surpasse tous leurs trésors : et que c'est là ce qui fait véritablement une ame royale.

Les grands ouvrages de Josaphat, d'Ozias, d'Ezéchias et des autres grands rois de Juda; les villes, les aqueducs, les bains publics et les autres choses qu'ils firent, non-seulement pour la sûreté et pour la commodité publique, mais encore pour l'ornement du palais et du royaume, sont marqués avec soin dans l'Ecriture [6]. Elle n'oublie pas les meubles précieux qui paroient leur palais et ceux qu'ils y faisoient garder : non plus que les ca-

---

[1] III Reg., IV, 26; X, 26; II Paralip., I, 14; IX, 25. — [2] III Reg., IV, 22, 23. — [3] Ibid., X, 24; II Paralip., IX, 20. — [4] III Reg., X, 1, 2 et seq.; II Paralip., IX, 1, 2 et seq. — [5] III Reg., X, 1, 2 et seq.; II Paralip., IX, 1, 2 et seq. — [6] IV Reg., XX, 13, 20; II Paralip., XVII, XXVI, XXXII, 27, 28, 29.

binets des parfums, les vaisseaux d'or et d'argent, tous les ouvrages exquis et les curiosités qu'on y ramassoit.

Dieu défendoit l'ostentation que la vanité inspire, et la folle en-
flure d'un cœur enivré de ses richesses : mais il vouloit cependant que la Cour des rois fût éclatante et magnifique, pour imprimer aux peuples un certain respect.

Et encore aujourd'hui, au sacre des rois, comme on a déjà vu,
l'Eglise fait cette prière : « Puisse la dignité glorieuse et la majesté du palais, faire éclater aux yeux de tous la grande splendeur de la puissance royale ; en sorte que la lumière, semblable
à celle d'un éclair, en rayonne de tous côtés [1]. » Toutes paroles
choisies pour exprimer la magnificence d'une Cour royale, qui
est demandée à Dieu comme un soutien nécessaire de la royauté.

IIᵉ PROPOSITION.

Un Etat florissant est riche en or et en argent : et c'est un des fruits d'une longue paix.

L'or abondoit tellement durant le règne de Salomon, « qu'on y
comptoit l'argent pour rien : et qu'il étoit (pour ainsi parler)
aussi commun que les pierres : et les cèdres aussi vulgaires que
les sycomores, qui croissent (fortuitement) dans la campagne [2]. »

Comme c'étoit là le fruit d'une longue paix, le Saint-Esprit le
remarque, pour faire aimer aux princes la paix, qui produit de
si grandes choses.

IIIᵉ PROPOSITION.

La première source de tant de richesses est le commerce et la navigation.

« Car les navires du roi alloient en Tharsis et en pleine mer,
avec les sujets d'Hiram roi de Tyr ; et rapportoient tous les trois
ans de l'or, de l'argent et de l'ivoire, avec les animaux les plus
rares [3]. »

Salomon avoit une flotte à Asiongaber auprès d'Ailath, sur le
bord de la mer Rouge : et Hiram roi de Tyr y joignoit la sienne,
où étoient les Tyriens, peuples les plus renommés de toute la

---

[1] *Cérém. Franç.*, pag. 19, 35, 61. — [2] III *Reg.*, x, 21, 27 ; II *Paral.*, ix, 20, 27.
— [3] III *Reg.*, x, 22 ; II *Paralip.*, ix, 21.

terre pour la navigation et pour le commerce : qui rapportoient d'Ophir (quel qu'ait été ce pays) pour le compte de Salomon, quatre cent vingt talens d'or, souvent même quatre cent cinquante, avec les bois les plus précieux et des pierreries [1].

La sagesse de Salomon paroît ici par deux endroits. L'un, qu'après avoir connu la nécessité du commerce pour enrichir son royaume, il ait pris, pour l'établir, le temps d'une paix profonde, où l'Etat n'étoit point accablé des dépenses de la guerre. L'autre, que ses sujets n'étant point encore exercés dans le négoce et dans l'art de naviguer, il ait su s'associer les habiles marchands et les guides les plus assurés dans la navigation qui fussent au monde, c'est-à-dire les Tyriens ; et faire avec eux des traités si avantageux et si sûrs.

Quand les Israélites furent instruits par eux-mêmes dans les secrets du commerce, ils se passèrent de ces alliés : et l'entreprise quoique malheureuse du roi Josaphat, dont la flotte périt dans le port d'Asiongaber [2], fait voir que les rois continuoient le commerce et les voyages vers Ophir, sans qu'il soit fait mention du secours des Tyriens.

IV° PROPOSITION.

Seconde source des richesses : le domaine du prince.

Du temps de David, il y avoit des trésors dans Jérusalem : et Azmoth fils d'Adiel en étoit le garde [3]. Pour les trésors qu'on gardoit dans les villes, dans les villages et dans les châteaux ou dans les tours, Joathan fils d'Ozias en avoit la charge. Ezri fils de Chelub avoit soin de ceux qui étoient occupés au labourage et aux travaux de la campagne. Il y avoit un gouverneur particulier pour ceux qui faisoient les vignes et prenoient soin des celliers : et c'étoit Semeias et Zabdias. Balanan étoit préposé pour la culture des oliviers et des figuiers : et Joas veilloit sur les réservoirs d'huile. On voit par là que le prince avoit des fonds et des officiers préposés pour les régir.

On marque aussi les villages qui étoient à lui, et le soin qu'il

---

[1] III *Reg.*, IX, 26, 27, 28 ; X, 11 ; II *Paralip,.* VIII, 17, 18.—[2] III *Reg.*, XXII, 49; II *Paral.*, XX, 36, 37. — [3] I *Paral.*, XXVII, 25 - 28.

eut de les entourer de murailles [1]. On faisoit des nourritures dans les pâturages de la montagne de Saron, et sur les vallons qui y étoient destinés. L'Ecriture spécifie les bêtes à corne, les chameaux et les troupeaux de brebis. Chaque ouvrage avoit son préfet : « et tels étoient les gouverneurs ou les intendans, qui avoient soin des biens et des richesses du roi David [2]. »

La même chose continue sous les autres rois. Et il est écrit d'Ozias : « qu'il creusa beaucoup de citernes, parce qu'il nourrissoit beaucoup de troupeaux dans les pâturages et dans les vastes campagnes : qu'il prenoit grand soin de la culture des vignes et de ceux qui y étoient employés, dans les coteaux et sur le Carmel : et qu'il étoit fort affectionné à l'agriculture [3]. »

Ces grands rois connoissoient le prix des richesses naturelles, qui fournissent les nécessités de la vie, et enrichissent les peuples plus que les mines d'or et d'argent.

Les Israélites avoient appris dès leur origine ces utiles exercices. Et il est écrit d'Abraham « qu'il étoit très-riche en or et en argent [4]. » Ce qui sans connoître les lieux où la nature resserre ces riches métaux, lui provenoit seulement des soins de la nourriture et des troupeaux. D'où est venue aussi la réputation de la vie pastorale, que ce patriarche et ses descendans ont embrassée.

V° PROPOSITION.

Troisième source des richesses : les tributs imposés aux rois et aux nations vaincues, qu'on appeloit des présens.

Ainsi David imposa tribut aux Moabites et à Damas, et y établit des garnisons pour leur faire payer ces présens [5].

Salomon avoit soumis tous les royaumes depuis le fleuve de la terre des Philistins, jusqu'aux confins de l'Egypte. Et tous les rois de ces pays lui offroient des présens, et lui devoient certains services [6].

Le poids de l'or, qu'on payoit tous les ans à Salomon, étoit de six cents talens; outre ce qu'avoient accoutumé de payer les ambassadeurs de diverses nations, et les riches marchands étran-

---

[1] III Reg., IX, 19. — [2] I Paralip., XXVII, 29-31. — [3] II Paralip., XXVI, 10. — [4] Gen., XIII, 2. — [5] I Paralip., XVIII, 2, 6. — [6] III Reg., IV, 21.

gers, et tous les rois d'Arabie, et les princes des autres terres, qui lui apportoient de l'or et de l'argent[1]. C'est ainsi qu'on l'avoit chanté par avance sous le roi David[2], que les filles de Tyr (c'est-à-dire les villes opulentes) et leurs plus riches marchands, apporteroient leurs présens à la cour de Salomon.

Tous les rois des terres voisines envoyoient chaque année leurs présens à Salomon, qui consistoient en vases d'or et d'argent, en riches habits, en armes, en parfums, en chevaux et en mulets[3]; c'est-à-dire ce que chaque pays avoit de meilleur.

Les Ammonites apportoient des présens à Ozias : et son nom étoit célèbre jusqu'aux confins de l'Egypte[4].

On comptoit parmi ces présens, non-seulement l'or et l'argent, mais encore des troupeaux : et c'est ainsi que les Arabes payoient par an à Josaphat sept mille sept cents béliers et autant de boucs ou de chevreaux[5].

VIe PROPOSITION.

Quatrième source des richesses : les impôts que payoit le peuple.

Dans tous les Etats, le peuple contribue aux charges publiques, c'est-à-dire à sa propre conservation : et cette partie qu'il donne de ses biens, lui en assure le reste, avec sa liberté et son repos.

L'ordre des finances sous les rois David et Salomon, étoit qu'il y avoit un surintendant préposé à tous les impôts, pour donner les ordres généraux[6].

Il y avoit pour le détail douze intendans distribués par cantons : et ceux-ci étoient chargés, chacun à son mois, des contributions nécessaires à la dépense du roi et de sa maison. Leur département étoit grand, puisqu'un seul avoit à sa charge soixante grandes villes environnées de murailles, avec des serrures d'airain[7].

On lit aussi de Jéroboam « que Salomon, qui le voyoit dans sa jeunesse homme de courage, appliqué et industrieux (ou agis-

---

[1] III *Reg.*, X, 14, 15; II *Paralip.*, IX, 13, 14. — [2] *Psal.* XLIV, 13. — [3] II *Paral.*, IX, 23, 24. — [4] II *Paralip.*, XXVI, 8. — [5] *Ibid.*, XVII, 11. — [6] II *Reg.*, XX, 24; III *Reg.*, IV, 6; XII, 18; II *Paralip.*, X, 18. — [7] III *Reg.*, IV, 7, 8 et seq. — [8] *Ibid.*, 13.

sant, comme parle l'original), le préposa aux tribus de la maison de Joseph ; » c'est-à-dire aux deux tribus d'Ephraïm et de Manassé. Ce qui montre, en passant, les qualités qu'un si sage roi demandoit pour de telles fonctions, encore que sa prudence ait été trompée dans le choix de la personne.

<h3 style="text-align:center">VIIe PROPOSITION.</h3>

Le prince doit modérer les impôts, et ne point accabler le peuple.

« Qui presse trop la mamelle pour en tirer du lait, en l'échauffant et en la tourmentant, tire du beurre : qui se mouche trop fortement, fait venir le sang : qui presse trop les hommes, excite des révoltes et des séditions [2]. » C'est la règle que donne Salomon.

L'exemple de Roboam apprend sur cela le devoir aux rois.

Comme cette histoire est connue et qu'elle a déjà été touchée ci-devant [3], nous ferons seulement quelques réflexions.

En premier lieu, sur les plaintes que le peuple fit à Roboam contre Salomon, qui avoit fait des levées extraordinaires [4]. Tout abondoit dans son règne, ainsi que nous avons vu. Cependant comme l'histoire sainte ne dit rien contre ce reproche, et qu'il y passe au contraire pour avéré, il est à croire que sur la fin de sa vie, abandonné à l'amour des femmes, sa foiblesse le portoit à des dépenses excessives, pour contenter leur avarice et leur ambition.

C'est le malheur ou plutôt l'aveuglement, où sont menés les plus sages rois par ces déplorables excès.

En second lieu, la réponse dure et menaçante de Roboam poussa le peuple à la révolte, dont l'effet le plus remarquable fut d'accabler à coups de pierres Aduram chargé du soin des tributs, quoique envoyé par le roi pour l'exécution de ses rigoureuses réponses. Ce qui effraya tellement ce prince, qu'il monta précipitamment sur son char, et s'enfuit vers Jérusalem [5] : tant il se vit en péril.

En troisième lieu, la dureté de Roboam à refuser tout soula-

---

[1] III *Reg.*, XI, 28. — [2] *Prov.*, XXX, 33. — [3] Tom. XXII, liv. IV, art. II, 2° propos. — [4] III *Reg.*, XII, 1-4; II *Paralip.*, X, 2-4. — [5] III *Reg.*, XII, 18; II *Paral.*, X, 18.

gement à son peuple, et la menace obstinée d'en aggraver le joug jusqu'à un excès insupportable, a mis ce prince au rang des insensés. « A Salomon succéda la folie de la nation, dit le Saint-Esprit, et Roboam, destitué de prudence, qui aliéna le peuple par le conseil qu'il suivit[1]. » Jusque-là que son propre fils et son successeur, Abia, l'appelle ignorant et d'un cœur lâche [2].

En quatrième lieu, cette réponse orgueilleuse et inhumaine est attribuée à un aveuglement permis de Dieu, et regardé comme un effet de cette justice qui met l'esprit de vertige dans les conseils des rois. « Le roi n'acquiesça pas à la prière de son peuple, parce que le Seigneur s'étoit éloigné de lui pour accomplir la parole d'Ahias Silonite, qui avoit prédit du vivant de Salomon la révolte des dix tribus et la division du royaume[3]. » Ainsi quand Dieu veut punir les pères, il livre leurs enfans aux mauvais conseils, et châtie tout ensemble les uns et les autres.

En cinquième lieu, la suite est encore plus terrible. Dieu permit que le peuple soulevé oubliât tout respect, en massacrant comme aux yeux du roi un de ses principaux ministres, et renonçant tout ouvertement à l'obéissance.

En sixième lieu, ce n'est pas que ce massacre et cette révolte ne fussent des crimes. On sait assez que Dieu en permet dans les uns, pour châtier ceux des autres. Le peuple eut tort, Roboam eut tort : et Dieu punit l'énorme injustice d'un roi, qui se faisoit un honneur d'opprimer son peuple, c'est-à-dire ses enfans.

En septième lieu, cette dureté de Roboam effaça par un seul trait le souvenir de David et de toutes ses bontés, aussi bien que celui de ses conquêtes et de ses autres grandes actions. « Quel intérêt, dit le peuple d'Israël, prenons-nous à David, et que nous importe ce que deviendra le fils d'Isaï? O David, pourvoyez à votre maison, et à la tribu de Juda. Pour nous, allons-nous-en chacun chez nous, sans nous soucier de David ni de sa race [4]. » Jérusalem, le temple, la religion, la loi de Moïse furent aussi oubliés : et le peuple ne fut plus sensible qu'à sa vengeance.

Enfin en huitième lieu, quoique l'attentat du peuple fût inex-

[1] *Eccli.*, XLVII, 27, 28.— [2] II *Paralip.*, XIII, 7.— [3] III *Reg.*, XII, 15; II *Paral.*, X, 15. — [4] III *Reg.*, XII, 16; II *Paralip.*, X, 16.

cusable, Dieu sembla vouloir ensuite autoriser le nouveau royaume qui s'établit par ce soulèvement : et il défendit à Roboam de faire la guerre aux tribus révoltées, « parce que, dit-il, tout cela s'est fait par ma volonté [1], » par ma permission expresse et par un juste conseil. Jéroboam paroît devenir un roi légitime, par le don que Dieu lui fît du nouveau royaume. Ses successeurs constamment furent de vrais rois, que Dieu fît sacrer par ses prophètes. Ce n'étoit pas qu'il aimât ces princes, qui faisoient régner toutes sortes d'idolâtries et de méchantes actions ; mais il voulut laisser aux rois un monument éternel qui leur fît sentir combien leur dureté envers leurs sujets étoit odieuse à Dieu et aux hommes.

VIIIe PROPOSITION.

Conduite de Joseph dans le temps de cette horrible famine, dont toute l'Egypte et le voisinage furent affligés.

Joseph en vendant du blé aux Egyptiens, mit tout l'argent de l'Egypte dans les coffres du roi. Par ce moyen il acquit aussi pour le prince tous leurs bestiaux, et enfin toutes leurs terres, et même jusqu'à leurs personnes, qui furent mises dans la servitude [2].

Loin de s'offenser de cette conduite, toute rigoureuse qu'elle paroisse, la gloire de Joseph fut immortelle. Ce sage ministre tourna tout au bien public. Il fournit au peuple de quoi ensemencer leurs terres, que Pharaon leur rendit : il régla les impôts qu'ils devoient au roi, à la cinquième partie de leurs revenus; et fit honneur à la religion, en exemptant de ce tribut les terres sacerdotales. C'est ainsi qu'il accomplit tout le devoir d'un zélé ministre envers le roi et envers le peuple, et qu'il mérita le titre de Sauveur du monde [3].

IXe PROPOSITION.

Remarques sur les paroles de Jésus-Christ et de ses apôtres, touchant les tributs.

« Rendez à César ce qui est à César, et à Dieu ce qui est à Dieu [4], » dit Jésus-Christ. Pour prononcer cette sentence, sans

---

[1] III *Reg.*, XII, 23, 24; II *Paralip.*, XI, 3, 4. — [2] *Gen.*, XLVII, 13-15 et seq.— [3] *Ibid.*, XLI, 45. — [4] *Matth.*, XXII, 21.

demander comment et avec quel ordre se levoient les impôts, il ne regarde que l'inscription du nom de César gravé sur la monnoie publique.

Son Apôtre prononce de même : « Rendez le tribut à qui vous devez le tribut : et l'impôt à qui vous devez l'impôt (en argent ou en espèces, selon que la coutume l'établit) : l'honneur à qui vous devez l'honneur : la crainte à qui vous devez la crainte[1]. »

Saint Jean-Baptiste avoit dit aux publicains chargés de lever les droits de l'empire : « N'exigez rien au delà de ce qui vous est ordonné[2]. »

La religion n'entre point dans les manières d'établir les impôts publics, que chaque nation connoît. La seule règle divine et inviolable parmi tous les peuples du monde, est de ne point accabler les peuples, et de mesurer les impôts sur les besoins de l'Etat et sur les charges publiques.

Xᵉ PROPOSITION.

Réflexions sur la doctrine précédente : et définition des véritables richesses.

On doit conclure des passages que nous avons rapportés, que les véritables richesses sont celles que nous avons appelées naturelles, à cause qu'elles fournissent à la nature ses vrais besoins. La fécondité de la terre et celle des animaux, est une source inépuisable des vrais biens : l'or et l'argent ne sont venus qu'après pour faciliter les échanges.

Il faut donc à l'exemple des grands rois que nous avons nommés, prendre un soin particulier de cultiver la terre, et d'entretenir les pâturages des animaux, avec l'art vraiment fructueux d'élever des troupeaux, conformément à cette parole : « Ne négligez point les ouvrages, quoique laborieux, de la campagne, et le labourage que le Très-Haut a créé[3]. » Et encore : « Prenez garde à vos bestiaux : ayez soin de les bien connoître. Considérez vos troupeaux[4]. »

Le prince qui veille à ces choses, rendra ses peuples heureux et son état florissant.

[1] *Rom.*, XIII, 7. — [2] *Luc.*, III, 13. — [3] *Eccli.*, VII, 16. — [4] *Ibid.*, 24, et *Prov.*, XXVII, 23.

Les vraies richesses d'un royaume sont les hommes.

On est ravi quand on voit sous les bons rois, la multitude incroyable du peuple par la grandeur étonnante des armées. Au
contraire on est honteux pour Achab et pour le royaume d'Israël
épuisé de peuple, quand on voit camper son armée « comme
deux petits troupeaux de chèvres [1] ; » pendant que l'armée syrienne, qu'elle avoit en tête, couvroit toute la face de la terre.

Parmi le dénombrement des richesses immenses de Salomon,
il n'y a rien de plus beau que ces paroles : « Juda et Israël étoient
innombrables comme le sable de la mer [2]. »

Mais voici le comble de la félicité et de la richesse. C'est que
tout ce peuple innombrable « mangeoit et buvoit du fruit de ses
mains, et chacun sous sa vigne et son figuier et étoit en joie [3]. »
Car la joie rend les corps sains et vigoureux : et fait profiter l'innocent repas que l'on prend avec sa famille, loin de la crainte de
l'ennemi, et bénissant comme l'auteur de tant de biens le prince
qui aime la paix, encore qu'il soit en état de faire la guerre, et
ne la craigne que par bonté et par justice. Un peuple triste et
languissant perd courage et n'est propre à rien : la terre même
se ressent de la nonchalance où il tombe ; et les familles sont
foibles et désolées.

Moyens certains d'augmenter le peuple.

C'est qu'il soit un peu à son aise, comme on vient de voir.

Sous un prince sage l'oisiveté doit être odieuse, et on ne la
doit point laisser dans la jouissance de son injuste repos. C'est
elle qui corrompt les mœurs et fait naître les brigandages. Elle
produit aussi les mendians, autre race qu'il faut bannir d'un
royaume bien policé, et se souvenir de cette loi : « Qu'il n'y ait
point d'indigent ni de mendiant parmi vous [4]. » On ne doit pas
les compter parmi les citoyens, parce qu'ils sont à charge à l'Etat,

[1] III *Reg.*, XI, 27. — [2] *Ibid.*, IV, 20. — [3] *Ibid.*, 20, 25. — [4] *Deut.*, XV, 4.

eux et leurs enfans. Mais pour ôter la mendicité, il faut trouver des moyens contre l'indigence.

Surtout il faut avoir soin des mariages, rendre facile et heureuse l'éducation des enfans, et s'opposer aux unions illicites. La fidélité, la sainteté et le bonheur des mariages est un intérêt public et une source de félicité pour les Etats.

Cette loi est politique autant que morale et religieuse : « Qu'il n'y ait point de femmes de mauvaise vie parmi les filles d'Israël, ni de débauchés parmi ses enfans [1]. » Soient maudites de Dieu et des hommes les unions dont on ne veut point voir de fruit, et dont les vœux sont d'être stériles. Toutes les femmes de la famille d'Abimélech le devinrent par un exprès jugement de Dieu, à cause de Sara, femme d'Abraham [2]. Au contraire Dieu favorise et bénit les fruits des mariages légitimes. On voit croître ses enfans autour de sa table comme de jeunes oliviers [3] : une femme ravie d'être mère, est regardée avec complaisance de celui qu'elle a rendu père de si aimables enfans. On leur apprend que la modestie, la frugalité et l'épargne conduite par la raison, est la principale partie de la richesse : et nourris dans une bonne maison, mais réglée, ils savent mépriser la vanité qu'ils n'ont point vue chez leurs parens.

La loi seconde leurs désirs, quand elle réprime le luxe. Les premiers qu'elle soulevoit contre leurs enfans déréglés, étoient les pères et les mères, qu'elle contraignoit à les déférer au magistrat, en lui disant : « Voilà notre fils désobéissant, qui sans écouter nos avis et nos corrections, passe sa vie dans la bonne chère, dans le désordre, et dans la débauche. » La peine de ce débauché incorrigible étoit « d'être lapidé ; et tout Israël saisi de crainte, se retiroit du désordre [4]. » On n'en étoit pas quitte en disant : Je ne fais tort à personne ; on se trompe : dans les déréglemens qui empêchent ou qui troublent les mariages, il faut éviter et punir, non-seulement le scandale, l'injure qu'on fait aux particuliers, mais encore celle qu'on fait au public, qui est plus grande et plus sérieuse qu'on ne pense.

---

[1] *Deut.*, XXIII, 17. — [2] *Gen.*, XX, 17, 18. — [3] *Ps.* CXXVII. 3. — [4] *Deut.*, XXI, 18-21.

Concluons donc avec le plus sage de tous les rois : « La gloire
du roi et sa dignité, est la multitude du peuple : sa honte est de
le voir amoindri et diminué par sa faute[1]. »

ARTICLE II.

Les conseils.

Nous en avons déjà beaucoup parlé et posé les principes[2], surtout quand nous avons traité des moyens dont un prince se doit
servir pour acquérir les connoissances qui lui sont nécessaires
pour bien gouverner. Mais l'on approfondit ici encore davantage
ce qui regarde une matière de cette importance; et l'on réunit
sous un même point de vue, les préceptes et les exemples que
l'Ecriture nous fournit, même quelques-uns de ceux qui se trouvent dispersés dans cet ouvrage, afin qu'après en avoir posé les
principes, on en puisse voir dans un même lieu l'application et
le détail dans toute son étendue.

Ire PROPOSITION.

Quels ministres ou officiers sont remarqués auprès des anciens rois.

Sous David, Joab commandoit l'armée : Banaïas avoit la conduite des légions Céréthi et Phéléthi, qui étoient comme la garde
du prince, et sembloient être détachées du commandement général des armées sous un chef particulier, qui ne répondoit qu'au
roi ; Aduram étoit chargé des tributs ou finances ; Josaphat étoit
secrétaire et garde des registres ; Siva, qu'on appelle ailleurs
Saraïa, est appelé scribe, homme lettré auprès du prince ; Ira
étoit prêtre de David[3] ; Jonathan oncle de David, son conseiller,
homme intelligent et lettré ; il étoit avec Jahiel, gouverneur des
enfans du roi ; Achitophel fut le conseiller du roi, et après lui
Joïada et Abiathar : et Chusaï étoit l'ami du roi[4].

On marque auprès de Salomon, des personnes appelées gens
de lettres : Banaïas commandant les troupes. Azarias fils de Na-

---

[1] *Prov.*, xiv, 28. — [2] Ci-devant, liv. v, art. 1; et art. ii. — [3] II *Reg.*, viii, 16,
17, 18; xx, 23, 24, 25, 26. — [4] I *Paralip.*, xxvii, 32, 33, 34.

than, étoit à la tête de ceux qui assistoient auprès du roi. Zabud étoit prêtre, et l'ami du roi. Ahisar (s'il étoit permis de traduire ainsi), étoit grand maître de sa maison ; et Adoniram étoit chargé des finances[1].

On nomme aussi les grands prêtres, ou les principaux d'entre les prêtres qui étoient alors[2], pour montrer que leur sacré ministère leur donnoit rang parmi les officiers publics, et que sous les rois ils se mêloient des plus grandes affaires : témoin Sadoc, qui eut tant de part à celle où il s'agissoit de donner un successeur au royaume[3].

La dignité de leur sacerdoce étoit si éminente, que cet éclat donnoit lieu à dire que « les enfans de David étoient prêtres[4], » quoiqu'ils ne pussent pas l'être, n'étant pas de la race sacerdotale, ni de la tribu d'où les prêtres étoient tirés. Mais on leur donnoit ce grand nom, pour montrer la part qu'ils avoient dans les grandes affaires. Ce qui semble être la même chose que ce que l'Ecriture remarque ailleurs : « Des enfans de David étoient les premiers sous la main du roi » c'est-à-dire[5], étoient les premiers à porter et à exécuter ses ordres.

Le soin qu'on prenoit à les élever dans les lettres, paroît par la qualité d'homme lettré, qu'on donne à Jonathan leur gouverneur.

Il est aussi marqué sous Ozias, que les troupes étoient commandées par Jéhiel et Maasias[6], qui sont appelés scribes, docteurs, ou gens de lettres : pour montrer que les grands hommes ne dédaignoient pas de joindre la gloire du savoir à celle des armes.

Ce qu'on appelle lettrés, étoient ceux qui étoient versés dans les lois, et qui dirigeoient les conseils du prince à leur observance.

Le soin de la religion se déclare, non-seulement par la part qu'avoient les grands - prêtres dans le ministère public, mais encore par l'office de prêtre du roi, qui semble être celui qui régloit dans la maison du prince les affaires de la religion. Tel

---

[1] III *Reg.*, IV, 2, 3, 4, 5, 6. — [2] *Ibid.* — [3] *Ibid.*, I, 8, 32, 44. — [4] II *Reg.*, VIII, 18. — [5] II *Paralip.*, XXVI, 11. — [6] I *Paralip.*, XVIII, 17.

étoit, comme on a vu, Ira sous David, et Zabud sous Salomon, dont il est encore appelé l'ami.

Cette qualité d'ami du roi, qu'on a vue dans le dénombrement des ministres publics, appelés et caractérisés par un terme particulier, est remarquable, et faisoit souvenir le roi qu'il n'étoit pas exempt des besoins et des foiblesses communes de la nature humaine; et qu'ainsi outre ses autres ministres, qu'on appeloit ses conseillers, à cause qu'ils lui donnoient leurs avis sur les affaires, il devoit choisir avec soin un ami, c'est-à-dire un dépositaire de ses peines secrètes et de ses autres sentimens les plus intimes.

La charge de secrétaire et de garde des registres publics, semble originairement venir de Moïse, à qui Dieu parla ainsi : « Ecrivez ceci dans un livre (la défaite des Amalécites), pour servir de monument éternel : car je détruirai de dessous le ciel le nom d'Amalec [1]. » Comme s'il disoit : Je veux que l'on se souvienne des faits mémorables, afin que le gouvernement des hommes mortels conduit par l'expérience et les exemples des choses passées, ait des conseils immortels.

C'est par le moyen de ces registres qu'on se souvenoit de ceux qui avoient servi l'Etat, pour en marquer la reconnoissance envers leur famille.

Une des maximes les plus sages du peuple de Dieu, étoit que les services rendus au public ne fussent point oubliés. Ainsi dans le sac de Jéricho, on publia cet ordre : « Que cette ville soit anathème : que la seule Rahab vive, elle et toute sa famille, parce qu'elle a sauvé nos envoyés [2]. »

Lorsqu'on passa au fil de l'épée tous les habitans de Luza, on eut soin de sauver avec toute sa parenté, celui qui avoit montré le passage par où l'on y aborda [3].

Le public ordinairement passe pour ingrat : et il étoit de l'intérêt de l'Etat de le purger de cette tache, afin qu'on fût invité à bien servir.

Personne n'ignore comme Assuérus roi de Perse, dans une insomnie qui le travailloit, se fit lire les archives, où il trouva le

[1] *Exod.*, XVII, 14. — [2] *Jos.*, VI, 17. — [3] *Judic.*, I, 24, 25.

service de Mardochée, qui lui avoit sauvé la vie, enregistré suivant la coutume[1] : et comme il fut excité par cette lecture à le
reconnoître par une récompense éclatante, mais plus glorieuse
au roi qu'à Mardochée même.

Lorsqu'on informa Darius roi de Perse de la conduite des Juifs
retournés dans leur pays, ses officiers les interrogèrent pour en
rendre compte au roi : et lui racontèrent ce que leurs vieillards
avoient répondu, touchant les ordonnances de Cyrus dans la première année de son règne. Après quoi ils ajoutoient ces paroles :
« Maintenant, s'il plaît au roi, il fera rechercher dans la bibliothèque royale, et dans les registres publics qui se trouveront à
Babylone, ce qui a été ordonné par Cyrus sur la réédification du
temple : et il nous expliquera ses volontés[2]. » Les registres se
trouvèrent, non point à Babylone, comme on avoit cru, mais dans
Ecbatanes[3] : tout y étoit conforme à la prétention des Juifs, qui
aussi fut autorisée par le roi.

Tel étoit l'usage des registres publics, et de la charge établie
pour les garder. Elle conservoit la mémoire des services rendus ;
elle immortalisoit les conseils : et ces archives des rois en leur
proposant les exemples des siècles passés, étoient des conseils
toujours prêts à leur dire la vérité, et qui ne pouvoient être flatteurs.

Au reste on ne prétend pas proposer pour règles invariables
ces pratiques des anciens royaumes, et ce dénombrement des
officiers de David et de Salomon : c'est assez qu'ils puissent donner des vues aux grands rois, dont la prudence se gouvernera
selon les lieux et les temps.

IIᵉ PROPOSITION.

Les conseils des rois de Perse, par qui dirigés.

« Le roi consulta les sages qui étoient toujours auprès de sa
personne, qui savoient les lois et le droit, et les coutumes des
ancêtres : et il faisoit tout par leur conseil[4]. » Les premiers et les

---

[1] *Esther*, VI, 1, 2 et seq. — [2] *I Esdr.*, V, 7, 17. — [3] *Ibid.*, VI, 1, 2 et seq. — [4] *Esther* I, 13, 14.

plus intimes étoient les sept chefs ; ou, si l'on veut traduire ainsi, les sept ducs ou les princes des Perses et des Mèdes, qui voyoient le roi. Car le reste, même des seigneurs, ne le voyoient guère.

IIIᵉ PROPOSITION.

Réflexion sur l'utilité des registres publics, joints aux conseils vivans.

L'utilité des registres publics étoit appuyée sur cette sentence du Sage : « Qu'est-ce qui a été ? ce qui sera. Qu'est-ce qui a été fait ? ce qui se fera encore. Il n'y a rien de nouveau sous le soleil ; et personne ne peut dire : Cela est nouveau ; car il a déjà précédé dans les siècles qui ont été avant nous[1]. » Et les grands événemens des choses humaines ne font, pour ainsi parler, que se renouveler tous les jours sur le grand théâtre du monde. Il semble qu'il n'y a qu'à consulter le passé, comme un fidèle miroir de ce qui se passe à nos yeux.

D'autre côté le Sage ajoute que, quelques registres qu'on tienne, il échappe des circonstances qui changent les choses. Ce qui lui fait dire : « La mémoire des choses passées se perd ; la postérité oubliera ce qui est arrivé auparavant[2]. » Et il est rare de trouver des exemples qui cadrent juste avec les événemens sur lesquels il se faut déterminer.

Il faut donc joindre les histoires des temps passés avec le conseil des sages, qui bien instruits des coutumes et du droit ancien, comme on vient de dire des ministres des rois de Perse, en sachent faire l'application à ce qu'il faut régler de leurs jours.

De tels ministres sont des registres vivans, qui toujours portés à conserver les antiquités, ne les changent qu'étant forcés par des nécessités imprévues et particulières, avec un esprit de profiter à la fois, et de l'expérience du passé, et des conjonctures du présent. C'est pourquoi leurs conseils sages et stables produisent des lois qui ont toute la fermeté et, pour ainsi dire, l'immobilité dont les choses humaines sont capables. « Si vous l'avez agréable, disent ces ministres à Assuérus, qu'il parte un édit de devant le roi selon la loi des Perses et des Mèdes, qu'il ne soit point per-

[1] *Eccles.*, I, 9, 10. — [2] *Ibid.*, I, 11.

mis de changer, et qui soit publié pour être inviolable dans toute l'étendue de votre empire [1]. »

C'étoit l'esprit de la nation : et tant les rois que les peuples tenoient pour maxime cette immutabilité des décrets publics.

Les grands, qui vouloient perdre Daniel, vinrent dire au roi : « N'avez-vous pas défendu de faire durant trente jours aucune prière aux dieux et aux hommes, sous peine d'être jeté dans la fosse aux lions? Il est ainsi, répondit le roi ; et il a été prononcé par un édit qui doit être inviolable à jamais [2]. »

Quand après il voulut chercher une excuse en faveur de Daniel, qui avoit prié trois fois le jour tourné vers Jérusalem, on osa lui dire : « Sachez, prince, que c'est la loi des Mèdes et des Perses, qu'il n'est pas permis de changer les ordonnances du roi [3]. »

C'étoit en effet la loi du pays : mais on abuse des meilleures choses. La première condition de ces lois, qu'on doit regarder comme sacrées et inviolables, c'est qu'elles soient justes : et on apercevoit du premier regard une impiété manifeste à vouloir faire la loi à Dieu même, et à lui défendre de recevoir les vœux de ses serviteurs. Le roi de Perse devoit donc connoître qu'il avoit été surpris dans cette loi, comme il est expressément marqué [4]; et que c'étoit là une cabale des grands contre son service, afin de perdre Daniel, le plus fidèle et le plus utile de tous ses ministres, dont le crédit leur donna de la jalousie.

IVᵉ PROPOSITION.

Le prince se doit faire soulager.

C'est le conseil que donna Jethro à Moïse, qui par un zèle de la justice et une immense charité, vouloit tout faire par lui-même. « Que faites-vous, lui dit-il, en tenant le peuple du matin au soir à attendre votre audience ? Vous vous consumez par un travail inutile, vous et le peuple qui vous environne : vous entreprenez un ouvrage qui passe vos forces. Réservez-vous les grandes affaires : et choisissez les plus sages et les plus craignans

---

[1] *Esther*, 1, 19, 20. — [2] *Dan.*, vi, 12. — [3] *Ibid.*, , 7, 15. — [4] *Ibid.*, 6.

Dieu qui jugent le peuple à chaque moment (qui expédient les affaires à mesure qu'elles viennent), et qui vous fassent rapport de ce qu'il y aura de plus important [1]. »

Remarquez trois sortes d'affaires. Celles que le prince se réserve expressément, et dont il doit prendre connoissance par lui-même. Celles de moindre importance, dont la multitude l'accableroit, et aussi qu'il laisse expédier à ses officiers. Enfin celles dont il ordonne qu'on lui fera le rapport, ou pour les décider lui-même, ou pour les faire examiner avec plus de soin. Par ce moyen, tout s'expédie avec ordre et distinction.

Ve PROPOSITION.

Les plus sages sont les plus dociles à croire conseil.

Moïse nourri dès son enfance dans toute la sagesse des Egyptiens, et de plus inspiré de Dieu dans le degré le plus éminent de la prophétie, non-seulement consulte Jethro, et lui donne la liberté de lui reprocher dans l'immensité de son travail une espèce de folie ; mais encore il reçoit son avis en bonne part, et il exécute de point en point tout ce qu'il lui conseilloit. C'est ce qui vient d'être dit.

N'avons-nous pas aussi déjà vu avec quelle docilité David trop accablé de douleur de la mort de son fils Absalon, écouta les réproches amers de Joab, se rendit à son conseil, et changea entièrement de conduite ? Et Salomon, le plus sage des rois, ne demandoit-il pas à Dieu un cœur docile, en lui demandant la sagesse ?

VIe PROPOSITION.

Le conseil doit être choisi avec discrétion.

« Ayez plusieurs hommes avec qui vous viviez en paix (à qui vous donniez accès auprès de vous) : mais pour conseiller, choisissez-en un entre mille [2]. »

---

[1] *Exod.*, XVIII, 14 et seq. — [2] *Eccli.*, VI, 6.

VIIe PROPOSITION.

Le conseiller du prince doit avoir passé par beaucoup d'épreuves.

« Celui qui n'a point été éprouvé que sait-il [1] ? » Il ne sait rien : il ne se connoît pas lui-même : et comment démêlera-t-il les pensées des autres, qui est le sujet des plus importantes délibérations? Au contraire « celui qui est exercé, pensera beaucoup, » continue le Sage. Il ne fera rien légèrement, et ne marchera point à l'étourdie.

C'est ce qui faisoit dire au saint homme Job : « Où se trouvera la sagesse? On ne la trouvera pas dans la terre de ceux qui vivent doucement [2] » et nonchalamment parmi les plaisirs.

Et encore : « Elle est cachée aux yeux des hommes : les oiseaux (les esprits sublimes qui semblent percer les nues) ne la connoissent pas. La mort (l'extrême vieillesse) a dit : Nous en avons ouï la renommée [3]. » C'est à force d'expérience, en patissant beaucoup, qu'à la fin vous en acquerrez quelque petite lumière.

VIIIe PROPOSITION.

Quelque soin que le prince ait pris de choisir et d'éprouver son conseil, il ne s'y doit point livrer.

« Si vous avez un ami acquérez-le avec épreuve, et ne vous livrez point à lui par trop de facilité [4]. »

Le caractère d'un prince livré le fait connoître et mépriser.

« Hérode (Agrippa, roi de Judée) étoit irrité contre ceux de Tyr et de Sidon. Ils le vinrent trouver d'un commun accord : et ayant gagné Blaste, qui étoit chambellan du roi, ils demandèrent la paix, parce que leur pays tiroit sa subsistance des terres du roi. Hérode donc ayant pris jour pour leur parler, parut vêtu d'une robe royale, et étant sur son trône il les haranguoit (dans une audience publique, selon la coutume du temps) ; et le peuple disoit : C'est un Dieu qui parle, et non pas un homme [5]. »

On voit ici une ambassade solennelle, une audience publique

---

[1] *Eccli.*, XXXIV, 9. — [2] *Job.*, XXVIII, 12, 13. — [3] *Ibid.*, 21, 22. — [4] *Eccli.*, VI, 7. — [5] *Act.*, XII, 21, 22.

avec tout l'appareil de la royauté, les acclamations de tout le peuple pour le prince qui croit avoit tout fait : mais on savoit le fond : c'est enfin que les Tyriens avoient mis Blaste dans leur intérêt, qui étoit grand dans cette affaire ; et peut-être l'avoient-ils corrompu par leurs présens. Quoi qu'il en soit, tout étoit fait avant le traité solennel : et si l'on en fit l'honneur au roi, tout le monde savoit, et on se nommoit à l'oreille, le vrai auteur du succès.

Le Saint-Esprit n'a pas dédaigné de marquer en un mot ce caractère d'Hérode Agrippa, pour apprendre aux princes qui ne sont que vains l'estime qu'on fait d'eux, et comme on les repaît d'une fausse gloire.

IXe PROPOSITION.

Les conseils des jeunes gens, qui ne sont pas nourris aux affaires, ont une suite funeste, surtout dans un nouveau règne.

Sur la plainte de Jéroboam faite à Roboam fils et successeur de Salomon, à la tête des dix tribus, pour lui demander quelque diminution des impôts du roi son père, ce prince leur répondit : « Venez dans trois jours. Et le peuple s'étant retiré, il tint conseil avec les vieux conseillers du roi son père, et leur dit : Quel conseil me donnez-vous : et quelle réponse ferai-je à ce peuple ? Il lui dirent : Si (aujourd'hui et dans le commencement de votre règne) vous déférez à leur prière, et que vous leur disiez des paroles douces, ils vous serviront le reste de vos jours. Roboam méprisa le conseil de ces sages vieillards : et appela les jeunes gens, qui avoient été élevés auprès de lui, et qui le suivoient toujours. Ils lui parlèrent comme de jeunes gens nourris avec lui dans les plaisirs ; et ils lui dirent : Répondez ainsi à ce peuple : Mon petit doigt est plus gros que tout le corps de mon père : mon père vous a imposé un joug pesant, et moi je l'augmenterai : mon père vous a frappés avec des fouets, et moi je vous frapperai avec des verges de fer. Roboam selon ce conseil, lorsque Jéroboam avec tout le peuple revint à lui au troisième jour, leur répondit durement : leur répéta les mêmes paroles que les jeunes gens lui avoient inspirées : et rejeta le conseil des

vieillards. Il ne déféra donc point aux prières de son peuple,
parce que le Seigneur s'étoit retiré de lui, pour accomplir la prophétie d'Ahias le Silonite, sur la division du royaume. Quand les
dix tribus eurent ouï cette réponse, ils se retirèrent, en se disant
les uns aux autres : Quel intérêt avons-nous à la maison de David? Et que nous importe de conserver l'héritage au fils d'Isaï?
Retirons-nous chacun dans nos pavillons : et que David gouverne
sa maison[1]. »

Ce fut d'abord à Roboam une sage précaution, de prendre un
temps pour demander conseil, et de se tourner vers les ministres
expérimentés qui avoient servi sous Salomon. Mais ce prince ne
trouva pas sa puissance et sa grandeur assez flattée par des conseils modérés. La jeunesse impétueuse et vive lui plut davantage : mais son erreur fut extrême. Ce que les sages vieillards
conseilloient le plus, c'étoient des paroles douces : mais au contraire la fière et imprudente jeunesse, au lieu qu'en conseillant
des choses dures elle devoit du moins en tempérer la rigueur par
la douceur des expressions, joignit l'insulte au refus ; et affecta
de rendre les discours plus superbes et plus fâcheux que la chose
même. C'est aussi ce qui perdit tout. Le peuple, qui avoit fait sa
requête avec quelque modestie, en demandant seulement une légère diminution du fardeau[2], fut poussé à bout par la dureté
des menaces dont la réponse fut accompagnée.

Ces téméraires conseillers ne manquoient pas de prétextes. Il
faut, disoient-ils, abattre d'abord un peuple qui commence à lever
la tête, sinon c'est le rendre plus insolent. Mais ils se trompèrent
faute d'avoir su connoître la secrète pente des dix tribus à faire
un royaume à part, et à se désunir de celle de Juda, dont ils
étoient jaloux. Les vieux conseillers, qui avoient vu si souvent
du temps de David les tristes effets de cette jalousie, les vouloient
remettre devant les yeux de Roboam, et les lui auroient pu faire
entendre : et bien instruits de ces dangereuses dispositions, ils
conseilloient une douce réponse. La jeunesse flatteuse et bouillante méprisa ces tempéramens : et porta la jalousie des dix tri-

_____
[1] III _Reg._, XII, 5, 6 et seq.; II _Paralip._, X, 3, 4 et seq. — [2] III _Reg._, XII, 4;
II _Paralip._, X, 4.

bus jusqu'à leur faire dire avec amertume et raillerie : Quel intérêt avons-nous à la grandeur de Juda ? David, contentez-vous de
votre tribu. Nous voulons un roi tiré des nôtres.

La puissance veut être flattée, et regarde les ménagemens
comme une foiblesse. Mais outre cette raison, les jeunes gens
nourris dans les plaisirs (comme remarque le texte sacré), espéroient trouver dans les richesses du roi de quoi entretenir leur
cupidité : et craignoient d'en voir la source tarie par la diminution des impôts. Ainsi en flattant le nouveau roi, ils songeoient à
ce secret intérêt.

Le caractère de Roboam aidoit à l'erreur. « C'étoit un homme
ignorant, et d'un courage timide incapable de résister aux rebelles [1], » comme son fils Abia est contraint de l'avouer. Ignorant : qui ne savoit pas les maximes du gouvernement, ni l'art
de manier les esprits. Timide : et du naturel de ceux qui fiers et
menaçans d'abord, lâchent le pied dans le péril ; comme on a vu
que fit Roboam, lorsqu'il prit la fuite au premier bruit. Un
homme vraiment courageux est capable de conseils modérés ;
mais quand il est engagé, il se soutient mieux.

Xe PROPOSITION.

Il faut ménager les hommes d'importance, et ne pas les mécontenter.

Après la mort de Saül, lorsque tout le monde alloit à David,
« Abner fils de Ner (qui commandoit les armées sous Saül) prit
Isboseth fils de ce roi, et le montra à l'armée de rang en rang, et
le fit reconnoître roi par les dix tribus [2]. » Un seul homme par
son grand crédit, fit un si grand ouvrage.

Le même Abner maltraité par Isboseth sur un sujet un peu
important, dit à ce prince : « Suis-je à mépriser, moi, qui seul
fidèle à votre père Saül, vous ai fait régner ? Et vous me traitez
comme un malheureux pour une femme ! Vive le Seigneur ;
j'établirai le trône de David [3]. » Il le fit, et Isboseth fut abandonné.

Ce n'est pas seulement dans les règnes foibles, et sous Isboseth

---

[1] II Paralip., XIII, 7. — [2] II Reg., II, 8, 9. — [3] Ibid., III, 7-10.

« qui craignoit Abner et qui n'osoit lui répondre[1], » qu'on a besoin de tels ménagemens. Nous avons vu que David ménagea Joab, et la famille de Sarvia, quoiqu'elle lui fût à charge.

Quelquefois aussi il faut prendre de vigoureuses résolutions, comme fit Salomon. Tout dépend de savoir connoître les conjonctures, et de ne pas pousser toujours les braves gens sans mesure et à toute outrance.

XIe PROPOSITION.

Le fort du conseil est de s'attacher à déconcerter l'ennemi, et à détruire ce qu'il a de plus ferme.

Les conseils ne font pas moins que le courage dans les grands périls.

Ainsi dans la révolte d'Absalon, où il s'agissoit du salut de tout le royaume, David ne se soutint pas seulement par courage, mais il employa toute sa prudence[2], comme on a déjà remarqué ailleurs[3]. Et pour aller à la source, il tourna tout son esprit à détruire le conseil d'Achitophel, où étoit toute la force du parti contraire. Pour s'y opposer utilement, il envoya Chusaï, qu'il munit des instructions et des secours nécessaires : lui donnant Sadoc et Abiathar comme des hommes de confiance, pour agir sous lui. Par ce moyen Chusaï l'emporta sur Achitophel, qui se voyant déconcerté, désespéra du succès, et se donna la mort[4].

L'adresse de Chusaï contre Achitophel paroît en ce que, sans attaquer la réputation de sa prévoyance, trop reconnue pour être affoiblie, il se contente de dire : « Pour cette fois Achitophel n'a pas donné un bon conseil[5] : » ce qui ne l'accuse que d'un défaut passager et comme par accident.

XIIe PROPOSITION.

Il faut savoir pénétrer et dissiper les cabales, sans leur donner le temps de se reconnoître.

Par cela on doit observer tout ce qui se passa dans la révolte d'Adonias fils de David, qui contre sa volonté vouloit monter sur

---

[1] II *Reg.*, III, 11. — [2] *Ibid.*, XV, 31, 33 et seq. — [3] Ci-devant, liv. V, art. I, XIIe propos.; et liv. IX, art. III, V[e] propos. — [4] II *Reg.*, XVII, 14, 23, — [5] *Ibid.*, 7.

le trône destiné à Salomon. Cette histoire est déjà rapportée ailleurs[1] dans toute son étendue. Voici ce qu'on remarque seulement ici.

A la fin de la vie du roi son père, Adonias fit un festin solennel à la famille royale et à tous les grands de sa cabale[2]. Ce festin fut à Joab et à ceux de son intelligence, comme un signal de la rébellion : mais il ouvrit les yeux au roi. Il prévint Adonias ; et dans ce festin où ce jeune prince avoit espéré de s'autoriser, on lui vint annoncer sa perte, et que Salomon étoit couronné. A ce moment l'effroi se répand dans le parti : la cabale est dissipée ; « chacun s'en retourna dans sa maison. » Le coup est frappé : et la trahison s'en va avec l'espérance.

La vigilance et la pénétration des fidèles ministres de David, qui avertirent ce prince à propos ; la fermeté de ce roi, et ses ordres exécutés avec promptitude, sauvèrent l'Etat, et achevèrent ce grand ouvrage sans effusion de sang.

XIII° PROPOSITION.

Les conseils relèvent le courage du prince.

Ezéchias menacé par le roi d'Assyrie, « tint conseil avec les grands du royaume et avec les gens de courage[3]. » Et ce concert produisit les grands ouvrages et les généreuses résolutions qui relevèrent les cœurs abattus, et qui firent dire à Isaïe : « Ce prince aura des pensées dignes d'un prince[4]. »

Le peuple doit ressentir cet effet. Et Judith avoit raison de dire à Ozias et aux chefs qui défendoient Béthulie : « Puisque vous êtes les sénateurs, et que l'ame de vos citoyens est en vos mains, élevez-leur le courage par vos discours[5]. »

XIV° PROPOSITION.

Les bons succès sont souvent dus à un sage conseiller.

« Joas roi de Juda régna quarante ans. Il fit bien devant le Seigneur, tout le temps que Joïada vécut, et lui donna ses con-

---

[1] Ci-devant, liv. IX, art. VI, XI° propos. — [2] III *Reg.*, 1, 1, 5, 9, 19 et seq. — [3] II *Paralip.*, XXXII, 3 et seq. — [4] *Is.*, XXXII, 8. — [5] *Judith*, VIII, 21.

seils[1]. Après la mort de Joïada, les grands du royaume vinrent à ses pieds : et gagné par leurs flatteries, il suivit leurs mauvais conseils[2], » qui à la fin le perdirent.

XVe PROPOSITION.

La bonté est naturelle aux rois : et ils n'ont rien tant à craindre que les mauvais conseils.

« Les mauvais ministres, disoit le grand roi Artaxercès (dans la lettre qu'il adressa aux peuples de cent vingt-sept provinces soumises à son empire), en imposant par leurs mensonges artifi-cieux aux oreilles des princes, qui sont simples, et qui naturellement bienfaisans, jugent des autres hommes par eux-mêmes[3]. »

XVIe PROPOSITION.

La sage politique, même des Gentils et des Romains, est louée par le Saint-Esprit.

Nous en trouvons ces beaux traits dans le livre *des Machabées*.

« Premièrement, qu'ils ont assujetti l'Espagne, avec les mines d'or et d'argent dont elle abondoit, par leur conseil et leur pa-tience[4]. » Où l'on fait cette réflexion importante : que sans jamais rien précipiter, ces sages Romains, tout belliqueux qu'ils étoient, croyoient avancer et affermir leurs conquêtes plus encore par conseil et par patience, que par la force des armes.

Le second trait de la sagesse romaine loué par le Saint-Esprit dans ce divin Livre : c'est que leur amitié étoit sûre[5] ; et que non contens d'assurer le repos de leurs alliés par leur protection, qui ne leur manquoit jamais, ils savoient les enrichir et les agrandir : comme ils firent le roi Eumènes (a), en augmentant son royaume des provinces qu'ils avoient conquises. Ce qui faisoit désirer leur amitié à tout le monde.

Le troisième trait, c'est qu'ils gagnoient de proche en proche, soumettant premièrement les royaumes voisins : et se contentant pour les pays éloignés de les remplir de leur gloire, et d'y en-

[1] IV *Reg.*, XII, 1, 2; II *Paralip.*, XXIV, 1, 2. — [2] *Ibid.*, 17, 18 et seq. — [3] *Esth.*, XVI, 6. — [4] I *Mach.*, VIII, 3. — [5] *Ibid.*, VIII, 12.

[1] (a) II *Edit.* : Le roi d'Eumènes.

voyer de loin leur réputation, comme l'avant-courrière de leurs victoires [1].

On remarque aussi que, pour régler toutes leurs démarches, « et faire des choses dignes d'eux, ils tenoient conseil tous les jours, sans division et sans jalousie [2], » et uniquement attentifs à la patrie et au bien commun.

Au reste dans ces beaux temps de la république romaine, au milieu de tant de grandeurs, on gardoit l'égalité et la modestie convenable à un état populaire, « sans que personne voulût dominer sur ses concitoyens ; sans pourpre, sans diadème et sans aucun titre fastueux. On obéissoit au magistrat annuel [3] » (c'étoit-à-dire aux consuls, dont chacun avoit son année), avec autant de soumission et de ponctualité, qu'on eût fait dans les monarchies les plus absolues.

Il ne reste plus qu'à remarquer que quand ce bel ordre changea, le peuple romain vit tomber sa majesté et sa puissance.

Tels sont les conseils qu'on peut prendre de la politique romaine, pourvu qu'on sache d'ailleurs mesurer tous ses pas par la règle de la justice.

XVIIᵉ PROPOSITION.

La grande sagesse consiste à employer chacun selon ses talens.

« Je sais que votre frère Simon est un homme de conseil : écoutez-le en tout, et il sera comme votre père. Judas Machabée est brave et courageux dès sa jeunesse : qu'il marche à la tête des armées, et qu'il fasse la guerre pour le peuple [4]. »

C'est ainsi que parla Mathathias prêt à rendre les derniers soupirs : et il posa dans sa famille les fondemens de la royauté, à laquelle elle étoit destinée bientôt après, sur tout le peuple d'Israël.

Au reste Simon étoit guerrier comme Judas, et la suite le fit bien paroître. Mais ce n'étoit pas au même degré : et le Saint-Esprit nous enseigne à prendre les hommes par ce qu'ils ont de plus éminent.

---

[1] 1 *Mach.*, VIII, 13.— [2] *Ibid.*, 15, 16.— [3] *Ibid.*, 14, 16.— [4] *Ibid.*, II, 65, 66.

XVIIIe PROPOSITION.

Il faut prendre garde aux qualités personnelles : et aux intérêts cachés de ceux
dont on prend conseil.

« Ne traitez point de la religion avec l'impie : ni de la justice
avec l'injuste : ni avec la femme jalouse des affaires de sa rivale.
Ne consultez point les cœurs timides sur la guerre : ni celui qui
trafique, sur le prix du transport des marchandises (qu'il fera
toujours excessif) : ni sur la valeur des choses à vendre celui qui
a dessein de les acheter : ni les envieux de quelqu'un sur la récompense que vous devez à ses services. N'écoutez pas le cœur
dur et impitoyable sur la largesse et sur les bienfaits (qu'il voudra toujours restreindre) : ni sur les règles de l'honnêteté et de
la vertu celui dont les mœurs sont corrompues : ni les ouvriers de
la campagne sur le prix de leur travail journalier : ni celui que
vous louez pour un an sur la fin de son ouvrage (qu'il voudra
toujours tirer en longueur et n'y mettre jamais de fin) : ni un
serviteur paresseux sur les ouvrages qu'il faut entreprendre[1]. »
N'appelez jamais de telles gens à aucun conseil.

L'abrégé de tout ce sage discours est de découvrir l'aveuglement de ceux qui prennent des conseils intéressés et corrompus,
ou même douteux et suspects, pour se déterminer dans les affaires importantes.

XIXe PROPOSITION.

La première qualité d'un sage conseiller, c'est qu'il soit homme de bien.

« Ayez toujours auprès de vous un homme saint : celui que
vous connoîtrez craignant Dieu et observateur de la loi, dont
l'ame sera conforme à la vôtre[2], » sensible à vos intérêts et dans
les mêmes dispositions pour la vertu.

« L'ame d'un homme de bien (sans fard, qui ne saura point
vous flatter), vous instruira de la vérité plus que ne feront sept
sentinelles que vous aurez mises en garde sur une tour ou sur

---

[1] *Eccli.,* XXXVII, 12 et seq. Il faut ici conférer l'original grec avec la Vulgate.
— [2] *Eccli.,* XXXVII, 15.

quelque lieu éminent, pour tout découvrir et vous rapporter des nouvelles [1]. »

ARTICLE III.

On propose au prince divers caractères des ministres ou conseillers : bons, mêlés de bien et de mal, et méchans.

Ire PROPOSITION.

On commence par le caractère de Samuel.

Je ne veux pas tant remarquer ce qu'un si grand caractère a de surnaturel et de prophétique, que ce qui le rapproche de nous et des voies ordinaires.

Samuel a cela de grand et de singulier, qu'ayant durant vingt ans et jusqu'à sa vieillesse jugé le peuple en souverain, il se vit comme dégradé sans se plaindre. Le peuple lui vient demander un roi. On ne lui cache pas le sujet de cette demande. « Vous êtes vieux, lui dit-on, et vos enfans ne marchent pas dans vos voies. Donnez-nous un roi qui nous juge [2]. » Ainsi on lui reproche son grand âge, et le mécontentement qu'on avoit de ses enfans. Quoi de plus dur à un père, qui bien loin de l'espérance qu'il pouvoit avoir en récompense d'un si long et si sage gouvernement, de voir ses enfans succéder à sa dignité, s'en voit dépouillé lui-même de son vivant?

Il sentit l'affront : « Ce discours déplut aux yeux de Samuel [3]. » Mais sans se plaindre ni murmurer, son recours fut « de venir prier le Seigneur, qui lui ordonne d'aquiescer au désir du peuple [4]. » Ce qui étoit le réduire à la vie privée.

Il ne lui reste qu'à se soumettre au roi qu'il avoit établi, c'étoit Saül ; et de lui rendre compte de sa conduite devant tout le peuple, ce peuple qu'il avoit vu durant tant d'années recevoir ses ordres souverains. « J'ai toujours été sous vos yeux depuis ma jeunesse. Dites devant le Seigneur et devant son Christ, si j'ai pris le bœuf ou l'âne de quelqu'un ; si j'ai opprimé quelqu'un, ou si j'ai pris des présens de la main de qui que ce soit : et je le ren-

---

[1] *Eccli.*, XXXVII, 18. — [2] I *Reg.*, VIII, 4, 5. — [3] *Ibid.*, 6. — [4] *Ibid.*, 7.

drai. » On n'eut rien à lui reprocher. « Et il ajouta : Le Seigneur et son Oint seront témoins contre vous de mon innocence [1], » et que ce n'est point pour mes crimes que vous m'avez déposé.

Ce fut là toute sa plainte : et tant qu'il fut écouté, il n'abandonna pas tout à fait le soin des affaires. On voit le peuple s'adresser à lui dans les conjonctures importantes [2], avec la même confiance que s'il ne l'avoit point offensé.

Loin de dégoûter ce peuple du nouveau roi qu'on avoit établi à son préjudice, il profita de toutes les conjonctures favorables pour affermir son trône. Et le jour d'une glorieuse victoire de Saül sur les Philistins, il donna ce sage conseil : « Venez : allons tous en Galgala : renouvelons le royaume. Et on reconnut Saül devant le Seigneur : et on immola des victimes ; et la joie fut grande dans tout Israël [3]. »

Depuis ce temps il vécut en particulier : se contentant d'avertir le nouveau roi de ses devoirs, de lui porter les ordres de Dieu, et de lui dénoncer ses jugemens [4].

Comme il vit ses conseils méprisés, il n'eut plus qu'à se retirer dans sa maison à Ramatha, où nuit et jour il pleuroit Saül devant Dieu, et ne cessoit d'intercéder pour ce prince ingrat. « Pourquoi pleures-tu Saül, que j'ai rejeté de devant ma face [5] ? » lui dit le Seigneur. Va sacrer un autre roi. Ce fut David. Il sembloit que pour récompense du souverain empire qu'il avoit perdu sur le peuple, Dieu le voulût faire l'arbitre des rois, et lui donner la puissance de les établir.

· La maison de ce souverain dépossédé fut un asile à David, pendant que Saül le persécutoit. Saül ne respecta pas cet asile, qui devoit être sacré. Il envoya courrier sur courrier et messager sur messager, pour y prendre David [6], qui fut contraint de prendre la fuite, de quitter ce sacré refuge, et bientôt après le royaume. Et le secours de Samuel lui fut inutile.

Ainsi vécut Samuel retiré dans sa maison, comme un conseiller fidèle dont on méprisoit les avis, et qui n'a plus qu'à prier Dieu pour son roi. Une si belle retraite laissa au peuple de Dieu un

[1] I *Reg.*, XII, 3-5. — [2] *Ibid.*, XI, 12. — [3] *ibid.*, 14, 15. — [4] *Ibid.*, XV. — [5] *Ibid.*, XVI, 1. — [6] *Ibid.*, XIX, 18, 19 et seq.

souvenir éternel d'une magnanimité qui jusqu'alors n'avoit point
d'exemple. Il y mourut plein de jours, et mérita que « tout Israël s'assemblât à Ramatha pour l'ensevelir, et faire le deuil de
sa mort en grande consternation [1]. »

IIe PROPOSITION.

Le caractère de Néhémias, modèle des bons gouverneurs.

Les Juifs rétablissoient leurs temples, et commençoient à relever Jérusalem sous les favorables édits des rois de Perse, dont ils
étoient devenus sujets par la conquête de Babylone : mais ils
étoient traversés par les continuelles hostilités des Samaritains, et
de leurs autres voisins anciens ennemis de leur nation, et même
par les ministres des rois, avec une opiniâtreté invincible [2].

Ce fut dans ces conjonctures que Néhémias fut envoyé par Artaxercès roi de Perse, pour en être le gouverneur. L'ambition ne
l'éleva pas à cette haute charge, mais l'amour de ses concitoyens :
et il ne se prévalut des bonnes grâces du roi son maître, que
pour avoir le moyen de les soulager.

Parti de Perse dans cette pensée, il trouva que Jérusalem désolée et de tous côtés en ruine, n'étoit plus que le cadavre d'une
grande ville, où l'on ne connoissoit ni forts, ni remparts, ni portes, ni rues, ni maisons.

Après avoir commencé de réparer ces ruines plus par ses exemples que par ses ordres, la première chose qu'il fit fut de tenir
une grande assemblée contre ceux qui opprimoient leurs frères.
« Quoi ! leur disoit-il, vous exigez d'eux des usures : pendant
qu'ils ne songent qu'à engager leurs prés et leurs vignes, et
même à vendre jusqu'à leurs enfans pour avoir du pain, et payer
les tributs au roi? Vous savez, poursuivoit-il, que nous avons
racheté nos frères qu'on avoit vendus aux Gentils : et vous ven-
drez les vôtres, pour nous obliger encore à les racheter [3]? » Il
confondit par ce discours tous les oppresseurs de leurs frères. Et
surtout quand il ajouta, en secouant son sein, comme s'il eût
voulu s'épuiser lui-même : « Moi, et mes frères, et mes domes-

---

[1] I Reg., xxv, 1; xxviii, 3. — [2] II Esdr., I-IV. — [3] Ibid., v, 1, 2, 3, 7, 8.

tiques, avons prêté du blé et de l'argent aux pauvres : et nous leur quittons cet emprunt [1]. »

« Les gouverneurs qui m'ont précédé, et encore plus leurs ministres (car c'est l'ordinaire) avoient accablé le peuple qui n'en pouvoit plus. Mais moi au contraire j'ai remis les droits attribués au gouvernement [2]. » Il savoit qu'en certains états d'indigence extrême de ceux qui nous doivent, exiger ce qui nous est dû légitimement, c'est une espèce de vol.

« Sa table étoit ouverte aux magistrats et aux voisins survenus. On y trouvoit des viandes choisies et en abondance, et des vins de toutes les sortes [3]. » Il avoit besoin dans la conjoncture de soutenir sa dignité : et concilioit les esprits par cet éclat.

« J'ai, dit-il, vécu ainsi durant douze ans. J'ai rebâti la muraille à mes dépens : personne n'étoit inutile dans ma maison; et tous mes domestiques travailloient aux ouvrages publics [4]. »

Voici encore qui est remarquable et d'une exacte justice : « Je n'ai acheté aucune terre [5]. » C'est un vol de se prévaloir de son autorité et de l'indigence publique, pour acheter ce qu'on veut et à tel prix qu'on y veut donner.

Ce qu'il y a de plus beau, c'est qu'il faisoit tout cela dans la seule vue de Dieu et de son devoir; et lui disoit avec confiance : « Seigneur, souvenez-vous de moi selon tout le bien que j'ai fait à ce peuple [6]. »

Il ne faut pas s'étonner s'il employoit son autorité à faire observer exactement le sabbat, les ordonnances de la loi et tout le droit lévitique et sacerdotal [7]. »

Venons aux vertus militaires, si nécessaires à ce grand emploi.

Pendant qu'on rebâtissoit la ville avec diligence, pour la mettre hors de péril, « il fit partager les citoyens, dont la moitié bâtissoit, pendant que l'autre gardoit ceux qui travailloient et repoussoit l'ennemi à main armée [8]. » Mais dans l'ouvrage même, les travailleurs étoient prêts à prendre les armes. Tout le monde étoit armé; et comme s'exprime l'Écriture, « d'une main on tenoit l'épée et on travailloit de l'autre [9]. » Et comme ils étoient dis-

[1] II *Esdr.*, v, 10, 13. — [2] *Ibid.*, 14, 15. — [3] *Ibid.*, 17, 18. — [4] *Ibid.*, 14, 16. — [5] *Ibid.*, 16. — [6] *Ibid.*, 19. — [7] *Ibid.*, XIII. — [8] *Ibid.*, IV, 16. — [9] *Ibid.*, 17.

persés en divers endroits, l'ordre étoit si bon, qu'on savoit où se rassembler au premier signal.

Comme on ne pouvoit abattre Néhémias par les armes, on tâchoit de l'engager dans des traités captieux avec l'ennemi[1]. Sanaballat et les autres chefs avoient gagné plusieurs magistrats, et l'environnoient de leurs émissaires, qui les vantoient auprès de lui. On tâchoit de l'épouvanter par des lettres qu'on faisoit courir, et par de faux bruits. On lui faisoit craindre de secrètes machinations contre sa vie, pour l'obliger à prendre la fuite; et on ne cessoit de lui proposer des conseils timides, qui auroient mis la terreur parmi le peuple. « Renfermons-nous, disoient-ils, et tenons des conseils secrets au dedans du temple, à huis clos[2]. » Mais il répondoit avec une noble fierté qui rassuroit tout le monde : « Mes pareils ne craignent rien, et ne savent ni se cacher ni prendre la fuite[3]. » Par tant de trames diverses, on ne tendoit qu'à le ralentir ou à l'amuser, si on ne pouvoit le vaincre; mais il se trouva également au-dessus de la surprise et de la violence.

La source de tant de biens étoit une solide piété, un désintéressement parfait, une attention toujours vive à ses devoirs et un courage intrépide.

IIIe PROPOSITION.

Le caractère de Joab, mêlé de grandes vertus et de grands vices, sous David.

David trouva dans sa famille et en la personne de Joab, fils de sa sœur Sarvia[4], un appui de son trône.

Dès le commencement de son règne, il le jugea le plus digne de la charge de général des armées. Mais il vouloit qu'il la méritât par quelque service signalé rendu à l'Etat : car il étoit indigne d'un si grand roi et peu glorieux à Joab, que David parût n'avoir eu égard qu'au sang et à l'intérêt particulier. Lorsque ce prince attaqua Jébus, qui fut depuis appelée Jérusalem, et que David destinoit à être le siége de la religion et de l'empire, il fit cette solennelle déclaration : « Celui qui aura le premier poussé le Jébuséen et forcé la muraille, sera le chef de la milice (ce fut le

---

[1] II Esdr., VI, 1, 2 et seq. — [2] Ibid., 10. — [3] Ibid., 11. — [4] I Paralip., II, 16.

prix qu'il proposa à la valeur). Joab monta le premier; et il fut fait chef des armées. Ainsi fut prise la citadelle de Sion, qui fut appelée la cité de David, à cause qu'il y établit sa demeure [1]. »

Après cette belle conquête, « David bâtit la ville aux environs, depuis le lieu appelé Mello : et Joab (qui avoit eu tant de part à la victoire) acheva le reste [2]. » Ainsi il se signala dans la construction des ouvrages publics, comme dans les combats : et tint auprès de David, la place que l'histoire donne auprès d'Auguste au grand Agrippa son gendre.

Quand David pour son malheur eut entrepris dans Juda et dans Israël le dénombrement des hommes capables de porter les armes, qui lui attira le fléau de Dieu, Joab, à qui il en donna le commandement, fit en fidèle ministre ce qu'il put pour l'en détourner, en lui disant : « Que le Seigneur augmente le peuple du roi mon seigneur, jusqu'au centuple de ce qu'il est ! Mais que prétend le roi mon seigneur par un tel dénombrement ? N'est-ce pas assez que vous sachiez qu'ils sont tous vos serviteurs ? Que cherchez-vous davantage, et pourquoi faire une chose qui tournera en péché à Israël [3] ? » Dieu ne vouloit pas qu'Israël, ni son roi, mît sa confiance dans la multitude de ses combattans, qu'il falloit laisser multiplier à celui « qui avoit promis d'en égaler le nombre aux étoiles du ciel et au sable de la mer [4]. »

Le roi persista : et Joab obéit, quoiqu'à regret. Ainsi au bout de neuf mois, il porta au roi le dénombrement, qui tout imparfait qu'il étoit, fit voir à David à diverses reprises qu'il avoit quinze cent mille combattans sous sa puissance [5].

« Le cœur de David fut frappé, quand il vit le dénombrement [6]. » Il sentit sa faute; et sa vanité ne fut pas plutôt satisfaite, qu'elle se tourna en remords et en componction. En sorte qu'il n'osa faire insérer le dénombrement dans les registres royaux [7].

Que lui servit d'avoir vu sur du papier tant de milliers de jeunesse prête à combattre, pendant que la peste que Dieu envoya

---

[1] II *Reg.*, V, 7, 8 ; I *Paralip.*, XI, 4, 5, 6, 7. — [2] *Ibid.*, 8. — [3] II *Reg.*, XXIV, 2, 3 ; I *Paralip.*, XXI, 2, 3. — [4] *Ibid.*, XXVII, 23. — [5] *Ibid.*, XXI, 4, 5, 6 ; II *Reg.*, XXIV, 8, 9. — [6] *Ibid.*, XXIV, 10. — [7] I *Paralip.*, XXVII, 24.

ravageoit le peuple, et en faisoit des tas de morts? Joab avoit prévu ce malheur : et on a pu remarquer dans son discours, avec toute la force que la chose méritoit, tous les ménagemens possibles et les plus douces insinuations.

Nous avons déjà vu en un autre endroit, et lorsque David après la mort d'Absalon s'abandonna à la douleur, comme Joab lui fit connoître qu'il mettoit au désespoir tous ses serviteurs; qu'ils voyoient tous que David les auroit sacrifiés volontiers pour Absalon; que l'armée étoit déjà découragée; et qu'il alloit s'attirer des maux plus grands que tous ceux qu'il avoit jamais éprouvés[1]. C'étoit parler à son maître avec toute la liberté que l'importance de la chose, son zèle et ses services lui inspiroient. Il alla jusqu'à une espèce de dureté : sachant bien que la douleur poussée à l'extrémité, veut être comme gourmandée et abattue par une espèce de violence; autrement elle trouve toujours de quoi s'entretenir elle-même, et consume l'esprit comme le corps par le plus mortel de tous les poisons.

Au reste il aimoit la gloire de son roi. Dans le siége important de la ville et des forteresses de Rabbath, il fit dire à David : « J'ai combattu heureusement, la ville est pressée; assemblez le reste des troupes, et venez achever le siége, afin que la victoire ne soit point attribuée à mon nom[2]. » Ce n'étoit pas un trait d'habile courtisan : David n'avoit pas besoin d'honneurs mendiés : et Joab savoit quand il falloit finir les conquêtes. Mais c'étoit ici une action d'éclat, où il s'agissoit de venger sur les Ammonites un insigne outrage fait aux ambassadeurs de David : et la conjoncture des temps demandoit qu'on en donnât la gloire au prince.

Quand il fallut lui parler pour le retour d'Absalon, et entrer dans les affaires de la famille royale, Joab, bien instruit qu'il y a des choses où il vaut mieux agir par d'autres que par soi-même, ménagea la délicatesse du roi : et il employa auprès de David cette femme sage de Thécué. Mais un prince si intelligent reconnut bientôt « la main de Joab, et lui dit : J'ai accordé votre demande : faites revenir Absalon. Joab prosterné à terre, répondit : Votre

---

[1] II Reg., XIX, 1, 2 et seq. Ci-devant, liv. V, art. II, IIIe propos. Et encore, liv. IX, art. III, V[e] propos. — [2] II Reg., XII, 27, 28.

serviteur connoît aujourd'hui qu'il a trouvé grace devant son
Seigneur, puisqu'il fait ce qu'il lui propose[1]. » Il sentit la bonté
du roi dans cette occasion, où il s'agissoit de l'intérêt d'autrui,
plus vivement que dans les graces quoique infinies qu'il avoit
reçues en sa personne.

Je passe les autres traits qui feroient connoître l'habileté de
Joab et ses sages ménagemens. Les vengeances particulières et
ses ambitieuses jalousies lui firent perdre tant d'avantage, et au
roi l'utilité de tant de services.

Nous avons raconté ailleurs le honteux assassinat d'Abner, que
David ne put punir sur un homme aussi nécessaire à l'Etat qu'é-
toit Joab, et dont il fut contraint de se disculper en public[2].

Il se vit même forcé de destiner sa place à un autre : et il choisit Amasa[3], qui en étoit digne. Mais Joab le tua en traître. « Et
ses amis disoient : Voilà celui qui vouloit avoir la charge de
Joab[4]. » Il mettoit sa gloire à se faire redouter, comme un homme
que l'on n'attaquoit pas impunément.

En un mot, il étoit de ceux qui veulent le bien : mais qui veulent le faire seuls sous le roi. Dangereux caractère s'il en fut
jamais, puisque la jalousie des ministres, toujours prête à se
traverser (a) les uns les autres, et à tout immoler à leur ambition,
est une source inépuisable de mauvais conseils, et n'est guère
moins préjudiciable au service que la rébellion.

C'est le désir de se maintenir qui le fit entrer dans les intérêts
d'Adonias, contre Salomon et contre David.

On sait les ordres secrets que ce roi mourant fut obligé de laisser à son successeur[5] contre un ministre qui s'étoit rendu si
nécessaire, que les conjonctures ne lui permettoient pas de le
punir. Il fallut enfin verser son sang, comme il avoit versé celui
des autres. Trop complaisant pour David, il fut complice de la
mort d'Urie, que ce prince rendit porteur des ordres donnés pour
sa perte à Joab même[6]. Dieu le punit par David, dont il flatta la

---

[1] II *Reg.*, xiv, 19, 21, 22. — [2] *Ibid.*, iii, 27, 28 et seq.; Ci-devant, liv. IX,
art. iii, iv⁰ propos. — [3] II *Reg.*, xix, 13. — [4] *Ibid.*, xx, 9, 10, 11. — [5] III *Reg.*,
ii, 5, 6. — [6] II *Reg.*, xi, 14, 15, 17.

(a) II⁰ édit. : A traverser.

passion. C'est alors plus que jamais qu'il devoit le contredire, et faire sentir aux rois que c'est les servir que d'empêcher qu'ils ne trouvent des exécuteurs de leurs sanguinaires desseins. ن

IVᵉ PROPOSITION.

Holoferne, sous Nabuchodonosor, roi de Ninive et d'Assyrie.

Judith lui parle en ces termes : « Vive Nabuchodonosor roi de la terre, et vive sa puissance qu'il a mise en vous pour la correction de toute ame errante ! Non-seulement les hommes lui seront soumis par votre vertu, mais encore les bêtes lui obéiront. Car le bruit de votre sagesse s'est répandu par toutes les nations de l'univers. On sait par toute la terre, que vous êtes le seul bon et le seul puissant dans tout son royaume : et le bon ordre que vous y établissez se publie dans toutes les provinces [1]. »

Il paroît par ces paroles, qu'il n'étoit pas seulement chef des armes; mais encore qu'il avoit la direction de toutes les affaires : et qu'il avoit la réputation de faire régner la justice, et de réprimer les injures et les violences.

Son zèle pour le roi son maître éclate dans ses premières paroles à Judith : « Soyez en repos et ne craignez rien : je n'ai jamais nui à ceux qui sont disposés à servir le roi Nabuchodonosor [2]. »

Partout il parle avec raison, avec dignité. Les ordres qu'il donne dans la guerre, seront approuvés de tous les gens du métier : et on ne trouve rien à désirer à ses précautions dans les marches, ni à sa prévoyance pour les recrues et la subsistance des troupes.

Il ne faut point attendre de religion des hommes ambitieux.' « Si votre Dieu accomplit la promesse que vous me faites, de me livrer votre peuple, il sera mon Dieu comme le vôtre [3]. » Le Dieu des ames superbes est toujours celui qui contente leur ambition.

« C'étoit un opprobre parmi les Assyriens, si une femme se moquoit d'un homme [4] » (en conservant sa pudeur). Les gens de

---

[1] *Judith*, xi, 5, 6. — [2] *Ibid.*, i. — [3] *Ibid.*, xi, 21. — [4] *Ibid.*, xii, 11.

guerre par-dessus les autres se piquent de ces malheureuses victoires, et regardent un sexe infirme comme la proie assurée
d'une profession si brillante.

Holoferne possédé de cette passion insensée, parut hors de lui-
même à la vue de l'étonnante beauté de Judith; et la grace de
ses discours acheva sa perte. La raillerie s'en mêla : « Quelle
agréable conquête que celle d'un pays qui nourrit un si beau
sang! et quel plus digne sujet de nos combats [1]! » L'aveugle
Assyrien se mit en joie : enivré d'amour plus que de vin, il ne
songeoit qu'à contenter ses désirs.

On croit ces passions (qui, dit-on, ne font tort à personne) innocentes ou indifférentes dans les hommes de commandement. C'est
par là que périt Holoferne, un si habile homme d'ailleurs. C'est
par là que se ruinèrent les affaires de l'Assyrie et d'un si grand
roi. Chacun en sait l'événement, à la honte éternelle des grandes
armées. Une femme les met en déroute par un seul coup de sa
foible main, plus aisément que n'auroient fait cent mille combattans.

Si on vouloit raconter tous les malheurs, tous les désordres,
tous les contre-temps que les histoires rapportent à ces passions
qu'on ne juge pas indignes des héros, le récit en seroit trop long :
et il vaut mieux marquer ici d'autres caractères.

Vᵉ PROPOSITION.

Aman, sous Assuérus, roi de Perse.

L'aventure est si célèbre, et le caractère si connu, qu'il en faudra toucher les principaux traits.

« Le roi Assuérus éleva Aman au-dessus de tous les grands du
royaume. Et tous les serviteurs du roi fléchissoient le genou, et
adoroient le favori, comme le roi l'avoit commandé, excepté le
seul Mardochée [2]. » Il étoit Juif, et sa religion ne lui permettoit
pas une adoration qui tenoit de l'honneur divin.

Aman enflé de sa faveur, « appela sa femme et ses amis; et
commença à leur vanter ses richesses, le grand nombre de ses

---

[1] *Judith*, x, 18. — [2] *Esth,*, III, 1, 2.

enfans et la gloire où le roi l'avoit élevé [1]. » Tout concouroit à sa grandeur ; et la nature même sembloit seconder les volontés du roi. Et il ajouta comme le comble de sa faveur : « La reine même n'a invité que moi seul au festin qu'elle donne au roi : et demain j'aurai cet honneur. Mais quoique j'aie tous ces avantages, je crois n'avoir rien, quand je vois le Juif Mardochée qui, à la porte du roi, ne branle pas de sa place à mon abord [2]. »

Ce qui flatte les ambitieux, c'est une image de toute-puissance, qui semble en faire des dieux sur la terre. On ne peut voir sans chagrin l'endroit par où elle manque, et tout paroît manquer par ce seul endroit : plus l'obstacle qu'on trouve à ses grandeurs paroît faible, plus l'ambition s'irrite de ne pas le vaincre ; et tout le repos de la vie en est troublé.

Par malheur pour le favori, il avoit une femme aussi hautaine et aussi ambitieuse que lui. « Faites élever, lui dit-elle, une potence de cinquante coudées ; et faites-y pendre Mardochée. Ainsi vous irez en joie au festin du roi [3]. » Une vengeance éclatante et prompte, est aux ames ambitieuses le plus délicat de tous les mets. « Ce conseil plut au favori : et il fit dresser le funèbre appareil. »

« Mais il jugea peu digne de lui de mettre les mains sur Mardochée seul ; et il résolut de perdre à la fois toute la nation [4] : » soit qu'il voulût couvrir une vengeance particulière sous un ordre plus général : soit qu'il s'en prît à la religion, qui inspiroit ce refus à Mardochée : soit qu'il se plût à donner à l'univers une marque plus éclatante de son pouvoir, et que le supplice d'un seul particulier fût une trop légère pâture à sa vanité.

Le prétexte ne pouvoit pas être plus spécieux. « Il y a un peuple, dit-il au roi, dispersé par tout votre empire, qui trouble la paix publique par ses singularités [5]. » (Personne ne s'intéresse à la conservation d'une nation si étrange). Ils sont en divers endroits, remarque-t-il (sans pouvoir s'entre-secourir, et il est facile de les opprimer). C'est une race désobéissante à vos ordres, ajoute cet artificieux ministre (dont il faut réprimer l'insolence).

---

[1] *Esth*, V, 10, 11. — [2] *Ibid.*, 12, 13. — [3] *Ibid.*, 14. — [4] *Ibid.*, III, 6. — [5] *Ibid.*, 8.

On ne pouvoit pas proposer à un roi une vue politique mieux colorée : la nécessité et la facilité concouroient ensemble. Aman
d'ailleurs, qui savoit que souvent les plus grands rois, pour le
malheur du genre humain, au milieu de leur abondance, ne sont
pas insensibles à l'augmentation de leurs trésors, ajouta pour
conclusion : « Ordonnez qu'ils périssent : et (par la confiscation
de leurs biens) je ferai entrer dix mille talens dans vos coffres [1]. »

Le roi étoit au-dessus de la tentation d'avoir de l'argent ; mais
non au-dessus de celle de le donner, pour enrichir un ministre si
agréable, et qui lui parut si affectionné aux intérêts de l'État et
de sa personne. « L'argent est à vous, dit-il, faites ce que vous
voudrez de ce peuple : et il lui donna son anneau pour sceller les
ordres [2]. »

Un favori heureux n'est plein que de lui-même. Aman n'ima-
gine pas que le roi puisse compter d'autres services que les siens.
Ainsi consulté sur les honneurs que le roi avoit destinés à Mardochée qui lui avoit sauvé la vie, il procure les plus grands honneurs à son ennemi, et à lui-même la plus honteuse humiliation.
Les rois se plaisent souvent à donner les plus grands dégoûts à
leurs favoris, ravis de se montrer maîtres. Il fallut qu'Aman marchât à pied devant Mardochée, et qu'il fût le héraut de sa gloire
dans toutes les places publiques [3]. On vit dès lors, et on lui prédit l'ascendant que Mardochée alloit prendre sur lui : et sa perte
s'approchoit.

Vint enfin le moment du festin fatal de la reine [4], dont le favori
s'étoit tant enorgueilli. Les hommes ne connoissent point leur
destinée. Les ambitieux sont aisés à tromper, puisqu'ils aident
eux-mêmes à la séduction, et qu'ils ne croient que trop aisément
qu'on les favorise. Ce fut à ce festin tant désiré par Aman, qu'il
reçut le dernier coup par la juste plainte de cette princesse. Le
roi ouvrit les yeux sur le conseil sanguinaire que lui avoit donné
son ministre : et il en eut horreur. Pour comble de disgrace le
roi, qui vit Aman aux pieds de la reine pour implorer sa clémence, s'alla encore mettre dans l'esprit qu'il entreprenoit sur

---

[1] *Esth.*, III, 9. — [2] *Ibid.*, 10, 11. — [3] *Ibid.*, VI, 1, 2 et seq. — [4] *Ibid.*, VII, 1,
2 et seq.

son honneur : chose qui n'avoit pas la moindre apparence en l'état où étoit Aman. Mais la confiance une fois blessée se porte aux sentimens les plus extrêmes. Aman périt ; et déçu par sa propre gloire, il fut lui-même l'artisan de sa perte, jusqu'à avoir fabriqué la potence où il fut attaché, puisque ce fut celle qu'il avoit préparée à son ennemi.

ARTICLE IV?

Pour aider le prince à bien connoître les hommes, on lui en montre en général quelques caractères tracés par le Saint-Esprit dans les livres de la Sagesse.

Ire PROPOSITION.

Qui sont ceux qu'il faut éloigner des emplois publics : et des Cours mêmes, s'il est possible.

Nous avons remarqué ailleurs, qu'une des plus nécessaires connoissances du prince étoit de connoître les hommes. Nous lui avons facilité cette connoissance, en réalisant dans plusieurs particuliers des caractères marqués en bien et en mal. Nous allons encore tirer des livres de la *Sagesse* des caractères généraux, qui feront connoître qui sont ceux qu'il faut éloigner des emplois publics et des Cours mêmes, s'il se peut.

Il y en a qui ne trouvent rien de bon que ce qu'ils pensent, rien de juste que ce qu'ils veulent : ils croient avoir renfermé dans leur esprit tout ce qu'il y a d'utile et de bon sens, sans vouloir rien écouter. C'est à ceux-là que Salomon dit : «Ne soyez point sage en vous-même[1]. » Et ailleurs : «Le fol n'entend rien que ce qu'il a dans sa tête : et les paroles prudentes n'y ont point d'entrée[2]. » Et enfin : « L'insensé croit toujours avoir raison[3] : le sage écoute conseil. »

Il y a aussi « l'innocent, qui croit à toute parole : mais le sage (tient le milieu et) considère ses pas[4]. » C'est le parti que le prince prudent doit toujours suivre.

« Le brouillon cause des procès : et le discoureur sépare les

---

[1] *Prov.*, III, 7. — [2] *Ibid.*, XVIII, 2. — [3] *Ibid.*, XII, 15. — [4] *Ibid.*, XIV, 15?

princes[1], » en disant indiscrètement ce qui nuit, comme ce qui sert.

« L'homme a deux langues (a deux paroles) : le menteur et le brouillon affecte un langage simple : mais il pénètre dans le sein[2]. » Il y laisse des impressions, et fait des blessures profondes par ses rapports déguisés.

« Chassez le railleur et le moqueur, et la contention s'en ira avec lui : les disputes et les injures cesseront[3]. »

Surtout craignez le flatteur, qui est le vice des Cours et la peste de la vie humaine. « Les morsures de l'ami (qui ne vous offense qu'en disant la vérité), valent mieux que les baisers trompeurs d'un ennemi[4], » qui se cache sous une belle apparence.

Le fanfaron, « celui qui se vante et s'exalte, fait des querelles[5]. » A chaque mot, on se sent poussé à le contredire.

« L'homme qui se hâte de s'enrichir ne sera point innocent[6]. » Et ailleurs : « La pauvreté pousse au crime : et le désir des richesses aveugle[7]. » Les fortunes précipitées sont suspectes. Le bien médiocre qu'on a de ses pères, fait présumer une bonne éducation.

« L'impatient ne se sauvera pas de la perte[8]. » Les affaires se gâtent entre ses mains par la précipitation et les contre-temps.

Au contraire, « l'esprit paresseux et irrésolu veut et ne veut pas[9]. » Il ne sait jamais se déterminer : tout lui échappe des mains, parce que, ou il ne donne point aux affaires le temps de mûrir, ou qu'il ne connoît point les momens. Et parce qu'il a ouï dire qu'il ne faut rien précipiter : et que « celui dont le pied va vite tombera[10], il se croit plus sage (dans sa lenteur) que sept sages qui prononcent des sentences ; dont les paroles sont autant d'oracles[11]. »

Pour éviter ces inconvéniens, la décision du Sage est que « toute affaire a son moment et son occasion[12]. » Il ne faut ni la laisser échapper, ni trop aller au-devant, mais l'attendre et veiller toujours.

---

[1] *Prov.*, XVI, 28. — [2] *Ibid.*, XVIII, 8; XXVI, 22. — [3] *Ibid.*, XXII, 10. — [4] *Ibid.*, XXVII, 6. — [5] *Ibid.*, XXVIII, 25. — [6] *Ibid.*, 20. — [7] *Eccli.*, XXVII, 1. — [8] *Prov.*, XIX, 19. — [9] *Ibid.*, XIII, 4. — [10] *Ibid.*, XIX, 2. — [11] *Ibid.*, XXVI, 16. — [12] *Eccle.*, VIII, 6.

Vous êtes toujours en joie, toujours content de vous-même ?
Vous ne voyez rien : les choses humaines ne portent pas ce perpétuel transport. C'est ce qui fait dire à l'*Ecclésiaste :* « Le cœur
du sage est celui où il y a de la tristesse : et le cœur de l'insensé
est celui qui est toujours dans la joie[1]. »

« Ne soyez point trop juste, ni plus sage qu'il ne faut, de peur
que vous ne deveniez comme un stupide[2], » sans vie et sans mouvement. Etre trop scrupuleux, c'est une foiblesse. Vouloir assurer les choses humaines plus que leur nature ne le permet, c'en
est une autre qui fait tomber, non-seulement dans la léthargie et
dans l'engourdissement, mais encore dans le désespoir.

Il y a un vice contraire, de tout oser sans mesure, de ne faire
scrupule de rien. Et le Sage le reprend aussitôt après : « N'agis-
sez pas comme un impie[3]. » Ne vous affermissez pas dans le
crime, comme s'il n'y avoit point de loi ni de religion pour vous.

Ceux qui songent à contenter tout le monde et nagent comme
incertains entre deux partis, ou qui se tournent tantôt vers l'un
ou tantôt vers l'autre, sont ceux dont il est écrit : « Le cœur qui
entre en deux voies (et qui veut tromper tout le monde), aura un
mauvais succès[4]. » Il n'aura ni ami fidèle, ni alliance assurée : et
il mettra à la fin tout le monde contre lui.

C'est à de tels esprits que le Sage dit : « Ne tournez point à
tout vent : n'entrez point en toute voie, et n'ayez point une langue
double[5]. » Que vos démarches soient fermes : que votre conduite
soit régulière : et que la sûreté soit dans vos paroles.

« N'ayez point la réputation d'un brouillon, et qu'on ne vous
confonde point par vos paroles[6]. » Tels sont ceux à qui on ne
cesse de reprocher la légèreté de leurs paroles, qui se détruisent
les unes les autres.

Ceux qui s'ingèrent auprès des rois, qui se veulent rendre nécessaires dans les Cours, sont notés par cette sentence : « Ne vous
empressez pas à paroître sage auprès des rois[7]. » La sagesse ne
se déclare qu'à propos. Ces gens qui veulent toujours donner
tous les bons conseils, sont ceux dont il est écrit : « Tout con-

---

[1] *Eccle.*, VII, 5. — [2] *Ibid.*, 17. — [3] *Ibid.*, 18. — [4] *Eccli.*, III, 28. — [5] *Ibid.*, V,
11. — [6] *Ibid.*, 16. — [7] *Ibid.*, VII, 5.

seiller vante son conseil[1], » et par là le rend inutile et méprisable.

L'homme avare doit être en exécration. « Celui qui est mauvais à lui-même, et qui se plaint tout ce qu'il goûte de ses biens,
à qui sera-t-il bon? Il n'y a rien de plus mauvais que celui qui
s'envie à lui-même son soulagement : et c'est la juste punition
de sa malice[2]. »

Enfin les caractères les plus odieux sont réunis, et marqués
dans ces paroles. « Il y a six choses que le Seigneur hait, dit le
Sage ; et son ame déteste la septième : les yeux altiers : la langue
amie du mensonge : les mains qui répandent le sang innocent :
le cœur qui forme de noirs desseins : les pieds légers pour courir
au mal : le faux témoin : enfin celui qui sème la discorde parmi
ses frères[3]. »

IIe PROPOSITION.

On propose trois conseils du Sage, contre trois mauvais caractères.

« Ne vous opposez point à la vérité : et si vous vous êtes
trompé, humiliez-vous[4]. » Qui est le mortel qui ne se trompe jamais ? Faites un bon usage de vos fautes, et qu'elles vous éclairent pour une autre occasion.

« Ne rougissez pas d'avouer vos fautes : mais ne vous laissez
pas redresser par tout le monde[5], » comme font les hommes
foibles, qui se désespèrent et perdent courage.

« Ne résistez pas à celui dont la puissance est supérieure : et
n'allez pas contre le torrent ou contre le courant du fleuve, qui entraîne tout[6]. » Le téméraire croit tout possible, et rien ne l'arrête.

Voici encore trois caractères maudits par le Sage.

« Malheur au cœur double, qui marche en deux voies[7], » et
fait son fort du déguisement et de l'inconstance.

« Malheur au cœur lâche (qui se laisse abattre au premier
coup), faute de mettre sa confiance en Dieu[8]. »

« Malheur à celui qui perd la patience[9], » qui se lasse de poursuivre un bon dessein.

---

[1] *Eccli.*, XXXVII, 8. — [2] *Ibid.*, XIV, 5, 6. — [3] *Prov.*, VI, 16-19. — [4] *Eccli.*, IV, 30.
— [5] *Ibid.*, 31. — [6] *Ibid.*, 32. — [7] *Ibid.*, II, 14. — [8] *Ibid.*, 15. — [9] *Ibid.*, 16.

III° PROPOSITION.

Le caractère de faux ami.

C'est celui qu'il faut le plus observer. Nous l'avons déjà marqué ; mais on ne peut trop le faire observer au prince pour l'en éloigner, puisque c'est la marque la plus assurée d'une ame mal élevée et d'un cœur corrompu.

« Tout ami dit : J'ai fait un ami, » et ce lui est une grande joie. « Mais il y a un ami qui n'est ami que de nom : n'est-ce pas de quoi s'affliger jusqu'à la mort [1], » quand on voit l'abus d'un nom si saint ?

Cet ami de nom seulement « est l'ami selon le temps, et qui vous abandonne dans l'affliction [2], lorsque vous avez le plus de besoin d'un tel secours.

« Il y a l'ami compagnon de table [3]. » Il ne cherche que son plaisir, et vous quitte dans l'adversité.

« L'ami qui trahit le secret de son ami, est le désespoir d'une ame malheureuse [4], » qui ne sait plus à qui se fier, et ne voit nulle ressource à son malheur.

« Mais il y a encore un ami plus pernicieux. C'est celui qui va découvrir les haines cachées, et ce qu'on a dit dans la colère et dans la dispute [5]. » Il y a l'ami léger et volage, « qui ne cherche qu'une occasion, un prétexte pour rompre avec son ami : c'est un homme digne d'un éternel opprobre [6]. » Un homme qui fait paroître une fois en sa vie un tel défaut est caractérisé à jamais, et fait l'horreur éternelle de la société humaine.

IV° PROPOSITION.

Le vrai usage des amis et des conseils.

« Le fer s'aiguise par le fer : et l'ami aiguise les vues de son ami [7]. »

Le bon conseil ne donne pas de l'esprit à qui n'en a pas : mais il excite, il éveille celui qui en a. « Il faut avoir un conseil en

---

[1] *Eccli.*, XXXVII, 1. — [2] *Ibid.*, VI, 8. — [3] *Ibid.*, 10. — [4] *Ibid.*, XXVII, 24. — [5] *Ibid.*, VI, 9. — [6] *Prov.*, XVIII, 1. — [7] *Ibid.*, XXVII, 17.

soi-même[1], » si l'on veut que le conseil serve. Il y a même des cas où il se faut conseiller soi-même. Il faut se sentir, et prendre sur soi certaines choses décisives, où l'on ne peut vous conseiller que foiblement.

La règle que le Sage donne pour les amitiés est admirable : « Séparez-vous de votre ennemi (ne lui donnez point votre confiance) : mais prenez garde à l'ami[2], » n'en épousez point les passions.

V° PROPOSITION.

L'amitié doit supposer la crainte de Dieu.

« Un bon ami est un remède d'immortalité et de vie : celui qu craint Dieu, le trouvera[3]. » La crainte de Dieu donne des principes : et la bonne foi se maintient sous ses yeux qui percent tout.

VI° PROPOSITION.

Le caractère d'un homme d'Etat.

« Le conseil est dans le cœur de l'homme comme une eau profonde : l'homme sage l'épuisera[4]. » On ne le découvre point, tant ses conduites sont profondes : mais il sonde le cœur des autres, et on diroit qu'il devine, tant ses conjectures sont sûres.

Il ne parle qu'à propos : car « il sait le temps et la réponse[5]. » Isaïe l'appelle architecte[6]. Il fait des plans pour longtemps ; il les suit : il ne bâtit pas au hasard.

L'égalité de sa conduite est une marque de sa sagesse, et le fait regarder comme un homme assuré dans toutes ses démarches. « L'homme de bien dans sa sagesse, demeure comme le soleil : le fou change comme la lune[7]. » Le vrai sage ne change point : on ne le trouve jamais en défaut. Ni humeur ni prévention ne l'altère.

VII° PROPOSITION.

La piété donne quelquefois du crédit, même auprès des méchans rois.

Elisée disoit à la Sunamite : « Avez-vous quelque affaire? Et

---

[1] *Eccli.*, XXXVII, 8. — [2] *Ibid.*, VI, 13. — [3] *Ibid.*, 16. — [4] *Prov.*, XX, 5. — [5] *Eccle.*, VIII, 5. — [6] *Isa.*, III, 3. — [7] *Eccli.*, XXVII, 12.

voulez-vous que je parle au roi, ou au chef de la justice [1]? » L'impie Achab même, qui étoit ce roi, l'appeloit : Mon père [2].

« Hérode craignoit saint Jean-Baptiste, sachant que c'étoit un homme saint et juste : et quoiqu'il le tînt en prison, il l'écoutoit volontiers, et faisoit beaucoup de choses à sa considération [3]. » A la fin pourtant on sait le traitement qu'il lui fit. Et Achab en préparoit un semblable à Elisée : « Que je sois maudit de Dieu, dit ce prince, si aujourd'hui la tête d'Elisée est sur ses épaules [4]. »

La religion se fait craindre à ceux-là même qui ne la suivent pas : mais la terreur superstitieuse qui est sans amour, rend l'homme foible, timide, défiant, cruel, sanguinaire, et tout ce que veut la passion.

VIIIe PROPOSITION.

La faveur ne voit guère deux générations.

Quels plus grands services que ceux de Joseph? Il avoit gouverné l'Egypte quatre-vingts ans avec une puissance absolue : et avoit eu tout le temps de s'affermir lui et les siens. « Cependant il vint un nouveau roi qui ne connoissoit pas Joseph [5]. » Le prince oublia que l'Etat lui devoit, non-seulement sa grandeur, mais encore son salut : et il ne songea plus qu'à perdre ceux que son prédécesseur avoit favorisés.

IXe PROPOSITION.

On voit auprès des anciens rois un conseil de religion.

S'il falloit parler ici du ministère prophétique, nous avons vu Samuel auprès de Saül, l'interprète des volontés de Dieu [6]. Nathan, qui reprit David de son péché, entroit dans les plus grandes affaires de l'Etat [7].

Mais outre cela nous connoissons un ministère plus ordinaire, puisque Ira est nommé « le prêtre de David [8]. » Zabud étoit celui de Salomon : et il est appelé « l'ami du roi [9] : » marque certaine

---

[1] IV Reg., IV, 13. — [2] Ibid., VI, 21. — [3] Marc., VI, 20. — [4] IV Reg., VI, 31. — [5] Exod., I, 8-10. — [6] I Reg., X, XII, XIII, XV, XVI. — [7] III Reg., I, 10, 12, 23, 24. — [8] II Reg., 20, 26. — [9] III Reg., IV, 5.

que le prince l'appeloit à son conseil le plus intime, et sans doute principalement en ce qui regardoit la religion et la conscience.

On peut rapporter en cet endroit le conseil du Sage : « Ayez toujours avec vous un homme saint, dont l'ame revienne à la vôtre, et qui voyant vos chutes (secrètes) dans les ténèbres, les pleure avec vous [1], » et vous aide à vous redresser.

ARTICLE V.

De la conduite du prince dans sa famille : et du soin qu'il doit avoir de sa santé.

Iʳᵉ PROPOSITION.

La sagesse du prince paroît à gouverner sa famille, et à la tenir unie pour bien de l'Etat.

Nous avons déjà remarqué que « les fils de David étoient les premiers sous la main du roi [2], » pour exécuter ses ordres. Ils sont nommés dans les Septante *Aularques*, c'est-à-dire princes d la Cour, pour la tenir toute unie aux intérêts de la royauté.

Pour mettre la paix dans sa famille, il régla la succession en faveur de Salomon, ainsi que Dieu l'avoit ordonné par la bouche du prophète Nathan [3]. La règle étoit de la donner à l'aîné [4], si le roi n'en ordonnoit autrement. Et c'est encore la coutume des rois d'Orient.

L'indulgence de David, « qui ne voulut point contrister Amnon son fils aîné [5], » celui qui viola Thamar sa sœur, est reprise dans l'Ecriture. Il souffrit aussi trop tranquillement les entreprises d'Absalon, qui étoit devenu l'aîné et qui voulut envahir le trône. Mais Dieu le vouloit punir : et sa facilité, suivie d'une rébellion si affreuse, laissa un terrible exemple à lui et à tous les rois, qui ne savent pas se rendre les maîtres de leur famille.

Ainsi quoiqu'il eût encore une excessive indulgence pour Adonias, qui étoit l'aîné après Absalon, dès qu'il sut qu'il en abusoit jusqu'à prétendre au royaume contre sa disposition expresse et déclarée; et qu'il avoit dans ses intérêts contre Salomon les prin-

---

[1] *Eccli.*, XXXVII, 15, 16. — [2] *I Paral.*, XVIII, 17. — [3] *II Reg.*, VII, 12, 13 et seq. — [4] *III Reg.*, I, 5, 6; et II, 15, 22. — [5] *II Reg.*, XIII, 21.

ces ses frères, avec la plupart des grands du royaume : il détruisit la cabale dans sa naissance, en faisant au lit de la mort sacrer son fils Salomon, et donna la paix à l'Etat [1].

On sait les derniers ordres qu'il donna au roi son fils, pour le bien de la religion et des peuples. A ce moment Dieu lui inspira ce divin psaume dont le titre est pour Salomon, qui commence par ces beaux mots : « O Dieu, donnez votre jugement au roi, et votre justice au fils du roi [2]. » Tout n'y respire que paix, abondance, bonheur des pauvres soulagés sous la protection et la justice du nouveau roi, qui en devoit abattre les oppresseurs. C'est l'héritage qu'il laisse à son fils et à tout son peuple, en leur promettant un règne heureux.

Il y avoit déjà longtemps qu'on lui avoit dédié le psaume intitulé : « Pour le bien-aimé [3], » où les enfans de Coré virent en esprit le règne de Salomon, où fleuriroit la paix. Salomon y est exhorté « à la vérité, à la douceur et à la justice [4]. » C'étoient les souhaits de David, et c'est par là que son règne devoit figurer celui du Messie, qui étoit le vrai fils de David.

Pour ne rien omettre, la reine fille du roi Pharaon, destinée à Salomon pour épouse, y est marquée ; et sous le nom de David, on lui adressoit ces paroles : « Ecoutez, ma fille, et voyez : et oubliez votre peuple, et la maison de votre père [5], » toute royale et toute éclatante qu'elle est, et épousez les intérêts de la famille où vous entrez. Vous en serez récompensée « par l'amour du roi, qui sera épris de vos beautés [6] ; » et vous trouvera encore plus belle et plus ornée au dedans qu'au dehors. C'est ainsi qu'Israël instruisoit ses reines, comme ses rois, par la bouche de David.

C'est cette reine si parfaite et si aimable, sous la figure de qui Salomon a chanté l'Epoux et l'Epouse, et les délices de l'amour divin. Ce roi magnifique la traita selon son mérite et selon sa naissance. Il lui bâtit un palais superbe. Quoiqu'elle sût que selon la coutume de ces temps il y eut pour la magnificence de la cour, « soixante reines et un nombre infini de femmes et de jeunes filles : elle sentit que seule elle avoit le cœur. Elle étoit la Sula-

---

[1] III *Reg.*, I, 6, 9 et seq. — [2] *Ps.* LXXI, 1 et seq. — [3] *Ps.* XLIV. — [4] *Ibid.*, 5. — [5] *Ibid.*, 11. — [6] *Ibid.*, 12. — [7] *Cant. Cant.*, VI, 7.

mite (a), « l'unique parfaite, que les reines et toutes les autres louoient[1]. » Cette reine sans s'enorgueillir de ces avantages, se laissoit conduire au sage roi son époux, et entroit en son esprit en lui disant : « Je vous mènerai dans le cabinet de ma mère : là vous m'enseignerez[2] » par de douces insinuations. Et encore : « Ceux qui sont droits vous aiment[3]. » On n'est digne de vous aimer que lorsqu'on a le cœur droit : et vous aimer, c'est la droiture.

De semblables instructions avoient fait imiter à Bethsabée mère de Salomon la pénitence de David. Et c'est dans cet esprit qu'elle parloit en ces termes à son fils : « Que vous dirai-je, mon bienaimé de mes entrailles et le cher objet de mes vœux ? O mon fils, ne donnez point aux femmes vos richesses : les rois se perdent eux-mêmes en les voulant enrichir. Ne donnez point, ô Lamuel ! (c'est ainsi qu'elle appelle Salomon), ne donnez point de vin aux rois, parce qu'il n'y a point de secret où règne l'ivresse, de peur aussi qu'ils n'oublient les jugemens droits, et ne changent la cause du pauvre[4]. » C'est après ces belles paroles qu'elle fait l'image immortelle « de la femme forte, digne épouse des sénateurs de la terre[5]. »

Salomon lui-même a rapporté ces paroles de sa mère : et les a voulu consacrer dans un livre inspiré de Dieu, avec ce titre à la tête : « Paroles du roi Lamuel. C'est la vision dont sa mère l'a instruit[6]. » Il ne faut donc pas s'étonner s'il a si souvent répété dans tout ce livre : « Ecoutez les enseignemens de votre père[7]. » Et ailleurs : « J'ai été son fils tendre et bien-aimé, et l'unique de ma mère. Elle m'enseignoit, et me disoit : Mon fils, aimez la sagesse[8]. » Et ailleurs : « Conservez, mon fils, les préceptes de votre père : et n'abandonnez pas les conseils de votre mère[9]. » Pour inspirer l'amour de la sagesse, Salomon faisoit concourir dans ce divin Livre les préceptes de son père et de sa mère ; les uns plus forts, les autres plus affectueux et plus tendres, et tous les deux faisant dans le cœur des impressions profondes.

[1] *Cant.* VI, 8. — [2] *Cant.*, VIII, 2. — [3] *Ibid.*, I, 3. — [4] *Prov.*, XXXI, 2-5. — [5] *Ibid.*, 10-23. — [6] *Ibid.*, 1. — [7] *Ibid.*, I, 8. — [8] *Ibid.*, IV, 3, 4. — [9] *Ibid.*, VI, 20.

(a) IIe *Edit.* : Qu'elle seule avoit le cœur, elle la Sulamite.....

S'il faut remonter plus haut, Job, qui étoit prince en son pays, tenoit sa famille unie. « Il avoit sept fils et trois filles. Chacun de ses fils avoit son jour pour traiter toute la famille dans sa maison. Les frères y convioient leurs sœurs. » Le soin de Job étoit « de les bénir tous quand le tour étoit passé, et d'offrir des holocaustes pour chacun d'eux : de peur, disoit-il, que mes enfans (dans leur joie) n'aient peut-être offensé le Seigneur. Ainsi faisoit Job tous les jours de sa vie [1]. »

Les princes, comme les autres, tenoient leurs enfans, et jusqu'à leurs filles, toujours prêts à immoler leur vie pour le salut du pays.

La fille unique de Jephté, juge souverain d'Israël, voyant arriver son père « qui déchiroit ses habits à sa vue, lui parla en cette sorte : Mon père, si vous avez ouvert votre bouche au Seigneur (par quelque vœu qui me soit fatal), faites de moi tout ce que vous avez promis. C'est assez pour nous, que vous ayez remporté la victoire sur vos ennemis [2]. » Elle se trouva si bien préparée, qu'elle perdit la vie sans·qu'il lui en coûtât un soupir, et laissa un deuil immortel à toutes les filles d'Israël.

Jonathas eût éprouvé le même sort. Et encore qu'il eût regret à la vie, il alloit être sacrifié, si le peuple ne l'eût arraché des mains de son père Saül [3].

IIᵉ PROPOSITION.

Quel soin le prince doit avoir de sa santé.

« Asa fut malade, à la trente-neuvième année de son règne, d'une violente douleur des pieds. Et dans son infirmité, il ne mit pas tant sa confiance au Seigneur son Dieu, que dans l'art des médecins. Et il mourut deux ans après, à la quarante-unième année de son règne [4]. »

Dieu n'a pas condamné la médecine, dont il est l'auteur. « Honorez, dit-il, le médecin à cause de la nécessité : car c'est le Très-Haut qui l'a créé. La médecine vient de Dieu, et elle aura les

---

[1] *Job*, I, 2, 4, 5.— [2] *Judic.*, XI, 35, 36 et seq.— [3] 1 *Reg.*, XIV, 43-45.— [4] II *Paral.*, XVI, 12, 13.

présens des rois. La science du médecin le relèvera (a) : et les grands la loueront à l'envi. Le Seigneur a créé les médicamens : et l'homme sage ne s'en éloignera pas. Dieu les a faits pour être connus : et le Très-Haut en a donné la connoissance aux hommes, pour découvrir ses merveilles. » Si vous trouvez que ces connoissances vont lentement, et qu'on n'invente pas assez de remèdes pour vaincre tous les maux, il s'en faut prendre au fonds inépuisable d'infirmité qui est en nous. Cependant le peu qu'on découvre doit aiguiser l'industrie.

Dieu veut donc que l'on se serve de la médecine et de l'étude des plantes, qui adoucissent les maux par des onctions salutaires : et ces heureuses inventions croissent tous les jours [1] » par les nouvelles découvertes que l'expérience nous fait faire.

. Ce que le Seigneur défend, c'est d'y mettre sa confiance, et non pas en Dieu, qui seul bénit les remèdes, comme il les a faits, et en dirige l'usage. « Mon fils, ne négligez pas votre santé, et ne vous méprisez pas vous-même. Priez le Seigneur, qui vous guérira. Eloignez-vous du péché (dont votre mal est le vengeur). Multipliez vos offrandes, et donnez lieu au médecin : car c'est le Seigneur qui l'a créé (et qui vous le donne). Qu'il ne vous quitte pas, parce que son secours vous est nécessaire [3]. »

Gardez-vous bien de le mépriser à la manière de ceux qui, parce qu'il n'est pas un dieu qui ait la vie et la santé dans la main, en dédaignent le travail. « Le temps viendra que vous aurez besoin de son secours [4], » et vous serez étonné de l'effet d'une main hardie et industrieuse.

---

[1] *Eccli.*, xxxviii, 1, 2 et seq. — [2] *Ibid.*, 7. — [3] *Ibid.*, 9-12. — [4] *Ibid.*, 13.
(a) Ire *Edit. :* Le relèveront.

ARTICLE VI ET DERNIER.

Les inconvéniens et tentations qui accompagnent la royauté : et les remédes qu'on y doit apporter.

Ire PROPOSITION.

On découvre les inconvéniens de la puissance souveraine , et la cause des tentations attachées aux grandes fortunes.

Il n'y a point de vérité que le Saint-Esprit ait plus inculquée dans l'histoire du peuple de Dieu, que celle des tentations attachées aux prospérités et à la puissance.

Il est écrit du saint roi Josaphat, « que son royaume s'étant affermi en Juda et sa gloire et ses richesses étant au comble, son cœur prit une noble audace dans les voies du Seigneur, et il entreprit de détruire les hauts lieux et les bois sacrés[1], » où le peuple sacrifioit : ce qui avoit été vainement tenté par les pieux rois qui l'avoient précédé.

C'est là en effet le sentiment véritable que la puissance devroit inspirer. Mais tous les rois ne ressemblent pas à Josaphat.

« Le royaume de Roboam, fils de Salomon, s'étant affermi (par le retour de plusieurs des dix tribus séparées et par d'autres heureux succès), il abandonna la loi du Seigneur, et tout Israël avec lui[2]. »

Amasias, victorieux d'Idumée, en adora les dieux[3] : tant les grands succès, qui augmentent la puissance, dérèglent le cœur.

Ozias, un si grand roi et si religieux, « enflé pour sa perte (par ses grands succès et par sa puissance), négligea son Dieu, et voulut offrir l'encens, menaçant les prêtres[4] » dont il usurpoit l'honneur.

Le saint roi Ezéchias se défendit-il du plaisir d'étaler sa gloire et ses richesses aux ambassadeurs de Babylone, avec une ostentation que Dieu condamna par ces dures paroles d'Isaïe : « Le jour viendra que tous ces trésors seront transportés à Babylone (à qui tu les as montrés avec tant de complaisance), sans qu'il en

[1] II *Paralip.*, XVII, 5, 6. — [2] *Ibid.*, XI, 17; XII, 1. — [3] *Ibid.*, XXV, 14. — [4] *Ibid.*, XXVI, 1, 16 et seq.

demeure ici la moindre parcelle [1]. » Tout alloit bien pour ce prince, à la réserve « de la tentation arrivée à l'occasion de cette ambassade : et Dieu la permit pour découvrir tous les sentimens de son cœur et l'orgueil qui s'y tenoit caché [2]. »

Cette sentence fait trembler. Dieu ordonne la magnificence dans les Cours, comme nous l'avons démontré : Dieu a horreur de l'ostentation et la foudroie, sans la pardonner à ses serviteurs. Quelle attention ne doit pas avoir un roi pieux ? Quelle réflexion profonde ne doit-il pas faire, sur la périlleuse délicatesse des tentations dont nous parlons ?

Saint Augustin se fondoit sur ces exemples, lorsqu'il a dit qu'il n'y a point de plus grande tentation, même pour les bons rois, que celle de la puissance : *Quàntò altior, tantò periculosior* [3].

Saül fut choisi de Dieu pour être roi, sans qu'il y pensât ; et nous avons vu ailleurs, dans le temps qu'on l'élisoit, qu'il se tenoit caché dans sa maison [4]. Et néanmoins il succomba à la tentation de la puissance, en désobéissant aux ordres de Dieu et épargnant Amalec ; en offrant le sacrifice sans attendre Samuel, peut-être dans la jalousie de régner en maître absolu, pour secouer un joug importun ; et enfin en persécutant à toute outrance dans tous les confins du royaume, David le plus fidèle de ses serviteurs [5].

Qu'arriva-t-il à David lui-même, et jusques à quel excès succomba-t-il à la tentation de la puissance ? Encore fit-il pénitence, et couvrit-il son ignominie par ce bon exemple. Mais Dieu n'a pas voulu que nous eussions une connoissance certaine d'une conversion semblable dans Salomon son fils, qui a été premièrement le plus sage de tous les rois, et ensuite dans sa mollesse le plus corrompu et le plus aveugle. La tentation de la puissance le plongea dans ces foiblesses. Il adora jusques aux dieux des femmes qui lui avoient dépravé le cœur : et les énormes dépenses qu'il lui fallut faire en contentant leur ambition et en leur éri-

---

[1] IV *Reg.*, XX, 16, 17. — [2] II *Paral.*, XXXII, 31. — [3] August., *Enarr. in Ps.* CXXXVII, n. 9. — [4] I *Reg.*, X, 2, 3, 9, 22, 23. — [5] I *Reg.*, XV, 8, 9, 13, 14 ; XIII, 8, 9 ; XVIII, XIX, XX et seq.

geant tant de temples, jetèrent un si bon roi dans les oppressions qui donnèrent lieu sous son fils à la division de la moitié du royaume.

Aveuglé par la tentation de la puissance, Nabuchodonosor se fit Dieu : et ne prépara que des fournaises ardentes à ceux qui refusoient leurs adorations à sa statue [1]. C'est lui qui séduit par sa propre grandeur, n'adora plus que lui-même. « N'est-ce pas là, disoit-il, cette grande Babylone que j'ai faite par ma puissance, et pour la manifestation de ma gloire [2] ? » Babylone, qui voyoit le monde entier sous sa puissance, disoit dans l'égarement de son orgueil : « Je suis, et il n'y a que moi sur la terre. » Et encore : « Je suis reine, la maîtresse éternelle de l'univers ; je ne serai jamais veuve ni seule ; mon empire ne périra jamais [3]. »

Un autre roi disoit en lui-même, plutôt par ses sentimens et par ses œuvres que par ses paroles [4] : « Le fleuve est à moi, et je me suis fait moi-même ; j'ai fait ce grand fleuve, qui m'apporte tant de richesses. » C'est ce que disent les rois superbes, lorsqu'à l'exemple d'un Pharaon roi d'Egypte, ils se croient arbitres de leur sort, et agissent comme indépendans des ordres du Ciel, qu'ils ont oubliés.

Un Antiochus ébloui de sa puissance, qu'il croyoit sans bornes, « éleva sa bouche contre le ciel ; et attaquant le Très-Haut par ses blasphèmes, il en voulut écraser les saints et éteindre le sacrifice [5]. » On le voit paroître en son temps, comme un homme qui ne croit rien impossible à sa puissance. Car « il croyoit pouvoir voguer sur la terre, et marcher sur les flots de la mer [6]. » Ainsi son audace entreprenoit tout, et il vouloit que le monde n'eût point d'autre loi que ses ordres. Cependant il étoit l'esclave d'une femme, qu'il appela *Antiochide* de son nom, et vit des peuples entiers se révolter contre lui parce qu'ils étoient la proie d'une impudique, à qui le roi donnoit ses provinces [7].

Hérode sur un trône auguste et revêtu des habits royaux, pendant qu'il parloit se laissa flatter « des acclamations du peuple qui lui crioit : Ce sont les paroles d'un Dieu et non pas d'un

---

[1] *Dan.*, iii, 6.— [2] *Ibid.*, iv, 2, 26, 27.— [3] *Isa.*, xlvii, 7, 9.— [4] *Ezech.*, xxix, 3, 9. — [5] *Dan.*, vii, 25 ; viii, 11, 12. — [6] II *Mach.*, v, 21. — [7] *Ibid.*, iv, 30.

homme : et mérita d'être frappé en ce moment par un ange, en sorte qu'il mourut mangé des vers[1]. » Comme si Dieu, qu'il oublioit, lui eût voulu dire, ainsi qu'à cet autre roi : « Diras-tu encore : Je suis un Dieu, toi qui es un homme et non pas un Dieu, sous la main qui te donne la mort[2], » en t'envoyant une si étrange maladie?

Voilà les effets funestes de la tentation de la puissance : l'oubli de Dieu, l'aveuglement du cœur et l'attachement à sa volonté : d'où suivent des raffinemens d'orgueil et de jalousie, et un empire des plaisirs qui n'a point de bornes.

Cela fut ainsi dès l'origine. Et aussitôt qu'il y eut des puissances absolues, on craignit tout de leurs passions. « Abraham dit à Saraï sa femme : Vous êtes belle : quand les Egyptiens vous verront, ils diront : C'est sa femme : et ils me tueront pour vous avoir. Dites que vous êtes ma sœur (comme elle l'étoit aussi en un certain sens). Pharaon fut bientôt instruit de la beauté de Saraï : et Abraham reçut un bon traitement pour l'amour d'elle : et on lui donna des troupeaux et des esclaves en abondance : et on enleva sa femme dans la maison de Pharaon[3]. » Il en arriva autant à Abraham chez un autre roi, c'est-à-dire chez Abimélech, roi de Gérare dans la Palestine[4]. Et on voit que depuis l'établissement de la puissance absolue, il n'y a plus de barrière contre elle, ni d'hospitalité qui ne soit trompeuse, ni de rempart assuré pour la pudeur, ni enfin de sûreté pour la vie des hommes.

Avouons donc de bonne foi qu'il n'y a point de tentation égale à celle de la puissance : ni rien de plus difficile que de se refuser quelque chose, quand les hommes vous accordent tout, et qu'ils ne songent qu'à prévenir ou même à exciter vos désirs.

IIe PROPOSITION.

Quels remèdes on peut apporter aux inconvéniens proposés.

Il y en a qui touchés de ces inconvéniens, cherchent des barrières à la puissance royale. Ce qu'ils proposent comme utile,

---

[1] *Act.*, XII, 22, 23. — [2] *Ezech.*, XXVIII, 9, 23. — [3] *Gen.*, XII, 11, 12 et seq. — *Ibid.*, XX, 11, 12.

non-seulement aux peuples, mais encore aux rois, dont l'empire est plus durable quand il est réglé.

Je ne dois point entrer ici, ni dans ces restrictions, ni dans les diverses constitutions des empires et des monarchies. Ce seroit m'éloigner de mon dessein. Je remarquerai seulement ici, premièrement : que Dieu, qui savoit ces abus de la souveraine puissance, n'a pas laissé de l'établir en la personne de Saül, quoiqu'il sût qu'il en devoit abuser autant qu'aucun roi. Secondement : que si ces inconvéniens devoient contraindre le gouvernement jusqu'au point que l'on veut imaginer, il faudroit ôter jusqu'aux juges choisis tous les ans par le peuple, puisque la seule histoire de Suzanne suffit pour montrer l'abus qu'ils ont fait de leur autorité.

Sans donc se donner un vain tourment à chercher dans la vie humaine des secours qui n'aient pas d'inconvénient, et sans examiner ceux que les hommes ont inventés dans les établissemens des gouvernemens divers : il faut aller à des remèdes plus généraux, et à ceux que Dieu lui-même a ordonnés aux rois contre la tentation de la puissance : dont la source est dans ce principe.

IIIe PROPOSITION.

Tout empire doit être regardé sous un autre empire supérieur et inévitable, qui est l'empire de Dieu.

« Ecoutez-moi, rois, et entendez : juges de la terre, apprenez votre devoir : prêtez l'oreille, vous qui contenez la multitude, et qui vous plaisez à vous voir environnés des troupes des peuples. C'est le Seigneur qui vous a donné la puissance, et toute votre force vient du Très-Haut, qui examinera vos œuvres, et sondera vos pensées, parce qu'étant les ministres de son royaume, vous n'avez pas jugé droitement, et vous n'avez pas gardé la loi de la justice, et vous n'avez pas marché selon la volonté de Dieu. Il vous apparoîtra tout d'un coup, d'une manière terrible : et ceux qui commandent seront jugés par un jugement très-rigoureux et très-dur. Car les petits seront traités avec douceur : mais les puissans seront puissamment tourmentés. Dieu ne fait

point d'acception de personne, ni il ne craint la grandeur de qui
que ce soit, parce qu'il a fait le petit comme le grand, et il a un
soin égal des uns et des autres : les plus forts auront à porter un
tourment plus fort[1]. »

Il ne faut ni réflexion ni commentaire. Les rois comme ministres de Dieu, qui en exercent l'empire, sont avec raison menacés
pour une infidélité particulière, d'une justice plus rigoureuse et
de supplices plus exquis. Et celui-là est bien endormi, qui ne se
réveille pas à ce tonnerre.

IVᵉ PROPOSITION.

Les princes ne doivent jamais perdre de vue la mort : où l'on voit l'empreinte
de l'empire inévitable de Dieu.

« Je suis un homme mortel comme les autres (c'est ainsi
que la Sagesse éternelle fait parler Salomon). Je suis fils de ce
premier homme qui a été formé de terre, et j'ai été fait chair
(c'est-à-dire l'infirmité même) dans le ventre de ma mère, qui
m'a porté dix mois. J'ai été composé de sang : sorti d'une race
humaine parmi le trouble des sens, dans une espèce de sommeil
(ma conception n'a rien que de foible). Ma naissance m'a jeté,
et comme exposé sur la terre : j'ai respiré le même air que tous
les autres mortels, et comme eux j'ai commencé ma vie en pleurant : on m'a nourri dans des langes avec de grands soins. Les
rois n'ont point un autre commencement : tous les hommes ont
entrés dans la vie de la même manière, et ils la finissent aussi
par un même sort[2]. »

C'est la loi établie de Dieu pour tous les mortels : il sait égaler
par là toutes les conditions. La mortalité, qui se fait sentir dans
le commencement et dans la fin, confond le prince et le sujet : et
la fragile distinction qui est entre deux, est trop superficielle et
trop passagère, pour mériter d'être comptée.

---

[1] *Sap.*, VI, 2, 3, 4 et seq. — [2] *Ibid.*, VII, 1-6.

Dieu fait des exemples sur la terre : il punit par miséricorde.

« Le prophète Nathan dit à David : Vous êtes cet homme coupable dont vous venez de prononcer la condamnation (dans la
parabole de la brebis). Et voici ce que dit le Seigneur : Je vous
ai fait roi sur mon peuple d'Israël : je vous ai donné la maison
de votre seigneur avec tous ses biens : pourquoi donc avez-vous
méprisé la parole du Seigneur, pour faire mal à ses yeux, en
répandant le sang d'Urie, en lui ôtant sa femme et le tuant par
l'épée des enfans d'Ammon ? Pour cela l'épée ne se retirera point
à jamais de votre maison, parce que vous m'avez méprisé. Et
voici ce que dit le Seigneur : Je susciterai le mal dans votre maison : vos femmes vous seront enlevées à vos yeux : vous les verrez entre les mains de celui qui vous touchera de plus près (de
votre propre fils), aux yeux du soleil. Car vous l'avez fait en
secret : mais moi j'accomplirai cette parole à la vue de tout Israël
et à la vuedu soleil [1].. Et parce que vous avez fait blasphémer le
nom du Seigneur par ses ennemis, l'enfant (qui vous est si cher)
mourra de mort [2]. »

Tout s'accomplit de point en point. Absalon fit éprouver à
David tous les maux, et tous les affronts que le prophète avoit
prédits. David jusque-là toujours triomphant et les délices de
son peuple, fut contraint de prendre la fuite à pied avec tous les
siens, devant son fils rebelle ; et poursuivi dans sa fuite à coups
de pierres, il se vit réduit à souffrir les outrages de ses ennemis ; et ce qu'il y a de plus déplorable, à avoir besoin de la pitié
de ses serviteurs. Le glaive vengeur le poursuivit. Jeté de guerre
civile en guerre civile, il ne se put rétablir que par des victoires
sanglantes, qui lui coûtèrent le sang le plus cher [3].

Voilà l'exemple que Dieu fit d'un roi qui étoit selon son cœur,
et dont il vouloit rétablir la gloire par la pénitence.

[1] II *Reg.*, xii, 7, 8 et seq. — [2] *Ibid.*, 14. — [3] *Ibid.*, xv, xvi, xviii, xx.

VIe PROPOSITION.

Exemples des châtimens rigoureux. Saül : premier exemple.

« Qui voulez-vous que j'évoque d'entre les morts ? » disoit l'enchanteresse, que Saül consultoit à la veille d'une bataille. « Evoquez-moi Samuel, répondit ce prince. Qui voyez-vous ? Je vois comme des dieux (quelque chose d'auguste et de divin) qui s'élève de la terre (et qui sort du creux d'un tombeau). Quelle en est la forme ? Un vieillard s'élève enveloppé d'un manteau. Saül reconnut Samuel à cet habit, et se prosterna en terre[1]. » Soit que ce fût Samuel lui-même, Dieu le permettant ainsi pour confondre Saül par ses propres désirs, ou seulement sa figure. « Et Samuel lui dit : Pourquoi me troublez-vous dans le repos de la sépulture ? Et que sert de m'interroger, puisque le Seigneur vous a rejeté de devant sa face, par votre désobéissance ? Dieu livrera Israël aux Philistins. Demain vous et vos enfans serez avec moi (parmi les morts) : et les Philistins tailleront en pièces l'armée d'Israël[2]. »

A cette courte et terrible sentence, le cœur de Saül fut épouvanté. Le lendemain les Philistins firent un horrible carnage de toute l'armée, comme il avoit été dit : Jonathas et les enfans de Saül qui y combattoient à ses côtés, y périrent. Ce roi aussi malheureux qu'impie, arracha l'épée des mains de son écuyer, se perça lui-même à son refus pour ne point tomber entre les mains de ses ennemis : et passa ainsi de la mort temporelle à l'éternelle[3].

VIIe PROPOSITION.

Second exemple : Baltasar roi de Babylone.

« Baltasar fit un grand festin. Et déjà échauffé par le vin, il fit apporter les vases d'or et d'argent, que son père Nabuchodonosor avoit enlevés du temple de Jérusalem (comme si le vin y eût été meilleur et que la profanation y ajoutât un nouveau goût). Le roi donc, ses femmes, ses maîtresses et les grands de sa Cour buvoient de ce vin, et louoient leurs dieux d'or et d'argent, d'ai-

---

[1] *Reg.*, xxviii, 11 et seq. — [2] *Ibid.*, 15, 16 et seq. — [3] *Ibid.*, xxxi, 1-4.

rain et de fer, de bois et de pierre. Quand tout d'un coup il parut
vis-à-vis d'un chandelier deux doigts (en l'air) comme d'une
main humaine, qui écrivoient sur la muraille de la salle du banquet. A ce spectacle de la main qui écrivoit, le visage du roi
changea, et ses pensées se troubloient : ses reins furent séparés :
ses genoux branlèrent, et se brisoient l'un contre l'autre. Il fit
un grand cri : toute la Cour fut effrayée ; on appela les devins [1] »
(selon la coutume).

Mais tous ces devins ne purent lire cette écriture. On fit venir
Daniel, comme un homme qui avoit l'esprit des dieux. Et ce
fidèle interprète fit cette réponse : « O roi, le Très-Haut avoit
élevé Nabuchodonosor votre père : il fit en son temps tout ce
qu'il voulut sur la terre. Quand son cœur s'enfla, et que son
esprit s'enorgueillit, il fut frappé, et sa gloire fut éteinte. La raison lui fut ôtée ; et déposé de son trône, il se vit rangé parmi les
bêtes, broutant l'herbe comme un bœuf et battu par les eaux du
ciel, jusqu'à ce qu'il eût connu que le Très-Haut donnoit les
royaumes à qui il vouloit. Vous donc, ô roi Baltasar son fils, qui
savez toutes ces choses, vous n'en avez point profité : et ne vous
êtes point humilié devant le Seigneur ; mais vous avez profané
les vaisseaux sacrés de son temple, et avez loué vos dieux de
bois et de métail. C'est pour cela que le doigt de la main (qui a
paru en l'air) vous est envoyé. Et en voici l'écriture : Manè. Le
Seigneur a compté les années de votre règne, et en a marqué la
fin. Thécel. Vous avez été mis dans la balance, et on ne vous a
pas trouvé du poids qu'il falloit. Pharès. Votre royaume a été
divisé, et a été donné aux Mèdes et aux Perses [2]. »

« En cette nuit Baltasar fut tué, et Darius le Mède fut mis sur
son trône [3]. »

VIIIe PROPOSITION.

Troisième exemple : Antiochus (surnommé l'Illustre), roi de Syrie.

. « Antiochus marchoit dans les provinces supérieures de la
grande Asie : et il apprit les richesses d'Elymaïde ville de Perse,
et de son temple, où Alexandre fils de Philippe roi de Macédoine,

----

[1] Dan., v, 1, 2 et seq. — [2] Ibid., 18—28. — [3] Ibid., 30, 31.

qui avoit commencé l'empire des Grecs, avoit déposé les riches dépouilles de tant de royaumes vaincus. Et il s'approcha de la ville, qu'il vouloit surprendre; mais l'entreprise fut découverte; et battu par ses ennemis, il revenoit en fuite avec honte [1]. »

« Plongé dans une profonde tristesse, il apprit auprès d'Ecbatanes l'une des capitales de son royaume, la défaite de ses généraux (Nicanor et Lysias), qu'il avoit laissés en Judée pour la subjuguer. Et emporté de colère, il crut pouvoir réparer sur les Juifs l'opprobre où l'avoient jeté ceux qui l'avoient contraint à prendre la fuite, menaçant Jérusalem dans son orgueil de n'en faire plus qu'un sépulcre de ses citoyens [2]. »

Pendant qu'il ne respiroit que feu et sang contre les Juifs, poursuivi par la vengeance divine, il précipitoit le cours de ses chariots, et reçut en versant de rudes coups. Les nouvelles qui lui venoient coup sur coup du mauvais succès de ses desseins en Judée, l'effraya et le mit en trouble. Dans l'excès de la mélancolie où l'avoient jeté ses espérances trompées, il tomba malade : la (a) tristesse se renouveloit dans une longue langueur, et il se sentoit défaillir. Au milieu de ses discours menaçans, Dieu le frappa d'une plaie cachée qui lui causa d'insupportables tourmens. « Ce qui étoit le juste supplice de ceux qu'il avoit inventés contre les autres : celui qui croyoit pouvoir commander aux flots de la mer, et se croyoit au-dessus des astres, porté sur un brancart, rendoit témoignage de la puissance de Dieu, dont le bras l'atterroit. Il sortit des vers de son corps. L'armée n'en pouvoit souffrir la puanteur, qui lui devint insupportable à lui-même [3]. »

« Alors il appela ses serviteurs les plus affidés, et leur dit : Je ne connois plus le sommeil : je suis abîmé dans la tristesse, moi dont les joies étoient si emportées. Le souvenir des maux que j'ai faits sans raison dans Jérusalem, et le pillage injuste de tant de richesses, ne me laissent pas de repos. Et je meurs sans consolation dans une terre éloignée [4]. »

Alors il commença à se réveiller comme d'un profond assou-

---

[1] I Mach., VI, 1, 2 et seq. — [2] II Mach., IX, 1, 2 et seq. — [3] Ibid. VI, 6, 8. — [4] I Mach., VI, 10, 11, 12, 13.

(a) II⁰ édit. : Sa.

pissement : et dans le continuel accroissement de ses maux, rentrant enfin en lui-même : « Il est juste, s'écria-t-il, d'être soumis à Dieu, et qu'un mortel ne s'égale pas à sa puissance. Il imploroit la miséricorde, qui lui étoit refusée. Il protestoit d'affranchir Jérusalem qui avoit été l'objet de sa haine. Il promettoit d'égaler aux Athéniens les Juifs, qu'auparavant il vouloit donner en proie, grands et petits, aux oiseaux et aux bêtes ravissantes. Il ne parloit que des beaux présens qu'il destinoit au temple saint : et promettoit de se faire Juif, et d'aller de ville en ville publier la gloire et la puissance de Dieu[1]. » Mais il ne reçut point la miséricorde qu'il vouloit acheter et non fléchir, ni aucun fruit d'une conversion que Dieu, qui lit dans les cœurs, connoissoit trompeuse et forcée.

« Ainsi mourut d'une mort misérable, sur des montagnes éloignées, cet homicide et ce blasphémateur : ainsi reçut-il le traitement qu'il avoit fait à tant d'autres[2]. »

C'est assez d'avoir rapporté ces tristes exemples : et nous nous tairons du nombre infini qui reste.

IXe PROPOSITION.

Le prince doit respecter le genre humain, et révérer le jugement de la postérité.

Pendant que le prince se voit le plus grand objet sur la terre des regards du genre humain, il en doit révérer l'attention, et considérer dans chacun des hommes qui le regardent un témoin inévitable de ses actions et de sa conduite.

Surtout il doit respecter le jugement de la postérité, qui rend des arrêts suprêmes sur la conduite des rois. Le nom de Jéroboam marchera éternellement avec cette note infamante : « Jéroboam qui pécha, et fit pécher Israël[3]. »

Les louanges de David iront toujours avec cette restriction : « Excepté l'affaire d'Urie Héthéen[4]. » Encore pour David, sa gloire est réparée par sa pénitence : mais celle de Salomon n'étant point connue, il demeurera après tant d'éloges que lui donne

---

[1] II *Mach.*, IX, 11, 12, 13, 14, 15, 16, 17. — [2] *Ibid.* IX, 28. — [3] IV *Reg.*, XIV, 24; XV, 9. — [4] III *Reg.*, XV, 5.

l'*Ecclésiastique,* avec cette tache inhérente à son nom : « O sage,
tu t'es abaissé devant les femmes, tu as mis une tache dans ta
gloire ! Tu as profané ton sang : et ta folie a donné lieu au partage de ton royaume [1]. » Rien n'a effacé cette tache.

Et si l'on veut prendre l'*Ecclésiaste* comme un ouvrage de la
pénitence de Salomon, profitons-y du moins de cet aveu : « J'ai
parcouru dans mon esprit toutes les occupations de la vie humaine : l'impiété de l'insensé et l'erreur des imprudens ; et le
fruit de mes expériences a été de reconnoître que la femme étoit
plus amère que la mort [2]. »

Xe PROPOSITION.

Le prince doit respecter les remords futurs de sa conscience.

Combien de fois le cœur percé de componction, David a-t-il dit
en lui-même : Urie étoit connu comme un des forts d'Israël et
des plus fidèles à son roi : cependant je lui ai ôté l'honneur et la
vie : « O Seigneur, délivrez-moi de son sang [3] » (qui me persé-
cute) ! La plaie que je lui ai faite par les traits des Ammonites,
pendant qu'il combattoit dans les premiers rangs pour mon service, est toujours ouverte devant mes yeux : « et mon péché est
toujours contre moi [4]. » Que n'eût-il pas fait pour se délivrer de
ce reproche sanglant ?

Que la crainte d'un semblable sentiment arrête les mains sanguinaires, et prévienne la profonde plaie que fait dans les cœurs
la victoire que remportent les basses et honteuses passions.

XIe PROPOSITION.

Réflexion que doit faire un prince pieux, sur les exemples que Dieu fait
des plus grands rois.

Qui m'a dit, si j'étois rebelle à la voix de Dieu, que sa justice
ne me mettroit pas au nombre de ces malheureux qu'il fait servir
d'exemples aux autres ? Dieu craint-il ma puissance ? et quel mortel en est à couvert ?

Mais peut-être que c'est seulement sur des scélérats qu'il exerce

---

[1] *Eccli.,* XLVII, 21, 22, 23. — [2] *Eccle.,* VII, 26, 27. — [3] *Ps.,* L, 16. — [4] *Ibid.,* 5.

ses vengeances? Non : il imputa à David le dénombrement du
peuple, par où ce prince paroissoit seulement prendre trop de
confiance en ses forces : et sans autre miséricorde que de lui donner l'option de son supplice, il lui ordonna de choisir entre la·
famine, la guerre et la peste. Nous venons de voir Ezéchias étaler ses richesses aux Babyloniens, ce qui n'étoit après tout qu'une
ostentation ; et cependant le Seigneur lui dit en punition, par la
bouche de son prophète Isaïe : « Je transporterai ces richesses de
tant de rois à Babylone : et les enfans qui sortiront de toi, seront
esclaves dans le palais de ses rois [1]. »

C'est des rois les plus pieux que Dieu exige un détachement
plus entier de leur grandeur. C'est sur eux qu'il venge le plus
durement la confiance qu'ils mettent dans leur pouvoir, et l'attachement qu'ils ont à leurs richesses. Que ne fera-t-il donc pas
dans la nouvelle alliance, après l'exemple et la doctrine du Fils
de Dieu descendu du ciel, pour anéantir toutes les grandeurs humaines?

XIIe PROPOSITION.

Réflexion particulière à l'état du christianisme.

Il faut ici se souvenir que le fondement de toute la doctrine
chrétienne, et la première béatitude que Jésus-Christ propose à
l'homme, est établie dans ces paroles : « Bienheureux les pauvres
d'esprit, parce qu'à eux appartient le royaume des cieux [2]. » Expressément il ne dit pas : Bienheureux les pauvres : en effet,
comme si l'on ne pouvoit être sauvé dans les grandes fortunes.
Mais il dit : Bienheureux les pauvres d'esprit, c'est-à-dire bienheureux ceux qui savent se détacher de leurs richesses : s'en dépouiller devant Dieu par une véritable humilité. Le royaume du
ciel est à ce prix : et sans ce dépouillement intérieur, les rois de
la terre n'auront pas de part au véritable royaume, qui sans
doute est celui des cieux.

Rien ne convenoit davantage à Jésus-Christ, que de commencer par cette sentence le premier sermon où il vouloit, pour ainsi

[1]. IV *Reg.*, XX, 17, 18. — [2] *Matth.*, V, 3.

parler, donner le plan de sa doctrine. Jésus-Christ, c'est un Dieu abaissé : un roi descendu de son trône : qui a voulu naître pauvre, d'une mère pauvre, à qui il inspire l'amour de la pauvreté et de la bassesse, dès qu'il l'a choisie pour sa mère. « Dieu, dit-elle [1], a regardé la petitesse, la bassesse de sa servante [1]. » Ce n'est pas seulement la vertu de cette mère admirable qu'il a choisie pour son fils, mais encore la petitesse de son état. C'est pourquoi elle ajoute aussitôt après : « Il a dissipé ceux qui s'enorgueillissent dans leur cœur : il a déposé les puissans de leur trône, et il a élevé les petits et les humbles : il a rempli de biens ceux qui ont faim (ceux qui sont dans le besoin, dans l'indigence), et il a renvoyé les riches les mains vides [2]. »

La divine Mère exprime par ce peu de mots, tout le dessein de l'Evangile. Un roi comme Jésus-Christ, qui n'a rien voulu garder de la grandeur extérieure de tant de rois ses ancêtres, n'a pu se proposer autre chose en venant au monde, que de rabaisser les puissances à ses yeux, et d'élever les humbles de cœur aux plus hautes places de son royaume.

XIIIe PROPOSITION.

On expose le soin d'un roi pieux à supprimer tous les sentimens qu'inspire
la grandeur.

« Seigneur, disoit David, je n'ai point enflé mon cœur, je n'ai point élevé mes yeux : je n'ai point marché dans les hauteurs, ni dans des choses admirables au-dessus de moi [3]. (J'ai combattu les pensées ambitieuses : et je ne me suis point laissé posséder à l'esprit de grandeur et de puissance). « Si je n'ai pas eu des sentimens humbles, et que j'aie élevé mon ame (Seigneur, ne me regardez pas). Semblable à un enfant qu'on a sevré de la mamelle de sa mère : ainsi mon ame a été sevrée (des douceurs de la gloire humaine, pour être capable d'un aliment plus solide et plus substantiel). Qu'Israël (le vrai Israël de Dieu, c'est-à-dire le chrétien) espère au Seigneur maintenant, et au siècle des siècles [3]. » Qu'il n'ait point d'autre sentiment, ni pour le passé ni pour l'avenir.

[1] *Luc.*, I, 48. — [2] *Ibid.*, 51, 52, 53. — [3] *Ps.* CXXX, 1 et seq.

C'est la vie de tout chrétien, et des rois ainsi que des autres :
car ils doivent comme les autres être vraiment pauvres d'esprit
et de cœur ; et comme disoit saint Augustin, « préférer au
royaume où ils sont seuls, celui où ils ne craignent point d'avoir
des égaux [1]. »

David rempli de l'esprit du Nouveau Testament, sous lequel il
étoit déjà par la foi, a ramassé ces grands sentimens dans un des
plus petits de ses psaumes : et il le donne pour entretien et pour
exercice aux rois pieux.

XIVe PROPOSITION.

Tous les jours, et dès le matin, le prince doit se rendre devant Dieu attentif
à tous ses devoirs.

« Ecoutez, Seigneur, mes paroles d'une oreille favorable : entendez le cri de mon cœur : soyez attentif à ma prière, mon Roi
et mon Dieu. Je vous ferai ma prière, et vous m'écouterez dès le
matin. Je me présenterai à vous dès le matin, et je considérerai
que vous êtes un Dieu qui haïssez l'iniquité. L'homme malin
n'approchera point de vous : les méchans ne subsisteront point
sous vos yeux. Vous haïssez tout homme qui fait mal : vous per-
drez ceux qui profèrent le mensonge. Le Seigneur a en abomination l'homme sanguinaire et le trompeur. Pour moi, j'espère
en la multitude de vos miséricordes. J'entrerai dans votre maison : j'adorerai dans votre saint temple en votre crainte. Amenez-
moi dans votre justice : aplanissez vos voies devant moi, pour
me délivrer de ceux qui me tendent des piéges. La vérité n'est
point en leur bouche : leur cœur est plein de fraude pour me
surprendre : leur bouche est un sépulcre ouvert (pour engloutir
l'innocent). Ils adoucissent leurs langues (par des paroles flat-
teuses). Jugez-les, Seigneur : rendez leurs desseins inutiles : re-
poussez-les selon le nombre de leurs impiétés, parce qu'ils ont
irrité votre colère. Mais que ceux qui espèrent en vous, se réjouissent : ils vous loueront à jamais. Vous protégerez ceux qui
aiment votre nom : vous habiterez en eux, ils se réjouiront en

_____
[1] Aug., _de Civit. Dei_, lib. V, cap. XXIV.

vous : bénissez le juste. Vous environnerez leur tête comme d'un bouclier, selon votre bonne volonté [1]. »

On voit David, un si grand roi, dès le matin et dans le moment où l'esprit est le plus net et les pensées les plus dégagées et les plus pures, se mettre en la présence de Dieu, entrer dans son temple faire son adoration et sa prière en considérant ses devoirs, sur ce fondement immuable, que Dieu est un Dieu qui hait l'iniquité : ce qui oblige ce prince à la réprimer en lui-même et dans les autres. C'est ainsi qu'on se renouvelle tous les jours, et qu'on évite l'oubli de Dieu, qui est le plus grand de tous les maux.

XVe ET DERNIÈRE PROPOSITION.

Modèle de la vie d'un prince dans son particulier : et les résolutions qu'il y doit prendre.

« O Seigneur, je célébrerai par mes chants votre miséricorde et vos jugemens : je vous chanterai des psaumes, et je m'instruirai dans la voie parfaite et sans tache, quand vous approcherez de moi. Je marchois dans mon innocence, et dans la simplicité de mon cœur, au milieu de ma maison. Je ne mettois dans mon esprit aucune pensée injuste : je haïssois celui qui se détournoit de vos voies. Un mauvais cœur ne m'approchoit pas ; je ne connoissois point le mal : je ne laissois aucun repos à celui qui médisoit en secret de son prochain. Les yeux superbes, et les cœurs avares et insatiables n'avoient point de place à ma table (et dans ma familiarité). Mes yeux se tournoient vers les fidèles de la terre, pour vivre en leur compagnie : je me servois de celui dont les voies étoient innocentes et irréprochables. Le superbe n'habitoit point dans ma maison : le menteur ne plaisoit pas à mes yeux ; (mon zèle s'allumoit dès le matin contre les méchans et les impies) : je les faisois mourir dès le matin, (je méditois leur perte), afin de les exterminer tous de la cité du Seigneur [2]. »

. C'est ainsi que parloit David en roi zélé pour la religion et pour la justice : et il apprenoit aux rois par son exemple quels con-

---

[1] *Ps.* v, 1 et seq. — [2] *Ps.* c, 1 et seq.

seillers, quels ministres, quels amis et quels ennemis ils doivent avoir. Quel spectacle de voir le plus doux et le plus clément de tous les princes, dès le matin au milieu du carnage spirituel des ennemis de Dieu, quand il les voyoit scandaleux et incorrigibles ! Mais quel plaisir de considérer dans ce psaume admirable son innocence, sa modération, son intégrité et sa justice ; ceux qu'il approche de lui, ceux qu'il en éloigne ; son attention sur lui-même, et son zèle contre les méchans !

Avec toutes ces précautions, il est tombé, et d'une chute terrible : tant est grande la foiblesse humaine : tant est dangereuse la tentation de la puissance. Combien plus sont exposés ceux qui sont toujours hors d'eux-mêmes, et ne rentrent jamais dans leur conscience ! C'est donc le grand remède à la tentation dont nous parlons : et je ne puis mieux finir cet ouvrage, qu'en mettant entre les mains des rois pieux ces beaux psaumes de David.

CONCLUSION.

En quoi consiste le vrai bonheur des rois.

Apprenons-le de saint Augustin, parlant aux empereurs chrétiens, et en leurs personnes à tous les princes et à tous les rois de la terre. C'est le fruit et l'abrégé de ce discours.

« Les empereurs chrétiens ne nous paroissent pas heureux, pour avoir régné longtemps ; ni pour avoir laissé l'empire à leurs enfans après une mort paisible ; ni pour avoir dompté, ou les ennemis de l'Etat, ou les rebelles. Ces choses, que Dieu donne aux hommes dans cette vie malheureuse (ou pour leur faire sentir sa libéralité, ou pour leur servir de consolation dans leurs misères), ont été accordées même aux idolâtres qui n'ont aucune part au royaume céleste, où les empereurs chrétiens sont appelés. Ainsi nous ne les estimons pas heureux pour avoir ces choses, qui leur sont communes avec les ennemis de Dieu : et il leur a fait beaucoup de graces, lorsque leur inspirant de croire en lui, il les a empêchés de mettre leur félicité dans des biens de cette nature. Ils sont donc véritablement heureux, s'ils gouvernent avec justice les peuples qui leur sont soumis ; s'ils ne s'enorgueillissent point parmi les discours de leurs flatteurs, et au milieu des bassesses de leurs courtisans ; si leur élévation ne les empêche pas de se souvenir qu'ils sont des hommes mortels ; s'ils font servir leur puissance à étendre le culte de Dieu, et à faire révérer cette majesté infinie ; s'ils craignent Dieu, s'ils l'aiment, s'ils l'adorent ; s'ils préfèrent au royaume où ils sont les seuls maîtres, celui où ils ne craignent point d'avoir des égaux ; s'ils sont lents à punir, et au contraire prompts à pardonner ; s'ils exercent la vengeance publique, non pour se satisfaire eux-mêmes, mais pour le bien de l'Etat qui a besoin nécessairement de cette sévérité ; si le pardon qu'ils accordent tend à l'amendement de ceux qui font mal, et non à l'impunité des mauvaises actions ; si lorsqu'ils sont obligés d'user de quelque rigueur, ils prennent soin de l'adoucir autant qu'ils peuvent par des bienfaits et par des marques de bonté ; si leurs passions sont d'autant plus réprimées qu'elles peuvent être plus libres ; s'ils aiment mieux se commander à eux-mêmes et à leurs mauvais désirs, qu'aux nations les plus indomptables et les plus fières ; et s'ils sont portés à faire ces choses, non par le sentiment d'une vaine gloire, mais par l'amour de la félicité éternelle, offrant tous les jours à Dieu pour leurs péchés un sacrifice agréable de saintes prières, de compassion sincère des maux que souffrent les hommes et d'humilité profonde devant la majesté du Roi des rois. Les empereurs qui vivent ainsi sont heureux en cette vie par espérance ; et ils le seront un jour en effet, quand la gloire que nous attendons sera arrivée [1]. »

[1] S. August., *de Civitate Dei*, lib. V, cap. xxiv.

FIN DE LA POLITIQUE TIRÉE DE L'ÉCRITURE.

DISCOURS

SUR

L'HISTOIRE UNIVERSELLE

A MONSEIGNEUR LE DAUPHIN

———

AVANT-PROPOS

Dessein général de cet ouvrage : sa division en trois parties (a).

Quand l'histoire seroit inutile aux autres hommes, il faudroit la faire lire aux princes. Il n'y a pas de meilleur moyen de leur découvrir ce que peuvent les passions et les intérêts, les temps et les conjonctures, les bons et les mauvais conseils. Les histoires ne sont composées que des actions qui les occupent, et tout semble y être fait pour leur usage. Si l'expérience leur est nécessaire pour acquérir cette prudence qui fait bien régner, il n'est rien de plus utile à leur instruction que de joindre aux exemples des siècles passés les expériences qu'ils font tous les jours. Au lieu qu'ordinairement ils n'apprennent qu'aux dépens de leurs sujets et de leur propre gloire, à juger des affaires dangereuses qui leur arrivent : par le secours de l'histoire, ils forment leur jugement, sans rien hasarder, sur les événemens passés. Lorsqu'ils voient jusqu'aux vices les plus cachés des princes, malgré les fausses louanges qu'on leur donne pendant leur vie, exposés aux yeux de tous les hommes, ils ont honte de la vaine joie que leur cause la flatterie, et ils connoissent que la vraie gloire ne peut s'accorder qu'avec le mérite.

D'ailleurs il seroit honteux, je ne dis pas à un prince, mais en général à tout honnête homme, d'ignorer le genre humain, et

(a) Ire édit. : Dessein général de cet ouvrage.

les changemens mémorables que la suite des temps a faits dans
le monde. Si l'on n'apprend de l'histoire à distinguer les temps ,
on représentera les hommes sous la loi de la nature ou sous la
loi écrite, tels qu'ils sont sous la loi évangélique ; on parlera des
Perses vaincus sous Alexandre, comme on parle des Perses victorieux sous Cyrus ; on fera la Grèce aussi libre du temps de Philippe que du temps de Thémistocle ou de Miltiade ; le peuple romain aussi fier sous les empereurs que sous les consuls ; l'Eglise
aussi tranquille sous Dioclétien que sous Constantin ; et la France
agitée de guerres civiles du temps de Charles IX et de Henri III,
aussi puissante que du temps de Louis XIV, où réunie sous un si
grand roi, seule elle triomphe de toute l'Europe.

C'est, Monseigneur, pour éviter ces inconvéniens que vous avez
lu tant d'histoires anciennes et modernes. Il a fallu avant toutes
choses vous faire lire dans l'Ecriture l'histoire du peuple de Dieu,
qui fait le fondement de la religion. On ne vous a pas laissé ignorer l'histoire grecque ni la romaine ; et ce qui vous étoit plus
important, on vous a montré avec soin l'histoire de ce grand
royaume, que vous êtes obligé de rendre heureux. Mais de peur
que ces histoires et celles que vous avez encore à apprendre ne
se confondent dans votre esprit, il n'y a rien de plus nécessaire
que de vous représenter distinctement, mais en raccourci, toute
la suite des siècles.

Cette manière d'histoire universelle est à l'égard des histoires
de chaque pays et de chaque peuple, ce qu'est une carte générale
à l'égard des cartes particulières. Dans les cartes particulières
vous voyez tout le détail d'un royaume, ou d'une province en
elle-même : dans les cartes universelles vous apprenez à situer
ces parties du monde dans leur tout ; vous voyez ce que Paris ou
l'Ile de France est dans le royaume, ce que le royaume est dans
l'Europe, et ce que l'Europe est dans l'univers.

Ainsi les histoires particulières représentent la suite des choses
qui sont arrivées à un peuple dans tout leur détail : mais afin de
tout entendre, il faut savoir le rapport que chaque histoire peut
avoir avec les autres ; ce qui se fait par un abrégé où l'on voie
comme d'un coup d'œil tout l'ordre des temps.

Un tel abrégé, Monseigneur, vous propose un grand spectacle. Vous voyez tous les siècles précédens se développer pour ainsi dire en peu d'heures devant vous : vous voyez comme les empires se succèdent les uns aux autres, et comme la religion dans ses différens états se soutient également depuis le commencement du monde jusqu'à notre temps.

C'est la suite de ces deux choses, je veux dire celle de la religion et celle des empires, que vous devez imprimer dans votre mémoire; et comme la religion et le gouvernement politique sont les deux points sur lesquels roulent les choses humaines, voir ce qui regarde ces choses renfermé dans un abrégé, et en découvrir par ce moyen tout l'ordre et toute la suite, c'est comprendre dans sa pensée tout ce qu'il y a de grand parmi les hommes, et tenir pour ainsi dire le fil de toutes les affaires de l'univers.

Comme donc en considérant une carte universelle, vous sortez du pays où vous êtes né, et du lieu qui vous renferme, pour parcourir toute la terre habitable, que vous embrassez par la pensée avec toutes ses mers et tous ses pays : ainsi en considérant l'abrégé chronologique, vous sortez des bornes étroites de votre âge, et vous vous étendez dans tous les siècles.

Mais de même que, pour aider sa mémoire dans la connoissance des lieux, on retient certaines villes principales, autour desquelles on place les autres, chacune selon sa distance : ainsi, dans l'ordre des siècles, il faut avoir certains temps marqués par quelque grand événement auquel on rapporte tout le reste.

C'est ce qui s'appelle Époque, d'un mot grec qui signifle *s'arrêter*, parce qu'on s'arrête là, pour considérer comme d'un lieu de repos tout ce qui est arrivé devant ou après, et éviter par ce moyen les anachronismes, c'est-à-dire cette sorte d'erreur qui fait confondre les temps.

Il faut d'abord s'attacher à un petit nombre d'époques, telles que sont dans les temps de l'histoire ancienne, Adam, ou la création; Noé, ou le déluge; la vocation d'Abraham, ou le commencement de l'alliance de Dieu avec les hommes; Moïse, ou la loi écrite; la prise de Troie; Salomon, ou la fondation du temple; Romulus, ou Rome bâtie; Cyrus, ou le peuple de Dieu délivré de

la captivité de Babylone; Scipion, ou Carthage vaincue; la naissance de Jésus-Christ; Constantin, ou la paix de l'Eglise; Charlemagne, ou l'établissement du nouvel empire.

Je vous donne cet établissement du nouvel empire sous Charlemagne, comme la fin de l'histoire ancienne, parce que c'est là
que vous verrez finir tout à fait l'ancien empire romain. C'est
pourquoi je vous arrête à un point si considérable de l'histoire
universelle. La suite vous en sera proposée dans une seconde
partie, qui vous mènera jusqu'au siècle que nous voyons illustré
par les actions immortelles du Roi votre père, et auquel l'ardeur
que vous témoignez à suivre un si grand exemple fait encore
espérer un nouveau lustre.

Après vous avoir expliqué (a) en général le dessein de cet ouvrage, j'ai trois choses à faire pour en tirer toute l'utilité que
j'en espère.

Il faut premièrement, que je parcoure avec vous les époques
que je vous propose; et que vous marquant en peu de mots les
principaux événemens qui doivent être attachés à chacune d'elles,
j'accoutume votre esprit à mettre ces événemens dans leur place,
sans y regarder autre chose que l'ordre des temps. Mais comme
mon intention principale est de vous faire observer dans cette
suite des temps, celle de la religion et celle des grands empires :
après avoir fait aller ensemble selon le cours des années, les faits
qui regardent ces deux choses, je reprendrai en particulier avec
les réflexions nécessaires, premièrement ceux qui nous font entendre la durée perpétuelle de la religion, et enfin ceux qui nous
découvrent les causes des grands changemens arrivés dans les
empires.

Après cela, quelque partie de l'histoire ancienne que vous lisiez,
tout vous tournera à profit. Il ne passera aucun fait dont vous
n'aperceviez les conséquences. Vous admirerez la suite des conseils
de Dieu dans les affaires de la religion : vous verrez aussi l'enchaînement des affaires humaines, et par là vous connoîtrez avec combien de réflexion et de prévoyance elles doivent être gouvernées.

(a) *Note marg. de la I*re *édit.* : Dessein de ce premier discours, qui est divisé
en trois parties.

PREMIÈRE PARTIE

LES ÉPOQUES OU LA SUITE DES TEMPS (a).

PREMIÈRE ÉPOQUE.

ADAM, OU LA CRÉATION.

Premier âge du monde.

La première époque vous présente d'abord un grand spectacle : Dieu qui crée le ciel et la terre par sa parole, et qui fait l'homme à son image (An du m. 1. — Av. J.-C. 4004). C'est par où commence Moïse le plus ancien des historiens, le plus sublime des philosophes, et le plus sage des législateurs.

Il pose ce fondement tant de son histoire que de sa doctrine, et de ses lois. Après il nous fait voir tous les hommes renfermés en un seul homme, et sa femme même tirée de lui ; la concorde des mariages et la société du genre humain établie sur ce fondement ; la perfection et la puissance de l'homme, tant qu'il porte l'image de Dieu en son entier ; son empire sur les animaux ; son innocence tout ensemble et sa félicité dans le paradis, dont la mémoire s'est conservée dans l'âge d'or des poëtes ; le précepte divin donné à nos premiers parens ; la malice de l'esprit tentateur, et son apparition sous la forme du serpent ; la chute d'Adam et d'Eve, funeste à toute leur postérité ; le premier homme justement puni dans tous ses enfans, et le genre humain maudit de Dieu ; la première promesse de la rédemption, et la victoire future des hommes sur le démon qui les a perdus.

(129 — 3875) La terre commence à se remplir, et les crimes s'augmentent. Caïn le premier enfant d'Adam et d'Eve, fait voir au monde naissant la première action tragique ; et la vertu commence dès lors à être persécutée par le vice [1]. Là paroissent les mœurs contraires des deux frères : l'innocence d'Abel, sa vie pas-

[1] *Gen.*, IV, 1, 3, 4, 8.

(a) Ire *édit.* : Première partie de ce discours. *Les époques.*

-torale, et ses offrandes agréables ; celles de Caïn rejetées, son avarice, son impiété, son parricide, et la jalousie mère des meurtres ; le châtiment de ce crime, la conscience du parricide agitée de continuelles frayeurs ; la première ville bâtie par ce méchant, qui se cherchoit un asile contre la haine et l'horreur du genre humain ; l'invention de quelques arts par ses enfans ; la tyrannie des passions, et la prodigieuse malignité du cœur humain toujours porté à faire le mal ; la postérité de Seth fidèle à Dieu malgré cette dépravation (987 — 3017), le pieux Hénoch miraculeusement tiré du monde qui n'étoit pas digne de le posséder ; la distinction des enfans de Dieu d'avec les enfans des hommes, c'est-à-dire de ceux qui vivoient selon l'esprit d'avec ceux qui vivoient selon la chair ; leur mélange et la corruption universelle du monde : la ruine des hommes résolue par un juste jugement de Dieu ; sa colère dénoncée aux pécheurs par son serviteur Noé (1536—2468) ; leur impénitence, et leur endurcissement puni enfin par le déluge (1656—2348) ; Noé et sa famille réservés pour la réparation du genre humain.

Voilà ce qui s'est passé en 1656 ans. Tel est le commencement de toutes les histoires, où se découvrent la toute-puissance, la sagesse et la bonté de Dieu : l'innocence heureuse sous sa protection : sa justice à venger les crimes, et en même temps sa patience à attendre la conversion des pécheurs : la grandeur et la dignité de l'homme dans sa première institution : le génie du genre humain depuis qu'il fut corrompu : le naturel de la jalousie, et les causes secrètes des violences et des guerres, c'est-à-dire tous les fondemens de la religion et de la morale.

Avec le genre humain, Noé conserva les arts, tant ceux qui servoient de fondement à la vie humaine et que les hommes savoient dès leur origine, que ceux qu'ils avoient inventés depuis. Ces premiers arts que les hommes apprirent d'abord, et apparemment de leur créateur, sont l'agriculture [1], l'art pastoral [2], celui de se vêtir [3], et peut-être celui de se loger. Aussi ne voyons-nous pas le commencement de ces arts en Orient, vers les lieux d'où le genre humain s'est répandu.

[1] *Gen.*, II, 15 ; III, 17, 18, 19 ; IV, 2. — [2] *Ibid.*, IV, 2. — [3] *Ibid.*, III, 24.

La tradition du déluge universel se trouve par toute la terre. L'arche où se sauvèrent les restes du genre humain, a été de tout temps célèbre en Orient, principalement dans les lieux où elle s'arrêta après le déluge. Plusieurs autres circonstances de cette fameuse histoire se trouvent marquées dans les annales et dans les traditions des anciens peuples [1] : les temps conviennent, et tout se rapporte autant qu'on le pouvoit espérer dans une antiquité si reculée.

DEUXIÈME ÉPOQUE.

NOÉ, OU LE DÉLUGE.

Deuxième âge du monde.

(1656—2348) Près du déluge se rangent le décroissement de la vie humaine (1657—2347) ; le changement dans le vivre, et une nouvelle nourriture substituée aux fruits de la terre ; quelques préceptes donnés à Noé de vive voix seulement (1757—2247) ; la confusion des langues arrivée à la tour de Babel, premier monument de l'orgueil et de la foiblesse des hommes ; le partage des trois enfans de Noé, et la première distribution des terres.

La mémoire de ces trois premiers auteurs des nations et des peuples s'est conservée parmi les hommes. Japhet qui a peuplé la plus grande partie de l'Occident y est demeuré célèbre sous le nom fameux d'Iapet. Cham et son fils Chanaan n'ont pas été moins connus parmi les Egyptiens et les Phéniciens ; et la mémoire de Sem a toujours duré dans le peuple hébreu, qui en est sorti.

Un peu après ce premier partage du genre humain, Nemrod homme farouche, devient par son humeur violente le premier des conquérans, et telle est l'origine des conquêtes. Il établit son royaume à Babylone [2], au même lieu où la tour avoit été commencée, et déjà élevée fort haut ; mais non pas autant que le souhaitoit la vanité humaine. Environ dans le même temps Ninive

---

[1] Beros. Chald., *Hist. Chald.* Hieron. Ægypt., *Phœn. Hist.* Mnas. Nic. Damasc., lib. XCVI. Abyd., *de Med. et Assyr.* Apud Jos. *Antiq. Jud.*, lib. I, c. IV, al. V, e lib. I *cont. Apion.*; et Euseb., *Præp. evang.*, lib. IX, c. XI, XII. Plutarch. *Opusc. Plusne solert. terr. an aquat. animal.* Lucian., *de Dea Syr.* — [2] *Gen.*, X, 8-11.

fut bâtie, et quelques anciens royaumes établis. Ils étoient petits
dans ces premiers temps, et on trouve dans la seule Egypte
quatre dynasties ou principautés, celle de Thèbes, celle de Thin,
celle de Memphis, et celle de Tanis : c'étoit la capitale de la
Basse-Egypte. On peut aussi rapporter à ce temps le commencement des lois et de la police des Egyptiens; celui de leurs pyramides qui durent encore, et celui des observations astronomiques
(1771—2233), tant de ces peuples que des Chaldéens. Aussi voit-
on remonter jusqu'à ce temps, et pas plus haut, les observations
que les Chaldéens, c'est-à-dire, sans contestation, les premiers
observateurs des astres, donnèrent dans Babylone à Callisthène
pour Aristote [1].

Tout commence : il n'y a point d'histoire ancienne où il ne
paroisse, non-seulement dans ces premiers temps, mais encore
longtemps après (a), des vestiges manifestes de la nouveauté du
monde. On voit les lois s'établir, les mœurs se polir, et les empires se former. Le genre humain sort peu à peu de l'ignorance;
l'expérience l'instruit, et les arts sont inventés ou perfectionnés.
A mesure que les hommes se multiplient, la terre se peuple de
proche en proche : on passe les montagnes et les précipices ; on
traverse les fleuves, et enfin les mers; et on établit de nouvelles
habitations. La terre qui n'étoit au commencement qu'une forêt
immense, prend une autre forme : les bois abattus font place aux
champs, aux pâturages, aux hameaux, aux bourgades et enfin
aux villes. On s'instruit à prendre certains animaux, à apprivoi-
ser les autres, et à les accoutumer au service. On eut d'abord à
combattre les bêtes farouches. Les premiers héros se signalèrent
dans ces guerres. Elles firent inventer les armes, que les hommes
tournèrent après contre leurs semblables : Nemrod le premier
guerrier et le premier conquérant est appelé dans l'Ecriture un
fort chasseur [2]. Avec les animaux l'homme sut encore adoucir les
fruits et les plantes ; il plia jusqu'aux métaux à son usage, et peu
à peu il y fit servir toute la nature. Comme il étoit naturel que le
temps fît inventer beaucoup de choses, il devoit aussi en faire

[1] Porphyr., apud Simpl. in lib. II ; Aristot., *de Cœlo.* — [2] *Gen.,* x, 9.
(a) 1ʳᵉ *édit.:* Mais longtemps après.

oublier d'autres, du moins à la plupart des hommes. Ces premiers
arts que Noé avoit conservés, et qu'on voit aussi toujours en vigueur dans les contrées où se fit le premier établissement du
genre humain, se perdirent à mesure qu'on s'éloigna de ce pays.
Il fallut, ou les rapprendre avec le temps, ou que ceux qui les
avoient conservés les reportassent aux autres. C'est pourquoi on
voit tout venir de ces terres toujours habitées, où les fondemens
des arts demeurèrent en leur entier, et là même on apprenoit
tous les jours beaucoup de choses importantes. La connoissance
de Dieu et la mémoire de la création s'y conserva, mais elle alloit
s'affoiblissant peu à peu : les anciennes traditions s'oublioient et
s'obscurcissoient, les fables qui leur succédèrent n'en retenoient
plus que de grossières idées ; les fausses divinités se multiplioient ; et c'est ce qui donna lieu à la vocation d'Abraham.

TROISIÈME ÉPOQUE.

LA VOCATION D'ABRAHAM : OU LE COMMENCEMENT DU PEUPLE DE DIEU ET DE L'ALLIANCE.

Troisième âge du monde.

Quatre cent vingt-six ans après le déluge, comme les peuples
marchoient chacun en sa voie, et oublioient celui qui les avoit
faits, Dieu pour empêcher le progrès d'un si grand mal, au milieu de la corruption, commença à se séparer un peuple élu.
Abraham fut choisi pour être la tige et le père de tous les
croyants (2083—1921). Dieu l'appela dans la terre de Chanaan où
il vouloit établir son culte, et les enfans de ce patriarche, qu'il
avoit résolu de multiplier comme les étoiles du ciel et comme le
sable de la mer. A la promesse qu'il lui fit de donner cette terre
à ses descendans, il joignit quelque chose de bien plus illustre;
et ce fut cette grande bénédiction qui devoit être répandue sur
tous les peuples du monde en Jésus-Christ sorti de sa race. C'est
ce Jésus-Christ qu'Abraham honore en la personne du grand
pontife Melchisédech qui le représente : c'est à lui qu'il paye la
dîme du butin qu'il avoit gagné sur les rois vaincus ; et c'est par

lui qu'il est béni[1]. Dans des richesses immenses, et dans une puissance qui égaloit celle des rois, Abraham conserva les mœurs antiques : il mena toujours une vie simple et pastorale, qui toutefois avoit sa magnificence, que ce patriarche faisoit paroître principalement en exerçant l'hospitalité envers tout le monde. Le ciel lui donna des hôtes (2148—1856) ; les anges lui apprirent les conseils de Dieu ; il y crut, et parut en tout plein de foi et de piété. De son temps Inachus le plus ancien de tous les rois connus par les Grecs, fonda le royaume d'Argos. Après Abraham, on trouve Isaac son fils, et Jacob son petit-fils, imitateurs de sa foi et de sa simplicité dans la même vie pastorale. Dieu leur réitère aussi les mêmes promesses qu'il avoit faites à leur père, et les conduit comme lui en toutes choses (2245—1759). Isaac bénit Jacob au préjudice d'Esaü son frère aîné ; et trompé en apparence, en effet il exécuta les conseils de Dieu, et régla la destinée de deux peuples. Esaü eut encore le nom d'Edom, d'où sont nommés les Iduméens, dont il est le père. Jacob que Dieu protégeoit (a) excella en tout au-dessus d'Esaü. Un ange contre qui il eut un combat plein de mystères, lui donna le nom d'Israël, d'où ses enfans sont appelés les Israélites. De lui naquirent les douze patriarches, pères des douze tribus du peuple hébreu : entre autres Lévi, d'où devoient sortir les ministres des choses sacrées ; Juda, d'où devoit sortir avec la race royale le Christ Roi des rois et Seigneur des seigneurs : et Joseph, que Jacob aima plus que tous ses autres enfans. Là se déclarent de nouveaux secrets de la providence divine. On y voit avant toutes choses l'innocence et la sagesse du jeune Joseph toujours ennemie des vices, et soigneuse de les réprimer dans ses frères ; ses songes mystérieux et prophétiques (2276—1728) ; ses frères jaloux, et la jalousie cause pour la seconde fois d'un parricide : la vente de ce grand homme : la fidélité qu'il garde à son maître, et sa chasteté admirable : les persécutions qu'elle lui attire ; sa prison et sa constance (2287-1717) : ses prédictions : sa délivrance miraculeuse :

---

[1] *Hebr.*, VII, 1, 2, 3 et seq.

(a) 1ʳᵉ *édit. :* Et trompé en apparence ; en effet il exécuta les desseins de Dieu. Jacob que Dieu protégeoit.

cette fameuse explication des songes de Pharaon (2289—1715) :
le mérite d'un si grand homme reconnu : son génie élevé et
droit, et la protection de Dieu qui le fait dominer partout où il
est : sa prévoyance : ses sages conseils, et son pouvoir absolu
dans le royaume de la Basse-Egypte (2298—1706) ; par ce moyen
le salut de son père Jacob et de sa famille. Cette famille chérie de
Dieu s'établit ainsi dans cette partie de l'Egypte dont Tanis étoit
la capitale, et dont les rois prenoient tous le nom de Pharaon.
(2315—1689) Jacob meurt, et un peu devant sa mort il fait cette
célèbre prophétie, où découvrant à ses enfans l'état de leur postérité, il découvre en particulier à Juda le temps du Messie qui
devoit sortir de sa race. La maison de ce patriarche devient un
grand peuple en peu de temps : cette prodigieuse multiplication
excite la jalousie des Egyptiens : les Hébreux sont injustement
haïs, et impitoyablement persécutés (2433-1571). Dieu fait naître
Moïse leur libérateur, qu'il délivre des eaux du Nil, et le fait
tomber entre les mains de la fille de Pharaon : elle l'élève comme
son fils, et le fait instruire dans toute la sagesse des Egyptiens.
En ces temps les peuples d'Egypte s'établirent en divers endroits
de la Grèce. La colonie que Cécrops amena d'Egypte fonda douze
villes, ou plutôt douze bourgs dont il composa le royaume
d'Athènes (2448—1556), et où il établit avec les lois de son pays
les dieux qu'on y adoroit. Un peu après arriva le déluge de Deucalion dans la Thessalie, confondu par les Grecs avec le déluge
universel [1]. Hellen fils de Deucalion régna en Phtie pays de la
Thessalie, et donna son nom à la Grèce. Ses peuples auparavant
appelés Grecs, prirent toujours depuis le nom d'Hellènes, quoique
les Latins leur aient conservé leur ancien nom. Environ dans le
même temps Cadmus fils d'Agénor transporta en Grèce une colonie de Phéniciens, et fonda la ville de Thèbes dans la Béotie. Les
dieux de Syrie et de Phénicie entrèrent avec lui dans la Grèce.
Cependant Moïse s'avançoit en âge (2473—1531). A quarante ans
il méprisa les richesses de la Cour d'Egypte; et touché des maux
de ses frères les Israélites, il se mit en péril pour les soulager.
Ceux-ci loin de profiter de son zèle et de son courage, l'expo-

[1] *Marm. Arund.*, seu *Æra Att.*

sèrent à la fureur de Pharaon, qui résolut sa perte. Moïse se sauva d'Egypte en Arabie, dans la terre de Madian, où sa vertu toujours secourable aux oppressés, lui fit trouver une retraite assurée. Ce grand homme perdant l'espérance de délivrer son peuple, ou attendant un meilleur temps, avoit passé quarante ans à paître les troupeaux de son beau-père Jethro, quand il vit dans le désert le buisson ardent, et entendit la voix du Dieu de ses pères, qui le renvoyoit en Egypte pour tirer ses frères de la servitude (2513—1491). Là paroissent l'humilité, le courage et les miracles de ce divin législateur; l'endurcissement de Pharaon, et les terribles châtimens que Dieu lui envoie; la Pâque, et le lendemain le passage de la mer Rouge; Pharaon et les Egyptiens ensevelis dans les eaux, et l'entière délivrance des Israélites.

QUATRIÈME ÉPOQUE.

MOÏSE, OU LA LOI ÉCRITE.

Quatrième âge du monde.

Les temps de la loi écrite commencent (2513—1491). Elle fut donnée à Moïse 430 ans après la vocation d'Abraham, 856 ans après le déluge, et la même année que le peuple hébreu sortit d'Egypte. Cette date est remarquable, parce qu'on s'en sert pour désigner tout le temps qui s'écoule depuis Moïse jusqu'à Jésus-Christ. Tout ce temps est appelé le temps de la loi écrite, pour le distinguer du temps précédent qu'on appelle le temps de la loi de nature, où les hommes n'avoient pour se gouverner que la raison naturelle et les traditions de leurs ancêtres.

Dieu donc ayant affranchi son peuple de la tyrannie des Egyptiens pour le conduire en la terre où il veut être servi, avant que de l'y établir, lui propose la loi selon laquelle il y doit vivre. Il écrit de sa propre main sur deux tables qu'il donne à Moïse au haut du mont Sinaï, le fondement de cette loi, c'est-à-dire le Décalogue, ou les dix commandemens qui contiennent les premiers principes du culte de Dieu et de la société humaine. Il dicte au même Moïse les autres préceptes, par lesquels il établit le tabernacle, figure du temps futur [1]; l'arche où Dieu se montroit présent par ses oracles, et où les tables de la loi étoient renfermées; l'élévation d'Aaron frère de Moïse; le souverain sacerdoce, ou le pontificat, dignité unique donnée à lui et à ses enfans; les cérémonies de leur sacre, et la forme de leurs habits mystérieux; les fonctions des prêtres, enfans d'Aaron; celles des lévites, avec les autres observances de la religion; et ce qu'il y a de plus beau, les règles des bonnes mœurs, la police et le gouvernement de son peuple élu, dont il veut être lui-même le législateur. Voilà ce qui est marqué par l'époque de la loi écrite. Après on voit le voyage continué dans le désert; les révoltes, les idolâtries, les châtimens, les consolations du peuple de Dieu, que ce législateur tout-puissant forme peu à peu par ce moyen (2552—1452); le sacre d'Eléazar souverain pontife, et la mort de son père Aaron; le zèle de Phinées fils d'Eléazar, et le sacerdoce assuré à ses descendans par une promesse particulière. Durant ces temps les Egyptiens continuent l'établissement de leurs colonies en divers endroits, principalement dans la Grèce, où Danaüs Egyptien, se fait roi d'Argos, et dépossède les anciens rois venus d'Inachus (2553—1451). Vers la fin des voyages du peuple de Dieu dans le désert, on voit commencer les combats, que les prières de Moïse rendent heureux. Il meurt, et laisse aux Israélites toute leur histoire, qu'il avoit soigneusement digérée dès l'origine du monde jusques au temps de sa mort. Cette histoire est continuée par l'ordre de Josué et de ses successeurs. On la divisa depuis en plusieurs livres; et c'est de là que nous sont venus le *livre de Josué*, le *livre des Juges*, et les quatre *livres des Rois*. L'histoire que Moïse avoit écrite, et où toute la loi étoit renfermée, fut aussi partagée en cinq livres qu'on appelle *Pentateuque*, et qui sont le fondement de la religion. Après la mort de l'homme de Dieu, on trouve les guerres de Josué (2559—1445), la conquête et le partage de la Terre-Sainte, et les rébellions du peuple châtié et rétabli à diverses fois. Là se voient les victoires d'Othoniel, qui le délivre de la tyrannie de Chusan roi de Mésopotamie (2599-1405); et quatre-vingts ans après celle d'Aod sur Eglon roi de Moab

[1] *Hebr.*, IX, 9, 13.

(2679—1325). Environ ce temps Pélops, Phrygien fils de Tantale
règne dans le Péloponnèse, et donne son nom à cette fameuse
contrée (2682—1322). Bel roi des Chaldéens reçoit de ces peuples.
les honneurs divins (2699—1305). Les Israélites ingrats retom-
bent dans la servitude. Jabin roi de Chanaan les assujettit ; mais
Débora la prophétesse qui jugeoit le peuple, et Barac fils d'Abi-
noem, défont Sisara, général des armées de ce roi (2719—1283).
Quarante ans après, Gédéon, victorieux, sans combattre, poursuit
et abat les Madianites (2759—1245). Abimélech son fils usurpe
l'autorité par le meurtre de ses frères (2768—1236), l'exerce tyranniquement, et la perd enfin avec la vie (2817—1187). Jephté
ensanglante sa victoire par un sacrifice qui ne peut être excusé
que par un ordre secret de Dieu, sur lequel il ne lui a pas plu de
nous rien faire connoître. Durant ce siècle, il arrive des choses
très-considérables parmi les Gentils. Car en suivant la supputation d'Hérodote [1] qui paroît la plus exacte, il faut placer en ces
temps, 514 ans devant Rome, et du temps de Débora, Ninus fils
de Bel, et la fondation du premier empire des Assyriens (2737—
1267). Le siége en fut établi à Ninive, ville ancienne et déjà célèbre [2], mais ornée et illustrée par Ninus. Ceux qui donnent 1300
ans aux premiers Assyriens ont leur fondement dans l'antiquité
de la ville ; et Hérodote qui ne leur en donne que 520, ne parle
que de la durée de l'empire qu'ils ont commencé sous Ninus fils
de Bel à étendre dans la haute Asie. Un peu après, et durant le
règne de ce conquérant, on doit mettre la fondation, ou le renouvellement de l'ancienne ville de Tyr, que la navigation et ses
colonies rendent si célèbre [3] (2752—1252). Dans la suite, et quelque temps après Abimélech, on trouve les fameux combats
d'Hercule fils d'Amphitryon, et ceux de Thésée roi d'Athènes,
qui ne fit qu'une seule ville des douze bourgs de Cécrops, et
donna une meilleure forme au gouvernement des Athéniens. Durant le temps de Jephté, pendant que Sémiramis veuve de Ninus,
et tutrice de Ninyas, augmentoit l'empire des Assyriens par ses
conquêtes, la célèbre ville de Troie déjà prise une fois par les

---

[1] Herod., lib. I, c. 95. — [2] *Gen.*, X, 11. — [3] *Josue*, XIX, 29 ; Joseph., *Antiq.*,
lib. VIII, cap. II.

Grecs sous Laomédon son troisième roi, fut réduite en cendres, encore par les Grecs, sous Priam fils de Laomédon, après un siége de dix ans (2820—1184).

CINQUIÈME ÉPOQUE.

LA PRISE DE TROIE.

Quatrième âge du monde.

(2820—1184). Cette époque de la ruine de Troie, arrivée environ l'an 308 après la sortie d'Egypte, et 1164 ans après le déluge, est considérable, tant à cause de l'importance d'un si grand événement célébré par les deux plus grands poëtes de la Grèce et de l'Italie, qu'à cause qu'on peut rapporter à cette date ce qu'il y a de plus remarquable dans les temps appelés fabuleux ou héroïques : fabuleux, à cause des fables dont les histoires de ces temps sont enveloppées ; héroïques, à cause de ceux que les poëtes ont appelés les Enfans des dieux, et les Héros. Leur vie n'est pas éloignée de cette prise. Car du temps de Laomédon père de Priam, paroissent tous les héros de la toison d'or. Jason, Hercule, Orphée, Castor et Pollux, et les autres qui sont connus (a) ; et du temps de Priam même, durant le dernier siége de Troie, on voit les Achille, les Agamemnon, les Ménélas, les Ulysse, Hector, Sarpédon fils de Jupiter, Enée fils de Vénus, que les Romains reconnoissent pour leur fondateur, et tant d'autres, dont des familles illustres et des nations entières ont fait gloire de descendre. Cette époque est donc propre pour rassembler ce que les temps fabuleux ont de plus certain et de plus beau. Mais ce qu'on voit dans l'histoire sainte est en toutes façons plus remarquable : la force prodigieuse d'un Samson (2887—1177), et sa foiblesse étonnante ; Héli souverain pontife, vénérable par sa piété, et malheureux par le crime de ses enfans (2888—1176) ; Samuel juge irréprochable, et prophète choisi de Dieu pour sacrer les rois (2909—1095) ; Saül premier roi du peuple de Dieu, ses victoires, sa présomption à sacrifier sans les prêtres, sa désobéissance mal excu-

(a) 1ʳᵉ *édit.* : Qui vous sont connus.

sée par le prétexte de la religion, sa réprobation, sa chute funeste. En ce temps Codrus, roi d'Athènes, se dévoua à la mort pour le salut de son peuple, et lui donna la victoire par sa mort. Ses enfans Médon et Nilée disputèrent entre eux le royaume. A cette occasion les Athéniens abolirent la royauté, et déclarèrent Jupiter le seul roi du peuple d'Athènes. Ils créèrent des gouverneurs, ou présidens perpétuels, mais sujets à rendre compte de leur administration. Ces magistrats furent appelés *Archontes*. Médon fils de Codrus fut le premier qui exerça cette magistrature, et elle demeura longtemps dans sa famille. Les Athéniens répandirent leurs colonies dans cette partie de l'Asie-Mineure qui fut appelée *Ionie*. Les colonies Eoliennes se firent à peu près dans le même temps, et toute l'Asie-Mineure se remplit de villes grecques (2949—1055). Après Saül paroît un David, cet admirable berger, vainqueur du fier Goliath, et de tous les ennemis du peuple de Dieu ; grand roi, grand conquérant, grand prophète digne de chanter les merveilles de la toute-puissance divine ; homme enfin selon le cœur de Dieu, comme il le nomme lui-même, et qui par sa pénitence a fait même tourner son crime à la gloire de son Créateur (2970—1034). A ce pieux guerrier succéda son fils Salomon (2990—1014), sage, juste, pacifique, dont les mains pures de sang furent jugées dignes de bâtir le temple de Dieu (2992—1012).

SIXIÈME ÉPOQUE.

SALOMON, OU LE TEMPLE ACHEVÉ.

Cinquième âge du monde.

Ce fut environ l'an 3000 du monde, le 488 depuis la sortie d'Egypte ; et pour ajuster les temps de l'histoire sainte avec ceux de la profane, 180 ans après la prise de Troie, 250 devant la fondation de Rome, et 1000 ans devant Jésus-Christ, que Salomon acheva ce merveilleux édifice (3000—1005). Il en célébra la dédicace avec une piété et une magnificence extraordinaires. Cette célèbre action est suivie des autres merveilles du règne de Salomon, qui finit par de honteuses foiblesses. Il s'abandonne à l'a-

mour des femmes ; son esprit baisse, son cœur s'affoiblit, et sa
piété dégénère en idolâtrie (3001—1004). Dieu justement irrité
l'épargne en mémoire de David son serviteur ; mais il ne voulut
pas laisser son ingratitude entièrement impunie : il partagea son
royaume après sa mort, et sous son fils Roboam (3029—975).
L'orgueil brutal de ce jeune prince lui fit perdre dix tribus, que
Jéroboam sépara de leur Dieu, et de leur roi. De peur qu'ils ne
retournassent au roi de Juda, il défendit d'aller sacrifier au temple de Jérusalem ; et il érigea ses veaux d'or auxquels il donna
le nom duDieu d'Israël, afin que le changement parût moins
étrange. La même raison lui fit retenir la loi de Moïse, qu'il interprétoit à sa mode ; mais il en faisoit observer presque toute la
police, tant civile que religieuse [1] ; de sorte que le *Pentateuque*
demeura toujours en vénération dans les tribus séparées.

Ainsi fut élevé le royaume d'Israël contre le royaume de Juda.
Dans celui d'Israël triomphèrent l'impiété et l'idolâtrie. La religion souvent obscurcie dans celui de Juda ne laissa pas de s'y
conserver. En ces temps les rois d'Egypte étoient puissans. Les
quatre royaumes avoient été réunis sous celui de Thèbes. On
croit que Sésostris ce fameux conquérant des Egyptiens, est le
Sésac roi d'Egypte, dont Dieu se servit pour châtier l'impiété de
Roboam (3035—971). Dans le règne d'Abiam fils de Roboam, on
voit la fameuse victoire que la piété de ce prince lui obtint sur
les tribus schismatiques (3087—917). Son fils Asa, dont la piété
est louée dans l'Ecriture, y est marqué comme un homme qui
songeoit plus dans ses maladies au secours de la médecine, qu'à
la bonté de Dieu (a). De son temps Amri roi d'Israël bâtit Samarie (3080—924), où il établit le siége de son royaume. Ce
temps est suivi du règne admirable de Josaphat, où fleurissent la
piété, la justice, la navigation et l'art militaire (3090—914). Pendant qu'il faisoit voir au royaume de Juda un autre David, Achab
et sa femme Jézabel qui régnoient en Israël, joignoient à l'idolâtrie de Jéroboam toutes les impiétés des Gentils. Ils périrent
tous deux misérablement (3105—899). Dieu qui avoit supporté

[1] III *Reg.*, XII, 32.
(a) 1ʳᵉ *édit.* : Qu'à la bonté de son Dieu.

leurs idolâtries, résolut de venger sur eux le sang de Naboth qu'ils avoient fait mourir, parce qu'il avoit refusé, comme l'ordonnoit la loi de Moïse, de leur vendre à perpétuité l'héritage de ses pères. Leur sentence leur fut prononcée par la bouche du prophète Elie. Achab fut tué quelque temps après, malgré les précautions qu'il prenoit pour se sauver (3107—897). Il faut placer vers ce temps la fondation de Carthage (3112—892), que Didon venue de Tyr bâtit en un lieu où, à l'exemple de Tyr, elle pouvoit trafiquer avec avantage, et aspirer à l'empire de la mer. Il est malaisé de marquer le temps où elle se forma en république; mais le mélange des Tyriens et des Africains fit qu'elle fut tout ensemble guerrière et marchande. Les anciens historiens qui mettent son origine devant la ruine de Troie, peuvent faire conjecturer que Didon l'avoit plutôt augmentée et fortifiée, qu'elle n'en avoit posé les fondemens. Les affaires changèrent de face dans le royaume de Juda (3116—888). Athalie fille d'Achab et de Jézabel porta avec elle l'impiété dans la maison de Josaphat. Joram fils d'un prince si pieux, aima mieux imiter son beau-père que son père. La main de Dieu fut sur lui. Son règne fut court, et sa fin fut affreuse (3119—885). Au milieu de ces châtimens, Dieu faisoit des prodiges inouïs, même en faveur des Israélites qu'il vouloit rappeler à la pénitence. Ils virent, sans se convertir, les merveilles d'Elie et d'Elisée, qui prophétisèrent durant les règnes d'Achab et de cinq de ses successeurs. En ce temps Homère fleurit [1], et Hésiode fleurissoit trente ans avant lui. Les mœurs antiques qu'ils nous représentent, et les vestiges qu'ils gardent encore, avec beaucoup de grandeur, de l'ancienne simplicité, ne servent pas peu à nous faire entendre les antiquités beaucoup plus reculées, et la divine simplicité de l'Ecriture. Il y eut des spectacles effroyables dans les royaumes de Juda et d'Israël (3120—884). Jézabel fut précipitée du haut d'une tour par ordre de Jéhu. Il ne lui servit de rien de s'être parée : Jéhu la fit fouler aux pieds des chevaux. Il fit tuer Joram roi d'Israël fils d'Achab; toute la maison d'Achab fut exterminée, et peu s'en fallut qu'elle n'entraînât celle des rois de Juda dans sa ruine. Le

---

[1] *Marm. Arund.*

roi Ochozias fils de Joram roi de Juda, et d'Athalie, fut tué dans
Samarie avec ses frères, comme allié et ami des enfans d'Achab.
Aussitôt que cette nouvelle fut portée à Jérusalem, Athalie résolut de faire mourir tout ce qui restoit de la famille royale, sans
épargner ses enfans, et de régner par la perte de tous les siens.
Le seul Joas fils d'Ochozias, enfant encore au berceau, fut dérobé à la fureur de son aïeule. Josabeth sœur d'Ochozias, et femme
de Joïada souverain pontife, le cacha dans la maison de Dieu, et
sauva ce précieux reste de la maison de David. Athalie qui le crut
tué avec tous les autres, vivoit sans crainte. Lycurgue donnoit
des lois à Lacédémone. Il est repris de les avoir faites toutes pour
la guerre, à l'exemple de Minos, dont il avoit suivi les institutions [1], et d'avoir peu pourvu à la modestie des femmes, pendant
que pour faire des soldats, il obligeoit les hommes à une vie si
laborieuse et si tempérante. Rien ne remuoit en Judée contre
Athalie : elle se croyoit affermie par un règne de six ans. Mais
Dieu lui nourrissoit un vengeur dans l'asile sacré de son temple
(3126—878). Quand il eut atteint l'âge de sept ans, Joïada le fit
connoître à quelques-uns des principaux chefs de l'armée royale,
qu'il avoit soigneusement ménagés ; et assisté des lévites, il sacra
le jeune roi dans le temple. Tout le peuple reconnut sans peine
l'héritier de David et de Josaphat. Athalie accourue au bruit pour
dissiper la conjuration, fut arrachée de l'enclos du temple, et reçut le traitement que ses crimes méritoient. Tant que Joïada vécut, Joas fit garder la loi de Moïse. Après la mort de ce saint
pontife, corrompu par les flatteries de ses courtisans, il s'abandonna avec eux à l'idolâtrie (3164—840). Le pontife Zacharie fils
de Joïada, voulut les reprendre ; et Joas, sans se souvenir de ce
qu'il devoit à son père, le fit lapider. La vengeance suivit de
près (3165—839). L'année suivante Joas battu par les Syriens, et
tombé dans le mépris, fut assassiné par les siens ; et Amasias
son fils, meilleur que lui, fut mis sur le trône (3179—825). Le
royaume d'Israël abattu par les victoires des rois de Syrie, et par
les guerres civiles, reprenoit ses forces sous Jéroboam II, plus
pieux que ses prédécesseurs. Ozias, autrement nommé Azarias,

---

[1] Plat., *de Rep.*, lib. VIII; *de Leg.*, lib. I; Arist., *Polit.*, lib. II, c. IX.

fils d'Amazias, ne gouvernoit pas avec moins de gloire le
royaume de Juda (3194—810). C'est ce fameux Ozias frappé de la
lèpre, et tant de fois repris dans l'Ecriture, pour avoir en ses derniers jours osé entreprendre sur l'office sacerdotal; et contre la
défense de la loi, avoir lui-même offert de l'encens sur l'autel des
parfums. Il fallut le séquestrer, tout roi qu'il étoit, selon la loi de
Moïse : et Joatham son fils, qui fut depuis son successeur, gouverna sagement le royaume. Sous le règne d'Ozias, les saints
prophètes, dont les principaux en ce temps furent Osée et Isaïe,
commencèrent à publier leurs prophéties par écrit [1], et dans des
livres particuliers, dont ils déposoient les originaux dans le temple, pour servir de monument à la postérité. Les prophéties de
moindre étendue, et faites seulement de vive voix, s'enregis-
troient selon la coutume dans les archives du temple avec l'histoire du temps (3228—776). Les jeux olympiques institués par
Hercule, et longtemps discontinués, furent rétablis. De ce rétablissement sont venues les olympiades, par où les Grecs comptoient les années. A ce terme finissent les temps que Varron
nomme fabuleux, parce que jusqu'à cette date les histoires profanes sont pleines de confusion et de fables ; et commencent les
temps historiques, où les affaires du monde sont racontées par
des relations plus fidèles et plus précises. La première olympiade
est marquée par la victoire de Corèbe. Elles se renouveloient tous
les cinq ans, et après quatre ans révolus. Là, dans l'assemblée de
toute la Grèce, à Pise premièrement, et dans la suite à Elide, se
célébroient ces fameux combats, où les vainqueurs étoient cou-
ronnés avec des applaudissemens incroyables. Ainsi les exercices
étoient en honneur, et la Grèce devenoit tous les jours plus forte
et plus polie. L'Italie étoit encore presque toute sauvage. Les rois
latins de la postérité d'Enée régnoient à Albe. Phul étoit roi d'Assyrie. On le croit père de Sardanapale, appelé, selon la coutume
des Orientaux, Sardan-Pul, c'est-à-dire Sardan fils de Phul. On
croit aussi que ce Phul, ou Pul, a été le roi de Ninive qui fit pénitence avec tout son peuple à la prédication de Jonas (3233—
771). Ce prince attiré par les brouilleries du royaume d'Israël,

Osee, I, 1; *Isa.*, I, 1.

venoit l'envahir : mais apaisé par Manahem, il l'affermit dans le
trône qu'il venoit d'usurper par violence, et reçut en reconnoissance un tribut de mille talens. Sous son fils Sardanapale, et après
Alcmæon dernier archonte perpétuel des Athéniens, ce peuple
que son humeur conduisoit insensiblement à l'état populaire, diminua le pouvoir de ses magistrats, et réduisit à dix ans l'administration des archontes. Le premier de cette sorte fut Charops.
Romulus et Rémus sortis des anciens rois d'Albe par leur mère
Ilia, rétablirent dans le royaume d'Albe leur grand-père Numitor,
que son frère Amulius en avoit dépossédé ; et incontinent après
ils fondèrent Rome, pendant que Joatham régnoit en Judée.

SEPTIÈME ÉPOQUE.

ROMULUS, OU ROME FONDÉE.

Cette ville qui devoit être la maîtresse de l'univers, et dans la
suite le siége principal de la religion, fut fondée sur la fin de la
troisième année de la sixième olympiade (3250—754); 430 ans
environ après la prise de Troie, de laquelle les Romains croyoient
que leurs ancêtres étoient sortis, et 753 ans devant Jésus-Christ
(an de Rome 1). Romulus nourri durement avec les bergers, et
toujours dans les exercices de la guerre, consacra cette ville au
dieu de la guerre, qu'on croyoit son père (a) (an de R. 6—avant
J.-C. 748). Vers les temps de la naissance de Rome, arriva par la
mollesse de Sardanapale, la chute du premier empire des Assyriens. Les Mèdes, peuple belliqueux, animés par les discours
d'Arbace leur gouverneur, donnèrent à tous les sujets de ce
prince efféminé l'exemple de le mépriser. Tout se révolta contre
lui, et il périt enfin dans sa ville capitale, où il se vit contraint à
se brûler lui-même avec ses femmes, ses eunuques et ses richesses. Des ruines de cet empire on voit sortir trois grands
royaumes. Arbace ou Orbace, que quelques-uns appellent Phar-
nace, affranchit les Mèdes, qui après une assez longue anarchie
eurent des rois très-puissans. Outre cela, incontinent après Sardanapale, on voit paroître un nouveau royaume des Assyriens

(a) 1ʳᵉ édit. : Qu'il disoit son père.

(7—747), dont Ninive demeura la capitale, et un royaume de Babylone. Ces deux derniers royaumes ne sont pas inconnus aux auteurs profanes, et sont célèbres dans l'histoire sainte. Le second royaume de Ninive est fondé par Thilgath, ou Theglath fils de Phalasar, appelé pour cette raison Theglathphalasar, à qui on donne aussi le nom de Ninus le Jeune. Baladan, que les Grecs nomment Bélésis, établit le royaume de Babylone, où il est connu sous le nom de Nabonassar. De là l'ère de Nabonassar, célèbre chez Ptolomée et les anciens astronomes, qui comptoient leurs années par le règne de ce prince. Il est bon d'avertir ici que ce mot d'*ère* signifie un dénombrement d'années commencé à un certain point que quelque grand événement fait remarquer (14—740). Achaz roi de Juda impie et méchant, pressé par Razin roi de Syrie, et par Phacée fils de Romélias roi d'Israël, au lieu de recourir à Dieu qui lui suscitoit ces ennemis pour le punir, appela Theglathphalasar premier roi d'Assyrie ou de Ninive, qui réduisit à l'extrémité le royaume d'Israël, et détruisit tout à fait celui de Syrie : mais en même temps il ravagea celui de Juda qui avoit imploré son assistance. Ainsi les rois d'Assyrie apprirent le chemin de la Terre-Sainte, et en résolurent la conquête (33—721). Ils commencèrent par le royaume d'Israël, que Salmanasar fils et successeur de Theglathphalasar détruisit entièrement. Osée roi d'Israël s'étoit fié au secours de Sabacon, autrement nommé Sua, ou Soüs roi d'Ethiopie, qui avoit envahi l'Egypte. Mais ce puissant conquérant ne put le tirer des mains de Salmanasar. Les dix tribus où le culte de Dieu s'étoit éteint, furent transportées à Ninive; et dispersées parmi les Gentils s'y perdirent tellement, qu'on ne peut plus en découvrir aucune trace. Il en resta quelques-uns, qui furent mêlés parmi les Juifs, et firent une petite partie du royaume de Juda (39—715). En ce temps arriva la mort de Romulus. Il fut toujours en guerre, et toujours victorieux; mais au milieu des guerres, il jeta les fondemens de la religion et des lois. Une longue paix donna moyen à Numa son successeur d'achever l'ouvrage (40—714). Il forma la religion, et adoucit les mœurs farouches du peuple romain. De son temps les colonies venues de Corinthe, et de quelques autres villes de Grèce, fondèrent Syracuse en Sicile, Crotone, Tarente, et peut-être quelques autres villes dans cette partie de l'Italie, à qui de plus anciennes colonies grecques répandues dans tout le pays avoient déjà donné le nom de *Grande-Grèce*. Cependant Ezéchias le plus pieux et le plus juste de tous les rois après David, régnoit en Judée. Sennachérib fils et successeur de Salmanasar, l'assiégea dans Jérusalem avec une armée immense (44—710) : elle périt en une nuit par la main d'un ange. Ezéchias délivré d'une manière si admirable servit Dieu, avec tout son peuple, plus fidèlement que jamais. Mais après la mort de ce prince et sous son fils Manassès, le peuple ingrat oublia Dieu, et les désordres se multiplièrent (56—698). L'état populaire se formoit alors parmi les Athéniens, et ils commencèrent à choisir les archontes annuels, dont le premier fut Créon (67—687). Pendant que l'impiété s'augmentoit dans le royaume de Juda, la puissance des rois d'Assyrie, qui devoient en être les vengeurs, s'accrut sous Asaraddon fils de Sennachérib (73—681). Il réunit le royaume de Babylone à celui de Ninive, et égala dans la grande Asie la puissance des premiers Assyriens (a). Les Mèdes commençoient aussi à se rendre considérable. Déjocès leur premier roi, que quelques-uns prennent pour l'Arphaxad nommé dans le livre de Judith (b), fonda la superbe ville d'Ecbatanes, et jeta les fondemens d'un grand empire. Ils l'avoient mis sur le trône pour couronner ses vertus, et mettre fin aux désordres que l'anarchie

---

(a) *Passage supprimé :* Sous son règne, les Cuthéens, peuples d'Assyrie, depuis appelés Samaritains, furent envoyés pour habiter Samarie. Ceux-ci joignirent le culte de Dieu avec celui des idoles, et obtinrent d'Asaraddon un prêtre israélite qui leur apprit le service de Dieu du pays, c'est à-dire les observances de la loi de Moïse. Dieu ne voulut pas que son nom fût entièrement aboli dans une terre qu'il avoit donnée à son peuple, et il y laissa sa loi en témoignage. Mais leur prêtre ne leur donna que les livres de Moïse, que les dix tribus révoltées avoient retenus dans leur schisme. Les Écritures composées depuis par les prophètes qui sacrifioient dans le temple, étoient détestées parmi eux ; et c'est pourquoi les Samaritains ne reçoivent encore aujourd'hui que le Pentateuque.

Pendant qu'Asaraddon et les Assyriens s'établissoient si puissamment dans la grande Asie, les Mèdes commençoient aussi... Dans une addition qu'on trouvera plus loin, Bossuet reproduit la plus grande partie de ce passage, et rassemble sous un seul point de vue tout ce qui regarde les Samaritains.—(b) 1ʳᵉ *édit.*: Déjocès leur premier roi, nommé Arphaxad dans l'Écriture.

causoit parmi eux [1]. Conduits par un si grand roi, ils se soutenoient contre leurs voisins, mais ils ne s'étendoient pas. Rome
s'accroissoit, mais foiblement (83—671). Sous Tullus Hostilius,
son troisième roi, et par le fameux combat des Horaces et des
Curiaces, Albe fut vaincue et ruinée : ses citoyens incorporés à
la ville victorieuse, l'agrandirent et la fortifièrent. Romulus avoit
pratiqué le premier ce moyen d'augmenter la ville, où il reçut
les Sabins et les autres peuples vaincus. Ils oublioient leur défaite, et devenoient des sujets affectionnés. Rome en étendant ses
conquêtes régloit sa milice ; et ce fut sous Tullus Hostilius qu'elle
commença à apprendre cette belle discipline qui la rendit dans la
suite maîtresse de l'univers. Le royaume d'Egypte affoibli par
ses longues divisions, se rétablissoit sous Psammétique (84—670).
Ce prince qui devoit son salut aux Ioniens et aux Cariens, les
établit dans l'Egypte fermée jusqu'alors aux étrangers. A cette
occasion les Egyptiens entrèrent en commerce avec les Grecs ;
et depuis ce temps aussi l'histoire d'Egypte, jusque-là mêlée de
fables pompeuses par l'artifice des prêtres, commence, selon
Hérodote [2], à avoir de la certitude. Cependant les rois d'Assyrie
devenoient de plus en plus redoutables à tout l'Orient (97—657).
Saosduchin, fils d'Asaraddon, qu'on croit être le Nabuchodonosor du livre de Judith, défit en bataille rangée Arphaxad roi des
Mèdes, quel qu'il soit (98—656). Si ce n'est pas Déjocès lui-même
premier fondateur d'Ecbatanes, ce peut être l'hraorte ou Aphraarte
son fils qui en éleva les murailles. Enflé de sa victoire, le superbe
roi d'Assyrie entreprit de conquérir toute la terre (a). Dans ce
dessein il passa l'Euphrate, et ravagea tout jusqu'en Judée. Les
Juifs avoient irrité Dieu, et s'étoient abandonnés à l'idolâtrie à
l'exemple de Manassès ; mais ils avoient fait pénitence avec ce
prince : Dieu les prit aussi en sa protection. Les conquêtes de
Nabuchodonosor et d'Holopherne son général, furent tout à coup
arrêtées par la main d'une femme. Déjocès quoique battu par les
Assyriens, laissa son royaume en état de s'accroître sous ses

---

[1] Herod., lib. I, cap. xcvi. — [2] Herod., lib. II, cap. cliv.

(a) 1re édit. : Saosduchin fils d'Asaraddon, appelé Nabuchodonosor dans le
livre de Judith, défit en bataille rangée Arphaxad roi des Mèdes. Enflé de ce
succès, il entreprit de conquérir toute la terre.

successeurs. Pendant que Phraorte son fils, et Cyaxare fils de
Phraorte subjuguoient la Perse, et poussoient leurs conquêtes
dans l'Asie-Mineure jusques aux bords de l'Halis, la Judée vit
passer le règne détestable d'Amon (111—643) fils de Manassès;
et Josias fils d'Amon, sage dès l'enfance, travailloit à réparer
les désordres causés par l'impiété des rois ses prédécesseurs
(113—641). Rome qui avoit pour roi Ancus Marcius, domptoit
quelques Latins sous sa conduite; et continuant à se faire des
citoyens de ses ennemis, elle les renfermoit dans ses murailles.
Ceux de Veïes, déjà affoiblis par Romulus, firent de nouvelles
pertes (128—626). Ancus poussa ses conquêtes jusqu'à la mer
voisine, et bâtit la ville d'Ostie à l'embouchure du Tibre. En ce
temps le royaume de Babylone fut envahi par Nabopolassar. Ce
traître que Chinaladan autrement Sarac avoit fait général de ses
armées contre Cyaxare roi des Mèdes, se joignit avec Astyage
fils de Cyaxare, prit Chinaladan dans Ninive, détruisit cette
grande ville si longtemps maîtresse de l'Orient, et se mit sur le
trône de son maître. Sous un prince si ambitieux Babylone s'e-
norgueillit. La Judée dont l'impiété croissoit sans mesure, avoit
tout à craindre (130—624). Le saint roi Josias suspendit pour un
peu de temps, par son humilité profonde, le châtiment que son
peuple avoit mérité; mais le mal s'augmenta sous ses enfans
(144—610). Nabuchodonosor II plus terrible que son père Nabopolassar, lui succéda (147—607). Ce prince nourri dans l'orgueil,
et toujours exercé à la guerre, fit des conquêtes prodigieuses en
Orient et en Occident; et Babylone menaçoit toute la terre de la
mettre en servitude. Ses menaces eurent bientôt leur effet à l'é-
gard du peuple de Dieu. Jérusalem fut abandonnée à ce superbe
vainqueur, qui la prit par trois fois: la première au commencement de son règne, et la quatrième année du règne de Joakim,
d'où commencent les soixante-dix ans de la captivité de Babylone,
marqués par le prophète Jérémie[1] : la seconde sous Jéchonias,
ou Joachim fils de Joakim (155—599); et la dernière sous Sédécias, où la ville fut renversée de fond en comble, le temple réduit en cendres, et le roi mené captif à Babylone avec Saraïa

---

[1] *Jerem.*, XXV, 11, 12; XXIX, 10.

souverain pontife et la meilleure partie du peuple (156—598).
Les plus illustres de ces captifs furent les prophètes Ezéchiel et
Daniel. On compte aussi parmi eux les trois jeunes hommes que
Nabuchodonosor ne put forcer à adorer sa statue, ni les consumer par les flammes. La Grèce étoit florissante, et ses sept sages
se rendoient illustres (160—594). Quelque temps devant la dernière désolation de Jérusalem, Solon l'un de ces sept sages donnoit des lois aux Athéniens, et établissoit la liberté sur la justice :
les Phocéens d'Ionie menoient à Marseille leur première colonie
(176—578). Tarquin l'Ancien roi de Rome, après avoir subjugué
une partie de la Toscane, et orné la ville de Rome par des ouvrages magnifiques, acheva son règne. De son temps les Gaulois conduits par Bellovèse, occupèrent dans l'Italie tous les environs du Pô, pendant que Ségovèse son frère mena bien avant
dans la Germanie un autre essaim de la nation (188—566). Servius Tullius successeur de Tarquin, établit le cens, ou le dénombrement des citoyens distribués en certaines classes, par où cette
grande ville se trouva réglée comme une famille particulière.
Nabuchodonosor embellissoit Babylone, qui s'étoit enrichie des
dépouilles de Jérusalem et de l'Orient. Elle n'en jouit pas longtemps. Ce roi qui l'avoit ornée avec tant de magnificence, vit en
mourant la perte prochaine de cette superbe ville [1] (192—562).
Son fils Evilmerodac, que ses débauches rendoient odieux, ne
dura guère, et fut tué par Nériglissor son beau-frère, qui usurpa
le royaume (194—560). Pisistrate usurpa aussi dans Athènes l'autorité souveraine qu'il sut conserver trente ans durant, parmi
beaucoup de vicissitudes, et qu'il laissa même à ses enfans. Nériglissor ne put souffrir la puissance des Mèdes, qui s'agrandis-
soient en Orient, et leur déclara la guerre. Pendant qu'Astyage
fils de Cyaxare I se préparoit à la résistance, il mourut, et laissa
cette guerre à soutenir à Cyaxare II son fils, appelé par Daniel
Darius le Mède. Celui-ci nomma pour général de son armée Cyrus
fils de Mandane sa sœur et de Cambyse roi de Perse, sujet à l'empire des Mèdes (195—559). La réputation de Cyrus qui s'étoit signalé en diverses guerres sous Astyage son grand-père, réunit

[1] Abyd. apud Euseb., *Præp. evang.*, lib. IX, cap. xli.

la plupart des rois d'Orient sous les étendards de Cyaxare. Il prit dans sa ville capitale Crésus roi de Lydie, et jouit de ses richesses immenses : il dompta les autres alliés des rois de Babylone (206—548), et étendit sa domination non-seulement sur la Syrie, mais encore bien avant dans l'Asie-Mineure (211—543). Enfin il marcha contre Babylone : il la prit (216—538), et la soumit à Cyaxare son oncle, qui n'étant pas moins touché de sa fidélité que de ses exploits, lui donna sa fille unique et son héritière en mariage (217—537). Dans le règne de Cyaxare, Daniel déjà honoré sous les règnes précédens de plusieurs célestes visions où il vit passer devant lui en figures si manifestes tant de rois et tant d'empires, apprit par une nouvelle révélation ces septante fameuses semaines, où les temps du Christ et la destinée du peuple juif sont expliqués. C'étoit des semaines d'années, si bien qu'elles contenoient quatre cent quatre-vingt-dix ans ; et cette manière de compter étoit ordinaire aux Juifs, qui observoient la septième année aussi bien que le septième jour avec un repos religieux (218—536). Quelque temps après cette vision, Cyaxare mourut aussi bien que Cambyse père de Cyrus ; et ce grand homme, qui leur succéda, joignit le royaume de Perse obscur jusqu'alors au royaume des Mèdes si fort augmenté par ses conquêtes. Ainsi il fut maître paisible de tout l'Orient, et fonda le plus grand empire qui eût été dans le monde. Mais ce qu'il faut le plus remarquer pour la suite de nos époques, c'est que ce grand conquérant dès la première année de son règne, donna son décret pour rétablir le temple de Dieu en Jérusalem, et les Juifs dans la Judée.

Il faut un peu s'arrêter en cet endroit, qui est le plus embrouillé de toute la chronologie ancienne, par la difficulté de concilier l'histoire profane avec l'histoire sainte. Vous aurez sans doute, Monseigneur, déjà remarqué que ce que je raconte de Cyrus est fort différent de ce que vous en avez lu dans Justin ; qu'il ne parle point du second royaume des Assyriens, ni de ces fameux rois d'Assyrie et de Babylone, si célèbres dans l'histoire sainte ; et qu'enfin mon récit ne s'accorde guère avec ce que nous raconte cet auteur des trois premières monarchies, de celle des Assyriens finie en la personne de Sardanapale, de celle des Mèdes finie en la personne d'Astyage grand-père de Cyrus, et de celle des Perses commencée par Cyrus et détruite par Alexandre.

Vous pouvez joindre à Justin, Diodore avec la plupart des auteurs grecs et latins, dont les écrits nous sont restés, qui racontent ces histoires d'une autre manière que celle que j'ai suivie, comme plus conforme à l'Ecriture.

Mais ceux qui s'étonnent de trouver l'histoire profane en quelques endroits peu conforme à l'histoire sainte, devoient remarquer en même temps qu'elle s'accorde encore moins avec elle-même. Les Grecs nous ont raconté les actions de Cyrus en plusieurs manières différentes. Hérodote en remarque trois outre celle qu'il a suivie [1], et il ne dit pas qu'elle soit écrite par des auteurs plus anciens ni plus recevables que les autres. Il remarque encore lui-même [2] que la mort de Cyrus est racontée diversement, et qu'il a choisi la manière qui lui a paru la plus vraisemblable sans l'autoriser davantage. Xénophon qui a été en Perse au service du jeune Cyrus frère d'Artaxerxès nommé Mnémon, a pu s'instruire de plus près de la vie et de la mort de l'ancien Cyrus dans les annales des Perses et dans la tradition de ce pays; et pour peu qu'on soit instruit de l'antiquité, on n'hésitera pas à préférer avec saint Jérôme [3] Xénophon un si sage philosophe, aussi bien qu'un si habile capitaine, à Ctésias auteur fabuleux (a) que la plupart des Grecs ont copié, comme Justin et les Latins ont fait les Grecs; et plutôt même qu'Hérodote, quoiqu'il soit très judicieux. Ce qui me détermine à ce choix, c'est que l'histoire de Xénophon plus suivie et plus vraisemblable en elle-même, a encore cet avantage qu'elle est plus conforme à l'Ecriture, qui par son antiquité et par le rapport des affaires du peuple juif avec celles de l'Orient, mériteroit d'être préférée à toutes les histoires grecques, quand d'ailleurs on ne sauroit pas qu'elle a été dictée par le Saint-Esprit.

[1] Hérod., lib. I, cap. xcv. — [2] Ibid., cap. cxiv. — [3] Hier. in Dan., cap. v.

(a) 1re édit., depuis la fin du dernier alinéa jusqu'ici :... Qui racontent ces histoires d'une autre manière que celle que j'ai suivie. Pour ce qui regarde Cyrus, les auteurs profanes ne sont point d'accord sur son histoire : mais j'ai cru devoir plutôt suivre Xénophon avec saint Jérome, que Ctésias auteur fabuleux...

Quant aux trois premières monarchies, ce qu'en ont écrit la plupart des Grecs a paru douteux aux plus sages de la Grèce. Platon fait voir en général, sous le nom des prêtres d'Egypte, que les Grecs ignoroient profondément les antiquités [1]; et Aristote a rangé parmi les conteurs de fables [2] ceux qui ont écrit les *Assyriaques*.

C'est que les Grecs ont écrit tard; et que voulant divertir par les histoires anciennes la Grèce toujours curieuse, ils les ont composées sur des mémoires confus, qu'ils se sont contentés de mettre dans un ordre agréable, sans se trop soucier de la vérité.

Et certainement la manière dont on arrange ordinairement les trois premières monarchies est visiblement fabuleuse. Car après qu'on a fait périr sous Sardanapale l'empire des Assyriens, on fait paroître sur le théâtre les Mèdes, et puis les Perses; comme, si les Mèdes avoient succédé à toute la puissance des Assyriens, et que les Perses se fussent établis en ruinant les Mèdes.

Mais au contraire il paroît certain (a) que lorsque Arbace révolta les Mèdes contre Sardanapale, il ne fit que les affranchir, sans leur soumettre l'empire d'Assyrie. Hérodote distingue le temps de leur affranchissement d'avec celui de leur premier roi Déjocès [3]; et selon la supputation des plus habiles chronologistes, l'intervalle entre ces deux temps doit avoir été environ de quarante ans. Il est d'ailleurs constant (b) par le témoignage uniforme de ce grand historien et de Xénophon [4], pour ne point ici parler des autres, que durant les temps qu'on attribue à l'empire des Mèdes, il y avoit en Assyrie des rois très-puissans que tout l'Orient redoutoit, et dont Cyrus abattit l'empire par la prise de Babylone.

Si donc la plupart des Grecs et les Latins qui les ont suivis ne parlent pas de ces rois babyloniens; s'ils ne donnent aucun rang à ce grand royaume parmi les premières monarchies dont ils ra-

[1] Plat. in *Tim.* — [2] Aristot. *Polit.*, lib. V. cap. x.— [3] Herod. lib. I, cap. xcvi. — [4] Herod., lib. I; Xenoph. *Cyrop.* lib. V, VI. etc.

(a) Il est certain. — (b) Ire *Edit.* : Hérodote, suivi en cela par les plus habiles chronologistes, fait paroître leur premier roi Déjocès cinquante ans après leur révolte; il est d'ailleurs constant....

content la suite ; enfin si nous ne voyons presque rien dans leurs ouvrages de ces fameux rois Theglathphalasar, Salmanasar, Sennachérib, Nabuchodonosor, et de tant d'autres si renommés dans l'Ecriture et dans les histoires orientales : il le faut attribuer, ou à l'ignorance des Grecs plus éloquens dans leurs narrations que curieux dans leurs recherches, ou à la perte que nous avons faite de ce qu'il y avoit de plus recherché et de plus exact dans leurs histoires.

En effet Hérodote avoit promis une histoire particulière des Assyriens que nous n'avons pas, soit qu'elle ait été perdue, ou qu'il n'ait pas eu le temps de la faire ; et on peut croire d'un historien si judicieux qu'il n'y auroit pas oublié les rois du second empire des Assyriens, puisque même Sennachérib qui en étoit l'un, se trouve encore nommé dans les livres que nous avons de ce grand auteur [2], comme roi des Assyriens et des Arabes.

Strabon qui vivoit du temps d'Auguste, rapporte [3] ce que Mégasthène, auteur ancien et voisin des temps d'Alexandre, avoit laissé par écrit sur les fameuses conquêtes de Nabuchodonosor roi des Chaldéens, à qui il fait traverser l'Europe, pénétrer l'Espagne, et porter ses armes jusqu'aux colonnes d'Hercule. Elien nomme Tilgamus roi d'Assyrie [4], c'est-à-dire sans difficulté le Tilgath ou le Teglath de l'histoire sainte ; et nous avons dans Ptolomée un dénombrement des princes qui ont tenu les grands empires, parmi lesquels se voit une longue suite de rois d'Assyrie inconnus aux Grecs, et qu'il est aisé d'accorder avec l'histoire sacrée.

Si je voulois rapporter ce que nous racontent les annales des Syriens, un Bérose, un Abydénus, un Nicolas de Damas, je ferois un trop long discours. Josèphe et Eusèbe de Césarée nous ont conservé les précieux fragmens de tous ces auteurs [5], et d'une infinité d'autres qu'on avoit entiers de leurs temps, dont le témoignage confirme ce que nous dit l'Ecriture sainte touchant les antiquités orientales, et en particulier touchant les histoires assyriennes.

---

[1] Herod., lib. I, cap. 106, 184. — [2] Herod., lib. II, cap. 141. — [3] Strab., lib. XV, init. — [4] Ælian., *Hist. anim.*, lib. XII, cap. 21. — [5] Joseph., *Antiq.*, lib IX, cap. ult., et lib. X, cap. 11 ; lib. I *Cont. Apion* ; Euseb., *Præp. evang.*, lib. IX.

Pour ce qui est de la monarchie des Mèdes, que la plupart des historiens profanes mettent la seconde dans le dénombrement des grands empires, comme séparée de celle des Perses, il est certain que l'Ecriture les unit toujours ensemble; et vous voyez, Monseigneur, qu'outre l'autorité des Livres saints, le seul ordre des faits montre que c'est à cela qu'il faut s'en tenir.

Les Mèdes avant Cyrus, quoique puissans et considérables, étoient effacés par la grandeur des rois de Babylone. Mais Cyrus ayant conquis leur royaume par les forces réunies des Mèdes et des Perses, dont il est ensuite devenu le maître par une succession légitime, comme nous l'avons remarqué après Xénophon, il paroît que le grand empire dont il a été le fondateur a dû prendre son nom des deux nations : de sorte que celui des Mèdes et celui des Perses ne sont que la même chose, quoique la gloire de Cyrus y ait fait prévaloir le nom des Perses.

On peut encore penser qu'avant la guerre de Babylone, les rois des Mèdes ayant étendu leurs conquêtes du côté des colonies de l'Asie-Mineure, ont été par ce moyen célèbres parmi les Grecs, qui leur ont attribué l'empire de la grande Asie, parce qu'ils ne connoissoient qu'eux de tous les rois d'Orient. Cependant les rois de Ninive et de Babylone, plus puissans, mais plus inconnus à la Grèce, ont été presque oubliés dans ce qui nous reste d'histoires grecques; et tout le temps qui s'est écoulé depuis Sardanapale jusqu'à Cyrus a été donné aux Mèdes seuls.

Ainsi il ne faut plus tant se donner de peine à concilier en ce point l'histoire profane avec l'histoire sacrée. Car quant à ce qui regarde le premier royaume des Assyriens, l'Ecriture n'en dit qu'un mot en passant, et ne nomme ni Ninus fondateur de cet empire, ni à la réserve de Phul, aucun de ses successeurs, parce que leur histoire n'a rien de commun avec celle du peuple de Dieu. Pour les seconds Assyriens, la plupart des Grecs ou les ont entièrement ignorés, ou pour ne les avoir pas assez connus, ils les ont confondus avec les premiers.

Quand donc on objectera ceux des auteurs grecs qui arrangent à leur fantaisie les trois premières monarchies, et qui font succéder les Mèdes à l'ancien empire d'Assyrie sans parler du nouveau que l'Ecriture fait voir si puissant, il n'y a qu'à répondre qu'ils n'ont point connu cette partie de l'histoire ; et qu'ils ne sont pas moins contraires aux plus curieux et aux mieux instruits des auteurs de leur nation, qu'à l'Ecriture.

Et ce qui tranche en un mot toute la difficulté, les auteurs sacrés plus voisins par les temps et par les lieux des royaumes d'Orient, écrivant d'ailleurs l'histoire d'un peuple dont les affaires sont si mêlées avec celles de ces grands empires, quand ils n'auroient que cet avantage, pourroient faire taire les Grecs et les Latins qui les ont suivis.

Si toutefois on s'obstine à soutenir cet ordre célèbre des trois premières monarchies, et que pour garder aux Mèdes seuls le second rang qui leur est donné, on veuille leur assujettir les rois de Babylone, en avouant toutefois qu'après environ cent ans de sujétion, ceux-ci se sont affranchis par une révolte : on sauve en quelque façon la suite de l'histoire sainte, mais on ne s'accorde guère avec les meilleurs historiens profanes, auxquels l'histoire sainte est plus favorable en ce qu'elle unit l'empire des Mèdes à celui des Perses.

Il reste encore à vous découvrir une des causes de l'obscurité de ces anciennes histoires. C'est que comme les rois d'Orient prenoient plusieurs noms, ou si vous voulez plusieurs titres, qui ensuite leur tenoient lieu de nom propre, et que les peuples les traduisoient ou les prononçoient différemment, selon les divers idiomes de chaque langue, des histoires si anciennes dont il reste si peu de bons mémoires, ont dû être par là fort obscurcies. La confusion des noms en aura sans doute beaucoup mis dans les choses mêmes et dans les personnes ; et de là vient la peine qu'on a de situer dans l'histoire grecque les rois qui ont eu le nom d'Assuérus, autant inconnu aux Grecs que connu aux Orientaux.

Qui croiroit en effet que Cyaxare fût le même nom qu'Assuérus, composé du mot *Ky,* c'est-à-dire seigneur, et du mot *Axare,* qui revient manifestement à Axuérus, ou Assuérus? Trois ou quatre princes ont porté ce nom, quoiqu'ils en eussent encore d'autres. Ainsi il n'y a nul doute que Darius le Mède ne puisse

avoir été un Assuérus ou Cyaxare : et tout cadre à lui donner un
de ces deux noms (*a*). Si on n'étoit averti que Nabuchodonosor,
Nabucodrosor, et Nabocolassar, ne sont que le même nom ou que
le nom du même homme, ou auroit peine à le croire ; et cependant la chose est certaine. C'est un nom tiré de Nabo un des
dieux que Babylone adoroit, et qu'on inséroit dans les noms des
rois en différentes manières. Sargon est Sennachérib (*b*) ; Ozias est
Azarias ; Sédécias est Mathanias ; Joachas s'appeloit aussi Sellum :
on croit que Soüs ou Sua est le même que Sabacon roi d'Ethiopie : Asaraddon (*c*) qu'on prononce indifféremment Esar-Haddon
ou Asorhaddan, est nommé Asénaphar par les Cuthéens [1] : on
croit que Sardanapale est le même que quelques historiens ont
nommé Sarac : et par une bizarrerie dont on ne sait point l'origine, ce même roi se trouve nommé par les Grecs Tonos-Conco-
léros. Nous avons déjà remarqué que Sardanapale étoit vraisem-
blablement Sardan, fils de Phul ou Pul. Mais qui sait si ce Pul ou
Phul dont il est parlé dans l'histoire sainte [2], n'est pas le même
que Phalasar ? Car une des manières de varier ces noms étoit de
les abréger, de les allonger, de les terminer en diverses in-
flexions selon le génie des langues. Ainsi Theglath-Phalasar,
c'est-à-dire Theglath fils de Phalasar, pourroit être un des fils de
Phul, qui plus vigoureux que son frère Sardanapale, auroit conservé une partie de l'empire qu'on auroit ôté à sa maison ? On
pourroit faire une longue liste des Orientaux dont chacun a eu,
dans les histoires, plusieurs noms différens : mais il suffit d'être
instruit en général de cette coutume. Elle n'est pas inconnue aux
Latins, parmi lesquels les titres et les adoptions ont multiplié
les noms en tant de sortes. Ainsi le titre d'Auguste et celui d'A-
fricain sont devenus les noms propres de César Octavien et des
Scipions : ainsi les Nérons ont été Césars. La chose n'est pas
douteuse, et une plus longue discussion d'un fait si constant est
inutile (*d*).

[1] I *Esdr.*, IV, 2, 10. — [2] IV *Reg.*, XV, 19 ; I *Paral.*, V, 26.

(*a*) 1ʳᵉ *édit.* : A lui en donner encore d'autres. — (*b*) ..... Et cependant il est
certain, Sargon est Sennachérib. — (*c*) ..... S'appeloit aussi Sellum ; Asaraddon
qu'on prononce..... — (*d*) Vous est inutile.

Pour ceux qui s'étonneront de ce nombre infini d'années que les Egyptiens se donnent eux-mêmes, je les renvoie à Hérodote qui nous assure précisément, comme on vient de voir, que leur histoire n'a de certitude que depuis le temps de Psammitique [1] : c'est-à-dire six ou sept cents ans avant Jésus-Christ. Que si l'on se trouve embarrassé de la durée que le commun donne au premier empire des Assyriens, il n'y a qu'à se souvenir qu'Hérodote l'a réduite à cinq cent vingt ans [2], et qu'il est suivi par Denys d'Halicarnasse le plus docte des historiens, et par Appien. Et ceux qui après tout cela se trouvent trop resserrés dans la supputation ordinaire des années, pour y ranger à leur gré tous les événemens et toutes les dates qu'ils croiront certaines, peuvent se mettre au large tant qu'il leur plaira dans la supputation des Septante que l'Eglise leur laisse libre, pour y placer à leur aise tous les rois qu'on veut donner à Ninive, avec toutes les années qu'on attribue à leur règne ; toutes les dynasties des Egyptiens, en quelque sorte qu'ils les veulent arranger ; et encore toute l'histoire de la Chine, sans même attendre, s'ils veulent, qu'elle soit plus éclaircie (a).

Je ne prétends plus, Monseigneur, vous embarrasser dans la suite des difficultés de chronologie, qui vous sont très-peu nécessaires. Celle-ci étoit trop importante pour ne la pas éclaircir en cet endroit ; et après vous en avoir dit ce qui suffit à notre dessein, je reprends la suite de nos époques.

HUITIEME ÉPOQUE.

CYRUS, OU LES JUIFS RÉTABLIS.

Sixième âge du monde.

(218—536). Ce fut donc 218 ans après la fondation de Rome, 536 ans avant Jésus-Christ, après les soixante-dix ans de la captivité de Babylone, et la même année que Cyrus fonda l'empire des Perses, que ce prince choisi de Dieu pour être le libérateur de son peuple, et le restaurateur de son temple, mit la main à ce

---

[1] Herod., lib. II, cap. 154. — [2] Lib. I, cap. 95.
(a) Tout l'alinéa manque dans la 1re édition.

grand ouvrage. Incontinent après la publication de son ordonnance, Zorobabel accompagné de Jésus fils de Josédec, souverain
pontife, ramena les captifs, qui rebâtirent l'autel, et posèrent les
fondemens du second temple (219—535). Les Samaritains jaloux
de leur gloire, voulurent prendre part à ce grand ouvrage; et
sous prétexte qu'ils adoroient le Dieu d'Israël, quoiqu'ils en joignissent le culte à celui de leurs faux dieux, ils prièrent Zorobabel de leur permettre de rebâtir avec lui le temple de Dieu [1].
Mais les enfans de Juda qui détestoient leur culte mêlé, rejetèrent
leur proposition. Les Samaritains irrités traversèrent leur dessein par toute sorte d'artifices et de violences. Environ ce temps
Servius Tullius, après avoir agrandi la ville de Rome, conçut le
dessein de la mettre en république (221—533). Il périt au milieu
de ces pensées par les conseils de sa fille, et par le commandement de Tarquin le Superbe son gendre. Ce tyran envahit le
royaume, où il exerça durant un long temps toute sorte de violences. Cependant l'empire des Perses alloit croissant : outre ces
provinces immenses de la grande Asie, tout ce vaste continent
de l'Asie inférieure leur obéit; les Syriens et les Arabes furent
assujettis; l'Egypte si jalouse de ses lois reçut les leurs (229—
525). La conquête s'en fit par Cambyse fils de Cyrus. Ce brutal ne
survécut guère à Smerdis son frère, qu'un songe ambigu lui fit
tuer en secret (232—522). Le mage Smerdis régna quelque temps
sous le nom de Smerdis frère de Cambyse : mais sa fourbe fut
bientôt découverte. Les sept principaux seigneurs conjurèrent
contre lui, et l'un d'eux fut mis sur le trône (233—521). Ce fut
Darius fils d'Hystaspe, qui s'appeloit dans ses inscriptions le
meilleur et le mieux fait de tous les hommes [2]. Plusieurs marques le font reconnoître pour l'Assuérus du livre d'Esther, quoiqu'on n'en convienne pas. Au commencement de son règne le
temple fut achevé, après diverses interruptions causées par les
Samaritains [3]. Une haine irréconciliable se mit entre les deux
peuples, et il n'y eut rien de plus opposé que Jérusalem et Samarie. C'est du temps de Darius que commence la liberté de Rome
et d'Athènes, et la grande gloire de la Grèce (241—513). Harmo-

[1] I *Esdr.*, IV, 2, 3. — [2] Herod., lib. IV, cap. 91. — [3] I *Esdr.*, V, VI.

dius et Aristogiton Athéniens délivrent leur pays d'Hipparque fils
de Pisistrate, et sont tués par ses gardes. Hippias frère d'Hipparque tâche en vain de se soutenir. Il est chassé : la tyrannie
des Pisistratides est entièrement éteinte (244—510). Les Athéniens affranchis dressent des statues à leurs libérateurs, et réta-
blissent l'état populaire. Hippias se jette entre les bras de Darius,
qu'il trouva déjà disposé à entreprendre la conquête de la Grèce,
et n'a plus d'espérance qu'en sa protection. Dans le temps qu'il
fut chassé, Rome se défit aussi de ses tyrans. Tarquin le Superbe
avoit rendu par ses violences la royauté odieuse : l'impudicité de
Sexte son fils acheva de la détruire (245—509). Lucrèce déshonorée se tua elle-même : son sang et les harangues de Brutus animèrent les Romains. Les rois furent bannis, et l'empire consulaire fut établi suivant les projets de Servius Tullius : mais il fut
bientôt affoibli par la jalousie du peuple. Dès le premier consulat P. Valérius consul, célèbre par ses victoires, devint suspect à
ses citoyens ; et il fallut pour les contenter établir la loi qui permit d'appeler au peuple du sénat et des consuls dans toutes les
causes où il s'agissoit de châtier un citoyen. Les Tarquins chassés
trouvèrent des défenseurs : les rois voisins regardèrent leur ban-
nissement comme une injure faite à tous les rois; et Porsenna roi
des Clusiens, peuples d'Etrurie, prit les armes contre Rome (247—
507). Réduite à l'extrémité et presque prise, elle fut sauvée par la
valeur d'Horatius Coclès. Les Romains firent des prodiges pour
leur liberté : Scévola, jeune citoyen, se brûla la main qui avoit
manqué Porsenna ; Clélie, une jeune fille, étonna ce prince par
sa hardiesse; Porsenna laissa Rome en paix, et les Tarquins demeurèrent sans ressource (254—500). Hippias pour qui Darius se
déclara, avoit de meilleures espérances. Toute la Perse se remuoit en sa faveur, et Athènes étoit menacée d'une grande guerre
(261—493). Durant que Darius en faisoit les préparatifs, Rome
qui s'étoit si bien défendue contre les étrangers, pensa périr par
elle-même : la jalousie s'étoit réveillée entre les patriciens et le
peuple : la puissance consulaire, quoique déjà modérée par la loi
de P. Valérius, parut encore excessive à ce peuple trop jaloux de
sa liberté. Il se retira au mont Aventin : les conseils violens

furent inutiles : le peuple ne put être ramené que par les paisibles
remontrances de Ménénius Agrippa ; mais il fallut trouver des
tempéramens, et donner au peuple des tribuns pour le défendre
contre les consuls. La loi qui établit cette nouvelle magistrature
fut appelée la loi sacrée, et ce fut là que commencèrent les tribuns du peuple. Darius avoit enfin éclaté contre la Grèce. Son
gendre Mardonius, après avoir traversé l'Asie, croyoit accabler
les Grecs par le nombre de ses soldats : mais Miltiade défit cette
armée immense dans la plaine de Marathon, avec dix mille Athéniens (264—490). Rome battoit tous ses ennemis aux environs,
et sembloit n'avoir à craindre que d'elle-même (265—489). Coriolan zélé patricien et le plus grand de ses capitaines, chassé, malgré ses services, par la faction populaire, médita la ruine de sa
patrie, mena les Volsques contre elle, la réduisit à l'extrémité, et
ne put être apaisé que par sa mère (266—488). La Grèce ne jouit
pas longtemps du repos que la bataille de Marathon lui avoit
donné (274—480). Pour venger l'affront de la Perse et de Darius,
Xerxès son fils et son successeur, et petit-fils de Cyrus par sa
mère Atosse, attaqua les Grecs avec onze cent mille combattans
(d'autres disent dix-sept cent mille), sans compter son armée navale de douze cents vaisseaux. Léonidas roi de Sparte, qui n'a-
voit que trois cents hommes, lui en tua vingt mille au passage
des Thermopyles, et périt avec les siens. Par les conseils de Thémistocle Athénien, l'armée navale de Xerxès est défaite la
même année, près de Salamine. Ce prince repasse l'Hellespont
avec frayeur ; et un an après son armée de terre, que Mardonius
commandoit, est taillée en pièces auprès de Platée, par Pausanias roi de Lacédémone, et par Aristide Athénien, appelé le Juste
(275—479). La bataille se donna le matin ; et le soir de cette fameuse journée, les Grecs Ioniens qui avoient secoué le joug des
Perses, leur tuèrent trente mille hommes dans la bataille de My-
cale, sous la conduite de Léotychides. Ce général, pour encourager ses soldats, leur dit que Mardonius venoit d'être défait dans
la Grèce. La nouvelle se trouva véritable, ou par un effet prodigieux de la renommée, ou plutôt par une heureuse rencontre ;
et tous les Grecs de l'Asie-Mineure se mirent en liberté. Cette na-

tion remportoit partout de grands avantages; et un peu auparavant les Carthaginois, puissans alors, furent battus dans la Sicile, où ils vouloient étendre leur domination à la sollicitation des
Perses. Malgré ce mauvais succès, ils ne cessèrent depuis de faire
de nouveaux desseins sur une île si commode à leur assurer
l'empire de la mer, que leur république affectoit. La Grèce le tenoit alors, mais elle ne regardoit que l'Orient et les Perses (277—
477). Pausanias venoit d'affranchir l'île de Chypre de leur joug,
quand il conçut le dessein d'asservir son pays (278—476). Tous
ses projets furent vains, quoique Xerxès lui promît tout : le traître
fut trahi par celui qu'il aimoit le plus, et son infâme amour lui
coûta la vie. La même année Xerxès fut tué par Artaban son capitaine des gardes [1], soit que ce perfide voulût occuper le trône
de son maître, ou qu'il craignît les rigueurs d'un prince dont il
n'avoit pas exécuté assez promptement les ordres cruels (280—
474). Artaxerxe à la Longue-Main son fils commença son règne,
et reçut peu de temps après une lettre de Thémistocle, qui, pros-
crit par ses concitoyens, lui offroit ses services contre les Grecs
(281—473). Il sut estimer autant qu'il devoit un capitaine si renommé, et lui fit un grand établissement malgré la jalousie des
satrapes (287—467). Ce roi magnanime protégea le peuple juif [2];
et dans sa vingtième année, que ses suites rendent mémorable,
il permit à Néhémias de rétablir Jérusalem avec ses murailles [3]
(300—454). Ce décret d'Artaxerxe diffère de celui de Cyrus, en ce
que celui de Cyrus regardoit le temple, et celui-ci est fait pour la
ville. A ce décret prévu par Daniel, et marqué dans sa prophétie [4], les quatre cent quatre-vingt-dix ans de ses semaines commencent. Cette importante date a de solides fondemens. Le ban-
nissement de Thémistocle est placé dans la *Chronique* d'Eusèbe à
la dernière année de la 76ᵉ olympiade, qui revient à l'an 280 de
Rome. Les autres chronologistes le mettent un peu au-dessous :
la différence est petite, et les circonstances du temps assurent la
date d'Eusèbe. Elles se tirent de Thucydide, historien très-exact ;
et ce grave auteur contemporain presque, aussi bien que conci-

[1] Arist., *Polit.*, lib. V, cap. 10. — [2] I *Esdr.*, VII, VIII.— [3] I *Esdr.*, I, 1; VI, 3;
II *Esdr.*, II, 1, 2. — [4] *Dan.*, IX, 25.

toyen de Thémistocle, lui fait écrire sa lettre au commencement du règne d'Artaxerxe [1]. Cornélius Népos auteur ancien et judicieux autant qu'élégant, ne veut pas qu'on doute de cette date après l'autorité de Thucydide [2] : raisonnement d'autant plus solide, qu'un autre auteur plus ancien encore que Thucydide s'accorde avec lui. C'est Charon de Lampsaque cité par Plutarque [3]; et Plutarque ajoute lui-même que les Annales, c'est-à-dire celles de Perse, sont conformes à ces deux auteurs. Il ne les suit pourtant pas, mais il n'en dit aucune raison; et les historiens qui commencent huit ou neuf ans plus tard le règne d'Artaxerxe ne sont ni du temps, ni d'une si grande autorité. Il paroît donc indubitable qu'il en faut placer le commencement vers la fin de la 76ᵉ olympiade, et approchant de l'année 280 de Rome, par où la vingtième année de ce prince doit arriver vers la fin de la 81ᵉ olympiade, et environ l'an 300 de Rome. Au reste ceux qui rejettent plus bas le commencement d'Artaxerxe, pour concilier les auteurs, sont réduits à conjecturer que son père l'avoit du moins associé au royaume quand Thémistocle écrivit sa lettre; et en quelque façon que ce soit, notre date est assurée. Ce fondement étant posé, le reste du compte est aisé à faire, et la suite le rendra sensible. Après le décret d'Artaxerxe les Juifs travaillèrent à rétablir leur ville et ses murailles, comme Daniel l'avoit prédit [4]. Néhémias conduisit l'ouvrage avec beaucoup de prudence et de fermeté au milieu de la résistance des Samaritains, des Arabes et des Ammonites. Le peuple fit un effort, et Eliasib souverain pontife, l'anima par son exemple. Cependant les nouveaux magistrats qu'on avoit donnés au peuple romain, augmentoient les divisions de la ville; et Rome, formée sous des rois, manquoit des lois nécessaires à la bonne constitution d'une république. La réputation de la Grèce plus célèbre encore par son gouvernement que par ses victoires, excita les Romains à se régler sur son exemple. Ainsi ils envoyèrent des députés pour rechercher les lois des villes de Grèce, et surtout celles d'Athènes plus conformes à l'état de la république (303—451). Sur ce modèle, dix magis-

---

[1] Thucyd., lib. I.— [2] Corn. Nep., *in Themist.*, cap. 9.— [3] Plutarch., *in Themist.* — [4] *Dan.*, IX, 25.

trats absolus qu'on créa l'année d'après sous le nom de *décemvirs*, rédigèrent les lois des Douze Tables, qui sont le fondement du Droit romain (304—450). Le peuple ravi de l'équité avec laquelle ils les composèrent, leur laissa empiéter le pouvoir suprême, dont ils usèrent tyranniquement. Il se fit alors de grands mouvemens par l'intempérance d'Appius Clodius un des décemvirs, et par le meurtre de Virginie, que son père aima mieux tuer de sa propre main que de la laisser abandonnée à la passion d'Appius (305—449). Le sang de cette seconde Lucrèce réveilla le peuple romain, et les décemvirs furent chassés. Pendant que les lois romaines se formoient sous les décemvirs, Esdras docteur de la loi, et Néhémias gouverneur du peuple de Dieu nouvellement rétabli dans la Judée, réformoient les abus, et faisoient observer la loi de Moïse qu'ils observoient les premiers [1]. Un des principaux articles de leur réformation fut d'obliger tout le peuple et principalement les prêtres, à quitter les femmes étrangères qu'ils avoient épousées contre la défense de la loi. Esdras mit en ordre les Livres saints, dont il fit une exacte révision, et ramassa les anciens mémoires du peuple de Dieu pour en composer les deux livres des *Paralipomènes* ou *Chroniques*, auxquelles il ajouta l'histoire de son temps, qui fut achevée par Néhémias. C'est par leurs livres que se termine cette longue histoire que Moïse avoit commencée, et que les auteurs suivans continuèrent sans interruption jusqu'au rétablissement de Jérusalem. Le reste de l'histoire sainte n'est pas écrit dans la même suite. Pendant qu'Esdras et Néhémias faisoient la dernière partie de ce grand ouvrage, Hérodote que les auteurs profanes appellent le père de l'histoire, commençoit à écrire. Ainsi les derniers auteurs de l'histoire sainte se rencontrent avec le premier auteur de l'histoire grecque; et quand elle commence, celle du peuple de Dieu, à la prendre seulement depuis Abraham, enfermoit déjà quinze siècles. Hérodote n'avoit garde de parler des Juifs dans l'histoire qu'il nous a laissée ; et les Grecs n'avoient besoin d'être informés que des peuples que la guerre, le commerce ou un grand éclat leur faisoit connoître. La Judée qui commençoit à peine à se relever de sa ruine, n'attiroit

[1] *Esdr.*, XIII; *Deut.*, XXIII, 3.

pas les regards. Ce fut dans des temps si malheureux que la
langue hébraïque commença à se mêler de langage chaldaïque,
qui étoit celui de Babylone durant le temps que le peuple y fut
captif; mais elle étoit encore entendue, du temps d'Esdras, de la
plus grande partie du peuple, comme il paroît par la lecture qu'il
fit faire des livres de la loi « hautement et intelligiblement en
présence de tout le peuple, hommes et femmes en grand nombre,
et de tous ceux qui pouvoient entendre, et tout le monde entendoit pendant la lecture [1]. » Depuis ce temps peu à peu elle cessa
d'être vulgaire (a). Durant la captivité, et ensuite par le commerce
qu'il fallut avoir avec les Chaldéens, les Juifs apprirent la langue
chaldaïque assez approchante de la leur, et qui avoit presque le
même génie. Cette raison leur fit changer l'ancienne figure des
lettres hébraïques, et ils écrivirent l'hébreu avec les lettres des
Chaldéens plus usitées parmi eux, et plus aisées à former. Ce
changement fut aisé entre deux langues voisines dont les lettres
étoient de même valeur, et ne différoient que dans la figure. Depuis ce temps on ne trouve l'Ecriture sainte parmi les Juifs qu'en
caractères chaldaïques (b).

J'ai dit que l'Ecriture ne se trouve parmi les Juifs qu'en ces
caractères. Mais on a trouvé de nos jours entre les mains des Samaritains, un Pentateuque en anciens caractères hébraïques tels
qu'on les voit dans les médailles et dans tous les monumens des
siècles passés. Ce Pentateuque ne diffère en rien de celui des
Juifs, si ce n'est qu'il y a un endroit falsifié en faveur du culte
public, que les Samaritains soutenoient que Dieu avoit établi sur
la montagne de Garizim près de Samarie, comme les Juifs soutenoient que c'étoit dans Jérusalem. Il y a encore quelques diffé-

---

[1] II *Esdr.*, VIII, 5, 6, 8.

(a) 1re *édit. :* Ce fut dans des temps si malheureux que la langue hébraïque
cessa d'être vulgaire. — (b) Les quatorze alinéas suivans, jusqu'à ces mots :
Les Juifs vivoient avec douceur, forment l'addition manuscrite dont on a parlé
plus haut, sur les Samaritains; longtemps les éditions n'ont eu pour tout cela
que ceci :... « qu'en lettres chaldaïques; mais les Samaritains retinrent toujours
l'ancienne manière d'écrire. Leurs descendans ont persévéré dans cet usage
jusqu'à nos jours, et nous ont par ce moyen conservé le Pentateuque qu'on
appelle samaritain, en anciens caractères hébraïques, tels qu'on les trouve dans
les médailles et dans les monumens des siècles passés. »

rences, mais légères. Il est constant que les anciens Pères, et entre autres Eusèbe et saint Jérôme, ont vu cet ancien Pentateuque samaritain, et qu'on trouve dans celui que nous avons tous les caractères de celui dont ils ont parlé.

Pour entendre parfaitement les antiquités du peuple de Dieu, il faut ici en peu de mots faire l'histoire des Samaritains et de leur Pentateuque (an du m. 3029—av. J.-C. 975). Il faut pour cela se souvenir qu'après Salomon, et en punition de ses excès, sous Roboam son fils, Jéroboam sépara dix tribus du royaume de Juda, et forma le royaume d'Israël dont la capitale fut Samarie (3080—924).

Ce royaume ainsi séparé ne sacrifia plus dans le temple de Jérusalem, et rejeta toutes les Ecritures faites depuis David et Salomon, sans se soucier non plus des ordonnances de ces deux rois, dont l'un avoit préparé le temple et l'autre l'avoit construit et dédié.

Rome fut fondée l'an du monde 3250; et trente-trois ans après, c'est-à-dire l'an du monde 3283, les dix tribus schismatiques furent transportées à Ninive, et dispersées parmi les gentils.

Sous Asaraddon roi d'Assyrie les Cuthéens furent envoyés pour habiter Samarie [1] (an de R. 77—av. J.-C. 677). C'étoient des peuples d'Assyrie, qui furent depuis appelés Samaritains. Ceux-ci joignirent le culte de Dieu avec celui des idoles, et obtinrent d'Asaraddon un prêtre israélite qui leur apprit le service du dieu du pays, c'est-à-dire les observances de la loi de Moïse. Mais leur prêtre ne leur donna que les livres de Moïse dont les dix tribus révoltées avoient conservé la vénération, sans y joindre d'autres livres saints, pour les raisons que l'on vient de voir.

Ces peuples ainsi instruits ont toujours persisté dans la haine que les dix tribus avoient contre les Juifs; et lorsque Cyrus permit aux Juifs de rétablir le temple de Jérusalem (219—535), les Samaritains traversèrent autant qu'ils purent leur dessein [2], en faisant semblant néanmoins d'y vouloir prendre part, sous prétexte qu'ils adoroient le Dieu d'Israël, quoiqu'ils en joignissent le culte avec celui de leurs fausses divinités.

Ils persistèrent toujours à traverser les desseins des Juifs lors-

[1] IV *Reg.*, XVII, 24; I *Esdr..* IV, 2. — [2] *Ibid.,* IV, 2, 3.

qu'ils rebâtissoient leur ville sous la conduite de Néhémias; et les deux nations furent toujours ennemies.

On voit ici la raison pourquoi ils ne changèrent pas avec les Juifs les caractères hébreux en caractères chaldaïques. Ils n'avoient garde d'imiter les Juifs, non plus qu'Esdras leur grand docteur, puisqu'ils les avoient en exécration : c'est pourquoi leur Pentateuque se trouve écrit en anciens caractères hébraïques, ainsi qu'il a été dit.

Alexandre leur permit de bâtir le temple de Garizim (421-333). Manassès frère de Jaddus souverain pontife des Juifs, qui embrassa le schisme des Samaritains, obtint la permission de bâtir ce temple; et c'est apparemment sous lui qu'ils commencèrent à quitter le culte des faux dieux, ne différant d'avec les Juifs qu'en ce qu'ils le vouloient servir, non point dans Jérusalem comme Dieu l'avoit ordonné, mais sur le mont Garizim.

On voit ici la raison pourquoi ils ont falsifié dans leur Pentateuque l'endroit où il est parlé de la montagne de Garizim, dans le dessein de montrer que cette montagne étoit bénite de Dieu et consacrée à son culte, et non pas Jérusalem.

La haine entre les deux peuples subsista toujours : les Samaritains soutenoient que leur temple de Garizim devoit être préféré à celui de Jérusalem. La contestation fut émue devant Ptolémée Philométor, roi d'Egypte. Les Juifs qui avoient pour eux la succession et la tradition manifeste, gagnèrent leur cause par un jugement solennel[1].

(587—167). Les Samaritains, qui durant la persécution d'Antiochus et des rois de Syrie se joignirent toujours à eux contre les Juifs, furent subjugués par Jean Hircan (624—130) fils de Simon, qui renversa leur temple de Garizim, mais qui ne les put empêcher de continuer leur service sur la montagne où il étoit bâti, ni réduire ce peuple opiniâtre à venir adorer dans le temple de Jérusalem.

De là vient que du temps de Jésus-Christ, on voit encore les Samaritains attachés au même culte, et condamnés par Jésus-Christ[2].

---

[1] Joseph., *Ant.*, XIII, cap. VI, al. III. — [2] *Joan.*, IV, 23.

Ce peuple a toujours subsisté depuis ce temps-là, en deux ou trois endroits de l'Orient. Un de nos voyageurs l'a connu, et nous en a rapporté le texte du Pentateuque qu'on appelle *Samaritain*, dont on voit à présent l'antiquité; et on entend parfaitement toutes les raisons pour lesquelles il est demeuré en l'état où nous le voyons.

Les Juifs vivoient avec douceur sous l'autorité d'Artaxerxe. Ce prince réduit par Cimon fils de Miltiade, général des Athéniens, à faire une paix honteuse, désespéra de vaincre les Grecs par la force, et ne songea plus qu'à profiter de leurs divisions. Il en arriva de grandes entre les Athéniens et les Lacédémoniens. Ces deux peuples jaloux l'un de l'autre, partagèrent toute la Grèce (323—431). Périclès Athénien commença la guerre du Péloponèse, durant laquelle Théramène, Thrasybule et Alcibiade Athéniens se rendent célèbres. Brasidas et Myndare Lacédémoniens y meurent en combattant pour leur pays. Cette guerre dura vingt-sept ans, et finit à l'avantage de Lacédémone, qui avoit mis dans son parti Darius nommé le Bâtard, fils et successeur d'Artaxerxe. Lysandre général de l'armée navale des Lacédémoniens prit Athènes, et en changea le gouvernement (350—404). Mais la Perse s'aperçut bientôt qu'elle avoit rendu les Lacédémoniens trop puissans. Ils soutinrent le jeune Cyrus dans sa révolte contre Artaxerxe (353—401) son aîné, appelé Mnémon à cause de son excellente mémoire, fils et successeur de Darius. Ce jeune prince sauvé de la prison et de la mort par sa mère Parysatis, songe à la vengeance, gagne les satrapes par ses agrémens infinis, traverse l'Asie-Mineure, va présenter la bataille au roi son frère dans le cœur de son empire, le blesse de sa propre main, et se croyant trop tôt vainqueur, périt par sa témérité. Les dix mille Grecs qui le servoient font cette retraite étonnante, où commandoit à la fin Xénophon grand philosophe et grand capitaine, qui en a écrit l'histoire. Les Lacédémoniens continuoient à attaquer l'empire des Perses, qu'Agésilas roi de Sparte, fit trembler dans l'Asie-Mineure (358—396) : mais les divisions de la Grèce le rappelèrent en son pays. En ce temps la ville de Véïes qui égaloit presque la gloire de Rome, après un siége de dix ans et beaucoup de divers succès, fut prise par les Romains sous la conduite de Camille. Sa générosité lui fit encore une autre conquête (360—394). Les Falisques qu'il assiégeoit se donnèrent à lui, touchés de ce qu'il leur avoit renvoyé leurs enfans, qu'un maître d'école lui avoit livrés. Rome ne vouloit pas vaincre par des trahisons, ni profiter de la perfidie d'un lâche qui abusoit de l'obéissance d'un âge innocent. Un peu après les Gaulois Sénonois entrèrent en Italie, et assiégèrent Clusium. Les Romains perdirent contre eux la fameuse bataille d'Allia (363—391). Leur ville fut prise et brûlée (364—390). Pendant qu'ils se défendoient dans le Capitole, leurs affaires furent rétablies par Camille qu'ils avoient banni. Les Gaulois demeurèrent sept mois maîtres de Rome ; et appelés ailleurs par d'autres affaires, ils se retirèrent chargés de butin [1]. Durant les brouilleries de la Grèce, Epaminondas Thébain se signala par son équité et par sa modération, autant que par ses victoires (383—371). On remarque qu'il avoit pour règle de ne mentir jamais, même en riant. Ses grandes actions éclatent dans les dernières années de Mnémon et dans les premières d'Ochus. Sous un si grand capitaine, les Thébains sont victorieux, et la puissance de Lacédémone est abattue. Celle des rois de Macédoine commence avec Philippe père d'Alexandre le Grand (395—359). Malgré les oppositions d'Ochus et d'Arsès son fils rois de Perse, et malgré les difficultés plus grandes encore que lui suscitoit dans Athènes l'éloquence de Démosthène puissant défenseur de la liberté, ce prince victorieux durant vingt ans, assujettit toute la Grèce, où la bataille de Chéronée qu'il gagna sur les Athéniens et sur les alliés, lui donna une puissance absolue (416—338). Dans cette fameuse bataille, pendant qu'il rompoit les Athéniens, il eut la joie de voir Alexandre à l'âge de dix-huit ans enfoncer les troupes thébaines de la discipline d'Epaminondas, et entre autres la troupe Sacrée qu'on appeloit des Amis, qui se croyoit invincible. Ainsi maître de la Grèce, et soutenu par un fils d'une si grande espérance, il conçut de plus hauts desseins, et ne médita rien moins que la ruine des Perses contre lesquels il fut déclaré capitaine général (417—337). Mais leur perte étoit réservée à

[1] Polyb., lib. I, cap. vi; lib. II, cap. xviii, xxii.

Alexandre (418—336). Au milieu des solennités d'un nouveau mariage, Philippe fut assassiné par Pausanias jeune homme de bonne maison, à qui il n'avoit pas rendu justice. L'eunuque Bagoas tua dans la même année Arsès roi de Perse, et fit régner à sa place Darius fils d'Arsame, surnommé Codomanus. Il mérite par sa valeur qu'on se range à l'opinion, d'ailleurs la plus vraisemblable, qui le fait sortir de la famille royale. Ainsi deux rois courageux commencèrent ensemble leur règne, Darius fils d'Arsame, et Alexandre fils de Philippe. Ils se regardoient d'un œil jaloux, et sembloient nés pour se disputer l'empire du monde. Mais Alexandre voulut s'affermir avant que d'entreprendre son rival. Il vengea la mort de son père; il dompta les peuples rebelles qui méprisoient sa jeunesse; il battit les Grecs qui tentèrent vainement de secouer le joug; et ruina Thèbes (419—335) où il n'épargna que la maison et les descendans de Pindare, dont la Grèce admiroit les odes. Puissant et victorieux, il marche après tant d'exploits à la tête des Grecs contre Darius (420—334), qu'il défait en trois batailles rangées (421—333), entre triomphant dans Babylone et dans Suse (423—331), détruit Persépolis ancien siége des rois de Perse (424—330), pousse ses conquêtes jusqu'aux Indes (427—327), et vient mourir à Babylone âgé de trente-trois ans (430—324).

De son temps (421—333) Manassès, frère de Jaddus souverain pontife, excita des brouilleries parmi les Juifs. Il avoit épousé la fille de Sanaballat Samaritain, que Darius avoit fait satrape de ce pays. Plutôt que de répudier cette étrangère, à quoi le conseil de Jérusalem et son frère Jaddus vouloient l'obliger, il embrassa le schisme des Samaritains. Plusieurs Juifs, pour éviter de pareilles censures, se joignirent à lui. Dès lors il résolut de bâtir un temple près de Samarie sur la montagne de Garizim, que les Samaritains croyoient bénite, et de s'en faire le pontife. Son beau-père très-accrédité auprès de Darius, l'assura de la protection de ce prince, et les suites lui furent encore plus favorables. Alexandre s'éleva (422—332) : Sanaballat quitta son maître, et mena des troupes au victorieux durant le siége de Tyr. Ainsi il obtint tout ce qu'il voulut; le temple de Garizim fut bâti, et l'am-

bition de Manassès fut satisfaite. Les Juifs cependant, toujours
fidèles aux Perses, refusèrent à Alexandre le secours qu'il leur
demandoit. Il alloit à Jérusalem, résolu de se venger ; mais il fut
changé à la vue du souverain pontife, qui vint au-devant de lui
avec les sacrificateurs revêtus de leurs habits de cérémonie, et
précédés de tout le peuple habillé de blanc. On lui montra des
prophéties qui prédisoient ses victoires : c'étoit celles de Daniel.
Il accorda aux Juifs toutes leurs demandes, et ils lui gardèrent
la même fidélité qu'ils avoient toujours gardée aux rois de Perse.

Durant ces conquêtes (428, 429, 430), Rome étoit aux mains
avec les Samnites ses voisins, et avoit une peine extrême à les réduire malgré la valeur et la conduite de Papirius Cursor, le plus
illustre de ses généraux. Après la mort d'Alexandre, son empire
fut partagé (430—324). Perdiccas, Ptolomée fils de Lagus, Antigonus, Séleucus, Lysimaque, Antipater et son fils Cassander, en
un mot tous ses capitaines nourris dans la guerre sous un si
grand conquérant, songèrent à s'en rendre maîtres par les armes
(430, 436, 438) : ils immolèrent à leur ambition toute la famille
d'Alexandre (433, 445), son frère, sa mère, ses femmes, ses enfans, et jusqu'à ses sœurs : on ne vit que des batailles sanglantes
et d'effroyables révolutions. Au milieu de tant de désordres, plusieurs peuples de l'Asie-Mineure et du voisinage s'affranchirent,
et formèrent les royaumes de Pont, de Bithynie et de Pergame.
La bonté du pays les rendit ensuite riches et puissans. L'Arménie
secoua aussi dans le même temps le joug des Macédoniens, et devint un grand royaume. Les deux Mithridate père et fils fondèrent celui de Cappadoce. Mais les deux plus puissantes monarchies qui se soient élevées alors furent celle d'Egypte fondée par
Ptolomée (431—323) fils de Lagus, d'où viennent les Lagides ; et
celle d'Asie ou de Syrie fondée par Séleucus (442—312), d'où
viennent les Séleucides. Celle-ci comprenoit outre la Syrie, ces
vastes et riches provinces de la haute Asie, qui composoient
l'empire des Perses : ainsi tout l'Orient reconnut la Grèce, et en
apprit le langage. La Grèce elle-même étoit opprimée par les
capitaines d'Alexandre. La Macédoine son ancien royaume, qui
donnoit des maîtres à l'Orient, étoit en proie au premier venu.

Les enfans de Cassander se chassèrent les uns les autres de ce royaume. Pyrrhus roi des Epirotes (458—296), qui en avoit occupé une partie, fut chassé par Démétrius Poliorcète (460—294) fils d'Antigonus, qu'il chassa aussi à son tour (465—289) : il est lui-même chassé encore une fois par Lysimaque (468—286), et Lysimaque par Séleucus, que Ptolomée Céraunus chassé d'Egypte par son père Ptolomée I (473—281), tua en traître malgré ses bienfaits (474—280). Ce perfide n'eut pas plutôt envahi la Macédoine qu'il fut attaqué par les Gaulois, et périt dans un combat qu'il leur donna (475—279). Durant les troubles de l'Orient ils vinrent dans l'Asie-Mineure conduits par leur roi Brennus, et s'établirent dans la Gallo-Grèce ou Galatie nommée ainsi de leur nom, d'où ils se jetèrent dans la Macédoine qu'ils ravagèrent, et firent trembler toute la Grèce. Mais leur armée périt dans l'entreprise sacrilége du temple de Delphes (476—278). Cette nation remuoit partout, et partout elle étoit malheureuse. Quelques années devant l'affaire de Delphes (471—283), les Gaulois d'Italie, que leurs guerres continuelles et leurs victoires fréquentes rendoient la terreur des Romains, furent excités contre eux par les Samnites, les Brutiens et les Etruriens [1]. Ils remportèrent d'abord une nouvelle victoire, mais ils en souillèrent la gloire en tuant des ambassadeurs. Les Romains indignés marchent contre eux, les défont, entrent dans leurs terres où ils fondent une colonie (472—282), les battent encore deux fois, en assujettissent une partie, et réduisent l'autre à demander la paix. Après que les Gaulois d'Orient eurent été chassés de la Grèce (477—277), Antigonus Gonatas fils de Démétrius Poliorcète, qui régnoit depuis douze ans dans la Grèce, mais fort peu paisible, envahit sans peine la Macédoine. Pyrrhus étoit occupé ailleurs. Chassé de ce royaume, il espéra de contenter son ambition par la conquête de l'Italie, où il fut appelé par les Tarentins (474—280). La bataille que les Romains venoient de gagner sur eux et sur les Samnites ne leur laissoit que cette ressource. Il remporta contre les Romains des victoires qui le ruinoient (475—279). Les éléphans de Pyrrhus les étonnèrent : mais le consul Fabrice fit bientôt voir

---

[1] Polyb., lib. II, cap. xx.

aux Romains que Pyrrhus pouvoit être vaincu. Le roi et le consul sembloient se disputer la gloire de la générosité, plus encore
que celle des armes : Pyrrhus rendit au consul tous les prisonniers sans rançon, disant qu'il falloit faire la guerre avec le fer,
et non point avec l'argent; et Fabrice renvoya au roi son perfide
médecin (476—278), qui étoit venu lui offrir d'empoisonner son
maître. En ces temps la religion et la nation judaïque commencent à éclater parmi les Grecs. Ce peuple bien traité par les rois
de Syrie, vivoit tranquillement selon ses lois. Antiochus surnommé le Dieu, petit-fils de Séleucus, les répandit dans l'Asie-
Mineure, d'où ils s'étendirent dans la Grèce, et jouirent partout
des mêmes droits et de la même liberté que les autres citoyens [1].
Ptolomée fils de Lagus, les avoit déjà établis en Egypte. Sous
son fils Ptolomée Philadelphe (477—277) leurs Ecritures furent
tournées en grec, et on vit paroître cette célèbre version appelée
la version des Septante. C'étoit de savans vieillards qu'Eléazar
souverain pontife envoya au roi, qui les demandoit. Quelques-
uns veulent qu'ils n'aient traduit que les cinq livres de la loi. Le
reste des livres sacrés pourroit dans la suite avoir été mis en grec
pour l'usage des Juifs répandus dans l'Egypte et dans la Grèce [2],
où ils oublièrent non-seulement leur ancienne langue qui étoit
l'hébreu, mais encore le chaldéen que la captivité leur avoit appris. Ils se firent un grec mêlé d'hébraïsmes qu'on appelle le
langage hellénistique : les Septante et tout le Nouveau Testament
est écrit en ce langage. Durant cette dispersion des Juifs leur
temple fut célèbre par toute la terre, et tous les rois d'Orient y
présentoient leurs offrandes. L'Occident étoit attentif à la guerre
des Romains et de Pyrrhus. Enfin ce roi fut défait par le consul
Curius (479—275), et repassa en Epire. Il n'y demeura pas longtemps en repos, et voulut se récompenser sur la Macédoine des
mauvais succès d'Italie (480—274). Antigonus Gonatas fut renfermé dans Thessalonique, et contraint d'abandonner à Pyrrhus
tout le reste du royaume. Il reprit cœur pendant que Pyrrhus inquiet et ambitieux faisoit la guerre aux Lacédémoniens et aux
Argiens (482—272). Les deux rois ennemis furent introduits dans

<hr/>

[1] Joseph., *Antiq.*, lib. XII, cap. III.— [2] *Ibid.*, lib. I, *Proœm.*, et lib. XI, cap. II.

Argos en même temps par deux cabales contraires, et par deux
portes différentes. Il se donna dans la ville un grand combat :
une mère qui vit son fils poursuivi par Pyrrhus qu'il avoit blessé,
écrasa ce prince d'un coup de pierre. Antigonus défait d'un tel
ennemi rentra dans la Macédoine, qui après quelques changemens demeura paisible à sa famille. La ligue des Achéens l'empêcha de s'accroître. C'étoit le dernier rempart de la liberté de la
Grèce, et ce fut elle qui en produisit les derniers héros avec Ara-
tus et Philopœmen. Les Tarentins que Pyrrhus entretenoit d'espérance, appelèrent les Carthaginois après sa mort. Ce secours
leur fut inutile : ils furent battus avec les Brutiens et les Samnites leurs alliés. Ceux-ci, après soixante-douze ans de guerre
continuelle, furent forcés à subir le joug des Romains. Tarente
les suivit de près : les peuples voisins ne tinrent pas : ainsi tous
les anciens peuples d'Italie furent subjugués. Les Gaulois souvent battus, n'osoient remuer. Après quatre cent quatre-vingts
ans de guerre, les Romains se virent les maîtres en Italie, et
commencèrent à regarder les affaires du dehors [1] : ils entrèrent
en jalousie contre les Carthaginois trop puissans dans leur voisinage par les conquêtes qu'ils faisoient dans la Sicile, d'où ils venoient d'entreprendre sur eux et sur l'Italie, en secourant les
Tarentins. La république de Carthage tenoit les deux côtes de la
mer Méditerranée. Outre celle d'Afrique qu'elle possédoit presque
toute entière, elle s'étoit étendue du côté d'Espagne par le détroit.
Maîtresse de la mer et du commerce, elle avoit envahi les îles
de Corse et de Sardaigne. La Sicile avoit peine à se défendre, et
l'Italie étoit menacée de trop près pour ne pas craindre. De là les
guerres Puniques (490—264), malgré les traités mal observés de
part et d'autre. La première apprit aux Romains à combattre sur
la mer (494—260). Ils furent maîtres d'abord dans un art qu'ils
ne connoissoient pas ; et le consul Duilius qui donna la première
bataille navale, la gagna. Régulus soutint cette gloire, et aborda
en Afrique où il eut à combattre ce prodigieux serpent, contre
lequel il fallut employer toute son armée. Tout cède : Carthage
réduite à l'extrémité, ne se sauve que par le secours de Xantippe

---

[1] Polyb., lib. I, cap. xii; lib. II, cap. i.

Lacédémonien. Le général romain est battu et pris (499—255) ;
mais sa prison le rend plus illustre que ses victoires. Renvoyé
sur sa parole pour ménager l'échange des prisonniers, il vient
soutenir dans le sénat la loi qui ôtoit toute espérance à ceux qui
se laissoient prendre, et retourne à une mort assurée. Deux épou-
vantables naufrages contraignirent les Romains d'abandonner de
nouveau l'empire de la mer aux Carthaginois. La victoire demeura longtemps douteuse entre les deux peuples, et les Romains furent prêts à céder : mais ils réparèrent leur flotte. Une
seule bataille décida, et le consul Lutatius acheva la guerre (513—
241). Carthage fut obligée à payer tribut, et à quitter avec la
Sicile toutes les îles qui étoient entre la Sicile et l'Italie. Les Romains gagnèrent cette île toute entière, à la réserve de ce qu'y
tenoit Hiéron roi de Syracuse, leur allié[1]. Après la guerre achevée, les Carthaginois pensèrent périr par le soulèvement de leur
armée. Ils l'avoient composée, selon leur coutume, de troupes
étrangères, qui se révoltèrent pour leur paye. Leur cruelle domination fit joindre à ces troupes mutinées presque toutes les
villes de leur empire, et Carthage étroitement assiégée étoit perdue sans Amilcar surnommé Barcas. Lui seul avoit soutenu la
dernière guerre. Ses citoyens lui durent encore la victoire qu'ils
remportèrent sur les rebelles (516—238) : il leur en coûta la Sardaigne, que la révolte de leur garnison ouvrit aux Romains[2]. De
peur de s'embarrasser avec eux dans une nouvelle querelle,
Carthage céda malgré elle une île si importante, et augmenta
son tribut. Elle songeoit à rétablir en Espagne son empire
ébranlé par la révolte (524—230) : Amilcar passa dans cette province avec son fils Annibal âgé de neuf ans, et y mourut dans
une bataille. Durant neuf ans qu'il y fit la guerre avec autant
d'adresse que de valeur, son fils se formoit sous un si grand capitaine, et tout ensemble il concevoit une haine implacable contre
les Romains. Son allié Asdrubal fut donné pour successeur à son
père. Il gouverna sa province avec beaucoup de prudence, et y
bâtit Carthage la Neuve qui tenoit l'Espagne en sujétion. Les Romains étoient occupés dans la guerre contre Teuta reine d'Illyrie,

---

[1] Polyb., lib. I, cap. 62; 63, lib. II, cap. 1. — [2] *Ibid.*, cap. 79, 83, 88.

qui exerçoit impunément la piraterie sur toute la côte. Enflée du
butin qu'elle faisoit sur les Grecs et sur les Epirotes, elle méprisa
les Romains, et tua leur ambassadeur. Elle fut bientôt accablée
(525—229) : les Romains ne lui laissèrent qu'une petite partie de
l'Illyrie, et gagnèrent l'île de Corfou (526—228), que cette reine
avoit usurpée. Ils se firent alors respecter en Grèce par une solennelle ambassade, et ce fut la première fois qu'on y connut leur
puissance. Les grands progrès d'Asdrubal leur donnoient de la
jalousie : mais les Gaulois d'Italie les empêchoient de pourvoir
aux affaires de l'Espagne[1]. Il y avoit quarante-cinq ans qu'ils
demeuroient en repos. La jeunesse qui s'étoit élevée durant ce
temps ne songeoit plus aux pertes passées, et commençoit à menacer Rome[2]. Les Romains pour attaquer avec sûreté de si turbulens voisins, s'assurèrent des Carthaginois. Le traité fut conclu avec Asdrubal qui promit de ne passer point au delà de
l'Ebre (630—224). La guerre entre les Romains et les Gaulois se
fit avec fureur de part et d'autre : les Transalpins se joignirent
aux Cisalpins : tous furent battus. Concolitanus un des rois gaulois, fut pris dans la bataille : Anéroestus un autre roi se tua lui-
même. Les Romains victorieux passèrent le Pô pour la première
fois, résolus d'ôter aux Gaulois les environs de ce fleuve dont ils
étoient en possession depuis tant de siècles. La victoire les suivit
partout : Milan fut pris; presque tout le pays fut assujetti (534—
220). En ce temps Asdrubal mourut; et Annibal, quoiqu'il n'eût
encore que vingt-cinq ans, fut mis à sa place. Dès lors on prévit
la guerre. Le nouveau gouverneur entreprit ouvertement de
dompter l'Espagne, sans aucun respect des traités. Rome alors
écouta les plaintes de Sagonte son alliée (535—219). Les ambassadeurs romains vont à Carthage. Les Carthaginois rétablis n'é-
toient plus d'humeur à céder. La Sicile ravie de leurs mains, la
Sardaigne injustement enlevée, et le tribut augmenté, leur tenoient au cœur. Ainsi la faction qui vouloit qu'on abandonnât
Annibal, se trouva foible. Ce général songeoit à tout. De secrètes
ambassades l'avoient assuré des Gaulois d'Italie, qui n'étant plus
en état de rien entreprendre par leurs propres forces, embrassè-

[1] Polyb., lib. II, cap. 12, 22. — [2] *Ibid.*, cap. 21.

rent cette occasion de se relever. Annibal traverse l'Ebre, les Pyrénées, toute la Gaule transalpine, les Alpes, et tombe comme en
un moment sur l'Italie. Les Gaulois ne manquent point de fortifier son armée, et font un dernier effort pour leur liberté. Quatre
batailles perdues font croire que Rome alloit tomber (536—218).
La Sicile prend le parti du vainqueur (537—217). Hiéronyme roi
de Syracuse se déclare contre les Romains (538—216) : presque
toute l'Italie les abandonne (539—215) ; et la dernière ressource
de la république semble périr en Espagne avec les deux Scipions
(542—212). Dans de telles extrémités, Rome dut son salut à trois
grands hommes. La constance de Fabius Maximus, qui se mettant au-dessus des bruits populaires, faisoit la guerre en retraite,
fut un rempart à sa patrie. Marcellus qui fit lever le siége de
Nole (540—214) et prit Syracuse (542—212), donnoit vigueur aux
troupes par ses actions. Mais Rome qui admiroit ces deux grands
hommes, crut voir dans le jeune Scipion quelque chose de plus
grand. Les merveilleux succès de ses conseils confirmèrent l'opinion qu'on avoit qu'il étoit de race divine, et qu'il conversoit
avec les dieux. A l'âge de vingt-quatre ans il entreprend d'aller
en Espagne (543—211), où son père et son oncle venoient de périr : il attaque Carthage la Neuve (544—210), comme s'il eût agi
par inspiration, et ses soldats l'emportent d'abord. Tous ceux qui
le voient sont gagnés au peuple romain : les Carthaginois lui
quittent l'Espagne (548—206) : à son abord en Afrique les rois se
donnent à lui : Carthage tremble à son tour, et voit ses armées
défaites (551—203) : Annibal victorieux durant seize ans est vainement rappelé, et ne peut défendre sa patrie (552—202) : Scipion y donne la loi : le nom d'Africain est sa récompense : le
peuple romain ayant abattu les Gaulois et les Africains, ne voit
plus rien à craindre, et combat dorénavant sans péril.

Au milieu de la première guerre punique, Théodote gouverneur de la Bactrienne enleva mille villes à Antiochus (504—250)
appelé le Dieu, fils d'Antiochus Soter, roi de Syrie. Presque tout
l'Orient suivit cet exemple. Les Parthes se révoltèrent sous la
conduite d'Arsace chef de la maison des Arsacides, et fondateur
d'un empire qui s'étendit peu à peu dans toute la haute Asie.

Les rois de Syrie et ceux d'Egypte, acharnés les uns contre les autres, ne songeoient qu'à se ruiner mutuellement, ou par la force, ou par la fraude. Damas et son territoire, qu'on appeloit Cœlé-Syrie, ou la Syrie basse, et qui (a) confinoit aux royaumes, fut le sujet de leurs guerres, et les affaires de l'Asie étoient entièrement séparées de celles de l'Europe.

Durant tous ces temps la philosophie florissoit dans la Grèce. La secte des philosophes italiques, et celle des ioniques, la remplissoient de grands hommes, parmi lesquels il se mêla beaucoup d'extravagans, à qui la Grèce curieuse ne laissa pas de donner le nom de philosophes. Du temps de Cyrus et de Cambyse, Pythagore commença la secte italique dans la Grande-Grèce, aux environs de Naples. A peu près dans le même temps Thalès Milésien forma la secte ionique. De là sont sortis ces grands philosophes, Héraclite, Démocrite, Empédocle, Parménides; Anaxagore, qui un peu avant la guerre du Péloponèse fit voir le monde construit par un esprit éternel; Socrate, qui un peu après ramena la philosophie à l'étude des bonnes mœurs, et fut le père de la philosophie morale; Platon son disciple, chef de l'Académie; Aristote disciple de Platon et précepteur d'Alexandre, chef des péripatéticiens; sous les successeurs d'Alexandre, Zénon nommé Cittien, d'une ville de l'île de Chypre où il étoit né, chef des stoïciens; et Epicure Athénien, chef des philosophes qui portent son nom, si toutefois on peut nommer philosophes ceux qui nioient ouvertement la Providence, et qui, ignorant ce que c'est que le devoir, définissoient la vertu par le plaisir. On peut compter parmi les plus grands philosophes Hippocrate le père de la médecine, qui éclata au milieu des autres dans ces heureux temps de la Grèce. Les Romains avoient dans le même temps une autre espèce de philosophie, qui ne consistoit point en disputes ni en discours, mais dans la frugalité, dans la pauvreté, dans les travaux de la vie rustique et dans ceux de la guerre, où ils faisoient leur gloire de celle de leur patrie et du nom romain : ce qui les rendit enfin maîtres de l'Italie et de Carthage.

(a) 1ʳᵉ édit. : Qu'on appeloit Cœlé-Syrie, et qui...

NEUVIÈME ÉPOQUE.

SCIPION, OU CARTHAGE VAINCUE.

L'an 552 de la fondation de Rome (552—202), environ 250 ans
après celle de la monarchie (*a*) des Perses, et 202 ans avant
Jésus-Christ, Carthage fut assujettie aux Romains. Annibal ne laissoit pas sous main de leur susciter des ennemis partout où il pouvoit : mais il ne fit qu'entraîner tous ses amis anciens et nouveaux
dans la ruine de sa patrie et dans la sienne. Par les victoires du
consul Flaminius (556—198), Philippe roi de Macédoine allié
des Carthaginois, fut abattu (558—196), les rois de Macédoine
réduits à l'étroit, et la Grèce affranchie de leur joug. Les Romains
entreprirent de faire périr Annibal, qu'ils trouvoient encore redoutable après sa perte (559—195). Ce grand capitaine réduit à
se sauver de son pays, remua l'Orient contre eux, et attira leurs
armes en Asie. Par ses puissans raisonnemens, Antiochus surnommé le Grand, roi de Syrie, devint jaloux de leur puissance
(561—193), et leur fit la guerre : mais il ne suivit pas en la faisant les conseils d'Annibal, qui l'y avoit engagé. Battu par mer
et par terre, il reçut la loi que lui imposa le consul Lucius Scipio
frère de Scipion l'Africain, et il fut renfermé dans le mont Taurus.
Annibal réfugié chez Prusias (572—182) roi de Bithynie, échappa
aux Romains par le poison. Ils sont redoutés par toute la terre,
et ne veulent plus souffrir d'autre puissance que la leur. Les rois
étoient obligés de leur donner leurs enfans pour otage de leur foi.
Antiochus depuis appelé l'Illustre ou Epiphanes, second fils d'Antiochus le Grand, roi de Syrie, demeura longtemps à Rome en
cette qualité : mais sur la fin du règne de Séleucus Philopator
(578—176)) son frère aîné, il fut rendu : et les Romains voulurent avoir à sa place Démétrius Soter fils du roi, alors âgé de dix
ans (579—175). Dans ce contre-temps, Séleucus mourut ; et Antiochus usurpa le royaume sur son neveu. Les Romains étoient
appliqués aux affaires de la Macédoine, où Persée inquiétoit ses

(*a*) 1ʳᵉ *édit. :* Après la fondation de la monarchie.....

voisins, et ne vouloit plus s'en tenir aux conditions imposées au
roi Philippe son père. Ce fut alors que commencèrent les persécutions du peuple de Dieu (581—173). Antiochus l'Illustre régnoit comme un furieux : il tourna toute sa fureur contre les
Juifs, et entreprit de ruiner le temple, la loi de Moïse, et toute la
nation (583—171). L'autorité des Romains l'empêcha de se rendre
maître de l'Egypte. Ils faisoient la guerre à Persée, qui plus
prompt à entreprendre qu'à exécuter, perdoit ses alliés par son
avarice, et ses armées par sa lâcheté. Vaincu par le consul Paul
Emile (586—168), il fut contraint de se livrer entre ses mains.
Gentius roi de l'Illyrie son allié, abattu en trente jours par le préteur Anicius, venoit d'avoir un sort semblable. Le royaume de
Macédoine, qui avoit duré sept cents ans, et avoit près de deux
cents ans donné des maîtres, non-seulement à la Grèce, mais encore à tout l'Orient, ne fut plus qu'une province romaine. Les
fureurs d'Antiochus s'augmentoient contre le peuple de Dieu. On
voit paroître alors la résistance de Mathathias sacrificateur (587—
167), de la race de Phinées, et imitateur de son zèle ; les ordres
qu'il donne en mourant pour le salut de son peuple (588—166) ;
les victoires de Judas le Machabée son fils, malgré le nombre infini des ennemis ; l'élévation de la famille des Asmonéens, ou des
Machabées ; la nouvelle dédicace du temple que les Gentils avoient
profané (589—165) ; le gouvernement (a) de Judas (590—164),
et la gloire du sacerdoce rétablie ; la mort d'Antiochus digne de
son impiété et de son orgueil ; sa fausse conversion durant sa
dernière maladie, et l'implacable colère de Dieu sur ce roi superbe. Son fils Antiochus Eupator encore en bas âge, lui succéda,
sous la tutelle de Lysias son gouverneur. Durant cette minorité
Démétrius Soter, qui étoit en otage à Rome, crut se pouvoir rétablir ; mais il ne put obtenir du sénat d'être renvoyé dans son
royaume : la politique romaine aimoit mieux un roi enfant (591—
163). Sous Antiochus Eupator, la persécution du peuple de Dieu
et les victoires de Judas le Machabée continuent (592—162). La
division se met dans le royaume de Syrie. Démétrius s'échappe
de Rome : les peuples le reconnoissent ; le jeune Antiochus est

(a) 1ʳᵉ *édit.* : Le pontificat de Judas.

tué avec Lysias son tuteur. Mais les Juifs ne sont pas mieux traités sous Démétrius que sous ses prédécesseurs ; il éprouve le
même sort ; ses généraux sont battus par Judas le Machabée ; et
la main du superbe Nicanor, dont il avoit si souvent menacé le
temple, y est attachée (593—161). Mais un peu après, Judas, accablé par la multitude, fut tué en combattant avec une valeur
étonnante. Son frère Jonathas succède à sa charge, et soutient
sa réputation. Réduit à l'extrémité, son courage ne l'abandonna
pas. Les Romains, ravis d'humilier les rois de Syrie, accordèrent
aux Juifs leur protection ; et l'alliance que Judas avoit envoyé
leur demander fut accordée, sans aucun secours toutefois : mais
la gloire du nom romain ne laissoit pas d'être un grand support
au peuple affligé. Les troubles de la Syrie croissoient tous les
jours. Alexandre Balas, qui se vantoit d'être fils d'Antiochus l'Illustre, fut mis sur le trône par ceux d'Antioche (600—154). Les
rois d'Egypte, perpétuels ennemis de la Syrie, se mêloient dans
ses divisions pour en profiter. Ptolomée Philométor soutint Balas.
La guerre fut sanglante : Démétrius Soter y fut tué (604—150),
et ne laissa pour venger sa mort, que deux jeunes princes encore en bas âge, Démétrius Nicator et Antiochus Sidétès. Ainsi
l'usurpateur demeura paisible, et le roi d'Egypte lui donna sa
fille Cléopâtre en mariage. Balas, qui se crut au-dessus de tout,
se plongea dans la débauche, et s'attira le mépris de tous ses sujets. En ce temps Philométor jugea le fameux procès que les Samaritains firent aux Juifs (604—150). Ces schismatiques toujours
opposés au peuple de Dieu, ne manquoient point de se joindre à
leurs ennemis ; et pour plaire à Antiochus l'Illustre leur persécuteur, ils avoient consacré leur temple de Garizim à Jupiter Hos-
pitalier (587—167) [1]. Malgré cette profanation, ces impies ne
laissèrent pas de soutenir quelque temps après à Alexandrie devant Ptolomée Philométor, que ce temple devoit l'emporter sur
celui de Jérusalem. Les parties contestèrent devant le roi, et
s'engagèrent de part et d'autre à peine de la vie à justifier leurs
prétentions par les termes de la loi de Moïse [2]. Les Juifs gagnèrent

---

[1] II Machab., VI, 2 ; Joseph., Antiq.. lib. XII, cap. 7, al 5.— [2] Ibid., lib. XIII,
cap. 6, al. 5.

leur cause, et les Samaritains furent punis de mort selon la convention. Le même roi permit à Onias de la race sacerdotale, de bâtir en Egypte le temple d'Héliopolis, sur le modèle de celui de Jérusalem [1] : entreprise qui fut condamnée par tout le conseil des Juifs, et jugée contraire à la loi. Cependant Carthage remuoit, et souffroit avec peine les lois que Scipion l'Africain lui avoit imposées. Les Romains résolurent sa perte totale, et la troisième guerre punique fut entreprise (606—148). Le jeune Démétrius Nicator sorti de l'enfance songeoit à se rétablir sur le trône de ses ancêtres, et la mollesse de l'usurpateur lui faisoit tout espérer. A son approche Balas se troubla : son beau-père Philométor se déclara contre lui (608—146), parce que Balas ne voulut pas lui laisser prendre son royaume : l'ambitieuse Cléopâtre sa femme le quitta pour épouser son ennemi, et il périt enfin de la main des siens après la perte d'une bataille. Philométor mourut peu de temps après des blessures qu'il y reçut, et la Syrie fut délivrée de deux ennemis. On vit tomber en ce même temps deux grandes villes. Carthage fut prise et réduite en cendres par Scipion Emilien, qui confirma par cette victoire le nom d'Africain dans sa maison, et se montra digne héritier du grand Scipion son aïeul. Corinthe eut la même destinée, et la république ou la ligue des Achéens périt (a) avec elle. Le consul Mummius ruina de fond en comble cette ville, la plus voluptueuse de la Grèce et la plus ornée. Il en transporta à Rome les incomparables statues, sans en connoître le prix. Les Romains ignoroient les arts de la Grèce, et se contentoient de savoir la guerre, la politique et l'agriculture.

Durant les troubles de Syrie les Juifs se fortifièrent : Jonathas se vit recherché des deux partis, et Nicator victorieux le traita de frère (610—144). Il en fut bientôt récompensé. Dans une sédition, les Juifs accourus le tirèrent d'entre les mains des rebelles. Jonathas fut comblé d'honneurs : mais quand le roi se crut assuré, il reprit les desseins de ses ancêtres, et les Juifs furent tourmentés comme auparavant. Les troubles de Syrie recommencèrent :

[1] Joseph., *Antiq.*, lib. XIII, cap. 6, al. 5.
(a) 1re *édit.* : La république des Achéens périt.

Diodote surnommé Tryphon, éleva un fils de Balas qu'il nomma
Antiochus le Dieu, et lui servit de tuteur pendant son bas âge.
L'orgueil de Démétrius souleva les peuples : toute la Syrie étoit
en feu (611—143) : Jonathas sut profiter de la conjoncture, et renouvela l'alliance avec les Romains. Tout lui succédoit, quand
Tryphon par un manquement de parole le fit périr avec ses enfans. Son frère Simon le plus prudent et le plus heureux des Machabées, lui succéda ; et les Romains le favorisèrent, comme ils
avoient fait ses prédécesseurs. Tryphon ne fut pas moins infidèle
à son pupille Antiochus qu'il l'avoit été à Jonathas. Il fit mourir
cet enfant par le moyen des médecins, sous prétexte de le faire
tailler de la pierre qu'il n'avoit pas, et se rendit maître d'une partie du royaume. Simon prit le parti de Démétrius Nicator roi légitime ; et après avoir obtenu de lui la liberté de son pays, il la
soutint par les armes contre le rebelle Tryphon. Les Syriens furent chassés de la citadelle qu'ils tenoient dans Jérusalem (612—
142), et ensuite de toutes les places de la Judée. Ainsi les Juifs affranchis du joug des Gentils par la valeur de Simon, accordèrent
les droits royaux à lui et à sa famille, et Démétrius Nicator consentit à ce nouvel établissement. Là commence le nouveau
royaume du peuple de Dieu, et la principauté des Asmonéens toujours jointe au souverain sacerdoce. En ces temps l'empire des
Parthes s'étendit sur la Bactrienne et sur les Indes par les victoires de Mithridate le plus vaillant des Arsacides. Pendant qu'il
s'avançoit vers l'Euphrate (613—141), Démétrius Nicator appelé
par les peuples de cette contrée que Mithridate venoit de soumettre, espéroit de réduire à l'obéissance les Parthes que les Syriens traitoient toujours de rebelles. Il remporta plusieurs victoires ; et prêt à retourner dans la Syrie pour y accabler Tryphon, il tomba dans un piége qu'un général de Mithridate lui
avoit tendu : ainsi il demeura prisonnier des Parthes. Tryphon
qui se croyoit assuré par le malheur de ce prince, se vit tout d'un
coup abandonné des siens (614—140). Ils ne pouvoient plus souffrir son orgueil. Durant la prison de Démétrius leur roi légitime,
ils se donnèrent à sa femme Cléopâtre et à ses enfans ; mais il
fallut chercher un défenseur à ces princes encore en bas âge. Ce

soin regardoit naturellement Antiochus Sidétès frère de Démétrius : Cléopâtre le fit reconnoître dans tout le royaume. Elle fit
plus : Phraate frère et successeur de Mithridate, traita Nicator en
roi, et lui donna sa fille Rodogune en mariage. En haine de cette
rivale, Cléopâtre à qui elle ôtoit la couronne avec son mari épousa
Antiochus Sidétès, et se résolut à régner par toute sorte de
crimes. Le nouveau roi attaqua Tryphon (615—139) : Simon se
joignit à lui dans cette entreprise, et le tyran, forcé dans toutes
ses places, finit comme il le méritoit. Antiochus maître du
royaume oublia bientôt les services que Simon lui avoit rendus
dans cette guerre, et le fit périr (619—135). Pendant qu'il ramassoit contre les Juifs toutes les forces de la Syrie, Jean Hyrcan fils
de Simon succéda au pontificat de son père, et tout le peuple se
soumit à lui. Il soutint le siége dans Jérusalem avec beaucoup de
valeur; et la guerre qu'Antiochus méditoit contre les Parthes
pour délivrer son chef captif, lui fit accorder aux Juifs des conditions supportables. En même temps que cette paix se conclut,
les Romains qui commençoient à être trop riches, trouvèrent de
redoutables ennemis dans la multitude effroyable de leurs esclaves. Eunus esclave lui-même, les souleva en Sicile ; et il fallut
employer à les réduire toute la puissance romaine. Un peu après
(621—133), la succession d'Attalus roi de Pergame, qui fit par son
testament le peuple romain son héritier, mit la division dans la
ville. Les troubles des Gracques commencèrent. Le séditieux tri-
bunat de Tibérius Gracchus un des premiers hommes de Rome,
le fit périr : tout le sénat le tua par la main de Scipion Nasica, et
ne vit que ce moyen d'empêcher la dangereuse distribution d'argent dont cet éloquent tribun flattoit le peuple. Scipion Emilien
rétablissoit la discipline militaire ; et ce grand homme qui avoit
détruit Carthage, ruina encore en Espagne Numance la seconde
terreur des Romains (622—132). Les Parthes se trouvèrent foibles
contre Sidétès : ses troupes, quoique corrompues [par un luxe
prodigieux, eurent un succès surprenant. Jean Hyrcan qui l'avoit
suivi dans cette guerre avec ses Juifs, y signala sa valeur, et fit
respecter la religion judaïque [1], lorsque l'armée s'arrêta pour lui

---

[1] Nic. Damasc. apud Joseph., *Antiq.*, lib. XIII, cap. 16, al. 8.

donner le loisir de célébrer un jour de fête (a). Tout cédoit, et
Phraate vit son empire réduit à ses anciennes limites ; mais loin
de désespérer de ses affaires, il crut que son prisonnier lui servi-
roit à les rétablir, et à envahir la Syrie. Dans cette conjoncture,
Démétrius éprouva un sort bizarre. Il fut souvent relâché, et autant de fois retenu suivant que l'espérance ou la crainte prévaloient dans l'esprit de son beau-père ; enfin un moment heureux,
où Phraate ne vit de ressource que dans la diversion qu'il vouloit
faire en Syrie par son moyen, le mit tout à fait en liberté. A ce
moment le sort tourna (624—130) : Sidétès qui ne pouvoit soutenir ses effroyables dépenses que par des rapines insupportables,
fut accablé tout d'un coup par un soulèvement général des
peuples, et périt avec son armée tant de fois victorieuse. Ce fut en
vain que Phraate fit courir après Démétrius : il n'étoit plus
temps ; ce prince étoit rentré dans son royaume. Sa femme Cléopâtre qui ne vouloit que régner, retourna bientôt avec lui, et Rodogune fut oubliée. Hyrcan profita du temps : il prit Sichem aux
Samaritains, et renversa de fond en comble le temple de Garizim, deux cents ans après qu'il avoit été bâti par Sanaballat. Sa
ruine n'empêcha pas les Samaritains de continuer leur culte sur
cette montagne, et les deux peuples demeurèrent irréconciliables.
L'année d'après toute l'Idumée unie par les victoires d'Hyrcan au
royaume de Judée, reçut la loi de Moïse avec la circoncision (625
—129). Les Romains continuèrent leur protection à Hyrcan, et
lui firent rendre les villes que les Syriens lui avoient ôtées. L'orgueil et les violences de Démétrius Nicator ne laissèrent pas la
Syrie longtemps tranquille. Les peuples se révoltèrent (626—
128). Pour entretenir leur révolte, l'Egypte ennemie leur donna
un roi : ce fut Alexandre Zébina fils de Balas (629—125). Démétrius fut battu ; et Cléopâtre qui crut régner plus absolument sous
ses enfans que sous son mari, le fit périr. Elle ne traita pas
mieux son fils aîné Séleucus, qui vouloit régner malgré elle
(630—124). Son second fils Antiochus appelé Grypus, avoit défait les rebelles, et revenoit victorieux : Cléopâtre lui présenta en
cérémonie la coupe empoisonnée, que son fils averti de ses des-

(a) 1re *édit.* : Le jour du repos.

seins pernicieux, lui fit avaler (633—121). Elle laissa en mourant
une semence éternelle de divisions entre les enfans qu'elle avoit
eus des deux frères, Démétrius Nicator et Antiochus Sidétès. La
Syrie ainsi agitée ne fut plus en état de troubler les Juifs. Jean
Hyrcan prit Samarie, et ne put convertir les Samaritains (645—
109). Cinq ans après il mourut (650—104) : la Judée demeura
paisible à ses deux enfans Aristobule et Alexandre Jannée (651—
103), qui régnèrent l'un après l'autre sans être incommodés des
rois de Syrie. Les Romains laissoient ce riche royaume se consumer par lui-même, et s'étendoient du côté de l'Occident (629—
125). Durant les guerres de Démétrius Nicator et de Zébina, ils
commencèrent à s'étendre au delà des Alpes (630—124) ; et Sex-
tius vainqueur des Gaulois nommés Saliens, établit dans la ville
d'Aix une colonie qui porte encore son nom (631—123). Les Gaulois se défendoient mal. Fabius dompta les Allobroges et tous les
peuples voisins (633—121) ; et la même année que Grypus fit boire
à sa mère le poison qu'elle lui avoit préparé, la Gaule Narbon-
noise réduite en province reçut le nom de province romaine.

Ainsi l'empire romain s'agrandissoit, et occupoit peu à peu
toutes les terres et toutes les mers du monde connu. Mais autant
que la face de la république paroissoit belle au dehors par les conquêtes, autant étoit-elle défigurée par l'ambition désordonnée de
ses citoyens, et par ses guerres intestines. Les plus illustres des
Romains devinrent les plus pernicieux au bien public. Les deux
Gracques en flattant le peuple, commencèrent les divisions qui ne
finirent qu'avec la république. Caïus frère de Tibérius ne put
souffrir qu'on eût fait mourir un si grand homme d'une manière
si tragique. Animé à la vengeance par des mouvemens qu'on
crut inspirés par l'ombre de Tibérius, il arma tous les citoyens
les uns contre les autres ; et à la veille de tout détruire, il périt
d'une mort semblable à celle qu'il vouloit venger. L'argent faisoit tout à Rome (635, 640, 641). Jugurtha roi de Numidie, souillé
du meurtre de ses frères que le peuple romain protégeoit, se défendit plus longtemps par ses largesses que par ses armes ; et Ma·
rius qui acheva de le vaincre, ne put parvenir au commandement qu'en animant le peuple contre la noblesse (648—106). Les

esclaves armèrent encore une fois dans la Sicile (651—103), et leur seconde révolte ne coûta pas moins de sang aux Romains que la première. Marius battit les Teutons (652—102), les Cimbres et les autres peuples du Nord, qui pénétroient dans les Gaules, dans l'Espagne et dans l'Italie. Les victoires qu'il en remporta furent une occasion de proposer de nouveaux partages de terres (654—100) : Métellus qui s'y opposoit fut contraint de céder au temps; et les divisions ne furent éteintes que par le sang de Saturninus tribun du peuple (660—94). Pendant que Rome protégeoit la Cappadoce contre Mithridate roi de Pont (666—88), et qu'un si grand ennemi cédoit aux forces romaines (668—86) avec la Grèce qui étoit entrée dans ses intérêts, l'Italie exercée aux armes par tant de guerres soutenues ou contre les Romains, ou avec eux, mit leur empire en péril par une révolte universelle (663—91). Rome se vit déchirée dans les mêmes temps par les fureurs de Marius et de Sylla (666, 667 *et suiv.*), dont l'un avoit fait trembler le Midi et le Nord, et l'autre étoit le vainqueur de la Grèce et de l'Asie. Sylla qu'on nommoit l'Heureux, le fut trop contre sa patrie, que sa dictature tyrannique mit en servitude (672—82). Il put bien quitter volontairement la souveraine puissance (675—79); mais il ne put empêcher l'effet du mauvais exemple. Chacun voulut dominer (680—74). Sertorius zélé partisan de Marius se cantonna dans l'Espagne, et se ligua avec Mithridate (681—73). Contre un si grand capitaine la force fut inutile; et Pompée ne put réduire ce parti qu'en y mettant la division. Il n'y eut pas jusqu'à Spartacus gladiateur, qui ne crût pouvoir aspirer au commandement. Cet esclave ne fit pas moins de peine aux préteurs et aux consuls que Mithridate en faisoit à Lucullus (683—71). La guerre des gladiateurs devint redoutable à la puissance romaine : Crassus avoit peine à la finir, et il fallut envoyer contre eux le grand Pompée (686—68). Lucullus prenoit le dessus en Orient. Les Romains passèrent l'Euphrate : mais leur général invincible contre l'ennemi, ne put tenir dans le devoir ses propres soldats. Mithridate souvent battu sans jamais perdre courage, se relevoit; et le bonheur de Pompée sembloit nécessaire à terminer cette guerre (687—67). Il venoit de purger

les mers des pirates qui les infestoient depuis la Syrie jusqu'aux
colonnes d'Hercule, quand il fut envoyé contre Mithridate. Sa
gloire parut alors élevée au comble. Il achevoit de soumettre ce
vaillant roi, l'Arménie où il s'étoit réfugié, l'Ibérie et l'Albanie
qui le soutenoient (689—65), la Syrie déchirée par ses factions, la
Judée où la division des Asmonéens ne laissa à Hyrcan II fils
d'Alexandre Jannée qu'une ombre de puissance (691—63), et enfin
tout l'Orient : mais il n'eût pas eu où triompher de tant d'ennemis
sans le consul Cicéron, qui sauvoit la ville des feux que lui préparoit Catilina suivi de la plus illustre noblesse de Rome. Ce redoutable parti fut ruiné par l'éloquence de Cicéron, plutôt que
par les armes de C. Antonius son collègue. La liberté du peuple
romain n'en fut pas plus assurée. Pompée régnoit dans le sénat,
et son grand nom le rendoit maître absolu de toutes les délibérations. Jules César en domptant les Gaules (696—58 *et suiv.*), fit
à sa patrie la plus utile conquête qu'elle eût jamais faite. Un si
grand service le mit en état d'établir sa domination dans son
pays. Il voulut premièrement égaler, et ensuite surpasser Pompée. Les immenses richesses de Crassus lui firent croire qu'il
pourroit partager la gloire de ces deux grands hommes, comme
il partageoit leur autorité (700—54). Il entreprit témérairement la
guerre contre les Parthes, funeste à lui et à sa patrie (701—53).
Les Arsacides vainqueurs insultèrent par de cruelles railleries à
l'ambition des Romains, et à l'avarice insatiable de leur général.
Mais la honte du nom romain ne fut pas le plus mauvais effet de
la défaite de Crassus. Sa puissance contre-balançoit celle de Pompée et de César, qu'il tenoit unis comme malgré eux. Par sa
mort, la digue qui les retenoit fut rompue (705—49). Les deux ri-
vaux, qui avoient en main toutes les forces de la république, décidèrent leur querelle à Pharsale par une bataille sanglante
(706—48). César victorieux parut en un moment par tout l'univers, en Egypte, en Asie, en Mauritanie, en Espagne : vainqueur de tous côtés, il fut reconnu comme maître à Rome et
dans tout l'empire (707—47). Brutus et Cassius crurent affranchir
leurs citoyens en le tuant comme un tyran malgré sa clémence
(708—46). Rome retomba entre les mains de Marc-Antoine (709—

45), de Lépide et du jeune César Octavien (710—44), petit-neveu de Jules César et son fils par adoption ; trois insupportables tyrans, dont le triumvirat et les proscriptions font encore horreur en les lisant (711—43). Mais elles furent trop violentes pour durer longtemps. Ces trois hommes partagent l'empire (712—42). César garde l'Italie ; et changeant incontinent en douceur ses premières cruautés, il fait croire qu'il y a été entraîné par ses collègues. Les restes de la république périssent avec Brutus et Cassius (718—36). Antoine et César, après avoir ruiné Lépide, se tournent l'un contre l'autre (722—32). Toute la puissance romaine se met sur la mer. César gagne la bataille Actiaque (723—31) : les forces de l'Egypte et de l'Orient qu'Antoine menoit avec lui, sont dissipées : tous ses amis l'abandonnent et même sa Cléopâtre pour laquelle il s'étoit perdu (724—30). Hérode Iduméen qui lui devoit tout, est contraint de se donner au vainqueur, et se maintient par ce moyen dans la possession du royaume de Judée, que la foiblesse du vieux Hyrcan avoit fait perdre entièrement aux Asmonéens. Tout cède à la fortune de César : Alexandrie lui ouvre ses portes : l'Egypte devient une province romaine : Cléopâtre qui désespère de la pouvoir conserver, se tue elle-même après Antoine : Rome tend les bras à César (727—27), qui demeure sous le nom d'Auguste et sous le titre d'empereur seul maître de tout l'empire (730—24). Il dompte vers les Pyrénées, les Cantabres et les Asturiens révoltés (732—22) : l'Ethiopie lui demande la paix (734—20) : les Parthes épouvantés lui renvoient les étendards pris sur Crassus avec tous les prisonniers romains : les Indes recherchent son alliance : ses armes se font sentir aux Rhètes ou Grisons (739—15), que leurs montagnes ne peuvent défendre : la Pannonie le reconnoît (742—12) : la Germanie le redoute, et le Veser reçoit ses lois (747—7). Victorieux par mer et par terre, il ferme le temple de Janus (753). Tout l'univers vit en paix sous sa puissance, et Jésus-Christ vient au monde (754).

DIXIEME ÉPOQUE.

NAISSANCE DE JÉSUS-CHRIST.

Septième et dernier âge du monde.

Nous voilà enfin arrivés à ces temps tant désirés par nos pères, de la venue du Messie (1). Ce nom veut dire le Christ ou l'Oint du Seigneur ; et Jésus-Christ le mérite comme Pontife, comme Roi et comme Prophète. On ne convient pas de l'année précise où il vint au monde, et on convient que sa vraie naissance devance de quelques années notre ère vulgaire, que nous suivrons pourtant avec tous les autres pour une plus grande commodité. Sans disputer davantage sur l'année de la naissance de Notre-Seigneur, il suffit que nous sachions qu'elle est arrivée environ l'an 4000 du monde. Les uns la mettent un peu auparavant, les autres un peu après, et les autres précisément en cette année : diversité qui provient autant de l'incertitude des années du monde, que de celle de la naissance de Notre-Seigneur. Quoi qu'il en soit, ce fut environ ce temps, mille ans après la dédicace du temple, et l'an 754 de Rome, que Jésus-Christ Fils de Dieu dans l'éternité, fils d'Abraham et de David dans le temps, naquit d'une vierge. Cette époque est la plus considérable de toutes, non-seulement par l'importance d'un si grand événement, mais encore parce que c'est celle d'où il y a plusieurs siècles que les chrétiens commencent à compter leurs années. Elle a encore ceci de remarquable, qu'elle concourt à peu près avec le temps où Rome retourne à l'état monarchique sous l'empire paisible d'Auguste. Tous les arts fleurirent de son temps, et la poésie latine fut portée à sa dernière perfection par Virgile et par Horace, que ce prince n'excita pas seulement par ses bienfaits, mais encore en leur donnant un libre accès auprès de lui. La naissance de Jésus-Christ fut suivie de près de la mort d'Hérode. Son royaume fut partagé entre ses enfans, et le principal partage (8) ne tarda pas à tomber entre les mains des Romains. Auguste acheva son règne avec beaucoup de gloire. Tibère qu'il avoit adopté lui succéda sans contradiction (14), et l'empire fut reconnu pour héréditaire dans la maison des Césars. Rome eut beaucoup à souffrir de la cruelle politique de Tibère : le reste de l'empire fut assez tranquille. Germanicus neveu de Tibère apaisa les armées rebelles, refusa l'empire, battit le fier Arminius (16), poussa ses conquêtes jusqu'à l'Elbe (17); et s'étant attiré avec l'amour de tous les peuples la jalousie de son oncle, ce barbare le fit mourir ou de chagrin ou par le poison (19). A la quinzième année de Tibère saint Jean-Baptiste paroît (28) : Jésus-Christ se fait baptiser par ce divin Précurseur (30) : le Père éternel reconnoît son Fils bien-aimé par une voix qui vient d'en haut : le Saint-Esprit descend sur le Sauveur, sous la figure pacifique d'une colombe : toute la Trinité se manifeste. Là commence avec la soixante-dixième semaine de Daniel la prédication de Jésus-Christ. Cette dernière semaine étoit la plus importante et la plus marquée. Daniel l'avoit séparée des autres comme la semaine où l'alliance devoit être confirmée, et au milieu de laquelle les anciens sacrifices devoient perdre leur vertu [1]. Nous la pouvons appeler la semaine des mystères. Jésus-Christ y établit sa mission et sa doctrine par des miracles innombrables, et ensuite par sa mort (33). Elle arriva la quatrième année de son ministère, qui fut aussi la quatrième année de la dernière semaine de Daniel, et cette grande semaine se trouve de cette sorte justement coupée au milieu par cette mort.

Ainsi le compte des semaines est aisé à faire, ou plutôt il est tout fait. Il n'y a qu'à ajouter à quatre cent cinquante-trois ans, qui se trouveront depuis l'an 300 de Rome et le vingtième d'Artaxerxe, jusqu'au commencement de l'ère vulgaire, les trente ans de cette ère qu'on voit aboutir à la quinzième année de Tibère et au baptême de Notre-Seigneur; il se fera de ces deux sommes quatre cent quatre-vingt-trois ans : des sept ans qui restent encore pour en achever quatre cent quatre-vingt-dix, le quatrième qui fait le milieu, est celui où Jésus-Christ est mort, et tout ce que Daniel a prophétisé est visiblement renfermé dans le terme qu'il s'est prescrit. On n'auroit pas même besoin de tant de justesse, et rien ne force à prendre dans cette extrême rigueur le milieu marqué par Daniel. Les plus difficiles se contenteroient de

- [1] *Dan.*, IX, 27.

le trouver en quelque point que ce fût entre les deux extrémités : ce que je dis, afin que ceux qui croiroient avoir des raisons pour mettre un peu plus haut ou un peu plus bas le commencement d'Artaxerxe, ou la mort de Notre-Seigneur, ne se gênent pas dans leur calcul, et que ceux qui voudroient tenter d'embarrasser une chose claire par des chicanes de chronologie, se défassent de leur inutile subtilité.

Voilà (a) ce qu'il faut savoir pour ne se point embarrasser des auteurs profanes, et pour entendre autant qu'on en a besoin les antiquités judaïques. Les autres discussions de chronologie sont ici fort peu nécessaires. Qu'il faille mettre de quelques années plus tôt ou plus tard la naissance de Notre-Seigneur, et ensuite prolonger sa vie un peu plus ou un peu moins, c'est une diversité qui provient autant des incertitudes des années du monde que de celles de Jésus-Christ. Et quoi qu'il en soit, un lecteur attentif aura déjà pu reconnoître qu'elle ne fait rien à la suite ni à l'accomplissement des conseils de Dieu. Il faut éviter les anachronismes qui brouillent l'ordre des affaires, et laisser les savans disputer des autres.

Quant à ceux qui veulent absolument trouver dans les histoires profanes les merveilles de la vie de Jésus-Christ et de ses apôtres, auxquelles le monde ne vouloit pas croire, et qu'au contraire il entreprenoit de combattre de toutes ses forces, comme une chose qui le condamnoit, nous parlerons ailleurs de leur injustice. Nous verrons aussi qu'il se trouve dans les auteurs profanes plus de vérités qu'on ne croit favorables au christianisme : et je donnerai seulement ici pour exemple l'éclipse arrivée au crucifiement de Notre-Seigneur.

Les ténèbres qui couvrirent toute la face de la terre en plein midi, et au moment que Jésus-Christ fut crucifié [1], sont prises pour une éclipse ordinaire par les auteurs païens, qui ont remarqué ce mémorable événement [2]. Mais les premiers chrétiens qui en ont parlé aux Romains comme d'un prodige marqué non-seu-

_____

[1] *Matth.*, xxvii, 45. — [2] Phleg., xiii *Olymp.* Thall. *Hist.*, 3.

(a) Cet alinéa et celui qui le suit jusqu'à ces mots : *Les ténèbres qui couvrirent,* renferment une addition laissée par l'auteur en manuscrit.

lement par leurs auteurs, mais encore par les registres publics [1], ont fait voir que ni au temps de la pleine lune où Jésus-Christ étoit mort, ni dans toute l'année où cette éclipse est observée, il ne pouvoit en être arrivé aucune qui ne fût surnaturelle. Nous avonsles propres paroles de Phlégon affranchi d'Adrien, citées dans un temps où son livre étoit entre les mains de tout le monde, aussi bien que les Histoires syriaques de Thallus qui l'a suivi; et la quatrième année de la 202ᵉ olympiade marquée dans les Annales de Phlégon, est constamment celle (a) de la mort de Notre-Seigneur.

Pour achever les mystères, Jésus-Christ sort du tombeau le troisième jour; il apparoît à ses disciples; il monte aux cieux en leur présence; il leur envoie le Saint-Esprit; l'Eglise se forme; la persécution commence; saint Etienne est lapidé; saint Paul est converti. Un an après Tibère meurt. Caligula son petit-neveu, son fils par adoption et son successeur (37), étonne l'univers par sa folie cruelle et brutale : il se fait adorer (40), et ordonne que sa statue soit placée dans le temple de Jérusalem. Chéréas délivre le monde de ce monstre (41). Claudius règne malgré sa stupidité. Il est déshonoré par Messaline sa femme (48), qu'il redemande après l'avoir fait mourir (49). On le remarie avec Agrippine fille de Germanicus (50). Les apôtres tiennent le concile de Jérusalem [2], où saint Pierre parle le premier, comme il fait partout ailleurs. Les Gentils convertis y sont affranchis des cérémonies de la loi. La sentence en est prononcée au nom du Saint-Esprit et de l'Eglise. Saint Paul et saint Barnabé portent le décret du concile aux églises, et enseignent aux fidèles à s'y soumettre [3]. Telle fut la forme du premier concile. Le stupide empereur déshérita son fils Britannicus, et adopta Néron fils d'Agrippine (54). En récompense elle empoisonna ce trop facile mari. Mais l'empire de son fils ne lui fut pas moins funeste à elle-même qu'à tout le reste de la république (58, 60, 62, 63, etc.). Corbulon

---

[1] Tertull., *Apol.*, cap. 21; Orig., *cont. Cels.*, lib. II, n. 33; et tractat. XXXV *in Matth.*, n. 134; Euseb. et Hieron. *in Chron.* Jul. Afric., *Chron.* — [2] *Act.*, XV, 7. — [3] *Ibid.*, XVI, 4.

(a) Iʳᵉ *édit.* : Est celle.

fit tout l'honneur de ce règne par les victoires qu'il remporta sur les Parthes et sur les Arméniens. Néron commença dans le même temps la guerre contre les Juifs, et la persécution contre les chrétiens (66). C'est le premier empereur qui ait persécuté l'Eglise (67). Il fit mourir à Rome saint Pierre et saint Paul. Mais comme dans le même temps il persécutoit tout le genre humain, on se révolta contre lui de tous côtés : il apprit que le sénat l'avoit condamné (68), et se tua lui-même (69). Chaque armée fit un empereur : la querelle se décida auprès de Rome, et dans Rome même par d'effroyables combats. Galba, Othon et Vitellius y périrent : l'empire affligé se reposa sous Vespasien (70). Mais les Juifs furent réduits à l'extrémité : Jérusalem fut prise et brûlée. Tite fils et successeur de Vespasien donna au monde une courte joie (79) ; et ses jours qu'il croyoit perdus quand ils n'étoient pas marqués de quelque bienfait, se précipitèrent trop vite. On vit revivre Néron en la personne de Domitien. La persécution se renouvela. Saint Jean sorti de l'huile bouillante (93) fut relégué dans l'île de Patmos, où il écrivit son *Apocalypse.* Un peu après il écrivit son *Evangile,* âgé de quatre-vingt-dix ans (95), et joignit la qualité d'évangéliste à celle d'apôtre et de prophète. Depuis ce temps les chrétiens furent toujours persécutés, tant sous les bons que sous les mauvais empereurs. Ces persécutions se faisoient, tantôt par les ordres des empereurs, et par la haine particulière des magistrats, tantôt par le soulèvement des peuples, et tantôt par des décrets prononcés authentiquement dans le sénat sur les rescrits des princes, ou en leur présence. Alors la persécution étoit plus universelle et plus sanglante ; et ainsi la haine des infidèles toujours obstinée à perdre l'Eglise, s'excitoit de temps en temps elle-même à de nouvelles fureurs. C'est par ces renouvellemens de violence que les historiens ecclésiastiques comptent dix persécutions sous dix empereurs. Dans de si longues souffrances, les chrétiens ne firent jamais la moindre sédition. Parmi tous les fidèles, les évêques étoient toujours les plus attaqués. Parmi toutes les églises, l'Eglise de Rome fut persécutée avec le plus de violence ; et les papes confirmèrent souvent par leur sang (*a*)

(*a*) Et trente papes confirmèrent par leur sang.

l'Evangile qu'ils annonçoient à toute la terre. Domitien est tué :
l'empire commence à respirer sous Nerva. Son grand âge (96)
ne lui permet pas de rétablir les affaires : mais pour faire durer
le repos public, il choisit Trajan pour son successeur (97). L'empire tranquille au dedans et triomphant au dehors, ne cesse d'admirer un si bon prince (98). Aussi avoit-il pour maxime, qu'il
falloit que ses citoyens le trouvassent tel qu'il eût voulu trouver
l'empereur s'il eût été simple citoyen. Ce prince dompta les
Daces (102) et Décébale leur roi ; étendit ses conquêtes en
Orient (106); donna un roi aux Parthes, et leur fit craindre la
puissance romaine (115, 116) : heureux que l'ivrognerie et ses
infâmes amours, vices si déplorables dans un si grand prince, ne
lui aient rien fait entreprendre contre la justice. A des temps si
avantageux pour la république (117), succédèrent ceux d'Adrien
mêlés de bien et de mal (120). Ce prince maintint la discipline
militaire (123), vécut lui-même militairement et avec beaucoup
de frugalité, soulagea les provinces (125), fit fleurir les arts, et
la Grèce qui en étoit la mère. Les Barbares furent tenus en crainte
par ses armes et par son autorité (126). Il rebâtit Jérusalem (130)
à qui il donna son nom, et c'est de là que lui vient le nom d'Æ-
lia ; mais il en bannit les Juifs toujours rebelles à l'empire (135).
Ces opiniâtres trouvèrent en lui un impitoyable vengeur. Il
déshonora par ses cruautés et par ses amours monstrueuses un
règne si éclatant (131). Son infâme Antinoüs dont il fit un dieu,
couvre de honte toute sa vie. L'empereur sembla réparer ses
fautes, et rétablir sa gloire effacée, en adoptant Antonin le
Pieux (138), qui adopta Marc-Aurèle le Sage et le Philosophe. En
ces deux princes paroissent deux beaux caractères. Le père toujours en paix (139—161), est toujours prêt dans le besoin à faire
la guerre : le fils est toujours en guerre, toujours prêt à donner
la paix à ses ennemis et à l'empire. Son père Antonin lui avoit
appris qu'il valoit mieux sauver un seul citoyen que de défaire
mille ennemis. Les Parthes et les Marcomans (162) éprouvèrent
la valeur de Marc-Aurèle : les derniers (169) étoient des Germains
que cet empereur achevoit de dompter quand il mourut (180). Par
la vertu des deux Antonin, ce nom devint les délices des Ro-

mains. La gloire d'un si beau nom ne fut effacée, ni par la mollesse de Lucius Verus frère de Marc-Aurèle et son collègue dans l'empire, ni par les brutalités de Commode son fils et son successeur. Celui-ci indigne d'avoir un tel père, en oublia les enseignemens et les exemples. Le sénat et les peuples le détestèrent : ses plus assidus courtisans et sa maîtresse le firent mourir. Son successeur Pertinax (192), vigoureux défenseur de la discipline militaire, se vit immolé à la fureur des soldats licencieux (193), qui l'avoient un peu auparavant élevé malgré lui à la souveraine puissance. L'empire mis à l'encan par l'armée, trouva un acheteur. Le jurisconsulte Didius Julianus hasarda ce hardi marché : il lui en coûta la vie (194, 195, 198, etc.); Sévère Africain le fit mourir, vengea Pertinax, passa d'Orient en Occident, triompha en Syrie, en Gaule et dans la Grande-Bretagne (207, 209). Rapide conquérant, il égala César par ses victoires; mais il n'imita pas sa clémence. Il ne put mettre la paix parmi ses enfans. Bassien ou Caracalla (208) son fils aîné, faux imitateur d'Alexandre, aussitôt après la mort de son père, tua son frère Géta (211, 212) empereur comme lui, dans le sein de Julie leur mère commune, passa sa vie dans la cruauté et dans le carnage, et s'attira à lui-même une mort tragique. Sévère lui avoit gagné le cœur des soldats et des peuples en lui donnant le nom d'Antonin ; mais il n'en sut pas soutenir la gloire. Le Syrien Héliogabale (218), ou plutôt Alagabale son fils, ou du moins réputé comme tel, quoique le nom d'Antonin lui eût donné d'abord le cœur des soldats et la victoire sur Macrin, devint aussitôt après par ses infamies l'horreur du genre humain, et se perdit lui-même. Alexandre Sévère (222) fils de Mamée, son parent et son successeur, vécut trop peu pour le bien du monde. Il se plaignoit d'avoir plus de peine à contenir ses soldats qu'à vaincre ses ennemis. Sa mère qui le gouvernoit fut cause de sa perte, comme elle l'avoit été de sa gloire (233). Sous lui Artaxerxe Persien tua son maître Artaban (235) dernier roi des Parthes, et rétablit l'empire des Perses en Orient.

En ces temps l'Eglise encore naissante remplissoit toute la terre [2]; et non-seulement l'Orient, où elle avoit commencé, c'est-

---

[1] Tertull., *adver. Jud.*, cap. 7; *Apolog.*, cap. 37.

à-dire la Palestine, la Syrie, l'Egypte, l'Asie-Mineure et la Grèce;
mais encore dans l'Occident, outre l'Italie, les diverses nations
des Gaules, toutes les provinces d'Espagne, l'Afrique, la Germanie, la Grande-Bretagne dans les endroits impénétrables aux
armes romaines; et encore hors de l'empire, l'Arménie, la Perse,
les Indes, les peuples les plus barbares, les Sarmates, les Daces,
les Scythes, les Maures, les Gétuliens, et jusqu'aux îles les plus
inconnues. Le sang de ses martyrs la rendoit féconde. Sous Trajan, saint Ignace évêque d'Antioche fut exposé aux bêtes farouches (107). Marc-Aurèle, malheureusement prévenu des calomnies dont on chargeoit le christianisme, fit mourir saint Justin
le philosophe (163), et l'apologiste de la religion chrétienne.
Saint Polycarpe évêque de Smyrne, disciple de saint Jean, à l'âge
de quatre-vingts ans fut condamné au feu sous le même prince
(167). Les saints martyrs de Lyon et de Vienne (177) endurèrent
des supplices inouïs, à l'exemple de saint Photin [1] leur évêque
âgé de quatre-ving-dix ans. L'Eglise gallicane remplit tout l'univers de sa gloire. Saint Irénée (202) disciple de saint Polycarpe,
et successeur de saint Photin, imita son prédécesseur, et mourut
martyr sous Sévère avec un grand nombre de fidèles de son
église. Quelquefois la persécution se ralentissoit. Dans une extrême disette d'eau que Marc-Aurèle souffrit en Germanie (174),
une légion chrétienne obtint une pluie capable d'étancher la soif
de l'armée, et accompagnée de coups de foudre qui épouvantèrent
ses ennemis. Le nom de Foudroyante fut donné ou confirmé à la
légion par ce miracle. L'empereur en fut touché, et écrivit au
sénat en faveur des chrétiens. A la fin ses devins lui persuadèrent
d'attribuer à ses dieux et à ses prières un miracle que les païens
ne s'avisoient pas seulement de souhaiter. D'autres causes sus-
pendoient ou adoucissoient quelquefois la persécution pour un
peu de temps : mais la superstition, vice que Marc-Aurèle ne put
éviter, la haine publique, et les calomnies qu'on imposoit aux
chrétiens, prévaloient bientôt. La fureur des païens se rallumoit,
et tout l'empire ruisseloit du sang des martyrs. La doctrine ac-
compagnoit les souffrances. Sous Sévère (215), et un peu après,

[1] Ou Pothin.

Tertullien prêtre de Carthage éclaira l'Eglise par ses écrits, la défendit par une admirable *Apologétique*, et la quitta enfin aveuglé par une orgueilleuse sévérité, et séduit par les visions du faux prophète Montanus. A peu près dans le même temps le saint prêtre Clément Alexandrin déterra les antiquités du paganisme pour le confondre. Origène fils du saint martyr Léonide se rendit célèbre par toute l'Eglise dès sa première jeunesse, et enseigna de grandes vérités qu'il mêloit de beaucoup d'erreurs. Le philosophe Ammonius fit servir à la religion la philosophie platonicienne, et s'attira le respect même des païens. Cependant les valentiniens, les gnostiques, et d'autres sectes impies, combattoient l'Evangile par de fausses traditions : saint Irénée leur opposa la tradition et l'autorité des églises apostoliques, surtout de celle de Rome fondée par les apôtres saint Pierre et saint Paul, et la principale de toutes[1]. Tertullien fait la même chose[2]. L'Eglise n'est ébranlée ni par les hérésies, ni par les schismes, ni par la chute de ses docteurs les plus illustres. La sainteté de ses mœurs est si éclatante, qu'elle lui attire les louanges de ses ennemis.

Les affaires de l'empire se brouilloient d'une terrible manière. Après la mort d'Alexandre (235), le tyran Maximin qui l'avoit tué se rendit le maître, quoique de race gothique. Le sénat lui opposa quatre empereurs, qui périrent tous en moins de deux ans. Parmi eux étoient les deux Gordien père et fils (236—237), chéris du peuple romain. Le jeune Gordien leur fils (238), quoique dans une extrême jeunesse, montra une sagesse consommée, défendit à peine contre les Perses l'empire affoibli par tant de divisions. Il avoit repris sur eux beaucoup de places importantes (242). Mais Philippe Arabe tua un si bon prince (244) ; et de peur d'être accablé par deux empereurs que le sénat élut l'un après l'autre, il fit une paix honteuse avec Sapor roi de Perse (245). C'est le premier des Romains qui ait abandonné par traité quelques terres de l'empire. On dit qu'il embrassa la religion chrétienne dans un temps où tout à coup il parut meilleur, et il est vrai qu'il fut favorable aux chrétiens. En haine de cet empereur, Dèce qui le

---

[1] Iren., *adv. Hær.*, lib. III, cap. 1, 2, 3. — [2] *De Præsc.*, *adv. Hær.*, cap. 36.

tua (249) renouvela la persécution avec plus de violence que
jamais [1]. L'Eglise s'étendit de tous côtés, principalement dans les
Gaules [2], et l'empire perdit bientôt Dèce qui le défendoit vigou-
reusement. Gallus et Volusien passèrent bien vite (251) : Emilien
ne fit qu'apparoître : la souveraine puissance fut donnée à Valérien (254), et ce vénérable vieillard y monta par toutes les dignités. Il ne fut cruel qu'aux chrétiens. Sous lui le pape saint
Etienne (257), et saint Cyprien évêque de Carthage (258), malgré
toutes leurs disputes qui n'avoient point rompu la communion
(256), reçurent tous deux la même couronne. L'erreur de saint
Cyprien qui rejetoit le baptême donné par les hérétiques, ne
nuisit ni à lui, ni à l'Eglise. La tradition du saint Siége se soutint par sa propre force contre les spécieux raisonnemens, et contre
l'autorité d'un si grand homme, encore que de si grands hommes
défendissent la même doctrine. Une autre dispute fit plus de mal.
Sabellius confondit ensemble les trois personnes divines (257), et
ne connut en Dieu qu'une seule personne sous trois noms. Cette
nouveauté étonna l'Eglise, et saint Denis évêque d'Alexandrie
découvrit au pape Sixte II les erreurs de cet hérésiarque [3]. Ce
saint pape suivit de près au martyre saint Etienne son prédécesseur : il eut la tête tranchée, et laissa un plus grand combat
à soutenir à son diacre saint Laurent. C'est alors qu'on voit commencer l'inondation des Barbares. Les Bourguignons et d'autres
peuples germains, les Goths (258, 259, 260), autrefois appelés les
Gètes, et d'autres peuples qui habitoient vers le Pont-Euxin et
au delà du Danube entrèrent dans l'Europe : l'Orient fut envahi
par les Scythes asiatiques et par les Perses. Ceux-ci défirent
Valérien, qu'ils prirent ensuite par une infidélité ; et après lui
avoir laissé achever sa vie dans un pénible esclavage, ils l'écor-
chèrent pour faire servir sa peau déchirée de monument à leur
victoire (261). Gallien son fils et son collègue acheva de tout
perdre par sa mollesse. Trente tyrans partagèrent l'empire (264).
Odonat roi de Palmyre ville ancienne, dont Salomon est le fondateur, fut le plus illustre de tous : il sauva les provinces d'O-

[1] Euseb., *Hist. eccl.*, lib. VI, cap. 39. — [2] Greg. Tur., *Hist. Franc.*, lib. I, cap.
28. — [3] Euseb., *Hist. eccl.*, lib. VII, cap. 6.

rient des mains des Barbares, et s'y fit reconnoître. Sa femme
Zénobie marchoit avec lui à la tête des armées, qu'elle commanda
seule après sa mort, et se rendit célèbre par toute la terre pour
avoir joint la chasteté avec la beauté, et le savoir avec la valeur.
Claudius II et Aurélien après lui (268), rétablirent les affaires de
l'empire. Pendant qu'ils abattoient les Goths (270) avec les Germains par des victoires signalées, Zénobie conservoit à ses
enfans les conquêtes de leur père. Cette princesse penchoit au
judaïsme. Pour l'attirer, Paul de Samosate évêque d'Antioche,
homme vain et inquiet, enseigna son opinion judaïque sur la
personne de Jésus-Christ, qu'il ne faisoit qu'un pur homme [1].
Après une longue dissimulation d'une si nouvelle doctrine, il fut
convaincu et condamné au concile d'Antioche. La reine Zénobie
soutint la guerre contre Aurélien (273), qui ne dédaigna pas de
triompher d'une femme si célèbre (274). Parmi de perpétuels
combats, il sut faire garder aux gens de guerre la discipline romaine, et montra qu'en suivant les anciens ordres et l'ancienne
frugalité, on pouvoit faire agir de grandes armées au dedans et
au dehors, sans être à charge à l'empire. Les Francs commençoient alors à se faire craindre [2]. C'étoit une ligue de peuples
germains, qui habitoient le long du Rhin. Leur nom montre qu'ils
étoient unis par l'amour de la liberté. Aurélien les avoit battus
étant particulier, et les tint en crainte étant empereur. Un tel
prince se fit haïr par ses actions sanguinaires. Sa colère trop re-
doutée lui donna la mort (275). Ceux qui se croyoient en péril le
prévinrent, et son secrétaire menacé se mit à la tête de la conjuration. L'armée, qui le vit périr par la conspiration de tant de
chefs, refusa d'élire un empereur, de peur de mettre sur le trône
un des assassins d'Aurélien ; et le sénat rétabli dans son ancien
droit, élut Tacite. Ce nouveau prince étoit vénérable par son âge
et par sa vertu ; mais il devint odieux par les violences d'un parent à qui il donna le commandement de l'armée, et périt avec
lui dans une sédition le sixième mois de son règne (276). Ainsi

---

[1] Euseb., *Hist. eccl.*, lib. VII, cap. 27 et seq.; Athan., *de Synod.*, n. 26, 43;
Theodor., *Hær. Fab.* lib. II, cap. 8; Niceph., lib. VI, cap. 27. — [2] *Hist. Aug.
Aurel.*, cap. 7 ; Flor., cap. 2; Prob., cap. 11, 12; Firm., etc., cap. 13.

son élévation ne fit que précipiter le cours de sa vie. Son frère
Florian prétendit l'empire par droit de succession, comme le plus
proche héritier. Ce droit ne fut pas reconnu : Florian fut tué, et
Probus forcé par les soldats à recevoir l'empire, encore qu'il les
menaçât de les faire vivre dans l'ordre. Tout fléchit sous un si
grand capitaine : les Germains et les Francs qui vouloient entrer
dans les Gaules (277), furent repoussés (278) ; et en Orient aussi
bien qu'en Occident, tous les Barbares respectèrent les armes romaines (280). Un guerrier si redoutable aspiroit à la paix, et fit
espérer à l'empire de n'avoir plus besoin de gens de guerre (282).
L'armée se vengea de cette parole, et de la règle sévère que son
empereur lui faisoit garder. Un moment après étonnée de la violence qu'elle exerça sur un si grand prince, elle honora sa mémoire, et lui donna pour successeur Carus qui n'étoit pas moins
zélé que lui pour la discipline. Ce vaillant prince vengea son prédécesseur (283), et réprima les Barbares à qui la mort de Probus
avoit rendu le courage. Il alla en Orient combattre les Perses
avec Numérien son second fils, et opposa aux ennemis du côté
du Nord son fils aîné Carinus qu'il fit césar. C'étoit la seconde
dignité, et le plus proche degré pour parvenir à l'empire. Tout
l'Orient trembla devant Carus : la Mésopotamie se soumit ; les
Perses divisés ne purent lui résister. Pendant que tout lui cédoit,
le Ciel l'arrêta par un coup de foudre. A force de le pleurer,
Numérien fut prêt à perdre les yeux. Que ne fait dans les cœurs
l'envie de régner ! Loin d'être touché de ses maux, son beau-
père Aper le tua (284); mais Dioclétien vengea sa mort, et parvint
enfin à l'empire qu'il avoit désiré avec tant d'ardeur. Carinus se
réveilla (285) malgré sa mollesse, et battit Dioclétien : mais en
poursuivant les fuyards, il fut tué par un des siens dont il avoit
corrompu la femme. Ainsi l'empire fut défait du plus violent et
du plus perdu de tous les hommes. Dioclétien gouverna avec vigueur, mais avec une insupportable vanité. Pour résister à tant
d'ennemis qui s'élevoient de tous côtés au dedans et au dehors,
il nomma Maximien empereur (286) avec lui, et sut néanmoins
se conserver l'autorité principale. Chaque empereur fit un césar
(291). Constantius Chlorus et Galérius furent élevés à ce haut

rang. Les quatre princes soutinrent à peine le fardeau de tant de
guerres. Dioclétien fuit Rome qu'il trouvoit trop libre, et s'établit à Nicomédie (297) où il se fit adorer à la mode des Orientaux.
Cependant les Perses vaincus par Galérius, abandonnèrent aux
Romains de grandes provinces et des royaumes entiers. Après
de si grands succès, Galérius ne veut plus être sujet, et dédaigne
le nom de césar. Il commence par intimider Maximien. Une longue
maladie avoit fait baisser l'esprit de Dioclétien, et Galérius, quoique son gendre, le força de quitter l'empire[1]. Il fallut que Maximien suivît son exemple.

Ainsi l'empire vint entre les mains de Constantius Chlorus et
de Galérius (304) ; et deux nouveaux césars, Sévère et Maximin,
furent créés en leur place par les empereurs qui se déposoient.
Les Gaules, l'Espagne et la Grande-Bretagne furent heureuses,
mais trop peu de temps sous Constantius Chlorus. Ennemi des
exactions et accusé par là de ruiner le fisc, il montra qu'il avoit
des trésors immenses dans la bonne volonté de ses sujets. Le reste
de l'empire souffroit beaucoup sous tant d'empereurs et tant de
césars : les officiers se multiplioient avec les princes : les dépenses et les exactions étoient infinies. Le jeune Constantin fils
de Constantius Chlorus se rendoit illustre[2] : mais il se trouvoit
entre les mains de Galérius. Tous les jours cet empereur jaloux
de sa gloire, l'exposoit à de nouveaux périls. Il lui falloit combattre les bêtes farouches par une espèce de jeu : mais Galérius
n'étoit pas moins à craindre qu'elles. Constantin échappé de ses
mains, trouva son père expirant (306). En ce temps Maxence fils
de Maximien et gendre de Galérius, se fit empereur à Rome malgré son beau-père ; et les divisions intestines se joignirent aux
autres maux de l'état. L'image de Constantin qui venoit de succéder à son père, portée à Rome selon la coutume, y fut rejetée
par les ordres de Maxence. La réception des images étoit la forme
ordinaire de reconnoître les nouveaux princes. On se prépare à
la guerre de tous côtés. Le césar Sévère que Galérius envoya
contre Maxence (307), le fit trembler dans Rome[3]. Pour se don-

---

[1] Euseb., *Hist. eccl.*, lib. VIII, cap. 13; *Orat.* Const. ad Sanc. cœt., 25 ; Lact.,
de Morte persec., cap. 17, 18. — [2] Lact., lib. cit. cap. 24. — [3] Idem, cap. 26, 27.

ner de l'appui dans sa frayeur, il rappela son père Maximien. Le
vieillard ambitieux quitta sa retraite où il n'étoit qu'à regret ; et
tâcha en vain de retirer Dioclétien son collègue du jardin qu'il
cultivoit à Salone. Au nom de Maximien empereur pour la seconde fois, les soldats de Sévère le quittent. Le vieil empereur le
fait tuer ; et en même temps pour s'appuyer contre Galérius, il
donne à Constantin sa fille Fauste. Il falloit aussi de l'appui à
Galérius après la mort de Sévère ; c'est ce qui le fit résoudre à
nommer Licinius empereur [1] : mais ce choix piqua Maximin, qui
en qualité de césar se croyoit plus proche du suprême honneur.
Rien ne put lui persuader de se soumettre à Licinius, et il se
rendit indépendant dans l'Orient. Il ne restoit presque à Galérius
que l'Illyrie, où il s'étoit retiré après avoir été chassé d'Italie. Le
reste de l'Occident obéissoit à Maximien, à son fils Maxence et à
son gendre Constantin. Mais il ne vouloit non plus pour compagnons de l'empire, ses enfans que les étrangers. Il tâcha de
chasser de Rome son fils Maxence, qui le chassa lui-même. Constantin qui le reçut dans les Gaules, ne le trouva pas moins perfide. Après divers attentats, Maximien fit un dernier complot, où
il crut avoir engagé sa fille Fauste contre son mari. Elle le trom-
poit ; et Maximien qui pensoit avoir tué Constantin (312) en tuant
l'eunuque qu'on avoit mis dans son lit, fut contraint de se donner
la mort à lui-même. Une nouvelle guerre s'allume ; et Maxence,
sous prétexte de venger son père, se déclare contre Constantin
qui marche à Rome avec ses troupes [2]. En même temps il fait renverser les statues de Maximien : celles de Dioclétien qui y étoient
jointes eurent le même sort. Le repos de Dioclétien fut troublé de
ce mépris, et il mourut quelque temps après, autant de chagrin
que de vieillesse.

En ces temps, Rome toujours ennemie du christianisme, fit un
dernier effort pour l'éteindre, et acheva de l'établir. Galérius
marqué par les historiens comme l'auteur de la dernière persécution [3], deux ans devant qu'il eût obligé Dioclétien à quitter

---

[1] Lact. *de Mort. persec.*, cap. 28 - 32. — [2] *Ibid.*, cap. 42, 43. — [3] Euseb.,
Hist. eccl., lib. VIII, cap. 16 ; *de Vita Constant.*, lib. I, cap. 57 ; Lact., *de Morte
persec.*, cap. 9 et seq.

l'empire, le contraignit à faire ce sanglant édit (302) qui ordonnoit de persécuter les chrétiens plus violemment que jamais.
Maximien qui les haïssoit, et n'avoit jamais cessé de les tourmenter, animoit les magistrats et les bourreaux : mais sa violence,
quelque extrême qu'elle fût, n'égaloit point celle de Maximin et
de Galérius. On inventoit tous les jours de nouveaux supplices.
La pudeur des vierges chrétiennes n'étoit pas moins attaquée
que leur foi. On recherchoit les livres sacrés avec des soins extraordinaires pour en abolir la mémoire ; et les chrétiens n'o-
soient les avoir dans leurs maisons, ni presque les lire. Ainsi
après trois cents ans de persécution, la haine des persécuteurs
devenoit plus âpre. Les chrétiens les lassèrent par leur patience.
Les peuples, touchés de leur sainte vie, se convertissoient en
foule. Galérius désespéra de les pouvoir vaincre (311). Frappé
d'une maladie extraordinaire, il révoqua ses édits, et mourut de
la mort d'Antiochus avec une aussi fausse pénitence. Maximin
continua la persécution : mais Constantin le Grand (312), prince
sage et victorieux, embrassa publiquement le christianisme.

ONZIÈME ÉPOQUE.

CONSTANTIN, OU LA PAIX DE L'ÉGLISE.

Cette célèbre déclaration de Constantin arriva l'an 312 de
Notre-Seigneur. Pendant qu'il assiégeoit Maxence dans Rome,
une croix lumineuse lui parut en l'air devant tout le monde avec
une inscription qui lui promettoit la victoire : la même chose lui
est confirmée dans un songe. Le lendemain il gagna cette célèbre bataille qui défit Rome d'un tyran, et l'Eglise d'un persécuteur (313). La croix fut étalée comme la défense du peuple romain et de tout l'empire. Un peu après Maximin fut vaincu par
Licinius qui étoit d'accord avec Constantin, et il fit une fin semblable à celle de Galérius. La paix fut donnée à l'Eglise. Constantin la combla d'honneurs (a). La victoire le suivit partout, et les
Barbares furent réprimés, tant par lui que par ses enfans (315).
Cependant Licinius se brouille avec lui, et renouvelle la persécu-

(a) 1re *Edit.*: D'honneurs et de biens.

tion. Battu par mer et par terre, il est contraint de quitter l'empire (324), et enfin de perdre la vie. En ce temps (325) Constantin assembla à Nicée en Bithynie le premier concile général, où trois cent dix-huit évêques qui représentoient toute l'Eglise, condamnèrent le prêtre Arius ennemi de la divinité du Fils de Dieu, et dressèrent le symbole où la consubstantialité du Père et du Fils est établie. Les prêtres de l'Eglise romaine envoyés par le pape saint Silvestre, précédèrent tous les évêques dans cette assemblée ; et un ancien auteur grec[1] compte parmi les légats du saint Siége le célèbre Osius évêque de Cordoue, qui présida au concile. Constantin y prit sa séance, et en reçut les décisions comme un oracle du ciel. Les ariens cachèrent leurs erreurs, et rentrèrent dans ses bonnes graces en dissimulant. Pendant que sa valeur maintenoit l'empire dans une souveraine tranquillité (326), le repos de sa famille fut troublé par les artifices de Fauste sa femme. Crispe fils de Constantin, mais d'un autre mariage, accusé par cette marâtre de l'avoir voulu corrompre, trouva son père inflexible. Sa mort fut bientôt vengée. Fauste convaincue fut suffoquée dans le bain. Mais Constantin déshonoré par la malice de sa femme, reçut en même temps beaucoup d'honneurs par la piété de sa mère. Elle découvrit dans les ruines de l'ancienne Jérusalem la vraie croix féconde en miracles. Le saint sépulcre fut aussi trouvé. La nouvelle ville de Jérusalem qu'Adrien avoit fait bâtir, la grotte où étoit né le Sauveur du monde, et tous les saints lieux furent ornés de temples superbes par Hélène et par Constantin. Quatre ans après (330) l'empereur rebâtit Byzance, qu'il appela Constantinople, et en fit le second siége de l'empire. L'Eglise paisible sous Constantin fut cruellement affligée en Perse. Une infinité de martyrs signalèrent leur foi. L'empereur tâcha en vain d'apaiser Sapor (336), et de l'attirer au christianisme. La protection de Constantin ne donna aux chrétiens persécutés qu'une favorable retraite. Ce prince béni de toute l'Eglise, mourut plein de joie et d'espérance (337), après avoir partagé l'empire entre ses trois fils Constantin, Constance et Constant.

---

[1] Gel. Cyzic., *Hist. conc. Nic.*, lib. II, cap. 6, 27 ; *Conc.* Labb., tom. II, col. 153, 227.

Leur concorde fut bientôt troublée. Constantin périt dans la
guerre (340) qu'il eut avec son frère Constant pour les limites de
leur empire. Constance et Constant ne furent guère plus unis.
Constant soutint la foi de Nicée, que Constance combattoit. Alors
L'Eglise admira les longues souffrances de saint Athanase patriarche d'Alexandrie et défenseur du concile de Nicée. Chassé de
son siége par Constance, il fut rétabli canoniquement par le pape
saint Jules I, dont Constant appuya le décret (341) [1]. Ce bon
prince ne dura guère. Le tyran Magnence le tua par trahison
(350) : mais tôt après vaincu par Constance, il se tua lui-même
(351). Dans la bataille où ses affaires furent ruinées (353), Valens
évêque arien, secrètement averti par ses amis, assura Constance
que l'armée du tyran étoit en fuite, et fit croire au foible empereur qu'il le savoit par révélation. Sur cette fausse révélation
Constance se livre aux ariens. Les évêques orthodoxes sont chassés de leurs siéges : toute l'Eglise est remplie de confusion et de
trouble : la constance du pape Libère cède aux ennuis de l'exil :
les tourmens font succomber le vieil Osius (357), autrefois le soutien de l'Eglise. Le concile de Rimini (359) si ferme d'abord, fléchit à la fin par surprise et par violence : rien ne se fait dans les
formes : l'autorité de l'empereur est la seule loi : mais les ariens
qui font tout par là, ne peuvent s'accorder entre eux, et changent tous les jours leur symbole : la foi de Nicée subsiste : saint
Athanase, et saint Hilaire évêque de Poitiers, ses principaux défenseurs, se rendent célèbres par toute la terre. Pendant que
l'empereur Constance occupé des affaires de l'arianisme, faisoit
négligemment celles de l'empire, les Perses remportèrent de
grands avantages (357, 358, 359). Les Allemands et les Francs
tentèrent de toutes parts l'entrée des Gaules : Julien parent de
l'empereur les arrêta, et les battit. L'empereur lui-même défit les
Sarmates, et marcha contre les Perses. Là paroît la révolte de
Julien contre l'empereur (360), son apostasie, la mort de Constance (361), le règne de Julien, son gouvernement équitable, et
le nouveau genre de persécution qu'il fit souffrir à l'Eglise. Il en
entretint les divisions ; il exclut les chrétiens non-seulement des

---

[1] Socr., *Hist. eccl.*, lib. II, cap. 15; Sozom., lib. III, cap. 8.

honneurs, mais des études ; et en imitant la sainte discipline de
l'Eglise, il crut tourner contre elle ses propres armes. Les supplices furent ménagés, et ordonnés sous d'autres prétextes que
celui de la religion. Les chrétiens demeurèrent fidèles à leur empereur : mais la gloire qu'il cherchoit trop, le fit périr (363) ; il
fut tué dans la Perse, où il s'étoit engagé témérairement. Jovien
son successeur, zélé chrétien, trouva les affaires désespérées, et
ne vécut que pour conclure une paix honteuse (364). Après lui
Valentinien fit la guerre en grand capitaine (366, 367, 368, 370,
etc.) : il y mena son fils Gratien dès sa première jeunesse, maintint la discipline militaire, battit les Barbares, fortifia les frontières de l'empire, et protégea en Occident la foi de Nicée. Valens
son frère, qu'il fit son collègue, la persécutoit en Orient ; et ne
pouvant gagner ni abattre saint Basile et saint Grégoire de Na-
zianze, il désespéroit de la pouvoir vaincre. Quelques ariens joignirent de nouvelles erreurs aux anciens dogmes de la secte.
Aérius prêtre arien est noté dans les écrits des saints Pères
comme l'auteur d'une nouvelle hérésie [1], pour avoir égalé la prê-
trise à l'épiscopat, et avoir jugé inutiles les prières et les oblations que toute l'Eglise faisoit pour les morts. Une troisième erreur de cet hérésiarque étoit de compter parmi les servitudes de
la loi, l'observance de certains jeûnes marqués, et de vouloir que
le jeûne fût toujours libre. Il vivoit encore quand saint Epiphane
se rendit célèbre par son histoire des hérésies, où il est réfuté
avec tous les autres. Saint Martin (375) fut fait évêque de Tours,
et remplit tout l'univers du bruit de sa sainteté et de ses miracles, durant sa vie et après sa mort. Valentinien mourut après
un discours violent qu'il fit aux ennemis de l'empire ; son impétueuse colère qui le faisoit redouter des autres, lui fut fatale à
lui-même. Son successeur Gratien vit sans envie l'élévation de
son jeune frère Valentinien II, qu'on fit empereur, encore qu'il
n'eût que neuf ans. Sa mère Justine protectrice des ariens gouverna durant son bas âge. On voit ici en peu d'années de merveilleux événemens : la révolte des Goths contre Valens (377) : ce
prince quitter les Perses pour réprimer les rebelles (378) : Gra-

[1] Epiph., lib. III, hær. LXXV; Aug., hær. LIII.

tien accourir à lui après avoir remporté une victoire signalée sur
les Allemands. Valens qui veut vaincre seul, précipite le combat,
où il est tué auprès d'Andrinople : les Gòths victorieux le brûlent
dans un village où il s'étoit retiré (379). Gratien accablé d'affaires associe à l'empire le grand Théodose, et lui laisse l'Orient.
Les Goths sont vaincus : tous les Barbares sont tenus en crainte ;
et ce que Théodose n'estimoit pas moins, les hérétiques macédoniens qui nioient la divinité du Saint-Esprit (381), sont condamnés au concile de Constantinople. Il ne s'y trouva que l'Eglise
grecque : le consentement de tout l'Occident, et du pape saint Da-
mase, le fit appeler second concile général. Pendant que Théodose gouvernoit avec tant de force et tant de succès, Gratien qui
n'étoit pas moins vaillant ni moins pieux, abandonné de ses
troupes toutes composées d'étrangers, fut immolé au tyran
Maxime (383). L'Eglise et l'empire pleurèrent ce bon prince. Le
tyran régna dans les Gaules, et sembla se contenter de ce partage.
L'impératrice Justine publia (386, 387) sous le nom de son fils, des
édits en faveur de l'arianisme. Saint Ambroise évêque de Milan
ne lui opposa que la saine doctrine, les prières et la patience ; et
sut par de telles armes, non-seulement conserver à l'Eglise les
basiliques que les hérétiques vouloient occuper, mais encore lui
gagner le jeune empereur. Cependant Maxime remue ; et Justine
ne trouve rien de plus fidèle que le saint évêque, qu'elle traitoit
de rebelle. Elle l'envoie au tyran, que ses discours ne peuvent
fléchir. Le jeune Valentinien est contraint de prendre la fuite
avec sa mère. Maxime se rend maître à Rome, où il rétablit les
sacrifices des faux dieux par complaisance pour le sénat presque
encore tout païen. Après qu'il eut occupé tout l'Occident, et dans
le temps qu'il se croyoit le plus paisible, Théodose assisté des
Francs le défit dans la Pannonie (388), l'assiégea dans Aquilée, et
le laissa tuer par ses soldats. Maître absolu des deux empires, il
rendit celui d'Occident à Valentinien, qui ne le garda pas longtemps. Ce jeune prince éleva et abaissa trop Arbogaste un
capitaine des Francs, vaillant, désintéressé, mais capable de
maintenir par toute sorte de crimes le pouvoir qu'il s'étoit acquis
sur les troupes. Il éleva le tyran Eugène qui ne savoit que dis-

courir, et tua Valentinien qui ne vouloit plus avoir pour maître
le superbe Franc (392). Ce coup détestable fut fait dans les Gaules
auprès de Vienne. Saint Ambroise que le jeune empereur avoit
mandé pour recevoir de lui le baptême, déplora sa perte, et espéra bien de son salut. Sa mort ne demeura pas impunie. Un
miracle visible donna la victoire à Théodose sur Eugène, et sur
les faux dieux dont ce tyran avoit rétabli le culte (394). Eugène
fut pris : il fallut le sacrifier à la vengeance publique, et abattre
la rébellion par sa mort. Le fier Arbogaste se tua lui-même, plutôt que d'avoir recours à la clémence du vainqueur, que tout le
reste des rebelles venoit d'éprouver. Théodose seul empereur fut
la joie et l'admiration de tout l'univers. Il appuya la religion : il
fit taire les hérétiques : il abolit les sacrifices impurs des païens :
il corrigea la mollesse, et réprima les dépenses superflues (390).
Il avoua humblement ses fautes, et il en fit pénitence. Il écouta
saint Ambroise célèbre docteur de l'Eglise qui le reprenoit de sa
colère, seul vice d'un si grand prince. Toujours victorieux, jamais il ne fit la guerre que par nécessité. Il rendit les peuples
heureux, et mourut en paix (395) plus illustre par sa foi que par
ses victoires. De son temps, saint Jérôme (386, 387) prêtre retiré
dans la sainte grotte de Bethléem, entreprit des travaux immenses pour expliquer l'Ecriture, et lut tous les interprètes, déterra toutes les histoires saintes et profanes qui la peuvent éclaircir, et composa sur l'original hébreu la version de la Bible que
toute l'Eglise a reçue sous le nom de *Vulgate*.

L'empire qui paroissoit invincible sous Théodose, changea tout
à coup sous ses deux fils. Arcade eut l'Orient, et Honorius l'Occident (395) : tous deux gouvernés par leurs ministres, ils firent
servir leur puissance à des intérêts particuliers. Rufin et Eutrope
successivement favoris d'Arcade, et aussi méchans l'un que
l'autre, périrent bientôt (399), et les affaires n'en allèrent pas
mieux sous un prince foible. Sa femme Eudoxe lui fit persécuter
saint Jean Chrysostome (403, 404) patriarche de Constantinople
et la lumière de l'Orient. Le pape saint Innocent, et tout l'Occident, soutinrent ce grand évêque contre Théophile patriarche
d'Alexandrie, ministre des violences de l'impératrice. L'Occident,

étoit troublé par l'inondation des Barbares (406 et suiv.). Rada-
gaise Goth et païen ravagea l'Italie. Les Vandales nation gothique et arienne , occupèrent une partie de la Gaule, et se
répandirent dans l'Espagne. Alaric roi des Visigoths , peuples
ariens, contraignit Honorius à lui abandonner ses grandes provinces déjà occupées par les Vandales. Stilicon embarrassé de tant
de Barbares les bat, les ménage, s'entend et rompt avec eux, sacrifie tout à son intérêt, et conserve néanmoins l'empire qu'il avoit
dessein d'usurper. Cependant Arcade mourut (408), et crut l'O-
rient si dépourvu de bons sujets, qu'il mit son fils Théodose âgé
de huit ans sous la tutelle d'Isdegerde roi de Perse. Mais Pulchérie, sœur du jeune empereur, se trouva capable des grandes
affaires. L'empire de Théodose se soutint par la prudence et par
la piété de cette princesse. Celui d'Honorius sembloit proche de
sa ruine. Il fit mourir Stilicon, et ne sut pas remplir la place d'un
si habile ministre. La révolte de Constantin (409), la perte entière de la Gaule et de l'Espagne (410), la prise et le sac de Rome
par les armes d'Alaric et des Visigoths , furent la suite de la
mort de Stilicon. Ataulphe plus furieux qu'Alaric pilla Rome de
nouveau, et il ne songeoit qu'à abolir le nom romain : mais pour
le bonheur de l'empire, il prit Placidie sœur de l'empereur. Cette
princesse captive qu'il épousa, l'adoucit. Les Goths traitèrent
avec les Romains, et s'établirent en Espagne (413), en se réser-
vant dans les Gaules (414, 415) les provinces qui tiroient vers les
Pyrénées. Leur roi Vallia conduisit sagement ces grands desseins.
L'Espagne montra sa constance, et sa foi ne s'altéra pas sous la
domination de ces ariens. Cependant les Bourguignons peuples
germains occupèrent le voisinage du Rhin, d'où peu à peu ils
gagnèrent le pays qui porte encore leur nom. Les Francs ne s'oublièrent pas : résolus de faire de nouveaux efforts pour s'ouvrir
les Gaules (420), ils élevèrent à la royauté Pharamond fils de
Marcomir ; et la monarchie de France, la plus ancienne et la
plus noble de toutes celles qui sont au monde, commença sous
lui (423). Le malheureux Honorius mourut sans enfans, et sans
pourvoir à l'empire. Théodose nomma empereur son cousin Valentinien III (424) fils de Placidie et de Constance, son second

mari, et le mit durant son bas âge sous la tutelle de sa mère, à
qui il donna le titre d'impératrice. En ces temps (411, 413) Céles-
tius et Pélage nièrent le péché originel, et la grace par laquelle
nous sommes chrétiens. Malgré leurs dissimulations les conciles
d'Afrique les condamnèrent (416). Les papes saint Innocent et
saint Zozime (417), que le pape saint Célestin suivit depuis, autorisèrent la condamnation, et l'étendirent par tout l'univers. Saint
Augustin confondit ces dangereux hérétiques, et éclaira toute
l'Eglise par ses admirables écrits. Le même Père secondé de
saint Prosper son disciple, ferma la bouche aux demi-pélagiens,
qui attribuoient le commencement de la justification et de la foi
aux seules forces du libre arbitre. Un siècle si malheureux à
l'empire, et où il s'éleva tant d'hérésies, ne laissa pas d'être heureux au christianisme. Nul trouble ne l'ébranla, nulle hérésie ne le
corrompit. L'Eglise féconde en grands hommes, confondit toutes
les erreurs. Après les persécutions, Dieu se plut à faire éclater
la gloire de ses martyrs : toutes les histoires et tous les écrits
sont pleins des miracles que leur secours imploré, et leurs tombeaux honorés opéroient par toute la terre [1]. Vigilance (406) qui
s'opposoit à des sentimens si reçus, réfuté par saint Jérôme, demeura sans suite. La foi chrétienne s'affermissoit, et s'étendoit
tous les jours. Mais l'empire d'Occident n'en pouvoit plus. Attaqué
par tant d'ennemis, il fut encore affoibli par les jalousies de ses
généraux. Par les artifices d'Aétius, Boniface comte d'Afrique,
devint suspect à Placidie (427). Le comte maltraité fit venir d'Espagne Genséric et les Vandales que les Goths en chassoient, et se
repentit trop tard de les avoir appelés. L'Afrique fut ôtée à l'empire. L'Eglise souffrit des maux infinis par la violence de ces
ariens, et vit couronner une infinité de martyrs. Deux furieuses
hérésies s'élevèrent : Nestorius patriarche de Constantinople divisa
la personne de Jésus-Christ (429) ; et vingt ans après, Eutichès
abbé en confondit les deux natures. Saint Cyrille (430) patriarche
d'Alexandrie s'opposa à Nestorius, qui fut condamné par le pape
saint Célestin. Le concile d'Ephèse (431) troisième général, en

[1] Hier., *cont. Vigil.*, Gennad., *de Script. eccl.*

exécution de cette sentence , déposa Nestorius, et confirma le décret de saint Célestin, que les évêques du concile appellent leur
Père dans leur définition [1]. La sainte Vierge fut reconnue pour
Mère de Dieu, et la doctrine de saint Cyrille fut célébrée par toute
la terre. Théodose, après quelques embarras, se soumit au concile, et bannit Nestorius. Eutychès qui ne put combattre cette
hérésie qu'en se jetant dans un autre excès, ne fut pas moins
fortement rejeté (448). Le pape saint Léon le Grand le condamna,
et le réfuta tout ensemble par une lettre qui fut révérée dans
tout l'univers. Le concile de Chalcédoine (451) quatrième général,
où ce grand pape tenoit la première place autant par sa doctrine
que par l'autorité de son siége, anathématisa Eutychès et Dios-
core patriarche d'Alexandrie son protecteur. La lettre du concile
à saint Léon fait voir que ce pape y présidoit par ses légats,
comme le chef à ses membres [2]. L'empereur Marcien assista lui-
même à cette grande assemblée à l'exemple de Constantin, et en
reçut les décisions avec le même respect. Un peu auparavant
Pulchérie l'avoit élevé à l'empire en l'épousant. Elle fut reconnue
pour impératrice après la mort de son frère, qui n'avoit point
laissé de fils. Mais il falloit donner un maître à l'empire : la vertu
de Marcien lui procura cet honneur. Durant le temps de ces deux
conciles, Théodoret évêque de Cyr se rendit célèbre, et sa doctrine seroit sans tache, si les écrits violens qu'il publia contre
saint Cyrille n'avoient eu besoin de trop grands éclaircissemens.
Il les donna de bonne foi, et fut compté parmi les évêques orthodoxes.

Les Gaules commençoient à reconnoître les Francs. Aétius les
avait défendues contre Pharamond et contre Clodion le Chevelu :
mais Mérovée fut plus heureux, et y fit un plus solide établissement, à peu près dans le même temps que les Anglois peuples
saxons occupèrent la Grande-Bretagne. Ils lui donnèrent leur
nom, et y fondèrent plusieurs royaumes. Cependant les Huns
peuples des Palus-Méotides désolèrent tout l'univers avec une
armée immense, sous la conduite d'Attila leur roi, le plus affreux

---

[1] Part. II *Conc. Eph.*, act. 1; *Sent. depos. Nestor.*, tom. III; *Conc. Labb.*, col.
533.—[2] *Relat. S. Syn. Chalc.*, ad Leon., Conc. part. III.

de tous les hommes. Aétius qui le défit dans les Gaules, ne put
l'empêcher de ravager l'Italie. Les îles de la mer Adriatique servirent de retraite à plusieurs contre sa fureur. Venise s'éleva
au milieu des eaux (352). Le pape saint Léon plus puissant
qu'Aétius et que les armées romaines, se fit respecter par ce roi
barbare et païen, et sauva Rome du pillage : mais elle y fut exposée bientôt après par les débauches de son empereur Valentinien (454, 455). Maxime dont il avoit violé la femme, trouva le
moyen de le perdre, en dissimulant sa douleur et se faisant un
mérite de sa complaisance. Par ses conseils trompeurs, l'aveugle
empereur fit mourir Aétius le seul rempart de l'empire. Maxime
auteur du meurtre en inspire la vengeance aux amis d'Aétius, et
fait tuer l'empereur. Il monte sur le trône par ces degrés, et
contraint l'impératrice Eudoxe fille de Théodose le Jeune à l'é-
pouser. Pour se tirer de ses mains, elle ne craignit point de se
mettre en celles de Genseric. Rome est en proie au Barbare : le
seul saint Léon l'empêche d'y mettre tout à feu et à sang : le
peuple déchire Maxime, et ne reçoit dans ses maux que cette
triste consolation. Tout se brouille en Occident : on y voit plusieurs empereurs s'élever, et tomber presque en même temps.
Majorien (456) fut le plus illustre. Avitus (457) soutint mal sa réputation, et se sauva par un évêché. On ne put plus défendre les
Gaules contre Mérovée, ni contre Childéric son fils : mais le dernier pensa périr par ses débauches. Si ses sujets le chassèrent
(458), un fidèle ami qui lui resta le fit rappeler (465). Sa valeur le
fit craindre de ses ennemis, et ses conquêtes s'étendirent bien
avant dans les Gaules (474). L'empire d'Orient étoit paisible sous
Léon Thracien successeur de Marcien (476), et sous Zénon gendre
et successeur de Léon. La révolte de Basilisque (475) bientôt opprimé, ne causa qu'une courte inquiétude à cet empereur : mais
l'empire d'Occident périt sans ressource. Auguste qu'on nomme
Augustule, fils d'Oreste, fut le dernier empereur reconnu à Rome
et incontinent après il fut dépossédé par Odoacre roi des Hérules.
C'étoient des peuples venus du Pont-Euxin, dont la domination
ne fut pas longue. En Orient l'empereur Zénon entreprit de se signaler d'une manière inouïe. Il fut le premier des empereurs qui

se mêla de régler les questions de la foi. Pendant que les demi-
eutychiens s'opposoient au concile de Chalcédoine, il publia (482)
contre le concile son *Hénotique*, c'est-à-dire son traité d'union
détesté par les catholiques, et condamné par le pape Félix III
(483). Les Hérules furent bientôt chassés de Rome par Théodoric (490, 491) roi des Ostrogoths, c'est-à-dire Goths orientaux, qui
fonda le royaume d'Italie, et laissa, quoique arien, un assez libre
exercice à la religion catholique. L'empereur Anastase la troubloit en Orient (492). Il marcha sur les pas de Zénon son prédécesseur, et appuya les hérétiques. Par là il aliéna les esprits des
peuples (493), et ne put jamais les gagner, même en ôtant des
impôts fâcheux. L'Italie obéissoit à Théodoric. Odoacre pressé
dans Ravenne tâcha de se sauver par un traité que Théodoric
n'observa pas ; et les Hérules furent contraints de tout abandonner. Théodoric, outre l'Italie, tenoit encore la Provence. De son
temps saint Benoît retiré en Italie (494) dans un désert, commençoit dès ses plus tendres années à pratiquer les saintes maximes
dont il composa depuis cette belle règle que tous les moines de
d'Occident reçurent avec le même respect que les moines d'Orient
ont pour celle de saint Basile. Les Romains achevèrent de perdre
les Gaules par les victoires de Clovis fils de Childéric. Il gagna
aussi sur les Allemands la bataille de Tolbiac (495) par le vœu
qu'il fit d'embrasser la religion chrétienne, à laquelle Clotide sa
femme ne cessoit de le porter. Elle étoit de la maison des rois de
Bourgogne, et catholique zélée, encore que sa famille et sa nation fût arienne. Clovis instruit par saint Vaast, fût baptisé à
Reims, avec ses François, par saint Remi évêque de cette ancienne
métropole. Seul de tous les princes du monde, il soutint la foi
catholique, et mérita le titre de *très-chrétien* à ses successeurs.
Par la bataille où il tua de sa propre main Alaric (506) roi des
Visigoths, Tolose (*a*) et l'Aquitaine furent jointes à son royaume
(507). Mais la victoire des Ostrogoths (508) l'empêcha de tout
prendre jusqu'aux Pyrénées, et la fin de son règne (510) ternit la
gloire des commencemens. Ses quatre enfans partagèrent le
royaume, et ne cessèrent d'entreprendre les uns sur les autres,

(*a*) Aujourd'hui Toulouse.

Anastase mourut frappé du foudre (518). Justin de basse naissance, mais habile et très-catholique, fut fait empereur par le
sénat. Il se soumit avec tout son peuple aux décrets du pape
saint Hormisdas, et mit fin aux troubles de l'Eglise d'Orient. De
son temps (526) Boëce, homme célèbre par sa doctrine aussi bien
que par sa naissance, et Symmaque son beau-père, tous deux
élevés aux charges les plus éminentes, furent immolés aux jalousies de Théodoric, qui les soupçonna sans sujet de conspirer
contre l'Etat. Le roi troublé de son crime, crut voir la tête de
Symmaque dans un plat qu'on lui servoit, et mourut quelque
temps après. Amalasonte sa fille et mère d'Atalaric, qui devenoit
roi par la mort de son aïeul, est empêchée par les Goths de faire
instruire le jeune prince comme méritoit sa naissance; et contrainte de l'abandonner aux gens de son âge, elle voit qu'il se
perd sans pouvoir y apporter remède. L'année d'après Justin
mourut (527), après avoir associé à l'empire son neveu Justinien,
dont le long règne est célèbre par les travaux de Tribonien com-
pilateur du droit romain, et par les exploits de Bélisaire et de
l'eunuque Narsès. Ces deux fameux capitaines réprimèrent les
Perses, défirent les Ostrogoths et les Vandales (529, 530, etc.),
rendirent à leur maître l'Afrique, l'Italie et Rome (533, 534):
mais l'empereur, jaloux de leur gloire, sans vouloir prendre part
à leurs travaux, les embarrassoit toujours plus qu'il ne leur
donnoit d'assistance (552, 553). Le royaume de France s'augmentoit. Après une longue guerre (532) Childebert et Clotaire,
enfans de Clovis, conquirent le royaume de Bourgogne, et en
même temps immolèrent à leur ambition les enfans mineurs de
leur frère Clodomir, dont ils partagèrent entre eux le royaume.
Quelque temps après, et pendant que Bélisaire attaquoit si vivement les Ostrogoths, ce qu'ils avoient dans les Gaules fut abandonné aux François. La France s'étendoit alors beaucoup au delà
du Rhin; mais les partages des princes, qui faisoient autant de
royaumes, l'empêchoient d'être réunie sous une même domination. Ses principales parties furent la Neustrie, c'est-à-dire
la France occidentale, et l'Austrasie, c'est-à-dire la France orientale.

La même année que Rome fut reprise (553) par Narsès, Justinien fit tenir à Constantinople le cinquième concile général, qui confirma les précédens, et condamna quelques écrits favorables à Nestorius. C'est ce qu'on appeloit les trois chapitres, à cause des trois auteurs déjà morts il y avoit longtemps, dont il s'agissoit alors. On condamna la mémoire et les écrits de Théodore évêque de Mopsueste, une lettre d'Ibas évêque d'Édesse, et parmi les écrits de Théodoret ceux qu'il avoit composés contre saint Cyrille. Les livres d'Origène qui troubloient tout l'Orient depuis un siècle, furent aussi réprouvés. Ce concile commencé avec de mauvais desseins, eut une heureuse conclusion, et fut reçu du saint Siége qui s'y étoit opposé d'abord (555). Deux ans après le concile, Narsès qui avoit ôté l'Italie aux Goths, la défendit contre les François, et remporta une pleine victoire sur Bucelin général des troupes d'Austrasie. Malgré tous ces avantages, l'Italie ne demeura guère aux empereurs. Sous Justin II (568) neveu de Justinien, et après la mort de Narsès, le royaume de Lombardie fut fondé par Alboïn. Il prit Milan et Pavie : Rome et Ravenne se sauvèrent à peine de ses mains; et les Lombards firent souffrir aux Romains (570—571) des maux extrêmes. Rome fut mal secourue par ses empereurs (574), que les Avares nation scythique, les Sarrasins peuples d'Arabie, et les Perses plus que tous les autres, tourmentoient de tous côtés en Orient. Justin qui ne croyoit que lui-même et ses passions, fut toujours battu par les Perses et par leur roi Chosroès. Il se troubla de tant de pertes, jusqu'à tomber en frénésie. Sa femme Sophie soutint l'empire. Le malheureux prince revint trop tard à son bon sens, et reconnut en mourant (579) la malice de ses flatteurs. Après lui Tibère II (580) qu'il avoit nommé empereur, réprima les ennemis, soulagea les peuples, et s'enrichit par ses aumônes. Les victoires de Maurice Cappadocien (581) général de ses armées, firent mourir (583) de dépit le superbe Chosroès. Elles furent récompensées de l'empire que Tibère lui donna en mourant, avec sa fille Constantine. En ce temps l'ambitieuse Frédégonde, femme du roi Chilpéric Ier, mettoit toute la France en combustion, et ne cessoit d'exciter des guerres cruelles entre les rois françois. Au milieu des malheurs de l'Italie,

et pendant que Rome étoit affligée d'une peste épouvantable (590),
saint Grégoire le Grand fut élevé malgré lui sur le siége de saint
Pierre. Ce grand pape apaise la peste par ses prières, instruit les
empereurs, et tout ensemble leur fait rendre l'obéissance qui leur
est due ; console l'Afrique, et la fortifie ; confirme en Espagne les
Visigoths convertis de l'arianisme, et Récarède le Catholique, qui
venoit de rentrer au sein de l'Eglise ; convertit l'Angleterre ; réforme la discipline dans la France, dont il exalte les rois, toujours
orthodoxes, au-dessus de tous les rois de la terre ; fléchit les
Lombards ; sauve Rome et l'Italie, que les empereurs ne pouvoient aider ; réprime l'orgueil naissant des patriarches de Constantinople ; éclaire toute l'Eglise par sa doctrine ; gouverne
l'Orient et l'Occident avec autant de vigueur que d'humilité ; et
donne au monde un parfait modèle du gouvernement ecclésiastique. L'histoire de l'Eglise n'a rien de plus beau que l'entrée du
saint moine Augustin (597) dans le royaume de Kent avec quarante
de ses compagnons, qui précédés de la croix et de l'image du grand
Roi Notre-Seigneur Jésus-Christ, faisoient des vœux solennels
pour la conversion de l'Angleterre [1]. Saint Grégoire qui les avoit
envoyés, les instruisoit par des lettres véritablement apostoliques,
et apprenoit à saint Augustin à trembler parmi les miracles con ·
tinuels que Dieu faisoit par son ministère [2]. Berthe princesse de
France attira au christianisme le roi Edhilbert son mari. Les rois
de France et la reine Brunehaut protégèrent la nouvelle mission.
Les évêques de France entrèrent dans cette bonne œuvre, et ce
furent eux qui par l'ordre du pape sacrèrent saint Augustin (601).
Le renfort que saint Grégoire envoya au nouvel évêque produisit
de nouveaux fruits (604), et l'Eglise anglicane prit sa forme.
L'empereur Maurice ayant éprouvé la fidélité du saint pontife, se
corrigea par ses avis, et reçut de lui cette louange si digne d'un
prince chrétien, que la bouche des hérétiques n'osoit s'ouvrir
de son temps. Un si pieux empereur fit pourtant une grande
faute (601). Un nombre infini de Romains périrent entre les mains
des Barbares, faute d'être rachetés à un écu par tête. On voit

---

[1] Beda, *Hist. angl.*, lib. I, cap. 25. — [2] Gregor., lib. IX, *epist.* LVIII ; nunc
lib. XI, ind. 4, *epist.* XXVIII ; Labb. *Conc.* tom. XI, col. 1110.

incontinent après les remords du bon empereur; la prière qu'il
fait à Dieu de le punir en ce monde plutôt qu'en l'autre; la révolte
de Phocas (602), qui égorge à ses yeux toute sa famille; Maurice
tué le dernier, et ne disant autre chose, parmi tous ses maux,
que ce verset du Psalmiste : « Vous êtes juste, ô Seigneur! et
tous vos jugemens sont droits [1]. » Phocas élevé à l'empire par
une action si détestable, tâcha de gagner les peuples en hono-
rant le saint Siége, dont il confirma les priviléges (606). Mais sa
sentence étoit prononcée. Héraclius proclamé empereur (610) par
l'armée d'Afrique, marcha contre lui. Alors Phocas éprouva que
souvent les débauches nuisent plus aux princes que les cruautés ;
et Photin dont il avoit débauché la femme, le livra à Héraclius,
qui le fit tuer. La France vit un peu après une tragédie bien plus
étrange. La reine Brunehaut livrée à Clotaire II (614), fut immolée
à l'ambition de ce prince : sa mémoire fut déchirée, et sa vertu
tant louée par le pape saint Grégoire, a peine encore à se
défendre.

L'empire cependant étoit désolé. Le roi de Perse Chosroès II
sous prétexte de venger Maurice, avoit entrepris de perdre Phocas. Il poussa ses conquêtes sous Héraclius. On vit l'empereur
battu (620, 621, 622), et la vraie croix enlevée par les infidèles;
puis par un retour admirable (623, 625, 626), Héraclius cinq fois
vainqueur, la Perse pénétrée par les Romains, Chosroès tué par
son fils, et la sainte croix reconquise. Pendant que la puissance
des Perses étoit si bien réprimée, un plus grand mal s'éleva contre
l'empire et contre toute la chrétienté. Mahomet s'érigea en prophète parmi les Sarrasins (622) : il fut chassé de la Mecque par
les siens. A sa fuite commence la fameuse hégire, d'où les mahométans comptent leurs années. Le faux prophète donna ses victoires pour toute marque de sa mission. Il soumit en neuf ans
toute l'Arabie de gré ou de force, et jeta les fondemens de l'empire des califes. A ces maux se joignit l'hérésie des monothélites
(629), qui par une bizarrerie presque inconcevable, en reconnoissant deux natures en Notre-Seigneur, n'y vouloient connoître
qu'une seule volonté. L'homme selon eux n'y vouloit rien, et il

[1] *Ps.* CXVIII, 137.

n'y avoit en Jésus-Christ que la seule volonté du Verbe. Ces hérétiques cachoient leur venin sous des paroles ambiguës : un faux
amour de la paix leur fit proposer qu'on ne parlât ni d'une ni de
deux volontés (633). Ils imposèrent par ces artifices au pape Honorius Ier (639), qui entra avec eux dans un dangereux ménagement, et consentit au silence où le mensonge et la vérité furent
également supprimés. Pour comble de malheurs, quelque temps
après l'empereur Héraclius entreprit de décider la question de
son autorité, et proposa son *Ecthèse* ou Exposition favorable aux
monothélites : mais les artifices des hérétiques furent enfin dé-
couverts (640). Le pape Jean IV condamna l'*Ecthèse* (648). Constant petit-fils d'Héraclius soutint l'édit de son aïeul (649) par le
sien appelé *Type*. Le saint Siége et le pape Théodore s'opposent
à cette entreprise : le pape saint Martin I assemble le concile de
Latran, où il anathématise le *Type* et les chefs des monothélites.
Saint Maxime, célèbre par tout l'Orient pour sa piété et pour sa
doctrine, quitte la Cour infectée de la nouvelle hérésie, reprend
ouvertement les empereurs qui avoient osé prononcer sur les
questions de la foi, et souffre des maux infinis pour la religion
catholique. Le pape traîné d'exil en exil (650), et toujours durement traité par l'empereur, meurt enfin (654) parmi les souffrances sans se plaindre, ni se relâcher de ce qu'il doit à son ministère. Cependant la nouvelle Eglise anglicane fortifiée par les
soins des papes Boniface V et Honorius, se rendoit illustre par
toute la terre. Les miracles y abondoient avec les vertus comme
dans les temps des apôtres ; et il n'y avoit rien de plus éclatant
que la sainteté de ses rois (627). Edwin embrassa avec tout son
peuple la foi qui lui avoit donné la victoire sur ses ennemis, et
convertit ses voisins. Oswalde servit d'interprète (634) aux prédicateurs de l'Evangile ; et renommé par ses conquêtes, il leur
préféra la gloire d'être chrétien. Les Merciens furent convertis
(635) par le roi de Northumberland Oswin : leurs voisins et leurs
successeurs suivirent leurs pas ; et leurs bonnes œuvres furent
immenses. Tout périssoit en Orient. Pendant que les empereurs
se consument dans des disputes de religion (634, 635) et inventent
des hérésies, les Sarrasins pénètrent l'empire ; ils occupent la

Syrie et la Palestine (636); la sainte cité leur est assujettie (637); la Perse leur est ouverte par ses divisions, et ils prennent ce grand royaume sans résistance (647). Ils entrent en Afrique en état d'en faire bientôt une de leurs provinces : l'île de Chypre leur obéit (648); et ils joignent en moins de trente ans toutes ces conquêtes à celles de Mahomet. L'Italie toujours malheureuse et abandonnée, gémissoit sous les armes des Lombards. Constant désespéra de les chasser, et se résolut à ravager ce qu'il ne put défendre. Plus cruel que les Lombards mêmes, il ne vint à Rome que pour en piller les trésors (663) : les églises ne s'en sauvèrent pas : il ruina la Sardaigne et la Sicile; et devenu odieux à tout le monde, il périt de la main des siens (668). Sous son fils Constantin Pogonat, c'est-à-dire le Barbu, les Sarrasins s'emparèrent de la Cilicie et de la Lycie (671). Constantinople assiégée ne fut sauvée que par un miracle (672). Les Bulgares, peuples venus de l'embouchure du Volga, se joignirent à tant d'ennemis (678) dont l'empire étoit accablé, et occupèrent cette partie de la Thrace appelée depuis Bulgarie, qui étoit l'ancienne Mysie. L'Eglise anglicane enfantoit de nouvelles églises; et saint Wilfrid évêque d'York, chassé de son siège, convertit la Frise. Toute l'Eglise reçut une nouvelle lumière par le concile de Constantinople (680), sixième général, où le pape saint Agathon présida par ses légats, et expliqua la foi catholique par une lettre admirable. Le concile frappa d'anathème un évêque célèbre par sa doctrine, un patriarche d'Alexandrie, quatre patriarches de Constantinople, c'est-à-dire tous les auteurs de la secte des monothélites, sans épargner le pape Honorius, qui les avoit ménagés. Après la mort d'Agathon qui arriva durant le concile, le pape saint Léon II en confirma les décisions, et en reçut tous les anathèmes. Constantin Pogonat imitateur du grand Constantin et de Marcien, entra au concile à leur exemple; et comme il y rendit les mêmes soumissions, il y fut honoré des mêmes titres d'orthodoxe, de religieux, de pacifique empereur, et de restaurateur de la religion. Son fils Justinien II lui succéda (685) encore enfant. De son temps (686) la foi s'étendoit et éclatoit vers le Nord. Saint Kilien envoyé par le pape Conon prêcha l'Evangile dans la Franconie. Du temps du

pape Serge (689), Ceadual un des rois d'Angleterre vint reconnoître en personne l'Eglise romaine, d'où la foi avoit passé en
son île ; et après avoir reçu le baptême par les mains du pape, il
mourut selon qu'il l'avoit lui-même désiré.

La maison de Clovis étoit tombée dans une foiblesse déplorable : de fréquentes minorités avoient donné occasion de jeter
les princes dans une mollesse dont ils ne sortoient point étant
majeurs. De là sort une longue suite de rois fainéans qui n'a-
voient que le nom de roi, et laissoient tout le pouvoir aux maires
du palais (693). Sous ce titre Pepin Héristel gouverna tout, et
éleva sa maison à de plus hautes espérances (695). Par son autorité, et après le martyre de saint Vigbert, la foi s'établit dans la
Frise, que la France venoit d'ajouter à ses conquêtes. Saint Swi-
bert, saint Willebrod, et d'autres hommes apostoliques répandirent l'Evangile dans les provinces voisines. Cependant la minorité de Justinien s'étoit heureusement passée : les victoires de
Léonce avoient abattu les Sarrasins, et rétabli la gloire de l'empire en Orient. Mais ce vaillant capitaine arrêté injustement (694),
et relâché mal à propos, coupa le nez à son maître, et le chassa
(796). Ce rebelle souffrit un pareil traitement de Tibère, nommé
Absimare, qui lui-même ne dura guère. Justinien rétabli (702)
fut ingrat envers ses amis; et en se vengeant de ses ennemis, il
s'en fit de plus redoutables, qui le tuèrent (711). Les images de
Philippique son successeur ne furent pas reçues dans Rome, à
cause qu'il favorisoit les monothélites et se déclaroit ennemi du
concile sixième. On élut à Constantinople Anastase II (713) prince
catholique, et on creva les yeux à Philippique. En ce temps les
débauches du roi Roderic ou Rodrigue firent livrer l'Espagne
aux Maures : c'est ainsi qu'on appeloit les Sarrasins d'Afrique.
Le comte Julien, pour venger sa fille dont Roderic abusoit, appela ces infidèles. Ils viennent avec des troupes immenses : ce roi
périt : l'Espagne est soumise, et l'empire des Goths y est éteint.
L'Eglise d'Espagne fut mise alors à une nouvelle épreuve : mais
comme elle s'étoit conservée sous les ariens, les mahométans ne
purent l'abattre. Ils la laissèrent d'abord avec assez de liberté :
dans les siècles suivans il fallut soutenir de grands combats; et la

chasteté eut ses martyrs aussi bien que la foi, sous la tyrannie d'une nation aussi brutale qu'infidèle. L'empereur Anastase ne dura guère. L'armée força Théodose III à prendre la pourpre (715). Il fallut combattre : le nouvel empereur gagna la bataille, et Anastase fut mis dans un monastère. Les Maures maîtres de l'Espagne espéroient s'étendre bien au delà des Pyrénées : mais Charles Martel destiné à les réprimer, s'étoit élevé en France, et avoit succédé, quoique bâtard, au pouvoir de son père Pepin Héristel, qui laissa l'Austrasie à sa maison comme une espèce de principauté souveraine, et le commandement en Neustrie par la charge de maire du palais. Charles réunit tout par sa valeur (716). Les affaires d'Orient étoient brouillées. Léon Isaurien préfet d'Orient ne reconnut pas Théodose, qui quitta sans répugnance l'empire qu'il n'avoit accepté que par force; et retiré à Ephèse, ne s'occupa plus que des véritables grandeurs. Les Sarrasins reçurent de grands coups durant l'empire de Léon. Ils levèrent honteusement le siège de Constantinople (718). Pélage qui se cantonna dans les montagnes d'Asturie (719) avec ce qu'il y avoit de plus résolu parmi les Goths, après une victoire signalée, opposa à ces infidèles un nouveau royaume, par lequel ils devoient un jour être chassés de l'Espagne. Malgré les efforts et l'armée immense d'Abdérame leur général, Charles Martel gagna sur eux la fameuse bataille de Tours (725). Il y périt un nombre infini de ces infidèles, et Abdérame lui-même y demeura sur la place. Cette victoire fut suivie d'autres avantages, par lesquels Charles arrêta les Maures, et étendit le royaume jusqu'aux Pyrénées. Alors les Gaules n'eurent presque rien qui n'obéît aux François, et tous reconnoissoient Charles Martel. Puissant en paix, en guerre, et maître absolu du royaume, il régna sous plusieurs rois qu'il fit et défit à sa fantaisie, sans oser prendre ce grand titre. La jalousie des seigneurs françois vouloit être ainsi trompée.

La religion s'établissoit en Allemagne (723). Le prêtre saint Boniface convertit ces peuples, et en fut fait évêque par le pape Grégoire II, qui l'y avoit envoyé. L'empire étoit alors assez paisible; mais Léon y mit le trouble pour longtemps. Il entreprit de renverser (726) comme des idoles les images de Jésus-Christ et de ses saints. Comme il ne put attirer à ses sentimens saint Germain patriarche de Constantinople, il agit de son autorité, et après une ordonnance du sénat, on lui vit d'abord briser une image de Jésus-Christ, qui étoit posée sur la grande porte de l'église de Constantinople. Ce fut par là que commencèrent les violences des iconoclastes, c'est-à-dire des brise-images. Les autres images que les empereurs, les évêques et tous les fidèles avoient érigées depuis la paix de l'Eglise dans les lieux publics et particuliers, furent aussi abattues. A ce spectacle le peuple s'émut. Les statues de l'empereur furent renversées en divers endroits. Il se crut outragé en sa personne : on lui reprocha un semblable outrage qu'il faisoit à Jésus-Christ et à ses saints, et que de son aveu propre l'injure faite à l'image retomboit sur l'original. L'Italie passa encore plus avant : l'impiété de l'empereur fut cause qu'on lui refusa les tributs ordinaires. Luitprand roi des Lombards se servit du même prétexte pour prendre Ravenne, résidence des exarques. On nommoit ainsi les gouverneurs que les empereurs envoyoient en Italie. Le pape Grégoire II s'opposa au renversement des images : mais en même temps il s'opposoit aux ennemis de l'empire, et tâchoit de retenir les peuples dans l'obéissance. La paix se fit avec les Lombards (730), et l'empereur exécuta son décret contre les images plus violemment que jamais. Mais le célèbre Jean de Damas lui déclara qu'en matière de religion il ne connoissoit de décrets que ceux de l'Eglise, et souffrit beaucoup. L'empereur chassa de son siége le patriarche saint Germain, qui mourut en exil âgé de quatre-vingt-dix ans. Un peu après les Lombards reprirent les armes (739, 740); et dans les maux qu'ils faisoient souffrir au peuple romain, ils ne furent retenus que par l'autorité de Charles Martel, dont le pape Grégoire II avoit imploré l'assistance. Le nouveau royaume d'Espagne qu'on appeloit dans ces premiers temps le royaume d'Oviède, s'augmentoit par les victoires et par la conduite d'Alphonse gendre de Pélage, qui à l'exemple de Récarède dont il étoit descendu, prit le nom de *Catholique*. Léon mourut (741), et laissa l'empire aussi bien que l'Eglise dans une grande agitation. Artabaze préteur d'Arménie se fit proclamer empereur au lieu de

Constantin Copronyme fils de Léon, et rétablit les images. Après la mort de Charles Martel Luitprand menaça Rome de nouveau : l'exarchat de Ravenne fut en péril, et l'Italie dut son salut à la prudence du pape saint Zacharie (742). Constantin embarrassé dans l'Orient, ne songeoit qu'à s'établir (743) ; il battit Artabaze, prit Constantinople, et la remplit de supplices. Les deux enfans de Charles Martel, Carloman et Pepin, avoient succédé à la puissance de leur père (747) ; mais Carloman dégoûté du siècle, au milieu de sa grandeur et de ses victoires embrassa la vie monastique. Par ce moyen son frère Pepin réunit en sa personne toute la puissance. Il sut la soutenir par un grand mérite, et prit le dessein de s'élever à la royauté. Childéric le plus misérable de tous les princes lui en ouvrit le chemin (752), et joignit à la qualité de fainéant celle d'insensé. Les François dégoûtés de leurs fainéans, et accoutumés depuis tant de temps à la maison de Charles Martel féconde en grands hommes, n'étoient plus embarrassés que du serment qu'ils avoient prêté à Childéric. Sur la réponse du pape Zacharie, ils se crurent libres, et d'autant plus dégagés du serment qu'ils avoient prêté à leur roi, que lui et ses devanciers sembloient depuis cent ans avoir renoncé au droit qu'ils avoient de leur commander, en laissant attacher tout le pouvoir à la charge de maire du palais. Ainsi Pepin fut mis sur le trône, et le nom de roi fut réuni avec l'autorité. Le pape Etienne III (753) trouva dans le nouveau roi le même zèle que Charles Martel avoit eu pour le saint Siége contre les Lombards. Après avoir vainement imploré le secours de l'empereur, il se jeta entre les bras des François. Le roi le reçut en France avec respect (754), et voulut être sacré et couronné de sa main. En même temps il passa les Alpes, délivra Rome et l'exarchat de Ravenne, et réduisit Astolphe roi des Lombards à une paix équitable. Cependant l'empereur faisoit la guerre aux images. Pour s'appuyer de l'autorité ecclésiastique, il assembla un nombreux concile à Constantinople. On n'y vit pourtant point paroître, selon la coutume, ni les légats du saint Siége, ni les évêques ou les légats des autres siéges patriarcaux [1]. Dans ce concile, non-seule-

---

[1] Conc. Nic. II, act. VI, tom. VII *Concil.*, col. 395.

ment on condamna comme idolâtrie tout l'honneur rendu aux
images en mémoire des originaux, mais encore on y condamna
la sculpture et la peinture comme des arts détestables[1] . C'étoit
l'opinion des Sarrasins, dont on disoit que Léon avoit suivi les
conseils quand il renversa les images. Il ne parut pourtant rien
contre les reliques. Le concile de Copronyme ne défendit pas de
les honorer, et il frappa d'anathème ceux qui refusoient d'avoir
recours aux prières de la sainte Vierge et des Saints [2]. Les catholiques persécutés pour l'honneur qu'ils rendoient aux images,
répondoient à l'empereur qu'ils aimoient mieux endurer toute
sorte d'extrémités, que de ne pas honorer Jésus-Christ jusque
dans son ombre. Cependant Pepin repassa les Alpes (755), et châ-
tia l'infidèle Astolphe qui refusoit d'exécuter le traité de paix.
L'Eglise romaine ne reçut jamais un plus beau don que celui
que lui fit alors ce pieux prince. Il lui donna les villes recon-
quises sur les Lombards, et se moqua de Copronyme qui les re-
demandoit, lui qui n'avoit pu les défendre. Depuis ce temps les
empereurs furent peu reconnus dans Rome : ils y devinrent méprisables par leur foiblesse, et odieux par leurs erreurs. Pepin y
fut regardé comme protecteur du peuple romain et de l'Eglise romaine. Cette qualité devint comme héréditaire à sa maison et
aux rois de France. Charlemagne fils de Pepin la soutint avec
autant de courage que de piété (772). Le pape Adrien eut recours
à lui contre Didier roi des Lombards, qui avoit pris plusieurs
villes, et menaçoit toute l'Italie. Charlemagne passa les Alpes.
Tout fléchit : Didier fut livré (773) : les rois lombards ennemis de
Rome et des papes furent détruits (774) : Charlemagne se fit couronner roi d'Italie, et prit le titre de roi des François et des Lombards. En même temps il exerça dans Rome même l'autorité
souveraine en qualité de patrice, et confirma au saint Siége les
donations du roi son père. Les empereurs avoient peine à résister
aux Bulgares, et soutenoient vainement contre Charlemagne les
Lombards dépossédés. La querelle des images duroit toujours.
Léon IV fils de Copronyme sembloit d'abord s'être adouci; mais

---

[1] Conc. Nic. II, *Defin. Pseudo-syn. C. P.*, col. 158, 507.— [2] *Ibid., Pseudo-syn.
C. P.*, Can. x et xi, col. 523, 527.

il renouvela la persécution aussitôt qu'il se crut le maître. Il mourut bientôt. Son fils Constantin âgé de dix ans lui succéda (780), et régna sous la tutelle de l'impératrice Irène sa mère. Alors les choses commencèrent à changer de face. Paul patriarche de Constantinople déclara sur la fin de sa vie qu'il avoit combattu les images contre sa conscience (784), et se retira dans un monastère, où il déplora en présence de l'impératrice le malheur de l'église de Constantinople séparée des quatre siéges patriarcaux, et lui proposa la célébration d'un concile universel comme l'unique remède d'un si grand mal. Taraise son successeur soutint que la question n'avoit pas été jugée dans l'ordre, parce qu'on avoit commencé par une ordonnance de l'empereur, qu'un concile tenu contre les formes avoit suivi ; au lieu qu'en matière de religion c'est au concile à commencer, et aux empereurs à appuyer le jugement de l'Eglise. Fondé sur cette raison, il n'accepta le patriarcat qu'à condition qu'on tiendroit le concile universel : il fut commencé à Constantinople (787), et continué à Nicée. Le pape y envoya ses légats : le concile des iconoclastes fut condamné : ils sont détestés comme gens qui, à l'exemple des Sarrasins, accusoient les chrétiens d'idolâtrie. On décida que les images seroient honorées én mémoire et pour l'amour des originaux ; ce qui s'appelle dans le concile *culte relatif, adoration et salutation honoraire,* qu'on oppose *au culte suprême et à l'adoration de latrie, ou d'entière sujétion,* que le concile réserve à Dieu seul [1]. Outre les légats du Saint-Siége et la présence du patriarche de Constantinople, il y parut des légats des autres siéges patriarcaux opprimés alors par les infidèles. Quelques-uns leur ont contesté leur mission : mais ce qui n'est pas contesté, c'est que loin de les désavouer, tous ces siéges ont accepté le concile sans qu'il y paroisse de contradiction, et il a été reçu par toute l'Eglise. Les François environnés d'idolâtres ou de nouveaux chrétiens dont ils craignoient de brouiller les idées, et d'ailleurs embarrassés du terme équivoque d'*adoration,* hésitèrent longtemps. Parmi toutes les images, ils ne vouloient rendre d'honneur qu'à celle de la croix, absolument différente des figures que les païens croyoient pleines

[1] Conc Nic. II, act. vi, tom VII *Concil.,* col. 395.

de divinité. Ils conservèrent pourtant en lieu honorable, et même dans les églises, les autres images, et détestèrent les iconoclastes. Ce qui resta de diversité ne fit aucun schisme. Les François connurent enfin que les Pères de Nicée ne demandoient pour les images que le même genre de culte, toutes proportions gardées, qu'ils rendoient eux-mêmes aux reliques, aux livres de l'Evangile et à la croix ; et ce concile fut honoré par toute la chrétienté sous le nom de septième concile général.

Ainsi nous avons vu les sept conciles généraux que l'Orient et l'Occident, l'Eglise grecque et l'Eglise latine reçoivent avec une égale révérence. Les empereurs convoquoient ces grandes assemblées par l'autorité souveraine qu'ils avoient sur tous les évêques, ou du moins sur les principaux, d'où dépendoient tous les autres, et qui étoient alors sujets de l'empire. Les voitures publiques leur étoient fournies par l'ordre des princes. Ils assembloient des conciles en Orient, où ils faisoient leur résidence, et y envoyoient ordinairement des commissaires pour maintenir l'ordre. Les évêques ainsi assemblés portoient avec eux l'autorité du Saint-Esprit, et la tradition des églises. Dès l'origine du christianisme, il y avoit trois siéges principaux, qui précédoient tous les autres : celui de Rome, celui d'Alexandrie et celui d'Antioche. Le concile de Nicée avoit approuvé que l'évêque de la Cité sainte eût le même rang [1]. Le second et le quatrième concile élevèrent le siége de Constantinople, et voulurent qu'il fût le second [2]. Ainsi il se fit cinq siéges, que dans la suite des temps on appela *patriarcaux*. La préséance leur étoit donnée dans le concile. Entre ces siéges, le siége de Rome étoit toujours regardé comme le premier, et le concile de Nicée régla les autres sur celui-là. Il y avoit aussi des évêques métropolitains qui étoient les chefs des provinces, et qui précédoient les autres évêques. On commença assez tard à les appeler *archevêques:* mais leur autorité n'en étoit pas moins reconnue. Quand le concile étoit formé, on proposoit l'Ecriture sainte; on lisoit les passages des anciens Pères témoins de la tradition : c'étoit la tradition qui interprétoit l'Ecriture : on

[1] Concil. C. P. I can. III; *ibid.*, col. 948. Conc. Chalced. can. XXVIII; tom. I, col. 769. — [2] Conc. Nic. can. VI, ubi sup.

croyoit que son vrai sens étoit celui dont les siècles passés étoient convenus, et nul ne croyoit avoir droit de l'expliquer autrement. Ceux qui refusoient de se soumettre aux décisions du concile, étoient frappés d'anathème. Après avoir expliqué la foi, on régloit la discipline ecclésiastique, et on dressoit les canons, c'est-à-dire les règles de l'Eglise. On croyoit que la foi ne changeoit jamais, et qu'encore que la discipline pût recevoir divers changemens selon les temps et les lieux, il falloit tendre autant qu'on pouvoit à une parfaite imitation de l'antiquité. Au reste les papes n'assistèrent que par leurs légats aux premiers conciles généraux; mais ils en approuvèrent expressément la doctrine, et il n'y eut dans l'Eglise qu'une seule foi.

(787) Constantin et Irène firent religieusement exécuter les décrets du septième concile : mais le reste de leur conduite ne se soutint pas. Le jeune prince à qui sa mère fit épouser une femme qu'il n'aimoit point, s'emportoit à des amours déshonnêtes; et las d'obéir aveuglément à une mère si impérieuse, il tâchoit de l'éloigner des affaires où elle se maintenoit malgré lui. Alphonse le Chaste régnoit en Espagne (793). La continence perpétuelle que garda ce prince, lui mérita ce beau titre, et le rendit digne d'affranchir l'Espagne de l'infâme tribut de cent filles que son oncle Mauregat avoit accordé aux Maures. Soixante et dix mille de ces infidèles tués dans une bataille avec Mugait leur général, firent voir la valeur d'Alphonse. Constantin tâchoit aussi de se signaler contre les Bulgares; mais les succès ne répondirent pas à son attente. Il détruisit à la fin tout le pouvoir d'Irène (795); et incapable de se gouverner lui-même autant que de souffrir l'empire d'autrui, il répudia sa femme Marie, pour épouser Théodote qui étoit à elle. Sa mère irritée fomenta les troubles que causa un si grand scandale (796). Constantin périt par ses artifices. Elle gagna le peuple en modérant les impôts, et mit dans ses intérêts les moines avec le clergé par une piété apparente. Enfin elle fut reconnue seule impératrice. Les Romains méprisèrent ce gouvernement, et se tournèrent à Charlemagne, qui subjuguoit les Saxons, réprimoit les Sarrasins, détruisoit les hérésies, protégeoit les papes, attiroit au christianisme les nations infidèles, ré-

tablissoit les sciences et la discipline ecclésiastique, assembloit de
fameux conciles où sa profonde doctrine étoit admirée, et faisoit
ressentir, non-seulement à la France et à l'Italie, mais encore à
l'Espagne (a), à l'Angleterre, à la Germanie, et partout, les effets
de sa piété et de sa justice.

DOUZIÈME ÉPOQUE.

CHARLEMAGNE, OU L'ÉTABLISSEMENT DU NOUVEL EMPIRE.

Enfin l'an 800 de Notre-Seigneur ce grand protecteur de Rome
et de l'Italie, ou pour mieux dire de toute l'Eglise et de toute la
chrétienté, élu empereur par les Romains sans qu'il y pensât, et
couronné par le pape Léon III qui avoit porté le peuple romain à
ce choix, devint le fondateur du nouvel empire et de la grandeur
temporelle du saint Siége.

Voilà, Monseigneur, les douze époques que j'ai suivies dans
cet abrégé. J'ai attaché à chacune d'elles les faits principaux qui
en dépendent. Vous pouvez maintenant sans beaucoup de peine.
disposer selon l'ordre des temps les grands événemens de l'histoire ancienne, et les ranger pour ainsi dire chacun sous son
étendard.

Je n'ai pas oublié dans cet abrégé, cette célèbre division (b)
que font les chronologistes de la durée du monde en sept âges.
Le commencement de chaque âge nous sert d'époque : si j'y en
mêle quelques autres, c'est afin que les choses soient plus dis-
tinctes, et que l'ordre des temps se développe devant vous avec
moins de confusion.

Quand je vous parle de l'ordre des temps, je ne prétends pas,
Monseigneur, que vous vous chargiez scrupuleusement de toutes
les dates ; encore moins que vous entriez dans toutes les disputes
des chronologistes, où le plus souvent il ne s'agit que de peu
d'années. La chronologie contentieuse qui s'arrête scrupuleusement à ces minutes, a son usage sans doute ; mais elle n'est pas
votre objet, et sert peu à éclairer l'esprit d'un grand prince. Je
n'ai point voulu raffiner sur cette discussion des temps, et parmi

(a) Mais à l'Espagne. — (b) 1ʳᵉ *édit. :* Distinction.

les calculs déjà faits, j'ai suivi celui qui m'a paru le plus vraisemblable, sans m'engager à le garantir.

Que dans la supputation qu'on fait des années depuis le temps de la création jusqu'à Abraham, il faille suivre les Septante qui font le monde plus vieux, ou l'hébreu qui le fait plus jeune de plusieurs siècles : encore que l'autorité de l'original hébreu semble devoir l'emporter, c'est une chose si indifférente en elle-même, que l'Eglise qui a suivi avec saint Jérôme la supputation de l'hébreu dans notre Vulgate, a laissé celle des Septante dans son Martyrologe. En effet qu'importe à l'histoire de diminuer ou de multiplier des siècles vides, où aussi bien l'on n'a rien à raconter? N'est-ce pas assez que les temps où les dates sont importantes aient des caractères fixes, et que la distribution en soit appuyée sur des fondemens certains? Et quand même dans ces temps il y auroit de la dispute pour quelques années, ce ne seroit presque jamais un embarras. Par exemple, qu'il faille mettre de quelques années plus tôt ou plus tard, ou la fondation de Rome, ou la naissance de Jésus-Christ : vous avez pu reconnoître que cette diversité ne fait rien à la suite des histoires, ni à l'accomplissement des conseils de Dieu. Vous devez éviter les anachronismes qui brouillent l'ordre des affaires, et laisser disputer des autres entre les savans.

Je ne veux non plus charger votre mémoire du compte des Olympiades, quoique les Grecs qui s'en servent les rendent nécessaires à fixer les temps. Il faut savoir ce que c'est, afin d'y avoir recours dans le besoin : mais au reste il suffira de vous attacher aux dates que je vous propose comme les plus simples et les plus suivies, qui sont celles du monde jusqu'à Rome, celle de Rome jusqu'à Jésus-Chrit, et celles de Jésus-Christ dans toute la suite.

Mais le vrai dessein de cet abrégé n'est pas de vous expliquer l'ordre des temps, quoiqu'il soit absolument nécessaire pour lier toutes les histoires, et en montrer le rapport. Je vous ai dit, Monseigneur, que mon principal objet est de vous faire considérer dans l'ordre des temps la suite du peuple de Dieu et celle des grands empires.

Ces deux choses roulent ensemble dans ce grand mouvement

des siècles où elles ont pour ainsi dire un même cours : mais il est
besoin pour les bien entendre, de les détacher quelquefois l'une
de l'autre, et de considérer tout ce qui convient à chacune d'elles.

SECONDE PARTIE [a].
LA SUITE DE LA RELIGION.

CHAPITRE PREMIER [b].
LA CRÉATION, ET LES PREMIERS TEMPS.

La religion (c) et la suite du peuple de Dieu considérée de cette
sorte, est le plus grand et le plus utile de tous les objets qu'on
puisse proposer aux hommes. Il est beau de se remettre devant les
yeux les états différens du peuple de Dieu sous la loi de nature et
sous les patriarches ; sous Moïse et sous la loi écrite ; sous David
et sous les prophètes ; depuis le retour de la captivité jusqu'à
Jésus-Christ ; et enfin sous Jésus-Christ même, c'est-à-dire sous
la loi de grace et de l'Evangile : dans les siècles qui ont attendu
le Messie, et dans ceux où il a paru ; dans ceux où le culte de
Dieu a été réduit à un seul peuple, et dans ceux où conformément
aux anciennes prophéties il a été répandu par toute la terre ; dans
ceux enfin où les hommes encore infirmes et grossiers, ont eu
besoin d'être soutenus par des récompenses et des châtimens tem-
porels, et dans ceux où les fidèles mieux instruits ne doivent plus
vivre que par la foi, attachés aux biens éternels, et souffrant dans
l'espérance de les posséder, tous les maux qui peuvent exercer
leur patience.

Assurément, Monseigneur, on ne peut rien concevoir qui soit
plus digne de Dieu, que de s'être premièrement choisi un peuple
qui fût un exemple palpable de son éternelle providence ; un
peuple dont la bonne ou la mauvaise fortune dépendît de la piété,

---

(a) 1ʳᵉ édit. : Seconde partie de ce discours. — (b) (Le mot *chapitre* est
omis dans tout l'ouvrage. — (c) Surtout la religion.

et dont l'État rendît témoignage à la sagesse et à la justice de celui qui le gouvernoit. C'est par où Dieu a commencé, et c'est ce qu'il a fait voir dans le peuple juif. Mais après avoir établi par tant de preuves sensibles ce fondement immuable, que lui seul conduit à sa volonté tous les événemens de la vie présente, il étoit temps d'élever les hommes à de plus hautes pensées, et d'envoyer Jésus-Christ, à qui il étoit réservé de découvrir au nouveau peuple ramassé de tous les peuples du monde, les secrets de la vie future.

Vous pourrez suivre aisément l'histoire de ces deux peuples, et remarquer comme Jésus-Christ fait l'union de l'un et de l'autre, puisque ou attendu, ou donné, il a été dans tous les temps la consolation et l'espérance des enfans de Dieu.

Voilà donc la religion toujours uniforme, ou plutôt toujours la même dès l'origine du monde : on y a toujours reconnu le même Dieu, comme auteur, et le même Christ, comme sauveur du genre humain.

Ainsi vous verrez qu'il n'y a rien de plus ancien parmi les hommes que la religion que vous professez, et que ce n'est pas sans raison que vos ancêtres ont mis leur plus grande gloire à en être les protecteurs.

Quel témoignage n'est-ce pas de sa vérité, de voir que dans les temps où les histoires profanes n'ont à nous conter que des fables, ou tout au plus des faits confus et à demi oubliés, l'Écriture, c'est-à-dire sans contestation, le plus ancien livre qui soit au monde, nous ramène par tant d'événemens précis, et par la suite même des choses à leur véritable principe, c'est-à-dire à Dieu, qui a tout fait ; et nous marque si distinctement la création de l'univers, celle de l'homme en particulier, le bonheur de son premier état, les causes de ses misères et de ses foiblesses, la corruption du monde et le déluge, l'origine des arts et celle des nations, la distribution des terres, enfin la propagation du genre humain, et d'autres faits de même importance dont les histoires humaines ne parlent qu'en confusion, et nous obligent à chercher ailleurs les sources certaines ?

Que si l'antiquité de la religion lui donne tant d'autorité, sa

suite continuée sans interruption et sans altération durant tant
de siècles, et malgré tant d'obstacles survenus, fait voir manifestement que la main de Dieu la soutient.

Qu'y a-t-il de plus merveilleux que de la voir toujours subsister sur les mêmes fondemens dès les commencemens du monde,
sans que ni l'idolâtrie et l'impiété qui l'environnoient de toutes
parts, ni les tyrans qui l'ont persécutée, ni les hérétiques, et les
infidèles qui ont tâché de la corrompre, ni les lâches qui l'ont
trahie, ni ses sectateurs indignes qui l'ont déshonorée par leurs
crimes, ni enfin la longueur du temps qui seule suffit pour abattre
toutes les choses humaines, aient jamais été capables, je ne dis
pas de l'éteindre, mais de l'altérer?

Si maintenant nous venons à considérer quelle idée cette religion dont nous révérons l'antiquité nous donne de son objet,
c'est-à-dire du premier Etre, nous avouerons qu'elle est au-dessus de toutes les pensées humaines, et digne d'être regardée
comme venue de Dieu même.

Le Dieu qu'ont toujours servi les Hébreux et les chrétiens n'a
rien de commun avec les divinités pleines d'imperfection, et
même de vice, que le reste du monde adoroit. Notre Dieu est un,
infini, parfait, seul digne de venger les crimes et de couronner
la vertu, parce qu'il est seul la sainteté même.

Il est infiniment au-dessus de cette cause première, et de ce
premier moteur que les philosophes ont connu, sans toutefois
l'adorer. Ceux d'entre eux qui ont été le plus loin, nous ont proposé un Dieu, qui, trouvant une matière éternelle et existante par
elle-même aussi bien que lui, l'a mise en œuvre, et l'a façonnée
comme un artisan vulgaire, contraint dans son ouvrage par cette
matière et par ses dispositions qu'il n'a pas faites; sans jamais
pouvoir comprendre que si la matière est d'elle-même, elle n'a
pas dû attendre sa perfection d'une main étrangère; et que si
Dieu est infini et parfait, il n'a eu besoin pour faire tout ce qu'il
vouloit, que de lui-même et de sa volonté toute-puissante. Mais
le Dieu de nos pères, le Dieu d'Abraham, le Dieu dont Moïse nous
a écrit les merveilles, n'a pas seulement arrangé le monde; il l'a
fait tout entier dans sa matière et dans sa forme. Avant qu'il eût

donné l'être, rien ne l'avoit que lui seul. Il nous est représenté comme celui qui fait tout, et qui fait tout par sa parole, tant à cause qu'il fait tout par raison qu'à cause qu'il fait tout sans peine, et que pour faire de si grands ouvrages il ne lui en coûte qu'un seul mot, c'est-à-dire qu'il ne lui en coûte que de le vouloir.

Et pour suivre l'histoire de la création, puisque nous l'avons commencée, Moïse nous a enseigné que ce puissant architecte, à qui les choses coûtent si peu, a voulu les faire à plusieurs reprises, et créer l'univers en six jours, pour montrer qu'il n'agit pas avec une nécessité, ou par une impétuosité aveugle, comme se le sont imaginé quelques philosophes. Le soleil jette d'un seul coup, sans se retenir, tout ce qu'il a de rayons : mais Dieu, qui agit par intelligence et avec une souveraine liberté, applique sa vertu où il lui plaît, et autant qu'il lui plaît : et comme en faisant le monde par sa parole, il montre que rien ne le peine, en le faisant à plusieurs reprises, il fait voir qu'il est le maître de sa matière, de son action, de toute son entreprise, et qu'il n'a en agissant d'autre règle que sa volonté toujours droite par elle-même.

Cette conduite de Dieu nous fait voir aussi que tout sort immédiatement de sa main. Les peuples et les philosophes qui ont cru que la terre mêlée avec l'eau, et aidée, si vous le voulez, de la chaleur du soleil, avoit produit d'elle-même par sa propre fécondité les plantes et les animaux, se sont trop grossièrement trompés. L'Ecriture nous a fait entendre que les élémens sont stériles, si la parole de Dieu ne les rend féconds. Ni la terre, ni l'eau, ni l'air n'auroient jamais eu les plantes ni les animaux que nous y voyons, si Dieu qui en avoit fait et préparé la matière, ne l'avoit encore formée par sa volonté toute-puissante, et n'avoit donné à chaque chose les semences propres pour se multiplier dans tous les siècles.

Ceux qui voient les plantes prendre leur naissance et leur accroissement par la chaleur du soleil, pourroient croire qu'il en est le créateur. Mais l'Ecriture nous fait voir la terre revêtue d'herbes et de toute sorte de plantes avant que le soleil ait été créé, afin que nous concevions que tout dépend de Dieu seul.

Il a plu à ce grand ouvrier de créer la lumière, avant même que de la réduire à la forme qu'il lui a donnée dans le soleil et dans les astres, parce qu'il vouloit nous apprendre que ces grands et magnifiques luminaires dont on nous a voulu faire des divinités, n'avoient par eux-mêmes ni la matière précieuse et éclatante dont ils ont été composés, ni la forme admirable à laquelle nous les voyons réduits.

Enfin le récit de la création, tel qu'il est fait par Moïse, nous découvre ce grand secret de la véritable philosophie, qu'en Dieu seul réside la fécondité et la puissance absolue. Heureux, sage, tout-puissant, seul suffisant à lui-même, il agit sans nécessité comme il agit sans besoin ; jamais contraint ni embarrassé par la matière dont il fait ce qu'il veut, parce qu'il lui a donné par sa seule volonté le fond de son être. Par ce droit souverain il la tourne, il la façonne, il la meut sans peine : tout dépend immédiatement de lui ; et si selon l'ordre établi dans la nature, une chose dépend de l'autre, par exemple, la naissance et l'accroissement des plantes de la chaleur du soleil, c'est à cause que ce même Dieu qui a fait toutes les parties de l'univers, a voulu les lier les unes aux autres, et faire éclater sa sagesse par ce merveilleux enchaînement.

Mais tout ce que nous enseigne l'Ecriture sainte sur la création de l'univers, n'est rien en comparaison de ce qu'elle dit de la création de l'homme,

Jusques ici Dieu avoit tout fait en commandant : « Que la lumière soit ; que le firmament s'étende au milieu des eaux ; que les eaux se retirent ; que la terre soit découverte, et qu'elle germe ; qu'il y ait de grands luminaires qui partagent le jour et la nuit ; que les oiseaux et les poissons sortent du sein des eaux ; que la terre produise les animaux selon leurs espèces différentes [1]. » Mais quand il s'agit de produire l'homme, Moïse lui fait tenir un nouveau langage : « Faisons l'homme, dit-il, à notre image et ressemblance [2]. »

Ce n'est plus cette parole impérieuse et dominante ; c'est une

_____
[1] *Gen.*, 1, 3, etc. — [2] *Ibid.*, 26.

parole plus douce, quoique non moins efficace. Dieu tient conseil en lui-même, Dieu s'excite lui-même, comme pour nous faire voir que l'ouvrage qu'il va entreprendre surpasse tous les ouvrages qu'il avoit faits jusqu'alors.

Faisons l'homme. Dieu parle en lui-même ; il parle à quelqu'un qui fait comme lui, à quelqu'un dont l'homme est la créature et l'image : il parle à un autre lui-même ; il parle à celui par qui toutes choses ont été faites, à celui qui dit dans son Evangile : « Tout ce que le Père fait, le Fils le fait semblablement [1]. » En parlant à son Fils, ou avec son Fils, il parle en même temps avec l'Esprit tout-puissant, égal et coéternel à l'un et à l'autre.

C'est une chose inouïe dans tout le langage de l'Ecriture, qu'un autre que Dieu ait parlé de lui-même en nombre pluriel : *Faisons.* Dieu même, dans l'Ecriture, ne parle ainsi que deux ou trois fois, et ce langage extraordinaire commence à paroître lorsqu'il s'agit de créer l'homme.

Quand Dieu change de langage, et en quelque façon de conduite, ce n'est pas qu'il change en lui-même ; mais il nous montre qu'il va commencer, suivant des conseils éternels, un nouvel ordre de choses.

Ainsi l'homme si fort élevé au-dessus des autres créatures dont Moïse nous avoit décrit la génération, est produit d'une façon toute nouvelle. La Trinité commence à se déclarer en faisant la créature raisonnable dont les opérations intellectuelles sont une image imparfaite de ces éternelles opérations par lesquelles Dieu est fécond en lui-même.

La parole de conseil dont Dieu se sert, marque que la créature qui va être faite est la seule qui peut agir par conseil et par intelligence. Tout le reste n'est pas moins extraordinaire. Jusque-là nous n'avions point vu, dans l'histoire de la Genèse, le doigt de Dieu appliqué sur une matière corruptible. Pour former le corps de l'homme, lui-même prend de la terre [2] ; et cette terre arrangée sous une telle main reçoit la plus belle figure qui eût encore paru dans le monde. L'homme a la taille droite, la tête élevée, les regards tournés vers le ciel : et cette conformation

---

[1] *Joan.,* V, 19. — [2] *Gen.,* II, 7.

qui lui est particulière, lui montre son origine et le lieu où il doit tendre (*a*).

Cette attention particulière, qui paroît en Dieu quand il fait l'homme, nous montre qu'il a pour lui un égard particulier, quoique d'ailleurs tout soit conduit immédiatement par sa sagesse.

Mais la manière dont il produit l'ame est beaucoup plus merveilleuse : il ne la tire point de la matière; il l'inspire d'en haut; c'est un souffle de vie qui vient de lui-même.

Quand il créa les bêtes, il dit : « Que l'eau produise les poissons; » et il créa de cette sorte les monstres marins et toute ame vivante et mouvante qui devoit remplir les eaux. Il dit encore : « Que la terre produise toute ame vivante, les bêtes à quatre pieds et les reptiles [1]. »

C'est ainsi que devoient naître ces ames vivantes d'une vie brute et bestiale, à qui Dieu ne donne pour toute action que des mouvemens dépendans du corps. Dieu les tire du sein des eaux et de la terre : mais cette ame dont la vie devoit être une imitation de la sienne, qui devoit vivre comme lui de raison et d'intelligence; qui lui devoit être unie en le contemplant et en l'aimant, et qui pour cette raison étoit faite à son image, ne pouvoit être tirée de la matière. Dieu en façonnant la matière, peut bien former un beau corps; mais en quelque sorte qu'il la tourne et la façonne, jamais il n'y trouvera son image et sa ressemblance. L'ame faite à son image, et qui peut être heureuse en le possédant, doit être produite par une nouvelle création : elle doit venir d'en haut; et c'est ce que signifie *ce souffle de vie* [2], que Dieu tire de sa bouche.

Souvenons-nous que Moïse propose aux hommes charnels par des images sensibles des vérités pures et intellectuelles. Ne croyons pas que Dieu souffle à la manière des animaux. Ne croyons pas que notre ame soit un air subtil, ni une vapeur déliée. Le souffle que Dieu inspire, et qui porte en lui-même l'image de Dieu, n'est ni air ni vapeur. Ne croyons pas que notre ame soit une portion de la nature divine, comme l'ont rêvé quelques

[1] *Gen.*, I, 20, 24. — [2] *Ibid.*, II, 7.
(*a*) 1re *édit.* :... Reçoit la plus belle.

philosophes. Dieu n'est pas un tout qui se partage. Quand Dieu auroit des parties, elles ne seroient pas faites. Car le Créateur, l'Etre incréé ne seroit pas composé de créatures. L'ame est faite, et tellement faite, qu'elle n'est rien de la nature divine; mais seulement une chose faite à l'image et ressemblance de la nature divine; une chose qui doit toujours demeurer unie à celui qui l'a formée : c'est ce que veut dire ce souffle divin; c'est ce que nous représente cet esprit de vie.

Voilà donc l'homme formé. Dieu forme encore de lui la compagne qu'il lui veut donner. Tous les hommes naissent d'un seul mariage, afin d'être à jamais, quelque dispersés et multipliés qu'ils soient, une seule et même famille.

Nos premiers parens ainsi formés sont mis dans ce jardin délicieux, qui s'appelle le *Paradis :* Dieu se devoit à lui-même de rendre son image heureuse.

Il donne un précepte à l'homme, pour lui faire sentir qu'il a un maître; un précepte attaché à une chose sensible, parce que l'homme étoit fait avec des sens; un précepte aisé, parce qu'il vouloit lui rendre la vie commode tant qu'elle seroit innocente.

L'homme ne garde pas un commandement d'une si facile observance : il écoute l'esprit tentateur, et il s'écoute lui-même, au lieu d'écouter Dieu uniquement : sa perte est inévitable; mais il la faut considérer dans son origine aussi bien que dans ses suites.

Dieu avoit fait au commencement ses anges, esprits purs et séparés de toute matière. Lui qui ne fait rien que de bon, les avoit tous créés dans la sainteté, et ils pouvoient assurer leur félicité en se donnant volontairement à leur créateur. Mais tout ce qui est tiré du néant est défectueux. Une partie de ces anges se laissa séduire à l'amour-propre. Malheur à la créature qui se plaît en elle-même, et non pas en Dieu ! elle perd en un moment tous ses dons. Etrange effet du péché ! ces esprits lumineux devinrent esprits de ténèbres : ils n'eurent plus de lumières qui ne se tournassent en ruses malicieuses. Une maligne envie prit en eux la place de la charité; leur grandeur naturelle ne fut plus qu'orgueil; leur félicité fut changée en la triste consolation de se faire des compagnons dans leur misère, et leurs bienheureux

exercices au misérable emploi de tenter les hommes. Le plus parfait de tous, qui avoit aussi été le plus superbe, se trouva le plus
malfaisant, comme le plus malheureux. L'homme *que Dieu avoit
mis un peu au-dessous des anges*[1], en l'unissant à un corps, devint à un esprit si parfait un objet de jalousie : il voulut l'entraîner dans sa rébellion, pour ensuite l'envelopper dans sa perte.
Les créatures spirituelles (a) avoient, comme Dieu même, des
moyens sensibles pour communiquer avec l'homme qui leur
étoit semblable dans sa partie principale. Les mauvais esprits,
dont Dieu vouloit se servir pour éprouver la fidélité du genre
humain, n'avoient pas perdu le moyen d'entretenir ce commerce
avec notre nature, non plus qu'un certain empire qui lui avoit
été donné d'abord sur la créature corporelle. Le démon usa de
ce pouvoir contre nos premiers parens. Dieu permit qu'il leur
parlât en la forme d'un serpent, comme la plus convenable à représenter la malignité avec le supplice de cet esprit malfaisant,
ainsi qu'on le verra dans la suite. Il ne craint point de leur faire
horreur sous cette figure. Tous les animaux avoient été également amenés aux pieds d'Adam pour en recevoir un nom convenable, et reconnoître le souverain que Dieu leur avoit donné[2].
Ainsi aucun des animaux ne causoit de l'horreur à l'homme,
parce que dans l'état où il étoit aucun ne lui pouvoit nuire.

Ecoutons maintenant comment le démon lui parla, et pénétrons le fond de ses artifices. Il s'adresse à Eve comme à la plus
foible : mais en la personne d'Eve, il parle à son mari aussi bien
qu'à elle : « Pourquoi Dieu vous a-t-il fait cette défense[3] ? » S'il
vous a faits raisonnables, vous devez savoir la raison de tout : ce
fruit n'est pas un poison ; « vous n'en mourrez pas[4]. » Voilà par
où commence l'esprit de révolte. On raisonne sur le précepte, et
l'obéissance est mise en doute. « Vous serez comme des dieux[5], »
libres et indépendans, heureux en vous-mêmes, sages par vous-
mêmes : « vous saurez le bien et le mal ; » rien ne vous sera impénétrable. C'est par ces motifs que l'esprit s'élève contre l'ordre
du Créateur, et au-dessus de la règle. Eve à demi gagnée regarda

---

[1] *Psal.* VIII, 6. — [2] *Gen.*, II, 19, 20. — [3] *Ibid.*, III, 1. — [4] *Ibid.*, 4. — [5] *Ibid.*, 5.

(a) La fin de cet alinéa ne se trouve point dans les trois premières éditions.

le fruit dont la beauté promettoit *un goût excellent*[1]. Voyant que Dieu avoit uni en l'homme l'esprit et le corps, elle crut qu'en faveur de l'homme il pourroit bien encore avoir attaché aux plantes des vertus surnaturelles et des dons intellectuels aux objets sensibles. Après avoir mangé de ce beau fruit, elle en présenta elle-même à son mari. Le voilà dangereusement attaqué. L'exemple et la complaisance fortifient la tentation : il entre dans les sentimens du tentateur si bien secondé ; une trompeuse curiosité, une flatteuse pensée d'orgueil, le secret plaisir d'agir de soi-même et selon ses propres pensées, l'attire et l'aveugle : il veut faire une dangereuse épreuve de sa liberté, et il goûte avec le fruit défendu la pernicieuse douceur de contenter son esprit : les sens mêlent leur attrait à ce nouveau charme; il les suit, il s'y soumet, et il s'en fait le captif, lui qui en étoit le maître.

En même temps tout change pour lui. La terre ne lui rit plus comme auparavant; il n'en aura plus rien que par un travail opiniâtre : le ciel n'a plus cet air serein : les animaux qui lui étoient tous, jusqu'aux plus odieux et aux plus farouches, un divertissement innocent, prennent pour lui des formes hideuses : Dieu, qui avoit tout fait pour son bonheur, lui tourne en un moment tout en supplice. Il se fait peine à lui-même, lui qui s'étoit tant aimé. La rébellion de ses sens lui fait remarquer en lui je ne sais quoi de honteux[2]. Ce n'est plus ce premier ouvrage du Créateur où tout étoit beau; le péché a fait un nouvel ouvrage qu'il faut cacher. L'homme ne peut plus supporter sa honte, et voudroit pouvoir la couvrir à ses propres yeux. Mais Dieu lui devient encore plus insupportable. Ce grand Dieu qui l'avoit fait à sa ressemblance, et qui lui avoit donné des sens comme un secours nécessaire à son esprit, se plaisoit à se montrer à lui sous une forme sensible : l'homme ne peut plus souffrir sa présence. Il cherche le fond des forêts[3] pour se dérober à celui qui faisoit auparavant tout son bonheur. Sa conscience l'accuse avant que Dieu parle. Ses malheureuses excuses achèvent de le confondre. Il faut qu'il meure : le remède d'immortalité lui est ôté, et une

[1] *Gen.*, III, 6. — [2] *Ibid.*, 7. — [3] *Ibid.*, 8.

mort plus affreuse, qui est celle de l'ame, lui est figurée par cette mort corporelle à laquelle il est condamné.

Mais voici notre sentence prononcée dans la sienne. Dieu qui avoit résolu de récompenser son obéissance dans toute sa postérité, aussitôt qu'il s'est révolté le condamne, et le frappe, non-seulement en sa personne, mais encore dans tous ses enfans comme dans la plus vive et la plus chère partie de lui-même : nous sommes tous maudits dans notre principe, notre naissance est gâtée et infectée dans sa source.

N'examinons point ici ces règles terribles de la justice divine, par lesquelles la race humaine est maudite dans son origine. Adorons les jugemens de Dieu, qui regarde tous les hommes comme un seul homme dans celui dont il veut tous les faire sortir. Regardons-nous aussi comme dégradés dans notre père rebelle, comme flétris à jamais par la sentence qui le condamne, comme bannis avec lui, et exclus du paradis où il devoit nous faire naître.

Les règles de la justice humaine nous peuvent aider à entrer dans les profondeurs de la justice divine dont elles sont une ombre : mais elles ne peuvent pas nous découvrir le fond de cet abîme. Croyons que la justice aussi bien que la miséricorde de Dieu ne veulent pas être mesurées sur celles des hommes, et qu'elles ont toutes deux des effets bien plus étendus et bien plus intimes.

Mais pendant que les rigueurs de Dieu sur le genre humain nous épouvantent, admirons comme il tourne nos yeux vers un objet (a) plus agréable, en nous découvrant notre délivrance future dès le jour de notre perte. Sous la figure du serpent[1], dont le rampement tortueux étoit une vive image des dangereuses insinuations et des détours fallacieux de l'esprit malin; Dieu fait voir à Eve notre mère (b) le caractère odieux et tout ensemble le

---

[1] *Gen.*, III, 14, 15.

(a) Ire *édit.* : A un objet. — (b) Depuis ces mots : *Eve notre mère*, jusqu'à ceux-ci : *La tête écrasée*, addition laissée en manuscrit par l'auteur. Les premières éditions disent : Dieu fait voir à Eve notre mère son ennemi vaincu, et lui montre cette semence bénite par laquelle notre vainqueur devoit avoir *la tête écrasée*.

juste supplice de son ennemi vaincu. Le serpent devoit être le plus haï de tous les animaux, comme le démon est la plus maudite de toutes les créatures. Comme le serpent rampe sur sa poitrine, le démon justement précipité du ciel où il avoit été créé, ne se peut plus relever. La terre dont il est dit que le serpent se nourrit, signifie les basses pensées que le démon nous inspire : lui-même il ne pense rien que de bas, puisque toutes ses pensées ne sont que péché. Dans l'inimitié éternelle entre toute la race humaine et le démon, nous apprenons que la victoire nous sera donnée, puisqu'on nous y montre une semence bénite par laquelle notre vainqueur devoit avoir *la tête écrasée*, c'est-à-dire devoit voir son orgueil dompté, et son empire abattu par toute la terre.

Cette semence bénite étoit Jésus-Christ fils d'une vierge, ce Jésus-Christ en qui seul Adam n'avoit point péché, parce qu'il devoit sortir d'Adam d'une manière divine, conçu non de l'homme, mais du Saint-Esprit. C'étoit (*a*) donc par ce divin germe, ou par la femme qui le produiroit, selon les diverses leçons de ce passage, que la perte du genre humain devoit être réparée, et la puissance ôtée au prince du monde, *qui ne trouve rien du sien en Jésus-Christ* [1].

Mais avant que de nous donner le Sauveur, il falloit que le genre humain connût par une longue expérience le besoin qu'il avoit d'un tel secours. L'homme fut donc laissé à lui-même ; ses inclinations se corrompirent, ses débordemens allèrent à l'excès, et l'iniquité couvrit toute la face de la terre.

Alors Dieu médita une vengeance dont il voulut que le souvenir ne s'éteignît jamais parmi les hommes : c'est celle du déluge universel, dont en effet la mémoire dure encore dans toutes les nations, aussi bien que celle des crimes qui l'ont attiré.

Que les hommes ne pensent plus que le monde va tout seul, et que ce qui a été sera toujours comme de lui-même. Dieu, qui a tout fait, et par qui tout subsiste, va noyer tous les animaux avec tous les hommes, c'est-à-dire qu'il va détruire la plus belle partie de son ouvrage.

[1] *Joan.*, XIV, 30.

(*a*) Cette dernière phrase ne se trouve pas dans la première édition.

Il n'avoit besoin que de lui-même pour détruire ce qu'il avoit fait d'une parole : mais il trouve plus digne de lui de faire servir ses créatures d'instrument à sa vengeance, et il appelle les eaux pour ravager la terre couverte de crimes.

Il s'y trouva pourtant un homme juste. Dieu, avant que de le sauver du déluge des eaux, l'avoit préservé par sa grace du déluge de l'iniquité. Sa famille fut réservée pour repeupler la terre, qui n'alloit plus être qu'une immense solitude. Par les soins de cet homme juste, Dieu sauve les animaux, afin que l'homme entende qu'ils sont faits pour lui, et qu'il s'en serve pour la gloire de leur créateur (a).

Il fait plus (b) ; et comme s'il se repentoit d'avoir exercé sur le genre humain une justice si rigoureuse, il promet solennellement de n'envoyer jamais de déluge pour inonder toute la terre : et il daigna faire ce traité non-seulement avec *les hommes*, mais encore *avec tous les animaux tant de la terre que de l'air*[1], pour montrer que sa providence s'étend sur tout ce qui a vie. L'arc-en-ciel parut alors : Dieu en choisit les couleurs si douces et si agréablement diversifiées sur un nuage rempli d'une bénigne rosée, plutôt que d'une pluie incommode, pour être un témoignage éternel que les pluies qu'il enverroit dorénavant ne feroient jamais d'inondation universelle. Depuis ce temps, l'arc-en-ciel paroît dans les célestes visions comme un des principaux ornemens du trône de Dieu[2], et y porte une impression de ses miséricordes.

Le monde se renouvelle, et la terre sort encore une fois du sein des eaux : mais dans ce renouvellement, il demeure une impression éternelle de la vengeance divine. Jusqu'au déluge toute la nature étoit plus forte et plus vigoureuse : par cette immense quantité d'eaux que Dieu amena sur la terre, et par le long séjour qu'elles y firent, les sucs qu'elle enfermoit furent altérés ; l'air chargé d'une humidité excessive fortifia les principes de la

---

[1] *Gen.*, IX, 9, 10, etc. — [2] *Ezech.*, I, 28 ; *Apocal.*, IV, 3.

(a) Ire *édit.* :...... Qu'ils sont faits pour lui, et soumis à son empire par leur créateur. — (b) Depuis ces mots : *Il fait plus*, jusqu'à la fin de l'alinéa : *Une impression de ses miséricordes*, addition laissée en manuscrit par l'auteur.

corruption ; et la première constitution de l'univers se trouvant
affoiblie, la vie humaine qui se poussoit jusques à près de mille
ans, se diminua peu à peu : les herbes et les fruits n'eurent plus
leur première force, et il fallut donner aux hommes une nourriture plus substantielle dans la chair des animaux [1].

Ainsi devoient disparoître et s'effacer peu à peu les restes de la
première institution ; et la nature changée avertissoit l'homme
que Dieu n'étoit plus le même pour lui depuis qu'il avoit été irrité par tant de crimes.

Au reste cette longue vie des premiers hommes marquée dans
les annales du peuple de Dieu, n'a pas été inconnue aux autres
peuples, et leurs anciennes traditions en ont conservé la mémoire [2]. La mort qui s'avançoit fit sentir aux hommes une vengeance plus prompte ; et comme tous les jours ils s'enfonçoient
de plus en plus dans le crime, il falloit qu'ils fussent aussi, pour
ainsi parler, tous les jours plus enfoncés dans leur supplice.

Le seul changement des viandes leur pouvoit marquer combien leur état alloit s'empirant, puisqu'en devenant plus foibles,
ils devenoient en même temps plus voraces et plus sanguinaires.

Avant le temps du déluge la nourriture que les hommes prenoient sans violence dans les fruits qui tomboient d'eux-mêmes,
et dans les herbes qui aussi bien séchoient si vite, étoit sans
doute quelques restes de la première innocence, et de la douceur
à laquelle nous étions formés. Maintenant pour nous nourrir, il
faut répandre du sang malgré l'horreur qu'il nous cause naturellement ; et tous les raffinemens dont nous nous servons pour couvrir nos tables, suffisent à peine à nous déguiser les cadavres
qu'il nous faut manger pour nous assouvir.

Mais ce n'est là que la moindre partie de nos malheurs. La vie
déjà raccourcie s'abrége encore par les violences qui s'introdui-
sent dans le genre humain. L'homme qu'on voyoit dans les premiers temps épargner la vie des bêtes, s'est accoutumé à n'épargner plus la vie de ses semblables. C'est en vain que Dieu défendit aussitôt après le déluge de verser le sang humain ; en vain,

[1] *Gen.*, ix, 3. — [2] Maneth., Beros, Hestiæ, Nic. Damas, et al. apud Joseph.,
Antiq., lib. 1, c. 4, al. 3. Hesiod., *Op. et dies.*

pour sauver quelque vestige de la première douceur de notre nature, en permettant de manger la chair des bêtes, il en avoit réservé le sang[1]. Les meurtres se multiplièrent sans mesure. Il est vrai qu'avant le déluge Caïn avoit sacrifié son frère à sa jalousie[2]. Lamech sorti de Caïn avoit fait le second meurtre[3]; et on peut croire qu'il s'en fit d'autres après ces damnables exemples. Mais les guerres n'étoient pas encore inventées. Ce fut après le déluge que parurent ces ravageurs de provinces, que l'on a nommés conquérans, qui, poussés par la seule gloire du commandement, ont exterminé tant d'innocens. Nemrod, maudit rejeton de Cham maudit par son père, commença à faire la guerre seulement pour s'établir un empire[4]. Depuis ce temps l'ambition s'est jouée sans aucune borne de la vie des hommes : ils en sont venus à ce point de s'entretuer sans se haïr : le comble de la gloire et le plus beau de tous les arts a été de se tuer les uns les autres.

Cent ans ou environ après le déluge (a), Dieu frappa le genre humain d'un autre fléau par la division des langues. Dans la dispersion qui se devoit faire de la famille de Noé par toute la terre habitable, c'étoit encore un lien de la société, que la langue qu'avoient parlée les premiers hommes, et qu'Adam avoit apprise à ses enfans, demeurât commune. Mais ce reste de l'ancienne concorde périt à la tour de Babel : soit que les enfans d'Adam, toujours incrédules, n'eussent pas donné assez de croyance à la promesse de Dieu qui les avoit assurés qu'on ne verroit plus de déluge, et qu'ils se soient préparé un refuge contre un semblable accident dans la solidité et dans la hauteur de ce superbe édifice, ou qu'ils n'aient eu pour objet que de rendre leur nom immortel par ce grand ouvrage, avant que de se séparer, ainsi qu'il est marqué dans la *Genèse*[5]; Dieu ne leur permit pas de le porter, comme ils l'espéroient, jusqu'aux nues; ni de menacer pour ainsi dire le ciel par l'élévation de ce hardi bâtiment; et il mit la confusion parmi eux, en leur faisant oublier leur premier langage.

---

[1] *Gen.*, IX, 4. — [2] *Ibid.*, IV, 8. — [3] *Ibid.*, 23. — [4] *Ibid.*, X, 9. — [5] *Ibid.*, XI, 4, 7.

(a) Depuis le commencement de l'alinéa : *Cent ans ou environ après le déluge,* jusqu'à la fin : *Parmi les hommes,* addition manuscrite.

Là donc ils commencèrent à se diviser en langues et en nations. Le nom de Babel, qui signifie *confusion*, demeura à la tour, en témoignage de ce désordre, et pour être un monument éternel au genre humain, que l'orgueil est la source de la division et du trouble parmi les hommes.

Voilà les commencemens du monde, tels que l'histoire de Moïse nous les représente : commencemens heureux d'abord, pleins ensuite de maux infinis ; par rapport à Dieu qui fait tout, toujours admirables ; tels enfin que nous apprenons en les repassant dans notre esprit, à considérer l'univers et le genre humain toujours sous la main du Créateur, tiré du néant par sa parole, conservé par sa bonté, gouverné par sa sagesse, puni par sa justice, délivré par sa miséricorde, et toujours assujetti à sa puissance.

Ce n'est pas ici l'univers tel que l'ont conçu les philosophes, formé selon quelques-uns par un concours fortuit des premiers corps, ou qui selon les plus sages a fourni sa matière à son auteur, qui par conséquent n'en dépend, ni dans le fond de son être, ni dans son premier état, et qui l'astreint à certaines lois que lui-même ne peut violer.

Moïse et nos anciens pères dont Moïse a recueilli les traditions nous donnent d'autres pensées. Le Dieu qu'il nous a montré a bien une autre puissance : il peut faire et défaire ainsi qu'il lui plaît ; il donne des lois à la nature, et les renverse quand il veut.

Si pour se faire connoître dans le temps que la plupart des hommes l'avoient oublié, il a fait des miracles étonnans, et a forcé la nature à sortir de ses lois les plus constantes, il a continué par là à montrer qu'il en étoit le maître absolu, et que sa volonté est le seul lien qui entretient l'ordre du monde.

C'est justement ce que les hommes avoient oublié : la stabilité d'un si bel ordre ne servoit plus qu'à leur persuader que cet ordre avoit toujours été, et qu'il étoit de soi-même ; par où ils étoient portés à adorer ou le monde en général, ou les astres, les élémens, et enfin tous ces grands corps qui le composent. Dieu donc a témoigné au genre humain une bonté digne de lui, en renversant dans des occasions éclatantes cet ordre qui non-seulement ne les frappoit plus, parce qu'ils y étoient accoutumés, mais encore qui les portoit, tant ils étoient aveuglés, à imaginer hors de Dieu l'éternité et l'indépendance.

L'histoire du peuple de Dieu attestée par sa propre suite et par la religion tant de ceux qui l'ont écrite que de ceux qui l'ont conservée avec tant de soin, a gardé comme dans un fidèle registre la mémoire de ces miracles, et nous donne par là l'idée véritable de l'empire suprême de Dieu maître tout-puissant de ses créatures, soit pour les tenir sujettes aux lois générales qu'il a établies, soit pour leur en donner d'autres quand il juge qu'il est nécessaire de réveiller par quelque coup surprenant le genre humain endormi.

Voilà le Dieu que Moïse nous a proposé dans ses écrits comme le seul qu'il falloit servir ; voilà le Dieu que les patriarches ont adoré avant Moïse ; en un mot, le Dieu d'Abraham, d'Isaac, et de Jacob, à qui notre père Abraham a bien voulu immoler son fils unique, dont Melchisédech figure de Jésus-Christ étoit le pontife, à qui notre père Noé a sacrifié en sortant de l'arche, que le juste Abel avoit reconnu en lui offrant ce qu'il avoit de plus précieux, que Seth donné à Adam à la place d'Abel avoit fait connoître à ses enfans appelés aussi les·enfans de Dieu, qu'Adam même avoit montré à ses descendans comme celui des mains duquel il s'étoit vu récemment sorti, et qui seul pouvoit mettre fin aux maux de sa malheureuse postérité.

La belle philosophie, que celle qui nous donne des idées si pures de l'auteur de notre être ! la belle tradition que celle qui nous conserve la mémoire de ses œuvres magnifiques ! Que le peuple de Dieu est saint, puisque par une suite non interrompue depuis l'origine du monde jusqu'à nos jours, il a toujours conservé une tradition et une philosophie si sainte !

CHAPITRE II.

ABRAHAM ET LES PATRIARCHES.

Mais comme le peuple de Dieu a pris sous le patriarche Abraham une forme plus réglée, il est nécessaire, Monseigneur, de
vous arrêter un peu sur ce grand homme.

Il naquit environ trois cent cinquante ans après le déluge,
dans un temps où la vie humaine, quoique réduite à des bornes
plus étroites, étoit encore très-longue. Noé ne faisoit que de
mourir, Sem son fils aîné vivoit encore, et Abraham a pu passer
avec lui presque toute sa vie.

Représentez-vous donc le monde encore nouveau, et encore
pour ainsi dire tout trempé des eaux du déluge, lorsque les
hommes si près de l'origine des choses, n'avoient besoin pour
connoître l'unité de Dieu et le service qui lui étoit dû, que de la
tradition qui s'en étoit conservée depuis Adam et depuis Noé :
tradition d'ailleurs si conforme aux lumières de la raison, qu'il
sembloit qu'une vérité si claire et si importante ne pût jamais
être obscurcie, ni oubliée parmi les hommes. Tel est le premier
état de la religion qui dure jusqu'à Abraham, où pour connoître
les grandeurs de Dieu, les hommes n'avoient à consulter que leur
raison et leur mémoire.

Mais la raison étoit foible et corrompue ; et à mesure qu'on
s'éloignoit de l'origine des choses, les hommes brouilloient les
idées qu'ils avoient reçues de leurs ancêtres. Les enfans indociles
ou mal appris n'en vouloient plus croire leurs grands-pères décrépits, qu'ils ne connoissoient qu'à peine après tant de générations ; le sens humain abruti ne pouvoit plus s'élever aux choses
intellectuelles ; et les hommes ne voulant plus adorer que ce qu'ils
voyoient, l'idolâtrie se répandoit par tout l'univers.

L'esprit qui avoit trompé le premier homme goûtoit alors tout
le fruit de sa séduction, et voyoit l'effet entier de cette parole :
« Vous serez comme des dieux. » Dès le moment qu'il la proféra,
il songeoit à confondre en l'homme l'idée de Dieu avec celle de
la créature, et à diviser un nom dont la majesté consiste à être

incommunicable. Son projet lui réussissoit. Les hommes ensevelis dans la chair et dans le sang, avoient pourtant conservé une idée obscure de la puissance divine, qui se soutenoit par sa propre force ; mais qui brouillée avec les images venues par leurs sens, leur faisoit adorer toutes les choses où il paroissoit quelque acti- vité et quelque puissance. Ainsi le soleil et les astres qui se fai- soient sentir de si loin, le feu et les élémens dont les effets étoient si universels, furent les premiers objets de l'adoration publique. Les grands rois, les grands conquérans qui pouvoient tout sur la terre, et les auteurs des inventions utiles à la vie humaine, eurent bientôt après les honneurs divins. Les hommes portèrent la peine de s'être soumis à leurs sens : les sens décidèrent de tout, et firent malgré la raison tous les dieux qu'on adora sur la terre.

Que l'homme parut alors éloigné de sa première institution, et que l'image de Dieu y étoit gâtée ! Dieu pouvoit-il l'avoir fait avec ces perverses inclinations qui se déclaroient tous les jours de plus en plus ? et cette pente prodigieuse qu'il avoit à s'assujettir à toute autre chose qu'à son Seigneur naturel, ne montroit-elle pas trop visiblement la main étrangère par laquelle l'œuvre de Dieu avoit été si profondément altérée dans l'esprit humain, qu'à peine pouvoit-on y en reconnoître quelque trace ? Poussé par cette aveugle impression qui le dominoit, il s'enfonçoit dans l'idolâtrie, sans que rien le pût retenir. Un si grand mal faisoit des progrès étranges. De peur qu'il n'infectât tout le genre humain, et n'étei- gnît tout à fait la connoissance de Dieu, ce grand Dieu appela d'en haut son serviteur Abraham dans la famille duquel il vouloit établir son culte, et conserver l'ancienne croyance tant de la création de l'univers que de la providence particulière avec la- quelle il gouverne les choses humaines.

Abraham a toujours été célèbre dans l'Orient. Ce n'est pas seu- lement les Hébreux qui le regardent comme leur père. Les Idu- méens se glorifient de la même origine. Ismaël fils d'Abraham est connu parmi les Arabes comme celui d'où ils sont sortis [1]. La circoncision leur est demeurée comme la marque de leur origine, et ils l'ont reçue de tout temps, non pas au huitième jour à la

[1] *Gen.*, XVI, XVII.

manière des Juifs, mais à treize ans, comme l'Ecriture nous apprend qu'elle fut donnée à leur père Ismaël [1] : coutume qui dure encore parmi les mahométans. D'autres peuples Arabes se ressouviennent d'Abraham et de Cétura, et ce sont les mêmes que l'Ecriture fait sortir de ce mariage [2]. Ce patriarche étoit Chaldéen et ces peuples renommés pour leurs observations astronomiques ont compté Abraham comme un de leurs plus savans observateurs [3]. Les historiens de Syrie l'ont fait roi de Damas, quoique étranger et venu des environs de Babylone ; et ils racontent qu'il quitta le royaume de Damas pour s'établir dans le pays des Chananéens, depuis appelé Judée [4]. Mais il vaut mieux remarquer ce que l'histoire du peuple de Dieu nous rapporte de ce grand homme. Nous avons vu qu'Abraham suivoit le genre de vie que suivirent les anciens hommes, avant que tout l'univers eût été réduit en royaumes. Il régnoit dans sa famille avec laquelle il embrassoit cette vie pastorale tant renommée pour sa simplicité et son innocence ; riche en troupeaux, en esclaves et en argent, mais sans terres et sans domaine [5] ; et toutefois il vivoit dans un royaume étranger, respecté et indépendant comme un prince [6]. Sa piété et sa droiture protégée de Dieu, lui attiroit ce respect. Il traitoit d'égal avec les rois qui recherchoient son alliance, et c'est de là qu'est venue l'ancienne opinion qui l'a lui-même fait roi. Quoique sa vie fût simple et pacifique, il savoit faire la guerre, mais seulement pour défendre ses alliés opprimés [7]. Il les défendit, et les vengea par une victoire signalée : il leur rendit toutes leurs richesses reprises sur leurs ennemis sans réserver autre chose que la dîme qu'il offrit à Dieu, et la part qui appartenoit aux troupes auxiliaires qu'il avoit menées au combat. Au reste après un si grand service, il refusa les présens des rois avec une magnanimité sans exemple, et ne put souffrir qu'aucun homme se vantât d'avoir enrichi Abraham. Il ne vouloit rien de-

---

[1] *Gen.,* XVII, 25 ; Joseph., *Antiq.,* lib. I, cap. 13, al. 12. — [2] *Gen.,* XXV ; Alex. Polyh., apud Jos., *Antiq.,* lib. I, cap. 16, al. 15.— [3] Beros., Hecat. Eupol., Alex. Polyh. et al. apud Jos., *Antiq.,* lib. I, cap. 8, al. 7 ; et Euseb., *Præp. evang.,* lib. IX, cap. 16-20, etc. — [4] Nic. Damasc., lib. IV, *Hist. univ.* in *Excerpt.* Vales., p. 491 ; et ap. Jos., *Antiq.,* lib. I, c. 8 ; et Euseb., *Præp. evang.,* lib. IX, cap. 16.— [5] *Gen.,* XIII, etc. — [6] *Ibid.,* XIV, XXI, 22, 27 ; XXIII, 6. — [7] *Ibid.,* XIV.

voir qu'à Dieu qui le protégeoit, et qu'il suivoit seul avec une foi et une obéissance parfaite.

Guidé par cette foi, il avoit quitté sa terre natale pour venir au pays que Dieu lui montroit. Dieu qui l'avoit appelé et qui l'avoit rendu digne de son alliance, la conclut à ces conditions.

Il lui déclara qu'il seroit le Dieu de lui et de ses enfans [1], c'est-à-dire qu'il seroit leur protecteur, et qu'ils le serviroient comme le seul Dieu créateur du ciel et de la terre.

Il lui promit une terre (ce fut celle de Chanaan) pour servir de demeure fixe à sa postérité, et de siége à la religion [2].

Il n'avoit point d'enfans, et sa femme Sara étoit stérile. Dieu lui jura par soi-même, et par son éternelle vérité, que de lui et de cette femme naîtroit une race qui égaleroit les étoiles du ciel et le sable de la mer [3].

Mais voici l'article le plus mémorable de la promesse divine. Tous les peuples se précipitoient dans l'idolâtrie. Dieu promit au saint patriarche qu'en lui et en sa semence toutes ces nations aveugles qui oublioient leur créateur, seroient bénites [4], c'est-à-dire rappelées à sa connoissance, où se trouve la véritable bénédiction.

Par cette parole Abraham est fait le père de tous les croyans, et sa postérité est choisie pour être la source d'où la bénédiction doit s'étendre par toute la terre.

En cette promesse étoit enfermée la venue du Messie tant de fois prédit à nos pères, mais toujours prédit comme celui qui devoit être le Sauveur de tous les gentils et de tous les peuples du monde.

Ainsi ce germe béni, promis à Eve, devint aussi le germe et le rejeton d'Abraham.

Tel est le fondement de l'alliance; telles en sont les conditions. Abraham en reçut la marque dans la circoncision [5], cérémonie dont le propre effet étoit de marquer que ce saint homme appartenoit à Dieu avec toute sa famille.

Abraham étoit sans enfans quand Dieu commença à bénir sa race. Dieu le laissa plusieurs années sans lui en donner. Après il

---

[1] *Gen.*, XII, XVII. — [2] *Ibid.* — [3] *Ibid.*, XII, 2; XV, 4, 5; XVII, 19. — [4] *Ibid.*, XII, 3; XVIII, 18. — [5] *Ibid.*, XVII.

eut Ismaël, qui devoit être père d'un grand peuple, mais non pas de ce peuple élu tant promis à Abraham [1]. Le père du peuple élu devoit sortir de lui et de sa femme Sara qui étoit stérile. Enfin treize ans après Ismaël, il vint cet enfant tant désiré : il fut nommé Isaac[2], c'est-à-dire *ris*, enfant de joie, enfant de miracle, enfant de promesse, qui marque par sa naissance que les vrais enfans de Dieu naissent de la grace.

Il étoit déjà grand ce bénit enfant, et dans un âge où son père pouvoit espérer d'en avoir d'autres enfans, quand tout à coup Dieu lui commanda de l'immoler [3]. A quelles épreuves la foi est-elle exposée ? Abraham mena Isaac à la montagne que Dieu lui avoit montrée, et il alloit sacrifier ce fils en qui seul Dieu lui promettoit de le rendre père et de son peuple et du Messie. Isaac présentoit le sein à l'épée que son père tenoit toute prête à frapper. Dieu content de l'obéissance du père et du fils, n'en demande pas davantage. Après que ces deux grands hommes ont donné au monde une image si vive et si belle de l'oblation volontaire de Jésus-Christ, et qu'ils ont goûté en esprit les amertumes de sa croix, ils sont jugés vraiment dignes d'être ses ancêtres. La fidélité d'Abraham fait que Dieu lui confirme toutes ses promesses [4], et bénit de nouveau non-seulement sa famille, mais encore par sa famille toutes les nations de l'univers.

En effet il continua sa protection à Isaac son fils, et à Jacob son petit-fils. Ils furent ses imitateurs, attachés comme lui à la croyance ancienne, à l'ancienne manière de vie qui étoit la vie pastorale, à l'ancien gouvernement du genre humain où chaque père de famille étoit prince dans sa maison. Ainsi dans les changemens qui s'introduisoient tous les jours parmi les hommes, la sainte antiquité revivoit dans la religion et dans la conduite d'Abraham et de ses enfans.

Aussi Dieu réitéra-t-il à Isaac et à Jacob les mêmes promesses qu'il avoit faites à Abraham [5]; et comme il s'étoit appelé le Dieu d'Abraham, il prit encore le nom de Dieu d'Isaac, et de Dieu de Jacob.

---

[1] *Gen.*, XII, 2; XV; XVI, 3, 4; XVII, 20; XXI, 13. — [2] *Ibid.*, XXI, 2, 3. — [3] *Ibid.*, XXII, 2. — [4] *Ibid.*, 18. — [5] *Ibid.*, XXV, 11; XXVI, 4; XXVIII, 14.

Sous sa protection ces trois grands hommes commencèrent à demeurer dans la terre de Chanaan, mais comme des étrangers, et sans y posséder *un pied de terre* [1], jusqu'à ce que la famine attira Jacob en Egypte, où ses enfans multipliés devinrent bientôt un grand peuple, comme Dieu l'avoit promis.

Au reste quoique ce peuple que Dieu faisoit naître dans son alliance, dût s'étendre par la génération, et que la bénédiction dût suivre le sang, ce grand Dieu ne laissa pas d'y marquer l'élection de sa grace. Car après avoir choisi Abraham du milieu des nations, parmi les enfans d'Abraham il choisit Isaac, et des deux jumeaux d'Isaac il choisit Jacob, à qui il donna le nom d'*Israël*.

La préférence de Jacob (a) fut marquée par la solennelle bénédiction qu'il reçut d'Isaac, par surprise en apparence, mais en effet par une expresse disposition de la sagesse divine. Cette action prophétique et mystérieuse avoit été préparée par un oracle dès le temps que Rébecca, mère d'Esaü et de Jacob, les portoit tous deux dans son sein. Car cette pieuse femme, troublée du combat qu'elle sentoit entre ses enfans dans ses entrailles, consulta Dieu, de qui elle reçut cette réponse : « Vous portez deux peuples dans votre sein, et l'aîné sera assujetti au plus jeune. » En exécution de cet oracle, Jacob avoit reçu de son frère la cession de son droit d'aînesse, confirmée par serment [2]; et Isaac en le bénissant ne fit que le mettre en possession de ce droit, que le ciel lui-même lui avoit donné. La préférence des Israélites enfans de Jacob sur les Iduméens enfans d'Esaü est prédite par cette action qui marque aussi la préférence future des Gentils, nouvellement appelés à l'alliance par Jésus-Christ, au-dessus de l'ancien peuple.

Jacob eut douze enfans, qui furent les douze patriarches auteurs des douze tribus. Tous devoient entrer dans l'alliance : mais Juda fut choisi parmi tous ses frères pour être le père des rois du

---

[1] *Act.*, VII, 5. — [2] *Gen.*, XXV, 22, 23, 32.

(a) Depuis le commencement de l'alinéa : *La préférence de Jacob,* jusqu'à la fin : *Au-dessus de l'ancien peuple,* addition laissée en manuscrit par l'auteur.

peuple saint (a), et le père du Messie tant promis à ses ancêtres.

Le temps devoit venir que dix tribus étant retranchées du peuple de Dieu pour leur infidélité, la postérité d'Abraham ne conserveroit son ancienne bénédiction, c'est-à-dire la religion, la terre de Chanaan et l'espérance du Messie, qu'en la seule tribu de Juda qui devoit donner le nom au reste des Israélites qu'on appela *Juifs*, et à tout le pays qu'on nomma *Judée*.

Ainsi l'élection divine paroît toujours même dans ce peuple charnel, qui devoit se conserver par la propagation ordinaire.

Jacob vit en esprit le secret de cette élection [1]. Comme il étoit prêt à expirer, et que ses enfans autour de son lit demandoient la bénédiction d'un si bon père, Dieu lui découvrit l'état des douze tribus quand elles seroient dans la Terre-Promise : il l'expliqua en peu de paroles, et ce peu de paroles renferment des mystères innombrables.

Quoique tout ce qu'il dit des frères de Juda soit exprimé avec une magnificence extraordinaire, et ressente un homme transporté hors de lui-même par l'esprit de Dieu : quand il vient à Juda, il s'élève encore plus haut. « Juda, dit-il, tes frères te loueront ; ta main sera sur le col de tes ennemis ; les enfans de ton père se prosterneront devant toi. Juda est un jeune lion. Mon fils, tu es allé au butin. Tu t'es reposé comme un lion et comme une lionne. Qui osera le réveiller? Le sceptre (c'est-à-dire l'autorité) ne sortira point de Juda, et on verra toujours des capitaines et des magistrats, ou des juges nés de sa race, jusqu'à ce que vienne celui qui doit être envoyé, et qui sera l'attente des peuples [2]; » ou comme porte une autre leçon qui peut-être n'est pas moins ancienne, et qui au fond ne diffère pas de celle-ci, « jusqu'à ce que vienne celui à qui les choses sont réservées, » et le reste comme nous venons de le rapporter.

La suite de la prophétie regarde à la lettre la contrée que la tribu de Juda devoit occuper dans la Terre-Sainte. Mais les dernières paroles que nous avons vues, en quelque façon qu'on les

[1] *Gen.*, XLIX. — [2] *Ibid.*, 8.

(a) 1ʳᵉ *Edit.* : Le père des rois d'Israël.

veuille prendre, ne signifient autre chose que celui qui devoit
être l'envoyé de Dieu, le ministre et l'interprète de ses volontés,
l'accomplissement de ses promesses, et le roi du nouveau peuple,
c'est-à-dire le Messie ou l'Oint du Seigneur.

Jacob n'en parle expressément qu'au seul Juda dont ce Messie
devoit naître : il comprend dans la destinée de Juda seul, la destinée de toute la nation, qui après sa dispersion devoit voir les
restes des autres tribus réunies sous les étendards de Juda.

Tous les termes de la prophétie sont clairs : il n'y a que le mot
de *sceptre* que l'usage de notre langue nous pourroit faire
prendre pour la seule royauté ; au lieu que dans la langue sainte
il signifie en général la puissance, l'autorité, la magistrature.
Cet usage du mot de *sceptre* se trouve à toutes les pages de l'E-
criture : il paroît même manifestement dans la prophétie de Jacob, et le patriarche veut dire qu'aux jours du Messie toute autorité cessera dans la maison de Juda; ce qui emporte la ruine totale d'un Etat.

Ainsi les temps du Messie sont marqués ici par un double changement. Par le premier, le royaume de Juda et du peuple Juif est
menacé de sa dernière ruine. Par le second, il doit s'élever un
nouveau royaume, non pas d'un seul peuple, mais de tous les
peuples, dont le Messie doit être le chef et l'espérance.

Dans le style de l'Ecriture, le peuple Juif est appelé en nombre
singulier et par excellence, *le peuple,* ou *le peuple de Dieu* [1] ; et
quand on trouve *les peuples* [2], ceux qui sont exercés dans les
Ecritures entendent les autres peuples qu'on voit aussi promis au
Messie dans la prophétie de Jacob.

Cette grande prophétie comprend en peu de paroles toute l'histoire du peuple juif et du Christ qui lui est promis. Elle marque
toute la suite du peuple de Dieu, et l'effet en dure encore.

Aussi ne prétends-je pas vous en faire un commentaire : vous
n'en aurez pas besoin, puisqu'en remarquant simplement la suite
du peuple de Dieu, vous verrez le sens de l'oracle se développer de lui-même, et que les seuls événemens en seront les interprètes.

---

[1] *Is.,* LXV, etc.; *Rom.,* X, 21. — [2] *Is.,* II, 2, 3; XLIX, 6, 18; LI, 4, 5, etc.

CHAPITRE III.

Après la mort de Jacob, le peuple de Dieu demeura en Egypte, jusques au temps de la mission de Moïse, c'est-à-dire environ deux cents ans.

Ainsi il se passa quatre cent trente ans avant que Dieu donnât à son peuple la terre qu'il lui avoit promise.

Il vouloit accoutumer ses élus à se fier à sa promesse, assurés qu'elle s'accomplit tôt ou tard, et toujours dans les temps marqués par son éternelle providence.

Les iniquités des Amorrhéens dont il leur vouloit donner et la terre et les dépouilles, n'étoient pas encore, comme il le déclare à Abraham [1], au comble où il les attendoit pour les livrer à la dure et impitoyable vengeance qu'il vouloit exercer sur eux par les mains de son peuple élu.

Il falloit donner à ce peuple le temps de se multiplier, afin qu'il fût en état de remplir la terre qui lui étoit destinée [2], et de l'occuper par force, en exterminant ses habitans maudits de Dieu.

Il vouloit qu'ils éprouvassent en Egypte une dure et insupportable captivité, afin qu'étant délivrés par des prodiges inouïs, ils aimassent leur libérateur, et célébrassent éternellement ses miséricordes.

Voilà l'ordre des conseils de Dieu, tels que lui-même nous les a révélés, pour nous apprendre à le craindre, à l'adorer, à l'aimer, à l'attendre avec foi et patience.

Le temps étant arrivé, il écoute les cris de son peuple cruellement affligé par les Egyptiens, et il envoye Moïse pour délivrer ses enfans de leur tyrannie.

Il se fait connoître à ce grand homme plus qu'il n'avoit jamais fait à aucun homme vivant. Il lui apparoît d'une manière également magnifique et consolante [3] : il lui déclare qu'il est celui qui

---

[1] *Gen.*, xv, 16. — [2] *Ibid.* — [3] *Exod*, III.

est. Tout ce qui est devant lui n'est qu'une ombre. *Je suis,* dit-il,
celui qui suis [1] : l'être et la perfection m'appartiennent à moi seul.
Il prend un nouveau nom, qui désigne l'être et la vie en lui
comme dans leur source ; et c'est ce grand nom de Dieu terrible,
mystérieux, incommunicable, sous lequel il veut dorénavant
être servi.

Je ne vous raconterai pas en particulier les plaies de l'Egypte,
ni l'endurcissement de Pharaon, ni le passage de la mer Rouge,
ni la fumée, les éclairs, la trompette résonnante, le bruit effroyable qui parut au peuple sur le mont Sinaï. Dieu y gravoit de
sa main sur deux tables de pierre les préceptes fondamentaux de
la religion et de la société : il dictoit le reste à Moïse à haute
voix. Pour maintenir cette loi dans sa vigueur, il eut ordre de
former une assemblée vénérable de septante conseillers, qui
pouvoit être appelée le *Sénat* du peuple de Dieu, et le conseil
perpétuel de la nation. Dieu parut publiquement, et fit publier sa
loi en sa présence avec une démonstration étonnante de sa majesté et de sa puissance.

Jusque-là Dieu n'avoit rien donné par écrit qui pût servir de
règle aux hommes. Les enfans d'Abraham avoient seulement la
circoncision, et les cérémonies qui l'accompagnoient, pour marque
de l'alliance que Dieu avoit contractée avec cette race élue. Ils
étoient séparés par cette marque des peuples qui adoroient les
fausses divinités : au reste ils se conservoient dans l'alliance de
Dieu par le souvenir qu'ils avoient des promesses faites à leurs
pères, et ils étoient connus comme un peuple qui servoit le Dieu
d'Abraham, d'Isaac et de Jacob. Dieu étoit si fort oublié, qu'il falloit le discerner par le nom de ceux qui avoient été ses adora-
teurs, et dont il étoit aussi le protecteur déclaré.

Il ne voulut point (a) abandonner plus longtemps à la seule
mémoire des hommes le mystère de la religion et de son alliance.
Il étoit temps de donner de plus fortes barrières à l'idolâtrie, qui
inondoit tout le genre humain, et achevoit d'y éteindre les restes
de la lumière naturelle.

[1] *Exod.,* III, 14. — [2] *Ibid.,* XXIV, et *Num.,* XI.
(a) 1re *Edit. :* Ce grand Dieu ne voulut point.

L'ignorance et l'aveuglement s'étoient prodigieusement accrus depuis le temps d'Abraham. De son temps, et un peu après, la connoissance de Dieu paroissoit encore dans la Palestine et dans l'Egypte. Melchisédech roi de Salem étoit *le pontife du Dieu très-haut, qui a fait le ciel et la terre* [1]. Abimélech roi de Gérare, et son successeur de même nom, craignoient Dieu, juroient en son nom, et admiroient sa puissance [2]. Les menaces de ce grand Dieu étoient redoutées par Pharaon roi d'Egypte [3] : mais dans le temps de Moïse, ces nations s'étoient perverties. Le vrai Dieu n'étoit plus connu en Egypte comme le Dieu de tous les peuples de l'univers, mais *comme le Dieu des Hébreux* [4]. On adoroit jusqu'aux bêtes et jusqu'aux reptiles [5]. Tout étoit Dieu, excepté Dieu même ; et le monde que Dieu avoit fait pour manifester sa puissance, sembloit être devenu un temple d'idoles. Le genre humain s'égara jusqu'à adorer ses vices et ses passions ; et il ne faut pas s'en étonner. Il n'y avoit point de puissance plus inévitable ni plus tyrannique que la leur. L'homme accoutumé à croire divin tout ce qui étoit puissant, comme il se sentoit entraîné au vice par une force invincible, crut aisément que cette force étoit hors de lui, et s'en fit bientôt un Dieu. C'est par là que l'amour impudique eut tant d'autels, et que des impuretés qui font horreur commencèrent à être mêlées dans les sacrifices [6].

La cruauté y entra en même temps. L'homme coupable, qui étoit troublé par le sentiment de son crime, et regardoit la Divinité comme ennemie, crut ne pouvoir l'apaiser par les victimes ordinaires. Il fallut verser le sang humain avec celui des bêtes : une aveugle frayeur poussoit les pères à immoler leurs enfans, et à les brûler à leurs dieux au lieu d'encens. Ces sacrifices étoient communs dès le temps de Moïse, et ne faisoient qu'une partie de ces horribles iniquités des Amorrhéens, dont Dieu commit la vengeance aux Israélites.

Mais ils n'étoient pas particuliers à ces peuples. On sait que dans tous les peuples du monde, sans en excepter aucun, les

---

[1] *Gen.*, XIV, 18, 19. — [2] *Ibid.*, XXI, 22, 23; XXVI, 28, 29. — [3] *Ibid.*, XII, 17, 18. — [4] *Exod.*, V, 1, 2, 3; IX, 1, etc. — [5] *Ibid.*, VIII, 26. — [6] *Levit.*, XX, 2, 3.

hommes ont sacrifié leurs semblables [1]; et il n'y a point eu d'endroit sur la terre où on n'ait servi de ces tristes et affreuses divinités dont la haine implacable pour le genre humain exigeoit de telles victimes.

Au milieu de tant d'ignorances, l'homme vint à adorer jusqu'à l'œuvre de ses mains. Il crut pouvoir renfermer l'esprit divin dans des statues; et il oublia si profondément que Dieu l'avoit fait, qu'il crut à son tour pouvoir faire un Dieu. Qui le pourroit croire, si l'expérience ne nous faisoit voir qu'une erreur si stupide et si brutale n'étoit pas seulement la plus universelle, mais encore la plus enracinée et la plus incorrigible parmi les hommes? Ainsi il faut reconnoître à la confusion du genre humain, que la première des vérités, celle que le monde prêche, celle dont l'impression est la plus puissante, étoit la plus éloignée de la vue des hommes. La tradition qui la conservoit dans leurs esprits, quoique claire encore et assez présente, si on y eût été attentif, étoit prête à s'évanouir : des fables prodigieuses et aussi pleines d'impiété que d'extravagance, prenoient sa place. Le moment étoit venu où la vérité mal gardée dans la mémoire des hommes, ne pouvoit plus se conserver sans être écrite ; et Dieu ayant résolu d'ailleurs de former son peuple à la vertu par des lois plus expresses et en plus grand nombre, il résolut en même temps de les donner par écrit.

Moïse fut appelé à cet ouvrage. Ce grand homme recueillit l'histoire des siècles passés; celle d'Adam, celle de Noé, celle d'Abraham, celle d'Isaac, celle de Jacob, celle de Joseph, ou plutôt celle de Dieu même et de ses faits admirables.

Il ne lui fallut pas déterrer de loin les traditions de ses ancêtres. Il naquit cent ans après la mort de Jacob. Les vieillards de son temps avoient pu converser plusieurs années avec ce saint patriarche : la mémoire de Joseph et des merveilles que Dieu avoit faites par ce grand ministre des rois d'Egypte étoit encore récente. La vie de trois ou quatre hommes remontoit jusqu'à

---

[1] Herod., lib. II, c. 107; Cæs., de Bell. Gall., lib. VI, cap. 15; Diod., lib. I, sec. 1, n. 32, lib. V, n. 20 ; Plin., Hist. natur., lib. XXX, cap. 1; Athen., lib. XIII; Porph., de Abstin., lib. II, § 8 ; Jorn., de rebus Get., c. 49, etc.

Noé, qui avoit vu les enfans d'Adam, et touchoit pour ainsi parler à l'origine des choses.

Ainsi les traditions anciennes du genre humain et celles de la famille d'Abraham n'étoient pas malaisées à recueillir : la mémoire en étoit vive ; et il ne faut pas s'étonner si Moïse dans sa *Genèse* parle des choses arrivées dans les premiers siècles comme de choses constantes, dont même on voyoit encore et dans les peuples voisins et dans la terre de Chanaan, des monumens remarquables.

Dans le temps qu'Abraham, Isaac et Jacob avoient habité cette terre, ils y avoient érigé partout des monumens des choses qui leur étoient arrivées. On y montroit encore les lieux où ils avoient habité ; les puits qu'ils avoient creusés dans ces pays secs pour abreuver leur famille et leurs troupeaux ; les montagnes où ils avoient sacrifié à Dieu, et où il leur étoit apparu ; les pierres qu'ils avoient dressées ou entassées pour servir de mémorial à la postérité ; les tombeaux où reposoient leurs cendres bénites. La mémoire de ces grands hommes étoit récente, non-seulement dans tout le pays, mais encore dans tout l'Orient, où plusieurs nations célèbres n'ont jamais oublié qu'elles venoient de leur race.

Ainsi quand le peuple hébreu entra dans la Terre-Promise, tout y célébroit leurs ancêtres ; et les villes et les montagnes, et les pierres mêmes y parloient de ces hommes merveilleux, et des visions étonnantes par lesquelles Dieu les avoit confirmés dans l'ancienne et véritable croyance.

Ceux qui connoissent tant soit peu les antiquités, savent combien les premiers temps étoient curieux d'ériger et de conserver de tels monumens, et combien la postérité retenoit soigneusement les occasions qui les avoient fait dresser. C'étoit une des manières d'écrire l'histoire : on a depuis façonné et poli les pierres ; et les statues ont succédé après les colonnes aux masses grossières et solides, que les premiers temps érigeoient.

. On a même de grandes raisons de croire que dans la lignée où s'est conservée la connoissance de Dieu, on conservoit aussi par écrit des mémoires des anciens temps. Car les hommes n'ont jamais été sans ce soin. Du moins est-il assuré qu'il se faisoit des

cantiques que les pères apprenoient à leurs enfans ; cantiques
qui se chantant dans les fêtes et dans les assemblées, y per-
pétuoient la mémoire des actions les plus éclatantes des siècles
passés.

De là est née la poésie changée dans la suite en plusieurs formes, dont la plus ancienne se conserve encore dans les odes et
dans les cantiques employés par tous les anciens, et encore à
présent par les peuples qui n'ont pas l'usage des lettres, à louer
la Divinité et les grands hommes.

Le style de ces cantiques hardi, extraordinaire, naturel toutefois en ce qu'il est propre à représenter la nature dans ses transports, qui marche pour cette raison par de vives et impétueuses
saillies, affranchi des liaisons ordinaires que recherche le discours uni, renfermé d'ailleurs dans des cadences nombreuses
qui en augmentent la force, surprend l'oreille, saisit l'imagination,
émeut le cœur, et s'imprime plus aisément dans la mémoire.

Parmi tous les peuples du monde, celui où de tels cantiques
ont été le plus en usage, a été le peuple de Dieu. Moïse en marque
un grand nombre [1], qu'il désigne par les premiers vers, parce
que le peuple savoit la reste. Lui-même en a fait deux de cette
nature. Le premier nous met devant les yeux le passage triomphant de la mer Rouge, et les ennemis du peuple de Dieu les uns
déjà noyés, et les autres à demi vaincus par la terreur [2]. Par le
second Moïse confond l'ingratitude du peuple, en célébrant les
bontés et les merveilles de Dieu [3]. Les siècles suivans l'ont imité.
C'étoit Dieu et ses œuvres merveilleuses qui faisoient le sujet des
odes qu'ils ont composées : Dieu les inspiroit lui-même, et il n'y
a proprement que le peuple de Dieu où la poésie soit venue par
enthousiasme.

Jacob avoit prononcé dans ce langage mystique les oracles qui
contenoient la destinée de ses enfans, afin que chaque tribu retînt
plus aisément ce qui la touchoit, et apprît à louer celui qui n'étoit
pas moins magnifique dans ses prédictions que fidèle à les accomplir.

Voilà les moyens dont Dieu s'est servi pour conserver jusqu'à
Moïse la mémoire des choses passées. Ce grand homme instruit

[1] *Num.,* XXI, 14, 17, 18, 27, etc. — [2] *Exod.,* XV. — [3] *Deut.,* XXXII.

par tous ces moyens et élevé au-dessus par le Saint-Esprit, a écrit les œuvres de Dieu avec une exactitude et une simplicité qui attire la croyance et l'admiration, non pas à lui, mais à Dieu même.

Il a joint aux choses passées, qui contenoient l'origine et les anciennes traditions du peuple de Dieu, les merveilles que Dieu faisoit actuellement pour sa délivrance. De cela il n'allègue point aux Israélites d'autres témoins que leurs yeux. Moïse ne leur conte point des choses qui se soient passées dans des retraites impénétrables, et dans des antres profonds : il ne parle point en l'air : il particularise, et circonstancie toutes choses, comme un homme qui ne craint point d'être démenti. Il fonde toutes leurs lois et toute leur république sur les merveilles qu'ils ont vues. Ces merveilles n'étoient rien moins que la nature changée tout à coup en différentes occasions pour les délivrer, et pour punir leurs ennemis; la mer séparée en deux, la terre entr'ouverte, un pain céleste, des eaux abondantes tirées des rochers par un coup de verge, le ciel qui leur donnoit un signal visible pour marquer leur marche, et d'autres miracles semblables qu'ils ont vus durer quarante ans.

Le peuple d'Israël n'étoit pas plus intelligent ni plus subtil que les autres peuples, qui s'étant livrés à leurs sens ne pouvoient concevoir un Dieu invisible. Au contraire il étoit grossier et re-belle autant ou plus qu'aucun autre peuple. Mais ce Dieu invi-sible dans sa nature se rendoit tellement sensible par de conti-nuels miracles, et Moïse les inculquoit avec tant de force, qu'à la fin ce peuple charnel se laissa toucher de l'idée si pure d'un Dieu qui faisoit tout par sa parole, d'un Dieu qui n'étoit qu'esprit, que raison et intelligence.

De cette sorte, pendant que l'idolâtrie si fort augmentée depuis Abraham couvroit toute la face de la terre, la seule postérité de ce patriarche en étoit exempte. Leurs ennemis leur rendoient ce témoignage; et les peuples où la vérité de la tradition n'étoit pas encore tout à fait éteinte s'écrioient avec étonnement : « On ne voit point d'idole en Jacob; on n'y voit point de présages super-stitieux, on n'y voit point de divinations ni de sortilèges : c'est un peuple qui se fie au Seigneur son Dieu, dont la puissance est invincible[1]. »

Pour imprimer dans les esprits l'unité de Dieu, et la parfaite uniformité qu'il demandoit dans son culte, Moïse répète souvent[2] que dans la Terre-Promise ce Dieu unique choisiroit un lieu dans lequel seul se feroient les fêtes, les sacrifices, et tout le service public. En attendant ce lieu désiré, durant que le peuple erroit dans le désert, Moïse construisit le Tabernacle; temple portatif, où les enfans d'Israël présentoient leurs vœux au Dieu qui avoit fait le ciel et la terre, et qui ne dédaignoit pas de voyager pour ainsi dire avec eux, et de les conduire.

Sur ce principe de religion, sur ce fondement sacré étoit bâtie toute la loi; loi sainte, juste, bienfaisante, honnête, sage, prévoyante et simple, qui lioit la société des hommes entre eux par la sainte société de l'homme avec Dieu.

A ces saintes institutions, il ajouta des cérémonies majestueuses, des fêtes qui rappeloient la mémoire des miracles par lesquels le peuple d'Israël avoit été délivré; et ce qu'aucun autre législateur n'avoit osé faire, des assurances précises que tout leur réussiroit tant qu'ils vivroient soumis à la loi, au lieu que leur désobéissance seroit suivie d'une manifeste et inévitable vengeance[3]. Il falloit être assuré de Dieu pour donner ce fondement à ses lois, et l'événement a justifié que Moïse n'avoit pas parlé de lui-même.

Quant à ce grand nombre d'observances dont il a chargé les Hébreux, encore que maintenant elles nous paroissent superflues, elles étoient alors nécessaires pour séparer le peuple de Dieu des autres peuples, et servoient comme de barrière à l'idolâtrie, de peur qu'elle n'entraînât ce peuple choisi avec tous les autres.

Pour maintenir la religion et toutes les traditions du peuple de Dieu, parmi les douze tribus une tribu est choisie à laquelle Dieu donne en partage, avec les dîmes et les oblations, le soin des choses sacrées. Lévi et ses enfans sont eux-mêmes consacrés

---

[1] *Num.*, XXIII, 21, 22, 23. — [2] *Deut.*, XII, XIV, XV, XVI, XVII, etc. — [3] *Ibid.*, XXVII, XXVIII, etc.

à Dieu comme la dîme de tout le peuple. Dans Lévi Aaron est choisi pour être souverain pontife, et le saccrdoce est rendu héréditaire dans sa famille.

Ainsi les autels ont leurs ministres; la loi a ses défenseurs particuliers; et la suite du peuple de Dieu est justifiée par la succession de ses pontifes, qui va sans interruption depuis Aaron le premier de tous.

Mais ce qu'il y avoit de plus beau dans cette loi, c'est qu'elle préparoit la voie à une loi plus auguste, moins chargée de cérémonies, et plus féconde en vertus.

Moïse pour tenir le peuple dans l'attente de cette loi, leur confirme la venue de ce grand Prophète qui devoit sortir d'Abraham, d'Isaac et de Jacob. « Dieu, dit-il, vous suscitera du milieu de votre nation et du nombre de vos frères, un Prophète semblable à moi : écoutez-le [1]. » Ce Prophète semblable à Moïse, législateur comme lui, qui peut-il être sinon le Messie, dont la doctrine devoit un jour régler et sanctifier tout l'univers ?

Le Christ devoit être (a) le premier qui formeroit un peuple nouveau, et à qui il dit aussi : « Je vous donne un nouveau commandement [2]; » et encore : « Si vous m'aimez, gardez mes commandemens [3]; » et encore plus expressément : « Il a été dit aux anciens : Vous ne tuerez pas; et moi je vous dis [4]; » et le reste, de même style et de même force.

Le voilà donc ce nouveau Prophète, semblable à Moïse, et auteur d'une loi nouvelle, dont Moïse dit aussi en nous annonçant sa venue : « Ecoutez-le [5] : » et c'est pour accomplir cette promesse, que Dieu envoyant son Fils fait lui-même retentir d'en haut comme un tonnerre cette voix divine : « Celui-ci est mon

---

[1] *Deut.*, XVIII, 15, 18. — [2] *Joan.*, XIII, 34. — [3] *Ibid.*, XIV, 15. — [4] *Matth.*, V, 21 et seq. — [5] *Deut.*, XVIII, 15.

(a) L'alinéa qui commence comme on vient de voir : *Le Christ devoit être;* ceux qui suivent, le deuxième, le troisième et le quatrième, jusqu'à ces mots : *Aussi voyons-nous jusqu'à sa venue que le peuple,* viennent d'une addition laissée en manuscrit par l'auteur. Pour ces quatre alinéas, les premières éditions n'avoient que ces mots : Jusqu'à lui il ne devoit point s'élever en tout Israël un prophète semblable à Moïse, à qui Dieu parlât face à face, et qui donnât des lois à son peuple. Aussi jusqu'aux temps du Messie, le peuple dans tous les temps et dans toutes les difficultés.....

Fils bien-aimé, dans lequel j'ai mis ma complaisance : écoutez-le[1]. »

C'étoit le même Prophète et le même Christ que Moïse avoit
figuré dans le serpent d'airain qu'il érigea dans le désert. La
morsure de l'ancien serpent, qui avoit répandu dans tout le genre
humain le venin dont nous périssons tous, devoit être guérie en
le regardant, c'est-à-dire en croyant en lui, comme il l'explique
lui-même. Mais pourquoi rappeler ici le serpent d'airain seulement? Toute la loi de Moïse, tous ses sacrifices, le souverain pontife qu'il établit avec tant de mystérieuses cérémonies, son entrée
dans le sanctuaire, en un mot, tous les sacrés rits de la religion
judaïque, où tout étoit purifié par le sang, l'agneau même qu'on
immoloit à la solennité principale, c'est-à-dire à celle de Pâque,
en mémoire de la délivrance du peuple ; tout cela ne signifioit
autre chose que le Christ sauveur par son sang de tout le peuple
de Dieu.

Jusqu'à ce qu'il fût venu, Moïse devoit être lu dans toutes les
assemblées comme l'unique législateur. Aussi voyons-nous jusqu'à sa venue que le peuple, dans tous les temps et dans toutes
les difficultés, ne se fonde que sur Moïse. Comme Rome révéroit
les lois de Romulus, de Numa et des Douze Tables ; comme
Athènes recouroit à celles de Solon ; comme Lacédémone conservoit et respectoit celles de Lycurgue : le peuple hébreu alléguoit
sans cesse celles de Moïse. Au reste le législateur y avoit si bien
réglé toutes choses, que jamais on n'a eu besoin d'y rien changer. C'est pourquoi le corps du droit judaïque n'est pas un recueil
de diverses lois faites dans des temps et dans des occasions différentes. Moïse éclairé de l'esprit de Dieu, avoit tout prévu. On ne
voit point d'ordonnances ni de David, ni de Salomon, ni de Josaphat, ou d'Ezéchias, quoique tous très-zélés pour la justice. Les
bons princes n'avoient qu'à faire observer la loi de Moïse, et se
contentoient d'en recommander l'observance à leurs successeurs[2]. Y ajouter ou en retrancher un seul article[3], étoit un attentat que le peuple eût regardé avec horreur. On avoit besoin

---

[1] *Matth.*, XVI, 5; *Marc.*, IX 6; *Luc.*, IX, 35; II *Petr.*, I, 17. — [2] III *Reg.*, III,
etc. — [3] *Deuter.*, IV, 2 ; XII, 32, etc.

de la loi à chaque moment pour régler, non-seulement les fêtes,
les sacrifices, les cérémonies, mais encore toutes les autres actions publiques et particulières, les jugemens, les contrats, les
mariages, les successions, les funérailles, la forme même des habits, et en général tout ce qui regarde les mœurs. Il n'y avoit
point d'autre livre où on étudiât les préceptes de la bonne vie. Il
falloit le feuilleter et le méditer nuit et jour, en recueillir des
sentences, les avoir toujours devant les yeux. C'étoit là que les
enfans apprenoient à lire. La seule règle d'éducation qui étoit
donnée à leurs parens étoit de leur apprendre, de leur inculquer,
de leur faire observer cette sainte loi, qui seule pouvoit les rendre
sages dès l'enfance. Ainsi elle devoit être entre les mains de tout
le monde. Outre la lecture assidue que chacun en devoit faire en
particulier, on en faisoit tous les sept ans dans l'année solennelle
de la rémission et du repos, une lecture publique, et comme une
nouvelle publication à la fête des Tabernacles [1], où tout le peuple
étoit assemblé durant huit jours. Moïse fit déposer auprès de
l'Arche, l'original de la loi [2] : mais de peur que (a) dans la suite
des temps elle ne fût altérée par la malice ou par la négligence
des hommes ; outre les copies qui couroient parmi le peuple, on
en faisoit des exemplaires authentiques, qui soigneusement revus
et gardés par les prêtres et les lévites, tenoient lieu d'originaux.
Les rois (car Moïse avoit bien prévu que ce peuple voudroit enfin
avoir des rois comme tous les autres), les rois, dis-je, étoient
obligés par une loi expresse du *Deutéronome* [3] à recevoir des
mains des prêtres un de ces exemplaires si religieusement corrigés, afin qu'ils le transcrivissent, et le lussent toute leur vie. Les
exemplaires ainsi revus par autorité publique étoient en singulière vénération à tout le peuple : on les regardoit comme sortis
immédiatement des mains de Moïse, aussi purs et aussi entiers
que Dieu les lui avoit dictés. Un ancien volume de cette sévère et
religieuse correction ayant été trouvé dans la maison du Seigneur, sous le règne de Josias [4], et peut-être étoit-ce l'original

---

[1] *Deut.*, XXXI, 10 ; II *Esd.*, VIII, 17, 18. — [2] *Deut.*, XXXI, 26. — [3] *Ibid.*, XVII,
18. — [4] IV *Reg.*, XXII, 8, etc.; II *Paral.*, XXXIV, 14, etc.

(a) 1ʳᵉ *édit.* : L'original du *Deutéronome* : c'étoit un abrégé de toute la loi ;
mais de peur que....

même que Moïse avoit fait mettre auprès de l'Arche, excita la
piété de ce saint roi, et lui fut une occasion de porter ce peuple à
la pénitence. Les grands effets qu'a opérés dans tous les temps la
lecture publique de cette loi sont innombrables. En un mot, c'é-
toit un livre parfait, qui étant joint par Moïse à l'histoire du
peuple de Dieu, lui apprenoit tout ensemble son origine, sa religion, sa police, ses mœurs, sa philosophie, tout ce qui sert à régler la vie, tout ce qui unit et forme la société, les bons et les
mauvais exemples, la récompense des uns, et les châtimens rigoureux qui avoient suivi les autres.

Par cette admirable discipline, un peuple sorti d'esclavage, et
tenu quarante ans dans un désert, arrive tout formé à la terre
qu'il doit occuper. Moïse le mène à la porte, et averti de sa
fin prochaine, il commet ce qui reste à faire à Josué [1]. Mais avant
que de mourir, il composa ce long et admirable cantique, qui
commence par ces paroles : « O cieux, écoutez ma voix ; que la
terre prête l'oreille aux paroles de ma bouche . » Dans ce silence
de toute la nature, il parle d'abord au peuple avec une force inimitable ; et prévoyant ses infidélités, il lui en découvre l'horreur.
Tout d'un coup il sort de lui-même, comme trouvant tout discours humain au-dessous d'un sujet si grand : il rapporte ce que
Dieu dit ; et le fait parler avec tant de hauteur et tant de bonté,
qu'on ne sait ce qu'il inspire le plus, ou la crainte et la confusion,
ou l'amour et la confiance.

Tout le peuple apprit par cœur ce divin cantique par ordre de
Dieu et de Moïse [3]. Ce grand homme après cela mourut content,
comme un homme qui n'avoit rien oublié pour conserver parmi
les siens la mémoire des bienfaits et des préceptes de Dieu. Il
laissa ses enfans au milieu de leurs citoyens sans aucune distinction, et sans aucun établissement extraordinaire. Il a été admiré
non-seulement de son peuple, mais encore de tous les peuples du
monde ; et aucun législateur n'a jamais eu un si grand nom
parmi les hommes.

---

[1] *Deut.*, XXXI. — [2] *Ibid.*, XXXII. — [3]*Ibid.*, XXXI, 19, 22.

(*a*) Cet alinéa a été ajouté dans la troisième édition. — (*b*) Que le grand Dieu
avoit ses élus.

Tous les prophètes (*a*) qui ont suivi dans l'ancienne loi, et tout ce qu'il y a eu d'écrivains sacrés, ont tenu à gloire d'être ses disciples. En effet il parle en maître : on remarque dans ses écrits un caractère tout particulier, et je ne sais quoi d'original qu'on ne trouve en nul autre écrit : il a dans sa simplicité un sublime si majestueux, que rien ne le peut égaler; et si en entendant les autres prophètes on croit entendre des hommes inspirés de Dieu, c'est pour ainsi dire Dieu même en personne qu'on croit entendre dans la voix et dans les écrits de Moïse.

On tient qu'il a écrit le livre de Job. La sublimité des pensées, et la majesté du style rendent cette histoire digne de Moïse. De peur que les Hébreux ne s'enorgueillissent, en s'attribuant à eux seuls la grace de Dieu, il étoit bon de leur faire entendre qu'il avoit eu ses élus (*b*), même dans la race d'Esaü. Quelle doctrine étoit plus importante? et quel entretien plus utile pouvoit donner Moïse au peuple affligé dans le désert, que celui de la patience de Job, qui livré entre les mains de Satan pour être exercé par toute sorte de peines, se voit privé de ses biens, de ses enfans, et de toute consolation sur la terre; incontinent après frappé d'une horrible maladie, et agité au dedans par la tentation du blasphème et du désespoir; qui néanmoins en demeurant ferme, fait voir qu'une ame fidèle soutenue du secours divin, au milieu des épreuves les plus effroyables, et malgré les plus noires pensées que l'esprit malin puisse suggérer, sait non-seulement conserver une confiance invincible, mais encore s'élever par ses propres maux à la plus haute contemplation, et reconnoître dans les peines qu'elle endure avec le néant de l'homme, le suprême empire de Dieu et sa sagesse infinie? Voilà ce qu'enseigne le livre de Job [1]. Pour garder le caractère du temps, on voit la foi du saint homme couronnée par des prospérités temporelles : mais cependant le peuple de Dieu apprend à connoître quelle est la vertu des souffrances, et à goûter la grace qui devoit un jour être attachée à la croix.

---

[1] *Job.*, XIII, 15; XIV, 14, 15; XVI, 21 ; XIX, 25, etc.

(*a*) Cet alinéa a été ajouté dans la troisième édition. — (*b*) Que ce grand Dieu avoit ses élus.

Moïse l'avoit goûtée lorsqu'il préféra les souffrances et l'ignominie qu'il falloit subir avec son peuple, aux délices et à l'abondance de la maison du roi d'Egypte [1]. Dès lors Dieu lui fit goûter
les opprobres de Jésus-Christ [2]. Il les goûta encore davantage
dans sa fuite précipitée, et dans son exil de quarante ans. Mais
il avala jusqu'au fond le calice de Jésus-Christ, lorsque choisi
pour sauver ce peuple, il lui en fallut supporter les révoltes continuelles, où sa vie étoit en péril [3]. Il apprit ce qu'il en coûte à
sauver les enfans de Dieu, et fit voir de loin ce qu'une plus haute
délivrance devoit un jour coûter au Sauveur du monde.

Ce grand homme n'eut pas même la consolation d'entrer dans
la terre promise : il la vit seulement du haut d'une montagne,
et n'eut point de honte d'écrire qu'il en étoit exclus par une incrédulité [4], qui toute légère qu'elle paroissoit, mérita d'être châtiée (a) si sévèrement dans un homme dont la grace étoit si éminente. Moïse servit d'exemple à la sévère jalousie de Dieu, et au
jugement qu'il exerce avec une si terrible exactitude sur ceux
que ses dons obligent à une fidélité plus parfaite.

Mais un plus haut mystère nous est montré dans l'exclusion de
Moïse. Ce sage législateur qui ne fait par tant de merveilles que
de conduire les enfans de Dieu dans le voisinage de leur terre,
nous sert lui-même de preuve, que *sa loi ne mène rien à la perfection* [5]; et que sans nous pouvoir donner l'accomplissement des
promesses, elle nous les fait *saluer de loin* [6], ou nous conduit tout
au plus comme à la porte de notre héritage. C'est un Josué, c'est
un Jésus, car c'étoit le vrai nom de Josué, qui par ce nom et
par son office représentoit le Sauveur du monde : c'est cet homme
si fort au-dessous de Moïse en toutes choses et supérieur seulement par le nom qu'il porte ; c'est lui, dis-je, qui doit introduire
le peuple de Dieu dans la Terre-Sainte.

Par les victoires de ce grand homme, devant qui le Jourdain
retourne en arrière, les murailles de Jéricho tombent d'elles-
mêmes, et le soleil s'arrête au milieu du ciel : Dieu établit ses

---

[1] *Exod.*, II, 10, 11, 15. — [2] *Hebr.*, XI, 24, 25, 26. — [3] *Num.*, XIV, 10. — [4] *Num.*,
XX, 12. — [5] *Hebr.*, VII, 19 — [6] *Ibid.*, XI, 13.

(a) 1re *édit. :* Par un péché, qui tout léger qu'il paroît, mérita d'être châtié.

enfans dans la terre de Chanaan, dont il chasse par même moyen des peuples abominables. Par la haine qu'il donnoit pour eux à ses fidèles, il leur inspiroit un extrême éloignement de leur impiété; et le châtiment qu'il en fit par leur ministère, les remplit eux-mêmes de crainte pour la justice divine dont ils exécutoient les décrets. Une partie de ces peuples que Josué chassa de leur terre, s'établirent en Afrique, où l'on trouva longtemps après dans une inscription ancienne [1], le monument de leur fuite et des victoires de Josué. Après que ces victoires miraculeuses eurent mis les Israélites en possession de la plus grande partie de la terre promise à leurs pères, Josué, et Eléazar souverain pontife, avec les chefs des douze tribus, leur en firent le partage selon la loi de Moïse [2], et assignèrent à la tribu de Juda le premier et le plus grand lot [3]. Dès le temps de Moïse, elle s'étoit élevée au-dessus des autres en nombre, en courage et en dignité [4]. Josué mourut, et le peuple continua la conquête de la Terre-Sainte. Dieu voulut que la tribu de Juda marchât à la tête, et déclara qu'il avoit livré le pays entre ses mains [5]. En effet elle défit les Chananéens, et prit Jérusalem [6], qui devoit être la cité sainte, et la capitale du peuple de Dieu. C'étoit l'ancienne Salem, où Melchisédech avoit régné du temps d'Abraham; Melchisédech, ce *roi de justice* (car c'est ce que veut dire son nom), et en même temps *roi de paix*, puisque *Salem* veut dire *paix* [7]; qu'Abraham avoit reconnu pour le plus grand pontife qui fût au monde : comme si Jérusalem eût été dès lors destinée à être une ville sainte, et le chef de la religion. Cette ville fut donnée d'abord aux enfans de Benjamin, qui foibles et en petit nombre, ne purent chasser les Jébuséens anciens habitans du pays, et demeurèrent parmi eux [8]. Sous les juges, le peuple de Dieu est diversement traité, selon qu'il fait bien ou mal. Après la mort des vieillards qui avoient vu les miracles de la main de Dieu, la mémoire de ces grands ouvrages s'affoiblit, et la pente universelle du genre humain entraîne le peuple à l'idolâtrie. Autant de fois qu'il y tombe,

---

[1] Procop., *de Bell. Vand.*, lib. II. — [2] *Jos.*, XIII, XIV et seq.; *Num.*, XXVI, 53; XXXIV, 17. — [3] *Jos.*, XIV, XV. — [4] *Num.*, II, 3, 9; VII, 12; X, 14; I *Paral.*, V, 2. — [5] *Judic.*, I, 1, 2. — [6] *Ibid.*, 4, 8. — [7] *Hebr.*, VII, 2. — [8] *Judic.*, I, 21.

il est puni; autant de fois qu'il se repent, il est délivré. La foi de
la Providence, et la vérité des promesses et des menaces de Moïse
se confirme de plus en plus dans le cœur des vrais fidèles. Mais
Dieu en préparoit encore de plus grands exemples. Le peuple demanda un roi, et Dieu lui donna Saül, bientôt réprouvé pour ses
péchés : il résolut enfin d'établir une famille royale, d'où le
Messie sortiroit, et il la choisit dans Juda. David un jeune berger
sorti de cette tribu, le dernier des enfans de Jessé, dont son père
ni sa famille ne connoissoit pas le mérite, mais que Dieu trouva
selon son cœur, fut sacré par Samuel dans Bethléem sa patrie [1].

CHAPITRE IV.

DAVID, SALOMON, LES ROIS, ET LES PROPHÈTES.

Ici le peuple de Dieu prend une forme plus auguste. La royauté
est affermie dans la maison de David. Cette maison commence par
deux rois de caractère différent, mais admirables tous deux.
David belliqueux et conquérant subjugue les ennemis du peuple
de Dieu, dont il fait craindre les armes par tout l'Orient; et Salomon renommé par sa sagesse au dedans et au dehors; rend ce
peuple heureux par une paix profonde. Mais la suite de la religion nous demande ici quelques remarques particulières sur la
vie de ces deux grands rois.

David régna d'abord sur Juda, puissant et victorieux, et ensuite il fut reconnu par tout Israël. Il prit sur les Jébuséens la
forteresse de Sion, qui étoit la citadelle de Jérusalem. Maître de
cette ville, il y établit par ordre de Dieu le siége de la royauté et
celui de la religion. Sion fut sa demeure : il bâtit autour, et la
nomma la cité de David [2]. Joab fils de sa sœur [3] bâtit le reste de
la ville, et Jérusalem prit une nouvelle forme. Ceux de Juda occupèrent tout le pays; et Benjamin petit en nombre, y demeura
mêlé avec eux.

L'arche d'alliance bâtie par Moïse, où Dieu reposoit sur les
Chérubins, et où les deux tables du Décalogue étoient gardées,
n'avoit point de place fixe. David la mena en triomphe dans

[1] I *Reg.*, XVI. — [2] II *Reg.*, V, 6, 7, 8, 9; I *Paral.*, XI, 6, 7, 8. — [3] *Paral.*, II, 16.

Sion [1], qu'il avoit conquise par le tout-puissant secours de Dieu, afin que Dieu régnât dans Sion, et qu'il y fût reconnu comme le protecteur de David, de Jérusalem et de tout le royaume. Mais le Tabernacle où le peuple avoit servi Dieu dans le désert, étoit encore à Gabaon [2]; et c'étoit là que s'offroient les sacrifices sur l'autel que Moïse avoit élevé. Ce n'étoit qu'en attendant qu'il y eût un temple où l'autel fût réuni avec l'arche, et où se fît tout le service. Quand David eut défait tous ses ennemis, et qu'il eut poussé les conquêtes du peuple de Dieu jusqu'à l'Euphrate [3] : paisible et victorieux, il tourna toutes ses pensées à l'établissement du culte divin [4]; et sur la même montagne où Abraham prêt à immoler son fils unique fut retenu par la main d'un ange [5], il désigna par ordre de Dieu le lieu du temple.

Il en fit tous les dessins; il en amassa les riches et précieux matériaux; il y destina les dépouilles des peuples et des rois vaincus. Mais ce temple qui devoit être disposé par le conquérant, devoit être construit par le pacifique. Salomon le bâtit sur le modèle du Tabernacle. L'autel des holocaustes, l'autel des parfums, le chandelier d'or, les tables des pains de proposition, tout le reste des meubles sacrés du temple, fut pris sur des pièces semblables que Moïse avoit fait faire dans le désert [6]. Salomon n'y ajouta que la magnificence et la grandeur. L'arche que l'homme de Dieu avoit construite fut posée dans le Saint des Saints, lieu inaccessible, symbole de l'impénétrable majesté de Dieu, et du ciel interdit aux hommes jusqu'à ce que Jésus-Christ leur en eût ouvert l'entrée par son sang. Au jour de la dédicace du temple, Dieu y parut dans sa majesté. Il choisit ce lieu pour y établir son nom et son culte. Il y eut défense de sacrifier ailleurs. L'unité de Dieu fut démontrée par l'unité de son temple. Jérusalem devint une cité sainte, image de l'Eglise où Dieu devoit habiter comme dans son véritable temple, et du ciel où il nous rendra éternellement heureux par la manifestation de sa gloire.

---

[1] II *Reg.*, VI, 18.— [2] I *Paral.*, XVI, 39; XXI, 29.— [3] II *Reg.*, VIII; I *Paral.*, XVIII.— [4] II *Reg.*, XXIV, 25; I *Paral.*, XXI, XXII et seq.— [5] Joseph., *Antiq.*, lib. VII, c. 10, al. 13. — [6] III *Reg.*, VI, VII, VIII; II *Paral.*, III, IV, V. VI, VII.

Après que Salomon eut bâti le temple, il bâtit encore le palais des rois [1], dont l'architecture étoit digne d'un si grand prince. Sa maison de plaisance qu'on appela le Bois du Liban, étoit également superbe et délicieuse. Le palais qu'il éleva pour la reine fut une nouvelle décoration à Jérusalem. Tout étoit grand dans ces édifices ; les salles, les vestibules, les galeries, les promenoirs, le trône du roi, et le tribunal où il rendoit la justice : le cèdre fut le seul bois qu'il employa dans ces ouvrages. Tout y reluisoit d'or et de pierreries. Les citoyens et les étrangers admiroient la majesté des rois d'Israël. Le reste répondoit à cette magnificence, les villes, les arsenaux, les chevaux, les chariots, la garde du prince [2]. Le commerce, la navigation, et le bon ordre, avec une paix profonde, avoient rendu Jérusalem la plus riche ville de l'Orient. Le royaume étoit tranquille et abondant : tout y représentoit la gloire céleste. Dans les combats de David, on voyoit les travaux par lesquels il la falloit mériter ; et on voyoit dans le règne de Salomon combien la jouissance en étoit paisible.

Au reste l'élévation de ces deux grands rois et de la famille royale, fut l'effet d'une élection particulière. David célèbre lui-même la merveille de cette élection par ces paroles : « Dieu a choisi les princes dans la tribu de Juda. Dans la maison de Juda, il a choisi la maison de mon père. Parmi les enfans de mon père, il lui a plu de m'élire roi sur tout son peuple d'Israël ; et parmi mes enfans (car le Seigneur m'en a donné plusieurs), il a choisi Salomon pour être assis sur le trône du Seigneur et régner sur Israël [3]. »

Cette élection divine avoit un objet plus haut que celui qui paroît d'abord. Ce Messie tant de fois promis comme le fils d'Abraham, devoit aussi être le fils de David et de tous les rois de Juda. Ce fut en vue du Messie et de son règne éternel que Dieu promit à David que son trône subsisteroit éternellement. Salomon choisi pour lui succéder, étoit destiné à représenter la personne du Messie. C'est pourquoi Dieu dit de lui : « Je serai son père, et il sera mon fils [4] ; » chose qu'il n'a jamais dite avec cette force d'aucun roi, ni d'aucun homme.

---

[1] III *Reg.*, VII, X.— [2] *Ibid.*, X ; II *Paral.*, VIII, IX.— [3] I *Paral.*, XXVIII, 4, 5. — [4] II *Reg.*, VII, 14 ; I *Paral.*, XXII, 10.

Aussi du temps de David, et sous les rois ses enfans, le mystère du Messie se déclare-t-il plus que jamais par des prophéties magnifiques et plus claires que le soleil.

David l'a vu de loin, et l'a chanté dans ses Psaumes avec une magnificence que rien n'égalera jamais. Souvent il ne pensoit qu'à célébrer la gloire de Salomon son fils ; et tout d'un coup ravi hors de lui-même et transporté bien loin au delà, il a vu celui *qui est plus que Salomon en gloire* aussi bien qu'*en sagesse*[1]. Le Messie lui a paru assis sur un trône plus durable que le soleil et que la lune. Il a vu à ses pieds *toutes les nations* vaincues, et ensemble *bénites en lui*[2], conformément à la promesse faite à Abraham. Il a élevé sa vue plus haut encore : il l'a vu *dans les lumières des saints, et devant l'aurore, sortant éternellement du sein* de son Père, *Pontife éternel* et sans successeur, ne succédant aussi à personne, créé extraordinairement, non selon l'ordre d'Aaron, mais *selon l'ordre de Melchisédech*, ordre nouveau, que la loi ne connoissoit pas. Il l'a vu *assis à la droite de Dieu*, regardant du plus haut des cieux *ses ennemis abattus*. Il est étonné d'un si grand spectacle, et ravi de la gloire de son fils, il l'appelle *son Seigneur*.

Il l'a vu, *Dieu, que Dieu avoit oint* pour le faire régner sur toute la terre *par sa douceur, par sa vérité et par sa justice*[4]. Il a assisté en esprit au conseil de Dieu, et a ouï de la propre bouche du Père éternel cette parole qu'il adresse à son fils unique : *Je t'ai engendré aujourd'hui ;* à laquelle Dieu joint la promesse d'un empire perpétuel, « qui s'étendra sur tous les gentils, et n'aura point d'autres bornes que celles du monde[5]. Les peuples frémissent en vain : les rois et les princes font des complots inutiles. Le Seigneur se rit du haut des cieux[6] «de leurs projets insensés, et établit malgré eux l'empire de son Christ. Il l'établit sur eux-mêmes, et il faut qu'ils soient les premiers sujets de ce Christ dont ils vouloient secouer le joug[7]. Et encore que le règne de ce grand Messie soit souvent prédit dans les Ecritures sous des idées magnifiques, Dieu n'a point caché à David les ignominies de ce béni fruit de ses entrailles. Cette instruction étoit nécessaire au

---

[1] *Matth.*, VI, 29 ; XII, 42. — [2] *Psal.* LXXI, 5, 11, 17.— [3] *Psal.* CIX.— [4] *Psal.* XLIV, 3, 4, 5, 6, 7, 8. — [5] *Psal.* II, 7, 8. — [6] *Ibid.*, 1, 2, 4, 9. — [7] *Ibid.*, 10, etc.

peuple de Dieu. Si ce peuple encore infirme avoit besoin d'être
attiré par des promesses temporelles, il ne falloit pourtant pas lui
laisser regarder les grandeurs humaines comme sa souveraine
félicité, et comme son unique récompense : c'est pourquoi Dieu
montre de loin ce Messie tant promis et tant désiré, le modèle de
la perfection et l'objet de ses complaisances, abîmé dans la douleur. La croix paroît à David comme le trône véritable de ce nouveau roi. Il voit *ses mains et ses pieds percés, tous ses os marqués
sur sa peau* [1], par tout le poids de son corps violemment suspendu ;
*ses habits partagés, sa robe jetée au sort, sa langue abreuvée de
fiel et de vinaigre, ses ennemis frémissant autour de lui, et s'as-
souvissant de son sang* [2]. Mais il voit en même temps les glorieuses suites de ses humiliations : *tous les peuples de la terre se
ressouvenir de leur Dieu* oublié depuis tant de siècles ; *les pauvres
venir* les premiers *à la table* du Messie, et ensuite *les riches et les
puissans ; tous l'adorer et le bénir ;* lui présidant *dans la grande*
et nombreuse *église,* c'est-à-dire dans l'assemblée des nations con-
verties, et *y annonçant à ses frères le nom de Dieu* [3], et ses vérités éternelles. David qui a vu ces choses, a reconnu en les
voyant, que le royaume de son fils n'étoit pas de ce monde. Il ne
s'en étonne pas, car il sait que le monde passe ; et un prince toujours si humble sur le trône voyoit bien qu'un trône n'étoit pas
un bien où se dussent terminer ses espérances.

Les autres prophètes n'ont pas moins vu le mystère du Messie.
Il n'y a rien de grand ni de glorieux qu'ils n'aient dit de son
règne. L'un voit *Béthléem, la plus petite ville de Juda,* illustrée
par sa naissance ; et en même temps élevé plus haut, il voit une
autre naissance par laquelle *il sort de toute éternité* du sein de
son Père [4] : l'autre voit la virginité de sa Mère, *un Emmanuel,
un Dieu avec nous* [5] sortir de ce sein virginal, et un enfant *admirable* qu'il appelle *Dieu* [6]. Celui-ci le voit entrer *dans son
temple* [7], cet autre le voit *glorieux dans son tombeau* où la mort
a été vaincue [8]. En publiant ses magnificences, ils ne taisent pas

[1] *Psal.* xxi, 17, 18, 19. — [2] *Psal.* lxviii, 22. *Psal.* xxi, 8, 13, 14, 17, 21, 22.—
[3] *Psal.,* 26, 27 et seq.— [4] *Mich.,* v, 2.— [5] *Isa,* vii, 14.— [6] *Id.,* ix, 6.— [7] *Malac.,* iii,
1. — [8] *Isa.,* xi, 10; liii, 9.

ses opprobres. Il l'ont vu *vendu* (a) ; ils ont su le nombre et l'emploi des *trente pièces d'argent dont il a été acheté* [1]. En même temps qu'ils l'ont vu *grand et élevé* [2], ils l'ont vu *méprisé et méconnoissable au milieu des hommes ; l'étonnement du monde*, autant par sa bassesse que par sa grandeur ; *le dernier des hommes ; l'homme de douleurs chargé de tous nos péchés ; bienfaisant, et méconnu, défiguré par ses plaies, et par là guérissant les nôtres ; traité comme un criminel ; mené au supplice avec des méchans, et se livrant comme un agneau* innocent, paisiblement *à la mort : une longue postérité naître de lui* [3] par ce moyen, et la vengeance déployée sur son peuple incrédule. Afin que rien ne manquât à la prophétie, ils ont compté les années jusqu'à sa venue [4] ; et à moins que de s'aveugler, il n'y a plus moyen de le méconnoître.

Non-seulement les prophètes voyoient Jésus-Christ, mais encore ils en étoient la figure, et représentoient ses mystères, principalement celui de la croix. Presque tous ils ont souffert persécution pour la justice, et nous ont figuré dans leurs souffrances l'innocence et la vérité persécutée en Notre-Seigneur. On voit Elie et Elisée toujours menacés. Combien de fois Isaïe a-t-il été la risée du peuple et des rois, qui à la fin, comme porte la tradition constante des Juifs, l'ont immolé à leur fureur ? Zacharie fils de Joïada est lapidé : Ezéchiel paroît toujours dans l'affliction : les maux de Jérémie sont continuels et inexplicables : Daniel se voit deux fois au milieu des lions. Tous ont été contredits et maltraités ; et tous nous ont fait voir par leur exemple, que si l'infirmité de l'ancien peuple demandoit en général d'être soutenue par des bénédictions temporelles, néanmoins les forts d'Israël, et les hommes d'une sainteté extraordinaire étoient nourris dès lors du pain d'affliction, et buvoient par avance, pour se sanctifier, dans le calice préparé au Fils de Dieu ; calice d'autant plus rempli d'amertume, que la personne de Jésus-Christ étoit plus sainte.

Mais ce que les prophètes ont vu le plus clairement, et ce qu'ils ont aussi déclaré dans les termes les plus magnifiques, c'est la

---

[1] *Zach.*, XI, 12, 13. — [2] *Isa.*, LII, 13. — [3] *Isa.*, LIII. — [4] *Dan.*, IX.

(a) 1ʳᵉ *édit.* : Ils l'ont vendu à son peuple.

bénédiction répandue sur les gentils par le Messie. *Ce rejeton de Jessé* et de David a paru au saint prophète Isaïe, *comme un signe donné de Dieu aux peuples et aux gentils, afin qu'ils l'invoquent* [1]. L'homme de douleur, dont les plaies *devoient faire notre guérison*, étoit choisi *pour laver les gentils par une sainte aspersion*, qu'on reconnoît dans son sang et dans le baptême. *Les rois* saisis de respect en sa présence, *n'osent ouvrir la bouche devant lui. Ceux qui n'ont jamais ouï parler de lui, le voient; et ceux à qui il étoit inconnu sont appelés pour le contempler* [2]. C'est *le témoin donné aux peuples; c'est le chef et le précepteur des gentils.* Sous lui *un peuple inconnu se joindra au peuple de Dieu, et les gentils y accourront de tous côtés* [3]. C'est *le Juste de Sion qui s'élèvera comme une lumière; c'est son Sauveur qui sera allumé comme un flambeau. Les gentils verront ce Juste, et tous les rois connoîtront cet homme tant célébré dans les prophéties de Sion* [4].

Le voici mieux décrit encore, et avec un caractère particulier. Un homme d'une douceur admirable, singulièrement *choisi de Dieu, et l'objet de ses complaisances, déclare aux gentils leur jugement. Les îles attendent sa loi.* C'est ainsi que les Hébreux appellent l'Europe et les pays éloignés. *Il ne fera aucun bruit :* à peine l'entendra-t-on, tant il sera doux et paisible. *Il ne foulera pas aux pieds un roseau brisé, ni n'éteindra un reste fumant de toile brûlée.* Loin d'accabler les infirmes et les pécheurs, sa voix charitable les appellera, et sa main bienfaisante sera leur soutien. *Il ouvrira les yeux des aveugles, et tirera les captifs de leur prison* [5]. Sa puissance ne sera pas moindre que sa bonté. Son caractère essentiel est de joindre ensemble la douceur avec l'efficace : c'est pourquoi cette voix si douce passera en un moment d'une extrémité du monde à l'autre; et sans causer aucune sédition parmi les hommes, elle excitera toute la terre. *Il n'est ni rebutant ni impétueux;* et celui que l'on connoissoit à peine quand il étoit dans la Judée, ne sera pas seulement le fondement *de l'alliance du peuple,* mais encore *la lumière de tous les gentils* [6]. Sous son règne admirable *les Assyriens et les Egyptiens ne seront*

[1] *Isa.*, xi, 10. — [2] *Id.*, LII, 13, 14, 15 ; LIII,— [3] *Id.*, LV, 4, 5. — [4] *Id.*, LXII, 1, 2. [5] *Isa.*, XLII, 1, 2, 3, 4, 5, 6. — [6] *Isa.*, XLIX, 6.

plus avec les Israélites qu'un même peuple de Dieu [1]. Tout devient Israël, tout devient saint. Jérusalem n'est plus une ville particulière : c'est l'image d'une nouvelle société, où tous les peuples se rassemblent : l'Europe, l'Afrique, et l'Asie reçoivent des prédicateurs dans lesquels *Dieu a mis son signe, afin qu'ils découvrent sa gloire aux gentils.* Les élus jusqu'alors appelés du nom d'Israël, *auront un autre nom* où sera marqué l'accomplissement des promesses, et un *amen* bienheureux. *Les prêtres et les lévites,* qui jusqu'alors sortoient d'Aaron, *sortiront dorénavant du milieu de la gentilité* [2]. Un nouveau sacrifice plus pur et plus agréable que les anciens sera substitué à leur place [3], et on saura pourquoi David avoit célébré un pontife d'un nouvel ordre [4]. *Le juste descendra du ciel comme une rosée, la terre produira son germe, et ce sera le Sauveur avec lequel on verra naître la justice* [5]. Le ciel et la terre s'uniront pour produire comme par un commun enfantement, celui qui sera tout ensemble céleste et terrestre : de nouvelles idées de vertu paroîtront au monde dans ses exemples et dans sa doctrine; et la grace qu'il répandra les imprimera dans les cœurs. Tout change par sa venue, et Dieu *jure par lui-même que tout genou fléchira devant lui, et que toute langue reconnoîtra sa souveraine puissance* [6].

Voilà une partie des merveilles que Dieu a montrées aux prophètes sous les rois enfans de David, et à David avant tous les autres. Tous ont écrit par avance l'histoire du Fils de Dieu, qui devoit aussi être fait le fils d'Abraham et de David. C'est ainsi que tout est suivi dans l'ordre des conseils divins. Ce Messie montré de loin comme le fils d'Abraham, est encore montré de plus près comme le fils de David. Un empire éternel lui est promis : la connoissance de Dieu répandue par tout l'univers est marquée comme le signe certain et comme le fruit de sa venue : la conversion des gentils, et la bénédiction de tous les peuples du monde promise depuis si longtemps à Abraham, à Isaac et à

---

[1] *Isa.*, XIX, 24, 25. — [2] *Isa.*, LX, 1, 2, 3, 4, 11; LXI, 1, 2, 3, 11; LXII, 1, 2, 11; LXV, 1, 2, 15, 16; LXVI, 19, 20, 21. — [3] *Malach.*, 1, 10, 11. — [4] *Psal.* CIX, 4. — [5] *Isa.*, XLV, 8, 23. — [6] *Ibid.*, 24.

Jacob, est de nouveau confirmée, et tout le peuple de Dieu vit dans cette attente.

Cependant Dieu continue à le gouverner d'une manière admirable. Il fait un nouveau pacte avec David, et s'oblige de le protéger lui et les rois ses descendans, s'ils marchent dans les préceptes qu'il leur a donnés par Moïse; sinon, il leur dénonce de rigoureux châtimens [1]. David qui s'oublie pour un peu de temps, les éprouve le premier [2] : mais ayant réparé sa faute par sa pénitence, il est comblé de biens, et proposé comme le modèle d'un roi accompli. Le trône est affermi dans sa maison. Tant que Salomon son fils imite sa piété, il est heureux : il s'égare dans sa vieillesse; et Dieu qui l'épargne pour l'amour de son serviteur David, lui dénonce qu'il le punira en la personne de son fils [3]. Ainsi il fait voir aux pères que selon l'ordre secret de ses jugemens, il fait durer après leur mort leurs récompenses ou leurs châtimens; et il les tient soumis à ses lois par leur intérêt le plus cher, c'est-à-dire par l'intérêt de leur famille. En exécution de ses décrets, Roboam téméraire par lui-même, est livré à un conseil insensé : son royaume est diminué de dix tribus [4]. Pendant que ces dix tribus rebelles et schismatiques se séparent de leur Dieu et de leur roi, les enfans de Juda fidèles à Dieu et à David qu'il avoit choisi, demeurent dans l'alliance et dans la foi d'Abraham. Les lévites se joignent à eux avec Benjamin : le royaume du peuple de Dieu subsiste par leur union sous le nom de royaume de Juda; et la loi de Moïse s'y maintient dans toutes ses observances. Malgré les idolâtries et la corruption effroyable des dix tribus séparées, Dieu se souvient de son alliance avec Abraham, Isaac et Jacob. Sa loi ne s'éteint pas parmi ces rebelles : il ne cesse de les rappeler à la pénitence par des miracles innombrables, et par les continuels avertissemens qu'il leur envoie par ses prophètes. Endurcis dans leur crime, il ne les peut plus supporter, et les chasse de la terre promise, sans espérance d'y être jamais rétablis [5].

---

[1] II *Reg.*, VII, 8 et seq.; III *Reg.*, IX, 4 et seq.; II *Paral.*, VII, 17 et seq. — [2] II *Reg.*, XI, XII et seq. — [3] III *Reg.*, XI. — [4] *Ibid.*, XII. — [5] IV *Reg.*, XVII, 6, 7 et seq.

· L'histoire de Tobie (a) arrivée en ce même temps, et durant les commencemens de la captivité des Israélites [1], nous fait voir la conduite des élus de Dieu qui restèrent dans les tribus séparées. Ce saint homme, en demeurant parmi eux avant la captivité, sut non-seulement se conserver pur des idolâtries de ses frères, mais encore pratiquer la loi, et adorer Dieu publiquement dans le temple de Jérusalem, sans que les mauvais exemples ni la crainte l'en empêchassent. Captif et persécuté à Ninive, il persista dans la piété avec sa famille [2]; et la manière admirable dont lui et son fils sont récompensés de leur foi, même sur la terre, montre que, malgré la captivité et la persécution, Dieu avoit des moyens secrets de faire sentir à ses serviteurs les bénédictions de la loi, en les élevant toutefois, par les maux qu'ils avoient à souffrir, à de plus hautes pensées. Par les exemples de Tobie et par ses saints avertissemens, ceux d'Israël étoient excités à reconnoître du moins sous la verge la main de Dieu qui les châtioit; mais presque tous demeuroient dans l'obstination : ceux de Juda, loin de profiter des châtimens d'Israël, en imitent les mauvais exemples. Dieu ne cesse de les avertir par ses prophètes, qu'il leur envoie coup sur coup, *s'éveillant la nuit, et se levant dès le matin,* comme il dit lui-même [3], pour marquer ses soins paternels. Rebuté de leur ingratitude, il s'émeut contre eux, et les menace de les traiter comme leurs frères rebelles.

CHAPITRE V.

LA VIE ET LE MINISTÈRE PROPHÉTIQUE : LES JUGEMENS DE DIEU DÉCLARÉS PAR LES PROPHÉTIES (b).

Il n'y a rien de plus remarquable dans l'histoire du peuple de Dieu, que ce ministère des prophètes. On voit des hommes séparés du reste du peuple par une vie retirée, et par un habit particulier [4] : ils ont des demeures où on les voit vivre dans une es-

---

[1] *Tob.,* 1, 5, 6, 7. — [2] *Ibid.,* II, 12, 21, 22.— [3] IV *Reg.,* XVII, 19; XXIII, 26, 27; II *Paral.,* XXXVI, 15; *Jer.,* XXIX, 19.—[4] I *Reg.,* XXVIII, 14; III *Reg.,* XIX, 19. IV *Reg.,* 1, 8; *Isa.,* XX, 2; *Zach.,* XIII, 4.

(a) 1ʳᵉ *édit. :* Cependant l'histoire de Tobie. — (b) Ici, point de division, ni titre, ni chapitre dans la 1ʳᵉ édition.

pèce de communauté, sous un supérieur que Dieu leur donnoit [1].
Leur vie pauvre et pénitente étoit la figure de la mortification,
qui devoit être annoncée sous l'Evangile. Dieu se communiquoit
à eux d'une façon particulière, et faisoit éclater aux yeux du
peuple cette merveilleuse communication : mais jamais elle n'é-
clatoit avec tant de force que durant les temps de désordre où il
sembloit que l'idolâtrie alloit abolir la loi de Dieu. Durant ces
temps malheureux les prophètes faisoient retentir de tous côtés,
et de vive voix et par écrit, les menaces de Dieu, et le témoignage qu'ils rendoient à sa vérité. Les écrits qu'ils faisoient
étoient entre les mains de tout le peuple, et soigneusement conservés en mémoire perpétuelle aux siècles futurs [2]. Ceux du
peuple qui demeuroient fidèles à Dieu s'unissoient à eux ; et nous
voyons même qu'en Israël où régnoit l'idolâtrie, ce qu'il y avoit
de fidèles célébroit avec les prophètes le sabbat et les fêtes établies par la loi de Moïse [3]. C'étoit eux qui encourageoient les gens
de bien à demeurer fermes dans l'alliance. Plusieurs d'eux ont
souffert la mort ; et on a vu à leur exemple dans les temps les plus
mauvais, c'est-à-dire dans le règne même de Manassès [4], une infinité de fidèles répandre leur sang pour la vérité, en sorte qu'elle
n'a pas été un seul moment sans témoignage.

Ainsi la société du peuple de Dieu subsistoit toujours : les prophètes y demeuroient unis (a) : un grand nombre de fidèles per-
sistoit hautement dans la loi de Dieu avec eux et avec les pieux
sacrificateurs (b) qui persistoient dans les observances que leurs
prédécesseurs, à remonter jusqu'à Aaron, leur avoient laissées.
Dans les règnes les plus impies, tels que furent ceux d'Achaz et
de Manassès, Isaïe et les autres prophètes ne se plaignoient pas
qu'on eût interrompu l'usage de la circoncision, qui étoit le sceau

---

[1] I *Reg.*, x, 10 ; xix, 19, 20 ; III *Reg.*, xviii ; IV *Reg.*, ii, 3, 15, 18, 19, 25 ; iv, 10,
38 ; vi, 1, 2. — [2] *Exod.*, xvii, 14 ; *Isa.* xxx, 8 ; xxxiv, 16. *Jer.* xxii, 30 ; xxvi, 2 ;
xxxvi ; 11 ; II *Par.* xxxvi, 22 ; I *Esd.* i, 1 ; *Dan.*, ix, 2. — [3] IV *Reg.*, iv, 23. —
[4] *Ibid.*, xxi, 16.

(a) 1ʳᵉ *édit.* : y demeuroient. — (b) Depuis ce mot : *Sacrificateur*, jusqu'à la
la fin de l'alinéa : *Cérémonie du sanctuaire*, addition laissée en manuscrit par
l'auteur. Les trois premières éditions disoient seulement :... Avec les prêtres
enfans de Sadoc, qui, comme dit Ezéchiel, dans les temps d'égarement avoient
toujours observé les cérémonies du sanctuaire.

de l'alliance, et dans laquelle étoit renfermée, selon la doctrine de saint Paul, toute l'observance de la loi. On ne voit pas non plus que les sabbats et les autres fêtes fussent abolis : et si Achaz ferma durant quelque temps la porte du temple [1], et qu'il y ait eu quelque interruption dans les sacrifices, c'étoit une violence qui ne fermoit pas pour cela la bouche de ceux qui louoient et confessoient publiquement le nom de Dieu ; car Dieu n'a jamais permis que cette voix fût éteinte parmi son peuple : et quand Aman entreprit de détruire l'héritage du Seigneur, changer ses promesses et faire cesser ses louanges [2], on sait ce que Dieu fit pour l'empêcher. Sa puissance ne parut pas moins lorsqu'Antiochus voulut abolir la religion. Que ne dirent point les prophètes à Achaz et à Manassès, pour soutenir la vérité de la religion et la pureté du culte ? *Les paroles des Voyans qui leur parloient au nom du Dieu d'Israël étoient écrites,* comme remarque le texte sacré, *dans l'histoire de ces rois* [3]. Si Manassès en fut touché, s'il fit pénitence, on ne peut douter que leur doctrine ne tînt un grand nombre de fidèles dans l'obéissance de la loi ; et le bon parti étoit si fort, que dans le jugement qu'on portoit des rois après leur mort, on déclaroit ces rois impies indignes du sépulcre de David et de leurs pieux prédécesseurs. Car encore qu'il soit écrit qu'Achaz fut enterré dans la cité de David, l'Ecriture marque expressément *qu'on ne le reçut pas dans le sépulcre des rois d'Israël* [4]. On n'excepta pas Manassès de la rigueur de ce jugement, encore qu'il eût fait pénitence ; pour laisser un monument éternel de l'horreur qu'on avoit eue de sa conduite. Et afin qu'on ne pense pas que la multitude de ceux qui adhéroient publiquement au culte de Dieu avec les prophètes fût destituée de la succession légitime de ses pasteurs ordinaires, Ezéchiel marque expressément, en deux endroits [5], *les sacrificateurs et les lévites enfans de Sadoc, qui, dans les temps d'égarement, avoient persisté dans l'observance des cérémonies du sanctuaire.*

Cependant malgré les prophètes, malgré les prêtres fidèles et le peuple uni avec eux dans la pratique de la loi, l'idolâtrie qui

---

[1] II *Paral.,* XXVIII, 24. — [2] *Esth.,* XIV, 9. — [3] II *Paralip.,* XXXIII, 18. — [4] *Ibid.,* XXVIII, 27. — [5] *Ezech.,* XLIV, 15 ; XLVIII, 11.

avoit ruiné Israël entraînoit souvent dans Juda même et les princes et le gros du peuple. Quoique les rois oubliassent le Dieu de leurs pères, il supporta longtemps leurs iniquités à cause de David son serviteur. David est toujours présent à ses yeux. Quand les rois enfans de David suivent les bons exemples de leur père, Dieu fait des miracles surprenans en leur faveur : mais ils sentent, quand ils dégénèrent, la force invincible de sa main, qui s'appesantit sur eux. Les rois d'Egypte, les rois de Syrie, et surtout les rois d'Assyrie et de Babylone servent d'instrument à sa vengeance. L'impiété s'augmente, et Dieu suscite en Orient un roi plus superbe et plus redoutable que tous ceux qui avoient paru jusqu'alors : c'est Nabuchodonosor roi de Babylone, le plus terrible des conquérans. Il le montre de loin aux peuples et aux rois comme le vengeur destiné à les punir [1]. Il approche, et la frayeur marche devant lui. Il prend une première fois Jérusalem, et transporte à Babylone une partie de ses habitans [2]. Ni ceux qui restent dans le pays, ni ceux qui sont transportés, quoique avertis les uns par Jérémie, et les autres par Ezéchiel, ne font pénitence. Ils préfèrent à ces saints prophètes *des prophètes qui leur prêchoient des illusions* [3], et les flattoient dans leurs crimes. Le vengeur revient en Judée, et le joug de Jérusalem est aggravé; mais elle n'est pas tout à fait détruite. Enfin l'iniquité vient à son comble; l'orgueil croît avec la foiblesse, et Nabuchodonosor met tout en poudre [4].

Dieu n'épargna pas son sanctuaire. Ce beau temple, l'ornement du monde, qui devoit être éternel si les enfans d'Israël eussent persévéré dans la piété [5], fut consumé par le feu des Assyriens. C'étoit en vain que les Juifs disoient sans cesse : *Le temple de Dieu, le temple de Dieu : Le temple de Dieu est parmi nous* [6], comme si ce temple sacré eût dû les protéger tout seul. Dieu avoit résolu de leur faire voir qu'il n'étoit point attaché à un édifice de pierre, mais qu'il vouloit trouver des cœurs fidèles. Ainsi il détruisit le temple de Jérusalem, il en donna le trésor au pillage;

---

[1] *Jer.*, xxv, etc.; *Ezech.*, xxvi, etc.—[2] IV *Reg.*, xxiv, 1 ; II *Paral.*, xxxvi, 5, 6. — [3] *Jer.*, xiv, 14. —[4] IV *Reg.*, xxv. — [5] III *Reg.*, ix, 3; IV *Reg.*, xxi, 7, 8. — [6] *Jer.*, vii, 4.

et tant de riches vaisseaux consacrés par des rois pieux, furent abandonnés à un roi impie.

Mais la chute du peuple de Dieu devoit être l'instruction de tout l'univers. Voyons en la personne de ce roi impie, et ensemble victorieux, ce que c'est que les conquérans. Ils ne sont pour la plupart que des instrumens de la vengeance divine. Dieu exerce par eux sa justice, et puis il l'exerce sur eux-mêmes. Nabuchodonosor, revêtu de la puissance divine et rendu invincible par ce ministère, punit tous les ennemis du peuple de Dieu. Il ravage les Iduméens, les Ammonites, et les Moabites ; il renverse les rois de Syrie : l'Egypte sous le pouvoir de laquelle la Judée avoit tant de fois gémi, est la proie de ce roi superbe, et lui devient tributaire [1] ; sa puissance n'est pas moins fatale à la Judée même, qui ne sait pas profiter des délais que Dieu lui donne. Tout tombe, tout est abattu par la justice divine, dont Nabuchodonosor est le ministre : il tombera à son tour ; et Dieu qui emploie la main de ce prince pour châtier ses enfans et abattre ses ennemis, la réserve à sa main toute-puissante (a).

CHAPITRE VI.

JUGEMENS DE DIEU SUR NABUCHODONOSOR, SUR LES ROIS SES SUCCESSEURS ET SUR TOUT L'EMPIRE DE BABYLONE (b).

Il n'a pas laissé ignorer à ses enfans la destinée de ce roi qui les châtioit, et de l'empire des Chaldéens sous lequel ils devoient être captifs. De peur qu'ils ne fussent surpris de la gloire des impies, et de leur règne orgueilleux, les prophètes leur en dénonçoient la courte durée. Isaïe qui a vu la gloire de Nabuchodonosor et son orgueil insensé longtemps avant sa naissance, a prédit sa chute soudaine et celle de son empire [2]. Babylone n'étoit presque rien, quand ce prophète a vu sa puissance, et un peu après, sa ruine. Ainsi les révolutions des villes et des empires qui tourmentoient le peuple de Dieu, ou profitoient de sa perte, étoient

---

[1] IV *Reg.*, XXIV, 7. — [2] *Isa.*, XIII, XIV, XXI, XLV, XLVI, XLVII, XLVIII.

(a)) 1re *édit.* : A sa propre main toute-puissante. — (b) Ni division, ni titre dans la 1re édition.

écrites dans ses prophéties. Ces oracles étoient suivis d'une prompte exécution : et les Juifs si rudement châtiés, virent tomber avant eux, ou avec eux, ou un peu après, selon les prédictions de leurs prophètes, non-seulement Samarie, Idumée, Gaza, Ascalon, Damas, les villes des Ammonites et des Moabites leurs perpétuels ennemis; mais encore les capitales (a) des grands empires, mais Tyr la maîtresse de la mer, mais Tanis, mais Memphis, mais Thèbes à cent portes avec toutes les richesses de son Sésostris, mais Ninive même le siége des rois d'Assyrie ses persécuteurs, mais la superbe Babylone victorieuse de toutes les autres, et riche de leurs dépouilles.

Il est vrai que Jérusalem périt en même temps pour ses péchés : mais Dieu ne la laissa pas sans espérance. Isaïe qui avoit prédit sa perte, avoit vu son glorieux rétablissement, et lui avoit même nommé Cyrus son libérateur, deux cents ans avant qu'il fût né [1]. Jérémie, dont les prédictions avoient été si précises pour marquer à ce peuple ingrat sa perte certaine, lui avoit promis son retour après soixante et dix ans de captivité [2]. Durant ces années ce peuple abattu étoit respecté dans ses prophètes : ces captifs prononçoient aux rois et aux peuples leurs terribles destinées. Nabuchodonosor qui vouloit se faire adorer, adore lui-même Daniel [3], étonné des secrets divins qu'il lui découvroit : il apprend de lui sa sentence bientôt suivie de l'exécution [4]. Ce prince victorieux triomphoit dans Babylone, dont il fit la plus grande ville, la plus forte et la plus belle que le soleil eût jamais vue [5]. C'étoit là que Dieu l'attendoit pour foudroyer son orgueil. Heureux et invulnérable, pour ainsi parler, à la tête de ses armées, et durant tout le cours de ses conquêtes [6], il devoit périr dans sa maison, selon l'oracle d'Ezéchiel [7]. Lorsqu'admirant sa grandeur, et la beauté de Babylone, il s'élève au-dessus de l'humanité, Dieu le frappe, lui ôte l'esprit et le range parmi les bêtes. Il revient au temps marqué par Daniel [8], et reconnoît le Dieu du ciel qui lui avoit

---

[1] *Isa.*, XLIV, XLV. — [2] *Jer.*, XXV, 11, 12; XXIX, 10. — [3] *Dan.*, II, 46. — [4] *Ibid.*, IV, 1 et seq. — [5] *Ibid.*, 26 et seq. — [6] *Jerem.*, XXVII. — [7] *Ezechiel*, XXI, 30. — [8] *Dan.*, IV, 31.

(a) 1re *édit.* : Mais les capitales.

fait sentir sa puissance : mais ses successeurs ne profitent pas de
son exemple. Les affaires de Babylone se brouillent, et le temps
marqué par les prophéties pour le rétablissement de Juda arrive
parmi tous ces troubles. Cyrus paroît à la tête des Mèdes et des
Perses [1] : tout cède à ce redoutable conquérant. Il s'avance lentement vers les Chaldéens, et sa marche est souvent interrompue.
Les nouvelles de sa venue viennent de loin à loin, comme avoit
prédit Jérémie [2] : enfin il se détermine. Babylone souvent menacée par les prophètes, et toujours superbe et impénitente, voit
arriver son vainqueur qu'elle méprise. Ses richesses, ses hautes
murailles, son peuple innombrable, sa prodigieuse enceinte, qui
enfermoit tout un grand pays, comme l'attestent tous les anciens [3],
et ses provisions infinies lui enflent le cœur. Assiégée durant un
long temps sans sentir aucune incommodité, elle se rit de ses
ennemis, et des fossés que Cyrus creusoit autour d'elle : on n'y
parle que de festins et de réjouissances. Son roi Baltasar petit-fils
de Nabuchodonosor, aussi superbe que lui, mais moins habile,
fait une fête solennelle à tous les seigneurs [4]. Cette fête est célébrée avec des excès inouïs. Baltasar fait apporter les vaisseaux
sacrés enlevés du temple de Jérusalem, et mêle la profanation
avec le luxe. La colère de Dieu se déclare : une main céleste écrit
des paroles terribles sur la muraille de la salle où se faisoit le
festin. Daniel en interprète le sens; et ce prophète qui avoit prédit
la chute funeste de l'aïeul, fait voir encore au petit-fils la foudre
qui va partir pour l'accabler. En exécution du décret de Dieu,
Cyrus se fait tout à coup une ouverture dans Babylone. L'Euphrate détourné dans les fossés qu'il lui préparoit depuis si longtemps, lui découvre son lit immense : il entre par ce passage imprévu. Ainsi fut livrée en proie *aux Mèdes et aux Perses, et à
Cyrus,* comme avoient dit les prophètes, *cette superbe Babylone* [5].
Ainsi périt avec elle le royaume des Chaldéens, qui avoit détruit
tant d'autres royaumes [6]; *et le marteau qui avoit brisé tout l'univers, fut brisé lui-même.* Jérémie l'avoit prédit [7]. Le Seigneur

---

[1] Herod., lib. ɪ, c. 177; Xenoph., *Cyropæd.*, lib. ɪɪ, ɪɪɪ, etc — [2] *Jer.*, ʟɪ, 46.
— [3] Herod., lib. ɪ, c. 178, etc.; Xenoph., *Cyropæd.*, lib. ᴠɪɪ; Arist., *Polit.*, lib.
ɪɪɪ, cap. 3.— [4] *Dan.*, ᴠ.— [5] *Isa.*, xɪɪɪ, 17; xxɪ, 2; xʟᴠ, xʟᴠɪ, xʟᴠɪɪ; *Jer.*, ʟɪ, 11,
28.— [6] *Isa.*, xɪᴠ, 16, 17.— [7] *Jer.*, ʟ, 23.

rompit la verge dont il avoit frappé tant de nations. Isaïe l'avoit
prévu [1]. Les peuples accoutumés au joug des rois Chaldéens, les
voient eux-mêmes sous le joug : *Vous voilà,* dirent-ils, *blessés
comme nous ; vous êtes devenus semblables à nous, vous
qui disiez dans votre cœur : J'élèverai mon trône au-dessus des
astres, et je serai semblable au Très-Haut* [2]. C'est ce qu'avoit prononcé le même Isaïe. *Elle tombe, elle tombe,* comme l'avoit dit
ce prophète, *cette grande Babylone, et ses idoles sont brisées* [3].
Bel est renversé; et Nabo son grand Dieu, d'où les rois prenoient
leur nom, *tombe par terre* [4] : car les Perses leurs ennemis, ado-
rateurs du soleil, ne souffroient point les idoles ni les rois qu'on
avoit faits dieux. Mais comment périt cette Babylone? comme les
prophètes l'avoient déclaré : *Ses eaux furent desséchées,* comme
avoit prédit Jérémie [5], pour donner passage à son vainqueur :
enivrée, endormie, trahie par sa propre joie, selon le même prophète, elle se trouva au pouvoir de ses ennemis, *et prise comme
dans un filet sans le savoir* [6]. On passe tous ses habitans au fil de
l'épée : car *les Mèdes* ses vainqueurs, comme avoit dit Isaïe [7], ne
cherchoient ni l'or ni l'argent, mais la vengeance, mais à assouvir leur haine par la perte d'un peuple cruel, que son orgueil
faisoit l'ennemi de tous les peuples du monde. *Les courriers venoient l'un sur l'autre annoncer au roi que l'ennemi entroit dans
la ville* : Jérémie l'avoit ainsi marqué [8]. Ses astrologues, en qui
elle croyoit et qui lui promettoient un empire éternel, *ne purent
la sauver de son vainqueur.* C'est Isaïe et Jérémie qui l'annoncent
d'un commun accord [9]. Dans cet effroyable carnage, les Juifs
avertis de loin échappèrent seuls au glaive du victorieux [10]. Cyrus
devenu par cette conquête le maître de tout l'Orient, reconnoît
dans ce peuple tant de fois vaincu je ne sais quoi de divin. Ravi
des oracles qui avoient prédit ses victoires, il avoue qu'il doit son
empire *au Dieu du ciel* que les Juifs servoient, et signale la première année de son règne par le rétablissement de son temple et
de son peuple [11].

[1] *Isa.,* xiv, 5, 6.— [2] *Ibid.,* 10. — [3] *Ibid.,* xxi, 9.— [4] *Ibid.,* xlvi, 1.— [5] *Jer.,* l,
38 ; li, 36.— [6] *Ibid.,* l, 24 ; li, 39, 57.— [7] *Isa.,* xiii, 15, 16, 17, 18 ; *Jer.,* l, 35,
36, 37, 42.— [8] *Jer.,* li, 31.— [9] *Isa.* xlvii, 12, 13, 14, 15; *Jer.,* l, 36.— [10] *Isa.,* xlviii,
20; *Jer.,* l, 8, 28 ; li, 6, 10, 50, etc.— [11] II *Paral.,* xxxvi, 23 ; I *Esdr.,* i, 2.

CHAPITRE VII.

DIVERSITÉ DES JUGEMENS DE DIEU, JUGEMENT DE RIGUEUR SUR
BABYLONE : JUGEMENT DE MISÉRICORDE SUR JÉRUSALEM (a).

Qui n'admireroit ici la Providence divine si évidemment déclarée sur les Juifs et sur les Chaldéens, sur Jérusalem et sur
Babylone ? Dieu les veut punir toutes deux ; et afin qu'on n'i-
gnore pas que c'est lui seul qui le fait, il se plaît à le déclarer
par cent prophéties. Jérusalem et Babylone toutes deux mena-
cées dans le même temps et par les mêmes prophètes, tombent
l'une après l'autre dans le temps marqué. Mais Dieu découvre ici
le grand secret des deux châtimens dont il se sert : un châtiment
de rigueur sur les Chaldéens, un châtiment paternel sur les Juifs
qui sont ses enfans. L'orgueil des Chaldéens (c'étoit le caractère
de la nation et l'esprit de tout cet empire) est abattu sans retour.
Le superbe est tombé et ne se relèvera pas [1], disoit Jérémie ; et
Isaïe devant lui : *Babylone la glorieuse, dont les Chaldéens inso-*
lens s'enorgueillissoient, a été faite comme Sodome et comme
Gomorrhe [2], à qui Dieu n'a laissé aucune ressource. Il n'en est
pas ainsi des Juifs : Dieu les a châtiés comme des enfans déso-
béissans qu'il remet dans leur devoir par le châtiment, et puis
touché de leurs larmes il oublie leurs fautes. « Ne crains point,
ô Jacob, dit le Seigneur, parce que je suis avec toi. Je te châtierai
avec justice, et ne te pardonnerai pas comme si tu étois innocent ;
mais je ne te détruirai pas comme je détruirai les nations parmi
lesquelles je t'ai dispersé [3]. C'est pourquoi Babylone ôtée pour
jamais aux Chaldéens, est livrée à un autre peuple ; et Jérusalem
rétablie par un changement merveilleux, voit revenir ses enfans
de tous côtés.

[1] *Jer.*, L, 31, 32, 40. — [2] *Isa.*, XIII, 19. — [3] *Jer.*, XLVI, 28.

(a) Titre ajouté dans la troisième édition.

CHAPITRE VIII.

RETOUR DU PEUPLE SOUS ZOROBABEL, ESDRAS ET NÉHÉMIAS (a).

Ce fut Zorobabel, de la tribu de Juda et du sang des rois, qui les ramena de captivité. Ceux de Juda reviennent en foule, et remplissent tout le pays. Les dix tribus dispersées se perdent parmi les gentils, à la réserve de ceux qui sous le nom de Juda, et réunis sous ses étendards; rentrent dans la terre de leurs pères.

Cependant l'autel se redresse, le temple se rebâtit, les murailles de Jérusalem sont relevées. La jalousie des peuples voisins est réprimée par les rois de Perse devenus les protecteurs du peuple de Dieu. Le pontife rentre en exercice avec tous les prêtres qui prouvèrent leur descendance par les registres publics : les autres sont rejetés[1]. Esdras prêtre lui-même et docteur de la loi, et Néhémias gouverneur réforment tous les abus que la captivité avoit introduits, et font garder la loi dans sa pureté. Le peuple pleure avec eux les transgressions qui lui avoient attiré ces grands châtimens, et reconnoît que Moïse les avoit prédits. Tous ensemble lisent dans les saints Livres les menaces de l'homme de Dieu[2] : ils en voient l'accomplissement : l'oracle de Jérémie[3], et le retour tant promis après les soixante-dix ans de captivité, les étonne et les console : ils adorent les jugemens de Dieu; et réconciliés avec lui, ils vivent en paix.

CHAPITRE IX.

DIEU PRÊT A FAIRE CESSER LES PROPHÉTIES, RÉPAND SES LUMIÈRES PLUS ABONDAMMENT QUE JAMAIS (b).

Dieu qui fait tout en son temps, avoit choisi celui-ci pour faire cesser les voies extraordinaires, c'est-à-dire les prophéties, dans son peuple désormais assez instruit. Il restoit environ cinq cents

---

[1] I Esdr., II, 62. — [2] II Esdr., I, 8 ; VIII, IX. — [3] I Esdr., I, 1.
(a) Titre ajouté dans la IIIe édition. — (b) Titre ajouté dans la IIIe édition.

ans jusqu'aux jours du Messie. Dieu donna à la majesté de son Fils de faire taire les prophètes durant tout ce temps, pour tenir son peuple en attente de celui qui devoit être l'accomplissement de tous leurs oracles.

Mais vers la fin des temps où Dieu avoit résolu de mettre fin aux prophéties, il sembloit qu'il vouloit répandre toutes ses lumières, et découvrir tous les conseils de sa providence : tant il exprima clairement les secrets des temps à venir.

Durant la captivité, et surtout vers les temps qu'elle alloit finir, Daniel révéré pour sa piété, même par les rois infidèles, et employé pour sa prudence aux plus grandes affaires de leur Etat[1], vit par ordre, à diverses fois, et sous des figures différentes, quatre monarchies sous lesquelles devoient vivre les Israélites[2]. Il les marque par leurs caractères propres. On voit passer comme un torrent l'empire d'un roi des Grecs : c'étoit celui d'Alexandre. Par sa chute on voit établir un autre empire moindre que le sien, et affoibli par ses divisions[3]. C'est celui de ses successeurs, parmi lesquels il y en a quatre marqués dans la prophétie[4]. Antipater, Séleucus, Ptolomée et Antigonus sont visiblement désignés. Il est constant par l'histoire qu'ils furent plus puissans que les autres, et les seuls dont la puissance ait passé à leurs enfans. On voit leurs guerres, leurs jalousies, et leurs alliances trompeuses; la dureté et l'ambition des rois de Syrie; l'orgueil et les autres marques qui désignent Antiochus l'Illustre, implacable ennemi du peuple de Dieu; la brièveté de son règne, et la prompte punition de ses excès[5]. On voit naître enfin sur la fin, et comme dans le sein de ces monarchies, le règne *du Fils de l'homme*. A ce nom vous reconnoissez Jésus-Christ, mais ce règne du Fils de l'homme est encore appelé *le règne des saints du Très-Haut*. Tous les peuples sont soumis à ce grand et pacifique royaume : l'éternité lui est promise, et il doit être le seul *dont la puissance ne passera pas à un autre empire*[6].

Quand viendra ce Fils de l'homme, et ce Christ tant désiré, et comment il accomplira l'ouvrage qui lui est commis, c'est-à-dire

---

[1] *Dan.*, II, III, V, VIII, 27. — [2] *Ibid.*, II, VII, VIII, X, XI. — [3] *Ibid.*, VII, 6; VIII, 21, 22. — [4] *Ibid.*, VIII, 8 — [5] *Ibid.*, XI. — [6] *Ibid.*, II, 44, 45; VII, 13, 14, 27.

la rédemption du genre humain, Dieu le découvre manifestement
à Daniel. Pendant qu'il est occupé de la captivité de son peuple
dans Babylone, et des soixante et dix ans dans lesquels Dieu
avoit voulu la renfermer, au milieu des vœux qu'il fait pour la
délivrance de ses frères, il est tout à coup élevé à des mystères
plus hauts. Il voit un autre nombre d'années, et une autre délivrance bien plus importante. Au lieu des septante années prédites par Jérémie, il voit septante semaines, à commencer depuis
l'ordonnance donnée par Artaxerxe à la Longue-main, la viug-
tième année de son règne, pour rebâtir la ville de Jérusalem[1].
Là est marquée en termes précis, sur la fin de ces semaines, *la
rémission des péchés, le règne éternel de la justice, l'entier accomplissement des prophéties, et l'onction du Saint des saints*[2].
Le Christ doit faire sa charge, et paroître comme *conducteur* du
peuple *après soixante-neuf semaines. Après soixante-neuf semaines* (car le prophète le répète encore) *le Christ doit être mis à
mort*[3] : il doit mourir de mort violente; il faut qu'il soit immolé
pour accomplir les mystères. Une semaine est marquée entre les
autres, et c'est la dernière et la soixante-dixième : c'est celle où
le Christ sera immolé, où *l'alliance sera confirmée, et au milieu
de laquelle l'hostie et les sacrifices seront abolis*[4], sans doute par
la mort du Christ, car c'est ensuite de la mort du Christ que ce
changement est marqué. *Après cette mort du Christ et l'abolition
des sacrifices,* on ne voit plus qu'horreur et confusion : on voit *la
ruine de la Cité sainte, et du sanctuaire ; un peuple et un capitaine qui vient pour tout perdre ; l'abomination dans le temple ;
la dernière et irrémédiable désolation*[5] du peuple ingrat envers
son Sauveur.

Nous avons vu que ces semaines réduites en semaines d'années, selon l'usage de l'Ecriture, font quatre cent quatre-vingt-
dix ans, et nous mènent précisément depuis la vingtième année
d'Artaxerxe à la dernière semaine[6]; semaine pleine de mystères
où Jésus-Christ immolé met fin par sa mort aux sacrifices de la

---

[1] *Dan.*, IX, 23, etc. — [2] *Ibid.*, 24. — [3] *Ibid.*, 25, 26. — [4] *Ibid.*, 27. — [5] *Ibid.*,
2b, 27. — [6] *Voyez* ci-dessus, Iʳᵉ part., VIIᵉ et VIIIᵉ Epoque, l'an 216 et 280 de
Rome, pag. 286 et 297.

loi, et en accomplit les figures. Les doctes font de différentes sup-
putations pour faire cadrer ce temps au juste. Celle que je vous
ai proposée est sans embarras. Loin d'obscurcir la suite de l'histoire des rois de Perse, elle l'éclaircit; quoiqu'il n'y auroit rien
de fort surprenant, quand il se trouveroit quelque incertitude
dans les dates de ces princes, et le peu d'années dont on pourroit
disputer sur un compte de quatre cent quatre-vingt-dix ans ne
feront jamais une importante question. Mais pourquoi discourir
davantage? Dieu a tranché la difficulté, s'il y en avoit, par une
décision qui ne souffre aucune réplique. Un événement manifeste
nous met au-dessus de tous les raffinemens des chronologistes;
et la ruine totale des Juifs, qui a suivi de si près la mort de
Notre-Seigneur, fait entendre aux moins clairvoyans l'accomplissement de la prophétie.

Il ne reste plus qu'à vous en faire remarquer une circonstance.
Daniel nous découvre un nouveau mystère. L'oracle de Jacob
nous avoit appris que le royaume de Juda devoit cesser à la venue du Messie : mais il ne nous disoit pas que sa mort seroit la
cause de la chute de ce royaume. Dieu a révélé ce secret important à Daniel, et il lui déclare que (a) la ruine des Juifs sera la
suite de la mort du Christ et de leur méconnoissance. Marquez,
s'il vous plaît, cet endroit : la suite des événemens vous en fera
bientôt un beau commentaire.

CHAPITRE X.

PROPHÉTIES DE ZACHARIE ET D'AGGÉE (b).

Vous voyez ce que Dieu montra au prophète Daniel un peu devant les victoires de Cyrus, et le rétablissement du temple. Du
temps qu'il se bâtissoit, il suscita les prophètes Aggée et Zacharie, et incontinent après il envoya Malachie qui devoit fermer les
prophéties de l'ancien peuple.

Que n'a pas vu Zacharie? On diroit que le livre des décrets di-

---

(a) 1ʳᵉ *édit.* : Et il lui déclare, comme vous voyez, que. — (b) Titre ajouté dans
la IIIᵉ édition.

vins ait été ouvert à ce prophète, et qu'il y ait lu toute l'histoire du peuple de Dieu depuis la captivité.

Les persécutions des rois de Syrie, et les guerres qu'ils font à Juda, lui sont découvertes dans toute leur suite [1]. Il voit Jérusalem prise et saccagée; un pillage effroyable, et des désordres infinis; le peuple en fuite dans le désert, incertain de sa condition, entre la mort et la vie; à la veille de sa dernière désolation, une nouvelle lumière lui paroître tout à coup. Les ennemis sont vaincus; les idoles sont renversées dans toute la Terre-Sainte : on voit la paix et l'abondance dans la ville et dans le pays, et le temple est révéré dans tout l'Orient.

Une circonstance mémorable de ces guerres est révélée au prophète : « Judas même combattra, dit-il, contre Jérusalem [2] : » c'étoit-à-dire que Jérusalem devoit être trahie (a) par ses enfans, et que parmi ses ennemis il se trouveroit beaucoup de Juifs.

Quelquefois il voit une longue suite de prospérités [3] : Juda est rempli de force [4]; les royaumes qui l'ont oppressé sont humiliés [5]; les voisins qui n'ont cessé de le tourmenter sont punis; quelques-uns sont convertis, et incorporés au peuple de Dieu. Le prophète voit ce peuple comblé des bienfaits divins, parmi lesquels il leur conte le triomphe aussi modeste que glorieux « du roi pauvre, du roi pacifique, du roi sauveur, qui entre monté sur un âne dans sa ville de Jérusalem [6]. »

Après avoir raconté les prospérités, il reprend dès l'origine toute la suite des maux [7]. Il voit tout d'un coup le feu dans le temple; tout le pays ruiné avec la ville capitale; des meurtres, des violences, un roi qui les autorise. Dieu a pitié de son peuple abandonné : il s'en rend lui-même le pasteur; et sa protection le soutient. A la fin il s'allume des guerres civiles, et les affaires vont en décadence. Le temps de ce changement est désigné par un caractère certain, et trois pasteurs, c'est-à-dire selon le style ancien trois princes dégradés (b) en un même mois en marquent le

---

[1] Zach., XIV. — [2] Ibid., 14. — [3] Ibid., IX, X. — [4] Ibid., X, 6. — [5] Ibid., 11. — [6] Ibid., IX, 1, 2, 3, 4, 5, 6, 7, 8, 9. — [7] Ibid., XI.

(a) 1ʳᵉ édit. : Une circonstance mémorable de ces guerres est révélée au prophète, c'est que Jérusalem devoit être trahie. — (b) 1ʳᵉ édit. : Le temps de ce

commencement (a). Les paroles du prophète sont précises : *J'ai retranché*, dit-il [1], *trois pasteurs*, c'est-à-dire trois princes, *en un seul mois*, et mon cœur *s'est resserré envers eux* (envers mon peuple), *parce qu'aussi ils ont varié envers moi*, et ne sont pas demeurés fermes dans mes préceptes; *et j'ai dit : Je ne serai plus votre pasteur ;* je ne vous gouvernerai plus (avec cette application particulière que vous aviez toujours éprouvée) : je vous abandonnerai à vous-mêmes, à votre malheureuse destinée, à l'esprit de division qui se mettra parmi vous, sans prendre doré-navant aucun soin de détourner les maux qui vous menacent. *Ainsi ce qui doit mourir ira à la mort; ce qui doit être retranché sera retranché, et chacun dévorera la chair de son prochain.* Voilà quel devoit être à la fin le sort des Juifs justement aban-donnés de Dieu; et voilà en termes précis le commencement de la décadence à la chute de ces trois princes. La suite nous fera voir que l'accomplissement de la prophétie n'a pas été moins manifeste.

Au milieu de tant de malheurs prédits si clairement par Za-charie, paroît encore un plus grand malheur. Un peu après ces divisions, et dans les temps de la décadence, Dieu *est acheté trente deniers* par son peuple ingrat; et le prophète voit tout, jusques *au champ du potier* ou *du sculpteur* auquel cet argent est employé [2]. De là suivent d'extrêmes désordres parmi les pas-teurs du peuple; enfin ils sont aveuglés, et leur puissance est dé-truite [3].

Que dirai-je de la merveilleuse vision de Zacharie, qui voit *le pasteur frappé et les brebis dispersées* [4]? Que dirai-je *du regard que jette le peuple sur son Dieu qu'il a percé*, et des larmes que lui fait verser une mort plus lamentable que celle d'un fils unique [5], et que celle de Josias? Zacharie a vu toutes ces choses : mais ce qu'il a vu de plus grand, « c'est le Seigneur envoyé par

changement est désigné par un caractère certain, et trois princes dégradés en ce même mois en marquent le commencement. — (a) Depuis ces mots : *Les paroles du prophète*, jusqu'à la fin de l'alinéa: *Moins manifeste*, addition laissée en manuscrit.

[1] *Zach.*, xi, 8. — [2] *Ibid.*, xi, 12. 13. — [3] *Ibid.*, 15, 16, 17. — [4] *Ibid.*, xiii, 7.— [5] *Ib.*, xii, 10.

le Seigneur pour habiter dans Jérusalem, d'où il appelle les gentils pour les agréger à son peuple, et demeurer au milieu d'eux [1]. »

Aggée dit moins de choses; mais ce qu'il dit est suprenant. Pendant qu'on bâtit le second temple, et que les vieillards qui avoient vu le premier fondent en larmes en comparant la pauvreté de ce dernier édifice avec la magnificence de l'autre [2]; le prophète qui voit plus loin, publie la gloire du second temple, et le préfère au premier [3]. Il explique d'où viendra la gloire de cette nouvelle maison; c'est que *le Désiré des gentils arrivera :* ce Messie promis depuis deux mille ans, et dès l'origine du monde, comme le Sauveur des gentils, paroîtra dans ce nouveau temple. *La paix y sera établie; tout l'univers ému* rendra témoignage à la venue de son Rédempteur; il n'y a plus *qu'un peu de temps* à l'attendre, et les temps destinés à cette attente sont dans leur dernière période.

CHAPITRE XI.

LA PROPHÉTIE DE MALACHIE, QUI EST LE DERNIER DES PROPHÈTES, ET L'ACHÈVEMENT DU SECOND TEMPLE [a].

Enfin le temple s'achève; les victimes y sont immolées; mais les Juifs avares y offrent des hosties défectueuses. Malachie qui les en reprend, est élevé à une plus haute considération; et à l'occasion des offrandes immondes des Juifs, il voit *l'offrande* toujours *pure* et jamais souillée *qui sera présentée à Dieu,* non plus seulement comme autrefois dans le temple de Jérusalem, mais *depuis le soleil levant jusqu'au couchant;* non plus par les Juifs, mais *par les gentils,* parmi lesquels il prédit *que le nom de Dieu sera grand* [4].

Il voit aussi, comme Aggée, la gloire du second temple et le Messie qui l'honore de sa présence : mais il voit en même temps que le Messie est le Dieu à qui ce temple est dédié. « J'envoie

---

[1] *Zach.,* II, 8, 9, 10, 11. — [2] I *Esdr.,* III, 12. — [3] *Agg.,* II, 7, 8, 9, 10. — [4] *Malach.,* I, 11.

(*a*) Titre ajouté dans la IIIe édition.

mon ange, dit le Seigneur [1], pour me préparer les voies, et incontinent vous verrez arriver dans son saint temple le Seigneur que vous cherchez, et l'Ange de l'alliance que vous dé-
sirez. »

Un ange est un envoyé : mais voici un envoyé d'une dignité
merveilleuse ; un envoyé qui a un temple ; un envoyé qui est
Dieu, et qui entre dans le temple comme dans sa propre demeure ;
un envoyé désiré par tout le peuple, qui vient faire une nouvelle
alliance, et qui est appelé pour cette raison, l'Ange de l'alliance
ou du testament.

C'étoit donc dans le second temple que ce Dieu envoyé de Dieu
devoit paroître : mais un autre envoyé précède, et lui prépare les
voies. Là nous voyons le Messie précédé par son précurseur. Le
caractère de ce précurseur est encore montré au prophète. Ce doit
être un nouvel Elie, remarquable par sa sainteté, par l'austérité
de sa vie, par son autorité et par son zèle [2].

Ainsi le dernier prophète de l'ancien peuple marque le premier
prophète qui devoit venir après lui, c'est-à-dire cet *Elie*, précurseur du Seigneur qui devoit paroître. Jusqu'à ce temps le peuple
de Dieu n'avoit point à attendre de prophète ; la loi de Moïse lui
devoit suffire : et c'est pourquoi Malachie finit par ces mots :
« Souvenez-vous de la loi que j'ai donnée sur le mont Horeb à
Moïse mon serviteur pour tout Israël. Je vous enverrai le prophète Elie, qui unira les cœurs des pères avec le cœur des enfans [3], » qui montrera à ceux-ci ce qu'ont attendu les autres.

A cette loi de Moïse, Dieu avoit joint les prophètes qui avoient
parlé en conformité, et l'histoire du peuple de Dieu faite par les
mêmes prophètes, dans laquelle étoient confirmées par des expériences sensibles (a) les promesses et les menaces de la loi. Tout
étoit soigneusement écrit ; tout étoit digéré par l'ordre des temps ;
et voilà ce que Dieu laissa pour l'instruction de son peuple, quand
il fit cesser les prophéties.

---

[1] *Malach.*, III, 1. — [2] *Ibid.*, III, 1 ; IV, 5, 6. — [3] *Ibid.*, IV, 4, 5, 6.

(a) Ire *édit.* : Visibles.

CHAPITRE XII.

LES TEMPS DU SECOND TEMPLE. FRUITS DES CHATIMENS ET DES PRO-
PHÉTIES PRÉCÉDENTES : CESSATION DE L'IDOLATRIE ET DES FAUX
PROPHÈTES [a].

De telles instructions firent un grand changement dans les
mœurs des Israélites. Ils n'avoient plus besoin ni d'apparition,
ni de prédiction manifeste, ni de ces prodiges inouïs que Dieu
faisoit si souvent pour leur salut. Les témoignages qu'ils avoient
reçus leur suffisoient ; et leur incrédulité, non-seulement convaincue par l'événement, mais encore si souvent punie, les avoit
enfin rendus dociles.

C'est pourquoi depuis ce temps on ne les voit plus retourner à
l'idolâtrie, à laquelle ils étoient si étrangement portés. Ils s'é-
toient trop mal trouvés d'avoir rejeté le Dieu de leurs pères. Ils
se souvenoient toujours de Nabuchodonosor, et de leur ruine si
souvent prédite dans toutes ses circonstances, et toutefois plus tôt
arrivée qu'elle n'avoit été crue. Ils n'étoient pas moins en admiration de leur rétablissement fait contre toute apparence dans le
temps, et par celui qui leur avoit été marqué. Jamais ils ne
voyoient le second temple sans se souvenir pourquoi le premier
avoit été renversé, et comment celui-ci avoit été rétabli : ainsi ils
se confirmoient dans la foi de leurs Ecritures auxquelles tout leur
état rendoit témoignage.

On ne vit plus parmi eux de faux prophètes. Ils s'étoient défaits
tout ensemble de la pente qu'ils avoient à les croire, et de celle
qu'ils avoient à l'idolâtrie. Zacharie avoit prédit par un même
oracle que ces deux choses leur arriveroient [1]. En voici les propres paroles (b) : « En ces jours, dit le Seigneur Dieu des armées,
je détruirai le nom des idoles dans toute la Terre-Sainte ; il ne s'en
parlera plus : il n'y paroîtra non plus de faux prophètes, ni d'es-

[1] *Zach.*, XIII, 2, 3, 4, 5, 6.
(a) Les temps du second temple. — (b) Depuis ces mots : *En voici les propres
paroles*, jusqu'à la fin de la phrase qui suit les paroles du prophète : *N'est pas
moins fort*, addition laissée en manuscrit. *Les trois premières éditions :* Que ces
deux choses leur arriveroient. Sa prophétie eut un manifeste accomplissement.

prit impur pour les inspirer. Et si quelqu'un se mêle de prophétiser par son propre esprit, son père et sa mère lui diront : Vous mourrez demain, parce que vous avez menti au nom du Seigneur. » On peut voir, dans le texte même, le reste qui n'est pas moins fort. Cette prophétie eut un manifeste accomplissement. Les faux prophètes cessèrent sous le second temple : le peuple rebuté de leurs tromperies n'étoit plus en état de les écouter. Les vrais prophètes de Dieu étoient lus et relus sans cesse : il ne leur falloit point de commentaire ; et les choses qui arrivoient tous les jours en exécution de leurs prophéties, en étoient de trop fidèles interprètes.

CHAPITRE XIII.

LA LONGUE PAIX DONT ILS JOUISSENT, PAR QUI PRÉDITE [a].

En effet tous leurs prophètes leur avoient promis une paix profonde. On lit encore avec joie la belle peinture que font Isaïe et Ezéchiel [1], des bienheureux temps qui devoient suivre la captivité de Babylone. Toutes les ruines sont réparées, les villes et les bourgades sont magnifiquement rebâties, le peuple est innombrable, les ennemis sont à bas, l'abondance est dans les villes et dans la campagne ; on y voit la joie, le repos, et enfin tous les fruits d'une longue paix. Dieu promet de tenir son peuple dans une durable et parfaite tranquillité [2]. Ils en jouirent sous les rois de Perse. Tant que cet empire se soutint, les favorables décrets de Cyrus, qui en étoit le fondateur, assurèrent le repos des Juifs. Quoiqu'ils aient été menacés de leur dernière ruine sous Assuérus, quel qu'il soit, Dieu fléchi par leurs larmes changea tout à coup le cœur du roi, et tira une vengeance éclatante d'Aman leur ennemi [3]. Hors de cette conjoncture, qui passa si vite, ils furent toujours sans crainte. Instruits par leurs prophètes à obéir aux rois à qui Dieu les avoit soumis [4], leur fidélité fut inviolable. Aussi

---

[1] *Isa.*, XLI, 11, 12, 13; XLIII, 18, 19; XLIX, 18, 19, 20, 21; LII, 1, 2, 7; LIV, LV, etc.; LX, 15, 16; *Ezech.*, XXXVI; XXXVIII, 11, 12, 13, 14.— [2] *Jer.*, XLVI, 27.— [3] *Esth.*, IV, V, VII, VIII, IX.— [4] *Jer.*, XXVII, 12, 17; XL, 9; *Baruch.*. I, 11, 12.

(a) Titre ajouté dans la IIIe édition.

furent-ils toujours doucement traités. A la faveur d'un tribut assez léger, qu'ils payoient à leurs souverains, qui étoient plutôt
leurs protecteurs que leurs maîtres, ils vivoient selon leurs propres lois : la puissance sacerdotale fut conservée en son entier :
les pontifes conduisoient le peuple : le conseil public établi premièrement par Moïse, avoit toute son autorité ; et ils exerçoient
entre eux la puissance de vie et de mort, sans que personne se
mêlat de leur conduite. Les rois l'ordonnoient ainsi [1]. La ruine de
l'empire des Perses ne changea point leurs affaires. Alexandre
respecta leur temple, admira leurs prophéties, et augmenta leurs
priviléges [2]. Ils eurent un peu à souffrir sous ses premiers successeurs. Ptolomée fils de Lagus surprit Jérusalem, et en em-
mena en Egypte cent mille captifs [3] : mais il cessa bientôt de les
haïr. Pour mieux dire il ne les haït jamais : il ne vouloit que les
ôter aux rois de Syrie ses ennemis. En effet il ne les eut pas plutôt soumis, qu'il les fit citoyens d'Alexandrie capitale de son
royaume (a), ou plutôt il leur confirma le droit qu'Alexandre
fondateur de cette ville, leur y avoit déjà donné ; et ne trouvant
rien dans tout son Etat de plus fidèle que les Juifs, il en remplit
ses armées, et leur confia ses places les plus importantes. Si les
Lagides les considérèrent, ils furent encore mieux traités des
Séleucides sous l'empire desquels ils vivoient. Séleucus Nicanor
chef de cette famille, les établit dans Antioche [4] ; et Antiochus le
Dieu, son petit-fils, les ayant fait recevoir dans toutes les villes
de l'Asie-Mineure, nous les avons vus se répandre dans toute la
Grèce, y vivre selon leur loi, et y jouir des mêmes droits que les
autres citoyens, comme ils faisoient dans Alexandrie et dans Antioche. Cependant leur loi est tournée en grec par les soins de
Ptolomée Philadelphe roi d'Egypte [5]. La religion judaïque est
connue parmi les gentils ; le temple de Jérusalem est enrichi par
les dons des rois et des peuples, les Juifs vivent en paix et en li-

[1] I *Esdr.*, vii, 25, 26. — [2] Joseph., *Antiq.*, lib. XI, c. 8 ; et lib. II *cont. Apion.*,
n. 4. — [3] *Ibid.*, *Antiq.*, lib. XII, c. 1, 2 ; et lib. II, *cont. Apion.* — [4] *Ibid.*, *Antiq.*,
lib. XII, c. 3 ; et lib. II, *cont. Apion*, — [5] *Ibid.*, *Præf. Antiq.* et lib. XII, c. 2 ; et
lib. II, *cont. Apion.*

(a) Ire *édit.* : Mais il cessa bientôt de les haïr. Lui-même les fit citoyens d'A-
lexandrie, capitale de son royaume.

berté sous la puissance des rois de Syrie, et ils n'avoient guère goûté une telle tranquillité sous leurs propres rois.

CHAPITRE XIV.

INTERRUPTION ET RÉTABLISSEMENT DE LA PAIX : DIVISION DANS LE PEUPLE SAINT : PERSÉCUTION D'ANTIOCHUS : TOUT CELA PRÉDIT(a).

Elle sembloit devoir être éternelle, s'ils ne l'eussent eux-mêmes troublée par leurs dissensions. Il y avoit trois cents ans qu'ils jouissoient de ce repos tant prédit par leurs prophètes, quand l'ambition et les jalousies qui se mirent parmi eux les pensèrent perdre. Quelques-uns des plus puissans trahirent leur peuple pour flatter les rois; ils voulurent se rendre illustres à la manière des Grecs, et préférèrent cette vaine pompe à la gloire solide que leur acquéroit parmi leurs citoyens l'observance des lois de leurs ancêtres. Ils célébrèrent des jeux comme les gentils [1]. Cette nouveauté éblouit les yeux du peuple, et l'idolâtrie revêtue de cette magnificence parut belle à beaucoup de Juifs. A ces changemens se mêlèrent les disputes pour le souverain sacerdoce, qui étoit la dignité principale de la nation. Les ambitieux s'attachoient aux rois de Syrie pour y parvenir, et cette dignité sacrée fut le prix de la flatterie de ces courtisans. Les jalousies et les divisions des particuliers ne tardèrent pas à causer, selon la coutume, de grands malheurs à tout le peuple et à la ville sainte. Alors arriva ce que nous avons remarqué qu'avoit prédit Zacharie [2] : *Judas même combattit contre Jérusalem* , et cette ville fut trahie par ses citoyens. Antiochus l'Illustre (b), roi de Syrie, conçut le dessein de perdre ce peuple divisé, pour profiter de ses richesses. Ce prince parut alors avec tous les caractères que Daniel avoit marqués [3] : ambitieux, avare, artificieux, cruel, insolent, impie, insensé; enflé de ses victoires, et puis irrité de ses pertes [4].

[1] I *Mach.*, I, 12, 13, etc.; II *Mach.*, III; IV, 1, etc., 14, 15, 16, etc. — [2] *Zach.*, XIV, 14. Voy. ci-dessus, ch. X. — [3] *Dan.*, VII, 24, 25 ; VIII, 9, 10, 11, 12, 23, 24, 25. — [4] Polyb., lib. XXVI et XXXI, *in Excerpt.* et apud Ath., lib. X.

(a) Titre ajouté dans la IIIe édit. — (b) Ire *édit.* : Ne tardèrent pas à causer selon la coutume, de grands malheurs à tout le peuple. Antiochus l'Illustre roi de Syrie.

Il entre dans Jérusalem en état de tout entreprendre : les factions des Juifs, *et non pas ses propres forces,* l'enhardissoient; et Daniel l'avoit ainsi prévu [1]. Il exerce des cruautés inouïes : son orgueil l'emporte aux derniers excès, *et il vomit des blasphèmes contre le Très-Haut,* comme l'avoit prédit le même prophète [2]. En exécution de ces prophéties, et *à cause des péchés du peuple, la force lui est donnée contre le sacrifice perpétuel* [3]. Il profane le temple de Dieu, que les rois ses ancêtres avoient révéré : il le pille, et répare par les richesses qu'il y trouve, les ruines de son trésor épuisé. Sous prétexte de rendre conformes les mœurs de ses sujets, et en effet pour assouvir son avarice en pillant toute la Judée, il ordonne aux Juifs d'adorer les mêmes dieux que les Grecs : surtout il veut qu'on adore Jupiter Olympien, dont il place l'idole dans le temple même [4]; et plus impie que Nabuchodonosor, il entreprend de détruire les fêtes, la loi de Moïse, les sacrifices, la religion, et tout le peuple. Mais les succès de ce prince avoient leurs bornes marquées par les prophéties. Mathathias s'oppose à ses violences, et réunit les gens de bien. Judas Machabée son fils, avec une poignée de gens, fait des exploits inouïs, et purifie le temple de Dieu *trois ans et demi* après sa profanation, comme avoit prédit Daniel [5]. Il poursuit les Iduméens et tous les autres gentils qui se joignoient à Antiochus [6]; et leur ayant pris leurs meilleures places, il revient victorieux et humble, tel que l'avoit vu Isaïe [7], chantant les louanges de Dieu qui avoit livré en ses mains les ennemis de son peuple, et encore tout rouge de leur sang. Il continue ses victoires, malgré les armées prodigieuses des capitaines d'Antiochus. Daniel n'avoit donné *que six ans* [8] à ce prince impie pour tourmenter le peuple de Dieu; et voilà qu'au terme préfix il apprend à Ecbatane les faits héroïques de Judas [9]. Il tombe dans une profonde mélancolie, et meurt comme avoit prédit le saint prophète, misérable, *mais non de main*

[1] *Dan.*, VIII, 24.— [2] *Dan.*, VII, 8, 11, 25; VIII, 25.— [3] *Dan.*, VIII, 11, 12, 13, 14.— [4] I *Mach.*, I, 43, 46, 57; II *Mach.*, VI, 1, 2. — [5] *Dan.*, VII, 25; XII, 7. 11 ; Joseph., *Antiq.*, lib. XII, c. 11, al. 5.— [6] Joseph., *de Bell. Jud.*, Prol et lib. I, cap. 1.— [7] *Isa.*, LXIII; I *Mach.*, IV, 15; V, 3, 26, 28, 36, 54. — [8] *Dan.*, VIII, 14.— [9] I *Mach.*, VI; II *Mach.*, IX.

(a) Ire *Édit.* : Chose inouïe jusqu'alors, mais expressément marquée.

d'homme [1], après avoir reconnu, mais trop tard, la puissance du Dieu d'Israël.

Je n'ai plus besoin de vous raconter de quelle sorte ses successeurs poursuivirent la guerre contre la Judée, ni la mort de Judas son libérateur, ni les victoires de ses deux frères Jonathas et Simon, successivement souverains pontifes, dont la valeur rétablit la gloire ancienne du peuple de Dieu. Ces trois grands hommes virent les rois de Syrie et tous les peuples voisins conjurés contre eux; et ce qui étoit de plus déplorable, ils virent à diverses fois ceux de Juda même armés contre leur patrie et contre Jérusalem : chose inouïe jusqu'alors, mais comme on a dit, expressément marquée (a) par les prophètes [2]. Au milieu de tant de maux, la confiance qu'ils eurent en Dieu les rendit intrépides et invincibles. Le peuple fut toujours heureux sous leur conduite; et enfin du temps de Simon, affranchi du joug des gentils, il se soumit à lui et à ses enfans, du consentement des rois de Syrie.

Mais l'acte par lequel le peuple de Dieu transporte à Simon toute la puissance publique, et lui accorde les droits royaux, est remarquable. Le décret porte *qu'il en jouira lui et sa postérité, jusqu'à ce qu'il vienne un fidèle et véritable prophète* [3].

Le peuple accoutumé dès son origine à un gouvernement divin, et sachant que depuis le temps que David avoit été mis sur le trône par ordre de Dieu, la souveraine puissance appartenoit à sa maison, à qui elle devoit être à la fin rendue au temps du Messie, quoique d'une manière plus mystérieuse et plus haute qu'on ne l'attendoit, mit expressément (b) cette restriction au pouvoir qu'il donna à ses pontifes, et continua de vivre sous eux dans l'espérance de ce Christ tant de fois promis.

C'est ainsi que ce royaume absolument libre usa de son droit, et pourvut à son gouvernement. La postérité de Jacob, par la tribu de Juda et par les restes qui se rangèrent sous ses éten-

---

[1] *Dan.*, VIII, 25. — [2] *Zach.*, XIV, 14; I *Mach.*, I, 12; IX, XI, 20, 21, 22; XVI; II *Mach.*, IV, 22 et seq. — [3] I *Mach.*, XIV, 41.

(a) Ire *édit. :* Chose inouïe jusqu'alors mais expressément marquée par les prophètes. — (b) Ire *édit. :* A qui elle devoit être rendue au temps du Messie, mit expressément.

dards, se conserva en corps d'Etat, et jouit indépendamment et
paisiblement de la terre qui lui avoit été assignée.

La religion judaïque eut un grand éclat (a), et reçut de nouvelles
marques de la protection divine. Jérusalem, assiégée et réduite à
l'extrémité par Antiochus Sidétès, roi de Syrie, fut délivrée de
ce siége d'une manière admirable. Ce prince fut touché d'abord
de voir un peuple affamé plus occupé de sa religion que de son
malheur, et leur accorda une trêve de sept jours en faveur de la
semaine sacrée de la fête des Tabernacles [1]. Loin d'inquiéter les
assiégés durant ce saint temps, il leur envoyoit avec une magnificence royale des victimes pour les immoler dans leur temple,
sans se mettre en peine que c'étoit en même temps leur fournir
des vivres dans leur extrême besoin. Selon la docte remarque des
chronologistes [2], les Juifs venoient alors de célébrer l'année sab-
batique ou de repos, c'est-à-dire la septième année, où, comme
parle Moïse [3], la terre qu'on ne semoit point devoit se reposer de
son travail ordinaire. Tout manquoit dans la Judée, et le roi de
Syrie pouvoit d'un seul coup perdre tout un peuple qu'on lui
faisoit regarder comme toujours ennemi et toujours rebelle. Dieu,
pour garantir ses enfans d'une perte si inévitable, n'envoya pas
comme autrefois ses anges exterminateurs; mais ce qui n'est pas
moins merveilleux, quoique d'une autre manière, il toucha le
cœur du Roi, qui, admirant la piété des Israélites, que nul péril
n'avoit détournés des observances les plus incommodes de leur
religion, leur accorda la vie et la paix. Les prophètes avoient
prédit que ce ne seroit plus par des prodiges semblables à ceux
des temps passés que Dieu sauveroit son peuple, mais par la conduite d'une providence plus douce, qui toutefois ne laisseroit pas
d'être également efficace et à la longue aussi sensible. Par un
effet de cette conduite, Jean Hircan, dont la valeur s'étoit signalée

[1] Joseph, *Antiq.*, lib. XIII, cap. 16, al. 8; Plut., *Apopht. Reg. et Imper.*; Diod.,
lib. XXXIV, in *Excerptis* Photii, *Biblioth.*, p. 1150. — [2] *Annal.*, tom. II, ad an.
3870. — [3] *Exod.*, XXIII, 10, 11, *Levit.*, XXV, 4.

(a) Tout l'alinéa, depuis *La religion judaïque*, jusqu'à *l'empire de son pays*,
addition laissée en manuscrit. — Et l'alinéa suivant commençoit ainsi : En
vertu du décret du peuple dont nous venons de parler, Jean Hircan fils de
Simon succéda à son père. Sous lui les Juifs s'agrandissent.

dans les armées d'Antiochus, après la mort de ce prince, reprit l'empire de son pays.

Sous lui les Juifs s'agrandissent par des conquêtes considérables. Ils soumettent Samarie[1] : (Ezéchiel et Jérémie l'avoient prédit) : ils domptent les Iduméens, les Philistins, et les Ammonites leurs perpétuels ennemis[2], et ces peuples embrassent leur religion (Zacharie l'avoit marqué[3]). Enfin malgré la haine et la jalousie des peuples qui les environnent; sous l'autorité de leurs pontifes qui deviennent enfin leurs rois, ils fondent le nouveau royaume des Asmonéens ou des Machabées, plus étendu que jamais si on excepte les temps de David et de Salomon.

Voilà en quelle manière le peuple de Dieu subsista toujours parmi tant de changemens; et ce peuple tantôt châtié, et tantôt consolé dans ses disgraces, par les différens traitemens qu'il reçoit selon ses mérites, rend un témoignage public à la Providence qui régit le monde.

CHAPITRE XV.

ATTENTE DU MESSIE; SUR QUOI FONDÉE : PRÉPARATION A SON RÈGNE, ET A LA CONVERSION DES GENTILS (a).

Mais en quelque état qu'il fût, il vivoit toujours en attente des temps du Messie, où il espéroit (b) de nouvelles graces plus grandes que toutes celles qu'il avoit reçues; et il n'y a personne qui ne voie que cette foi du Messie et de ses merveilles, qui dure encore aujourd'hui parmi les Juifs, leur est venue de leurs patriarches et de leurs prophètes dès l'origine de leur nation[4]. Car dans cette longue suite d'années, où eux-mêmes reconnoissoient que par un conseil de la Providence il ne s'élevoit plus parmi eux aucun prophète, et que Dieu ne leur faisoit point de nouvelles prédictions, ni de nouvelles promesses, cette foi du Messie qui devoit venir étoit plus vive que jamais. Elle se trouva si bien établie, quand le second temple fut bâti, qu'il n'a plus fallu de prophètes pour y confirmer le peuple. Ils vivoient sous la foi des an-

---

[1] *Ezech.*, XVI, 53, 55, 61; *Jer.*, XXXI, 5; I *Mach.*, X, 30. — [2] Joseph., *Antiq.*, lib. XIII, c. 8, 17, 18, al. 4, 9, 10. — [3] *Zach.*, IX, 1, 2 et seq. — [4] Joseph., lib. I, *cont. Apion.*

(a) Division et titre ajoutés. — (b) Ire *édit.* : Il attendoit.

ciennes prophéties qu'ils avoient vues s'accomplir si précisément
à leurs yeux en tant de chefs : le reste, depuis ce temps, ne leur
a jamais paru douteux, et ils n'avoient point de peine à croire
que Dieu si fidèle en tout, n'accomplît encore en son temps ce qui
regardoit le Messie, c'est-à-dire la principale de ses promesses, et
le fondement de toutes les autres.

En effet toute leur histoire, tout ce qui leur arrivoit de jour en
jour, n'étoit qu'un perpétuel développement des oracles que le
Saint-Esprit leur avoit laissés. Si rétablis dans leur terre après la
captivité, ils jouirent durant trois cents ans d'une paix profonde ;
si leur temple fut révéré, et leur religion honorée dans tout l'O-
rient ; si enfin leur paix fut troublée par leurs dissensions ; si ce
superbe roi de Syrie fit des efforts inouïs pour les détruire ; s'il
prévalut quelque temps ; si un peu après il fut puni ; si la religion judaïque et tout le peuple de Dieu fut relevé avec un éclat
plus merveilleux que jamais, et le royaume de Juda accru sur la
fin des temps par de nouvelles conquêtes : on a vu que tout
cela (a) se trouvoit écrit dans leurs prophètes. Oui, tout y étoit
marqué, jusqu'au temps que devoient durer les persécutions, jusqu'aux lieux où se donnèrent les combats, jusqu'aux terres qui
devoient être conquises.

Je vous ai rapporté en gros quelque chose de ces prophéties :
le détail seroit la matière d'un plus long discours : mais vous en
voyez assez pour demeurer convaincu de ces fameuses prédictions
qui font le fondement de notre croyance : plus on les approfondit,
plus on y trouve de vérité, et les prophéties du peuple de Dieu (b)
ont eu durant tous ces temps un accomplissement si manifeste,
que depuis, quand les païens mêmes, quand un Porphyre, quand
un Julien l'Apostat [1], ennemis d'ailleurs des Ecritures, ont voulu
donner des exemples de prédictions prophétiques, ils les ont été
chercher parmi les Juifs.

[1] Porphyr., *de Abstin.*, lib. IV, § 13 ; Id. Porph. et Jul., apud Cyril., lib. V
et VI *in Julian.*

(a) Vous avez vu, Monseigneur, que tout cela. — (b) Ire *édit.* : D'un plus
long discours. Je ne veux vous donner ici qu'une première teinture de ces vérités importantes, qu'on reconnoît d'autant plus qu'on entre plus avant dans le
particulier. Je remarquerai seulement ici que les prophéties du peuple de Dieu...

Et je puis même vous dire avec vérité, que si durant cinq cents ans le peuple de Dieu fut sans prophète, tout l'état de ces temps étoit prophétique : l'œuvre de Dieu s'acheminoit, et les voies se préparoient insensiblement à l'entier accomplissement des anciens oracles. .

Le retour de la captivité de Babylone n'étoit qu'une ombre de la liberté, et plus grande et plus nécessaire, que le Messie devoit apporter aux hommes captifs du péché. Le peuple dispersé en divers endroits dans la haute Asie, dans l'Asie-Mineure, dans l'E-gypte, dans la Grèce même, commençoit à faire éclater parmi les gentils le nom et la gloire du Dieu d'Israël. Les Ecritures qui devoient un jour être la lumière du monde, furent mises dans la langue la plus connue de l'univers : leur antiquité est reconnue. Pendant que le temple est révéré, et les Ecritures répandues parmi les gentils, Dieu donne quelque idée de leur conversion future, et en jette de loin les fondemens.

Ce qui se passoit même parmi les Grecs étoit une espèce de préparation à la connoissance de la vérité. Leurs philosophes connurent que le monde étoit régi par un Dieu bien différent de ceux que le vulgaire adoroit, et qu'ils servoient eux-mêmes avec le vulgaire. Les histoires grecques font foi que cette belle philosophie venoit d'Orient et des endroits où les Juifs avoient été dispersés : mais de quelque endroit qu'elle soit venue, une vérité si importante répandue parmi les gentils, quoique combattue, quoique mal suivie, même par ceux qui l'enseignoient, commençoit à réveiller le genre humain, et fournissoit par avance des preuves certaines à ceux qui devoient un jour le tirer de son ignorance.

CHAPITRE XVI.

PRODIGIEUX AVEUGLEMENT DE L'IDOLATRIE AVANT LA VENUE DU MESSIE (a).

Comme toutefois la conversion de la gentilité étoit une œuvre réservée au Messie, et le propre caractère de sa venue, l'erreur et l'impiété prévaloient partout. Les nations les plus éclairées et

(a) Titre ajouté dans la IIIᵉ édit.

les plus sages, les Chaldéens, les Egyptiens, les Phéniciens, les
Grecs, les Romains, étoientles plus ignorans et les plus aveugles
sur la religion : tant il est vrai qu'il y faut être élevé par une
grace particulière, et par une sagesse plus qu'humaine. Qui ose-
roit raconter les cérémonies des dieux immortels, et leurs mystères impurs ? Leurs amours, leurs cruautés, leurs jalousies, et
tous leurs autres excès étoient le sujet de leursfêtes, de leurs sacrifices, des hymnes qu'on leur chantoit, et des peintures que l'on
consacroit dans leurs temples. Ainsi le crime étoit adoré, et reconnu nécessaire au culte des dieux. Le plus grave des philosophes défend de boire avec excès, si ce n'étoit dans les fêtes de
Bacchus et à l'honneur de ce dieu [1]. Un autre, après avoir sévèrement blâmé toutes les images malhonnêtes, en excepte celles des
dieux qui vouloient être honorés par ces infamies [2]. On ne peut
lire sans étonnement les honneurs qu'il falloit rendre à Vénus, et
les prostitutions qui étoient établies pour l'adorer [3]. La Grèce
toute polie et toute sage qu'elle étoit, avoit reçu ces mystères
abominables. Dans les affaires pressantes, les particuliers et les
républiques vouoient à Vénus des courtisanes [4], et la Grèce ne
rougissoit pas d'attribuer son salut aux prières qu'elles faisoient
à leur déesse. Après la défaite de Xerxès et de ses formidables armées, on mit dans le temple un tableau où étoient représentés
leurs vœux et leurs processions, avec cette inscription de Simo-
nides poëte fameux : « Celles-ci ont prié la déesse Vénus, qui pour
l'amour d'elles a sauvé la Grèce. »

S'il falloit adorer l'amour, ce devoit être du moins l'amour
honnête : mais il n'en étoit pas ainsi. Solon, qui le pourroit croire,
et qui attendroit d'un si grand nom une si grande infamie? Solon, dis-je, établit à Athènes le temple de Vénus la prostituée [5],
ou de l'amour impudique. Toute la Grèce étoit pleine de temples
consacrés à ce Dieu, et l'amour conjugal n'en avoit pas un dans
tout le pays.

Cependant ils détestoient l'adultère dans les hommes et dans les
femmes : la société conjugale étoit sacrée parmi eux. Mais quand

[1] Plat., *de Leg.*, lib. VI. — [2] Arist., *Polit.* lib. VII, cap. 17. — [3] *Baruch*, VI, 10,
42, 43; Herod., lib. I, c 199; Strab , lib. VIII. — [4] Athen., lib. XIII. — [5] *Ibid.*

ils s'appliquoient à la religion, ils paroissoient comme possédés par un esprit étranger, et leur lumière naturelle les abandonnoit.

La gravité romaine n'a pas traité la religion plus sérieusement, puisqu'elle consacroit à l'honneur des dieux les impuretés du théâtre et les sanglans spectacles des gladiateurs, c'est-à-dire tout ce qu'on pouvoit imaginer de plus corrompu et de plus barbare.

Mais je ne sais si les folies ridicules qu'on mêloit dans la religion n'étoient pas encore plus pernicieuses, puisqu'elles lui attiroient tant de mépris. Pouvoit-on garder le respect qui est dû aux choses divines, au milieu des impertinences que contoient les fables, dont la représentation ou le souvenir faisoient une si grande partie du culte divin? Tout le service public n'étoit qu'une continuelle profanation, ou plutôt une dérision du nom de Dieu; et il falloit bien qu'il y eût quelque puissance ennemie de ce nom sacré, qui ayant entrepris de le ravilir, poussât les hommes à l'employer dans des choses si méprisables, et même à le prodiguer à des sujets si indignes.

Il est vrai que les philosophes avoient à la fin reconnu qu'il y avoit un autre Dieu que ceux que le vulgaire adoroit : mais ils n'osoient l'avouer. Au contraire Socrate donnoit pour maxime, qu'il falloit que chacun suivît la religion de son pays [1]. Platon son disciple, qui voyoit la Grèce et tous les pays du monde remplis d'un culte insensé et scandaleux, ne laisse pas de poser comme un fondement de sa république, « qu'il ne faut jamais rien changer dans la religion qu'on trouve établie, et que c'est avoir perdu le sens que d'y penser [2]. » Des philosophes si graves, et qui ont dit de si belles choses sur la nature divine, n'ont osé s'opposer à l'erreur publique, et ont désespéré de la pouvoir vaincre. Quand Socrate fut accusé de nier les dieux que le public adoroit, il s'en défendit comme d'un crime [3]; et Platon, en parlant du Dieu qui avoit formé l'univers, dit qu'il est difficile de le trouver, et qu'il est défendu de le déclarer au peuple [4]. Il proteste de n'en jamais parler qu'en énigme, de peur d'exposer une si grande vérité à la moquerie.

---

[1] Xenoph., *Memor.*. lib. I. — [2] Plat. ,*de Leg.*, lib. V. — [3] *Apol. Socr.*, apud Plat. et Xenoph. — [4] Epist. II, *ad Dionys.*

Dans quel abîme étoit le genre humain, qui ne pouvoit supporter la moindre idée du vrai Dieu ? Athènes, la plus polie et la plus savante de toutes les villes grecques, prenoit pour athées ceux qui parloient des choses intellectuelles [1] ; et c'est une des raisons qui avoit fait condamner Socrate. Si quelques philosophes osoient enseigner que les statues n'étoient pas des dieux comme l'entendoit le vulgaire, ils se voyoient contraints de s'en dédire ; encore après cela étoient-ils bannis comme des impies par sentence de l'Aréopage [2]. Toute la terre étoit possédée de la même erreur : la vérité n'y osoit paroître. Le Dieu créateur du monde (a) n'avoit de temple ni de culte qu'en Jérusalem. Quand les gentils y envoyoient leurs offrandes, ils ne faisoient autre honneur au Dieu d'Israël, que de le joindre aux autres dieux. La seule Judée connoissoit sa sainte et sévère jalousie, et savoit que partager la religion entre lui et les autres dieux, étoit la détruire.

CHAPITRE XVII.

CORRUPTIONS ET SUPERSTITIONS PARMI LES JUIFS : FAUSSES DOCTRINES DES PHARISIENS (b).

Cependant à la fin des temps, les Juifs mêmes qui le connoissoient, et qui étoient les dépositaires de la religion, commencèrent, tant les hommes vont toujours affoiblissant la vérité, non point à oublier le Dieu de leurs pères, mais à mêler dans la religion des superstitions indignes de lui. Sous le règne des Asmonéens, et dès le temps de Jonathas, la secte des pharisiens commença parmi les Juifs [3]. Ils s'acquirent d'abord un grand crédit par la pureté de leur doctrine, et par l'observance exacte de la loi : joint que leur conduite étoit douce, quoique régulière, et qu'ils vivoient entre eux en grande union. Les récompenses et les châtimens de la vie future qu'ils soutenoient avec zèle, leur attiroient beaucoup d'honneur [4]. A la fin, l'ambition se mit parmi eux. Ils

---

[1] Diog. Laert., lib. II, *Socr.*, lib. III, *Plat.* — [2] *Id.* lib. II, *Stilp.* — [3] Joseph., *Antiq.* lib. XIII, cap. IX, al. V. — [4] *Ibid.*, cap. XVIII, al. X; Id., *de Bello Jud.*, lib. II, cap. VII, al. VIII.

(a) Ire *édit.* : Ce grand Dieu créateur du monde. (b) Titre ajouté dans la IIIe édit.

voulurent gouverner, et en effet ils se donnèrent un pouvoir absolu sur le peuple : ils se rendirent les arbitres de la doctrine et de la religion, qu'ils tournèrent insensiblement à des pratiques superstitieuses, utiles à leur intérêt et à la domination qu'ils vouloient établir sur les consciences ; et le vrai esprit de la loi étoit prêt à se perdre.

A ces maux se joignit un plus grand mal, l'orgueil et la présomption; mais une présomption qui alloit à s'attribuer à soi-même le don de Dieu. Les Juifs accoutumés à ses bienfaits, et éclairés depuis tant de siècles de sa connoissance, oublièrent que sa bonté seule les avoit séparés des autres peuples, et regardèrent sa grace comme une dette. Race élue et toujours bénie depuis deux mille ans, ils se jugèrent les seuls dignes de connoître Dieu, et se crurent d'une autre espèce que les autres hommes qu'ils voyoient privés de sa connoissance. Sur ce fondement, ils regardèrent les gentils avec un insupportable dédain. Etre sortis d'Abraham selon la chair, leur paroissoit une distinction qui les mettoit naturellement au-dessus de tous les autres ; et enflés d'une si belle origine, ils se croyoient saints par nature, et non par grace : erreur qui dure encore parmi eux. Ce furent les pharisiens, qui cherchant à se glorifier de leurs lumières, et de l'exacte observance des cérémonies de la loi, introduisirent cette opinion vers la fin des temps. Comme ils ne songeoient qu'à se distinguer des autres hommes, ils multiplièrent sans bornes les pratiques extérieures, et débitèrent toutes leurs pensées, quelque contraires qu'elles fussent à la loi de Dieu, comme des traditions authentiques.

CHAPITRE XVIII.

SUITE DES CORRUPTIONS PARMI LES JUIFS : SIGNAL DE LEUR DÉCADENCE, SELON QUE ZACHARIE L'AVOIT PRÉDIT [a].

Encore que ces sentimens n'eussent point passé par décret public en dogme de la Synagogue, ils se couloient insensiblement parmi le peuple, qui devenoit inquiet, turbulent, et séditieux.

(a) Titre ajouté dans la IIIᵉ édit.

Enfin les divisions qui devoient être selon leurs prophètes [1] le commencement de leur décadence, éclatèrent à l'occasion des brouilleries survenues dans la maison des Asmonéens. Il y avoit à peine soixante ans jusqu'à Jésus-Christ, quand Hircan et Aristobule enfans d'Alexandre Jannée entrèrent en guerre (a) pour le sacerdoce, auquel la royauté étoit annexée. C'est ici le moment fatal où l'histoire marque la première cause de la ruine des Juifs [2]. Pompée, que les deux frères appelèrent pour les régler, les assujettit tous deux, en même temps qu'il déposséda Antiochus surnommé l'*Asiatique*, dernier roi de Syrie. Ces trois princes dégradés ensemble, et comme par un seul coup, furent le signal de la décadence marquée en termes précis par le prophète Zacharie [3]. Il est certain par l'histoire, que ce changement des affaires de la Syrie et de la Judée fut fait en même temps par Pompée, lorsqu'après avoir achevé la guerre de Mithridate, prêt à retourner à Rome, il régla les affaires d'Orient. Le prophète a exprimé ce qui faisoit (b) à la ruine des Juifs, qui, de deux frères qu'ils avoient vus rois, en virent l'un prisonnier servir au triomphe de Pompée, et l'autre (c'est le foible Hircan) à qui le même Pompée ôta avec le diadème une grande partie de son domaine, ne retenir plus qu'un vain titre d'autorité qu'il perdit bientôt. Ce fut alors que les Juifs furent faits tributaires des Romains, et la ruine de la Syrie attira la leur, parce que ce grand royaume réduit en province dans leur voisinage, y augmenta tellement la puissance des Romains, qu'il n'y avoit plus de salut qu'à leur obéir. Les gouverneurs de Syrie firent de continuelles entreprises sur la Judée : les Romains s'y rendirent maîtres absolus, et en affoiblirent le gouvernement en beaucoup de choses. Par eux enfin le royaume de Juda passa des mains des Asmonéens à qui il s'étoit soumis, en celles d'Hérode étranger et Iduméen. La politique cruelle et ambitieuse de ce roi, qui ne professoit qu'en apparence la religion judaïque, changea les

---

[1] *Zach.*, xi, 6, 7, 8, etc. — [2] Joseph., *Antiq.* lib. XIV, c. viii, al. iv; lib. XX, c. viii, al. ix; *de Bello Jud.*, lib. I, c. iv, v, vi; Appian., *Bell. Syr. Mithrid.*, et *Civil.*, lib. V. — [3] *Zach.*, xi, 8. Voy. ci-dessus, ch. xii, p. 432.

(a) Ire *édit.* : Eurent guerre. — (b) N'a remarqué que ce qui faisoit.

maximes du gouvernement ancien. Ce ne sont plus ces Juifs maîtres de leur sort sous le vaste empire des Perses et des premiers Séleucides, où ils n'avoient qu'à vivre en paix. Hérode qui les tient de près asservis sous sa puissance, brouille toutes choses; confond à son gré la succession des pontifes; affoiblit le pontificat, qu'il rend arbitraire; énerve l'autorité du conseil de la nation, qui ne peut plus rien : toute la puissance publique passe entre les mains d'Hérode et des Romains dont il est l'esclave, et il ébranle les fondemens de la république judaïque.

Les pharisiens, et le peuple qui n'écoutoit que leurs sentimens, souffroient cet état avec impatience. Plus ils se sentoient pressés du joug des gentils, plus ils conçurent pour eux de dédain et de haine. Ils ne voulurent plus de Messie qui ne fût guerrier et redoutable aux puissances qui les captivoient. Ainsi oubliant tant de prophéties qui leur parloient si expressément de ses humiliations, ils n'eurent plus d'yeux ni d'oreilles que pour celles qui leur annoncent des triomphes, quoique bien différens de ceux qu'ils vouloient.

CHAPITRE XIX.

JÉSUS-CHRIST ET SA DOCTRINE.

Dans ce déclin de la religion et des affaires des Juifs, à la fin du règne d'Hérode, et dans le temps que les pharisiens introduisoient tant d'abus, Jésus-Christ est envoyé sur la terre pour rétablir le royaume dans la maison de David, d'une manière plus haute que les Juifs charnels ne l'entendoient, et pour prêcher la doctrine que Dieu avoit résolu de faire annoncer à tout l'univers. Cet admirable enfant appelé par Isaïe le Dieu fort, le Père du siècle futur, et l'Auteur de la paix [1], naît d'une Vierge à Bethléem, et il y vient reconnoître l'origine de sa race. Conçu du Saint-Esprit, saint par sa naissance, seul digne de réparer le vice de la nôtre, il reçoit le nom de Sauveur [2], parce qu'il devoit nous sauver de nos péchés. Aussitôt après sa naissance, une nouvelle étoile, figure de la lumière qu'il devoit donner aux gentils, se fait voir

---

[1] *Isa.*, IX, 6. — [2] *Matth.*, I, 21.

en Orient, et amène au Sauveur encore enfant les prémices de la
gentilité convertie. Un peu après, ce Seigneur tant désiré vient
à son saint temple, où Siméon le regarde, non-seulement comme
la gloire d'Israël, mais encore comme *la lumière des nations
infidèles* [1]. Quand le temps de prêcher son Evangile approcha,
saint Jean-Baptiste qui lui devoit préparer les voies, appela tous
les pécheurs à la pénitence, et fit retentir de ses cris tout le désert où il avoit vécu dès ses premières années avec autant d'austérité que d'innocence. Le peuple, qui depuis cinq cents ans
n'avoit point vu de prophètes, reconnut ce nouvel Elie, tout
prêt à le prendre pour le Sauveur, tant sa sainteté parut admirable (a) : mais lui-même il montroit au peuple celui dont *il étoit
indigne de délier les souliers* [2]. Enfin Jésus-Christ commence à
prêcher son Evangile, et à révéler les secrets qu'il voyoit de
toute éternité au sein de son Père. Il pose les fondemens de son
Eglise par la vocation de douze pêcheurs [3], et met saint Pierre à
la tête de tout le troupeau avec une prérogative si manifeste, que
les Evangélistes qui dans le dénombrement qu'ils font des apôtres
ne gardent aucun ordre certain, s'accordent à nommer saint
Pierre devant tous les autres, comme le premier [4]. Jésus-Christ
parcourt toute la Judée, qu'il remplit de ses bienfaits ; secourable
aux malades, miséricordieux envers les pécheurs dont il se
montre le vrai médecin par l'accès qu'il leur donne auprès de
lui, faisant ressentir aux hommes une autorité et une douceur
qui n'avoit jamais paru qu'en sa personne. Il annonce de hauts
mystères ; mais il les confirme par de grands miracles : il commande de grandes vertus ; mais il donne en même temps de
grandes lumières, de grands exemples, et de grandes graces.
C'est par là aussi qu'il paroît « plein de grace et de vérité, et nous
recevons tous de sa plénitude [5]. »

Tout se soutient en sa personne ; sa vie, sa doctrine, ses miracles. La même vérité y reluit partout : tout concourt à faire
voir le maître du genre humain, et le modèle de la perfection.

---

[1] *Luc.*, II, 32. — [2] *Joan.*, I, 27. — [3] *Matth.*, X, 2 ; *Marc.*, III, 16 ; *Luc.*, VI, 14.
— [4] *Act.*, I, 13 ; *Matth.*, XVI, 18. — [5] *Joan.*, I, 14-16.

(a) Iʳᵉ *édit. :* Paroissoit grande.

Lui seul vivant au milieu des hommes, et à la vue de tout le monde, a pu dire sans crainte d'être démenti : « Qui de vous me reprendra de péché [1]? » Et encore : « Je suis la lumière du monde ; ma nourriture est de faire la volonté de mon Père ; celui qui m'a envoyé est avec moi, et ne me laisse pas seul, parce que je fais toujours ce qui lui plaît [2]. »

Ses miracles sont d'un ordre particulier, et d'un caractère nouveau. Ce ne sont point *des signes dans le ciel*, tels que les Juifs les demandoient [3] : il les fait presque tous sur les hommes mêmes, et pour guérir leurs infirmités. Tous ces miracles tiennent plus de la bonté que de la puissance, et ne surprennent pas tant les spectateurs, qu'ils les touchent dans le fond du cœur. Il les fait avec empire : les démons et les maladies lui obéissent : à sa parole les aveugles-nés reçoivent la vue, les morts sortent du tombeau, et les péchés sont remis. Le principe en est en lui-même ; ils coulent de source : « Je sens, dit-il, qu'une vertu est sortie de moi [4]. » Aussi personne n'en avoit-il fait ni de si grands, ni en si grand nombre ; et toutefois il promet que ses disciples feront en son nom encore *de plus grandes choses* [5] : tant est féconde et inépuisable la vertu qu'il porte en lui-même.

Qui n'admireroit la condescendance avec laquelle il tempère la hauteur de sa doctrine ? C'est du lait pour les enfans, et tout ensemble du pain pour les forts. On le voit plein des secrets de Dieu ; mais on voit qu'il n'en est pas étonné, comme les autres mortels à qui Dieu se communique : il en parle naturellement, comme étant né dans ce secret et dans cette gloire ; et *ce qu'il a sans mesure* [6], il le répand avec mesure, afin que notre foiblesse le puisse porter.

Quoiqu'il soit envoyé pour tout le monde, il ne s'adresse d'abord qu'aux brebis perdues de la maison d'Israël, auxquelles il étoit aussi principalement envoyé : mais il prépare la voie à la conversion des Samaritains et des gentils. Une femme samaritaine le reconnoît pour le Christ, que sa nation attendoit aussi bien que celle des Juifs, et apprend de lui le mystère du culte

---

[1] *Joan.*, VIII, 46. — [2] *Ibid.*, 12, 29 ; v, 34. — [3] *Matth.*, XVI, 1. — [4] *Luc.*, VI, 19 ; VIII, 46. — [5] *Joan.*, XIV, 12. — [6] *Joan.*, III, 34.

nouveau qui ne seroit plus attaché à un certain lieu[1]. Une femme
chananéenne et idolâtre lui arrache pour ainsi dire, quoique re-
butée, la guérison de sa fille[2]. Il reconnoît en divers endroits
les enfans d'Abraham dans les gentils[3], et parle de sa doctrine
comme devant être prêchée, contredite, et reçue par toute la
terre. Le monde n'avoit jamais rien vu de semblable, et ses
apôtres en sont étonnés. Il ne cache point aux siens les tristes
épreuves par lesquelles ils devoient passer. Il leur fait voir les
violences et la séduction employées contre eux, les persécutions,
les fausses doctrines, les faux frères, la guerre au dedans et au
dehors, la foi épurée par toutes ces épreuves ; à la fin des temps,
l'affoiblissement de cette foi[4], et le refroidissement de la charité
parmi ses disciples[5]; au milieu de tant de périls, son Eglise et
la vérité toujours invincibles[6].

Voici donc une nouvelle conduite, et un nouvel ordre de
choses : on ne parle plus aux enfans de Dieu de récompenses
temporelles ; Jésus-Christ leur montre une vie future ; et les tenant suspendus dans cette attente, il leur apprend à se détacher
de toutes les choses sensibles. La croix et la patience deviennent
leur partage sur la terre, et *le ciel* leur est proposé comme devant *être emporté de force*[7]. Jésus-Christ qui montre aux hommes
cette nouvelle voie, y entre le premier : il prêche des vérités
pures qui étourdissent les hommes grossiers, et néanmoins superbes : il découvre l'orgueil caché et l'hypocrisie des pharisiens
et des docteurs de la loi qui la corrompoient par leurs interprétations. Au milieu de ces reproches il honore leur ministère, et *la
chaire de Moïse où ils sont assis*[8]. Il fréquente le temple, dont il
fait respecter la sainteté, et renvoie aux prêtres les lépreux qu'il
a guéris. Par là il apprend aux hommes comment ils doivent reprendre et réprimer les abus, sans préjudice du ministère établi
de Dieu, et montre que le corps de la Synagogue subsistoit
malgré la corruption des particuliers. Mais elle penchoit visiblement à sa ruine. Les pontifes et les pharisiens animoient contre

---

[1] *Joan.*, IV, 21, 25. — [2] *Matth.*, XV, 22, etc. — [3] *Matth.*, VIII, 10, 11. — [4] *Luc.*,
XVIII, 8.— [5] *Matth.*, XXIV, 12.— [6] *Matth.*, XVI, 18.— [7] *Matth.*, XI, 12.— [8] *Matth.*,
XXIII, 2.

Jésus-Christ le peuple Juif, dont la religion se tournoit en superstition. Ce peuple ne peut souffrir le Sauveur du monde, qui l'appelle à des pratiques solides, mais difficiles. Le plus saint et le meilleur de tous les hommes, la sainteté et la bonté même, devient le plus envié et le plus haï. Il ne se rebute pas, et ne cesse de faire du bien à ses citoyens ; mais il voit leur ingratitude : il en prédit le châtiment avec larmes, et dénonce à Jérusalem sa chute prochaine. Il prédit aussi que les Juifs ennemis de la vérité qu'il leur annonçoit, seroient livrés à l'erreur, et deviendroient le jouet des faux prophètes. Cependant la jalousie des pharisiens et des prêtres le mène à un supplice infâme : ses disciples l'abandonnent ; un d'eux le trahit ; le premier et le plus zélé de tous le renie trois fois. Accusé devant le conseil, il honore jusqu'à la fin le ministère des prêtres, et répond en termes précis au pontife qui l'interrogeoit juridiquement. Mais le moment étoit arrivé où la Synagogue devoit être réprouvée. Le pontife et tout le conseil condamne Jésus-Christ, parce qu'il se disoit le Christ Fils de Dieu. Il est livré à Ponce Pilate président romain : son innocence est reconnue par son juge, que la politique et l'intérêt font agir contre sa conscience : le Juste est condamné à mort : le plus grand de tous les crimes donne lieu à la plus parfaite obéissance qui fût jamais : Jésus maître de sa vie et de toutes choses, s'abandonne volontairement à la fureur des méchans, et offre le sacrifice qui devoit être l'expiation du genre humain. A la croix, il regarde dans les prophéties ce qui lui restoit à faire : il l'achève, et dit enfin : *Tout est consommé* [1]. A ce mot, tout change dans le monde : la loi cesse, ses figures passent, ses sacrifices sont abolis par une oblation plus parfaite. Cela fait, Jésus-Christ expire avec un grand cri : toute la nature s'émeut : le centurion qui le gardoit, étonné d'une telle mort, s'écrie qu'il est vraiment le Fils de Dieu ; et les spectateurs s'en retournent frappant leur poitrine. Au troisième jour il ressuscite ; il paroît aux siens qui l'avoient abandonné, et qui s'obstinoient à ne pas croire sa résurrection. Ils le voient, ils lui parlent, ils le touchent, ils sont convaincus. Pour confirmer la foi de sa résurrection, il se montre à diverses

[1] *Joan.*, XIX, 30.

fois et en diverses circonstances. Ses disciples le voient en particulier, et le voient aussi tous ensemble : il paroît une fois à plus
de cinq cents hommes assemblés [1]. Un apôtre qui l'a écrit, assure
que la plupart d'eux vivoient encore dans le temps qu'il l'écrivoit.
Jésus-Christ ressuscité donne à ses apôtres tout le temps qu'ils
veulent pour le bien considérer ; et après s'être mis entre leurs
mains en toutes les manières qu'ils le souhaitent, en sorte qu'il
ne puisse plus leur rester le moindre doute, il leur ordonne de
porter témoignage de ce qu'ils ont vu, de ce qu'ils ont ouï, et
de ce qu'ils ont touché. Afin qu'on ne puisse douter de leur bonne
foi, non plus que de leur persuasion, il les oblige à sceller leur témoignage de leur sang. Ainsi leur prédication est inébranlable ; le
fondement en est un fait positif, attesté unanimement par ceux qui
l'ont vu. Leur sincérité est justifiée par la plus forte épreuve qu'on
puisse imaginer, qui est celle des tourmens, et de la mort même.
Telles sont les instructions que reçurent les apôtres. Sur ce fondement douze pêcheurs entreprennent de convertir le monde entier, qu'ils voyoient si opposé aux lois qu'ils avoient à leur pres-
crire, et aux vérités qu'ils avoient à leur annoncer. Ils ont ordre de
commencer par Jérusalem [2], et de là de se répandre par toute la
terre pour « instruire toutes les nations, et les baptiser au nom
du Père, du Fils, et du Saint-Esprit [3]. » Jésus-Christ leur promet
« d'être avec eux tous les jours jusqu'à la consommation (a) des
siècles, » et assure par cette parole la perpétuelle durée du ministère ecclésiastique. Cela dit, il monte aux cieux en leur présence.

Les promesses vont être accomplies : les prophéties vont avoir
leur dernier éclaircissement. Les gentils sont appelés à la connoissance de Dieu par les ordres de Jésus-Christ ressuscité : une
nouvelle cérémonie est instituée pour la régénération du nouveau
peuple ; et les fidèles apprennent que le vrai Dieu, le Dieu d'Israël, ce Dieu un et indivisible auquel ils sont consacrés par le
baptême, est tout ensemble Père, Fils, et Saint-Esprit.

Là donc nous sont proposées les profondeurs incompréhensibles de l'Etre divin, la grandeur ineffable de son unité, et les

[1] I Cor., xv, 6. — [2] Luc., xxiv, 47; Act., 1, 8. — [3] Matth., xxviii, 19, 20.
(a) Ire édit. : D'être avec eux jusqu'à la consommation.

richesses infinies de cette nature, plus féconde encore au dedans qu'au dehors, capable de se communiquer sans division à trois personnes égales.

Là sont expliqués les mystères qui étoient enveloppés, et comme scellés dans les anciennes Ecritures. Nous entendons le secret de cette parole : « Faisons l'homme à notre image [1] ; » et la Trinité marquée dans la création de l'homme, est expressément déclarée dans sa régénération.

Nous apprenons ce que c'est que cette Sagesse *conçue*, selon Salomon [2], *devant tous les temps dans le sein de Dieu;* Sagesse qui fait toutes ses délices, et par qui sont ordonnés tous ses ouvrages. Nous savons qui est celui que David a vu *engendré devant l'aurore* [3] ; et le Nouveau Testament nous enseigne que c'est le Verbe, la parole intérieure de Dieu et sa pensée éternelle, qui est toujours dans son sein, et par qui toutes choses ont été faites.

Par là nous répondons à la mystérieuse question qui est proposée dans les *Proverbes :* « Dites-moi le nom de Dieu, et le nom de son Fils, si vous le savez [4]. » Car nous savons que ce nom de Dieu si mystérieux et si caché, est le nom de Père entendu en ce sens profond qui le fait concevoir dans l'éternité Père d'un Fils égal à lui, et que le nom de son Fils est le nom de Verbe ; Verbe qu'il engendre éternellement en se contemplant lui-même, qui est l'expression parfaite de sa vérité, son image, son Fils unique, *l'éclat de sa clarté, et l'empreinte de sa substance* [5].

Avec le Père et le Fils nous connoissons aussi le Saint-Esprit, l'amour de l'un et de l'autre, et leur éternelle union. C'est cet Esprit qui fait les prophètes, et qui est en eux pour leur découvrir les conseils de Dieu, et les secrets de l'avenir ; Esprit dont il est écrit : « Le Seigneur m'a envoyé, et son Esprit [6], » qui est distingué du Seigneur, et qui est aussi le Seigneur même, puisqu'il envoie les prophètes, et qu'il leur découvre les choses futures. Cet Esprit qui parle aux prophètes, et qui parle par les prophètes, est uni au Père et au Fils, et intervient avec eux dans la consécration du nouvel homme.

[1] *Gen.*, I, 26. — [2] *Prov.*, VIII, 22. — [3] *Psal.* CIX, 3. — [4] *Prov.*, XXX, 4.— [5] *Hebr.*, I, 3. — [6] *Isa.*, XLVIII, 16.

Ainsi le Père, le Fils, et le Saint-Esprit, un seul Dieu en trois Personnes, montré plus obscurément à nos pères, est clairement révélé dans la nouvelle alliance. Instruits d'un si haut mystère et étonnés de sa profondeur incompréhensible, nous couvrons notre face devant Dieu avec les Séraphins (a) que vit Isaïe [1], et nous adorons avec eux Celui qui est trois fois saint.

C'étoit au Fils unique *qui étoit dans le sein du Père* [2], et qui sans en sortir venoit à nous; c'étoit à lui à nous découvrir pleinement ces admirables secrets de la nature divine, que Moïse et les prophètes n'avoient qu'effleurés.

C'étoit à lui à nous faire entendre d'où vient que le Messie promis comme un homme qui devoit sauver les autres hommes, étoit en même temps montré comme Dieu en nombre singulier, et absolument à la manière dont le Créateur nous est désigné : et c'est aussi ce qu'il a fait, en nous enseignant que, quoique fils d'Abraham, *il étoit devant qu'Abraham fût fait* [3]; qu'*il est descendu du ciel, et toutefois qu'il est au ciel* [4]; qu'il est Dieu, Fils de Dieu, et tout ensemble homme, fils de l'homme; le vrai Emmanuel, Dieu avec nous; en un mot, le Verbe fait chair, unissant en sa personne la nature humaine avec la divine, afin de réconcilier toutes choses en lui-même.

Ainsi nous sont révélés les deux principaux mystères, celui de la Trinité et celui de l'Incarnation. Mais celui qui nous les a révélés, nous en fait trouver l'image en nous-mêmes, afin qu'ils nous soient toujours présents, et que nous reconnoissions la dignité de notre nature.

En effet si nous imposons silence à nos sens, et que nous nous renfermions pour un peu de temps au fond de notre ame, c'est-à-dire dans cette partie où la vérité se fait entendre, nous y verrons quelque image de la Trinité que nous adorons. La pensée que nous sentons naître comme le germe de notre esprit, comme le fils de notre intelligence, nous donne quelque idée du Fils de Dieu conçu éternellement dans l'intelligence du Père céleste. C'est pourquoi ce Fils de Dieu prend le nom de Verbe, afin que

---

[1] *Isa.*, VI. — [2] *Joan.*, I, 18. — [3] *Joan.*, VIII, 58. — [4] *Ibid.*, III, 13.

(a) *I™ édit. :* Avec les Chérubins.

nous entendions qu'il naît dans le sein du Père, non comme naissent les corps, mais comme naît dans notre ame cette parole intérieure que nous y sentons quand nous contemplons la vérité [1].

Mais la fécondité de notre esprit ne se termine pas à cette parole intérieure, à cette pensée intellectuelle, à cette image de la vérité qui se forme en nous. Nous aimons et cette parole intérieure et l'esprit où elle naît; et en l'aimant nous sentons en nous quelque chose qui ne nous est pas moins précieux que notre esprit et notre pensée, qui est le fruit de l'un et de l'autre, qui les unit, qui s'unit à eux, et ne fait avec eux qu'une même vie.

Ainsi autant qu'il se peut trouver de rapport entre Dieu et l'homme, ainsi, dis-je, se produit en Dieu l'amour éternel qui sort du Père qui pense, et du Fils qui est sa pensée, pour faire avec lui et sa pensée une même nature également heureuse et parfaite.

En un mot, Dieu est parfait; et son Verbe image vivante d'une vérité infinie, n'est pas moins parfait que lui; et son Amour, qui sortant de la source inépuisable du bien en a toute la plénitude, ne peut manquer d'avoir une perfection infinie; et puisque nous n'avons point d'autre idée de Dieu que celle de la perfection, chacune de ces trois choses considérée en elle-même mérite d'être appelée Dieu : mais parce que ces trois choses conviennent nécessairement à une même nature, ces trois choses ne sont qu'un seul Dieu.

Il ne faut donc rien concevoir d'inégal ni de séparé dans cette Trinité adorable; et quelque incompréhensible que soit cette égalité, notre ame, si nous l'écoutons, nous en dira quelque chose.

Elle est; et quand elle sait parfaitement ce qu'elle est, son intelligence répond à la vérité de son être; et quand elle aime son être avec son intelligence autant qu'ils méritent d'être aimés, son amour égale la perfection de l'un et de l'autre [2]. Ces trois choses

---

[1] Greg. Naz., *Orat.* XXXVI, nunc XXX, n. 20 ; Aug., *de Trinit.*, lib. IX. cap. 4 et seq.; et in *Joan. Evang.*, tract. I, etc.; *De Civit. Dei*, lib. XI, cap. 26, 27, 28. — [2] Aug., loc. cit.

ne se séparent jamais, et s'enferment l'une l'autre : nous entendons que nous sommes, et que nous aimons; et nous aimons à
être, et à entendre. Qui le peut nier, s'il s'entend lui-même? Et
non-seulement une de ces choses n'est pas meilleure que l'autre,
mais les trois ensemble ne sont pas meilleures qu'une d'elles en
particulier, puisque chacune enferme le tout, et que dans les trois
consiste la félicité et la dignité de la nature raisonnable. Ainsi
et infiniment au-dessus, est parfaite, inséparable, une en son
essence, et enfin égale en tout sens, la Trinité que nous servons,
et à laquelle nous sommes consacrés par notre baptême.

Mais nous-mêmes, qui sommes l'image de la Trinité, nous-
mêmes, à un autre égard, nous sommes encore l'image de l'Incarnation;

Notre ame d'une nature spirituelle et incorruptible, a un corps
corruptible qui lui est uni [1]; et de l'union de l'un et de l'autre résulte un tout, qui est l'homme, esprit et corps tout ensemble, incorruptible et corruptible, intelligent et purement brute. Ces
attributs conviennent au tout, par rapport à chacune de ses deux
parties : ainsi le Verbe divin dont la vertu soutient tout, s'unit
d'une façon particulière, ou plutôt il devient lui-même, par une
parfaite union, ce Jésus-Christ fils de Marie; ce qui fait qu'il est
Dieu et homme tout ensemble, engendré dans l'éternité, et engendré dans le temps, toujours vivant dans le sein du Père, et
mort sur la croix pour nous sauver.

Mais où Dieu se trouve mêlé, jamais les comparaisons tirées
des choses humaines ne sont qu'imparfaites. Notre ame n'est pas
devant notre corps, et quelque chose lui manque lorsqu'elle en
est séparée. Le Verbe parfait en lui-même dès l'éternité, ne s'unit
à notre nature que pour l'honorer. Cette ame qui préside au
corps, et y fait divers changemens, elle-même en souffre à son
tour. Si le corps est mû au commandement et selon la volonté de
l'ame, l'ame est troublée, l'ame est affligée et agitée en mille manières, ou fâcheuses ou agréables, suivant les dispositions du

[1] Aug., *Ep.* III *ad Volus.*, nunc CXXXVII, cap. 3, n. 11; *De Civit. Dei*, lib. X,
cap. 29; Cyril., *Ep. ad Valerian.*, part. III Conc. Ephes., tom. III *Concil.*,
col. 1155 et seq., etc. ; *Symb. Ath.*, etc.

corps ; en sorte que comme l'ame élève le corps à elle en le gou-
vernant, elle est abaissée au-dessous de lui par les choses qu'elle
en souffre. Mais en Jésus-Christ, le Verbe préside à tout, le
Verbe tient tout sous sa main. Ainsi l'homme est élevé, et le
Verbe ne se rabaisse par aucun endroit : immuable et inaltérable,
il domine en tout et partout la nature qui lui est unie.

De là vient qu'en Jésus-Christ l'homme absolument soumis à la
direction intime du Verbe qui l'élève à soi, n'a que des pensées et
des mouvemens divins. Tout ce qu'il pense, tout ce qu'il veut,
tout ce qu'il dit, tout ce qu'il cache au dedans, tout ce qu'il montre
au dehors est animé par le Verbe, conduit par le Verbe, digne
du Verbe, c'est-à-dire digne de la raison même, de la sagesse
même, et de la vérité même. C'est pourquoi tout est lumière en
Jésus-Christ ; sa conduite est une règle ; ses miracles sont des
instructions ; ses paroles sont esprit et vie.

Il n'est pas donné à tous de bien entendre ces sublimes vérités,
ni de voir parfaitement en lui-même cette merveilleuse image
des choses divines, que saint Augustin et les autres Pères ont
crue si certaine. Les sens nous gouvernent trop ; et notre imagination qui se veut mêler dans toutes nos pensées, ne nous permet
pas toujours de nous arrêter sur une lumière si pure. Nous ne
nous connoissons pas nous-mêmes ; nous ignorons les richesses
que nous portons dans le fond de notre nature ; et il n'y a que les
yeux les plus épurés qui les puissent apercevoir. Mais si peu que
nous entrions dans ce secret, et que nous sachions remarquer en
nous l'image des deux mystères qui font le fondement de notre
foi, c'en est assez pour nous élever au-dessus de tout, et rien de
mortel ne nous pourra plus toucher.

Aussi Jésus-Christ nous appelle-t-il à une gloire immortelle, et
c'est le fruit de la foi que nous avons pour les mystères.

Cet Dieu-Homme, cette vérité et cette sagesse incarnée qui nous
fait croire de si grandes choses sur sa seule autorité, nous en
promet dans l'éternité la claire et bienheureuse vision, comme la
récompense certaine de notre foi.

De cette sorte, la mission de Jésus-Christ est relevée infiniment au-dessus de celle de Moïse.

Moïse étoit envoyé pour réveiller par des récompenses temporelles les hommes sensuels et abrutis. Puisqu'ils étoient devenus
tout corps et tout chair, il les falloit d'abord prendre par les sens,
leur inculquer par ce moyen la connoissance de Dieu, et l'horreur
de l'idolâtrie à laquelle le genre humain avoit une inclination si
prodigieuse.

Tel étoit le ministère de Moïse : il étoit réservé à Jésus-Christ
d'inspirer à l'homme des pensées plus hautes, et de lui faire
connoître dans une pleine évidence la dignité, l'immortalité et la
félicité éternelle de son ame.

Durant les temps d'ignorance, c'est-à-dire durant les temps
qui ont précédé Jésus-Christ, ce que l'ame connoissoit de sa dignité et de son immortalité l'induisoit le plus souvent à erreur.
Le culte des hommes morts faisoit presque tout le fond de l'idolâtrie : presque tous les hommes sacrifioient aux Mânes, c'est-à-
dire aux ames des morts. De si anciennes erreurs nous font voir
à la vérité combien étoit ancienne la croyance de l'immortalité
de l'ame, et nous montrent qu'elle doit être rangée parmi les
premières traditions du genre humain. Mais l'homme qui gâtoit
tout, en avoit étrangement abusé, puisqu'elle le portoit à sacrifier
aux morts. On alloit même jusqu'à cet excès de leur sacrifier des
hommes vivans : on tuoit leurs esclaves, et même leurs femmes,
pour les aller servir dans l'autre monde. Les Gaulois le pratiquoient avec beaucoup d'autres peuples [1] ; et les Indiens marqués
par les auteurs païens parmi les premiers défenseurs de l'immortalité de l'ame, ont aussi été les premiers à introduire sur la
terre, sous prétexte de religion, ces meurtres abominables. Les
mêmes Indiens se tuoient eux-mêmes pour avancer la félicité de
la vie future; et ce déplorable aveuglement dure encore aujour-
d'hui parmi ces peuples : tant il est dangereux d'enseigner la
vérité dans un autre ordre que celui que Dieu a suivi, et d'expliquer clairement à l'homme tout ce qu'il est avant d'avoir connu
Dieu parfaitement.

C'étoit faute de connoître Dieu que la plupart des philosophes
n'ont pu croire l'ame immortelle sans la croire une portion de la

[1] Cæsar., *de Bell. Gall.*, lib.VI, cap. 18.

Divinité, une divinité elle même, un être éternel, incréé aussi bien qu'incorruptible, et qui n'avoit non plus de commencement que de fin. Que dirai-je de ceux qui croyoient la transmigration des ames : qui les faisoient rouler des cieux à la terre, et puis de la terre aux cieux; des animaux dans les hommes, et des hommes dans les animaux; de la félicité à la misère, et de la misère à la félicité, sans que ces révolutions eussent jamais ni de terme ni d'ordre certain? Combien étoit obscurcie la justice, la providence, la bonté divine parmi tant d'erreurs! Et qu'il étoit nécessaire de connoître Dieu, et les règles de sa sagesse, avant que de connoître l'ame et sa nature immortelle!

C'est pourquoi la loi de Moïse ne donnoit à l'homme qu'une première notion de la nature de l'ame et de sa félicité. Nous avons vu l'ame au commencement faite par la puissance de Dieu aussi bien que les autres créatures; mais avec ce caractère particulier, qu'elle étoit faite à son image et par son souffle, afin qu'elle entendît à qui elle tient par son fond, et qu'elle ne se crût jamais de même nature que les corps, ni formée de leur concours. Mais les suites de cette doctrine, et les merveilles de la vie future ne furent pas alors universellement développées; et c'étoit au jour du Messie que cette grande lumière devoit paroître à découvert.

Dieu en avoit répandu quelques étincelles dans les anciennes Ecritures. Salomon avoit dit que « comme le corps retourne à la terre d'où il est sorti, l'esprit retourne à Dieu qui l'a donné [1]. » Les patriarches et les prophètes ont vécu dans cette espérance; et Daniel avoit prédit qu'il viendroit un temps « où ceux qui dorment dans la poussière s'éveilleroient, les uns pour la vie éternelle, et les autres pour une éternelle confusion, afin de voir toujours [2]. » Mais en même temps que ces choses lui sont révélées, il lui est ordonné de « sceller le livre, et de le tenir fermé jusqu'au temps ordonné de Dieu [3], » afin de nous faire entendre que la pleine découverte de ces vérités étoit d'une autre saison et d'un autre siècle.

Encore donc que les Juifs eussent dans leurs Ecritures quelques

---

[1] *Eccle.*, XII, 7. — [2] *Dan.*, XII, 2, 3. — [3] *Ibid.*, 4.

promesses des félicités éternelles, et que vers les temps du Messie
où elles doivent être déclarées, ils en parlassent beaucoup davantage, comme il paroît par les livres de la *Sagesse* et des *Machabées* : toutefois cette vérité faisoit si peu un dogme formel et universel (a) de l'ancien peuple, que les sadducéens, sans la reconnoître, non-seulement étoient admis dans la Synagogue, mais encore élevés au sacerdoce. C'est un des caractères du peuple
nouveau, de poser pour fondement de la religion la foi de la vie
future, et ce devoit être le fruit de la venue du Messie.

C'est pourquoi non content de nous avoir dit qu'une vie éternellement bienheureuse étoit réservée aux enfans de Dieu, il nous
a dit en quoi elle consistoit. La vie bienheureuse est d'être avec
lui dans la gloire de Dieu son Père : la vie bienheureuse est de
voir la gloire qu'il a dans le sein du Père dès l'origine du
monde : la vie bienheureuse est que Jésus-Christ soit en nous
comme dans ses membres, et que l'amour éternel que le Père a
pour son Fils s'étendant sur nous, il nous comble des mêmes
dons : la vie bienheureuse, en un mot, est de connoître le seul
vrai Dieu, et Jésus-Christ qu'il a envoyé [1] ; mais le connoître de
cette manière qui s'appelle la claire vue, *la vue face à face* [2] et à
découvert, la vue qui réforme en nous et y achève l'image de
Dieu, selon ce que dit saint Jean, « que nous lui serons semblables, parce que nous le verrons tel qu'il est [3]. »

Cette vue sera suivie d'un amour immense, d'une joie inexplicable, et d'un triomphe sans fin. Un *Alleluia* éternel, et un *Amen*
éternel, dont on entend retentir la céleste Jérusalem [4], font voir
toutes les misères bannies, et tous les désirs satisfaits; il n'y a
plus qu'à louer la bonté divine.

Avec de si nouvelles récompenses, il falloit que Jésus-Christ
proposât aussi de nouvelles idées de vertu, des pratiques plus
parfaites et plus épurées. La fin de la religion, l'ame des vertus
et l'abrégé de la loi, c'est la charité. Mais jusqu'à Jésus-Christ, on
peut dire que la perfection et les effets de cette vertu n'étoient pas

---

[1] *Joan.*, XVII, 3. — [2] I *Cor.*, XIII, 9, 12.— [3] I *Joan.*, III, 2. — [4] *Apoc.*, VII, 12 ;
XIX, 1, 2, 3, 4, 5, 6.

(a) Ire *édit.* : Dogme universel.

entièrement connus. C'est Jésus-Christ proprement qui nous apprend à nous contenter de Dieu seul. Pour établir le règne de la charité, et nous en découvrir tous les devoirs, il nous propose l'amour de Dieu, jusqu'à nous haïr nous-mêmes, et persécuter sans relâche le principe de corruption que nous avons tous dans le cœur. Il nous propose l'amour du prochain, jusqu'à étendre sur tous les hommes cette inclination bienfaisante sans en excepter nos persécuteurs : il nous propose la modération des désirs sensuels, jusqu'à retrancher tout à fait nos propres membres, c'est-à-dire ce qui tient le plus vivement et le plus intimement à notre cœur ; il nous propose la soumission aux ordres de Dieu, jusqu'à nous réjouir des souffrances qu'il nous envoie : il nous propose l'humilité, jusqu'à aimer les opprobres pour la gloire de Dieu, et à croire que nulle injure ne nous peut mettre si bas devant les hommes, que nous ne soyons encore plus bas devant Dieu par nos péchés. Sur ce fondement de la charité, il perfectionne tous les états de la vie humaine. C'est par là que le mariage est réduit à sa forme primitive : l'amour conjugal n'est plus partagé : une si sainte société n'a plus de fin que celle de la vie ; et les enfans ne voient plus chasser leur mère pour mettre à sa place une une marâtre. Le célibat est montré comme une imitation de la vie des anges, uniquement occupée de Dieu et des chastes délices de son amour. Les supérieurs apprennent qu'ils sont serviteurs des autres, et dévoués à leur bien ; les inférieurs reconnoissent l'ordre de Dieu dans les puissances légitimes, lors même qu'elles abusent de leur autorité : cette pensée adoucit les peines de la sujétion, et sous des maîtres fâcheux l'obéissance n'est plus fâcheuse au vrai chrétien.

A ces préceptes, il joint des conseils de perfection éminente : renoncer à tout plaisir ; vivre dans le corps comme si on étoit sans corps ; quitter tout ; donner tout aux pauvres ; pour ne posséder que Dieu seul ; vivre de peu, et presque de rien, et attendre ce peu de la Providence divine.

Mais la loi la plus propre à l'Evangile, est celle de porter sa croix. La croix est la vraie épreuve de la foi, le vrai fondement de l'espérance, le parfait épurement de la charité, en un mot le chemin du ciel. Jésus-Christ est mort à la croix ; il a porté sa croix toute sa vie ; c'est à la croix qu'il veut qu'on le suive, et il met la vie éternelle à ce prix. Le premier à qui il promet en particulier le repos du siècle futur, est un compagnon de sa croix : « Tu seras, lui dit-il, aujourd'hui avec moi en paradis[1]. » Aussitôt qu'il fut à la croix, le voile qui couvroit le sanctuaire fut déchiré de haut en bas, et le ciel fut ouvert aux ames saintes. C'est au sortir de la croix, et des horreurs de son supplice, qu'il parut à ses apôtres, glorieux et vainqueur de la mort, afin qu'ils comprissent que c'est par la croix qu'il devoit entrer dans sa gloire, et qu'il ne montroit point d'autre voie à ses enfans.

Ainsi fut donnée au monde en la personne de Jésus-Christ l'image d'une vertu accomplie, qui n'a rien et n'attend rien sur la terre ; que les hommes ne récompensent que par de continuelles persécutions ; qui ne cesse de leur faire du bien, et à qui ses propres bienfaits attirent le dernier supplice. Jésus-Christ meurt sans trouver ni reconnoissance dans ceux qu'il oblige, ni fidélité dans ses amis, ni équité dans ses juges. Son innocence, quoique reconnue, ne le sauve pas ; son Père même, en qui seul il avoit mis son espérance, retire toutes les marques de sa protection : le Juste est livré à ses ennemis, et il meurt abandonné de Dieu et des hommes.

Mais il falloit faire voir à l'homme de bien, que dans les plus grandes extrémités il n'a besoin ni d'aucune consolation humaine, ni même d'aucune marque sensible du secours divin : qu'il aime seulement, et qu'il se confie, assuré que Dieu pense à lui sans lui en donner aucune marque, et qu'une éternelle félicité lui est réservée.

Le plus sage des philosophes, en cherchant l'idée de la vertu, a trouvé que comme de tous les méchans celui-là seroit le plus méchant qui sauroit si bien couvrir sa malice, qu'il passât pour homme de bien, et jouît par ce moyen de tout le crédit que peut donner la vertu : ainsi le plus vertueux devoit être sans difficulté celui à qui sa vertu attire par sa perfection la jalousie de tous les hommes, en sorte qu'il n'ait pour lui que sa conscience, et qu'il

[1] *Luc.*, XXIII, 43.

se voie exposé à toute sorte d'injures, jusqu'à être mis sur la croix, sans que sa vertu lui puisse donner ce foible secours de l'exempter d'un tel supplice [1]. Ne semble-t-il pas que Dieu n'ait mis cette merveilleuse idée de vertu dans l'esprit d'un philosophe, que pour la rendre effective en la personne de son Fils, et faire voir que le juste a une autre gloire, un autre repos, enfin un autre bonheur que celui qu'on peut avoir sur la terre?

Etablir cette vérité, et la montrer accomplie si visiblement en soi-même aux dépens de sa propre vie, c'étoit le plus grand ouvrage que pût faire un homme; et Dieu l'a trouvé si grand, qu'il l'a réservé à ce Messie tant promis, à cet homme qu'il a fait la même personne avec son Fils unique.

En effet que pouvoit-on réserver de plus grand à un Dieu venant sur la terre? et qu'y pouvoit-il faire de plus digne de lui, que d'y montrer la vertu dans toute sa pureté, et le bonheur éternel où la conduisent les maux les plus extrêmes?

Mais si nous venons à considérer ce qu'il y a de plus haut et de plus intime dans le mystère de la croix, quel esprit humain le pourra comprendre? Là nous sont montrées des vertus que le seul Homme-Dieu pouvoit pratiquer. Quel autre pouvoit comme lui se mettre à la place de toutes les victimes anciennes, les abolir en leur substituant une victime d'une dignité et d'un mérite infini, et faire que désormais il n'y eût plus que lui seul à offrir à Dieu? Tel est l'acte de religion que Jésus-Christ exerce à la croix. Le Père éternel pouvoit-il trouver, ou parmi les anges, ou parmi les hommes, une obéissance égale à celle que lui rend son Fils bien-aimé, lorsque rien ne lui pouvant arracher la vie, il la donna volontairement pour lui complaire? Que dirai-je de la parfaite union de tous ses désirs avec la divine volonté, et de l'amour pour lequel il se tient uni *à Dieu qui étoit en lui, se réconciliant le monde* [2]*?* Dans cette union incompréhensible, il embrasse tout le genre humain; il pacifie le ciel et la terre; il se plonge avec une ardeur immense dans ce déluge de sang où *il devoit être baptisé* avec tous les siens, et fait sortir de ses plaies *le feu* de l'amour divin *qui devoit embraser toute la terre* [3]. Mais

[1] Socr., apud Plat., *de Rep.*, lib. II. — [2] II *Cor.*, v, 19. — [3] *Luc.*, XII, 49, 50.

voici ce qui passe toute intelligence ; la justice pratiquée par ce
Dieu-Homme, qui se laisse condamner par le monde, afin que le
monde demeure éternellement condamné par l'énorme iniquité
de ce jugement. « Maintenant le monde est jugé, et le prince de
ce monde va être chassé [1], » comme le prononce Jésus-Christ lui-
même. L'enfer, qui avoit subjugué le monde, le va perdre : en
attaquant l'innocent, il sera contraint de lâcher les coupables
qu'il tenoit captifs : la malheureuse *obligation* par laquelle nous
étions livrés aux anges rebelles, *est anéantie* : Jésus-Christ *l'a
attachée à sa croix* [2], pour y être effacée de son sang : l'enfer dépouillé gémit : la croix est un lieu de triomphe à notre Sauveur,
et les puissances ennemies suivent en tremblant le char du vainqueur. Mais un plus grand triomphe paroît à nos yeux : la justice divine est elle-même vaincue ; le pécheur qui lui étoit dû
comme sa victime, est arraché de ses mains. Il a trouvé une cau-
tion capable de payer pour lui un prix infini. Jésus-Christ
s'unit éternellement les élus pour qui il se donne : ils sont ses
membres et son corps : le Père éternel ne les peut plus regarder
qu'en leur chef : ainsi il étend sur eux l'amour infini qu'il a pour
son Fils. C'est son Fils lui-même qui le lui demande : il ne veut
pas être séparé des hommes qu'il a rachetés : « O mon Père, je
veux, dit-il, qu'ils soient avec moi [3] : » ils seront remplis de mon
esprit ; ils jouiront de ma gloire ; ils partageront avec moi jusqu'à mon trône [4].

Après un si grand bienfait, il n'y a plus que des cris de joie
qui puissent exprimer nos reconnoissances. « O merveille, s'é-
crie un grand philosophe et un grand martyr, ô échange incompréhensible et surprenant artifice de la sagesse divine [5]! » Un
seul est frappé, et tous sont délivrés. Dieu frappe son Fils innocent pour l'amour des hommes coupables, et pardonne aux
hommes coupables pour l'amour de son Fils innocent (a). « Le
juste paie ce qu'il ne doit pas, et acquitte les pécheurs de ce
qu'ils doivent ; car qu'est-ce qui pouvoit mieux couvrir nos pé-

[1] *Joan.*, XII, 31. — [2] *Colos.*, II, 13, 14, 15. — [3] *Joan.*, XVII, 24, 25, 26. —
[4] *Apoc.*, III, 21. — [5] Justin., *Epist. ad Diognet*, n. 9.

(a) Nous avons noté ce passage dans deux sermons.

chés que sa justice? Comment pouvoit être mieux expiée la rébellion des serviteurs, que par l'obéissance du Fils? L'iniquité de plusieurs est cachée dans un seul juste, et la justice d'un seul fait que plusieurs sont justifiés. » A quoi donc ne devons-nous pas prétendre? « Celui qui nous a aimés étant pécheurs jusqu'à donner sa vie pour nous, que nous refusera-t-il après qu'il nous a réconciliés et justifiés par son sang[1]? » Tout est à nous par Jésus-Christ; la grace, la sainteté, la vie, la gloire, la béatitude : le royaume du Fils de Dieu est notre héritage ; il n'y a rien au-dessus de nous, pourvu seulement que nous ne nous ravilissions pas nous-mêmes.

Pendant que Jésus-Christ comble nos désirs et surpasse nos espérances, il consomme l'œuvre de Dieu commencée sous les patriarches et dans la loi de Moïse.

Alors Dieu vouloit se faire connoître par des expériences sensibles : il se montroit magnifique en promesses temporelles, bon en comblant ses enfans des biens qui flattent les sens, puissant en les délivrant des mains de leurs ennemis, fidèle en les amenant dans la terre promise à leurs pères, juste par les récompenses et les châtimens qu'il leur envoyoit manifestement selon leurs œuvres.

Toutes ces merveilles préparoient les voies aux vérités que Jésus-Christ venoit enseigner. Si Dieu est bon jusqu'à nous donner ce que demandent nos sens, combien plutôt nous donnera-t-il ce que demande notre esprit fait à son image? S'il est si tendre et si bienfaisant envers ses enfans, renfermera-t-il son amour et ses libéralités dans ce peu d'années qui composent notre vie? Ne donnera-t-il à ceux qu'il aime, qu'une ombre de félicité, et qu'une terre fertile en grains et en huile? N'y aura-t-il point un pays où il répande avec abondance les biens véritables?

Il y en aura un sans doute, et Jésus-Christ nous le vient montrer. Car enfin le Tout-Puissant n'auroit fait que des ouvrages peu dignes de lui, si toute sa magnificence ne se terminoit qu'à des grandeurs exposées à nos sens infirmes. Tout ce qui n'est pas éternel ne répond ni à la majesté d'un Dieu éternel, ni aux espé-

[1] *Rom.*, v, 6, 7, 8, 9, 10.

rances de l'homme à qui il a fait connoître son éternité ; et cette
immuable fidélité qu'il garde à ses serviteurs, n'aura jamais un
objet qui lui soit proportionné, jusqu'à ce qu'elle s'étende à quelque chose d'immortel et de permanent.

Il falloit donc qu'à la fin Jésus-Christ nous ouvrît les cieux,
pour y découvrir à notre foi *cette cité permanente* où nous devons être recueillis après cette vie[1]. Il nous fait voir que si Dieu
prend pour son titre éternel, le nom de Dieu d'Abraham, d'Isaac
et de Jacob, c'est à cause que ces saints hommes sont toujours
vivans devant lui. *Dieu n'est pas le Dieu des morts*[2] : il n'est pas
digne de lui de ne faire comme les hommes, qu'accompagner ses
amis jusqu'au tombeau, sans leur laisser au delà aucune espérance ; et ce lui seroit une honte de se dire avec tant de force le
Dieu d'Abraham, s'il n'avoit fondé dans le ciel une cité éternelle
où Abraham et ses enfans pussent vivre heureux.

C'est ainsi que les vérités de la vie future nous sont développées par Jésus-Christ. Il nous les montre, même dans la loi. La
vraie terre promise, c'est le royaume céleste. C'est après cette
bienheureuse patrie que soupiroient Abraham, Isaac et Jacob[3] :
la Palestine ne méritoit pas de terminer tous leurs vœux, ni d'être
le seul objet d'une si longue attente de nos pères.

L'Egypte d'où il faut sortir, le désert où il faut passer, la Babylone dont il faut rompre les prisons pour entrer ou pour retourner à notre patrie, c'est le monde avec ses plaisirs et ses vanités :
c'est là que nous sommes vraiment captifs et errans, séduits par
le péché et ses convoitises ; il nous faut secouer ce joug pour trouver dans Jérusalem et dans la cité de notre Dieu la liberté véritable, et un sanctuaire *non fait de main d'homme*[4], où la gloire
du Dieu d'Israël nous apparoisse.

Par cette doctrine de Jésus-Christ, le secret de Dieu nous est
découvert ; la loi est toute spirituelle, ses promesses nous intro-
duisent à celles de l'Evangile, et y servent de fondement. Une
même lumière nous paroît partout : elle se lève sous les patriarches : sous Moïse et sous les prophètes elle s'accroît : Jésus-

---

[1] *Hebr.*, xi, 8, 9, 10, 13, 14, 15, 16. — [2] *Math.*, xxii, 32; *Luc.*, xx, 38. —
[3] *Hebr.*, xi, 14, 15, 16. — [4] II *Cor.*, v, 1.

Christ plus grand que les patriarches, plus autorisé que Moïse, plus éclairé que tous les prophètes, nous la montre dans sa plénitude.

A ce Christ, à cet Homme-Dieu, à cet Homme qui tient sur la terre, comme parle saint Augustin, la place de la vérité, et la fait voir personnellement résidente au milieu de nous, à lui, dis-je, étoit réservé de nous montrer toute vérité, c'est-à-dire celle des mystères, celle des vertus, et celle des récompenses que Dieu a destinées à ceux qu'il aime.

C'étoit de telles grandeurs que les Juifs devoient chercher en leur Messie. Il n'y a rien de si grand que de porter en soi-même, et de découvrir aux hommes la vérité toute entière qui les nourrit, qui les dirige, et qui épure leurs yeux jusqu'à les rendre capables de voir Dieu.

Dans le temps que la vérité devoit être montrée aux hommes avec cette plénitude, il étoit aussi ordonné qu'elle seroit annoncée par toute la terre, et dans tous les temps. Dieu n'a donné à Moïse qu'un seul peuple, et un temps déterminé : tous les siècles, et tous les peuples du monde sont donnés à Jésus-Christ : il a ses élus partout, et son Eglise répandue dans tout l'univers ne cessera jamais de les enfanter. « Allez, dit-il, enseignez toutes les nations, les baptisant au nom du Père, et du Fils, et du Saint-Esprit, et leur apprenant à garder tout ce que je vous ai commandé : et voilà je suis avec vous tous les jours jusqu'à la fin (a) des siècles[1]. »

CHAPITRE XX.

LA DESCENTE DU SAINT-ESPRIT : L'ÉTABLISSEMENT DE L'ÉGLISE : LES JUGEMENS DE DIEU SUR LES JUIFS ET SUR LES GENTILS.

Pour répandre dans tous les lieux et dans tous les siècles de si hautes vérités, et pour y mettre en vigueur au milieu de la corruption des pratiques si épurées, il falloit une vertu plus qu'humaine. C'est pourquoi Jésus-Christ promet d'envoyer le Saint-

[1] *Matth.*, XXVIII, 19, 20.

(a) *Ire édit. :* Je suis avec vous jusqu'à la fin des siècles.

Esprit pour fortifier ses apôtres, et animer éternellement le corps de l'Eglise.

Cette force du Saint-Esprit, pour se déclarer davantage, devoit paroître dans l'infirmité. *Je vous enverrai*, dit Jésus-Christ à ses apôtres, *ce que mon Père a promis*, c'est-à-dire le Saint-Esprit : en attendant, *tenez-vous en repos dans Jérusalem ;* n'entreprenez rien *jusqu'à ce que vous soyez revêtus de la force d'en haut* [1].

Pour se conformer à cet ordre, ils demeurent enfermés quarante jours : le Saint-Esprit descend au temps arrêté ; les langues de feu tombées sur les disciples de Jésus-Christ marquent l'efficace de leur parole ; la prédication commence ; les apôtres rendent témoignage à Jésus-Christ ; ils sont prêts à tout souffrir pour soutenir qu'ils l'ont vu ressuscité. Les miracles suivent leurs paroles ; en deux prédications de saint Pierre huit mille Juifs se convertissent, et pleurant leur erreur ils sont lavés dans le sang qu'ils avoient versé.

Ainsi l'Eglise est fondée dans Jérusalem, et parmi les Juifs, malgré l'incrédulité du gros de la nation. Les disciples de Jésus-Christ font voir au monde une charité, une force et une douceur qu'aucune société n'avoit jamais eue. La persécution s'élève ; la foi s'augmente ; les enfans de Dieu apprennent de plus en plus à ne désirer que le ciel ; les Juifs, par leur malice obstinée, attirent la vengeance de Dieu, et avancent les maux extrêmes dont ils étoient menacés ; leur état et leurs affaires empirent. Pendant que Dieu continue à en séparer un grand nombre qu'il range parmi ses élus, saint Pierre est envoyé pour baptiser Corneille centurion romain. Il apprend premièrement par une céleste vision, et après par expérience, que les gentils sont appelés à la connoissance de Dieu. Jésus-Christ qui les vouloit convertir parle d'en haut à saint Paul, qui en devoit être le docteur ; et par un miracle inouï jusqu'alors, en un instant, de persécuteur il le fait non-seulement défenseur, mais encore zélé (a) prédicateur de la foi : il lui dé-

---

[1] *Luc.*, XXIV, 49.

(a) *I*re *édit.* : Par un miracle inouï jusqu'alors, de persécuteur il le fait non-seulement défenseur, mais zélé....

couvre le secret profond de la vocation des gentils par la réprobation des Juifs ingrats, qui se rendent de plus en plus indignes
de l'Evangile. Saint Paul tend les mains aux gentils : il traite
avec une force merveilleuse ces importantes questions : « Si le
Christ devoit souffrir, et s'il étoit le premier qui devoit annoncer
la vérité au peuple et aux gentils, après être ressuscité des
morts[1] : » il prouve l'affirmative par Moïse et par les prophètes,
et appelle les idolâtres à la connoissance de Dieu, au nom de
Jésus-Christ ressuscité. Ils se convertissent en foule : saint Paul
fait voir que leur vocation est un effet de la grace, qui ne distingue plus ni Juifs ni gentils. La fureur et la jalousie transporte
les Juifs ; ils font des complots terribles contre saint Paul, outrés
principalement de ce qu'il prêche les gentils, et les amène au vrai
Dieu : ils le livrent enfin aux Romains, comme ils leur avoient
livré Jésus-Christ. Tout l'empire s'émeut contre l'Eglise naissante ; et Néron persécuteur de tout le genre humain, fut le premier persécuteur des fidèles. Ce tyran fait mourir saint Pierre et
saint Paul. Rome est consacrée par leur sang ; et le martyre de
saint Pierre prince des apôtres, établit dans la capitale de l'empire le siége principal de la religion. Cependant le temps approchoit où la vengeance divine devoit éclater sur les Juifs impéni-
tens : le désordre se met parmi eux ; un faux zèle les aveugle, et
les rend odieux à tous les hommes ; leurs faux prophètes les en-
chantent par les promesses d'un règne imaginaire. Séduits par
leurs tromperies, ils ne peuvent plus souffrir aucun empire légitime, et ne donnent aucunes bornes à leurs attentats. Dieu les
livre au sens réprouvé. Ils se révoltent contre les Romains qui les
accablent ; Tite même, qui les ruine, reconnoît qu'il ne fait que
prêter sa main *à Dieu irrité contre eux*[2]. Adrien achève de les
exterminer. Ils périssent avec toutes les marques de la vengeance
divine : chassés de leur terre et esclaves par tout l'univers, ils
n'ont plus ni temple, ni autel, ni sacrifice, ni pays ; et on ne voit
en Juda aucune forme de peuple.

Dieu cependant avoit pourvu à l'éternité de son culte : les gen-

---

[1] *Act.*, XXVI, 23. — [2] Philost., *Vit. Apoll. Tyan.*, lib. VI, c. 29 ; Joseph., *de
Bello Jud.*, lib. VII, cap. 16, al. lib. VI, c. 8.

tils ouvrent les yeux, et s'unissent en esprit aux Juifs convertis.
Ils entrent par ce moyen dans la race d'Abraham, et devenus ses
enfans par la foi, ils héritent des promesses qui lui avoient été
faites. Un nouveau peuple se forme, et le nouveau sacrifice tant
célébré par les prophètes, commence à s'offrir par toute la terre.

Ainsi fut accompli de point en point l'ancien oracle de Jacob :
Juda est multiplié dès le commencement plus que tous ses frères;
et ayant toujours conservé une certaine prééminence, il reçoit
enfin la royauté comme héréditaire. Dans la suite, le peuple de
Dieu est réduit à'sa seule race ; et renfermé dans sa tribu, il prend
son nom. En Juda se continue ce grand peuple promis à Abraham,
à Isaac et à Jacob; en lui se perpétuent les autres promesses, le
culte de Dieu, le temple, les sacrifices, la possession de la terre-
promise, qui ne s'appelle plus que la Judée. Malgré leurs divers
états, les Juifs demeurent toujours en corps de peuple réglé et de
royaume, usant de ses lois. On y voit naître toujours ou des rois,
ou des magistrats et des juges, jusqu'à ce que le Messie vienne :
il vient, et le royaume de Juda peu à peu tombe en ruine. Il est
détruit tout à fait, et le peuple juif est chassé sans espérance de
la terre de ses pères. Le Messie devient l'attente des nations, et il
règne sur un nouveau peuple.

Mais, pour garder la succession et la continuité, il falloit que
ce nouveau peuple fût enté pour ainsi dire sur le premier; et
comme dit saint Paul, « l'olivier sauvage sur le franc olivier, afin
de participer à sa bonne séve [1]. » Aussi est-il arrivé que l'Eglise
établie premièrement parmi les Juifs, a reçu enfin les gentils,
pour faire avec eux un même arbre, un même corps, un même
peuple, et les rendre participans de ses graces et de ses promesses.

Ce qui arrive après cela aux Juifs incrédules sous Vespasien et
sous Tite, ne regarde plus la suite du peuple de Dieu. C'est un
châtiment des rebelles, qui par leur infidélité envers la semence
promise à Abraham et à David, ne sont plus Juifs, ni fils d'A-
braham que selon la chair, et renoncent à la promesse par laquelle les nations devoient être bénies.

[1] *Rom.*, XI, 17.

Ainsi cette dernière et épouvantable désolation des Juifs n'est plus une transmigration, comme celle de Babylone; ce n'est pas une suspension du gouvernement et de l'état du peuple de Dieu, ni du service solennel de la religion : le nouveau peuple déjà formé et continué avec l'ancien en Jésus-Christ n'est pas transporté; il s'étend et se dilate sans interruption depuis Jérusalem où il devoit naître, jusqu'aux extrémités de la terre. Les gentils agrégés aux Juifs deviennent dorénavant les vrais Juifs, le vrai royaume de Juda opposé à cet Israël schismatique et retranché du peuple de Dieu, le vrai royaume de David par l'obéissance qu'ils rendent aux lois et à l'Evangile de Jésus-Christ fils de David.

Après l'établissement de ce nouveau royaume, il ne faut pas s'étonner si tout périt dans la Judée. Le second temple ne servoit plus de rien depuis que le Messie y eut accompli ce qui étoit marqué par les prophéties. Ce temple avoit eu la gloire qui lui étoit promise, quand le Désiré des nations y étoit venu. La Jérusalem visible avoit fait ce qui lui restoit à faire, puisque l'Eglise y avoit pris sa naissance, et que de là elle étendoit tous les jours ses branches par toute la terre. La Judée n'est plus rien à Dieu ni à la religion, non plus que les Juifs; et il est juste qu'en punition de leur endurcissement, leurs ruines soient dispersées par toute la terre.

C'est ce qui leur devoit arriver au temps du Messie selon Jacob, selon Daniel, selon Zacharie et selon tous leurs prophètes [1] : mais comme ils doivent revenir un jour à ce Messie qu'ils ont méconnu, et que le Dieu d'Abraham n'a pas encore épuisé ses miséricordes sur la race quoique infidèle de ce patriarche; il a trouvé un moyen dont il n'y a dans le monde que ce seul exemple, de conserver les Juifs, hors de leur pays et dans leur ruine, plus longtemps même que les peuples qui les ont vaincus. On ne voit plus aucun reste ni des anciens Assyriens, ni des anciens Mèdes, ni des anciens Perses, ni des anciens Grecs, ni même des anciens Romains. La trace s'en est perdue, et ils se sont confondus avec d'autres peuples. Les Juifs qui ont été la proie de ces anciennes

[1] *Osee.*, III, 4, 5 ; *Isa.*, LIX, 20, 21 ; *Zach.*, XI, 13, 16, 17 ; *Rom.*, XI, 11, etc.

nations si célèbres dans les histoires, leur ont survécu ; et Dieu en les conservant nous tient en attente de ce qu'il veut faire encore des malheureux restes d'un peuple autrefois si favorisé. Cependant leur endurcissement sert au salut des gentils, et leur donne cet avantage de trouver en des mains non suspectes les Écritures qui ont prédit Jésus-Christ et ses mystères. Nous voyons entre autres choses dans ces Écritures[1], et l'aveuglement et les malheurs des Juifs qui les conservent si soigneusement. Ainsi nous profitons de leur disgrace : leur infidélité fait un des fondemens de notre foi ; ils nous apprennent à craindre Dieu, et nous sont un spectacle éternel des jugemens qu'il exerce sur ses enfans ingrats, afin que nous apprenions à ne nous point glorifier des graces faites à nos pères.

Un mystère si merveilleux et si utile à l'instruction du genre humain, mérite bien d'être considéré. Mais nous n'avons pas besoin des discours humains pour l'entendre : le Saint-Esprit a pris soin de nous l'expliquer par la bouche de saint Paul ; et je vous prie d'écouter ce que cet apôtre en a écrit aux Romains[2].

Après avoir parlé du petit nombre de Juifs qui avoit reçu l'Evangile, et de l'aveuglement des autres, il entre dans une profonde considération de ce que doit devenir un peuple honoré de tant de graces, et nous découvre tout ensemble le profit que nous tirons de leur chute et les fruits que produira un jour leur conversion. « Les Juifs sont-ils donc tombés, dit-il, pour ne se relever jamais? à Dieu ne plaise. Mais leur chute a donné occasion au salut des gentils, afin que le salut des gentils leur causât une émulation[3] » qui les fît rentrer en eux-mêmes. « Que si leur chute a été la richesse des gentils » qui se sont convertis en si grand nombre, « quelle grace ne verrons-nous pas reluire quand ils retourneront avec plénitude! Si leur réprobation a été la réconciliation du monde : leur rappel ne sera-t-il pas une résurrection de mort à vie? Que si les prémices tirées de ce peuple sont saintes, la masse l'est aussi ; si la racine est sainte, les rameaux le sont aussi ; et si quelques-unes des branches ont été retran-

---

[1] *Isa.*, VI, LII, LIII, LXV ; *Dan.*, IX ; *Matth.*, XIII ; *Joan.*, XII ; *Act.*, XXVIII ; *Rom.* XI.— [2] *Rom.*, XI, 1, 2, etc. — [3] *Ibid.*, 11, etc.

chées, et que toi, gentil, qui n'étois qu'un olivier sauvage, tu aies été enté parmi les branches qui sont demeurées sur l'olivier franc, en sorte que tu participes au suc découlé de sa racine, garde-toi de t'élever contre les branches naturelles. Que si tu t'élèves, songe que ce n'est pas toi qui portes la racine, mais que c'est la racine qui te porte. Tu diras peut-être : Les branches naturelles ont été coupées afin que je fusse enté en leur place. Il est vrai, l'incrédulité a causé ce retranchement, et c'est ta foi qui te soutient. Prends donc garde de ne t'enfler pas, mais demeure dans la crainte : car si Dieu n'a pas épargné les branches naturelles, tu dois craindre qu'il ne t'épargne encore moins. »

Qui ne trembleroit en écoutant ces paroles de l'Apôtre? Pouvons-nous n'être pas épouvantés de la vengeance qui éclate depuis tant de siècles si terriblement sur les Juifs, puisque saint Paul nous avertit de la part de Dieu que notre ingratitude nous peut attirer (a) un semblable traitement? Mais écoutons la suite de ce grand mystère. L'Apôtre continue à parler aux gentils convertis : « Considérez, leur dit-il , la clémence et la sévérité de Dieu; sa sévérité envers ceux qui sont déchus de sa grace, et sa clémence envers vous, si toutefois vous demeurez fermes en l'état où sa bonté vous a mis; autrement vous serez retranchés comme eux. Que s'ils cessent d'être incrédules, ils seront entés de nouveau, parce que Dieu (qui les a retranchés) est assez puissant pour les faire encore reprendre. Car si vous avez été détachés de l'olivier sauvage où la nature vous avoit fait naître, pour être entés dans l'olivier franc contre l'ordre naturel, combien plus facilement les branches naturelles de l'olivier même seront-elles entées sur leur propre tronc [1]? » Ici l'Apôtre s'élève au-dessus de tout ce qu'il vient de dire; et entrant dans les profondeurs des conseils de Dieu, il poursuit ainsi son discours : « Je ne veux pas, mes frères, que vous ignoriez ce mystère, afin que vous appreniez à ne présumer pas de vous-mêmes. C'est qu'une partie des Juifs est tombée dans l'aveuglement, afin que la multitude des gentils entrât cependant dans l'Eglise, et qu'ainsi tout Israël fût

---

[1] *Rom.,* XI, 22 et seq.

(a) Ire *édit. :* Nous attirera.

sauvé, selon qu'il est écrit [1] : Il sortira de Sion un libérateur qui bannira l'impiété de Jacob, et voici l'alliance que je ferai avec eux lorsque j'aurai effacé leurs péchés [2]. »

Ce passage d'Isaïe, que saint Paul cite ici selon les Septante, comme il avoit accoutumé, à cause que leur version étoit connue par toute la terre, est encore plus fort dans l'original, et pris dans toute sa suite. Car le Prophète y prédit avant toutes choses la conversion des gentils par ces paroles : « Ceux d'Occident craindront le nom du Seigneur, et ceux d'Orient verront sa gloire. » Ensuite sous la figure *d'un fleuve rapide poussé par un vent impétueux*, Isaïe voit de loin les persécutions qui feront croître l'Église. Enfin le Saint-Esprit lui apprend ce que deviendront les Juifs, et lui déclare « que le Sauveur viendra à Sion, et s'approchera de ceux de Jacob, qui alors se convertiront de leurs péchés; et voici, dit le Seigneur, l'alliance que je ferai avec eux : Mon esprit qui est en toi, ô prophète, et les paroles que j'ai mises en ta bouche demeureront éternellement non-seulement dans ta bouche, mais encore dans la bouche de tes enfans, et des enfans de tes enfans, maintenant (a) et à jamais, dit le Seigneur [3]. »

Il nous fait donc voir clairement qu'après la conversion des gentils, le Sauveur que Sion avoit méconnu, et que les enfans de Jacob avoient rejeté, se tournera vers eux, effacera leurs péchés, et leur rendra l'intelligence des prophéties qu'ils auront perdue durant un long temps, pour passer successivement et de main en main dans toute la postérité, et n'être plus oubliée jusques à la fin du monde, et autant de temps qu'il plaira à Dieu le faire durer après ce merveilleux événement (b).

Ainsi les Juifs reviendront un jour, et ils reviendront pour ne s'égarer jamais; mais ils ne reviendront qu'après *que l'Orient et l'Occident*, c'est-à-dire tout l'univers, auront été remplis de la crainte et de la connoissance de Dieu.

Le Saint-Esprit fait voir à saint Paul, que ce bienheureux retour des Juifs sera l'effet de l'amour que Dieu a eu pour leurs

[1] *Rom.*, XI, 25 et seq. — [2] *Isa.*, LIX, 20. — [3] *Isa.*, LIX, 20, 21.

(a) *Ire édit.* : Dans la bouche de tes enfans, maintenant... — (b) Dans toute a postérité et n'être plus oubliée.

pères. C'est pourquoi il achève ainsi son raisonnement. *Quant à l'Evangile,* dit-il, *que nous vous prêchons maintenant, les Juifs sont ennemis pour l'amour de vous :* si Dieu les a réprouvés, ç'a été, ô gentils, pour vous appeler : *mais quant à l'élection* par laquelle ils étoient choisis dès le temps de l'alliance jurée avec Abraham, « ils lui demeurent toujours chers, à cause de leurs pères ; car les dons et la vocation de Dieu sont sans repentance. Et comme vous ne croyiez point autrefois, et que vous avez maintenant obtenu miséricorde à cause de l'incrédulité des Juifs, » Dieu ayant voulu vous choisir pour les remplacer : « ainsi les Juifs n'ont point cru que Dieu vous ait voulu faire miséricorde, afin qu'un jour ils la reçoivent : car Dieu a tout renfermé dans l'incrédulité, pour faire miséricorde à tous, » et afin que tous connussent le besoin qu'ils ont de sa grace. « O profondeur des trésors de la sagesse et de la science de Dieu ! que ses jugemens sont incompréhensibles, et que ses voies sont impénétrables ! Car qui a connu les desseins de Dieu, ou qui est entré dans ses conseils ? Qui lui a donné le premier pour en tirer récompense, puisque c'est de lui, et par lui, et en lui, que sont toutes choses ? la gloire lui en soit rendue durant tous les siècles [1]. »

Voilà ce que dit saint Paul sur l'élection des Juifs, sur leur chute, sur leur retour, et enfin sur la conversion des gentils, qui sont appelés pour tenir leur place, et pour les ramener à la fin des siècles à la bénédiction promise à leurs pères, c'est-à-dire au Christ qu'ils ont renié. Ce grand Apôtre nous fait voir la grace qui passe de peuple en peuple, pour tenir tous les peuples dans la crainte de la perdre ; et nous en montre la force invincible, en ce qu'après avoir converti les idolâtres, elle se réserve pour dernier ouvrage de convaincre l'endurcissement et la perfidie judaïque.

Par ce profond conseil de Dieu les Juifs subsistent encore au milieu des nations, où ils sont dispersés et captifs : mais ils subsistent avec le caractère de leur réprobation, déchus visiblement par leur infidélité des promesses faites à leurs pères, bannis de la terre promise, n'ayant même aucune terre à cultiver, es-

─────────

[1] *Rom.,* XI, 28, etc.

claves partout où ils sont, sans honneur, sans liberté, sans aucune figure de peuple.

Ils sont tombés en cet état trente-huit ans après qu'ils ont eu crucifié Jésus-Christ, et après avoir employé à persécuter ses disciples le temps qui leur avoit été laissé pour se reconnoître. Mais pendant que l'ancien peuple est réprouvé pour son infidélité, le nouveau peuple s'augmente tous les jours parmi les gentils : l'alliance faite autrefois avec Abraham s'étend selon la promesse à tous les peuples du monde qui avoient oublié Dieu ; l'Eglise chrétienne appelle à lui tous les hommes; et tranquille durant plusieurs siècles, parmi des persécutions inouïes, elle leur montre à ne point attendre leur félicité sur la terre.

C'étoit là, Monseigneur, le plus digne fruit de la connoissance de Dieu, et l'effet de cette grande bénédiction que le monde devoit attendre par Jésus-Christ. Elle alloit se répandant tous les jours de famille en famille, et de peuple en peuple : les hommes ouvroient les yeux de plus en plus pour connoître l'aveuglement où l'idolâtrie les avoit plongés; et malgré toute la puissance romaine on voyoit les chrétiens sans révolte, sans faire aucun trouble, et seulement en souffrant toutes sortes d'inhumanités, changer la face du monde, et s'étendre par tout l'univers.

La promptitude inouïe avec laquelle se fit ce grand changement, est un miracle visible. Jésus-Christ avoit prédit que son Evangile seroit bientôt prêché par toute la terre : cette merveille devoit arriver incontinent après sa mort; et il avoit dit qu'*après qu'on l'auroit élevé de terre*, c'est-à-dire qu'on l'auroit attaché à la croix, *il attireroit à lui toutes choses* [1]. Ses apôtres n'avoient pas encore achevé leur course, et saint Paul disoit déjà aux Romains *que leur foi étoit annoncée dans tout le monde* [2]. Il disoit aux Colossiens que l'Evangile étoit ouï « de toute créature qui étoit sous le ciel; qu'il étoit prêché, qu'il fructifioit, qu'il croissoit par tout l'univers [3]. » Une tradition constante nous apprend que saint Thomas le porta aux Indes [4], et les autres en d'autres pays éloignés. Mais on n'a pas besoin des histoires pour

[1] *Joan.*, VIII, 28 ; XII, 32. — [2] *Rom.*, I, 8. — [3] *Col.*, I, 5 6, 23. — [4] Greg. Naz., *Orat.* XXV, nunc XXXIII, n. 11.

confirmer cette vérité : l'effet parle ; et on voit assez avec combien de raison saint Paul applique aux apôtres ce passage du Psalmiste : « Leur voix s'est fait entendre par toute la terre, et leur parole a été portée jusqu'aux extrémités du monde [1]. » Sous leurs disciples, il n'y avoit presque plus de pays si reculé et si inconnu où l'Evangile n'eût pénétré. Cent ans après Jésus-Christ, saint Justin comptoit déjà parmi les fidèles beaucoup de nations sauvages, et jusqu'à ces peuples vagabonds qui erroient de-çà et de-là sur des chariots sans avoir de demeure fixe [2]. Ce n'étoit point une vaine exagération ; c'étoit un fait constant et notoire, qu'il avançoit en présence des empereurs, et à la face de tout l'univers. Saint Irénée vient un peu après, et on voit croître le dénombrement qui se faisoit des églises. Leur concorde étoit admirable: ce qu'on croyoit dans les Gaules, dans les Espagnes, dans la Germanie, on le croyoit dans l'Egypte et dans l'Orient, et comme « il n'y avoit qu'un même soleil dans tout l'univers, on voyoit dans toute l'Eglise depuis une extrémité du monde à l'autre la même lumière de la vérité [3]. »

Si peu qu'on avance, on est étonné des progrès qu'on voit. Au milieu du troisième siècle, Tertullien et Origène font voir dans l'Eglise des peuples entiers qu'un peu devant on n'y mettoit pas [4]. Ceux qu'Origène exceptoit, qui étoient les plus éloignés du monde connu, y sont mis un peu après par Arnobe [5]. Que pouvoit avoir vu le monde pour se rendre si promptement à Jésus-Christ? S'il a vu des miracles, Dieu s'est mêlé visiblement dans cet ouvrage : et s'il se pouvoit faire qu'il n'en eût pas vu, *ne seroit-ce pas un nouveau miracle* plus grand et plus incroyable que ceux qu'on ne veut pas croire, *d'avoir converti le monde sans miracle,* d'avoir fait entrer tant d'ignorans dans des mystères si hauts, d'avoir inspiré à tant de savans une humble soumission, *et d'avoir persuadé tant de choses incroyables à des incrédules* [6] ?

Mais le miracle des miracles, si je puis parler de la sorte, c'est

[1] *Psal.,* XVIII, 5 ; *Rom.*, x, 18. — [2] Just. *Apol.,* II, nunc 1, n. 53; et *Dial. cum Tryph.,* n. 117. — [3] Iren., *adv. Hær.,* lib. I, cap. 2, 3, nunc 10. — [4] Tertull., *adv. Jud.,* cap. VII ; *Apolog.,* cap. XXXVII ; Orig. tr. XXVIII *in Matth.,* ed Bened. ; Homil. IV *in Ezech.* — [5] Arnob., *adv. Gentes,* lib. II. — [6] Aug., *de Civit. Dei,* lib. XXI, cap. 7 ; lib. XXII, cap. 5.

qu'avec la foi des mystères, les vertus les plus éminentes et les
pratiques les plus pénibles se sont répandues par toute la terre.
Les disciples de Jésus-Christ l'ont suivi dans les voies les plus
difficiles. Souffrir tout pour la vérité, a été parmi ses enfans un
exercice ordinaire ; et pour imiter leur Sauveur ils ont couru
aux tourmens avec plus d'ardeur que les autres n'ont fait aux
délices. On ne peut compter les exemples ni des riches qui se
sont appauvris pour aider les pauvres, ni des pauvres qui ont
préféré la pauvreté aux richesses, ni des vierges qui ont imité
sur la terre la vie des anges, ni des pasteurs charitables qui se
sont faits tout à tous, toujours prêts à donner à leur troupeau
non-seulement leurs veilles et leurs travaux, mais encore leurs
propres vies (a). Que dirai-je de la pénitence et de la mortification? Les juges n'exercent pas plus sévèrement la justice sur les
criminels, que les pécheurs pénitens l'ont exercée sur eux-mêmes.
Bien plus, les innocens ont puni en eux avec une rigueur incroyable cette pente prodigieuse que nous avons au péché. La vie
de saint Jean-Baptiste qui parut si surprenante aux Juifs, est devenue commune parmi les fidèles ; les déserts ont été peuplés de ses
imitateurs ; et il y a eu tant de solitaires, que des solitaires plus
parfaits ont été contraints de chercher des solitudes plus profondes ;
tant on a fui le monde, tant la vie contemplative a été goûtée.

Tels étoient les fruits précieux que devoit produire l'Evangile.
L'Eglise n'est pas moins riche en exemples qu'en préceptes, et
sa doctrine a paru sainte, en produisant une infinité de saints.
Dieu qui sait que les plus fortes vertus naissent parmi les souffrances, l'a fondée par le martyre, et l'a tenue durant trois cents
ans dans cet état, sans qu'elle eût un seul moment pour se reposer. Après qu'il eut fait voir par une si longue expérience,
qu'il n'avoit pas besoin du secours humain ni des puissances de
la terre pour établir son Eglise, il y appela enfin les empereurs,
et fit du grand Constantin un protecteur déclaré du christianisme.
Depuis ce temps les rois ont accouru de toutes parts à l'Eglise ;
et tout ce qui étoit écrit dans les prophéties touchant sa gloire
future, s'est accompli aux yeux de toute la terre.

(a) Ire édit. : Mais leurs propres vies.

Que si elle a été invincible contre les efforts du dehors, elle ne l'est pas moins contre les divisions intestines. Ces hérésies tant prédites par Jésus-Christ et par ses apôtres sont arrivées, et la foi persécutée par les empereurs souffroit en même temps des hérétiques une persécution plus dangereuse. Mais cette persécution n'a jamais été plus violente que dans le temps où l'on vit cesser celle des païens. L'enfer fit alors ses plus grands efforts pour détruire par elle-même cette Eglise que les attaques de ses ennemis déclarés avoient affermie. A peine commençoit-elle à respirer par la paix que lui donna Constantin; et voilà qu'Arius ce malheureux prêtre lui suscite de plus grands troubles qu'elle n'en avoit jamais souffert. Constance fils de Constantin, séduit par les ariens dont il autorise le dogme, tourmente les catholiques par toute la terre; nouveau persécuteur du christianisme, et d'autant plus redoutable, que sous le nom de Jésus-Christ il fait la guerre à Jésus-Christ même. Pour comble de malheurs, l'Eglise ainsi divisée tombe entre les mains de Julien l'Apostat, qui met tout en œuvre pour détruire le christianisme, et n'en trouve point de meilleur moyen que de fomenter les factions dont il étoit déchiré. Après lui vient un Valens autant attaché aux ariens que Constance, mais plus violent. D'autres empereurs protégent d'autres hérésies avec une pareille fureur. L'Eglise apprend par tant d'expériences, qu'elle n'a pas moins à souffrir sous les empereurs chrétiens qu'elle avoit souffert sous les empereurs infidèles; et qu'elle doit verser du sang pour défendre, non-seulement tout le corps de sa doctrine, mais encore chaque article particulier. En effet il n'y en a aucun qu'elle n'ait vu attaqué par ses enfans. Mille sectes et mille hérésies sorties de son sein se sont élevées contre elle. Mais si elle les a vues s'élever selon les prédictions de Jésus-Christ, elle les a vues tomber toutes selon ses promesses, quoique souvent soutenues par les empereurs et par les rois. Ses véritables enfans ont été, comme dit saint Paul, reconnus par cette épreuve; la vérité n'a fait que se fortifier quand elle a été contestée, et l'Eglise est demeurée inébranlable.

CHAPITRE XXI.

RÉFLEXIONS PARTICULIÈRES SUR LE CHATIMENT DES JUIFS, ET SUR
LES PRÉDICTIONS DE JÉSUS-CHRIST QUI L'AVOIENT MARQUÉ.

Pendant que j'ai travaillé à vous faire voir sans interruption la
suite des conseils de Dieu dans la perpétuité de son peuple, j'ai
passé rapidement sur beaucoup de faits qui méritent des réflexions
profondes. Qu'il me soit permis d'y revenir pour ne vous laisser
pas perdre de si grandes choses.

Et premièrement, Monseigneur, je vous prie de considérer
avec une attention plus particulière la chute des Juifs, dont toutes
les circonstances rendent témoignage à l'Evangile. Ces circonstances nous sont expliquées par des auteurs infidèles, par des
Juifs et par des païens, qui sans entendre la suite des conseils de
Dieu, nous ont raconté les faits importans par lesquels il lui a plu
de la déclarer.

Nous avons Josèphe auteur juif, historien très-fidèle, et très-
instruit des affaires de sa nation, dont aussi il a illustré les antiquités par un ouvrage admirable. Il a écrit la dernière guerre
où elle a péri, après avoir été présent à tout, et y avoir lui-même
servi son pays avec un commandement considérable.

Les Juifs nous fournissent encore d'autres auteurs très-anciens,
dont vous verrez les témoignages. Ils ont d'anciens commentaires sur les livres de l'Ecriture, et entre autres les *Paraphrases
chaldaïques* qu'ils impriment avec leurs Bibles. Ils ont leur livre
qu'ils nomment *Talmud*, c'est-à-dire Doctrine, qu'ils ne res-
pectent pas moins que l'Ecriture elle-même. C'est un ramas des
traités et des sentences de leurs anciens maîtres ; et encore que les
parties dont ce grand ouvrage est composé ne soient pas toutes
de la même antiquité, les derniers auteurs qui y sont cités ont
vécu dans les premiers siècles de l'Eglise. Là, parmi une infinité
de fables impertinentes, qu'on voit commencer pour la plupart
après les temps de Notre-Seigneur, on trouve de beaux restes des
anciennes traditions du peuple juif, et des preuves pour le convaincre.

Et d'abord il est certain de l'aveu des Juifs, que la vengeance divine ne s'est jamais plus terriblement ni plus manifestement déclarée, qu'elle fit dans leur dernière désolation.

C'est une tradition constante, attestée dans leur Talmud, et confirmée par tous leurs Rabbins, que quarante ans avant la la ruine de Jérusalem, ce qui revient à peu près au temps de la mort de Jésus-Christ, on ne cessoit de voir dans le temple des choses étranges. Tous les jours il y paroissoit de nouveaux prodiges, de sorte qu'un fameux Rabbin s'écria un jour : « O temple, ô temple, qu'est-ce qui t'émeut, et pourquoi te fais-tu peur à toi-même [1]. »

Qu'y a-t-il de plus marqué que ce bruit affreux qui fut ouï par les prêtres dans le sanctuaire le jour de la Pentecôte, et cette voix manifeste qui sortit du fond de ce lieu sacré : « Sortons d'ici, sortons d'ici. » Les saints anges protecteurs du temple déclarèrent hautement qu'ils l'abandonnoient, parce que Dieu, qui y avoit établi sa demeure durant tant de siècles, l'avoit réprouvé.

Josèphe et Tacite même ont raconté ce prodige [2]. Il ne fut aperçu que des prêtres. Mais voici un autre prodige qui a éclaté aux yeux de tout le peuple : et jamais aucun autre peuple n'avoit rien vu de semblable. « Quatre ans devant la guerre déclarée, un paysan, dit Josèphe se mit à crier : Une voix est sortie du côté de l'Orient, une voix est sortie du côté de l'Occident, une voix est sortie du côté des quatre vents : voix contre Jérusalem et contre le temple ; voix contre les nouveaux mariés et les nouvelles mariées ; voix contre tout le peuple [3]. » Depuis ce temps, ni jour ni nuit, il ne cessa de crier : « Malheur, malheur à Jérusalem. » Il redoubloit ses cris les jours de fête. Aucune autre parole ne sortit jamais de sa bouche : ceux qui le plaignoient, ceux qui le maudissoient, ceux qui lui donnoient ses nécessités, n'entendirent jamais de lui que cette terrible parole : « Malheur à Jérusalem. » Il fut pris, interrogé, et condamné au fouet par les

---

[1] R. Johanan fils de Zacaï, tr. *de Fest. Expiat.* — [2] Joseph., *de Bel. Jud.*, lib. VII, c. 12, al. lib. VI, c. 5; Tacit., *Hist.*, lib. V, c. 13. — [3] *De Bello Jud.*, ubi sup.

magistrats : à chaque demande et à chaque coup, il répondoit
sans jamais se plaindre : « Malheur à Jérusalem. » Renvoyé
comme un insensé, il couroit tout le pays en répétant sans cesse
sa triste prédiction. Il continua durant sept ans à crier de cette
sorte, sans se relâcher, et sans que sa voix s'affoiblît. Au temps
du dernier siége de Jérusalem, il se renferma dans la ville, tour-
nant infatigablement autour des murailles, et criant de toute sa
force : « Malheur au temple, malheur à la ville, malheur à tout le
peuple.» A la fin il ajouta: « Malheur à moi-même, » et en même
temps il fut emporté d'un coup de pierre lancé par une machine.

Ne diroit-on pas, Monseigneur, que la vengeance divine s'étoit
comme rendue visible en cet homme, qui ne subsistoit que pour
prononcer ses arrêts; qu'elle l'avoit rempli de sa force, afin qu'il
pût égaler les malheurs du peuple par ses cris; et qu'enfin il devoit périr par un effet de cette vengeance qu'il avoit si longtemps
annoncée, afin de la rendre plus sensible et plus présente, quand
il en seroit non-seulement le prophète et le témoin, mais encore
la victime?

Ce prophète des malheurs de Jérusalem s'appeloit Jésus. Il
sembloit que le nom de *Jésus*, nom de salut et de paix, devoit
tourner aux Juifs qui le méprisoient en la personne de notre
Sauveur, un funeste présage ; et que ces ingrats ayant rejeté
un Jésus qui leur annonçoit la grace, la miséricorde et la vie,
Dieu leur envoyoit un autre Jésus qui n'avoit à leur annoncer
que des maux irrémédiables, et l'inévitable décret de leur ruine
prochaine.

Pénétrons plus avant dans les jugemens de Dieu, sous la conduite de ses Ecritures. Jérusalem et son temple ont été deux fois
détruits; l'une par Nabuchodonosor, l'autre par Tite. Mais
en chacun de ces deux temps, la justice de Dieu s'est déclarée
par les mêmes voies, quoique plus à découvert dans le dernier.

Pour mieux entendre cet ordre des conseils de Dieu, posons
avant toutes choses cette vérité si souvent établie dans les saintes
Lettres : que l'un des plus terribles effets de la vengeance divine,
est lorsqu'en punition de nos péchés précédens, elle nous livre à

notre sens réprouvé : en sorte que nous sommes sourds à tous les sages avertissemens, aveugles aux voies de salut qui nous sont montrées, prompts à croire tout ce qui nous perd pourvu qu'il nous flatte, et hardis à tout entreprendre sans jamais mesurer nos forces avec celles des ennemis que nous irritons.

Ainsi périrent la première fois sous la main de Nabuchodonosor roi de Babylone, Jérusalem et ses princes. Foibles et toujours battus par ce roi victorieux, ils avoient souvent éprouvé qu'ils ne faisoient contre lui que de vains efforts [1], et avoient été obligés à lui jurer fidélité. Le prophète Jérémie leur déclaroit de la part de Dieu, que Dieu même les avoit livrés à ce prince, et qu'il n'y avoit de salut pour eux qu'à subir le joug. Il disoit à Sédécias roi de Judée et à tout son peuple : « Soumettez-vous à Nabuchodonosor, roi de Babylone, afin que vous viviez : car pourquoi voulez-vous périr, et faire de cette ville une solitude [2] ? » Ils ne crurent point à sa parole. Pendant que Nabuchodonosor les tenoit étroitement enfermés par les prodigieux travaux dont il avoit entouré leur ville, ils se laissoient enchanter par leurs faux prophètes qui leur remplissoient l'esprit de victoires imaginaires, et leur disoient au nom de Dieu, quoique Dieu ne les eût point envoyés : « J'ai brisé le joug du roi de Babylone : vous n'avez plus que deux ans à porter ce joug ; et après vous verrez ce prince contraint à vous rendre les vaisseaux sacrés qu'il a enlevés du temple [3]. » Le peuple séduit par ces promesses souffroit la faim et la soif et les plus dures extrémités, et fit tant par son audace insensée, qu'il n'y eut plus pour lui de miséricorde. La ville fut renversée, le temple fut brûlé, tout fut perdu [4].

A ces marques les Juifs connurent que la main de Dieu étoit sur eux. Mais afin que la vengeance divine leur fût aussi manifeste dans la dernière ruine de Jérusalem qu'elle l'avoit été dans la première, on a vu dans l'une et dans l'autre la même séduction, la même témérité et le même endurcissement.

Quoique leur rébellion eût attiré sur eux les armes romaines, et qu'ils secouassent témérairement un joug sous lequel tout

[1] II *Paral.*, XXXVI, 13. — [2] *Jerem.*, XXVII, 12, 17. — [3] *Jerem.*, XXVIII, 2, 3. — [4] IV *Reg.*, XXV.

l'univers avoit ployé, Tite ne vouloit pas les perdre : au contraire
il leur fit souvent offrir le pardon, non-seulement au commencement de la guerre, mais encore lorsqu'ils ne pouvoient plus
échapper de ses mains. Il avoit déjà élevé autour de Jérusalem
une longue et vaste muraille munie de tours et de redoutes aussi
fortes que la ville même, quand il leur envoya Josèphe leur
concitoyen, un de leurs capitaines, un de leurs prêtres, qui
avoit été pris dans cette guerre en défendant son pays. Que ne
leur dit-il pas pour les émouvoir? Par combien de fortes raisons
les invita-t-il à rentrer dans l'obéissance? Il leur fit voir le ciel et
la terre conjurés contre eux, leur perte inévitable dans la résistance, et tout ensemble leur salut dans la clémence de Tite.
« Sauvez, leur disoit-il, la Cité sainte ; sauvez-vous vous-mêmes ;
sauvez ce temple la merveille de l'univers, que les Romains res-
pectent, et que Tite ne voit périr qu'à regret [1]. » Mais le moyen
de sauver des gens si obstinés à se perdre? Séduits par leurs
faux prophètes, ils n'écoutoient pas ces sages discours. Ils étoient
réduits à l'extrémité : la faim en tuoit plus que la guerre, et les
mères mangeoient leurs enfans. Tite touché de leurs maux, prenoit ses dieux à témoin qu'il n'étoit pas cause de leur perte. Durant ces malheurs, ils ajoutoient foi aux fausses prédictions qui
leur promettoient l'empire de l'univers. Bien plus, la ville étoit
prise, le feu y étoit déjà de tous côtés : et ces insensés croyoient
encore les faux prophètes qui les assuroient que le jour du salut
étoit venu [2], afin qu'ils résistassent toujours, et qu'il n'y eût plus
pour eux de miséricorde. En effet tout fut massacré, la ville fut
renversée de fond en comble, et à la réserve de quelques restes de
tours que Tite laissa pour servir de monument à la postérité, il
n'y demeura pas pierre sur pierre.

Vous voyez donc éclater (a) sur Jérusalem la même vengeance
qui avoit autrefois paru sous Sédécias. Tite n'est pas moins envoyé de Dieu que Nabuchodonosor : les Juifs périssent de la
même sorte. On voit dans Jérusalem la même rébellion, la même

---

[1] Joseph, *de Bello Jud.*, lib. VII, c. 4, al. lib. VI, c. 2. — [2] Joseph., *ibid.*,
cap. 11, al. 5.

(a) *I*re *édit.* : Vous voyez donc, Monseigneur, éclater.

famine, les mêmes extrémités, les mêmes voies du salut ouvertes, la même séduction, le même endurcissement, la même
chute; et afin que tout soit semblable, le second temple est brûlé
sous Tite, le même mois et le même jour que l'avoit été le premier sous Nabuchodonosor [1] : il falloit que tout fût marqué, et
que le peuple ne pût douter de la vengeance divine.

Il y a pourtant entre ces deux chutes de Jérusalem et des Juifs
de mémorables différences, mais qui toutes vont à faire voir dans
la dernière une justice plus rigoureuse et plus déclarée. Nabuchodonosor fit mettre le feu dans le temple : Tite n'oublia rien
pour le sauver, quoique ses conseillers lui représentassent que
tant qu'il subsisteroit, les Juifs qui y attachoient leur destinée, ne
cesseroient jamais d'être rebelles. Mais le jour fatal étoit venu :
c'étoit le dixième d'août, qui avoit déjà vu brûler le temple de
Salomon [2]. Malgré les défenses de Tite prononcées devant les Romains et devant les Juifs, et malgré l'inclination naturelle des
soldats qui devoit les porter plutôt à piller qu'à consumer tant
de richesses, un soldat poussé, dit Josèphe, par *une inspiration
divine* [3], se fait lever par ses compagnons à une fenêtre, et met
le feu dans ce temple auguste. Tite accourt, Tite commande
qu'onse hâte d'éteindre la flamme naissante. Elle prend partout
en un instant, et cet admirable édifice est réduit en cendres.

Que si l'endurcissement des Juifs sous Sédécias étoit l'effet le
plus terrible et la marque la plus assurée de la vengeance divine, que dirons-nous de l'aveuglement qui a paru du temps de
Tite? Dans la première ruine de Jérusalem, les Juifs s'entendoient du moins entre eux : dans la dernière, Jérusalem assiégée
par les Romains étoit déchirée par trois factions ennemies [4]. Si la
haine qu'elles avoient toutes pour les Romains alloit jusqu'à la
fureur, elles n'étoient pas moins acharnées les unes contre les
autres : les combats du dehors coûtoient moins de sang aux
Juifs que ceux du dedans. Un moment après les assauts soutenus
contre l'étranger, les citoyens recommençoient leur guerre in-
testine ; la violence et le brigandage régnoient partout dans la

---

[1] Joseph., *de Bell. Jud.*, lib. VII c. 9 , 10; lib. VI, al. c. 4. — [2] *Ibid.* — [3] *Ibid.* —
[4] *Ibid.*, lib. VI, VII.

ville. Elle périssoit, elle n'étoit plus qu'un grand champ couvert
de corps morts, et cependant les chefs des factions y combattoient
pour l'empire. N'étoit-ce pas une image de l'enfer, où les damnés
ne se haïssent pas moins les uns les autres qu'ils haïssent les démons qui sont leurs ennemis communs, et où tout est plein d'orgueil, de confusion et de rage?

Confessons donc, Monseigneur, que la justice que Dieu fit des
Juifs par Nabuchodonosor n'étoit qu'une ombre de celle dont
Tite fut le ministre. Quelle ville a jamais vu périr onze cent
mille hommes en sept mois de temps, et dans un seul siége?
C'est ce que virent les Juifs au dernier siége de Jérusalem. Les
Chaldéens ne leur avoient rien fait souffrir de semblable. Sous
les Chaldéens leur captivité ne dura que soixante et dix ans : il y
a seize cents ans qu'ils sont esclaves par tout l'univers, et ils ne
trouvent encore aucun adoucissement à leur esclavage.

Il ne faut plus s'étonner si Tite victorieux, après la prise de Jérusalem, ne vouloit pas recevoir les congratulations des peuples
voisins, ni les couronnes qu'ils lui envoyoient pour honorer sa
victoire. Tant de mémorables circonstances, la colère de Dieu si
marquée, et sa main qu'il voyoit encore si présente, le tenoient
dans un profond étonnement; et c'est ce qui lui fit dire ce que
vous avez ouï, qu'il n'étoit pas le vainqueur, qu'il n'étoit qu'un
foible instrument de la vengeance divine.

Il n'en savoit pas tout le secret : l'heure n'étoit pas encore venue où les empereurs devoient reconnoître Jésus-Christ. C'étoit le
temps des humiliations et des persécutions de l'Eglise. C'est
pourquoi Tite assez éclairé pour connoître que la Judée périssoit
par un effet manifeste de la justice de Dieu, ne connut pas quel
crime Dieu avoit voulu punir si terriblement. C'étoit le plus
grand de tous les crimes ; crime jusqu'alors inouï, c'est-à-dire le
déicide, qui aussi a donné lieu à une vengeance dont le monde
n'avoit vu encore aucun exemple.

Mais si nous ouvrons un peu les yeux, et si nous considérons
la suite des choses, ni ce crime des Juifs, ni son châtiment ne
pourront nous être cachés.

Souvenons-nous seulement de ce que Jésus-Christ leur avoit

prédit. Il avoit prédit la ruine entière de Jérusalem et du temple. « Il n'y restera pas, dit-il, pierre sur pierre [1]. » Il avoit prédit la manière dont cette ville ingrate seroit assiégée, et cette effroyable circonvallation qui la devoit environner : il avoit prédit cette faim horrible qui devoit tourmenter ses citoyens, et n'avoit pas oublié les faux prophètes par lesquels ils devoient être séduits. Il avoit averti les Juifs que le temps de leur malheur étoit proche : il avoit donné les signes certains qui devoient en marquer l'heure précise : il leur avoit expliqué la longue suite de crimes qui devoit leur attirer un tel châtiment : en un mot, il avoit fait toute l'histoire du siége et de la désolation de Jérusalem.

Et remarquez, Monseigneur, qu'il leur fit ces prédictions vers le temps de sa Passion, afin qu'ils connussent mieux la cause de tous leurs maux. Sa Passion approchoit quand il leur dit : « La sagesse divine vous a envoyé des prophètes, des sages et des docteurs ; vous en tuerez les uns, vous en crucifierez les autres ; vous les flagellerez dans vos synagogues ; vous les persécuterez de ville en ville, afin que tout le sang innocent qui a été répandu sur la terre retombe sur vous depuis le sang d'Abel le juste, jusques au sang de Zacharie fils de Barachie que vous avez massacré entre le temple et l'autel. Je vous dis en vérité, toutes ces choses viendront sur la race qui est à présent. Jérusalem, Jérusalem, qui tues les prophètes et qui lapides ceux qui te sont envoyés, combien de fois ai-je voulu rassembler tes enfans comme une poule rassemble ses petits sous ses ailes ; et tu ne l'as pas voulu ! Le temps approche que vos maisons demeureront désertes [2]. »

Voilà l'histoire des Juifs. Ils ont persécuté leur Messie, et en sa personne et en celle des siens : ils ont remué tout l'univers contre ses disciples, et ne les ont laissés en repos (a) dans aucune ville : ils ont armé les Romains et les empereurs contre l'Eglise naissante : ils ont lapidé saint Etienne, tué les deux Jacques que leur sainteté rendoit vénérables même parmi eux, immolé saint Pierre

---

[1] *Matth.*, XXIV, 1, 2 ; *Marc.*, XIII, 1, 2 ; *Luc.*, XXI, 5, 6. — [2] *Matth.*, XXIII, 34, etc.

(a) *Ire édit. :* Et ne l'ont laissé en repos. (Corrigé dans la IIe édit.)

et saint Paul par l'épée (a) et par les mains des gentils. Il faut
qu'ils périssent. Tant de sang mêlé à celui des prophètes qu'ils
ont massacrés, crie vengeance devant Dieu : « Leurs maisons et
leur ville va être déserte : » leur désolation ne sera pas moindre
que leur crime : Jésus-Christ les en avertit : le temps est proche :
« toutes ces choses viendront sur la race qui est à présent ; » et
encore : « Cette génération ne passera pas sans que ces choses
arrivent [1], » c'est-à-dire que les hommes qui vivoient alors en devoient être les témoins.

Mais écoutons la suite des prédictions de notre Sauveur. Comme
il faisoit son entrée dans Jérusalem quelques jours avant sa mort,
touché des maux que cette mort devoit attirer à cette malheureuse ville, il la regarde en pleurant : « Ha, dit-il, ville infortu-
née, si tu connoissois, du moins en ce jour qui t'est encore
donné » pour te repentir, « ce qui te pourroit apporter la paix !
mais maintenant tout ceci est caché à tes yeux. Viendra le temps
que tes ennemis t'environneront de tranchées, et t'enfermeront,
et te serreront de toutes parts, et te détruiront entièrement toi et
tes enfans, et ne laisseront en toi pierre sur pierre , parce que tu
n'as pas connu le temps auquel Dieu t'a visitée [2]. »

C'étoit marquer assez clairement et la manière du siége et les
derniers effets de la vengeance. Mais il ne falloit pas que Jésus
allât au supplice sans dénoncer à Jérusalem combien elle seroit
un jour punie de l'indigne traitement qu'elle lui faisoit. Comme
il alloit au Calvaire portant sa croix sur ses épaules, « il étoit
suivi d'une grande multitude de peuple et de femmes qui se
frappoient la poitrine, et qui déploroient sa mort [3]. » Il s'arrêta,
se tourna vers elles, et leur dit ces mots : « Filles de Jérusalem,
ne pleurez pas sur moi, mais pleurez sur vous-mêmes et sur vos
enfans ; car le temps s'approche auquel on dira : Heureuses les
stériles ! heureuses les entrailles qui n'ont point porté d'enfans,
et les mamelles qui n'en ont point nourri ! Ils commenceront
alors à dire aux montagnes : Tombez sur nous ; et aux collines :

---

[1] *Matth.*, XXIII, 36 ; XXIV, 34 ; *Marc.*, XIII, 30 ; *Luc.*, XXI, 32. — [2] *Luc.*, XIX,
42 et seq. — [3] *Ibid.*, XXIII, 27.

(a) Le glaive.

Couvrez-nous. Car si le bois vert est ainsi traité, que sera-ce du bois sec [1]? » Si l'innocent, si le juste souffre un si rigoureux supplice, que doivent attendre les coupables?

Jérémie a-t-il jamais plus amèrement déploré la perte des Juifs? Quelles paroles plus fortes pouvoit employer le Sauveur pour leur faire entendre leurs malheurs et leur désespoir ; et cette horrible famine funeste aux enfans, funeste aux mères qui voyoient sécher leurs mamelles, qui n'avoient plus que des larmes à donner à leurs enfans, et qui mangèrent le fruit de leurs entrailles?

CHAPITRE XXII.

DEUX MÉMORABLES PRÉDICTIONS DE NOTRE-SEIGNEUR SONT EXPLIQUÉES, ET LEUR ACCOMPLISSEMENT EST JUSTIFIÉ PAR L'HISTOIRE.

Telles sont les prédictions qu'il a faites à tout le peuple. Celles qu'il fit en particulier à ses disciples méritent encore plus d'attention. Elles sont comprises dans ce long et admirable discours où il joint ensemble la ruine de Jérusalem avec celle de l'univers [2]. Cette liaison n'est pas sans mystère, et en voici le dessein.

Jérusalem, cité bienheureuse que le Seigneur avoit choisie, tant qu'elle demeura dans l'alliance et dans la foi des promesses, fut la figure de l'Eglise et la figure du ciel où Dieu se fait voir à ses enfans. C'est pourquoi nous voyons souvent les prophètes joindre dans la suite du même discours ce qui regarde Jérusalem, à ce qui regarde l'Eglise et à ce qui regarde la gloire céleste. C'est un des secrets des prophéties, et une des clefs qui en ouvrent l'intelligence : mais Jérusalem réprouvée et ingrate envers son Sauveur, devoit être l'image de l'enfer. Ses perfides citoyens devoient représenter les damnés; et le jugement terrible que Jésus-Christ devoit exercer sur eux étoit la figure de celui qu'il exercera sur tout l'univers, lorsqu'il viendra à la fin des siècles en sa majesté juger les vivans et les morts. C'est une coutume de l'Ecriture, et un des moyens dont elle se sert pour imprimer les mystères dans les esprits, de mêler pour notre instruction la figure à la vérité. Ainsi Notre-Seigneur a mêlé l'histoire de Jéru-

---

[1] *Luc.*, XXIII, 28 et seq. — [2] *Matth.*, XXIV ; *Marc.*, XIII ; *Luc.*, XXI.

salem désolée avec celle de la fin des siècles; et c'est ce qui paroît
dans le discours dont nous parlons.

Ne croyons pas toutefois que ces choses soient tellement confondues, que nous ne puissions discerner ce qui appartient à
l'une et à l'autre. Jésus-Christ les a distinguées par des caractères
certains, que je pourrois aisément marquer, s'il en étoit question.
Mais il me suffit de vous faire entendre ce qui regarde la désolation de Jérusalem et des Juifs.

Les apôtres (c'étoit encore au temps de la Passion) assemblés
autour de leur Maître, lui montroient le temple et les bâtimens
d'alentour : ils en admiroient les pierres, l'ordonnance, la beauté,
la solidité; et il leur dit : « Voyez-vous ces grands bâtimens? il
n'y restera pas pierre sur pierre [1]. » Etonnés de cette parole, ils
lui demandent le temps d'un événement si terrible; et lui qui ne
vouloit pas qu'ils fussent surpris dans Jérusalem lorsqu'elle seroit
saccagée (car il vouloit qu'il y eût dans le sac de cette ville une
image de la dernière séparation des bons et des mauvais), commença à leur raconter tous les malheurs comme ils devoient
arriver l'un après l'autre.

Premièrement il leur marque « des pestes, des famines, et des
tremblemens de terre [2] : » et les histoires font foi que jamais ces
choses n'avoient été plus fréquentes ni plus remarquables qu'elles
le furent durant ces temps. Il ajoute qu'il y auroit par tout l'univers « des troubles, des bruits de guerre, des guerres sanglantes; que toutes les nations se soulèveroient les unes contre
les autres [3], » et qu'on verroit toute la terre dans l'agitation.
Pouvoit-il mieux nous représenter les dernières années de Néron,
lorsque tout l'empire romain, c'est-à-dire tout l'univers, si paisible depuis la victoire d'Auguste et sous la puissance des empereurs, commença à s'ébranler, et qu'on vit les Gaules, les
Espagnes, tous les royaumes dont l'empire étoit composé s'é-
mouvoir tout à coup; quatre empereurs s'élever presque en
même temps contre Néron et les uns contre les autres; les

---

[1] Matth., XXIV, 1, 2; Marc., XIII, 1, 2; Luc., XXI, 5, 6. — [2] Matth., XXIV, 7;
Marc., XIII, 8; Luc., XXI, 11. — [3] Matth., XXIV, 6, 7; Marc., XIII, 7; Luc., XXI,
9, 10.

cohortes prétoriennes, les armées de Syrie, de Germanie, et toutes les autres qui étoient répandues en Orient et en Occident s'entre-choquer, et traverser sous la conduite de leurs empereurs d'une extrémité du monde à l'autre, pour décider leur querelle par de sanglantes batailles? Voilà de grands maux, dit le Fils de Dieu; « mais ce ne sera pas encore la fin [1]. » Les Juifs souffriront comme les autres dans cette commotion universelle du monde : mais il leur viendra bientôt après des maux plus particuliers, « et ce ne sera ici que le commencement de leur douleur. »

Il ajoute que son Eglise toujours affligée depuis son premier établissement, verroit la persécution s'allumer contre elle plus violente que jamais durant ces temps [2]. Vous avez vu que Néron dans ses dernières années entreprit la perte des chrétiens, et fit mourir saint Pierre et saint Paul. Cette persécution excitée par les jalousies et les violences des Juifs, avançoit leur perte, mais elle n'en marquoit pas (a) encore le terme précis.

La venue des faux christs et des faux prophètes sembloit être un plus prochain acheminement à la dernière ruine : car la destinée ordinaire de ceux qui refusent de prêter l'oreille à la vérité est d'être entraînés à leur perte par des prophètes trompeurs. Jésus-Christ ne cache pas à ses apôtres que ce malheur arriveroit aux Juifs. « Il s'élèvera, dit-il, un grand nombre de faux prophètes qui séduiront beaucoup de monde [3]; » et encore : « Donnez-vous garde des faux christs, et des faux prophètes. »

Qu'on ne dise pas que c'étoit une chose aisée à deviner à qui connoissoit l'humeur de la nation : car au contraire je vous ai fait voir que les Juifs rebutés de ces séducteurs qui avoient si souvent causé leur ruine, et surtout dans le temps de Sédécias, s'en étoient tellement désabusés, qu'ils cessèrent de les écouter. Plus de cinq cents ans se passèrent sans qu'il parût aucun faux prophète en Israël. Mais l'enfer qui les inspire, se réveilla à la venue de Jésus-Christ; et Dieu qui tient en bride autant qu'il lui plaît les esprits trompeurs, leur lâcha la main, afin d'envoyer dans le

[1] *Matth.*, XXIV, 6, 8; *Marc.*, XIII, 7, 8; *Luc.*, XXI, 9. — [2] *Matth.*, XXIV, 9; *Marc.*, XIII, 9; *Luc.*, XXI, 12. — [3] *Matth.*, XXIV, 11, 23, 24; *Marc.*, XIII, 22, 23; *Luc.*, XXI, 8.

(a) *Ire édit. :* Elle ne marquoit pas.

même temps ce supplice aux Juifs, et cette épreuve à ses fidèles.
Jamais il ne parut tant de faux prophètes que dans les temps qui
suivirent la mort de Notre-Seigneur. Surtout vers le temps de la
guerre judaïque, et sous le règne de Néron qui la commença,
Josèphe nous fait voir une infinité de ces imposteurs [1] qui attiroient le peuple au désert par de vains prestiges et des secrets de
magie, leur promettant une prompte et miraculeuse délivrance.
C'est aussi pour cette raison que le désert est marqué dans les
prédictions de Notre-Seigneur [2] comme un des lieux où seroient
cachés ces faux libérateurs que vous avez vus à la fin entraîner
le peuple dans sa dernière ruine. Vous pouvez croire que le nom
du Christ, sans lequel il n'y avoit point de délivrance parfaite
pour les Juifs, étoit mêlé dans ces promesses imaginaires; et
vous verrez dans la suite de quoi vous en convaincre.

La Judée ne fut pas la seule province exposée à ces illusions.
Elles furent communes dans tout l'empire. Il n'y a aucun temps
où toutes les histoires nous fassent paroître un plus grand
nombre de ces imposteurs qui se vantent de prédire l'avenir, et
trompent les peuples par leurs prestiges. Un Simon le Magicien,
un Elymas, un Apollonius Tyaneus, un nombre infini d'autres
enchanteurs marqués dans les histoires saintes et profanes s'élevèrent durant ce siècle, où l'enfer sembloit faire ses derniers efforts pour soutenir son empire ébranlé. C'est pourquoi Jésus-
Christ remarque en ce temps, principalement parmi les Juifs, ce
nombre prodigieux de faux prophètes. Qui considérera de près
ses paroles, verra qu'ils devoient se multiplier devant et après la
ruine de Jérusalem, mais vers ces temps; et que ce seroit alors
que la séduction fortifiée par de faux miracles et par de fausses
doctrines, seroit tout ensemble si subtile et si puissante, que « les
élus mêmes, s'il étoit possible, y seroient trompés [3]. »

Je ne dis pas qu'à la fin des siècles, il ne doive encore arriver
quelque chose de semblable et de plus dangereux, puisque même
nous venons de voir que ce qui se passe dans Jérusalem, est la
figure manifeste de ces derniers temps : mais il est certain que

[1] Joseph., *Antiq.*, lib. XX, c. 6, al. 8 ; *de Bell. Jud.*, lib. II, c. 12, al. 13. —
[2] — *Matth.*, XXIV, 26. — [3] *Matth.*, XXIV, 24; *Marc.*, XIII, 22.

Jésus-Christ nous a donné cette séduction comme un des effets sensibles de la colère de Dieu sur les Juifs, et comme un des signes de leur perte. L'événement a justifié sa prophétie : tout est ici attesté par des témoignages irréprochables. Nous lisons la prédiction de leurs erreurs dans l'Evangile : nous en voyons l'accomplissement dans leurs histoires, et surtout dans celle de Josèphe.

Après que Jésus-Christ a prédit ces choses, dans le dessein qu'il avoit de tirer les siens des malheurs dont Jérusalem étoit menacée, il vient aux signes prochains de la dernière désolation de cette ville.

Dieu ne donne pas toujours à ses élus de semblables marques. Dans ces terribles châtimens qui font sentir sa puissance à des nations entières, il frappe souvent le juste avec le coupable : car il a de meilleurs moyens de les séparer, que ceux qui paroissent à nos sens. Les mêmes coups qui brisent la paille séparent le bon grain; l'or s'épure dans le même feu où la paille est consumée [1]; et sous les mêmes châtimens par lesquels les méchans sont exterminés, les fidèles se purifient. Mais dans la désolation de Jérusalem, afin que l'image du jugement dernier fût plus expresse, et la vengeance divine plus marquée sur les incrédules, il ne voulut pas que les Juifs qui avoient reçu l'Evangile fussent confondus avec les autres; et Jésus-Christ donna à ses disciples des signes certains auxquels ils pussent connoître quand il seroit temps de sortir de cette ville réprouvée. Il se fonda selon sa coutume, sur les anciennes prophéties dont il étoit l'interprète aussi bien que la fin; et repassant sur l'endroit où la dernière ruine de Jérusalem fut montrée si clairement à Daniel, il dit ces paroles : « Quand vous verrez l'abomination de la désolation que Daniel a prophétisée, que celui qui lit entende; quand vous la verrez établie dans le lieu saint, » ou, comme il est porté dans saint Marc, « dans le lieu où elle ne doit pas être, alors que ceux qui sont dans la Judée s'enfuient dans les montagnes [2]. » Saint Luc raconte la même chose en d'autres termes : « Quand vous verrez les armées entourer Jérusalem, sachez que sa déso-

[1] Aug., *de Civit. Dei*, lib. I, cap. 8. — [2] *Matth.*, XXIV, 15; *Marc.*, XIII, 14.

lation est proche; alors que ceux qui sont dans la Judée se retirent dans les montagnes [1]. »

Un des Evangélistes explique l'autre; et en conférant ces passages, il nous est aisé d'entendre que cette abomination prédite par Daniel est la même chose que les armées autour de Jérusalem. Les saints Pères l'ont ainsi entendu [2], et la raison nous en convainc.

Le mot d'*abomination* dans l'usage de la langue sainte, signifie idole : et qui ne sait que les armées romaines portoient dans leurs enseignes les images de leurs dieux, et de leurs Césars qui étoient les plus respectés de tous leurs dieux? Ces enseignes étoient aux soldats un objet de culte; et parce que les idoles, selon les ordres de Dieu, ne devoient jamais paroître dans la Terre-Sainte, les enseignes romaines en étoient bannies. Aussi voyons-nous dans les histoires, que tant qu'il a resté aux Romains tant soit peu de considération pour les Juifs, jamais ils n'ont fait paroître les enseignes romaines dans la Judée. C'est pour cela que Vitellius, quand il passa dans cette province pour porter la guerre en Arabie, fit marcher ses troupes sans enseignes [3]; car on révéroit encore alors la religion judaïque, et on ne vouloit point forcer ce peuple à souffrir des choses si contraires à sa loi. Mais au temps de la dernière guerre judaïque, on peut bien croire que les Romains n'épargnèrent pas un peuple qu'ils vouloient exterminer. Ainsi quand Jérusalem fut assiégée, elle étoit environnée d'autant d'idoles qu'il y avoit d'enseignes romaines; et l'abomination ne parut jamais tant *où elle ne devoit pas être*, c'est-à-dire dans la Terre-Sainte, et autour du temple.

Est-ce donc là, dira-t-on, ce grand signe que Jésus-Christ devoit donner? Etoit-il temps de s'enfuir quand Tite assiégea Jérusalem, et qu'il en ferma de si près les avenues qu'il n'y avoit plus moyen de s'échapper? C'est ici qu'est la merveille de la prophétie. Jérusalem a été assiégée deux fois en ces temps : la première par Cestius gouverneur de Syrie, l'an 68 de Notre-Seigneur [4]; la seconde par Tite, quatre ans après, c'est-à-dire

---

[1] *Luc.*, xxi, 20, 21. — [2] Orig., tract. xxix *in Matth.*, n. 40; Aug., epist. lxxx, nunc cxcix, *ad Hesych.*, n. 27, 28, 29. — [3] Joseph., *Antiq.*, lib. XVIII, c. 7, al. 5. — [4] *Ibid., de Bell. Jud.*, lib. II, c. 23, 24, al. 18, 19.

l'an 72[1]. Au dernier siége il n'y avoit plus moyen de se sauver. Tite faisoit cette guerre avec trop d'ardeur : il surprit toute la nation renfermée dans Jérusalem durant la fête de Pâque, sans que personne échappât; et cette effroyable circonvallation qu'il fit autour de la ville ne laissoit plus d'espérance à ses habitans. Mais il n'y avoit rien de semblable dans le siége de Cestius : il étoit campé à cinquante stades, c'est-à-dire à six milles de Jérusalem[2]. Son armée se répandoit tout autour, mais sans y faire de tranchées; et il faisoit la guerre si négligemment, qu'il manqua l'occasion de prendre la ville, dont la terreur, les séditions, et même ses intelligences lui ouvroient les portes. Dans ce temps, loin que la retraite fût impossible, l'histoire marque expressément que plusieurs Juifs se retirèrent[3]. C'étoit donc alors qu'il falloit sortir; c'étoit le signal que le Fils de Dieu donnoit aux siens. Aussi a-t-il distingué très-nettement les deux siéges : l'un, où *la ville seroit entourée de fossés et de forts*[4]; alors il n'y auroit plus que la mort pour tous ceux qui y étoient enfermés : l'autre, où elle seroit seulement *enceinte de l'armée*[5], et plutôt investie qu'assiégée dans les formes; c'est alors *qu'il falloit fuir, et se retirer dans les montagnes.*

Les chrétiens obéirent à la parole de leur Maître. Quoiqu'il y en eût des milliers dans Jérusalem et dans la Judée, nous ne lisons ni dans Josèphe, ni dans les autres histoires, qu'il s'en soit trouvé aucun dans la ville quand elle fut prise. Au contraire il est constant par l'histoire ecclésiastique, et par tous les monumens de nos ancètres[6], qu'ils se retirèrent à la petite ville de Pella, dans un pays de montagnes auprès du désert, aux confins de la Judée et de l'Arabie.

On peut connoître par là combien précisément ils avoient été avertis, et il n'y a rien de plus remarquable que cette séparation des Juifs incrédules d'avec les Juifs convertis au christianisme, les uns étant demeurés dans Jérusalem pour y subir la peine de leur infidélité; et les autres s'étant retirés, comme Lot sorti de

[1] Joseph., *de Bell. Jud.*, lib. VI, VII. — [2] *Ibid.*, lib. II, c. 23, 24, al. 18, 19.— [3] Joseph., *ibid.* — [4] Luc., XIX, 43. — [5] *Ibid.*, XXI, 20, 21. — [6] Euseb., *Hist. Eccl,* lib. III, cap. 5; Epiph., lib. I, *Hær.* XXIX, *Nazaræor.*, 7; et lib. de *Mens. et Pond.*, c. 15.

Sodome, dans une petite ville où ils considéroient avec tremble-
ment les effets de la vengeance divine, dont Dieu avoit bien
voulu les mettre à couvert.

Outre les prédictions de Jésus-Christ, il y eut des prédictions
de plusieurs de ses disciples, entre autres celles de saint Pierre
et de saint Paul. Comme on traînoit au supplice ces deux fidèles
témoins de Jésus-Christ ressuscité, ils dénoncèrent aux Juifs qui
les livroient aux gentils, leur perte prochaine. Ils leur dirent
« que Jérusalem alloit être renversée de fond en comble ; qu'ils
périroient de faim et de désespoir ; qu'ils seroient bannis à jamais
de la terre de leurs pères, et envoyés en captivité par toute la
terre ; que le terme n'étoit pas loin, et que tous ces maux leur
arriveroient pour avoir insulté avec tant de cruelles railleries au
bien-aimé Fils de Dieu qui s'étoit déclaré à eux par tant de miracles [1]. » La pieuse antiquité nous a conservé cette prédiction
des apôtres, qui devoit être suivie d'un si prompt accomplissement. Saint Pierre en avoit fait beaucoup d'autres, soit par une
inspiration particulière, soit en expliquant les paroles de son
Maître ; et Phlégon auteur païen, dont Origène produit le témoignage [2], a écrit que tout ce que cet Apôtre avoit prédit, s'étoit
accompli de point en point.

Ainsi rien n'arrive aux Juifs qui ne leur ait été prophétisé. La
cause de leur malheur nous est clairement marquée dans le mépris qu'ils ont fait de Jésus-Christ et de ses disciples. Le temps
des graces étoit passé, et leur perte étoit inévitable.

C'étoit donc en vain, Monseigneur, que Tite vouloit sauver
Jérusalem et le temple. La sentence étoit partie d'en haut : il ne
devoit plus y rester pierre sur pierre. Que si un empereur romain tenta vainement d'empêcher la ruine du temple, un autre
empereur romain tenta encore plus vainement de le rétablir.
Julien l'Apostat, après avoir déclaré la guerre à Jésus-Christ, se
crut assez puissant pour anéantir ses prédictions. Dans le dessein
qu'il avoit de susciter de tous côtés des ennemis aux chrétiens,
il s'abaissa jusqu'à rechercher les Juifs, qui étoient le rebut du

[1] Lact., *Div. Instit.*, lib. IV, cap. 21. — [2] Phleg.. lib. XIII et XIV *Chron.*, apud
Orig., *contra Cels.*, lib. II, n. 14.

monde. Il les excita à rebâtir leur temple; il leur donna des sommes immenses, et les assista de toute la force de l'empire [1]. Ecoutez quel en fut l'événement, et voyez comme Dieu confond les princes superbes. Les saints Pères et les historiens ecclésiastiques le rapportent d'un commun accord, et le justifient par des monumens qui restoient encore de leur temps. Mais il falloit que la chose fût attestée par les païens mêmes. Ammian Marcellin gentil de religion, et zélé défenseur de Julien, l'a racontée en ces termes : « Pendant qu'Alypius aidé du gouverneur de la province avançoit l'ouvrage autant qu'il pouvoit, de terribles globes de feu sortirent des fondemens qu'ils avoient auparavant ébranlés par des secousses violentes; les ouvriers qui recommencèrent souvent l'ouvrage, furent brûlés à diverses reprises; le lieu devint inaccessible, et l'entreprise cessa [2]. »

Les auteurs ecclésiastiques plus exacts à représenter un événement si mémorable, joignent le feu du ciel au feu de la terre. Mais enfin la parole de Jésus-Christ demeura ferme. Saint Jean Chrysostome s'écrie : Il a bâti son Eglise sur la pierre, rien ne l'a pu renverser : il a renversé le temple, rien ne l'a pu relever : « nul ne peut abattre ce que Dieu élève; nul ne peut relever ce que Dieu abat [3]. »

Ne parlons plus de Jérusalem ni du temple. Jetons les yeux sur le peuple même, autrefois le temple vivant de Dieu (a), et maintenant l'objet de sa haine. Les Juifs sont plus abattus que leur temple et que leur ville. L'Esprit de vérité n'est plus parmi eux : la prophétie y est éteinte : les promesses sur lesquelles ils appuyoient leur espérance se sont évanouïes : tout est renversé dans ce peuple, *et il n'y reste plus pierre sur pierre.*

Et voyez jusques à quel point ils sont livrés à l'erreur. Jésus-Christ leur avoit dit : « Je suis venu à vous au nom de mon Père, et vous ne m'avez pas reçu; un autre viendra en son nom, et vous le recevrez [4]. » Depuis ce temps, l'esprit de séduction règne tellement parmi eux, qu'ils sont prêts encore à chaque moment

---

[1] Amm. Marcel., lib. XXIII, cap. 1. — [2] *Ibid.* — [3] Orat. III *in Judæos*, nunc v, n. 11.— [4] *Joan.*, v, 43.

(a) Ire *édit.* : Temple vivant du Dieu des armées.

à s'y laisser emporter. Ce n'étoit pas assez que les faux prophètes eussent livré Jérusalem entre les mains de Tite; les Juifs n'étoient pas encore bannis de la Judée, et l'amour qu'ils avoient pour Jérusalem en avoit obligé plusieurs à choisir leur demeure parmi ses ruines. Voici un faux christ qui va achever de les perdre. Cinquante ans après la prise de Jérusalem, dans le siècle de la mort de Notre-Seigneur, l'infâme Barchochébas, un voleur, un scélérat, parce que son nom signifioit le fils de l'étoile, se disoit l'étoile de Jacob prédite au livre des *Nombres* [1], et se porta pour le Christ [2]. Akibas le plus autorisé de tous les Rabbins, et à son exemple tous ceux que les Juifs appeloient leurs sages, entrèrent dans son parti, sans que l'imposteur leur donnât aucune autre marque de sa mission, sinon qu'Akibas disoit que le Christ ne pouvoit pas beaucoup tarder [3]. Les Juifs se révoltèrent par tout l'empire romain sous la conduite de Barchochébas qui leur promettoit l'empire du monde. Adrien en tua six cent mille : le joug de ces malheureux s'appesantit, et ils furent bannis pour jamais de la Judée.

Qui ne voit que l'esprit de séduction s'est saisi de leur cœur? « L'amour de la vérité qui leur apportoit le salut, s'est éteint en eux : Dieu leur a envoyé une efficace d'erreur qui les fait croire au mensonge [4]. » Il n'y a point d'imposture si grossière qui ne les séduise. De nos jours un imposteur s'est dit le Christ en Orient : tous les Juifs commençoient à s'attrouper autour de lui : nous les avons vus en Italie, en Hollande, en Allemagne, et à Metz, se préparer à tout vendre et à tout quitter pour le suivre. Ils s'imaginoient déjà qu'ils alloient devenir les maîtres du monde, quand ils apprirent que leur Christ s'étoit fait Turc, et avoit abandonné la loi de Moïse.

---

[1] *Num.*, XXIV, 17. — [2] Euseb., *Hist. Eccl.*, lib. IV, cap. 6, 8. — [3] Talm. Hier., tract. *de Jejun.*, et in vet. *Comm. sup. Lam. Jerem.*; Maimonid., lib. *de Jure Reg.*, c. 12. — [4] II *Thess.*, II, 10.

CHAPITRE XXIII.

LA SUITE DES ERREURS DES JUIFS, ET LA MANIÈRE DONT ILS EXPLIQUENT
LES PROPHÉTIES.

Il ne faut pas s'étonner qu'ils soient tombés dans de tels égaremens, ni que la tempête les ait dissipés après qu'ils ont eu
quitté leur route. Cette route leur étoit marquée dans leurs prophéties, principalement dans celles qui désignoient le temps du
Christ. Ils ont laissé passer ces précieux momens sans en profiter :
c'est pourquoi on les voit ensuite livrés au mensonge, et ils ne
savent plus à quoi se prendre.

Donnez-moi encore un moment pour vous raconter la suite de
leurs erreurs, et tous les pas qu'ils ont faits pour s'enfoncer dans
l'abîme. Les routes par où on s'égare tiennent toujours un
grand chemin ; et en considérant où l'égarement a commencé,
on marche plus sûrement dans la droite voie.

Nous avons vu, Monseigneur, que deux prophéties marquoient aux Juifs le temps du Christ, celle de Jacob et celle de
Daniel. Elles marquoient toutes deux la ruine du royaume de
Juda au temps que le Christ viendroit. Mais Daniel expliquoit
que la totale destruction de ce royaume devoit être une suite de
la mort du Christ : et Jacob disoit clairement que dans la décadence du royaume de Juda, le Christ qui viendroit alors seroit
l'attente des peuples ; c'est-à-dire qu'il en seroit le libérateur, et
qu'il se feroit un nouveau royaume composé non plus d'un
seul peuple, mais de tous les peuples du monde. Les paroles
de la prophétie ne peuvent avoir d'autre sens, et c'étoit la tradition constante des Juifs, qu'elles devoient s'entendre de cette
sorte.

De là cette opinion répandue parmi les anciens Rabbins, et
qu'on voit encore dans le Talmud [1], que dans le temps que le
Christ viendroit, il n'y auroit plus de magistrature : de sorte
qu'il n'y avoit rien de plus important pour connoître le temps de

---

[1] Gem., *Tr. Sanhed.,* c. 11.

leur Messie, que d'observer quand ils tomberoient dans cet état malheureux.

En effet ils avoient bien commencé ; et s'ils n'avoient eu l'esprit occupé des grandeurs mondaines qu'ils vouloient trouver dans le Messie, afin d'y avoir part sous son empire, ils n'auroient pu méconnoître Jésus-Christ. Le fondement qu'ils avoient posé étoit certain : car aussitôt que la tyrannie du premier Hérode, et le changement de la république judaïque qui arriva de son temps, leur eut fait voir le moment de la décadence marquée dans la prophétie, ils ne doutèrent point que le Christ ne dût venir, et qu'on ne vît bientôt ce nouveau royaume où devoient se réunir tous les peuples.

Une des choses qu'ils remarquèrent, c'est que la puissance de vie et de mort leur fut ôtée [1]. C'étoit un grand changement, puisqu'elle leur avoit toujours été conservée jusqu'alors, à quelque domination qu'ils fussent soumis, et même dans Babylone pendant leur captivité. L'histoire de Susanne [2] le fait assez voir, et c'est une tradition constante parmi eux. Les rois de Perse qui les rétablirent, leur laissèrent cette puissance par un décret exprès [3] que nous avons remarqué en son lieu ; et nous avons vu aussi que les premiers Séleucides avoient plutôt augmenté que restreint leurs priviléges. Je n'ai pas besoin de parler ici encore une fois du règne des Machabées, où ils furent non-seulement affranchis, mais puissans et redoutables à leurs ennemis. Pompée qui les affoiblit à la manière que nous avons vue, content du tribut qu'il leur imposa, et de les mettre en état que le peuple Romain en pût disposer dans le besoin, leur laissa leur prince avec toute la juridiction. On sait assez que les Romains en usoient ainsi, et ne touchoient point au gouvernement du dedans dans les pays à qui ils laissoient leurs rois naturels.

Enfin les Juifs sont d'accord qu'ils perdirent cette puissance de vie et de mort, seulement quarante ans avant la désolation du second temple ; et on ne peut douter que ce ne soit le premier Hérode qui ait commencé à faire cette plaie à leur liberté. Car depuis que pour se venger du Sanhédrin, où il avoit été obligé de

---

[1] Talm. Hierosol., *Tr. Sanhed.* — [2] *Dan.*, XIII. — [3] I *Esd.*, VII, 25, 26.

comparoître lui-même avant qu'il fût roi [1], et ensuite pour s'attirer toute l'autorité à lui seul, il eût attaqué cette assemblée qui
étoit comme le sénat fondé par Moïse, et le conseil perpétuel de
la nation où la suprême juridiction étoit exercée ; peu à peu ce
grand corps perdit son pouvoir, et il lui en restoit bien peu
quand Jésus-Christ vint au monde. Les affaires empirèrent sous
les enfans d'Hérode, lorsque le royaume d'Archélaüs, dont Jérusalem étoit la capitale, réduit en province romaine, fut gouverné
par des présidens que les empereurs envoyoient. Dans ce malheureux état les Juifs gardèrent si peu la puissance de vie et de
mort, que pour faire mourir Jésus-Christ, qu'à quelque prix que
ce fût ils vouloient perdre, il leur fallut avoir recours à Pilate ; et
ce foible gouverneur leur ayant dit qu'ils le fissent mourir eux-
mêmes, ils répondirent tout d'une voix : « Nous n'avons pas le
pouvoir de faire mourir personne [2]. » Aussi fut-ce par les mains
d'Hérode qu'ils firent mourir saint Jacques frère de saint Jean, et
qu'ils mirent saint Pierre en prison [3]. Quand ils eurent résolu la
mort de saint Paul, ils le livrèrent entre les mains des Romains [4],
comme ils avoient fait Jésus-Christ ; et le vœu sacrilége de leurs
faux zélés, qui jurèrent de ne boire ni ne manger jusques à ce
qu'ils eussent tué ce saint apôtre, montre assez qu'ils se croyoient
déchus du pouvoir de le faire mourir juridiquement. Que s'ils
lapidèrent saint Etienne [5], ce fut tumultuairement, et par un effet
de ces emportemens séditieux que les Romains ne pouvoient pas
toujours réprimer dans ceux qui se disoient alors les *zélateurs*.
On doit donc tenir pour certain, tant par ces histoires que par le
consentement des Juifs, et par l'état de leurs affaires, que vers
les temps de Notre-Seigneur, et surtout dans ceux où il commença d'exercer son ministère, ils perdirent entièrement l'autorité temporelle. Ils ne purent voir cette perte sans se souvenir de
l'ancien oracle de Jacob, qui leur prédisoit que dans le temps du
Messie il n'y auroit plus parmi eux ni puissance, ni autorité, ni
magistrature. Un de leurs plus anciens auteurs le remarque [6]; et

[1] Joseph., *Antiq.*,lib. XIV, cap. 17, al. 9. — [2] *Joan.*, XVIII, 31. —[3] *Act.*, XII, 1,
2, 3. — [4] *Ibid.*, XXIII, XXIV. — [5] *Ibid.*, VII, 56, 57. — [6] Tract., *Voc. magna Gen.*,
eu *Comm. in Gen.*

il a raison d'avouer que le sceptre n'étoit plus alors dans Juda, ni l'autorité dans les chefs du peuple, puisque la puissance publique leur étoit ôtée, et que le Sanhédrin étant dégradé, les membres de ce grand corps n'étoient plus considérés comme juges, mais comme simples docteurs. Ainsi selon eux-mêmes, il étoit temps que le Christ parût. Comme ils voyoient ce signe certain de la prochaine arrivée de ce nouveau Roi, dont l'empire devoit s'étendre sur tous les peuples, ils crurent qu'en effet il alloit paroître. Le bruit s'en répandit aux environs, et on fut persuadé dans tout l'Orient qu'on ne seroit pas longtemps sans voir sortir de Judée ceux qui régneroient sur toute la terre.

Tacite et Suétone rapportent ce bruit comme établi par une opinion constante, et par un ancien oracle qu'on trouvoit dans les Livres sacrés du peuple juif [1]. Josèphe récite cette prophétie dans les mêmes termes, et dit comme eux qu'elle se trouvoit dans les saints Livres [2]. L'autorité de ces Livres dont on avoit vu les prédictions si visiblement accomplies en tant de rencontres, étoit grande dans tout l'Orient ; et les Juifs plus attentifs que les autres à observer des conjonctures qui étoient principalement écrites pour leur instruction, reconnurent le temps du Messie que Jacob avoit marqué dans leur décadence. Ainsi les réflexions qu'ils firent sur leur état furent justes ; et sans se tromper sur les temps du Christ, ils connurent qu'il devoit venir dans le temps qu'il vint en effet. Mais, ô foiblesse de l'esprit humain, et vanité source inévitable d'aveuglement ! L'humilité du Sauveur cacha à ces orgueilleux les véritables grandeurs qu'ils devoient chercher dans leur Messie. Ils vouloient que ce fût un roi semblable aux rois de la terre. C'est pourquoi les flatteurs du premier Hérode, éblouis de la grandeur et de la magnificence de ce prince, qui tout tyran qu'il étoit, ne laissa pas d'enrichir la Judée, dirent qu'il étoit lui-même ce roi tant promis [3]. C'est aussi ce qui donna lieu à la secte des hérodiens, dont il est tant parlé dans l'Evangile [4], et que les païens ont connue, puisque Perse et son scho-

---

[1] Suet., *Vespas.*, n. 4 ; Tacit., *Hist.*, lib. V, cap. 13. — [2] Joseph., *de Bell. Jud.*, lib. VII, c. 12, al. lib. VI, c. 5 ; Hegesip., *de Excid. Jer.*, lib. V, c. 44. — [3] Epiph., lib. I, *Hær.* xx, *Herodian.* 1. — [4] *Matth.*, xxii, 16 ; *Marc.*, iii, 6, xii, 13.

liaste nous apprennent [1] qu'encore du temps de Néron, la naissance du roi Hérode étoit célébrée par ses sectateurs avec la
même solennité que le sabbat. Josèphe tomba dans une semblable
erreur. Cet homme « instruit, comme il dit lui-même [2], dans
les prophéties judaïques, comme étant prêtre et sorti de leur race
sacerdotale, » reconnut à la vérité que la venue de ce Roi promis
par Jacob convenoit aux temps d'Hérode, où il nous montre lui-
même avec tant de soin un commencement manifeste de la ruine
des Juifs : mais comme il ne vit rien dans sa nation qui remplît
ces ambitieuses idées qu'elle avoit conçues de son Christ, il
poussa un peu plus avant le temps de la prophétie, et l'appliquant
à Vespasien, il assura que « cet oracle de l'Ecriture signifioit ce
prince déclaré empereur dans la Judée [3]. »

C'est ainsi qu'il détournoit l'Ecriture sainte pour autoriser sa
flatterie : aveugle, qui transportoit aux étrangers l'espérance de
Jacob et de Juda ; qui cherchoit en Vespasien le fils d'Abraham
et de David ; et attribuoit à un prince idolâtre le titre de celui dont
les lumières devoient retirer les gentils de l'idolâtrie.

La conjoncture des temps le favorisoit. Mais pendant qu'il attribuoit à Vespasien ce que Jacob avoit dit du Christ, les Zélés
qui défendoient Jérusalem se l'attribuoient à eux-mêmes. C'est
sur ce seul fondement qu'ils se promettoient l'empire du monde,
comme Josèphe le raconte [4] ; plus raisonnables que lui, en ce
que du moins ils ne sortoient pas de la nation pour chercher l'accomplissement des promesses faites à leurs pères.

Comment n'ouvroient-ils pas les yeux au grand fruit que faisoit dès lors parmi les gentils la prédication de l'Evangile, et à
ce nouvel empire que Jésus-Christ établissoit par toute la terre ?
Qu'y avoit-il de plus beau qu'un empire où la piété régnoit, où le
vrai Dieu triomphoit de l'idolâtrie, où la vie éternelle étoit annoncée aux nations infidèles ; et l'empire même des Césars n'é-
toit-il pas une vaine pompe à comparaison de celui-ci ? Mais cet
empire n'étoit pas assez éclatant aux yeux du monde.

Qu'il faut être désabusé des grandeurs humaines pour con-

---

[1] Pers. et vet. Schol. *Sat.* v, v. 180. — [2] Joseph., *de Bell. Jud.*, lib. III, c. 14,
al. 8. — [3] *Ibid.*, et lib. VII, cap., 12 al. lib. VI, cap. 5. — [4] *Ibid.*, lib. VII, *ibid.*

noître Jésus-Christ! Les Juifs connurent les temps; les Juifs voyoient les peuples appelés au Dieu d'Abraham selon l'oracle de Jacob, par Jésus-Christ et par ses disciples : et toutefois ils le méconnurent ce Jésus qui leur étoit déclaré par tant de marques. Et encore que durant sa vie et après sa mort il confirmât sa mission par tant de miracles, ces aveugles le rejetèrent, parce qu'il n'avoit en lui que la solide grandeur destituée de tout l'appareil qui frappe les sens, et qu'il venoit plutôt pour condamner que pour couronner leur ambition aveugle.

Et toutefois forcés par les conjonctures et les circonstances du temps, malgré leur aveuglement ils sembloient quelquefois sortir de leurs préventions. Tout se disposoit tellement du temps de Notre-Seigneur à la manifestation du Messie, qu'ils soupçonnèrent que saint Jean-Baptiste le pouvoit bien être [1]. Sa manière de vie austère, extraordinaire, étonnante, les frappa; et au défaut des grandeurs du monde, ils parurent vouloir d'abord se contenter de l'éclat d'une vie si prodigieuse. La vie simple et commune de Jésus-Christ rebuta ces esprits grossiers autant que superbes, qui ne pouvoient être pris que par les sens, et qui d'ailleurs, éloignés d'une conversion sincère, ne vouloient rien admirer que ce qu'ils regardoient comme inimitable. De cette sorte saint Jean-Baptiste, qu'on jugea digne d'être le Christ, n'en fut pas cru quand il montra le Christ véritable: et Jésus-Christ, qu'il falloit imiter quand on y croyoit, parut trop humble aux Juifs pour être suivi.

Cependant l'impression qu'ils avoient conçue que le Christ devoit paroître en ce temps, étoit si forte, qu'elle demeura près d'un siècle parmi eux. Ils crurent que l'accomplissement des prophéties pouvoit avoir une certaine étendue, et n'étoit pas toujours toute renfermée dans un point précis; de sorte que près de cent ans il ne se parloit parmi eux que des faux christs qui se faisoient suivre, et des faux prophètes qui les annonçoient. Les siècles précédens n'avoient rien vu de semblable; et les Juifs ne prodiguèrent le nom de Christ, ni quand Judas le Machabée remporta sur leur tyran tant de victoires, ni quand son frère Simon les af-

[1] *Luc.*, III, 15; *Joan.*, I, 19, 20.

franchit du joug des gentils, ni quand le premier Hircan fit tant
de conquêtes. Les temps et les autres marques ne convenoient
pas, et ce n'est que dans le siècle de Jésus-Christ qu'on a commencé à parler de tous ces messies. Les Samaritains, qui lisoient
dans le *Pentateuque* la prophétie de Jacob, se firent des christs
aussi bien que les Juifs, et un peu après Jésus-Christ ils reconnurent leur Dosithée [1]. Simon le Magicien de même pays se vantoit aussi d'être le Fils de Dieu, et Ménandre son disciple se disoit
le Sauveur du monde [2]. Dès le vivant de Jésus-Christ la Samaritaine avoit cru que le Messie *alloit venir* [3] : tant il étoit constant
dans la nation, et parmi tous ceux qui lisoient l'ancien oracle de
Jacob, que le Christ devoit paroître dans ces conjonctures.

Quand le terme fut tellement passé qu'il n'y eut plus rien à attendre, et que les Juifs eurent vu par expérience que tous les
messies qu'ils avoient suivis, loin de les tirer de leurs maux, n'a-
voient fait que les y enfoncer davantage : alors ils furent longtemps sans qu'il parût parmi eux de nouveaux messies; et Barchochébas est le dernier qu'ils aient reconnu pour tel dans ces
premiers temps du christianisme. Mais l'ancienne impression ne
put être entièrement effacée. Au lieu de croire que le Christ avoit
paru, comme ils avoient fait encore au temps d'Adrien; sous les
Antonins ses successeurs, ils s'avisèrent de dire que leur Messie
étoit au monde, bien qu'il ne parût pas encore, parce qu'il attendoit le prophète Elie qui devoit venir le sacrer [4]. Ce discours étoit
commun parmi eux dans le temps de saint Justin; et nous trouvons aussi dans leur Talmud la doctrine d'un de leurs maîtres
des plus anciens, qui disoit que « le Christ étoit venu, selon qu'il
étoit marqué dans les prophètes, mais qu'il se tenoit caché quelque part à Rome parmi les pauvres mendians [5]. »

Une telle rêverie ne put pas entrer dans les esprits; et les Juifs
contraints enfin d'avouer que le Messie n'étoit pas venu dans le
temps qu'ils avoient raison de l'attendre selon leurs anciennes
prophéties, tombèrent dans un autre abîme. Peu s'en fallut qu'ils

[1] Origen. *Tract.* xxvii *in Matth.*, n.33 ; *in Joan.*, n. 27 ; lib. I *contr. Cels.*, n. 57.
— [2] Iren., *adv. Hæres.*, lib. I, cap. 20, 21, nunc 22. — [3] ἔρχεται : *Joan.*, IV, 25.
— [4] Justin., *Dial. cum Tryph.*, n. 8, 49. — [5] R. Juda filius Levi, Gem. *Tr. San.*,
cap. XI.

ne renonçassent à l'espérance de leur Messie qui leur manquoit
dans le temps; et plusieurs suivirent un fameux Rabbin, dont les
paroles se trouvent encore conservées dans le Talmud [1]. Celui-ci
voyant le terme passé de si loin, conclut que « les Israélites n'a-
voient plus de Messie à attendre, parce qu'il leur avoit été donné
en la personne du roi Ezéchias. »

A la vérité cette opinion, loin de prévaloir parmi les Juifs, y a
été détestée. Mais comme ils ne connoissent plus rien dans les
temps qui leur sont marqués par leurs prophéties, et qu'ils ne
savent par où sortir de ce labyrinthe, ils ont fait un article de foi
de cette parole que nous lisons dans le Talmud [2] : « Tous les termes
qui étoient marqués pour la venue du Messie sont passés ; » et
ont prononcé d'un commun accord : « Maudits soient ceux qui
supputeront les temps du Messie : » comme on voit dans une
tempête, qui a écarté le vaisseau trop loin de sa route, le pilote
désespéré abandonner son calcul, et aller où le mène le hasard.

Depuis ce temps, toute leur étude a été d'éluder les prophéties
où le temps du Christ étoit marqué : ils ne se sont pas souciés de
renverser toutes les traditions de leurs pères, pourvu qu'ils
pussent ôter aux chrétiens ces admirables prophéties; et ils en
sont venus jusques à dire que celle de Jacob ne regardoit pas le
Christ.

Mais leurs anciens Livres les démentent. Cette prophétie est
entendue du Messie dans le Talmud [3], et la manière dont nous
l'expliquons se trouve dans leurs Paraphrases [4], c'est-à-dire dans
les commentaires les plus authentiques et les plus respectés qui
soient parmi eux.

Nous y trouvons en propres termes que la maison et le royaume
de Juda, auquel se devoit réduire un jour toute la postérité de
Jacob et tout le peuple d'Israël, produiroit toujours *des juges et
des magistrats*, jusqu'à la venue du Messie, sous lequel il se formeroit un royaume composé de tous les peuples.

C'est le témoignage que rendoient encore aux Juifs dans les

---

[1] R. Hillel., *Ibid.* Is. Abrau. *de Cap. fidei.* — [2] Gem. *Tr. San.*, cap. xi; Moses
Maimon. *in Epist. Tal.* Is. Abrau. *de Cap. fidei.* — [3] Gem. *Tr. Sanhed.*, cap. xi.
— [4] *Paraph. Onkelos, Jonathan, et Jerosol.* Vide Polyg. Ang.

premiers temps du christianisme, leurs plus célèbres docteurs et les plus reçus. L'ancienne tradition si ferme et si établie, ne pouvoit être abolie d'abord; et quoique les Juifs n'appliquassent pas à Jésus-Christ la prophétie de Jacob, ils n'avoient encore osé nier qu'elle ne convînt au Messie. Ils n'en sont venus à cet excès que longtemps après, et lorsque pressés par les chrétiens ils ont enfin aperçu que leur propre tradition étoit contre eux.

Pour la prophétie de Daniel, où la venue du Christ étoit renfermée dans le terme de quatre cent quatre-vingt-dix ans, à compter depuis la vingtième année d'Artaxerxe à la Longuemain: comme ce terme menoit à la fin du quatrième millénaire du monde, c'étoit aussi une tradition très-ancienne parmi les Juifs, que le Messie paroîtroit vers la fin de ce quatrième millénaire, et environ deux mille ans après Abraham. Un Elie, dont le nom est grand parmi les Juifs, quoique ce ne soit pas le prophète, l'avoit ainsi enseigné avant la naissance de Jésus-Christ; et la tradition s'en est conservée dans le livre du Talmud [1]. Vous avez vu ce terme accompli à la venue de Notre-Seigneur, puisqu'il a paru en effet environ deux mille ans après Abraham, et vers l'an 4000 du monde. Cependant les Juifs ne l'ont pas connu; et frustrés de leur attente, ils ont dit que leurs péchés avoient retardé le Messie qui devoit venir. Mais cependant nos dates sont assurées, de leur aveu propre; et c'est un trop grand aveuglement, de faire dépendre des hommes un terme que Dieu a marqué si précisément dans Daniel.

C'est encore pour eux un grand embarras de voir que ce prophète fasse aller le temps du Christ avant celui de la ruine de Jérusalem; de sorte que ce dernier temps étant accompli, celui qui le précède le doit être aussi.

Josèphe s'est ici trompé trop grossièrement [2]. Il a bien compté les semaines qui devoient être suivies de la désolation du peuple juif; et les voyant accomplies dans le temps que Tite mit le siége devant Jérusalem, il ne douta point que le moment de la perte de cette ville ne fût arrivé. Mais il ne considéra pas que cette déso-

---

[1] Gem., *Tr. San.*, c. 11. — [2] *Antiq.*, lib. X, cap. ult ; *De Bell. Jud.*, lib. VII, cap. 4, al. lib. VI, cap. 2.

lation devoit être précédée de la venue du Christ et de sa mort ;
de sorte qu'il n'entendit que la moitié de la prophétie.

Les Juifs qui sont venus après lui ont voulu suppléer à ce défaut. Ils nous ont forgé un Agrippa descendu d'Hérode, que les
Romains, disent-ils, ont fait mourir un peu devant la ruine de
Jérusalem ; et ils veulent que cet Agrippa, Christ par son titre de
roi, soit le Christ dont il est parlé dans Daniel : nouvelle preuve
de leur aveuglement. Car outre que cet Agrippa ne peut être ni
le Juste, ni le Saint des saints, ni la fin des prophéties, tel que
devoit être le Christ que Daniel marquoit en ce lieu ; outre que le
meurtre de cet Agrippa, dont les Juifs étoient innocens, ne pouvoit pas être la cause de leur désolation, comme devoit être la
mort du Christ de Daniel : ce que disent ici les Juifs est une fable.
Cet Agrippa descendu d'Hérode fut toujours du parti des Romains : il fut toujours bien traité par leurs empereurs, et régna
dans un canton de la Judée longtemps après la prise de Jérusalem, comme l'atteste Josèphe et les autres contemporains [1].

Ainsi tout ce qu'inventent les Juifs pour éluder les prophéties,
les confond. Eux-mêmes ils ne se fient pas à des inventions si
grossières, et leur meilleure défense est dans cette loi qu'ils ont
établie de ne supputer plus les jours du Messie. Par là ils ferment
les yeux volontairement à la vérité, et renoncent aux prophéties
où le Saint-Esprit a lui-même compté les années : mais pendant
qu'ils y renoncent, ils les accomplissent, et font voir la vérité de
ce qu'elles disent de leur aveuglement et de leur chute.

Qu'ils répondent ce qu'ils voudront aux prophéties : la désolation qu'elles prédisoient leur est arrivée dans le temps marqué ;
l'événement est plus fort que toutes leurs subtilités ; et si le Christ
n'est venu dans cette fatale conjoncture, les prophètes en qui ils
espèrent les ont trompés.

[1] Joseph., *de Bell. Jud.*, lib. VII, cap. 24, al. 5 ; Justus Tiber, *Biblioth. Phot.*,
cod. XXXIII, pag. 19.

CHAPITRE XXIV.

CIRCONSTANCES MÉMORABLES DE LA CHUTE DES JUIFS : SUITE
DE LEURS FAUSSES INTERPRÉTATIONS [a].

Et pour achever de les convaincre, remarquez deux circonstances qui ont accompagné leur chute et la venue du Sauveur
du monde : l'une, que la succession des pontifes perpétuelle et
inaltérable depuis Aaron, finit alors; l'autre, que la distinction
des tribus et des familles toujours conservée jusqu'à ce temps, y
périt, de leur aveu propre.

Cette distinction étoit nécessaire jusques au temps du Messie.
De Lévi devoient naître les ministres des choses sacrées. D'Aaron
devoient sortir les prêtres et les pontifes. De Juda devoit sortir le
Messie même. Si la distinction des familles n'eût subsisté jusqu'à
la ruine de Jérusalem, et jusqu'à la venue de Jésus-Christ, les
sacrifices judaïques auroient péri devant le temps, et David eût
été frustré de la gloire d'être reconnu pour le père du Messie. Le
Messie est-il arrivé; le sacerdoce nouveau selon l'ordre de Melchisédech a-t-il commencé en sa personne, et la nouvelle royauté
qui n'étoit pas de ce monde a-t-elle paru : on n'a plus besoin
d'Aaron, ni de Lévi, ni de Juda, ni de David, ni de leurs familles.
Aaron n'est plus nécessaire dans un temps où les sacrifices devoient cesser selon Daniel [1]. La maison de David et de Juda a accompli sa destinée lorsque le Christ de Dieu en est sorti; et
comme si les Juifs renonçoient eux-mêmes à leur espérance,
ils oublient précisément en ce temps la succession des familles
jusques alors si soigneusement et si religieusement retenue.

N'omettons pas une des marques de la venue du Messie, et
peut-être la principale si nous la savons bien entendre, quoiqu'elle fasse le scandale et l'horreur des Juifs. C'est la rémission
des péchés annoncée au nom d'un Sauveur souffrant, d'un Sauveur humilié et obéissant jusqu'à la mort. Daniel avoit marqué
parmi ses semaines [2], la semaine mystérieuse que nous avons ob-

---

[1] *Dan.*, IX, 27. — [2] *Ibid.*, 26, 27.

[a] Titre ajouté dans la IIIe édit.

servée, où le Christ devoit être immolé, où l'alliance devoit être confirmée par sa mort, où les anciens sacrifices devoient perdre leur vertu. Joignons Daniel avec Isaïe : nous trouverons tout le fond d'un si grand mystère ; nous verrons « l'homme de douleurs, qui est chargé des iniquités de tout le peuple, qui donne sa vie pour le péché, et le guérit par ses plaies[1]. » Ouvrez les yeux, incrédules : n'est-il pas vrai que la rémission des péchés vous a été prêchée au nom de Jésus-Christ crucifié ? S'étoit-on jamais avisé d'un tel mystère ? Quelque autre que Jésus-Christ, ou devant lui, ou après, s'est-il glorifié de laver les péchés par son sang ? Se sera-t-il fait crucifier exprès pour acquérir un vain honneur et accomplir en lui-même une si funeste prophétie ? Il faut se taire, et adorer dans l'Evangile une doctrine qui ne pourroit pas même venir dans la pensée d'aucun homme, si elle n'étoit véritable.

L'embarras des Juifs est extrême dans cet endroit : ils trouvent dans leurs Ecritures trop de passages où il est parlé des humiliations de leur Messie. Que deviendront donc ceux où il est parlé de sa gloire et de ses triomphes ? Le dénouement naturel est, qu'il viendra aux triomphes par les combats, et à la gloire par les souffrances. Chose incroyable ! les Juifs ont mieux aimé mettre deux messies. Nous voyons dans leur Talmud et dans d'autres livres d'une pareille antiquité[2], qu'ils attendent un Messie souffrant, et un Messie plein de gloire ; l'un mort et ressuscité, l'autre toujours heureux et toujours vainqueur ; l'un à qui conviennent tous les passages où il est parlé de foiblesse, l'autre à qui conviennent tous ceux où il est parlé de grandeur ; l'un enfin fils de Joseph, car on n'a pu lui dénier un des caractères de Jésus-Christ qui a été réputé fils de Joseph, et l'autre fils de David : sans jamais vouloir entendre que ce Messie fils de David devoit, selon David, *boire du torrent* avant que *de lever la tête*[3] ; c'est-à-dire être affligé avant que d'être *triomphant*, comme le dit lui-même le fils de David. « O insensés et pesans de cœur, qui ne pouvez croire ce qu'ont dit les prophètes, ne falloit-il pas que le Christ

---

[1] *Isa.*, LIII. — [2] *Tr. Succa*, et *Comm.* sive *Paraphr. sup. Cant.*, c. VII, v. 3. — [3] *Psal.* CIX.

souffrît ces choses, et qu'il entrât dans sa gloire par ce moyen [1]? »

Au reste si nous entendons du Messie ce grand passage où Isaïe nous représente si vivement *l'homme de douleurs frappé pour nos péchés*, et défiguré *comme un lépreux*[2], nous sommes encore soutenus dans cette explication, aussi bien que dans toutes les autres, par l'ancienne tradition des Juifs ; et malgré leurs préventions, le chapitre tant de fois cité de leur Talmud[3] nous enseigne que ce *lépreux chargé des péchés du peuple sera le Messie*. Les douleurs du Messie, qui lui seront causées par nos péchés, sont célèbres dans le même endroit et dans les autres livres des Juifs. Il y est souvent parlé de l'entrée aussi humble que glorieuse qu'il devoit faire dans Jérusalem monté sur un âne, et cette célèbre prophétie de Zacharie lui est appliquée. De quoi les Juifs ont-ils à se plaindre ? Tout leur étoit marqué en termes précis dans leurs prophètes : leur ancienne tradition avoit conservé l'explication naturelle de ces célèbres prophéties ; et il n'y a rien de plus juste que ce reproche que leur fait le Sauveur du monde : « Hypocrites, vous savez juger par les vents et par ce qui vous paroît dans le ciel, si le temps sera serein ou pluvieux ; et vous ne savez pas connoître à tant de signes qui vous sont donnés, le temps où vous êtes[4] ! »

Concluons donc que les Juifs ont eu véritablement raison de dire que *tous les termes de la venue du Messie sont passés*. Juda n'est plus un royaume ni un peuple : d'autres peuples ont reconnu le Messie qui devoit être envoyé. Jésus-Christ a été montré aux gentils : à ce signe, ils sont accourus au Dieu d'Abraham, et la bénédiction de ce patriarche s'est répandue par toute la terre. L'homme de douleurs a été prêché, et la rémission des péchés a été annoncée par sa mort. Toutes les semaines se sont écoulées ; la désolation du peuple et du sanctuaire, juste punition de la mort du Christ, a eu son dernier accomplissement ; enfin le Christ a paru avec tous les caractères que la tradition des Juifs y reconnoissoit, et leur incrédulité n'a plus d'excuse.

Aussi voyons-nous depuis ce temps des marques indubitables

---

[1] *Luc.*, XXIV, 25, 26. — [2] *Isa.*, LIII. — [3] Gem., *Tr. Sanhed.*, cap. 11. — [4] *Matth.*, XVI, 2, 3, 4 ; *Luc*, XII, 56.

de leur réprobation. Après Jésus-Christ, ils n'ont fait que s'enfoncer de plus en plus dans l'ignorance et dans la misère, d'où la seule extrémité de leurs maux, et la honte d'avoir été si souvent en proie à l'erreur les fera sortir, ou plutôt la bonté de Dieu, quand le temps arrêté par sa providence pour punir leur ingratitude et dompter leur orgueil sera accompli.

Cependant ils demeurent la risée des peuples, et l'objet de leur aversion, sans qu'une si longue captivité les fasse revenir à eux, encore qu'elle dût suffire pour les convaincre. Car enfin, comme leur dit saint Jérôme, « qu'attends-tu, ô Juif incrédule? tu as commis plusieurs crimes durant le temps des Juges : ton idolâtrie t'a rendu l'esclave de toutes les nations voisines ; mais Dieu a eu bientôt pitié de toi, et n'a pas tardé à t'envoyer des sauveurs. Tu as multiplié tes idolâtries sous tes rois ; mais les abominations où tu es tombé sous Achaz et sous Manassès n'ont été punies que par soixante-dix ans de captivité. Cyrus est venu, et il t'a rendu ta patrie, ton temple et tes sacrifices. A la fin tu as été accablé par Vespasien et par Tite. Cinquante ans après Adrien a achevé de t'exterminer, et il y a quatre cents ans que tu demeures dans l'oppression [1]. » C'est ce que disoit saint Jérôme. L'argument s'est fortifié depuis, et douze cents ans ont été ajoutés à la désolation du peuple Juif. Disons-lui donc, au lieu de quatre cents ans, que seize siècles ont vu durer sa captivité sans que son joug devienne plus léger. « Qu'as-tu fait, ô peuple ingrat? Esclave dans tous les pays et de tous les princes, tu ne sers point les dieux étrangers. Comment Dieu qui t'avoit élu t'a-t-il oublié, et que sont devenues ses anciennes miséricordes? Quel crime, quel attentat plus grand que l'idolâtrie te fait sentir un châtiment que jamais tes idolâtries ne t'avoient attiré? Tu te tais? tu ne peux comprendre ce qui rend Dieu si inexorable? Souviens-toi de cette parole de tes pères : *Son sang soit sur nous et sur nos enfans* [2]; et encore : *Nous n'avons point de roi que César* [3]. Le Messie ne sera pas ton roi; garde bien ce que tu as choisi : demeure l'esclave de César et des rois jusqu'à ce que *la plénitude des gentils soit entrée, et qu'enfin tout Israël soit sauvé* [4]. »

[1] Hier., *Ep. ad Dard.* —[2] *Matth.*, XXVII, 25.—[3] *Joan.*, XIX, 15.—[4] *Rom.*, XI, 25, 26.

CHAPITRE XXV.

RÉFLEXIONS PARTICULIÈRES SUR LA CONVERSION DES GENTILS. PROFOND
CONSEIL DE DIEU, QUI LES VOULOIT CONVERTIR PAR LA CROIX DE
JÉSUS-CHRIST. RAISONNEMENT DE SAINT PAUL SUR CETTE MANIÈRE DE
LES CONVERTIR.

Cette conversion des gentils étoit la seconde chose qui devoit
arriver au temps du Messie, et la marque la plus assurée de sa
venue. Nous avons vu comme les prophètes l'avoient clairement
prédite, et leurs promesses se sont vérifiées dans les temps de
Notre-Seigneur. Il est certain qu'alors seulement, et ni plus tôt ni
plus tard, ce que les philosophes n'ont osé tenter, ce que les prophètes ni le peuple juif lorsqu'il a été le plus protégé et le plus
fidèle n'ont pu faire, douze pêcheurs envoyés par Jésus-Christ et
témoins de sa résurrection, l'ont accompli. C'est]que la conversion du monde ne devoit être l'ouvrage ni des philosophes ni
même des prophètes : il étoit réservé au Christ, et c'étoit le fruit
de sa croix.

Il falloit à la vérité que ce Christ et ses apôtres sortissent des
Juifs, et que la prédication de l'Evangile commençât à Jérusalem.
« Une montagne élevée devoit paroître dans les derniers temps, »
selon Isaïe [1] : c'étoit l'Eglise chrétienne. « Tous les gentils y devoient venir, et plusieurs peuples devoient s'y assembler. En ce
jour le Seigneur devoit seul être élevé, et les idoles devoient être
tout à fait brisées [2]. » Mais Isaïe qui a vu ces choses, a vu aussi
en même temps que « la loi qui devoit juger les gentils sortiroit
de Sion, et que la parole du Seigneur, qui devoit corriger les
peuples, sortiroit de Jérusalem [3], » ce qui a fait dire au Sauveur
que « le salut devoit venir des Juifs [4]. » Et il étoit convenable que
la nouvelle lumière dont les peuples plongés dans l'idolâtrie devoient un jour être éclairés, se répandît par tout l'univers, du
lieu où elle avoit toujours été. C'étoit en Jésus-Christ, fils de David et d'Abraham, que toutes les nations devoient être bénies et
sanctifiées. Nous l'avons souvent remarqué. Mais nous n'avons

[1] *Isa.*, II, 2. — [2] *Ibid.*, 2, 3, 17, 18. — [3] *Ibid.*, 3, 4. — [4] *Joan.*, IV, 22.

pas encore observé la cause pour laquelle ce Jésus souffrant, ce Jésus crucifié et anéanti, devoit être le seul auteur de la conversion des gentils, et le seul vainqueur de l'idolâtrie.

Saint Paul nous a expliqué ce grand mystère au premier chapitre de la *première Epître aux Corinthiens,* et il est bon de considérer ce bel endroit dans toute sa suite. « Le Seigneur, dit-il [1], m'a envoyé prêcher l'Evangile, non par la sagesse et par le raisonnement humain, de peur de rendre inutile la croix de Jésus-Christ; car la prédication du mystère de la croix est folie à ceux qui périssent, et ne paroît un effet de la puissance de Dieu qu'à ceux qui se sauvent, c'est-à-dire, à nous. En effet il est écrit [2] : Je détruirai la sagesse des sages, et je rejetterai la science des savans. Où sont maintenant les sages, où sont les docteurs? que sont devenus ceux qui recherchoient les sciences de ce siècle? Dieu n'a-t-il pas convaincu de folie la sagesse de ce monde? » Sans doute, puisqu'elle n'a pu tirer les hommes de leur ignorance. Mais voici la raison que saint Paul en donne. C'est que « Dieu voyant que le monde avec la sagesse humaine ne l'avoit point reconnu par les ouvrages de sa sagesse, » c'est-à-dire par les créatures qu'il avoit si bien ordonnées, il a pris une autre voie, et « a résolu de sauver ses fidèles par la folie de la prédication [3], » c'est-à-dire par le mystère de la croix, où la sagesse humaine ne peut rien comprendre.

Nouveau et admirable dessein de la divine Providence! Dieu avoit introduit l'homme dans le monde, où de quelque côté qu'il tournât les yeux, la sagesse du Créateur reluisoit dans la grandeur, dans la richesse et dans la disposition d'un si bel ouvrage. L'homme cependant l'a méconnu : les créatures qui se présentoient pour élever notre esprit plus haut, l'ont arrêté : l'homme aveugle et abruti les a servies; et non content d'adorer l'œuvre des mains de Dieu, il a adoré l'œuvre de ses propres mains. Des fables, plus ridicules que celles que l'on conte aux enfans, ont fait sa religion : il a oublié la raison : Dieu la lui veut faire oublier d'une autre sorte. Un ouvrage dont il entendoit la sagesse ne l'a point touché; un autre ouvrage lui est présenté, où son raison-

[1] I *Cor.,* I, 17, 18, 19, 20. — [2] *Isa.,* XXIX, 14; XXXIII, 18. — [3] I *Cor.,* I, 21.

nement se perd, et où tout lui paroît folie : c'est la croix de Jésus-
Christ. Ce n'est point en raisonnant qu'on entend ce mystère ;
c'est « en captivant son intelligence sous l'obéissance de la foi ; »
c'est « en détruisant les raisonnemens humains, et toute hauteur
qui s'élève contre la science de Dieu [1]. »

En effet que comprenons-nous dans ce mystère où le Seigneur
de gloire est chargé d'opprobres ; où la sagesse divine est traitée
de folle; où celui qui, assuré en lui-même de sa naturelle grandeur, « n'a pas cru s'attribuer trop quand il s'est dit égal à Dieu,
s'est anéanti lui-même jusqu'à prendre la forme d'esclave, et à
subir la mort de la croix [2]? » Toutes nos pensées se confondent ;
et, comme disoit saint Paul, il n'y a rien qui paroisse plus insensé
à ceux qui ne sont pas éclairés d'en haut.

Tel étoit le remède que Dieu préparoit à l'idolâtrie. Il connoissoit l'esprit de l'homme, et il savoit que ce n'étoit pas par
raisonnement qu'il falloit détruire une erreur que le raisonnement n'avoit pas établie. Il y a des erreurs où nous tombons en
raisonnant, car l'homme s'embrouille souvent à force de raisonner : mais l'idolâtrie étoit venue par l'extrémité opposée ;
c'étoit en éteignant tout raisonnement, et en laissant dominer les
sens qui vouloient tout revêtir des qualités dont ils sont touchés.
C'est par là que la divinité étoit devenue visible et grossière. Les
hommes lui ont donné leur figure, et ce qui étoit plus honteux
encore, leurs vices et leurs passions. Le raisonnement n'avoit
point de part à une erreur si brutale. C'étoit un renversement du
bon sens, un délire, une frénésie. Raisonnez avec un frénétique
et contre un homme qu'une fièvre ardente fait extravaguer, vous
ne faites que l'irriter et rendre le mal irrémédiable : il faut aller
à la cause, redresser le tempérament, et calmer les humeurs
dont la violence cause de si étranges transports. Ainsi ce ne doit
pas être le raisonnement qui guérisse le délire de l'idolâtrie.
Qu'ont gagné les philosophes avec leurs discours pompeux, avec
leur style sublime, avec leurs raisonnemens si artificieusement
arrangés? Platon avec son éloquence qu'on a crue divine, a-t-il
renversé un seul autel où ces montrueuses divinités étoient

[1] II Cor., x, 4, 5. — [2] Philip., II , 7, 8.

adorées? Au contraire lui et ses disciples, et tous les sages du
siècle ont sacrifié au mensonge : « ils se sont perdus dans leurs
pensées; leur cœur insensé a été rempli de ténèbres, et sous le
nom de sages qu'ils se sont donné, ils sont devenus plus fols que
les autres [1], » puisque contre leurs propres lumières ils ont adoré
les créatures.

N'est-ce donc pas avec raison que saint Paul s'est écrié dans
notre passage : « Où sont les sages, où sont les docteurs? Qu'ont
opéré ceux qui recherchoient les sciences de ce siècle [2]? » Ont-ils
pu seulement détruire les fables de l'idolâtrie? ont-ils seulement
soupçonné qu'il fallût s'opposer ouvertement à tant de blasphèmes,
et souffrir, je ne dis pas le dernier supplice, mais le moindre
affront pour la vérité? Loin de le faire, « ils ont retenu la vérité
captive [3], » et ont posé pour maxime qu'en matière de religion il
falloit suivre le peuple : le peuple qu'ils méprisoient tant, a été
leur règle dans la matière la plus importante de toutes, et où
leurs lumières sembloient le plus nécessaires. Qu'as-tu donc
servi, ô philosophie? « Dieu n'a-t-il pas convaincu de folie la
sagesse de ce monde, » comme nous disoit saint Paul [4]? « N'a-t-il
pas détruit la sagesse des sages, et montré l'inutilité de la science
des savans? »

C'est ainsi que Dieu a fait voir par expérience, que la ruine
de l'idolâtrie ne pouvoit pas être l'ouvrage du seul raisonnement
humain. Loin de lui commettre la guérison d'une telle maladie,
Dieu a achevé de le confondre par le mystère de la croix, et tout
ensemble il a porté le remède jusqu'à la source du mal.

L'idolâtrie, si nous l'entendons, prenoit sa naissance de ce profond attachement que nous avons à nous-mêmes. C'est ce qui
nous avoit fait inventer des dieux semblables à nous; des dieux
qui en effet n'étoient que des hommes sujets à nos passions, à nos
foiblesses et à nos vices : de sorte que sous le nom des fausses
divinités, c'étoit en effet leurs propres pensées, leurs plaisirs et
leurs fantaisies que les gentils adoroient.

Jésus-Christ nous fait entrer dans d'autres voies. Sa pauvreté,
ses ignominies et sa croix le rendent un objet horrible à nos

[1] *Rom.*, 1, 21, 22. — [2] *I Cor.*, 1, 20. — [3] *Rom.*, 1, 18. — [4] *I Cor.*, 1, 19, 20.

sens. Il faut sortir de soi-même, renoncer à tout, tout crucifier pour le suivre. L'homme arraché à lui-même et à tout ce que sa corruption lui faisoit aimer, devient capable d'adorer Dieu et sa vérité éternelle dont il veut dorénavant suivre les règles.

Là périssent et s'évanouissent toutes les idoles, et celles qu'on adoroit sur des autels, et celles que chacun servoit dans son cœur. Celles-ci avoient élevé les autres. On adoroit Vénus, parce qu'on se laissoit dominer à l'amour sensuel (a), et qu'on en aimoit la puissance. Bacchus le plus enjoué de tous les dieux, avoit des autels, parce qu'on s'abandonnoit et qu'on sacrifioit pour ainsi dire à la joie des sens, plus douce et plus enivrante que le vin. Jésus-Christ par le mystère de sa croix, vient imprimer dans les cœurs l'amour des souffrances, au lieu de l'amour des plaisirs. Les idoles qu'on adoroit au dehors furent dissipées, parce que celles qu'on adoroit au dedans ne subsistoient plus : le cœur purifié, comme dit Jésus-Christ lui-même [1], est rendu capable de voir Dieu ; et l'homme, loin de faire Dieu semblable à soi, tâche plutôt, autant que le peut souffrir son infirmité, à devenir semblable à Dieu.

Le mystère de Jésus-Christ nous a fait voir comment la Divinité pouvoit sans se ravilir être unie à notre nature, et se revêtir de nos foiblesses. Le Verbe s'est incarné : celui qui avoit *la forme* et la nature *de Dieu,* sans perdre ce qu'il étoit, *a pris la forme d'esclave* [2]. Inaltérable en lui-même, il s'unit et il s'approprie une nature étrangère. O hommes, vous vouliez des dieux qui ne fussent, à dire vrai, que des hommes, et encore des hommes vicieux ! c'étoit un trop grand aveuglement. Mais voici un nouvel objet d'adoration qu'on vous propose ; c'est un Dieu et un homme tout ensemble, mais un homme qui n'a rien perdu de ce qu'il étoit en prenant ce que nous sommes. La Divinité demeure immuable, et sans pouvoir se dégrader, elle ne peut qu'élever ce qu'elle unit avec elle.

Mais encore qu'est-ce que Dieu a pris de nous ? nos vices et nos péchés ? à Dieu ne plaise : il n'a pris de l'homme que ce qu'il y a

[1] *Matth.,* v, 8. — [2] *Philip.,* II, 6, 7.

(a) Ire *édit. :* Dominer à l'amour.

fait, et il est certain qu'il n'y avoit fait ni le péché ni le vice. Il y avoit fait la nature; il l'a prise. On peut dire qu'il avoit fait la mortalité avec l'infirmité qui l'accompagne, parce qu'encore qu'elle ne fût pas du premier dessein , elle étoit le juste supplice du péché, et en cette qualité elle étoit l'œuvre de la justice divine. Aussi Dieu n'a-t-il pas dédaigné de la prendre; et en prenant la peine du péché sans le péché même, il a montré qu'il étoit, non pas un coupable qu'on punissoit, mais le Juste qui expioit les péchés des autres.

De cette sorte, au lieu des vices que les hommes mettoient dans leurs dieux, toutes les vertus ont paru dans ce Dieu-Homme; et afin qu'ils y parussent dans les dernières épreuves, elles y ont paru au milieu des plus horribles tourmens. Ne cherchons plus d'autre Dieu visible après celui-ci : il est seul digne d'abattre toutes les idoles; et la victoire qu'il devoit remporter sur elles est attachée à sa croix.

C'est-à-dire qu'elle est attachée à une folie apparente. « Car les Juifs, poursuit saint Paul, demandent des miracles [1], » par lesquels Dieu en remuant avec éclat toute la nature, comme il fit à la sortie d'Egypte, il les mette visiblement au-dessus de leurs ennemis; « et les Grecs ou les gentils cherchent la sagesse » et des discours arrangés, comme ceux de leur Platon et de leur Socrate. « Et nous, continue l'Apôtre, nous prêchons Jésus-Christ crucifié, scandale aux Juifs, » et non pas miracle ; « folie aux gentils, » et non pas sagesse : « mais qui est aux Juifs et aux gentils appelés à la connoissance de la vérité, la puissance et la sagesse de Dieu, parce qu'en Dieu, ce qui est fol est plus sage que toute la sagesse humaine, et ce qui est foible est plus fort que toute la force humaine. » Voilà le dernier coup qu'il falloit donner à notre superbe ignorance. La sagesse où l'on nous mène est si sublime, qu'elle paroît folie à notre sagesse ; et les règles en sont si hautes, que tout nous y paroît un égarement.

Mais si cette divine sagesse nous est impénétrable en elle-même, elle se déclare par ses effets. Une vertu sort de la croix, et toutes les idoles sont ébranlées. Nous les voyons tomber par

[1] I *Cor.*, I, 22, 23, 24, 25.

.terre, quoique soutenues par toute la puissance romaine. Ce ne
sont point les sages, ce ne sont point les nobles, ce ne soont
point les puissans qui ont fait un si grand miracle. L'œuvre de
Dieu a été suivie ; et ce qu'il avoit commencé par les humiliations de Jésus-Christ, il l'a consommé par les humiliations de
ses disciples. « Considérez, mes frères, » c'est ainsi que saint
Paul achève son admirable discours, « considérez ceux que Dieu
a appelés parmi vous, » dont il a composé cette Eglise victorieuse
du monde. « Il y a peu de ces sages » que le monde admire ; « il
y a peu de puissans et peu de nobles : mais Dieu a choisi ce qui
est fol selon le monde pour confondre les sages ; il a choisi ce qui
étoit foible pour confondre les puissans ; il a choisi ce qu'il y avoit
de plus méprisable et de plus vil, et enfin ce qui n'étoit pas,
pour détruire ce qui étoit, afin que nul homme ne se glorifie devant lui [1]. » Les apôtres et leurs disciples, le rebut du monde, et
le néant même, à les regarder par les yeux humains, ont prévalu à tous les empereurs et à tout l'empire. Les hommes avoient
oublié la création, et Dieu l'a renouvelée en tirant de ce néant
son Eglise, qu'il a rendue toute-puissante contre l'erreur. Il a
confondu avec les idoles toute la grandeur humaine qui s'inté-
ressoit à les défendre ; et il a fait un si grand ouvrage, comme il
avoit fait l'univers, par la seule force de sa parole.

CHAPITRE XXVI.

DIVERSES FORMES DE L'IDOLATRIE ; LES SENS, L'INTÉRÊT, L'IGNORANCE,
UN FAUX RESPECT DE L'ANTIQUITÉ, LA POLITIQUE, LA PHILOSOPHIE,
ET LES HÉRÉSIES VIENNENT A SON SECOURS : L'ÉGLISE TRIOMPHE DE
TOUT.

L'idolâtrie nous paroît la foiblesse même, et nous avons peine
à comprendre qu'il ait fallu tant de force pour la détruire. Mais
au contraire son extravagance fait voir la difficulté qu'il y avoit
à la vaincre ; et un si grand renversement du bon sens montre
assez combien le principe étoit gâté. Le monde avoit vieilli dans
l'idolâtrie, et enchanté par ses idoles il étoit devenu sourd à la

[1] I Cor. I, 26, 27, 28, 29.

voix de la nature qui crioit contre elles. Quelle puissance falloit-
il pour rappeler dans la mémoire des hommes le vrai Dieu si profondément oublié, et retirer le genre humain d'un si prodigieux
assoupissement?

Tous les sens, toutes les passions, tous les intérêts combattoient pour l'idolâtrie. Elle étoit faite pour le plaisir : les diver-
tissemens, les spectacles, et enfin la licence même y faisoient
une partie du culte divin. Les fêtes n'étoient que des jeux ; et il
n'y avoit nul endroit de la vie humaine d'où la pudeur fût bannie
avec plus de soin qu'elle l'étoit des mystères de la religion. Comment accoutumer des esprits si corrompus à la régularité de la
religion véritable, chaste, sévère, ennemie des sens, et uniquement attachée aux biens invisibles? Saint Paul parloit à Félix,
gouverneur de Judée, « de la justice, de la chasteté et du
jugement à venir. Cet homme effrayé lui dit : Retirez-vous
quant à présent, je vous manderai quand il faudra[1]. » Ces discours étoient incommodes pour un homme qui vouloit jouir sans
scrupule, et à quelque prix que ce fût, des biens de la terre.

Voulez-vous voir remuer l'intérêt, ce puissant ressort qui
donne le mouvement aux choses humaines ? Dans ce grand décri
de l'idolâtrie que commençoient à causer dans toute l'Asie les
prédications de saint Paul, les ouvriers qui gagnoient leur vie
en faisant de petits temples d'argent de la Diane d'Ephèse s'assemblèrent, et le plus accrédité d'entre eux leur représenta que
leur gain alloit cesser : « et non-seulement, dit-il, nous courons
fortune de tout perdre ; mais le temple de la grande Diane va
tomber dans le mépris ; et la majesté de celle qui est adorée
dans toute l'Asie, et même dans tout l'univers, s'anéantira peu
à peu[2]. »

Que l'intérêt est puissant, et qu'il est hardi quand il peut se
couvrir du prétexte de la religion ! Il n'en fallut pas davantage
pour émouvoir ces ouvriers. Ils sortirent tous ensemble criant
comme des furieux : *La grande Diane des Ephésiens*, et traînant
les compagnons de saint Paul au théâtre, où toute la ville s'étoit
assemblée. Alors les cris redoublèrent, et durant deux heures la

---

[1] *Act.*, XXIV, 25. — [2] *Ibid.*, XIX, 24 et seq.

place publique retentissoit de ces mots : *La grande Diane des Ephésiens.* Saint Paul et ses compagnons furent à peine arrachés des mains du peuple par les magistrats, qui craignirent qu'il n'arrivât de plus grands désordres dans ce tumulte. Joignez à l'intérêt des particuliers l'intérêt des prêtres qui alloient tomber avec leurs dieux ; joignez à tout cela l'intérêt des villes que la fausse religion rendoit illustres, comme la ville d'Ephèse qui devoit à son temple ses priviléges, et l'abord des étrangers dont elle étoit enrichie : quelle tempête devoit s'élever contre l'Eglise naissante ! et faut-il s'étonner de voir les apôtres si souvent battus, lapidés, et laissés pour morts au milieu de la populace ? Mais un plus grand intérêt va remuer une plus grande machine ; l'intérêt de l'Etat va faire agir le sénat, le peuple romain et les empereurs.

Il y avoit déjà longtemps que les ordonnances du sénat défendoient les religions étrangères [1]. Les empereurs étoient entrés dans la même politique ; et dans cette belle délibération où il s'agissoit de réformer les abus du gouvernement, un des principaux règlemens que Mécénas proposa à Auguste, fut d'empêcher les nouveautés dans la religion, qui ne manquoient pas de causer de dangereux mouvemens dans les Etats. La maxime étoit véritable : car qu'y a-t-il qui émeuve plus violemment les esprits, et les porte à des excès plus étranges ? Mais Dieu vouloit faire voir que l'établissement de la religion véritable n'excitoit pas de tels troubles ; et c'est une des merveilles qui montre qu'il agissoit dans cet ouvrage. Car qui ne s'étonneroit de voir que durant trois cents ans entiers que l'Eglise a eu à souffrir tout ce que la rage des persécuteurs pouvoit inventer de plus cruel, parmi tant de séditions et tant de guerres civiles, parmi tant de conjurations contre la personne des empereurs, il ne se soit jamais trouvé un seul chrétien ni bon ni mauvais ? Les chrétiens défient leurs plus grands ennemis d'en nommer un seul ; il n'y en eut jamais aucun [2] : tant la doctrine chrétienne inspiroit de vénération pour la puissance publique ; et tant fut profonde l'impression que fit

---

[1] Tit. Liv., liv. xxxix, cap. 18, etc.; *Orat. Mœcan.,* apud Dion Cass., lib. LII; Tertull., *Apolog.,* c. 5 ; Euseb., *Hist. Eccl.,* lib. II, c. 2. — [2] Tertull., *Apolog. Ibid.,* c. 35, 36, .etc

dans tous les esprits cette parole du Fils de Dieu : « Rendez à César ce qui est à César, et à Dieu ce qui est à Dieu[1]. »

Cette belle distinction porta dans les esprits une lumière si claire, que jamais les chrétiens ne cessèrent de respecter l'image de Dieu dans les princes persécuteurs de la vérité. Ce caractère de soumission reluit tellement dans toutes leurs apologies, qu'elles inspirent encore aujourd'hui à ceux qui les lisent l'amour de l'ordre public, et fait voir qu'ils n'attendoient que deDieu l'établissement du christianisme. Des hommes si déterminés à la mort, qui remplissoient tout l'empire et toutes les armées [2], ne se sont pas échappés une seule fois durant tant de siècles de souffrance; ils se défendoient à eux-mêmes, non-seulement les actions séditieuses, mais encore les murmures. Le doigt de Dieu étoit dans cette œuvre, et nulle autre main que la sienne n'eût pu retenir des esprits poussés à bout par tant d'injustices.

A la vérité il leur étoit dur d'être traités d'ennemis publics, et d'ennemis des empereurs, eux qui ne respiroient que l'obéissance, et dont les vœux les plus ardens avoient pour objet le salut des princes et le bonheur de l'Etat. Mais la politique romaine se croyoit attaquée dans ses fondemens, quand on méprisoit ses dieux. Rome se vantoit d'être une ville sainte par sa fondation, consacrée dès son origine par des auspices divins, et dédiée par son auteur au dieu de la guerre. Peu s'en faut qu'elle ne crût Jupiter plus présent dans le Capitole que dans le ciel. Elle croyoit devoir ses victoires à la religion. C'est par là qu'elle avoit dompté et les nations et leurs dieux ; car on raisonnoit ainsi en ce temps : de sorte que les dieux romains devoient être les maîtres des autres dieux, comme les Romains étoient les maîtres des autres hommes. Rome en subjuguant la Judée, avoit compté le Dieu des Juifs parmi les dieux qu'elle avoit vaincus : le vouloir faire régner, c'étoit renverser les fondemens de l'empire, c'étoit haïr les victoires et la puissance du peuple Romain [3]. Ainsi les chrétiens ennemis des dieux, étoient regardés en même temps comme en-

---

[1] *Matth.*, XXII, 21. — [2] Tertull., *Apolog.*, cap. 37. — [3] Cic., *Orat. pro Flacco, Orat. Symm. ad Imp. Val., Theod. et Arc.* ap Ambros ; Zosim., *Hist.*, lib. II IV, etc.

nemis de la république. Les empereurs prenoient plus de soin de les exterminer que d'exterminer les Parthes, les Marcomans et les Daces : le christianisme abattu paroissoit dans leurs inscriptions avec autant de pompe que les Sarmates défaits. Mais ils se vantoient à tort d'avoir détruit une religion qui s'accroissoit sous le fer et dans le feu. Les calomnies se joignoient en vain à la cruauté. Des hommes qui pratiquoient des vertus au-dessus de l'homme, étoient accusés de vices qui font horreur à la nature. On accusoit d'inceste ceux dont la chasteté faisoit les délices. On accusoit de manger leurs propres enfans, ceux qui étoient bienfaisans envers leurs persécuteurs. Mais, malgré la haine publique, la force de la vérité tiroit de la bouche de leurs ennemis des témoignages favorables. Chacun sait ce qu'écrivit Pline le Jeune à Trajan sur les bonnes mœurs des chrétiens [1]. Ils furent justifiés, mais ils ne furent pas exemptés du dernier supplice. Car il leur falloit encore ce dernier trait pour achever en eux l'image de Jésus-Christ crucifié, et ils devoient comme lui aller à la croix avec une déclaration publique de leur innocence.

L'idolâtrie ne mettoit pas toute sa force dans la violence. Encore que son fond fût une ignorance brutale et une entière dépravation du sens humain, elle vouloit se parer de quelques raisons. Combien de fois a-t-elle tâché de se déguiser, et en combien de manières s'est-elle transformée pour couvrir sa honte ! Elle faisoit quelquefois la respectueuse envers la Divinité. Tout ce qui est divin, disoit-elle, est inconnu : il n'y a que la Divinité qui se connoisse elle-même : ce n'est pas à nous à discourir de choses si hautes : c'est pourquoi il en faut croire les anciens, et chacun doit suivre la religion qu'il trouve établie dans son pays. Par ces maximes, les erreurs grossières autant qu'impies, qui remplissoient toute la terre, étoient sans remède, et la voix de la nature qui annonçoit le vrai Dieu était étouffée.

On avoit sujet de penser que la foiblesse de notre raison égarée a besoin d'une autorité qui la ramène au principe : et que c'est de l'antiquité qu'il faut apprendre la religion véritable. Aussi en avez-vous vu la suite immuable dès l'origine du monde. Mais de

[1] Plin., lib. X, *Ep.* 97.

quelle antiquité se pouvoit vanter le paganisme, qui ne pouvoit
lire ses propres histoires sans y trouver non-seulement l'origine
de sa religion, mais encore de ses dieux ? Varron et Cicéron, sans
compter les autres auteurs, l'ont bien fait voir[1]. Ou bien aurions-
nous recours à ces milliers infinis d'années que les Egyptiens
remplissoient de fables confuses et impertinentes, pour établir
l'antiquité dont ils se vantoient? Mais toujours y voyoit-on naître
et mourir les divinités de l'Egypte ; et ce peuple ne pouvoit
se faire ancien, sans marquer le commencement de ses dieux.

Voici une autre forme de l'idolàtrie. Elle vouloit qu'on servît
tout ce qui passoit pour divin. La politique romaine qui défendoit si sévèrement les religions étrangères, permettoit qu'on
adoràt les dieux des barbares, pourvu qu'elle les eût adoptés.
Ainsi elle vouloit paroître équitable envers tous les dieux, aussi
bien qu'envers tous les hommes. Elle encensoit quelquefois le
Dieu des Juifs avec tous les autres. Nous trouvons une lettre de
Julien l'Apostat[2], par laquelle il promet aux Juifs de rétablir la
sainte Cité, et de sacrifier avec eux au Dieu Créateur de l'univers.
Nous avons vu que les païens vouloient bien adorer le vrai Dieu,
mais non pas le vrai Dieu tout seul ; et il ne tint pas aux empereurs que Jésus-Christ même, dont ils persécutoient les disciples,
n'eût des autels parmi les Romains.

Quoi donc ? les Romains ont-ils pu penser à honorer comme
Dieu celui que leurs magistrats avoient condamné au dernier
supplice, et que plusieurs de leurs auteurs ont chargé d'opprobres? Il ne faut pas s'en étonner, et la chose est incontestable.

Distinguons premièrement ce que fait dire en général une
haine aveugle, d'avec les faits positifs dont on croit avoir la
preuve (a). Il est certain que les Romains, quoiqu'ils aient condamné Jésus-Christ, ne lui ont jamais reproché aucun crime particulier. Aussi Pilate le condamna-t-il avec répugnance, violenté
par les cris et par les menaces des Juifs. Mais ce qui est bien plus
merveilleux, les Juifs eux-mêmes, à la poursuite desquels il a été

---

[1] *De nat. Deor.*, lib. I et III. — [2] Jul., *Ep, ad comm. Judæor.*, XXV.

(a) 1re *édit.* : Dont on allègue la preuve.

crucifié, n'ont conservé dans leurs anciens livres la mémoire
d'aucune action qui notât sa vie, loin d'en avoir remarqué aucune
qui lui ait fait mériter le dernier supplice : par où se confirme
manifestement ce que nous lisons dans l'Evangile, que tout le
crime de Notre-Seigneur a été de s'être dit le Christ fils de Dieu.

En effet Tacite nous rapporte bien le supplice de Jésus-Christ
sous Ponce Pilate et durant l'empire de Tibère [1] ; mais il ne rapporte aucun crime qui lui ait fait mériter la mort, que celui d'être
l'auteur d'une secte convaincue de haïr le genre humain, ou de
lui être odieuse. Tel est le crime de Jésus-Christ et des chrétiens ;
et leurs plus grands ennemis n'ont jamais pu les accuser qu'en
termes vagues, sans jamais alléguer un fait positif qu'on leur ait
pu imputer.

Il est vrai que dans la dernière persécution, et trois cents ans
après Jésus-Christ, les païens qui ne savoient plus que reprocher
ni à lui ni à ses disciples, publièrent de faux actes de Pilate, où
ils prétendoient qu'on verroit les crimes pour lesquels il avoit
été crucifié. Mais comme on n'entend point parler de ces actes
dans tous les siècles précédens, et que ni sous Néron, ni sous
Domitien, qui régnoient dans l'origine du christianisme, quelque
ennemis qu'ils en fussent, on n'en trouve rien du tout : il paroît
qu'ils ont été faits à plaisir ; et il y a parmi les Romains si peu de
preuves constantes contre Jésus-Christ, que ses ennemis ont été
réduits à en inventer.

Voilà donc un premier fait, l'innocence de Jésus-Christ sans
reproche. Ajoutons-en un second, la sainteté de sa vie et de sa
doctrine reconnue. Un des plus grands empereurs romains, c'est
Alexandre Sévère, admiroit Notre-Seigneur, et faisoit écrire dans
les ouvrages publics, aussi bien que dans son palais [2], quelques
sentences de son Evangile. Le même empereur louoit et proposoit pour exemple, les saintes précautions avec lesquelles les
chrétiens ordonnoient les ministres des choses sacrées. Ce n'est
pas tout : on voyoit dans son palais une espèce de chapelle, où il
sacrifioit dès le matin. Il y avoit consacré les images *des ames
saintes*, parmi lesquelles il rangeoit avec Orphée Jésus-Christ et

[1] Tacit., *Annal.*, lib. XV, c. 44. — [2] Lamprid., *in Alex. Sev.*, c. 45, 51.

Abraham. Il avoit une autre chapelle, ou comme on voudra traduire le mot latin *lararium*, de moindre dignité que la première,
où l'on voyoit l'image d'Achille et de quelques autres grands
hommes ; mais Jésus-Christ étoit placé dans le premier rang.
C'est un païen qui l'écrit, et il cite pour témoin un auteur du
temps d'Alexandre [1]. Voilà donc deux témoins de ce même fait;
et voici un autre fait qui n'est pas moins surprenant.

Quoique Porphyre en abjurant le christianisme, s'en fût déclaré l'ennemi, il ne laisse pas dans le livre intitulé *La Philosophie par les oracles* [2], d'avouer qu'il y en a eu de très-favorables
à la sainteté de Jésus-Christ.

A Dieu ne plaise que nous apprenions par les oracles trompeurs la gloire du Fils de Dieu, qui les a fait taire en naissant.
Ces oracles cités par Porphyre sont de pures inventions : mais il
est bon de savoir ce que les païens faisoient dire à leurs dieux
sur Notre-Seigneur. Porphyre donc nous assure qu'il y a eu des
oracles « où Jésus-Christ est appelé un homme pieux et digne
de l'immortalité, et les chrétiens au contraire des hommes impurs et séduits. » Il récite ensuite l'oracle de la déesse Hécate, où
elle parle de Jésus-Christ comme « d'un homme illustre par sa
piété, dont le corps a cédé aux tourmens, mais dont l'ame est dans
le ciel avec les ames bienheureuses. Cette ame, disoit la déesse
de Porphyre, par une espèce de fatalité, a inspiré l'erreur aux
ames à qui le destin n'a pas assuré les dons des dieux et la connoissance du grand Jupiter; c'est pourquoi ils sont ennemis des
dieux. Mais gardez-vous bien de le blâmer, poursuit-elle en parlant de Jésus-Christ, et plaignez seulement l'erreur de ceux dont
je vous ai raconté la malheureuse destinée. » Paroles pompeuses et entièrement vides de sens, mais qui montrent que la
gloire de Notre-Seigneur a forcé ses ennemis à lui donner des
louanges.

Outre l'innocence et la sainteté de Jésus-Christ, il y a encore un
troisième point qui n'est pas moins important, c'est ses miracles.
Il est certain que les Juifs ne les ont jamais niés; et nous trou-

---

[1] Lamprid., *in Alex. Sev.*, c. 29, 31. — [2] Porph., lib. *de Philos. per orac.*;
Euseb., *Dem. evang.*, lib. III, c. 6,; Aug., *de Civ. Dei*, lib. XIX, cap. 23.

vons dans leur Talmud[1] quelques-uns de ceux que ses disciples
ont faits en son nom. Seulement, pour les obscurcir, ils ont dit
qu'il les avoit faits par les enchantemens qu'il avoit appris en
Egypte ; ou même par le nom de Dieu, ce nom inconnu et ineffable dont la vertu peut tout selon les Juifs, et que Jésus-Christ
avoit découvert, on ne sait comment, dans le sanctuaire[2] ; ou
enfin parce qu'il étoit un de ces prophètes marqués par Moïse[3],
dont les miracles trompeurs devoient porter le peuple à l'idolâtrie. Jésus-Christ vainqueur des idoles, dont l'Evangile a fait reconnoître un seul Dieu par toute la terre, n'a pas besoin d'être
justifié de ce reproche : les vrais prophètes n'ont pas moins prêché sa divinité, qu'il a fait lui-même ; et ce qui doit résulter du
témoignage de Juifs, c'est que Jésus-Christ a fait des miracles
pour justifier sa mission.

Au reste quand ils lui reprochent qu'il les a faits par magie,
ils devroient songer que Moïse a été accusé du même crime.
C'étoit l'ancienne opinion des Egyptiens, qui étonnés des merveilles que Dieu avoit opérées en leur pays par ce grand homme,
l'avoient mis au nombre des principaux magiciens. On peut voir
encore cette opinion dans Pline et dans Apulée[4], où Moïse se
trouve nommé avec Jannès et Mambré, ces célèbres enchanteurs
d'Egypte dont parle saint Paul[5], et que Moïse avoit confondus
par ses miracles. Mais la réponse des Juifs étoit aisée. Les illusions des magiciens n'ont jamais un effet durable, ni ne tendent
à établir, comme a fait Moïse, le culte du Dieu véritable et la
sainteté de vie : joint que Dieu sait bien se rendre le maître, et
faire des œuvres que la puissance ennemie ne puisse imiter. Les
mêmes raisons mettent Jésus-Christ au-dessus d'une si vaine accusation, qui dès là, comme nous l'avons remarqué, ne sert plus
qu'à justifier que ses miracles sont incontestables.

Ils le sont en effet si fort, que les gentils n'ont pu en disconve-
nir non plus que les Juifs. Celse le grand ennemi des chrétiens, et qui les attaque dès les premiers temps avec toute l'ha-

---

[1] **Tr.** *de Idololat.* et *Comm. in Eccl.* — [2] **Tr.** *de Sabb.*, c. 12, lib. *Generat. Jesu,*
seu *Hist. Jesu.* — [3] *Deut.*, XIII, 1, 2. — [4] Plin., *Hist. natur.* lib. XXX, cap. 1 ;
Apul., *Apol.* seu *de Magiâ.* — [5] II *Tim.*, III, 8.

bileté imaginable, recherchant avec un soin infini tout ce qui pouvoit leur nuire, n'a pas nié tous les miracles de Notre-Seigneur : il s'en défend en disant avec les Juifs que Jésus-Christ avoit appris les secrets des Egyptiens, c'est-à-dire la magie, et qu'il voulut s'attribuer la divinité par les merveilles qu'il fit en vertu de cet art damnable[1]. C'est pour la même raison que les chrétiens passoient pour magiciens[2]; et nous avons un passage de Julien l'Apostat[3] qui méprise les miracles de Notre-Seigneur, mais qui ne les révoque pas en doute. Volusien dans son *Epître* à saint Augustin[4], en fait de même; et ce discours étoitcommun parmi les païens.

Il ne faut donc plus s'étonner, si accoutumés à faire des dieux de tous les hommes où il éclatoit quelque chose d'extraordinaire, ils voulurent ranger Jésus-Christ parmi leurs divinités. Tibère, sur les relations qui lui venoient de Judée, proposa au sénat d'accorder à Jésus-Christ les honneurs divins[5]. Ce n'est point un fait qu'on avance en l'air, et Tertullien le rapporte comme public et notoire dans son *Apologétique* qu'il présente au sénat au nom de l'Eglise, qui n'eût pas voulu affoiblir une aussi bonne cause que la sienne par des choses où on auroit pu si aisément la confondre. Que si on veut le témoignage d'un auteur païen, Lampridius nous dira « qu'Adrien avoit élevé à Jésus-Christ des temples qu'on voyoit encore du temps qu'il écrivoit[6]; » et qu'Alexandre Sévère, après l'avoir révéré en particulier, lui vouloit publiquement dresser des autels, et le mettre au nombre des dieux[7].

Il y a certainement beaucoup d'injustice à ne vouloir croire touchant Jésus-Christ, que ce qu'en écrivent ceux qui ne se sont pas rangés parmi ses disciples : car c'est chercher la foi dans les incrédules, ou le soin et l'exactitude dans ceux qui, occupés de toute autre chose, tenoient la religion pour indifférente. Mais il est vrai néanmoins que la gloire de Jésus-Christ a eu un si grand éclat, que le monde ne s'est pu défendre de lui rendre quelque

[1] Orig., *cont. Cels.*, lib. I, n. 38 ; lib. II, n. 48.— [2] *Ibid.*, lib. VI, n. 39 ; *Act. Mart.*, passim. — [3] Jul., ap. Cyrill., lib. VI. — [4] Apud Aug., *Ep.* III, IV. nunc CXXXV, CXXXVI. — [5] Tertull., *Apol.*, c. 5 ; Euseb., *Hist. Eccl.*, lib. II, cap. 2. — [6] Lamprid., *in Alex. Sev.*, cap. 43. — [7] *Ibid.*

témoignage ; et je ne puis vous en rapporter de plus authentique que celui de tant d'empereurs.

Je reconnois toutefois qu'ils avoient encore un autre dessein. Il se mêloit de la politique dans les honneurs qu'ils rendoient à Jésus-Christ. Ils prétendoient qu'à la fin les religions s'uniroient, et que les dieux de toutes les sectes deviendroient communs. Les chrétiens ne connoissoient point ce culte mêlé, et ne méprisèrent pas moins les condescendances que les rigueurs de la politique romaine. Mais Dieu voulut qu'un autre principe fît rejeter par les païens les temples que les empereurs destinoient à Jésus-Christ. Les prêtres des idoles, au rapport de l'auteur païen déjà cité tant de fois, déclarèrent à l'empereur Adrien que, « s'il consacroit ces temples bâtis à l'usage des chrétiens, tous les autres temples seroient abandonnés, et que tout le monde embrasseroit la religion chrétienne [1]. » L'idolâtrie même sentoit dans notre religion une force victorieuse contre laquelle les faux dieux ne pouvoient tenir, et justifioit elle-même la vérité de cette sentence de l'Apôtre : « Quelle convention peut-il y avoir entre Jésus-Christ et Bélial, et comment peut-on accorder le temple de Dieu avec les idoles [2] ? »

Ainsi par la vertu de la croix, la religion païenne confondue par elle-même, tomboit en ruine ; et l'unité de Dieu s'établissoit tellement, qu'à la fin l'idolâtrie n'en parut pas éloignée. Elle disoit que la nature divine si grande et si étendue ne pouvoit être exprimée ni par un seul nom, ni sous une seule forme ; mais que Jupiter, et Mars, et Junon, et les autres dieux, n'étoient au fond que le même dieu, dont les vertus infinies étoient expliquées et représentées par tant de mots différens [1]. Quand ensuite il falloit venir aux histoires impures des dieux, à leurs infâmes généalogies, à leurs impudiques amours, à leurs fêtes et à leurs mystères qui n'avoient point d'autre fondement que ces fables prodigieuses, toute la religion se tournoit en allégories : c'étoit le monde ou le soleil qui se trouvoient être ce Dieu unique ; c'étoit les étoiles, c'étoit l'air, et le feu, et l'eau, et la terre, et leurs di-

---

[1] Lamprid., in *Alex. Sev.*, c. 43. — [2] II *Cor.*, VI, 15, 16. — [3] Macrob., *Saturn.*, lib. I, c, 17 et seq. ; Apul., *de Deo Socr..* ; Aug., *de Civitate Dei*, lib. IV, cap. 10, 11.

vers assemblages qui étoient cachés sous les noms des dieux et dans leurs amours. Foible et misérable refuge : car outre que les fables étoient scandaleuses, et toutes les allégories froides et forcées, que trouvoit-on à la fin, sinon que ce Dieu unique étoit l'univers avec toutes ses parties ; de sorte que le fond de la religion étoit la nature, et toujours la créature adorée à la place du Créateur ?

Ces foibles excuses de l'idolâtrie, quoique tirées de la philosophie des stoïciens, ne contentoient guère les philosophes. Celse et Porphyre cherchèrent de nouveaux secours dans la doctrine de Platon et de Pythagore, et voici comment ils concilioient l'unité de Dieu avec la multiplicité des dieux vulgaires. Il n'y avoit, disoient-ils, qu'un Dieu souverain : mais il étoit si grand, qu'il ne se mêloit pas des petites choses. Content d'avoir fait le ciel et les astres, il n'avoit daigné mettre la main à ce bas monde, qu'il avoit laissé former à ses subalternes ; et l'homme quoique né pour le connoître, parce qu'il étoit mortel, n'étoit pas une œuvre digne de ses mains [1]. Aussi étoit-il inaccessible à notre nature : il étoit logé trop haut pour nous ; les esprits célestes qui nous avoient faits, nous servoient de médiateurs auprès de lui, et c'est pourquoi il les falloit adorer.

Il ne s'agit pas de réfuter ces rêveries des platoniciens, qui aussi bien tombent d'elles-mêmes. Le mystère de Jésus-Christ les détruisoit par le fondement [2]. Ce mystère apprenoit aux hommes que Dieu, qui les avoit faits à son image, n'avoit garde de les mépriser : que s'ils avoient besoin de médiateur, ce n'étoit pas à cause de leur nature que Dieu avoit faite comme il avoit fait toutes les autres ; mais à cause de leur péché dont ils étoient les seuls auteurs : au reste que leur nature les éloignoit si peu de Dieu, que Dieu ne dédaignoit pas de s'unir à eux en se faisant homme, et leur donnoit pour médiateur, non point ces esprits célestes que les philosophes appeloient *démons*, et que l'Ecriture appeloit *anges* ; mais un homme, qui joignant la force d'un

[1] Orig., *cont. Cels.*, lib. V, VI, etc., passim ; Plat., *Conv. Tim.*. etc. ; Porphyr., *de Abstin.*, lib. II ; Apul., *de Deo Socr.* ; Aug., *de Civit. Dei*, lib. VIII, cap. 14 et seq. ; 18, 21, 22 ; lib. IX, cap. 3, 6. — [2] Aug., *Ep.* III, *ad Volusian*, etc., nunc CXXXVII.

Dieu à notre nature infirme, nous fît un remède de notre foiblesse.

Que si l'orgueil des platoniciens ne pouvoit pas se rabaisser jusqu'aux humiliations du Verbe fait chair, ne devoient-ils pas du moins comprendre que l'homme, pour être un peu au-dessous des anges, ne laissoit pas d'être comme eux capable de posséder Dieu ; de sorte qu'il étoit plutôt leur frère que leur sujet, et ne devoit pas les adorer, mais adorer avec eux en esprit de société celui qui les avoit faits les uns et les autres à sa ressemblance ? C'étoit donc non-seulement trop de bassesse, mais encore trop d'ingratitude au genre humain, de sacrifier à d'autres qu'à Dieu ; et rien n'étoit plus aveugle que le paganisme, qui, au lieu de lui réserver ce culte suprême, le rendoit à tant de démons.

C'est ici que l'idolâtrie, qui sembloit être aux abois, découvrit tout à fait son foible. Sur la fin des persécutions, Porphyre pressé par les chrétiens, fut contraint de dire que le sacrifice n'étoit pas le culte suprême ; et voyez jusqu'où il poussa l'extravagance. Ce Dieu très-haut, disoit-il [1], ne recevoit point de sacrifices : tout ce qui est matériel est impur pour lui, et ne peut lui être offert. La parole même ne doit pas être employée à son culte, parce que la voix est une chose corporelle : il faut l'adorer en silence, et par de simples pensées ; tout autre culte est indigne d'une majesté si haute.

Ainsi Dieu étoit trop grand pour être loué. C'étoit un crime d'exprimer comme nous pouvons ce que nous pensons de sa grandeur. Le sacrifice, quoiqu'il ne soit qu'une manière de déclarer notre dépendance profonde et une reconnoissance de sa souveraineté, n'étoit pas pour lui. Porphyre le disoit ainsi expressément ; et cela qu'étoit-ce autre chose qu'abolir la religion, et laisser tout à fait sans culte celui qu'on reconnoissoit pour le Dieu des dieux ?

Mais qu'étoit-ce donc que ces sacrifices que les gentils offroient dans tous les temples ? Porphyre en avoit trouvé le secret. Il y avoit, disoit-il, des esprits impurs, trompeurs, malfaisans, qui par un orgueil insensé vouloient passer pour des dieux, et se

[1] Porphyr., *de Abstin.*, lib. II; Aug., *de Civit. Dei*, lib. X, passim.

faire servir par les hommes. Il falloit les apaiser, de peur qu'ils ne nous nuisissent [1]. Les uns plus gais et plus enjoués se laissoient gagner par des spectacles et des jeux : l'humeur plus sombre des autres vouloit l'odeur de la graisse, et se repaissoit de sacrifices sanglans. Que sert de réfuter ces absurdités? Enfin les chrétiens gagnoient (a) leur cause. Il demeuroit pour constant que tous les dieux auxquels on sacrifioit parmi les gentils étoient des esprits malins, dont l'orgueil s'attribuoit la divinité : de sorte que l'idolâtrie, à la regarder en elle-même, paroissoit seulement l'effet d'une ignorance brutale; mais à remonter à la source, c'étoit une œuvre menée de loin, poussée aux derniers excès par des esprits malicieux. C'est ce que les chrétiens avoient toujours prétendu; c'est ce qu'enseignoit l'Evangile; c'est ce que chantoit le Psalmiste : « Tous les dieux des gentils sont des démons; mais le Seigneur a fait les cieux [2]. »

Et toutefois, Monseigneur, étrange aveuglement du genre humain! l'idolâtrie réduite à l'extrémité, et confondue par elle-même, ne laissoit pas de se soutenir. Il ne falloit que la revêtir de quelque apparence, et l'expliquer en paroles dont le son fût agréable à l'oreille pour la faire entrer dans les esprits. Porphyre étoit admiré. Jamblique son sectateur passoit pour un homme divin, parce qu'il savoit envelopper les sentimens de son maître de termes qui paroissoient mystérieux, quoiqu'en effet ils ne signifiassent rien. Julien l'Apostat, tout fin qu'il étoit, fut pris par ces apparences; les païens mêmes le racontent [3]. Des enchantemens vrais ou faux, que ces philosophes vantoient, leur austérité mal entendue, leur abstinence ridicule qui alloit jusqu'à faire un crime de manger les animaux, leurs purifications superstitieuses, enfin leur contemplation qui s'évaporoit en vaines pensées, et leurs paroles aussi peu solides qu'elles sembloient magnifiques, imposoient au monde. Mais je ne dis pas le fond. La sainteté des mœurs chrétiennes, le mépris des plaisirs qu'elle commandoit, et

---

[1] Porph., *de Abstin.*, lib. II, apud Aug., *de Civit. Dei*, lib. VIII, cap. 13. — [2] *Psal.* XCV, 5. — [3] Eunap., Maxim., Oribas., Chrysanth., *Ep.* Jul. *ad Jamb.*; Amm. Marcel., lib. XXII, XXIII, XXV.

(a) 1re *édit.* : Tant y a que les chrétiens gagnoient.

plus que tout cela l'humilité qui faisoit le fond du christianisme, offensoit les hommes ; et si nous savons le comprendre, l'orgueil, la sensualité et le libertinage étoient les seules défenses de l'idolâtrie.

L'Eglise la déracinoit tous les jours par sa doctrine, et plus encore par sa patience. Mais ces esprits malfaisans qui n'avoient jamais cessé de tromper les hommes, et qui les avoient plongés dans l'idolâtrie, n'oublièrent pas leur malice. Ils suscitèrent dans l'Eglise ces hérésies que vous avez vues. Des hommes curieux, et par là vains et remuans, voulurent se faire un nom parmi les fidèles, et ne purent se contenter de cette sagesse sobre et tempérée que l'Apôtre avoit tant recommandée aux chrétiens [1]. Ils entroient trop avant dans les mystères, qu'ils prétendoient mesurer à nos foibles conceptions : nouveaux philosophes, qui mêloient les raisonnemens humains avec la foi, et entreprenoient de diminuer les difficultés du christianisme, ne pouvant digérer toute la folie que le monde trouvoit dans l'Evangile. Ainsi successivement, et avec une espèce de méthode, tous les articles de notre foi furent attaqués : la création, la loi de Moïse fondement nécessaire de la nôtre, la divinité de Jésus-Christ, son incarnation, sa grace, ses sacremens, tout enfin donna matière à des divisions scandaleuses. Celse et les autres nous les reprochoient [2]. L'idolâtrie sembloit triompher. Elle regardoit le christianisme comme une nouvelle secte de philosophie qui avoit le sort de toutes les autres, et comme elle, se partageoit en plusieurs autres sectes. L'Eglise ne leur paroissoit qu'un ouvrage humain prêt à tomber de lui-même. On concluoit qu'il ne falloit pas en matière de religion raffiner plus que nos ancêtres, ni entreprendre de changer le monde.

Dans cette confusion de sectes qui se vantoient d'être chrétiennes, Dieu ne manqua pas à son Eglise. Il sut lui conserver un caractère d'autorité que les hérésies ne pouvoient prendre. Elle étoit catholique et universelle : elle embrassoit tous les temps ; elle s'étendoit de tous côtés. Elle étoit apostolique ; la suite, la succession, la chaire de l'unité, l'autorité primitive lui apparte-

---

[1] *Rom.*, xii, 3. — [2] Orig., *cont. Cels.*, lib. IV, V, VI.

noit [1]. Tous ceux qui la quittoient, l'avoient premièrement reconnue, et ne pouvoient effacer le caractère de leur nouveauté, ni
celui de leur rébellion. Les païens eux-mêmes la regardoient
comme celle qui étoit la tige, le tout d'où les parcelles s'étoient
détachées, le tronc toujours vif que les branches retranchées laissoient en son entier. Celse, qui reprochoit aux chrétiens leurs
divisions parmi tant d'églises schismatiques qu'il voyoit s'élever,
remarquoit une église distinguée de toutes les autres, et toujours
plus forte, qu'il appeloit aussi pour cette raison *la grande Eglise*.
« Il y en a, disoit-il, parmi les chrétiens qui ne reconnoissent pas
le Créateur, ni les traditions des Juifs; » il vouloit parler des marcionites : « mais, poursuivoit-il, la grande Eglise les reçoit [2]. »
Dans le trouble qu'excita Paul de Samosate, l'empereur Aurélien
n'eut pas de peine à connoître la vraie Eglise chrétienne à laquelle
appartenoit la *maison de l'Eglise*, soit que ce fût le lieu d'oraison, ou la maison de l'évêque. Il l'adjugea à ceux «qui étoient en
communion avec les évêques d'Italie et celui de Rome [3], » parce
qu'il voyoit de tout temps le gros des chrétiens dans cette communion. Lorsque l'empereur Constance brouilloit tout dans l'Eglise,
la confusion qu'il y mettoit en protégeant les ariens, ne put
empêcher qu'Ammian Marcellin [4], tout païen qu'il étoit, ne recon-
nût que cet empereur s'égaroit de la droite voie « de la religion
chrétienne, simple et précise par elle-même, » dans ses dogmes
et dans sa conduite. C'est que l'Eglise véritable avoit une majesté
et une droiture que les hérésies ne pouvoient ni imiter ni obscurcir; au contraire sans y penser, elles rendoient témoignage à
l'Eglise catholique. Constance qui persécutoit saint Athanase défenseur de l'ancienne foi, « souhaitoit avec ardeur, dit Ammian
Marcellin, de le faire condamner par l'autorité qu'avoit l'évêque
de Rome au-dessus des autres [5]. » En recherchant de s'appuyer
de cette autorité, il faisoit sentir aux païens mêmes ce qui manquoit à sa secte, et honoroit l'Eglise dont les ariens s'étoient séparés : ainsi les gentils mêmes connoissoient l'Eglise catholique.

---

[1] Iren., *adv. Hær.*, lib. III, c. 1, 2, 3, 4 ; Tertull., *de Carne Christ.*, cap. 2 ;
de Præscrip., c. 20, 21, 32. 36. — [2] Orig. *cont. Cels.*, lib. V, n. 59. — [3] Euseb.,
Hist. Eccl, lib. VII, cap. 30. — [4] *Amm. Marc.*, lib. XXI, cap. 16. — [5] *Ibid.*, lib.
XV, cap. 7.

Si quelqu'un leur demandoit où elle tenoit ses assemblées, et quels étoient ses évêques, jamais ils ne s'y trompoient. Pour les hérésies, quoi qu'elles fissent, elles ne pouvoient se défaire du nom de leurs auteurs. Les sabelliens, les paulianistes, les ariens, les pélagiens, et les autres s'offensoient en vain du titre de parti qu'on leur donnoit. Le monde, malgré qu'ils en eussent, vouloit parler naturellement, et désignoit chaque secte par celui dont elle tiroit sa naissance. Pour ce qui est de la grande Eglise, de l'Eglise catholique et apostolique, il n'a jamais été possible de lui nommer un autre auteur que Jésus-Christ même, ni de lui marquer les premiers de ses pasteurs sans remonter jusqu'aux apôtres, ni de lui donner un autre nom que celui qu'elle prenoit. Ainsi quoi que fissent les hérétiques, ils ne la pouvoient cacher aux païens. Elle leur ouvroit son sein par toute la terre : ils y accouroient en foule. Quelques-uns d'eux se perdoient peut-être dans les sentiers détournés : mais l'Eglise catholique étoit la grande voie où entroient toujours la plupart de ceux qui cherchoient Jésus-Christ ; et l'expérience a fait voir que c'étoit à elle qu'il étoit donné de rassembler les gentils. C'étoit elle aussi que les empereurs infidèles attaquoient de toute leur force. Origène nous apprend que peu d'hérétiques ont eu à souffrir pour la foi [1]. Saint Justin, plus ancien que lui, a remarqué que la persécution épargnoit les marcionites et les autres hérétiques [2]. Les païens ne persécutoient que l'Eglise qu'ils voyoient s'étendre par toute la terre, et ne connoissoient qu'elle seule pour l'Eglise de Jésus-Christ. Qu'importe qu'on lui arrachât quelques branches ? sa bonne séve ne se perdoit pas pour cela : elle poussoit par d'autres endroits, et le retranchement du bois superflu ne faisoit que rendre ses fruits meilleurs. En effet si on considère l'histoire de l'Eglise, on verra que toutes les fois qu'une hérésie l'a diminuée, elle a réparé ses pertes, et en s'étendant au dehors, et en augmentant au dedans la lumière et la piété, pendant qu'on a vu sécher en des coins écartés les branches coupées. Les œuvres des hommes ont péri malgré l'enfer qui les soutenoit : l'œuvre de Dieu a subsisté : l'Eglise a triomphé de l'idolâtrie et de toutes les erreurs.

[1] Orig., *cont. Cels.*, lib. VII, n. 40. — [2] Just., *Apol.*, II, nunc 1, n. 26.

CHAPITRE XXVII.

RÉFLEXION GÉNÉRALE SUR LA SUITE DE LA RELIGION, ET SUR LE RAPPORT QU'IL Y A ENTRE LES LIVRES DE L'ÉCRITURE.

Cette Eglise toujours attaquée, et jamais vaincue, est un miracle perpétuel, et un témoignage éclatant de l'immutabilité des conseils de Dieu. Au milieu de l'agitation des choses humaines, elle se soutient toujours avec une force invincible, en sorte que par une suite non interrompue depuis près de dix-sept cents ans, nous la voyons remonter jusqu'à Jésus-Christ, dans lequel elle a recueilli la succession de l'ancien peuple, et se trouve réunie aux prophètes et aux patriarches.

Ainsi tant de miracles étonnans que les anciens Hébreux ont vu de leurs yeux, servent encore aujourd'hui à confirmer notre foi. Dieu qui les a faits pour rendre témoignage à son unité et à sa toute-puissance, que pouvoit-il faire de plus authentique pour en conserver la mémoire, que de laisser entre les mains de tout un grand peuple les actes qui les attestent rédigés par l'ordre des temps? C'est ce que nous avons encore dans les Livres de l'Ancien Testament, c'est-à-dire dans les livres les plus anciens qui soient au monde; dans les livres qui sont les seuls de l'antiquité où la connoissance du vrai Dieu soit enseignée, et son service ordonné; dans les livres que le peuple juif a toujours si religieusement gardés (a), et dont il est encore aujourd'hui l'inviolable porteur par toute la terre.

Après cela, faut-il croire les fables extravagantes des auteurs profanes sur l'origine d'un peuple si noble et si ancien? Nous avons déjà remarqué [1] que l'histoire de sa naissance et de son empire finit où commence l'histoire grecque; en sorte qu'il n'y a rien à espérer de ce côté-là pour éclaircir les affaires des Hé-

---

[1] Epoque VIII, an de Rome 305. *Voyez ci-dessus*, pag. 299.

(a) Depuis ces mots : *Si religieusement gardés,* la fin de la phrase, tout l'alinéa suivant, le commencement de l'autre jusqu'aux mots : *Est le seul qui ait connu,* addition laissée en manuscrit par l'auteur. Pour tout cela, la 1ʳᵉ édition disoit : Il est certain que ce peuple est le seul qui ait connu...; et la IIIᵉ plus brièvement encore : Ce peuple est le seul qui ait connu.

breux. Il est certain que les Juifs et leur religion ne furent guère connus des Grecs qu'après que leurs livres sacrés eurent été traduits en cette langue, et qu'ils furent eux-mêmes répandus dans les villes grecques, c'est-à-dire deux à trois cents ans avant Jésus-Christ. L'ignorance de la Divinité étoit alors si profonde parmi les Gentils, que leurs plus habiles écrivains ne pouvoient pas même comprendre quel Dieu adoroient les Juifs. Les plus équitables leur donnoient pour Dieu les nues et le ciel, parce qu'ils y levoient souvent les yeux, comme au lieu où se déclaroit le plus hautement la toute-puissance de Dieu, et où il avoit établi son trône. Au reste, la religion judaïque étoit si singulière et si opposée à toutes les autres; les lois, les sabbats, les fêtes et toutes les mœurs de ce peuple étoient si particulières, qu'ils s'attirèrent bientôt la jalousie et la haine de ceux parmi lesquels ils vivoient. On les regardoit comme une nation qui condamnoit toutes les autres. La défense qui leur étoit faite de communiquer avec les gentils en tant de choses, les rendoit aussi odieux qu'ils paroissoient méprisables. L'union qu'on voyoit entre eux, la relation qu'ils entretenoient tous si soigneusement avec le chef de leur religion, c'est-à-dire, Jérusalem, son temple et ses pontifes, et les dons qu'ils y envoyoient de toutes parts, les rendoient suspects; ce qui, joint à l'ancienne haine des Egyptiens contre ce peuple si maltraité de leurs rois et délivré par tant de prodiges de leur tyrannie, fit inventer des contes inouïs sur son origine, que chacun cherchoit à sa fantaisie, aussi bien que les interprétations de leurs cérémonies, qui étoient si particulières, et qui paroissoient si bizarres lorsqu'on n'en connoissoit pas le fond et les sources. La Grèce, comme on sait, étoit ingénieuse à se tromper et à s'amuser agréablement elle-même; et de tout cela sont venues les fables que l'on trouve dans Justin, dans Tacite, dans Diodore de Sicile, et dans les autres de pareille date qui ont paru curieux dans les affaires des Juifs, quoiqu'il soit plus clair que le jour qu'ils écrivoient sur des bruits confus, après une longue suite de siècles interposés, sans connoître leurs lois, leur religion, leur philosophie, sans avoir entendu leurs livres, et peut-être sans les avoir seulement ouverts.

Cependant, malgré l'ignorance et la calomnie, il demeurera pour constant que le peuple juif est le seul qui ait connu dès son origine le Dieu créateur du ciel et de la terre ; le seul par conséquent qui devoit être le dépositaire des secrets divins. Il les a aussi conservés avec une religion qui n'a point d'exemple. Les livres que les Egyptiens et les autres peuples appeloient divins, sont perdus il y a longtemps, et à peine nous en reste-t-il quelque mémoire confuse dans les histoires anciennes. Les livres sacrés des Romains, où Numa auteur de leur religion en avoit écrit les mystères, ont péri par les mains des Romains mêmes, et le sénat les fit brûler comme tendans à renverser la religion [1]. Ces mêmes Romains ont à la fin laissé périr les livres Sibyllins si longtemps révérés parmi eux comme prophétiques, et où ils vouloient qu'on crût qu'ils trouvoient les décrets des dieux immortels sur leur empire, sans pourtant en avoir jamais montré au public, je ne dis pas un seul volume, mais un seul oracle. Les Juifs ont été les seuls dont les Ecritures sacrées ont été d'autant plus en vénération, qu'elles ont été plus connues. De tous les peuples anciens ils sont le seul qui ait conservé les monumens primitifs de sa religion, quoiqu'ils fussent pleins des témoignages de leur infidélité et de celle de leurs ancêtres. Et aujourd'hui encore ce même peuple reste sur la terre pour porter à toutes les nations où il a été dispersé, avec la suite de la religion, les miracles et les prédictions qui la rendent inébranlable.

Quand Jésus-Christ est venu, et qu'envoyé par son Père pour accomplir les promesses de la loi, il a confirmé sa mission et celle de ses disciples par des miracles nouveaux, ils ont été écrits avec la même exactitude. Les actes en ont été publiés à toute la terre ; les circonstances des temps, des personnes et des lieux ont rendu l'examen facile à quiconque a été soigneux de son salut. Le monde s'est informé, le monde a cru ; et si peu qu'on ait considéré les anciens monumens de l'Eglise, on avouera que jamais affaire n'a été jugée avec plus de réflexion et de connoissance.

Mais dans le rapport qu'ont ensemble les livres des deux Testa-

[1] *Tit. Liv.*, lib. XL, cap. 29 ; Varr., lib. *de cultu Deor.*, apud Aug., *de Civ. Dei*, lib. VII, cap. 34.

mens, il y a une différence à considérer; c'est que les livres de l'ancien peuple ont été composés en divers temps. Autres sont les temps de Moïse, autres ceux de Josué et des Juges, autres ceux des Rois : autres ceux où le peuple a été tiré d'Egypte, et où il a reçu la loi, autres ceux où il a conquis la terre promise, autres ceux où il y a été rétabli par des miracles visibles. Pour convaincre l'incrédulité d'un peuple attaché aux sens, Dieu a pris une longue étendue de siècles durant lesquels il a distribué ses miracles et ses prophètes, afin de renouveler souvent les témoignages sensibles par lesquels il attestoit ses vérités saintes. Dans le Nouveau Testament il a suivi une autre conduite. Il ne veut plus rien révéler de nouveau à son Eglise après Jésus-Christ. En lui est la perfection et la plénitude ; et tous les Livres divins qui ont été composés dans la nouvelle alliance, l'ont été au temps des apôtres.

C'est-à-dire que le témoignage de Jésus-Christ, et de ceux que Jésus-Christ même a daigné choisir pour témoins de sa résurrection, a suffi à l'Eglise chrétienne. Tout ce qui est venu depuis l'a édifiée ; mais elle n'a regardé comme purement inspiré de Dieu que ce que les apôtres ont écrit, ou ce qu'ils ont confirmé par leur autorité.

Mais dans cette différence qui se trouve entre les livres des deux Testamens, Dieu a toujours gardé cet ordre admirable, de faire écrire les choses dans le temps qu'elles étoient arrivées, ou que la mémoire en étoit récente. Ainsi ceux qui les savoient les ont écrites ; ceux qui les savoient ont reçu les livres qui en rendoient témoignage : les uns et les autres les ont laissés à leurs descendans comme un héritage précieux ; et la pieuse postérité les a conservés.

C'est ainsi que s'est formé le corps des Ecritures saintes tant de l'Ancien que du Nouveau Testament : Ecritures qu'on a regardées dès leur origine comme véritables en tout, comme données de Dieu même, et qu'on a aussi conservées avec tant de religion, qu'on n'a pas cru pouvoir sans impiété y altérer une seule lettre.

C'est ainsi qu'elles sont venues jusqu'à nous, toujours saintes,

toujours sacrées, toujours inviolables ; conservées les unes par
la tradition constante du peuple juif, et les autres par la tradition
du peuple chrétien, d'autant plus certaine, qu'elle a été confirmée
par le sang et par le martyre tant de ceux qui ont écrit ces Livres
divins que de ceux qui les ont reçus.

Saint Augustin et les autres Pères demandent sur la foi de qui
nous attribuons les livres profanes à des temps et à des auteurs
certains [1]. Chacun répond aussitôt que les livres sont distingués
par les différens rapports qu'ils ont aux lois, aux coutumes, aux
histoires d'un certain temps, par le style même qui porte imprimé le caractère des âges et des auteurs particuliers ; plus que
tout cela par la foi publique, et par une tradition constante. Toutes
ces choses concourent à établir les livres divins, à en distinguer
les temps, à en marquer les auteurs ; et plus il y a eu de religion
à les conserver dans leur entier, plus la tradition qui nous les
conserve est incontestable [2].

Aussi a-t-elle toujours été reconnue, non-seulement par les orthodoxes, mais encore par les hérétiques, et même par les infidèles. Moïse a toujours passé dans tout l'Orient, et ensuite dans
tout l'univers pour le législateur des Juifs, et pour l'auteur des
livres qu'ils lui attribuent. Les Samaritains, qui les ont reçus des
dix tribus séparées, les ont conservés aussi religieusement que
les Juifs : leur tradition et leur histoire est constante, et il ne faut
que repasser sur quelques endroits de la première partie [3] pour
en voir toute la suite.

Deux peuples si opposés n'ont pas pris l'un de l'autre ces Livres
divins (a) ; tous les deux les ont reçus de leur origine commune
dès les temps de Salomon et de David. Les anciens caractères hébreux que les Samaritains retiennent encore, montrent assez

---

[1] Aug., cont. Faust., lib. XI, cap. 2 ; XXXII, 21 ; XXXIII, 6. — [2] Iren., adv.
Hœres., lib. III. c. 1, 2 ; Tertul , adv. Marc., lib. IV, c. 1, 4, 5 ; Aug., de Utilit.
cred., cap 3, 17, n. 5, 35 ; cont. Faustum Manichœum, lib. XXII, cap. 79 ; XXVIII,
4 ; XXXII, XXXIII ; Cont, adv. Leg. et Proph., lib. I, cap. 20. n. 39, etc. — [3] Voyez
ci-dessus, Ire part., Epoque VII, VIII, IX ; an du monde 3000 , et de Rome 218,
305, 604, 624, etc.

(a) Ire édit. :.... Les ont conservés aussi religieusement que les Juifs. Vous
avez vu leur tradition et leur histoire. Deux peuples si opposés ne les ont pas
pris l'un de l'autre ; mais tous les deux....

qu'ils n'ont pas suivi Esdras qui les a changés. Ainsi le Pentateuque des Samaritains et celui des Juifs sont deux originaux
complets, indépendans l'un de l'autre. La parfaite conformité
qu'on y voit dans la substance du texte, justifie la bonne foi des
deux peuples. Ce sont des témoins fidèles qui conviennent sans
s'être entendus, ou pour mieux dire, qui conviennent malgré
leurs inimitiés, et que la seule tradition immémoriale de part et
d'autre a unis dans la même pensée.

Ceux donc qui ont voulu dire, quoique sans aucune raison,
que ces livres étant perdus, ou n'ayant jamais été, ont été ou rétablis, ou composés de nouveau, ou altérés par Esdras; outre
qu'ils sont démentis par Esdras même, le sont aussi par (a) le
Pentateuque qu'on trouve encore aujourd'hui entre les mains des
Samaritains tel que l'avoient lu dans les premiers siècles Eusèbe
de Césarée, saint Jérôme, et les autres auteurs ecclésiastiques; tel
que ces peuples l'avoient conservé dès leur origine : et une secte
si foible semble ne durer si longtemps que pour rendre ce témoignage à l'antiquité de Moïse.

Les auteurs qui ont écrit les quatre Evangiles ne rçoivent pas
un témoignage moins assuré du consentement unanime des fidèles, des païens et des hérétiques. Ce grand nombre de peuples
divers qui ont reçu et traduit ces Livres divins aussitôt qu'ils ont
été faits, conviennent tous de leur date et de leurs auteurs. Les
païens n'ont pas contredit cette tradition. Ni Celse qui a attaqué
ces Livres sacrés, presque dans l'origine du christianisme; ni
Julien l'Apostat, quoiqu'il n'ait rien ignoré ni rien omis de ce
qui pouvoit les décrier; ni aucun autre païen ne les a jamais
soupçonnés d'être supposés : au contraire tous leur ont donné les
mêmes auteurs que les chrétiens. Les hérétiques, quoique accablés par l'autorité de ces livres, n'osoient dire qu'ils ne fussent
pas des disciples de Notre-Seigneur. Il y a eu pourtant de ces
hérétiques qui ont vu les commencemens de l'Eglise, et aux
yeux desquels ont été écrits les livres de l'Evangile. Ainsi la
fraude, s'il y en eût pu avoir, eût été éclairée de trop près pour

(a) Démentis par Esdras même, comme on a pu le remarquer dans la suite
de son histoire, le sont aussi par...,.

réussir. Il est vrai qu'après les apôtres, et lorsque l'Eglise étoit déjà étendue par toute la terre, Marcion et Manès constamment les plus téméraires et les plus ignorans de tous les hérétiques, malgré la tradition venue des apôtres, continuée par leurs disciples et par les évêques à qui ils avoient laissé leur chaire et la conduite des peuples, et reçue unanimement par toute l'Eglise chrétienne, osèrent dire que trois Evangiles étoient supposés, et que celui de saint Luc qu'ils préféroient aux autres, on ne sait pourquoi, puisqu'il n'étoit pas venu par une autre voie, avoit été falsifié. Mais quelles preuves en donnoient-ils? de pures visions, nuls faits positifs. Ils disoient pour toute raison, que ce qui étoit contraire à leurs sentimens devoit nécessairement avoir été inventé par d'autres que par les apôtres, et alléguoient pour toute preuve les opinions mêmes qu'on leur contestoit; opinions d'ailleurs si extravagantes, et si manifestement insensées, qu'on ne sait encore comment elles ont pu entrer dans l'esprit humain. Mais certainement (a) pour accuser la bonne foi de l'Eglise, il falloit avoir en main des originaux différens des siens, ou quelque preuve constante. Interpellés d'en produire eux et leurs disciples, ils sont demeurés muets [1], et ont laissé par leur silence une preuve indubitable qu'au second siècle du christianisme où ils écrivoient, il n'y avoit pas seulement un indice de fausseté, ni la moindre conjecture qu'on pût opposer à la tradition de l'Eglise.

Que dirai-je du consentement des livres de l'Ecriture, et du témoignage admirable que tous les temps du peuple de Dieu se donnent les uns aux autres? Les temps du second temple supposent ceux du premier, et nous ramènent à Salomon. La paix n'est venue que par les combats; et les conquêtes du peuple de Dieu nous font remonter jusqu'aux Juges, jusqu'à Josué, et jusqu'à la sortie d'Egypte. En regardant tout un peuple sortir d'un royaume où il étoit étranger, on se souvient comment il y étoit entré. Les douze patriarches paroissent aussitôt; et un peuple qui ne s'est jamais regardé que comme une seule famille, nous conduit

[1] Iren., Tertul., Aug., *loc. cit.*

(a) 1re *édit.:* Mais certes.

naturellement à Abraham qui en est la tige. Ce peuple est-il plus sage et moins porté à l'idolàtrie après le retour de Babylone, c'étoit l'effet naturel d'un grand châtiment, que ses fautes passées lui avoient attiré. Si ce peuple se glorifie d'avoir vu durant plusieurs siècles des miracles que les autres peuples n'ont jamais vus, il peut aussi se glorifier d'avoir eu la connoissance de Dieu qu'aucun autre peuple n'avoit. Que veut-on que signifie la circoncision, et la fête des Tabernacles, et la Pàque, et les autres fêtes célébrées dans la nation de temps immémorial, sinon les choses qu'on trouve marquées dans le livre de Moïse? Qu'un peuple distingué des autres par une religion et par des mœurs si particulières, qui conserve dès son origine sur le fondement de la création et sur la foi de la providence, une doctrine si suivie et si élevée, une mémoire si vive d'une longue suite de faits si nécessairement enchaînés, des cérémonies si réglées et des coutumes si universelles, ait été sans une histoire qui lui marquàt son origine et sans une loi qui lui prescrivît ses coutumes pendant mille ans qu'il est demeuré en Etat; et qu'Esdras ait commencé à lui vouloir donner tout à coup sous le nom de Moïse, avec l'histoire de ses antiquités, la loi qui formoit ses mœurs, quand ce peuple devenu captif a vu son ancienne monarchie renversée de fond en comble : quelle fable plus incroyable pourroit-on jamais inventer? et peut-on y donner créance, sans joindre l'ignorance au blasphème?

Pour perdre une telle loi, quand on l'a une fois reçue, il faut qu'un peuple soit exterminé, ou que par divers changemens il en soit venu à n'avoir plus qu'une idée confuse de son origine, de sa religion et de ses coutumes. Si ce malheur est arrivé au peuple juif, et que la loi si connue sous Sédécias se soit perdue soixante ans après malgré les soins d'un Ezéchiel, d'un Jérémie, d'un Baruch, d'un Daniel, qui ont un recours perpétuel à cette loi comme à l'unique fondement de la religion et de la police de leur peuple ; si, dis-je, la loi s'est perdue malgré ces grands hommes sans compter les autres (a), et dans le temps que la même loi avoit ses martyrs, comme le montrent les persécutions

(a) 1ʳᵉ *édit.* : Malgré les soins d'un Ezéchiel, d'un Jérémie, d'un Baruch, d'un Daniel, sans compter les autres....

de Daniel et des trois enfans; si cependant malgré tout cela elle
s'est perdue en si peu de temps, et demeure si profondément oubliée qu'il soit permis à Esdras de la rétablir à sa fantaisie : ce
n'étoit pas le seul livre qu'il lui falloit fabriquer. Il lui falloit
composer en même temps tous les prophètes anciens et nouveaux,
c'est-à-dire ceux qui avoient écrit et devant et durant la captivité ; ceux que le peuple avoit vu écrire, aussi bien que ceux
dont il conservoit la mémoire; et non-seulement les prophètes,
mais encore les livres de Salomon, et les Psaumes de David, et
tous les livres d'histoire, puisqu'à peine se trouvera-t-il dans toute
cette histoire un seul fait considérable, et dans tous ces autres
livres un seul chapitre, qui détaché de Moïse tel que nous l'avons,
puisse subsister un seul moment. Tout y parle de Moïse, tout y
est fondé sur Moïse; et la chose devoit être ainsi, puisque Moïse
et sa loi, et l'histoire qu'il a écrite, étoit en effet dans le peuple
juif tout le fondement de la conduite publique et particulière.
C'étoit en vérité à Esdras une merveilleuse entreprise, et bien
nouvelle dans le monde, de faire parler en même temps avec
Moïse tant d'hommes de caractère et de style différent, et chacun
d'une manière uniforme et toujours semblable à elle-même; et
faire accroire tout à coup à tout un peuple que ce sont là les
livres anciens qu'il a toujours révérés, et les nouveaux qu'il a vu
faire, comme s'il n'avoit jamais ouï parler de rien, et que la connoissance du temps présent, aussi bien que celle du temps passé,
fût tout à coup abolie. Tels sont les prodiges qu'il faut croire,
quand on ne veut pas croire les miracles du Tout-Puissant, ni recevoir le témoignage par lequel il est constant qu'on a dit à tout
un grand peuple qu'il les avoit vus de ses yeux.

Mais si ce peuple est revenu de Babylone dans la terre de ses
pères si nouveau et si ignorant, qu'à peine se souvînt-il qu'il eût
été, en sorte qu'il ait reçu sans examiner tout ce qu'Esdras aura
voulu lui donner : comment donc voyons-nous dans le livre
qu'Esdras a écrit [1], et dans celui de Néhémias son contemporain,
tout ce qu'on y dit des Livres divins (a)? Qui auroit pu les ouïr

[1] I *Esdr.*, III, VII, IX, X ; II *Esdr.*, V, VIII, IX, X, XII, XIII.

(a) I⁰ *édit.* : Depuis cette expression : *Des livres divins*, le reste de la phrase

parler de la loi de Moïse en tant d'endroits, et publiquement, comme d'une chose connue de tout le monde, et que tout le monde avoit entre ses mains? Eussent-ils osé régler par là les fêtes, les sacrifices, les cérémonies, la forme de l'autel rebâti, les mariages, la police, et en un mot toutes choses, en disant sans cesse que tout se faisoit « selon qu'il étoit écrit dans la loi de Moïse serviteur de Dieu [1] ? »

Esdras y est nommé comme « docteur en la loi que Dieu avoit donnée à Israël par Moïse, » et c'est suivant cette loi, comme par la règle *qu'il avoit entre ses mains,* qu'Artaxerxe lui ordonne de visiter, de régler et de réformer le peuple en toutes choses. Ainsi l'on voit que les gentils mêmes connoissoient la loi de Moïse comme celle que tout le peuple et tous ses docteurs regardoient de tout temps comme leur règle. Les prêtres et les lévites sont disposés par les villes; leurs fonctions et leur rang sont réglés « selon qu'il étoit écrit dans la loi de Moïse. » Si le peuple fait pénitence, c'est des transgressions qu'il avoit commises contre cette loi : s'il renouvelle l'alliance avec Dieu par une souscription expresse de tous les particuliers, c'est sur le fondement de la même loi, qui pour cela est « lue hautement, distinctement, et intelligiblement, soir et matin durant plusieurs jours, à tout le peuple assemblé exprès, » comme la loi de leurs pères; tant hommes que femmes entendant pendant la lecture, et reconnoissant les préceptes qu'on leur avoit appris dès leur enfance. Avec quel front Esdras auroit-il fait lire à tout un grand peuple, comme connu, un livre qu'il venoit de forger ou d'accommoder à sa fantaisie, sans que personne y remarquât la moindre erreur, ou le moindre changement? Toute l'histoire des siècles passés étoit répétée depuis le livre de la *Genèse* jusqu'au temps où l'on vivoit. Le peuple, qui si souvent avoit secoué le joug de cette loi,

---

[1] I *Esdr.,* iii, 2 ; II *Esdr.,* viii, xiii, etc.

présente? addition laissée en manuscrit. Pour tout cela, les éditions disoient seulement : Avec quel front Esdras et Néhémias osent-ils parler de la loi de Moïse en tant d'endroits et publiquement, comme d'une chose connue de tout le monde, et que tout le monde avoit entre ses mains? Comment voit-on tout le peuple agir naturellement en conséquence de cette loi, comme l'ayant eue toujours présente ?

se laisse charger de ce lourd fardeau sans peine et sans résistance, convaincu par expérience que le mépris qu'on en avoit fait avoit attiré tous les maux où on se voyoit plongé. Les usures sont réprimées selon le texte de la loi, les propres termes en étoient cités ; les mariages contractés sont cassés, sans que personne réclamât. Si la loi eût été perdue, ou en tout cas oubliée, auroit-on vu tout le peuple agir naturellement en conséquence de cette loi, comme l'ayant eue toujours présente ? Comment est-ce que tout ce peuple pouvoit écouter Aggée, Zacharie et Malachie qui prophétisoient alors, qui comme les autres prophètes leurs prédécesseurs ne leur prêchoient que « Moïse et la loi que Dieu lui avoit donnée en Horeb [1] : » et cela comme une chose connue et de tout temps en vigueur dans la nation ? Mais comment dit-on, dans le même temps, et dans le retour du peuple, que tout ce peuple admira l'accomplissement de l'oracle de Jérémie touchant les soixante-dix ans de captivité [2] ? Ce Jérémie qu'Esdras venoit de forger avec tous les autres prophètes, comment a-t-il tout d'un coup trouvé créance ? Par quel artifice nouveau a-t-on pu persuader à tout un peuple, et aux vieillards qui avoient vu ce prophète, qu'ils avoient toujours attendu la délivrance miraculeuse qu'il leur avoit annoncée dans ses écrits ? Mais tout cela sera encore supposé : Esdras et Néhémias n'auront point écrit l'histoire de leur temps ; quelque autre l'aura faite sous leur nom ; et ceux qui ont fabriqué tous les autres livres de l'Ancien Testament auront été si favorisés de la postérité, que d'autres faussaires leur en auront supposé à eux-mêmes, pour donner créance à leur imposture.

On aura honte sans doute de tant d'extravagances ; et au lieu de dire qu'Esdras ait fait tout d'un coup paroître tant de livres si distingués les uns des autres par les caractères du style et du temps, on dira qu'il y aura pu insérer les miracles et les prédictions qui les font passer pour divins : erreur plus grossière encore que la précédente, puisque ces miracles et ces prédictions sont tellement répandus dans tous ces Livres, sont tellement inculqués et répétés si souvent, avec tant de tours divers et une si

grande variété de fortes figures, en un mot en font tellement
tout le corps, qu'il faut n'avoir jamais seulement ouvert ces saints
Livres, pour ne voir pas qu'il est encore plus aisé de les refondre
pour ainsi dire tout à fait, que d'y insérer les choses que les incrédules sont si fâchés d'y trouver. Et quand même on leur auroit accordé tout ce qu'ils demandent, le miraculeux et le divin
est tellement le fond de ces livres, qu'il s'y retrouveroit encore,
malgré qu'on en eût. Qu'Esdras, si on veut, y ait ajouté après
coup les prédictions des choses déjà arrivées de son temps : celles
qui se sont accomplies depuis, par exemple sous Antiochus et les
Machabées, et tant d'autres que l'on a vues, qui les aura ajoutées (a) ? Dieu aura peut-être donné à Esdras le don de prophétie,
afin que l'imposture d'Esdras fût plus vraisemblable ; et on ai-
mera mieux qu'un faussaire soit prophète qu'Isaïe, ou que Jérémie, ou que Daniel : ou bien chaque siècle aura porté un faussaire
heureux, que tout le peuple en aura cru ; et de nouveaux imposteurs, par un zèle admirable de religion auront sans cesse ajouté
aux Livres divins, après même que le canon en aura été clos,
qu'ils se seront répandus avec les Juifs par toute la terre, et qu'on
les aura traduits en tant de langues étrangères. N'eût-ce pas été
à force de vouloir établir la religion, la détruire par les fondemens ? Tout un peuple laisse-t-il donc changer si facilement ce
qu'il croit être divin, soit qu'il le croie par raison ou par erreur ?
Quelqu'un peut-il espérer de persuader aux chrétiens, ou même
aux Turcs, d'ajouter un seul chapitre ou à l'Evangile, ou à l'Al-
coran ? Mais peut-être que les Juifs étoient plus dociles que les
autres peuples, ou qu'ils étoient moins religieux à conserver
leurs saints Livres ? Quels monstres d'opinions se faut-il mettre
dans l'esprit, quand on veut secouer le joug de l'autorité divine,
et ne régler ses sentimens, non plus que ses mœurs, que par sa
raison égarée !

(a) 1re *édit.* : Celles qui se sont accomplies depuis, que vous avez vues en si
grand nombre, qui les aura ajoutées ?

CHAPITRE XXVIII.

LES DIFFICULTÉS QU'ON FORME CONTRE L'ÉCRITURE SONT AISÉES A VAINCRE PAR LES HOMMES DE BON SENS ET DE BONNE FOI (a).

Qu'on ne dise pas que la discussion de ces faits est embarrassante : car quand elle le seroit, il faudroit ou s'en rapporter à l'autorité de l'Eglise et à la tradition de tant de siècles, ou pousser l'examen jusqu'au bout, et ne pas croire qu'on en fût quitte pour dire qu'il demande plus de temps qu'on n'en veut donner à son salut. Mais au fond, sans remuer avec un travail infini les livres des deux Testamens, il ne faut que lire le livre des *Psaumes*, où sont recueillis tant d'anciens cantiques du peuple de Dieu, pour y voir dans la plus divine poésie qui fût jamais des monumens immortels de l'histoire de Moïse, de celle des Juges, de celle des Rois, imprimés par le chant et par la mesure dans la mémoire des hommes. Et pour le Nouveau Testament, les seules *Epîtres* de saint Paul, si vives, si originales, si fort du temps, des affaires et des mouvemens qui étoient alors, et enfin d'un caractère si marqué ; ces *Epîtres*, dis-je, reçues par les églises auxquelles elles étoient adressées, et de là communiquées aux autres églises, suffiroient pour convaincre les esprits bien faits, que tout est sincère et original dans les Ecritures que les apôtres nous ont laissées.

Aussi se soutiennent-elles les unes les autres avec une force invincible. Les *Actes des Apôtres* ne font que continuer l'Evangile ; leurs *Epîtres* le supposent nécessairement : mais afin que tout soit d'accord, et les *Actes* et les *Epîtres* et les *Evangiles* réclament partout les anciens Livres des Juifs[1]. Saint Paul et les autres apôtres ne cessent d'alléguer ce que *Moïse a dit*, ce qu'il *a écrit*[2], ce que les prophètes ont dit et écrit après Moïse. Jésus-Christ appelle en témoignage *la loi de Moïse, les Prophètes et les Psaumes*[3], comme des témoins qui déposent tous de la même vérité. S'il veut expliquer ses mystères, *il commence par Moïse et par les Pro-*

[1] *Act.*, III, 22 ; VII, 22, etc. — [2] *Rom.*, X, 5, 19. — [3] *Luc.*, XXIV. 44·
(a) Titre ajouté dans la IIIᵉ édition.

phètes[1]; et quand il dit aux Juifs que *Moïse a écrit de lui*[2], il pose pour fondement ce qu'il y avoit de plus constant parmi eux, et les ramène à la source même de leurs traditions.

Voyons néanmoins ce qu'on oppose à une autorité si reconnue, et au consentement de tant de siècles : car puisque de nos jours on a bien osé publier en toute sorte de langues des livres contre l'Ecriture, il ne faut point dissimuler ce qu'on dit pour décrier ses antiquités. Que dit-on donc pour autoriser la supposition du *Pentateuque?* et que peut-on objecter à une tradition de trois mille ans soutenue par sa propre force et par la suite des choses? Rien de suivi, rien de positif, rien d'important; des chicanes sur des nombres, sur des lieux, ou sur des noms : et de telles observations, qui dans toute autre matière ne passeroient tout au plus que pour de vaines curiosités incapables de donner atteinte au fond des choses, nous sont ici alléguées comme faisant la décision de l'affaire la plus sérieuse qui fût jamais.

Il y a, dit-on, des difficultés dans l'histoire de l'Ecriture. Il y en a sans doute qui n'y seroient pas si le livre étoit moins ancien, ou s'il avoit été supposé, comme on l'ose dire, par un homme habile et industrieux; si l'on eût été moins religieux à le donner tel qu'on le trouvoit, et qu'on eût pris la liberté d'y corriger ce qui faisoit de la peine. Il y a les difficultés que fait un long temps, lorsque les lieux ont changé de nom ou d'état : lorsque les dates sont oubliées : lorsque les généalogies ne sont plus connues; qu'il n'y a plus de remède aux fautes qu'une copie tant soit peu négligée introduit si aisément en de telles choses; ou que des faits échappés à la mémoire des hommes laissent de l'obscurité dans quelque partie de l'histoire. Mais enfin cette obscurité est-elle dans la suite même, ou dans le fond de l'affaire? Nullement : tout y est suivi; et ce qui reste d'obscur ne sert qu'à faire voir dans les Livres saints une antiquité plus vénérable.

Mais il y a des altérations dans le texte : les anciennes versions ne s'accordent pas; l'hébreu en divers endroits est différent de lui-même; et le texte des Samaritains, outre le mot qu'on les accuse d'y avoir changé exprès[3] en faveur de leur temple de Gari-

---

[1] *Luc.*, XXIV, 27. — [2] *Joan.*, V, 46, 47. — [3] *Deut.*, XXVII, 4.

zim, diffère encore en d'autres endroits de celui des Juifs. Et de
là que conclura-t-on ? que les Juifs ou Esdras auront supposé le
Pentateuque au retour de la captivité? C'est justement tout le
contraire qu'il faudroit conclure. Les différences du samaritain
ne servent qu'à confirmer ce que nous avons déjà établi, que leur
texte est indépendant de celui des Juifs. Loin qu'on puisse s'imaginer que ces schismatiques aient pris quelque chose des Juifs et
d'Esdras, nous avons vu au contraire que c'est en haine des
Juifs et d'Esdras, et en haine du premier et du second temple,
qu'ils ont inventé leur chimère de Garizim. Qui ne voit donc
qu'ils auroient plutôt accusé les impostures des Juifs que de les
suivre? Ces rebelles qui ont méprisé Esdras et tous les prophètes
des Juifs, avec leur temple et Salomon qui l'avoit bâti, aussi bien
que David qui en avoit désigné le lieu, qu'ont-ils respecté dans
leur Pentateuque, sinon une antiquité supérieure non-seulement
à celle d'Esdras et des prophètes, mais encore à celle de Salomon
et de David, en un mot l'antiquité de Moïse dont les deux peuples
conviennent ? Combien donc est incontestable l'autorité de
Moïse et du *Pentateuque*, que toutes les objections ne font qu'affermir.

Mais d'où viennent (*a*) ces variétés des textes et des versions?
D'où viennent-elles en effet, sinon de l'antiquité du livre même,
qui a passé par les mains de tant de copistes depuis tant de siècles
que la langue dans laquelle il est écrit a cessé d'être commune?
Mais laissons les vaines disputes, et tranchons en un mot la difficulté par le fond. Qu'on me dise s'il n'est pas constant que de
toutes les versions, et de tout le texte quel qu'il soit, il en revien-
dra toujours les mêmes lois, les mêmes miracles, les mêmes prédictions, la même suite d'histoire, le même corps de doctrine, et
enfin la même substance. En quoi nuisent après cela les diver-
sités des textes? Que nous falloit-il davantage que ce fond inaltérable des Livres sacrés, et que pouvions-nous demander de plus
à la divine providence? Et pour ce qui est des versions, est-ce
une marque de supposition ou de nouveauté, que la langue de
l'Ecriture soit si ancienne qu'on en ait perdu les délicatesses, et

(*a*) Mais enfin d'où viennent.

qu'on se trouve empêché à en rendre toute l'élégance ou toute la force dans la dernière rigueur? N'est-ce pas plutôt une preuve de la plus grande antiquité? Et si on veut s'attacher aux petites choses, qu'on me dise si de tant d'endroits où il y a de l'embarras, on en a jamais rétabli un seul (a) par raisonnement ou par conjecture. On a suivi la foi des exemplaires; et comme la tradition n'a jamais permis que la saine doctrine pût être altérée, on a cru que les autres fautes, s'il y en restoit, ne serviroient qu'à prouver qu'on n'a rien ici innové par son propre esprit.

Mais enfin, et voici le fort de l'objection, n'y a-t-il pas des choses ajoutées dans le texte de Moïse, et d'où vient qu'on trouve sa mort à la fin du livre qu'on lui attribue? Quelle merveille que ceux qui ont continué son histoire aient ajouté sa fin bienheureuse au reste de ses actions, afin de faire du tout un même corps? Pour les autres additions, voyons ce que c'est. Est-ce quelque loi nouvelle, ou quelque nouvelle cérémonie, quelque dogme, quelque miracle, quelque prédiction? On n'y songe seulement pas: il n'y en a pas le moindre soupçon ni le moindre indice : c'eût été ajouter à l'œuvre de Dieu : la loi l'avoit défendu [1], et le scandale qu'on eût causé eût été horrible. Quoi donc? on aura continué peut-être une généalogie commencée; on aura peut-être expliqué un nom de ville changé par le temps; à l'occasion de la manne dont le peuple a été nourri durant quarante ans, on aura marqué le temps où cessa cette nourriture céleste, et ce fait écrit depuis dans un autre livre [2], sera demeuré par remarque dans celui de Moïse [3], comme un fait constant et public dont tout le peuple étoit témoin; quatre ou cinq remarques de cette nature faites par Josué, ou par Samuel, ou par quelque autre prophète d'une pareille antiquité, parce qu'elles ne regardoient que des faits notoires et où constamment il n'y avoit point de difficulté, auront naturellement passé dans le texte; et la même tradition nous les aura apportées avec tout le reste : aussitôt tout sera perdu? Esdras sera accusé, quoique le samaritain,

---

[1] *Deut.*, IV, 2; XII, 32. *Voyez ci-dessus*, IIe part., pag. 384. — [2] *Jos.*, v, 12. — [3] *Exod.*, XVI, 35.

(a) I^e *édit. :* On en a rétabli un seul.

où ces remarques se trouvent, nous montre qu'elles ont une antiquité non-seulement au-dessus d'Esdras, mais encore au-dessus (a) du schisme des dix tribus? N'importe; il faut que tout retombe sur Esdras. Si ces remarques venoient de plus haut, le *Pentateuque* seroit encore plus ancien qu'il ne faut, et on ne pourroit assez révérer l'antiquité d'un livre dont les notes mêmes auroient un si grand âge. Esdras aura donc tout fait; Esdras aura oublié qu'il vouloit faire parler Moïse, et lui aura fait écrire si grossièrement comme déjà arrivé ce qui s'est passé après lui. Tout un ouvrage sera convaincu de supposition par ce seul endroit; l'autorité de tant de siècles et la foi publique ne lui servira plus de rien : comme si au contraire on ne voyoit pas que ces remarques dont on se prévaut sont une nouvelle preuve de sincérité et de bonne foi, non-seulement dans ceux qui les ont faites, mis encore dans ceux qui les ont transcrites. A-t-on jamais jugé de l'autorité, je ne dis pas d'un livre divin, mais de quelque livre que ce soit, par des raisons si légères? Mais c'est que l'Ecriture est un livre ennemi du genre humain; il veut obliger les hommes à soumettre leur esprit à Dieu, et à réprimer leurs passions déréglées : il faut qu'il périsse; et à quelque prix que ce soit, il doit être sacrifié au libertinage.

Au reste ne croyez pas que l'impiété s'engage sans nécessité dans toutes les absurdités que vous avez vues. Si contre le témoignage du genre humain, et contre toutes les règles du bon sens, elle s'attache à ôter au *Pentateuque* et aux prophéties leurs auteurs toujours reconnus, et à leur contester leurs dates; c'est que les dates font tout en cette matière pour deux raisons. Premièrement, parce que des livres pleins de tant de faits miraculeux, qu'on y voit revêtus de leurs circonstances les plus particulières, et avancés non-seulement comme publics, mais encore comme présens, s'ils eussent pu être démentis, auroient porté avec eux leur condamnation; et au lieu qu'ils 'se soutiennent de leur propre poids, ils seroient tombés par eux-mêmes il y a long-temps. Secondement, parce que leurs dates étant une fois fixées, on ne peut plus effacer la marque infaillible d'inspiration divine

(a) *IIᵉ édit.* : Mais au-dessus.

qu'ils portent empreinte dans le grand nombre et la longue suite des prédictions mémorables dont on les trouve remplis.

C'est pour éviter ces miracles et ces prédictions, que les impies sont tombés dans toutes les absurdités qui vous ont surpris. Mais qu'ils ne pensent pas échapper à Dieu : il a réservé à son Ecriture une marque de divinité qui ne souffre aucune atteinte. C'est le rapport des deux Testamens. On ne dispute pas du moins que tout l'Ancien Testament ne soit écrit devant le Nouveau. Il n'y a point ici de nouvel Esdras qui ait pu persuader aux Juifs d'inventer ou de falsifier leur Ecriture en faveur des chrétiens qu'ils persécutoient. Il n'en faut pas davantage. Par le rapport des deux Testamens, on prouve que l'un et l'autre est divin. Ils ont tous deux le même dessein et la même suite : l'un prépare la voie à la perfection que l'autre montre à découvert: l'un pose le fondement, et l'autre achève l'édifice; en un mot, l'un prédit ce que l'autre fait voir accompli.

Ainsi tous les temps sont unis ensemble, et un dessein éternel de la divine Providence nous est révélé. La tradition du peuple juif et celle du peuple chrétien ne font ensemble qu'une même suite de religion, et les Ecritures des deux Testamens ne font aussi qu'un même corps et un même livre.

CHAPITRE XXIX (a).

MOYEN FACILE DE REMONTER A LA SOURCE DE LA RELIGION, ET D'EN TROUVER LA VÉRITÉ DANS SON PRINCIPE.

Ces choses seront évidentes à qui voudra les considérer avec attention. Mais comme tous les esprits ne sont pas également capables d'un raisonnement suivi, prenons par la main les plus infirmes, et menons-les doucement jusqu'à l'origine.

Qu'ils considèrent d'un côté les institutions chrétiennes, et de l'autre celles des Juifs: qu'ils en recherchent la source, en commençant par les nôtres, qui leur sont plus familières, et qu'ils regardent attentivement les lois qui règlent nos mœurs : qu'ils

---

(a) Tout le chapitre, du commencement à la fin, addition laissée en manuscrit par l'auteur.

regardent nos Ecritures, c'est-à-dire les quatre *Evangiles*, les *Actes des Apôtres*, les *Epîtres* apostoliques et l'*Apocalypse;* nos sacremens, notre sacrifice, notre culte; et parmi les sacremens, le baptême, où ils voient la consécration du chrétien sous l'invocation expresse de la Trinité; l'Eucharistie, c'est-à-dire un sacrement établi pour conserver la mémoire de la mort de Jésus-Christ, et de la rémission des péchés qui y est attachée : qu'ils joignent à toutes ces choses le gouvernement ecclésiastique, la société de l'Eglise chrétienne en général, les églises particulières, les évêques', les prêtres, les diacres préposés pour les gouverner. Des choses si nouvelles, si singulières, si universelles, ont sans doute une origine. Mais quelle origine peut-on leur donner, sinon Jésus-Christ et ses disciples, puisqu'en remontant par degrés et de siècle en siècle, ou pour mieux dire d'année en année, on les trouve ici et non pas plus haut, et que c'est là que commencent, non-seulement ces institutions, mais encore le nom même de *chrétien?* Si nous avons un Baptême, une Eucharistie, avec les circonstances que nous avons vues, c'est Jésus-Christ qui en est l'auteur. C'est lui qui a laissé à ses disciples ces caractères de leur profession, ces mémoriaux de ses œuvres, ces instrumens de sa grace. Nos saints Livres se trouvent tous publiés dès le temps des apôtres, ni plus tôt, ni plus tard; c'est en leur personne que nous trouvons la source de l'épiscopat. Que si parmi nos évêques il y en a un premier, on voit aussi une primauté parmi les apôtres; et celui qui est le premier parmi nous est reconnu dès l'origine du christianisme pour le successeur de celui qui étoit déjà le premier sous Jésus-Christ même, c'est-à-dire de Pierre. J'avance hardiment ces faits, et même le dernier comme constant, parce qu'il ne peut jamais être contesté de bonne foi, non plus que les autres, comme il seroit aisé de le faire voir par ceux mêmes qui par ignorance ou par esprit de contradiction, ont le plus chicané là-dessus.

Nous voilà donc à l'origine des institutions chrétiennes. Avec la même méthode remontons à l'origine de celles des Juifs. Comme là nous avons trouvé Jésus-Christ, sans qu'on puisse seulement songer à remonter plus haut ; ici par les mêmes voies et par les mêmes raisons, nous serons obligés de nous arrêter à Moïse, ou de remonter aux origines que Moïse nous a marquées.

Les Juifs avoient comme nous, et ont encore en partie, leurs lois, leurs observances, leurs sacremens, leurs Ecritures, leur gouvernement, leurs pontifes, leur sacerdoce, le service de leur temple. Le sacerdoce étoit établi dans la famille d'Aaron, frère de Moïse. D'Aaron et de ses enfans venoit la distinction des familles sacerdotales ; chacun reconnoissoit sa tige, et tout venoit de la source d'Aaron, sans qu'on pût remonter plus haut. La Pâque ni les autres fêtes ne pouvoient venir de moins loin. Dans la Pâque tout rappeloit à la nuit où le peuple avoit été affranchi de la servitude d'Egypte, et où tout se préparoit à sa sortie. La Pentecôte ramenoit aussi jour pour jour le temps où la loi avoit été donnée, c'est-à-dire la cinquantième journée après la sortie d'Egypte. Un même nombre de jours séparoit encore ces deux solennités. Les tabernacles ou les tentes de feuillages verts, où de temps immémorial le peuple demeuroit tous les ans sept jours et sept nuits entières, étoient l'image du long campement dans le désert durant quarante ans ; et il n'y avoit parmi les Juifs ni fête, ni sacrement, ni cérémonie qui n'eût été instituée ou confirmée par Moïse, et qui ne portât encore pour ainsi dire le nom et le caractère de ce grand législateur.   ·

Ces religieuses observances n'étoient pas toutes de même antiquité. La circoncision, la défense de manger du sang, le sabbat même étoient plus anciens que Moïse et que la Loi, comme il paroît par l'*Exode* [1]; mais le peuple savoit toutes ces dates, et Moïse les avoit marquées. La circoncision menoit à Abraham, à l'origine de la nation, à la promesse de l'alliance [2]. La défense de manger du sang menoit à Noé et au déluge [3]; et les révolutions du sabbat, à la création de l'univers et au septième jour béni de Dieu, où il acheva ce grand ouvrage [4]. Ainsi tous les grands événemens, qui pouvoient servir à l'instruction des fidèles, avoient leur mémorial parmi les Juifs; et ces anciennes observances mêlées avec celles que Moïse avoit établies, réunissoient dans le peuple de Dieu toute la religion des siècles passés.

[1] *Exod.*, XVI, 23. — [2] *Gen.*, XVII, 11. — [3] *Ibid.*, IX, 4. — [4] *Ibid.*, II, 3.

Une partie de ces observances ne paroissent plus à présent dans le peuple juif. Le temple n'est plus, et avec lui devoient cesser les sacrifices et même le sacerdoce de la Loi. On ne connoit plus parmi les Juifs d'enfans d'Aaron, et toutes les familles sont confondues. Mais puisque tout cela étoit encore en son entier lorsque Jésus-Christ est venu, et que constamment il rapportoit tout à Moïse, il n'en faudroit pas davantage pour demeurer convaincu qu'une chose si établie venoit de bien loin, et de l'origine même de la nation.

Qu'ainsi ne soit; remontons plus haut, et parcourons toutes les dates où l'on nous pourroit arrêter. D'abord on ne peut aller moins loin qu'Esdras. Jésus-Christ a paru dans le second temple, et c'est constamment du temps d'Esdras qu'il a été rebâti. Jésus-Christ n'a cité de livres que ceux que les Juifs avoient mis dans leur Canon; mais suivant la tradition constante de la nation, ce Canon a été clos et comme scellé du temps d'Esdras, sans que jamais les Juifs aient rien ajouté depuis; et c'est ce que personne ne révoque en doute. C'est donc ici une double date, une époque, si vous voulez l'appeler ainsi, bien considérable pour leur histoire, et en particulier pour celle de leur Ecriture. Mais il nous a paru plus clair que le jour qu'il n'étoit pas possible de s'arrêter là, puisque là même tout est rapporté à une autre source. Moïse est nommé partout comme celui dont les livres révérés par tout le peuple, par tous les prophètes, par ceux qui vivoient alors, par ceux qui les avoient précédés, faisoient l'unique fondement de la religion judaïque. Ne regardons pas encore ces prophètes comme des hommes inspirés : qu'ils soient seulement, si l'on veut, des hommes qui avoient paru en divers temps et sous divers rois, et que l'on ait écoutés comme les interprètes de la religion; leur seule succession, jointe à celle de ces rois dont l'histoire est liée avec la leur, nous mène manifestement à la source de Moïse. Malachie, Aggée, Zacharie, Esdras, qui regardent la loi de Moïse comme établie de tout temps, touchent les temps de Daniel, où il paroît clairement qu'elle n'étoit pas moins reconnue. Daniel touche à Jérémie et à Ezéchiel, où l'on ne voit autre chose que Moïse, l'alliance faite sous lui, les commandemens qu'il a laissés, les me-

naces et les punitions pour les avoir transgressés [1] : tous parlent
de cette loi comme l'ayant goûtée dès leur enfance; et non-seulement ils l'allèguent comme reçue, mais encore ils ne font aucune
action, ils ne disent pas un mot qui n'ait avec elle de secrets rapports.

Jérémie nous mène au temps du roi Josias, sous lequel il a
commencé à prophétiser. La loi de Moïse étoit donc alors aussi
connue et aussi célèbre que les écrits de ce prophète, que tout le
peuple lisoit de ses yeux, et que ses prédications que chacun écoutoit de ses oreilles. En effet en quoi est-ce que la piété de ce prince
est recommandable dans l'histoire sainte, si ce n'est pour avoir
détruit dès son enfance tous les temples et tous les autels que
cette loi défendoit, pour avoir célébré avec un soin particulier les
fêtes qu'elle commandoit, par exemple celle de Pâque avec toutes
les observances qu'on trouve encore écrites de mot à mot dans la
Loi [2]; enfin pour avoir tremblé avec tout son peuple à la vue
des transgressions qu'eux et leurs pères avoient commises contre
cette loi, et contre Dieu qui en étoit l'auteur [3]? Mais il n'en faut
pas demeurer là. Ezéchias son aïeul avoit célébré une Pâque aussi
solennelle, et avec les mêmes cérémonies, et avec la même attention à suivre la loi de Moïse. Isaïe ne cessoit de la prêcher avec
les autres prophètes, non-seulement sous le règne d'Ezéchias,
mais encore durant un long temps sous les règnes de ses prédécesseurs. Ce fut en vertu de cette loi qu'Ozias le bisaïeul d'Ezéchias, étant devenu lépreux, fut non-seulement chassé du temple,
mais encore séparé du peuple avec toutes les précautions que cette
loi avoit prescrites [4]. Un exemple si mémorable en la personne
d'un roi, et d'un si grand roi, marque la Loi trop présente et trop
connue de tout le peuple pour ne venir pas de plus haut. Il n'est
pas moins aisé de remonter par Amasias, par Josaphat, par Asa,
par Abia, par Roboam, à Salomon père du dernier, qui recom-
mande si hautement la loi de ses pères par ces paroles des *Proverbes :* « Garde, mon fils, les préceptes de ton père ; n'oublie pas

---

[1] *Jerem.*, XI, 1, etc.; *Bar.*, II, 2.; *Ezech.*, XI, 12 ; XVIII ; XXII ; XXIII, etc.; *Malach.*,
IV, 4. — [2] II *Paral.*, XXXV. — [3] IV *Reg.*, XXII, XXIII ; II *Paral.*, XXXIV.— [4] IV *Reg.*,
XV, 5; II *Paral.*, XXVI, 19, etc. ; *Lev.*, XIII ; *Num.*, V, 2.

la loi de ta mère. Attache les commandemens de cette loi à ton cœur; fais-en un collier autour de ton cou : quand tu marcheras, qu'ils te suivent; qu'ils te gardent dans ton sommeil; et incontinent après ton réveil entretiens-toi avec eux, parce que le commandement est un flambeau, et la loi une lumière, et la voie de la vie une correction et une instruction salutaire [1]. » En quoi il ne fait que répéter ce que son père David avoit chanté : « La loi du Seigneur est sans tache; elle convertit les ames : le témoignage du Seigneur est sincère, et rend sages les petits enfans : les justices du Seigneur sont droites, et réjouissent les cœurs : ses préceptes sont pleins de lumière, ils éclairent les yeux [2]. » Et tout cela, qu'est-ce autre chose que la répétition et l'exécution de ce que disoit la loi elle-même : « Que les préceptes que je te donnerai aujourd'hui soient dans ton cœur : raconte-les à tes enfans, et ne cesse de les méditer, soit que tu demeures dans ta maison, ou que tu marches dans les chemins; quand tu te couches le soir, ou le matin quand tu te lèves. Tu les lieras à ta main comme un signe; ils seront mis et se remueront dans des rouleaux devant tes yeux, et tu les écriras à l'entrée sur la porte de ta maison [3]? » Et on voudroit qu'une loi qui devoit être si familière, et si fort entre les mains de tout le monde, pût venir par des voies cachées, ou qu'on pût jamais l'oublier, et que ce fût une illusion qu'on eût faite à tout le peuple, que de lui persuader que c'étoit la loi de ses pères, sans qu'il en eût vu de tout temps des monumens incontestables?

Enfin puisque nous en sommes à David et à Salomon, leur ouvrage le plus mémorable, celui dont le souvenir ne s'étoit jamais effacé dans la nation, c'étoit le temple. Mais qu'ont fait après tout ces deux grands rois, lorsqu'ils ont préparé et construit cet édifice incomparable? qu'ont-ils fait que d'exécuter la loi de Moïse, qui ordonnoit de choisir un lieu où l'on célébrât le service de toute la nation [4], où s'offrissent les sacrifices que Moïse avoit prescrits, où l'on retirât l'arche qu'il avoit construite dans le désert, dans lequel enfin on mît en grand le tabernacle que

[1] *Prov.*, VI, 20, 21, 22, 23. — [2] *Ps.* XVIII, 8, 9. — [3] *Deut.*, VI, 6, 7, 8, 9. — [4] *Deut.*, XII, 5; XIV, 23; XV, 20; XVI, 2, etc.

Moïse avoit fait bâtir pour être le modèle du temple futur? de
sorte qu'il n'y a pas un seul moment où Moïse et sa loi n'ait été
vivante; et la tradition de ce célèbre législateur remonte de
règne en règne et presque d'année en année jusqu'à lui-même.

Avouons que la tradition de Moïse est trop manifeste et trop
suivie pour donner le moindre soupçon de fausseté, et que les
temps dont est composée cette succession se touchent de trop près
pour laisser la moindre jointure et le moindre vide où la supposition pût être placée. Mais pourquoi nommer ici la supposition?
Il n'y faudroit pas seulement penser, pour peu qu'on eût de bon
sens. Tout est rempli, tout est gouverné, tout est pour ainsi dire
éclairé de la loi et des Livres de Moïse. On ne peut les avoir oubliés un seul moment; et il n'y auroit rien de moins soutenable
que de vouloir s'imaginer que l'exemplaire qui en fut trouvé
dans le temple par Helcias souverain pontife [1] à la dix-huitième
année de Josias, et apporté à ce prince, fût le seul qui restât
alors. Car qui auroit détruit les autres? Que seroient devenues
les Bibles d'Osée, d'Isaïe, d'Amos, de Michée et des autres, qui
écrivoient immédiatement devant ce temps, et de tous ceux qui
les avoient suivis dans la pratique de la piété? Où est-ce que Jérémie auroit appris l'Ecriture sainte, lui qui commença à prophétiser avant cette découverte, et dès la treizième année de
Josias? Les prophètes se sont bien plaints que l'on transgressoit
la loi de Moïse, mais non pas qu'on en eût perdu jusqu'aux
livres. On ne lit point, ni qu'Achaz, ni que Manassès, ni qu'Amon,
ni qu'aucun de ces rois impies qui ont précédé Josias aient tâché
de les supprimer. Il y auroit eu autant de folie et d'impossibilité
que d'impiété dans cette entreprise, et la mémoire d'un tel attentat ne se seroit jamais effacée : et quand ils auroient tenté la
suppression de ce divin Livre dans le royaume de Juda, leur
pouvoir ne s'étendoit pas sur les terres du royaume d'Israël, où
il s'est trouvé conservé. On voit donc bien que ce livre, que le
souverain pontife fit apporter à Josias, ne peut avoir été autre
chose qu'un exemplaire plus correct et plus authentique, fait sous
les rois précédens et déposé dans le temple, ou plutôt sans hésiter

[1] IV *Reg.*, XXII, 10; II *Paral.*, XXXIV, 14.

l'original de Moïse, que ce sage législateur avoit « ordonné qu'on mît à côté de l'arche en témoignage contre tout le peuple [1]. » C'est ce qu'insinuent ces paroles de l'histoire sainte : « Le pontife Helcias trouva dans le temple le Livre de la loi de Dieu par la main de Moïse [2]. » Et de quelque sorte qu'on entende ces paroles, il est bien certain que rien n'étoit plus capable de réveiller le peuple endormi, et de ranimer son zèle à la lecture de la loi peut-être alors trop négligée, qu'un original de cette importance laissé dans le sanctuaire par les soins et par l'ordre de Moïse, en témoignage contre les révoltes et les transgressions du peuple, sans qu'il soit besoin de se figurer la chose du monde la plus impossible, c'est-à-dire la loi de Dieu oubliée ou réduite à un exemplaire. Au contraire on voit clairement que la découverte de ce Livre n'apprend rien de nouveau au peuple, et ne fait que l'exciter à prêter une oreille plus attentive à une voix qui lui étoit déjà connue. C'est ce qui fait dire au roi : « Allez et priez le Seigneur pour moi et pour les restes d'Israël et de Juda, afin que la colère de Dieu ne s'élève point contre nous au sujet des paroles écrites dans ce Livre, puisqu'il est arrivé de si grands maux à nous et à nos pères pour ne les avoir point observées [3]. »

Après cela il ne faut plus se donner la peine d'examiner en particulier tout ce qu'ont imaginé les incrédules, les faux savans, les faux critiques, sur la supposition des Livres de Moïse. Les mêmes impossibilités qu'on y trouvera en quelque temps que ce soit, par exemple, dans celui d'Esdras, règnent partout. On trouvera toujours également dans le peuple une répugnance invincible à regarder comme ancien ce dont il n'aura jamais entendu parler, et comme venu de Moïse et déjà connu et établi ce qui viendra de leur être mis tout nouvellement entre les mains.

Il faut encore se souvenir de ce qu'on ne peut jamais assez remarquer, des dix tribus séparées. C'est la date la plus remarquable dans l'histoire de la nation, puisque c'est alors qu'il se forma un nouveau royaume, et que celui de David et de Salomon fut divisé en deux. Mais puisque les Livres de Moïse sont demeurés dans les deux partis ennemis comme un héritage commun,

---

[1] *Deut.*, xxxi, 26. — [2] II *Paral.*, xxxiv, 14. — [3] II *Paral.*, xxxiv, 21.

ils venoient par conséquent des pères communs avant la séparation ; par conséquent aussi ils venoient de Salomon, de David, de
Samuel qui l'avoit sacré ; d'Héli, sous qui Samuel encore enfant
avoit appris le culte de Dieu et l'observance de la loi : de cette loi
que David célébroit dans ses Psaumes chantés de tout le monde,
et Salomon dans ses sentences que tout le peuple avoit entre les
mains. De cette sorte si haut qu'on remonte, on trouve toujours
la loi de Moïse établie, célèbre, universellement reconnue, et on
ne se peut reposer qu'en Moïse même : comme dans les archives
chrétiennes on ne peut se reposer que dans les temps de Jésus-
Christ et des apôtres.

Mais là que trouverons-nous, que trouverons-nous dans ces
deux points fixes de Moïse et de Jésus-Christ, sinon, comme nous
l'avons déjà vu, des miracles visibles et incontestables en témoignage de la mission de l'un et de l'autre. D'un côté, les plaies de
l'Egypte, le passage de la mer Rouge, la loi donnée sur le mont
Sinaï, la terre entr'ouverte, et toutes les autres merveilles dont
on disoit à tout le peuple qu'il avoit été lui-même le témoin ; et
de l'autre, des guérisons sans nombre, des résurrections de
morts, et celle de Jésus-Christ même attestée par ceux qui l'a-
voient vue, et soutenue jusqu'à la mort ; c'est-à-dire tout ce qu'on
pouvoit souhaiter pour assurer la vérité d'un fait, puisque Dieu
même, je ne craindrai pas de le dire, ne pouvoit rien faire de
plus clair pour établir la certitude du fait, que de le réduire au
témoignage des sens, ni une épreuve plus forte pour établir la
sincérité des témoins, que celle d'une cruelle mort.

Mais après qu'en remontant des deux côtés, je veux dire du
côté des Juifs et de celui des chrétiens, on a trouvé une origine si
certainement miraculeuse et divine, il restoit encore pour achever l'ouvrage, de faire voir la liaison de deux institutions si manifestement venues de Dieu. Car il faut qu'il y ait un rapport
entre ses œuvres, que tout soit d'un même dessein, et que la
loi chrétienne qui se trouve la dernière, se trouve attachée à
l'autre. C'est aussi ce qui ne peut être nié. On ne doute pas que
les Juifs n'aient attendu et n'attendent encore un Christ ; et les
prédictions dont ils sont les porteurs ne permettent pas de

douter que ce Christ promis aux Juifs ne soit celui que nous croyons.

CHAPITRE XXX.

LES PRÉDICTIONS RÉDUITES A TROIS FAITS PALPABLES : PARABOLE DU FILS DE DIEU QUI EN ÉTABLIT LA LIAISON [a].

Et à cause que la discussion des prédictions particulières, quoiqu'en soi pleine de lumière, depend de beaucoup de faits que tout le monde ne peut pas suivre également, Dieu en a choisi quelques-uns qu'il a rendus sensibles aux plus ignorans. Ces faits illustres, ces faits éclatans dont tout l'univers est témoin, sont les faits [b] que j'ai tâché jusques ici de vous faire suivre; c'est-à-dire la désolation du peuple juif et la conversion des gentils arrivées ensemble, et toutes deux précisément dans le même temps que l'Evangile a été prêché, et que Jésus-Christ a paru.

Ces trois choses unies dans l'ordre des temps, l'étoient encore beaucoup davantage dans l'ordre des conseils de Dieu. Vous les avez vues marcher ensemble dans les anciennes prophéties : mais Jésus-Christ fidèle interprète des prophéties et des volontés de son Père, nous a encore mieux expliqué cette liaison dans son Evangile. Il le fait dans la parabole de la vigne [1] si familière aux prophètes. Le père de famille avoit planté cette vigne, c'est-à-dire la religion véritable fondée sur son alliance; et l'avoit donnée à cultiver à des ouvriers, c'est-à-dire aux Juifs. Pour en recueillir les fruits, il envoie à diverses fois ses serviteurs, qui sont les prophètes. Ces ouvriers infidèles les font mourir. Sa bonté le porte à leur envoyer son propre Fils. Ils le traitent encore plus mal que les serviteurs. A la fin il leur ôte sa vigne, et la donne à d'autres ouvriers : il leur ôte la grace de son alliance pour la donner aux gentils.

Ces trois choses devoient donc concourir ensemble, l'envoi du Fils de Dieu, la réprobation des Juifs et la vocation des gentils. Il ne faut plus de commentaire à la parabole que l'événement a interprétée.

---

[1] *Matth.*, XXI, 33 et seq.
(a) 1re *edit.:* Pas de titre. — (b) Sont, Monseigneur, les faits.

Vous avez vu que les Juifs avouent que le royaume de Juda et l'état de leur république a commencé à tomber dans les temps d'Hérode, et lorsque Jésus-Christ est venu au monde. Mais si les altérations qu'ils faisoient à la loi de Dieu leur ont attiré une diminution si visible de leur puissance, leur dernière désolation qui dure encore, devoit être la punition d'un plus grand crime.

Ce crime est visiblement leur méconnoissance envers leur Messie, qui venoit les instruire et les affranchir. C'est aussi depuis ce temps qu'un joug de fer est sur leur tête ; et ils en seroient accablés, si Dieu ne les réservoit à servir un jour ce Messie qu'ils ont crucifié.

Voilà donc déjà un fait avéré et public ; c'est la ruine totale de l'état du peuple juif dans le temps de Jésus-Christ. La conversion des gentils qui devoit arriver dans le même temps, n'est pas moins avérée. En même temps que l'ancien culte est détruit dans Jérusalem avec le temple, l'idolâtrie est attaquée de tous côtés ; et les peuples qui depuis tant de milliers d'années avoient oublié leur créateur, se réveillent d'un si long assoupissement.

Et afin que tout convienne, les promesses spirituelles sont développées par la prédication de l'Evangile, dans le temps que le peuple juif qui n'en avoit reçu que de temporelles, réprouvé manifestement pour son incrédulité, et captif par toute la terre, n'a plus de grandeur humaine à espérer. Alors le ciel est promis à ceux qui souffrent persécution pour la justice ; les secrets de la vie future sont prêchés ; et la vraie béatitude est montrée loin de ce séjour où règne la mort, où abondent le péché et tous les maux.

Si on ne découvre pas ici un dessein toujours soutenu et toujours suivi ; si on n'y voit pas un même ordre des conseils de Dieu qui prépare dès l'origine du monde ce qu'il achève à la fin des temps, et qui sous divers états, mais avec une succession toujours constante, perpétue aux yeux de tout l'univers la sainte société où il veut être servi : on mérite de ne rien voir, et d'être livré à son propre endurcissement comme au plus juste et au plus rigoureux de tous les supplices.

Et afin que cette suite du peuple de Dieu fût claire aux moins clairvoyans, Dieu la rend sensible et palpable par des faits que personne ne peut ignorer, s'il ne ferme volontairement les yeux à la vérité. Le Messie est attendu par les Hébreux ; il vient, et il appelle les gentils, comme il avoit été prédit. Le peuple qui le reconnoît comme venu, est incorporé au peuple qui l'attendoit, sans qu'il y ait entre deux un seul moment d'interruption : ce peuple est répandu par toute la terre : les gentils ne cessent de s'y agréger ; et cette Eglise que Jésus-Christ a établie sur la pierre, malgré les efforts de l'enfer, n'a jamais été renversée.

CHAPITRE XXXI.

SUITE DE L'ÉGLISE CATHOLIQUE, ET SA VICTOIRE MANIFESTE SUR TOUTES LES SECTES [a].

Quelle consolation aux enfans de Dieu ! mais quelle conviction de la vérité, quand ils voient que d'Innocent XI qui remplit aujourd'hui si dignement le premier Siége de l'Eglise, on remonte sans interruption jusqu'à saint Pierre établi par Jésus-Christ prince des apôtres : d'où en reprenant les pontifes qui ont servi sous la loi, on va jusqu'à Aaron et jusqu'à Moïse ; de là jusqu'aux patriarches, et jusqu'à l'origine du monde ! Quelle suite, quelle tradition, quel enchaînement merveilleux ! Si notre esprit naturellement incertain, et devenu par ses incertitudes le jouet de ses propres raisonnemens, a besoin dans les questions où il y va du salut, d'être fixé et déterminé par quelque autorité certaine : quelle plus grande autorité que celle de l'Eglise catholique, qui réunit en elle-même toute l'autorité des siècles passés, et les anciennes traditions du genre humain jusqu'à sa première origine ?

Ainsi la société que Jésus-Christ attendu durant tous les siècles passés, a enfin fondée sur la pierre, et où saint Pierre et ses successeurs doivent présider par ses ordres, se justifie elle-même par sa propre suite, et porte dans son éternelle durée le caractère de la main de Dieu.

C'est aussi cette succession, que nulle hérésie, nulle secte,

(a) Titre ajouté dans la III⁰ édition.

nulle autre société que la seule Eglise de Dieu n'a pu se donner. Les fausses religions ont pu imiter l'Eglise en beaucoup de choses, et surtout elles l'imitent en disant, comme elle, que c'est Dieu qui les a fondées : mais ce discours en leur bouche n'est qu'un discours en l'air. Car si Dieu a créé le genre humain ; si le créant à son image, il n'a jamais dédaigné de lui enseigner le moyen de le servir et de lui plaire, toute secte qui ne montre pas sa succession depuis l'origine du monde n'est pas de Dieu.

· Ici tombent aux pieds de l'Eglise toutes les sociétés et toutes les sectes que les hommes ont établies au dedans ou au dehors du christianisme. Par exemple, le faux prophète des Arabes a bien pu se dire envoyé de Dieu ; et après avoir trompé des peuples souverainement ignorans, il a pu profiter des divisions de son voisinage pour y étendre par les armes une religion toute sensuelle : mais ni il n'a osé supposer qu'il ait été attendu, ni enfin il n'a pu donner, ou à sa personne, ou à sa religion, aucune liaison réelle ni apparente avec les siècles passés. L'expédient qu'il a trouvé pour s'en exempter est nouveau. De peur qu'on ne voulût rechercher dans les Ecritures des chrétiens des témoignages de sa mission, semblables à ceux que Jésus-Christ trouvoit dans les Ecritures des Juifs, il a dit que les chrétiens et les Juifs avoient falsifié tous leurs livres. Ses sectateurs ignorans l'en ont cru sur sa parole six cents ans après Jésus-Christ ; et il s'est annoncé luimême, non-seulement sans aucun témoignage précédent, mais encore sans que ni lui ni les siens aient osé ou supposer, ou promettre aucun miracle sensible qui ait pu autoriser sa mission. De même les hérésiarques qui ont fondé des sectes nouvelles parmi les chrétiens, ont bien pu rendre la foi plus facile, et en même temps moins soumise, en niant les mystères (a) qui passent les sens. Ils ont bien pu éblouir les hommes par leur éloquence et par une apparence de piété, les remuer par leurs passions, les engager par leurs intérêts, les attirer par la nouveauté et par le libertinage, soit par celui de l'esprit, soit même par celui des sens ; en un mot, ils ont pu facilement, ou se tromper, ou tromper les autres, car il n'y a rien de plus humain : mais outre qu'ils

(a) 1ʳᵉ édit. : Ont bien pu rendre la foi plus facile, en niant les mystères.

n'ont pas pu même se vanter d'avoir fait aucun miracle en public, ni réduire leur religion à des faits positifs dont leurs sectateurs fussent témoins, il y a toujours un fait malheureux pour
eux, que jamais ils n'ont pu couvrir ; c'est celui de leur nouveauté. Il paroîtra toujours aux yeux de tout l'univers, qu'eux
et la secte qu'ils ont établie ne sera détachée de ce grand corps et
de cette Eglise ancienne que Jésus-Christ a fondée, où saint
Pierre et ses successeurs tenoient la première place, dans laquelle
toutes les sectes les ont trouvés établis. Le moment de la séparation sera toujours si constant, que les hérétiques eux-mêmes ne
le pourront désavouer, et qu'ils n'oseront pas seulement tenter
de se faire venir de la source par une suite qu'on n'ait jamais
vue s'interrompre. C'est le foible inévitable de toutes les sectes
que les hommes ont établies. Nul ne peut changer les siècles passés, ni se donner des prédécesseurs, ou faire qu'il les ait trouvés
en possession. La seule Eglise catholique remplit tous les siècles
précédens par une suite qui ne lui peut être contestée. La Loi
vient au-devant de l'Evangile ; la succession de Moïse et des patriarches ne fait qu'une même suite avec celle de Jésus-Christ :
être attendu, venir, être reconnu par une postérité qui dure autant que le monde, c'est le caractère du Messie en qui nous
croyons. « Jésus-Christ est aujourd'hui, il étoit hier, et il est aux
siècles des siècles [1]. »

Ainsi outre l'avantage qu'a l'Eglise de Jésus-Christ, d'être
seule fondée sur des faits miraculeux et divins qu'on a écrits hautement et sans crainte d'être démenti dans le temps qu'ils sont
arrivés, voici en faveur de ceux qui n'ont pas vécu dans ces
temps, un miracle toujours subsistant, qui confirme la vérité de
tous les autres ; c'est la suite de la religion toujours victorieuse
des erreurs qui ont tâché de la détruire. Vous y pouvez joindre
encore une autre suite, et c'est la suite visible d'un continuel châtiment sur les Juifs qui n'ont pas reçu le Christ promis à leurs
pères.

Ils l'attendent néanmoins encore, et leur attente toujours frus-
trée fait une partie de leur supplice. Ils l'attendent, et font voir

[1] *Hebr.*, XIII, 8.

en l'attendant qu'il a toujours été attendu. Condamnés par leurs propres livres, ils assurent la vérité de la religion ; ils en portent pour ainsi dire toute la suite écrite sur leur front : d'un seul regard on voit ce qu'ils ont été, pourquoi ils sont comme on les voit, et à quoi ils sont réservés.

Ainsi quatre ou cinq faits authentiques et plus clairs que la lumière du soleil, font voir notre religion aussi ancienne que le monde. Ils montrent par conséquent, qu'elle n'a point d'autre auteur que celui qui a fondé l'univers, qui tenant tout en sa main, a pu seul et commencer et conduire un dessein où tous les siècles sont compris.

Il ne faut donc plus s'étonner, comme on fait ordinairement, de ce que Dieu nous propose à croire tant de choses si dignes de lui, et tout ensemble si impénétrables à l'esprit humain : mais plutôt il faut s'étonner de ce qu'ayant établi la foi sur une autorité si ferme et si manifeste, il reste encore dans le monde des aveugles et des incrédules.

Nos passions désordonnées, notre attachement à nos sens, et notre orgueil indomptable en sont la cause. Nous aimons mieux tout risquer que de nous contraindre : nous aimons mieux croupir dans notre ignorance que de l'avouer : nous aimons mieux satisfaire une vaine curiosité, et nourrir dans notre esprit indocile la liberté de penser tout ce qu'il nous plaît, que de ployer sous le joug de l'autorité divine.

De là vient qu'il y a tant d'incrédules, et Dieu le permet ainsi pour l'instruction de ses enfans. Sans les aveugles, sans les sauvages, sans les infidèles qui restent, et dans le sein même du christianisme, nous ne connoîtrions pas assez la corruption profonde de notre nature, ni l'abîme d'où Jésus-Christ nous a tirés. Si sa sainte vérité n'étoit contredite, nous ne verrions pas la merveille qui l'a fait durer parmi tant de contradictions, et nous oublierions à la fin que nous sommes sauvés par la grace. Maintenant l'incrédulité des uns humilie les autres ; et les rebelles qui s'opposent aux desseins de Dieu font éclater la puissance par laquelle, indépendamment de toute autre chose, il accomplit les promesses qu'il a faites à son Eglise.

Qu'attendons-nous donc à nous soumettre? Attendons-nous que Dieu fasse toujours de nouveaux miracles; qu'il les rende inutiles en les continuant; qu'il y accoutume nos yeux comme ils le sont au cours du soleil et à toutes les autres merveilles de la nature? Ou bien attendons-nous que les impies et les opiniâtres se taisent; que les gens de bien et les libertins rendent un égal témoignage à la vérité; que tout le monde d'un commun accord la préfère à sa passion; et que la fausse science, que la seule nouveauté fait admirer, cesse de surprendre les hommes? N'est-ce pas assez que nous voyions qu'on ne peut combattre la religion sans montrer par de prodigieux égaremens qu'on a le sens renversé, et qu'on ne se défend plus que par présomption ou par ignorance? L'Eglise victorieuse des siècles et des erreurs, ne pourra-t-elle pas vaincre dans nos esprits les pitoyables raisonnemens qu'on lui oppose; et les promesses divines que nous voyons tous les jours s'y accomplir, ne pourront-elles nous élever au-dessus des sens?

Et qu'on ne nous dise pas que ces promesses demeurent encore en suspens, et que comme elles s'étendent jusqu'à la fin du monde, ce ne sera qu'à la fin du monde que nous pourrons nous vanter d'en avoir vu l'accomplissement. Car au contraire ce qui s'est passé nous assure de l'avenir : tant d'anciennes prédictions si visiblement accomplies, nous font voir qu'il n'y aura rien qui ne s'accomplisse; et que l'Eglise contre qui l'enfer, selon la promesse du Fils de Dieu, ne peut jamais prévaloir, sera toujours subsistante jusqu'à la consommation des siècles, puisque Jésus-Christ véritable en tout n'a point donné d'autres bornes à sa durée.

Les mêmes promesses nous assurent la vie future. Dieu qui s'est montré si fidèle en accomplissant ce qui regarde le siècle présent, ne le sera pas moins à accomplir ce qui regarde le siècle futur, dont tout ce que nous voyons n'est qu'une préparation; et l'Eglise sera sur la terre toujours immuable et invincible, jusqu'à ce que ses enfans étant ramassés, elle soit toute entière transportée au ciel, qui est son séjour véritable.

Pour ceux qui seront exclus de cette Cité céleste, une rigueur éternelle leur est réservée; et après avoir perdu par leur faute une bienheureuse éternité, il ne leur restera plus qu'une éternité malheureuse.

Ainsi les conseils de Dieu se terminent par un état immuable ; ses promesses et ses menaces sont également certaines ; et ce qu'il exécute dans le temps, assure ce qu'il nous ordonne ou d'espérer ou de craindre dans l'éternité.

Voilà ce que vous apprend la suite de la religion mise en abrégé devant vos yeux. Par le temps elle vous conduit à l'éternité. Vous voyez un ordre constant dans tous les desseins de Dieu, et une marque visible de sa puissance dans la durée perpétuelle de son peuple. Vous reconnoissez que l'Eglise a une tige toujours subsistante, dont on ne peut se séparer sans se perdre ; et que ceux qui étant unis à cette racine, font des œuvres dignes de leur foi, s'assurent la vie éternelle.

Etudiez donc, Monseigneur, avec une attention particulière cette suite de l'Eglise (a), qui vous assure si clairement toutes les promesses de Dieu. Tout ce qui rompt cette chaîne, tout ce qui sort de cette suite, tout ce qui s'élève de soi-même, et ne vient pas en vertu des promesses faites à l'Eglise dès l'origine du monde, vous doit faire horreur. Employez toutes vos forces à rappeler dans cette unité tout ce qui s'en est dévoyé, et à faire écouter l'Eglise par laquelle le Saint-Esprit prononce ses oracles.

La gloire de vos ancêtres est non seulement de ne l'avoir jamais abandonnée, mais de l'avoir toujours soutenue, et d'avoir mérité par là d'être appelés ses fils aînés, qui est sans doute le plus glorieux de tous leurs titres.

Je n'ai pas besoin de vous parler de Clovis, de Charlemagne, ni de saint Louis. Considérez seulement le temps où vous vivez, et de quel père Dieu vous a fait naître. Un roi si grand en tout se distingue plus par sa foi que par ses autres admirables qualités. Il protége la religion au dedans et au dehors du royaume, et jusqu'aux extrémités du monde. Ses lois sont un des plus fermes remparts de l'Eglise. Son autorité révérée autant par le mérite de sa personne que par la majesté de son sceptre, ne se soutient jamais mieux que lorsqu'elle défend la cause de Dieu. On n'en-

(a) Etudiez donc, Monseigneur, mais étudiez avec attention cette suite.

tend plus de blasphème; l'impiété tremble devant lui : c'est ce roi marqué par Salomon, qui dissipe tout le mal par ses regards[1]. S'il attaque l'hérésie par tant de moyens, et plus encore que n'ont jamais fait ses prédécesseurs, ce n'est pas qu'il craigne pour son trône; tout est tranquille à ses pieds, et ses armes sont redoutées par toute la terre : mais c'est qu'il aime ses peuples, et que se voyant élevé par la main de Dieu à une puissance que rien ne peut égaler dans l'univers, il n'en connoît point de plus bel usage que de la faire servir à guérir les plaies de l'Eglise.

Imitez, Monseigneur, un si bel exemple, et laissez-le à vos descendans. Recommandez-leur l'Eglise plus encore que ce grand empire que vos ancêtres gouvernent depuis tant de siècles. Que votre auguste maison la première en dignité qui soit au monde, soit la première à défendre les droits de Dieu, et à étendre par tout l'univers le règne de Jésus-Christ qui la fait régner avec tant de gloire.

TROISIÈME PARTIE[a].

LES EMPIRES.

CHAPITRE PREMIER.

LES RÉVOLUTIONS DES EMPIRES SONT RÉGLÉES PAR LA PROVIDENCE, ET SERVENT A HUMILIER LES PRINCES.

Quoiqu'il n'y ait rien de comparable à cette suite de la vraie Eglise que je vous ai représentée, la suite des empires qu'il faut maintenant vous remettre devant les yeux, n'est guère moins profitable, je ne dirai pas seulement aux grands princes comme vous, mais encore aux particuliers qui contemplent dans ces grands objets les secrets de la divine providence (b).

---

[1] *Prov.*, xx, 8.

(a)1re *édit.* : Troisième partie de ce discours. — (b) N'est guère moins profitable aux grands princes comme vous.

Premièrement, ces empires ont pour la plupart une liaison nécessaire avec l'histoire du peuple de Dieu. Dieu s'est servi des Assyriens et des Babyloniens, pour châtier ce peuple; des Perses,
pour le rétablir; d'Alexandre et de ses premiers successeurs, pour
le protéger; d'Antiochus l'Illustre et de ses successeurs, pour
l'exercer; des Romains, pour soutenir sa liberté contre les rois de
Syrie, qui ne songeoient qu'à le détruire. Les Juifs ont duré jusqu'à Jésus-Christ sous la puissance des mêmes Romains. Quand
ils l'ont méconnu et crucifié, ces mêmes Romains ont prêté leurs
mains sans y penser à la vengeance divine, et ont exterminé ce
peuple ingrat. Dieu qui avoit résolu de rassembler dans le même
temps le peuple nouveau de toutes les nations, a premièrement
réuni les terres et les mers sous ce même empire. Le commerce
de tant de peuples divers, autrefois étrangers les uns aux autres,
et depuis réunis sous la domination romaine, a été un des plus
puissans moyens dont la Providence se soit servie pour donner
cours à l'Evangile. Si le même empire romain a persécuté durant
trois cents ans ce peuple nouveau qui naissoit de tous côtés dans
son enceinte, cette persécution a confirmé l'Eglise chrétienne, et
a fait éclater sa gloire avec sa foi et sa patience. Enfin l'empire
romain a cédé; et ayant trouvé quelque chose de plus invincible
que lui, il a reçu paisiblement dans son sein cette Eglise à laquelle il avoit fait une si longue et si cruelle guerre. Les empereurs ont employé leur pouvoir à faire obéir l'Eglise, et Rome a
été le chef de l'empire spirituel que Jésus-Christ a voulu étendre
par toute la terre.

Quand le temps a été venu que la puissance romaine devoit
tomber, et que ce grand empire qui s'étoit vainement promis
l'éternité, devoit subir la destinée de tous les autres, Rome devenue la proie des barbares, a conservé par la religion son ancienne majesté. Les nations qui ont envahi l'empire romain, y
ont appris peu à peu la piété chrétienne qui a adouci leur barbarie; et leurs rois, en se mettant chacun dans sa nation à la
place des empereurs, n'ont trouvé aucun de leurs titres plus glorieux que celui de protecteurs de l'Eglise.

Mais il faut ici vous découvrir les secrets jugemens de Dieu sur l'empire romain et sur Rome même : mystère que le Saint-Esprit a révélé à saint Jean, et que ce grand homme, apôtre, évangéliste et prophète, a expliqué dans *l'Apocalypse*. Rome qui avoit vieilli dans le culte des idoles, avoit une peine extrême à s'en défaire, même sous les empereurs chrétiens; et le sénat se faisoit un honneur de défendre les dieux de Romulus, auxquels il attribuoit toutes les victoires de l'ancienne république[1]. Les empereurs étoient fatigués des députations de ce grand corps qui demandoit le rétablissement de ses idoles, et qui croyoit que corriger Rome de ses vieilles superstitions, étoit faire injure au nom romain. Ainsi cette compagnie composée de ce que l'empire avoit de plus grand, et une immense multitude de peuple où se trouvoient presque tous les plus puissans de Rome, ne pouvoient être retirées de leurs erreurs, ni par la prédication de l'Evangile, ni par un si visible accomplissement des anciennes prophéties, ni par la conversion presque de tout le reste de l'empire, ni enfin par celle des princes dont tous les décrets autorisoient le christianisme. Au contraire ils continuoient à charger d'opprobres l'Eglise de Jésus-Christ qu'ils accusoient encore, à l'exemple de leurs pères, de tous les malheurs de l'empire, toujours prêts à renouveler les anciennes persécutions s'ils n'eussent été réprimés par les empereurs. Les choses étoient encore en cet état au quatrième siècle de l'Eglise, et cent ans après Constantin, quand Dieu enfin se ressouvint de tant de sanglans décrets du sénat contre les fidèles, et tout ensemble des cris furieux dont tout le peuple romain avide du sang chrétien, avoit si souvent fait retentir l'amphithéâtre. Il livra donc aux barbares cette ville *enivrée du sang des martyrs*, comme parle saint Jean[2]. Dieu renouvela sur elle les terribles châtimens qu'il avoit exercés sur Babylone : Rome même est appelée de ce nom. Cette nouvelle Babylone imitatrice de l'ancienne, comme elle enflée de ses victoires, triomphante dans ses délices et dans ses richesses, souillée de ses idolâtries, et persécutrice du peuple de Dieu, tombe aussi comme elle d'une grande chute, et saint Jean chante sa ruine[3]. La gloire

---

[1] Zozim., lib. IV, *Orat., Symm.*, apud Ambr., *Ep.* xxx, nunc xvii; Aug. *de Civit. Dei*, lib. I, c. 1, etc. — [2] *Apoc.*, xvii, 6. — [3] *Apoc.*, xvii, xviii.

de ses conquêtes, qu'elle attribuoit à ses dieux, lui est ôtée : elle est en proie aux barbares, prise trois et quatre fois, pillée, saccagée, détruite. Le glaive des barbares ne pardonne qu'aux chrétiens. Une autre Rome toute chrétienne sort des cendres de la première; et c'est seulement après l'inondation des barbares que s'achève entièrement la victoire de Jésus-Christ sur les dieux romains, qu'on voit non-seulement détruits, mais encore oubliés (a).

C'est ainsi que les empires du monde ont servi à la religion et à la conservation du peuple de Dieu : c'est pourquoi ce même Dieu qui a fait prédire à ses prophètes les divers états de son peuple, leur a fait prédire aussi la succession des empires. Vous avez vu les endroits où Nabuchodonosor a été marqué comme celui qui devoit venir pour punir les peuples superbes, et surtout le peuple juif ingrat envers son auteur. Vous avez entendu nommer Cyrus deux cents ans avant sa naissance, comme celui qui devoit rétablir le peuple de Dieu, et punir l'orgueil de Babylone. La ruine de Ninive n'a pas été prédite moins clairement. Daniel dans ses admirables visions, a fait passer en un instant devant vos yeux l'empire de Babylone, celui des Mèdes et des Perses, celui d'Alexandre et des Grecs. Les blasphèmes et les cruautés d'un Antiochus l'Illustre y ont été prophétisés, aussi bien que les victoires miraculeuses du peuple de Dieu sur un si violent persécuteur. On y voit ces fameux empires tomber les uns après les autres; et le nouvel empire que Jésus-Christ devoit établir y est marqué si expressément par ses propres caractères, qu'il n'y a pas moyen de le méconnoître. C'est l'empire des saints du Très-Haut; c'est l'empire du Fils de l'homme : empire qui doit subsister au milieu de la ruine de tous les autres, et auquel seul l'éternité est promise.

Les jugemens de Dieu sur le plus grand de tous les empires de ce monde, c'est-à-dire sur l'empire romain, ne nous ont pas été cachés. Vous les venez d'apprendre de la bouche de saint Jean. Rome a senti la main (b) de Dieu, et a été comme les autres un exemple de sa justice. Mais son sort étoit plus heureux que

(a) 1ʳᵉ édit. : Mais oubliés. — (b) 1ʳᵉ édit. : A senti elle-même la main.

celui des autres villes. Purgée par ses désastres des restes de l'idolâtrie, elle ne subsiste plus que par le christianisme qu'elle annonce à tout l'univers.

Ainsi tous les grands empires que nous avons vus sur la terre, ont concouru par divers moyens au bien de la religion et à la gloire de Dieu, comme Dieu même l'a déclaré par ses prophètes.

Quand vous lisez si souvent dans leurs écrits que les rois entreront en foule dans l'Eglise, et qu'ils en seront les protecteurs et les nourriciers, vous reconnoissez à ces paroles les empereurs et les autres princes chrétiens; et comme les rois vos ancêtres se sont signalés plus que tous les autres, en protégeant et en étendant l'Eglise de Dieu, je ne craindrai point de vous assurer que c'est eux qui de tous les rois sont prédits le plus clairement dans ces illustres prophéties.

Dieu donc, qui avoit dessein de se servir des divers empires pour châtier, ou pour exercer, ou pour étendre, ou pour protéger son peuple, voulant se faire connoître pour l'auteur d'un si admirable conseil, en a découvert le secret à ses prophètes, et leur a fait prédire ce qu'il avoit résolu d'exécuter. C'est pourquoi comme les empires entroient dans l'ordre des desseins de Dieu sur le peuple qu'il avoit choisi, la fortune de ces empires se trouve annoncée par les mêmes oracles du Saint-Esprit qui prédisent la succession du peuple fidèle.

Plus vous vous accoutumez à suivre les grandes choses, et à les rappeler à leurs principes, plus vous serez en admiration de ces conseils de la Providence. Il importe que vous en preniez de bonne heure les idées qui s'éclairciront tous les jours de plus en plus dans votre esprit, et que vous appreniez à rapporter les choses humaines aux ordres de cette sagesse éternelle dont elles dépendent.

Dieu ne déclare pas tous les jours ses volontés par ses prophètes touchant les rois et les monarchies qu'il élève ou qu'il détruit. Mais l'ayant fait tant de fois dans ces grands empires dont nous venons de parler, il nous montre par ces exemples fameux ce qu'il fait dans tous les autres; et il apprend aux rois ces deux vérités fondamentales: premièrement, que c'est lui qui forme les royaumes pour les donner à qui il lui plaît ; et secondement, qu'il sait les faire servir dans les temps et dans l'ordre qu'il a résolu, aux desseins qu'il a sur son peuple.

C'est ce qui doit (a) tenir tous les princes dans une entière dépendance, et les rendre toujours attentifs aux ordres de Dieu, afin de prêter la main à ce qu'il médite pour sa gloire dans toutes les occasions qu'il leur en présente.

Mais cette suite des empires, même à la considérer plus humainement, a de grandes utilités, principalement pour les princes, puisque l'arrogance, compagne ordinaire d'une condition si éminente, est si fortement rabattue par ce spectacle. Car si les hommes apprennent à se modérer en voyant mourir les rois, combien plus seront-ils frappés en voyant mourir les rois mêmes, et où peut-on recevoir une plus belle leçon de la vanité des grandeurs humaines ?

Ainsi quand vous voyez passer comme en un instant devant vos yeux, je ne dis pas les rois et les empereurs, mais ces grands empires qui ont fait trembler tout l'univers ; quand vous voyez les Assyriens anciens et nouveaux, les Mèdes, les Perses, les Grecs, les Romains se présenter devant vous successivement, et tomber pour ainsi dire les uns sur les autres : ce fracas effroyable vous fait sentir qu'il n'y a rien de solide parmi les hommes, et .que l'inconstance et l'agitation est le propre partage des choses humaines.

CHAPITRE II.

LES RÉVOLUTIONS DES EMPIRES ONT DES CAUSES PARTICULIÈRES QUE LES PRINCES DOIVENT ÉTUDIER.

Mais ce qui rendra (b) ce spectacle plus utile et plus agréable, ce sera la réflexion que vous ferez, non-seulement sur l'élévation et sur la chute des empires, mais encore sur les causes de leur progrès et sur celles de leur décadence.

Car ce même Dieu (c) qui a fait l'enchaînement de l'univers, et qui tout-puissant par lui-même, a voulu, pour établir l'ordre,

(a) *1re édit.* : C'est, Monseigneur, ce qui doit. — (b) Mais, Monseigneur, ce qui rendra. — (c) Car, Monseigneur, ce même Dieu.

que les parties d'un si grand tout dépendissent les unes des autres ;
ce même Dieu a voulu aussi que le cours des choses humaines
eût sa suite et ses proportions : je veux dire que les hommes et
les nations ont eu des qualités proportionnées à l'élévation à laquelle ils étoient destinés ; et qu'à la réserve de certains coups
extraordinaires où Dieu vouloit que sa main parût toute seule,
il n'est point arrivé de grand changement qui n'ait eu ses causes
dans les siècles précédens.

Et comme dans toutes les affaires il y a ce qui les prépare, ce
qui détermine à les entreprendre, et ce qui les fait réussir : la
vraie science de l'histoire est de remarquer dans chaque temps
ces secrètes dispositions qui ont préparé les grands changemens
et les conjonctures importantes qui les ont fait arriver.

En effet il ne suffit pas de regarder seulement devant ses yeux,
c'est-à-dire de considérer ces grands événemens qui décident
tout à coup de la fortune des empires. Qui veut entendre à fond
les choses humaines, doit les reprendre de plus haut ; et il lui
faut observer les inclinations et les mœurs, ou, pour dire tout
en un mot, le caractère tant des peuples dominans en général
que des princes en particulier, et enfin de tous les hommes extraordinaires, qui par l'importance du personnage qu'ils ont eu
à faire dans le monde, ont contribué en bien ou en mal au changement des Etats et à la fortune publique.

J'ai tâché de vous préparer à ces importantes réflexions dans
la première partie de ce Discours ; vous y aurez pu observer le
génie des peuples et celui des grands hommes qui les ont conduits. Les événemens qui ont porté coup dans la suite ont été
montrés ; et afin de vous tenir attentif à l'enchaînement des
grandes affaires du monde que je voulois principalement vous
faire entendre, j'ai omis beaucoup de faits particuliers dont les
suites n'ont pas été si considérables. Mais parce qu'en nous attachant à la suite, nous avons passé trop vite sur beaucoup de
choses pour pouvoir faire les réflexions qu'elles méritoient, vous
devez maintenant vous y attacher avec une attention plus particulière, et accoutumer votre esprit à rechercher les effets dans
leurs causes les plus éloignées.

Par là vous apprendrez (a) ce qu'il est si nécessaire que vous sachiez; qu'encore qu'à ne regarder que les rencontres particulières, la fortune semble seule décider de l'établissement et de la ruine des empires, à tout prendre il en arrive à peu près comme dans le jeu, où le plus habile l'emporte à la longue.

En effet dans ce jeu sanglant où les peuples ont disputé de l'empire et de la puissance, qui a prévu de plus loin, qui s'est le plus appliqué, qui a duré le plus longtemps dans les grands travaux, et enfin qui a su le mieux ou pousser ou se ménager suivant la rencontre, à la fin a eu l'avantage, et a fait servir la fortune même à ses desseins.

Ainsi ne vous lassez point d'examiner les causes des grands changemens, puisque rien ne servira jamais tant à votre instruction; mais recherchez-les surtout dans la suite des grands empires, où la grandeur des événemens les rend plus palpables.

CHAPITRE III.

LES SCYTHES, LES ÉTHIOPIENS ET LES ÉGYPTIENS.

Je ne compterai pas ici parmi les grands empires celui de Bacchus, ni celui d'Hercule, ces célèbres vainqueurs des Indes et de l'Orient. Leurs histoires n'ont rien de certain, leurs conquêtes n'ont rien de suivi : il les faut laisser célébrer aux poëtes, qui en ont fait le plus grand sujet de leurs fables.

Je ne parlerai pas non plus de l'empire que le Madyes d'Hérodote [1], qui ressemble assez à l'Indathyrse de Mégasthène [2] et au Tanaüs de Justin [3], établit pour un peu de temps dans la grande Asie. Les Scythes que ce prince menoit à la guerre, ont plutôt fait des courses que des conquêtes. Ce ne fut que par rencontre, et en poussant les Cimmériens, qu'ils entrèrent dans la Médie, battirent les Mèdes, et leur enlevèrent cette partie de l'Asie où ils avoient établi leur domination. Ces nouveaux conquérans n'y régnèrent que vingt-huit ans. Leur impiété, leur avarice et leur brutalité la leur fit perdre; et Cyaxare fils de Phraorte, sur

---

[1] Herod., lib. I, c. 103. — [2] Strab., init. lib. XV. — [3] Justin., lib. I, c. 1.

. (a) Ire édit. : Par là, Monseigneur, vous apprendrez.

lequel ils l'avoient conquise, les en chassa. Ce fut plutôt par
adresse que par force. Réduit à un coin de son royaume que les
vainqueurs avoient négligé, ou que peut-être ils n'avoient pu
forcer, il attendit avec patience que ces conquérans brutaux
eussent excité la haine publique, et se défissent eux-mêmes par
le désordre de leur gouvernement.

Nous trouvons encore dans Strabon [1], qui l'a tiré du même
Mégasthène, un Téarcon roi d'Ethiopie : ce doit être le Tharaca
de l'Ecriture [2], dont les armes furent redoutées du temps de Sennachérib roi d'Assyrie. Ce prince pénétra jusqu'aux Colonnes
d'Hercule, apparemment le long de la côte d'Afrique, et passa
jusqu'en Europe. Mais que dirois-je d'un homme dont nous ne
voyons dans les historiens que quatre ou cinq mots, et dont la
domination n'a aucune suite ?

Les Ethiopiens dont il étoit roi, étoient, selon Hérodote [3], les
mieux faits de tous les hommes, et de la plus belle taille. Leur
esprit étoit vif et ferme; mais ils prenoient peu de soin de le cultiver, mettant leur confiance dans leurs corps robustes et dans
leurs bras nerveux. Leurs rois étoient électifs, et ils mettoient
sur le trône le plus grand et le plus fort. On peut juger de leur
humeur par une action que nous raconte Hérodote. Lorsque
Cambyse leur envoya pour les surprendre, des ambassadeurs et
des présens tels que les Perses les donnoient, de la pourpre, des
bracelets d'or, et des compositions de parfums, ils se moquèrent
de ses présens où ils ne voyoient rien d'utile à la vie, aussi bien
que de ses ambassadeurs qu'ils prirent pour ce qu'ils étoient,
c'est-à-dire pour des espions. Mais leur roi voulut aussi faire un
présent à sa mode au roi de Perse; et prenant en main un arc
qu'un Perse eût à peine soutenu loin de le pouvoir tirer, il le
banda en présence des ambassadeurs, et leur dit : « Voici le conseil que le roi d'Ethiopie donne au roi de Perse. Quand les Perses
se pourront servir aussi aisément que je viens de faire d'un arc
de cette grandeur et de cette force, qu'ils viennent attaquer les
Ethiopiens, et qu'ils amènent plus de troupes que n'en a Cambyse.
En attendant, qu'ils rendent grace aux dieux, qui n'ont pas mis

[1] Lib. XV, init.— [2] IV Reg., xix, 9; Isa., xxxvii, 9.— [3] Herod., lib. III, cap. 20.

dans le cœur des Ethiopiens le désir de s'étendre hors de leur pays. »
Cela dit, il débanda l'arc, et le donna aux ambassadeurs. On ne
peut dire quel eût été l'événement de la guerre. Cambyse irrité
de cette réponse, s'avança vers l'Ethiopie comme un insensé, sans
ordre, sans convois, sans discipline; et vit périr son armée faute
de vivres, au milieu des sables, avant que d'approcher l'ennemi.

Ces peuples d'Ethiopie n'étoient pourtant pas si justes qu'ils s'en
vantoient, ni si renfermés dans leur pays. Leurs voisins les
Egyptiens avoient souvent éprouvé leurs forces. Il n'y a rien de
suivi dans les conseils de ces nations sauvages et mal cultivées :
si la nature y commence souvent de beaux sentimens, elle ne les
achève jamais. Aussi n'y voyons-nous que peu de choses à apprendre et à imiter. N'en parlons pas davantage, et venons aux
peuples policés.

Les Egyptiens sont les premiers où l'on ait su les règles du
gouvernement. Cette nation grave et sérieuse connut la vraie
fin de la politique, qui est de rendre la vie commode et les peuples
heureux. La température toujours uniforme du pays y faisoit les
esprits solides et constans. Comme la vertu est le fondement de
toute la société, ils l'ont soigneusement cultivée. Leur principale
vertu a été la reconnoissance. La gloire qu'on leur a donnée,
d'être les plus reconnoissans de tous les hommes, fait voir qu'ils
étoient aussi les plus sociables [1]. Les bienfaits sont le lien de la
concorde publique et particulière. Qui reconnoît les graces, aime
à en faire; et en bannissant l'ingratitude, le plaisir de faire du bien
demeure si pur, qu'il n'y a plus moyen de n'y être pas sensible.
Leurs lois étoient simples, pleines d'équité, et propres à unir
entre eux les citoyens. Celui qui pouvant sauver un homme attaqué ne le faisoit pas, étoit puni de mort aussi rigoureusement
que l'assassin [2]. Que si on ne pouvoit secourir le malheureux,
il falloit du moins dénoncer l'auteur de la violence; et il y avoit
des peines établies contre ceux qui manquoient à ce devoir. Ainsi
les citoyens étoient à la garde les uns des autres, et tout le
corps de l'Etat étoit uni contre les méchans. Il n'étoit pas permis

[1] Diod., lib. I, sect 2, n. 22 et seq. — [2] Ibid., n. 27.

d'être inutile à l'Etat : la loi assignoit à chacun son emploi, qui
se perpétuoit de père en fils [1]. On ne pouvoit ni en avoir deux,
ni changer de profession; mais aussi toutes les professions étoient
honorées. Il falloit qu'il y eût des emplois et des personnes plus
considérables, comme il faut qu'il y ait des yeux dans le corps.
Leur éclat ne fait pas mépriser les pieds, ni les parties les plus
basses. Ainsi parmi les Egyptiens, les prêtres et les soldats
avoient des marques d'honneur particulières : mais tous les mé-
tiers jusqu'aux moindres, étoient en estime; et on ne croyoit
pas pouvoir sans crime mépriser les citoyens, dont les travaux,
quels qu'ils fussent, contribuoient au bien public. Par ce moyen
tous les arts venoient à leur perfection : l'honneur qui les nourrit
s'y mêloit partout : on faisoit mieux ce qu'on avoit toujours vu
faire, et à quoi on s'étoit uniquement exercé dès son enfance.

Mais il y avoit une occupation qui devoit être commune; c'é-
toit l'étude des lois et de la sagesse. L'ignorance de la religion et
de la police du pays n'étoit excusée en aucun état. Au reste chaque
profession avoit son canton qui lui étoit assigné. Il n'en arrivoit
aucune incommodité dans un pays dont la largeur n'étoit pas
grande ; et dans un si bel ordre, les fainéans ne savoient où se
cacher.

Parmi de si bonnes lois, ce qu'il y avoit de meilleur, c'est que
tout le monde étoit nourri dans l'esprit de les observer. Une coutume nouvelle étoit un prodige en Egypte [2]: tout s'y faisoit toujours de même ; et l'exactitude qu'on y avoit à garder les petites
choses, maintenoit les grandes. Aussi n'y eut-il jamais de peuple
qui ait conservé plus longtemps ses usages et ses lois. L'ordre
des jugemens servoit à entretenir cet esprit. Trente juges étoient
tirés des principales villes pour composer la compagnie qui jugeoit tout le royaume [3]. On étoit accoutumé à ne voir dans ces
places que les plus honnêtes gens du pays et les plus graves. Le
prince leur assignoit certains revenus, afin qu'affranchis des embarras domestiques, ils pussent donner tout leur temps à faire
observer les lois. Ils ne tiroient rien des procès, et on ne s'étoit

[1] Diod., lib. 1, sect. 2, n 25. — [2] Herod., lib. II, c. 91 ; Diod., lib. 1, sect. 2,
n. 22 ; Plat., *de Leg.*, lib. II. — [3] Diod., lib. 1, sect.2 , n. 26.

pas encore avisé de faire un métier de la justice. Pour éviter les
surprises, les affaires étoient traitées par écrit dans cette assemblée. On y craignoit la fausse éloquence, qui éblouit les esprits
et émeut les passions. La vérité ne pouvoit être expliquée d'une
manière trop sèche. Le président du sénat portoit un collier d'or
et de pierres précieuses, d'où pendoit une figure sans yeux,
qu'on appeloit la Vérité. Quand il la prenoit, c'étoit le signal pour
commencer la séance [1]. Il l'appliquoit au parti qui devoit gagner
sa cause, et c'étoit la forme de prononcer les sentences. Un des
plus beaux artifices des Egyptiens pour conserver leurs anciennes
maximes, étoit de les revêtir de certaines cérémonies qui les im-
primoient dans les esprits. Ces cérémonies s'observoient avec réflexion; et l'humeur sérieuse des Egyptiens ne permettoit pas
qu'elles tournassent en simples formules. Ceux qui n'avoient
point d'affaires, et dont la vie étoit innocente, pouvoient éviter
l'examen de ce sévère tribunal. Mais il y avoit en Egypte une espèce de jugement tout à fait extraordinaire, dont personne n'é-
chappoit. C'est une consolation en mourant de laisser son nom en
estime parmi les hommes, et de tous les biens humains c'est le
seul que la mort ne nous peut ravir. Mais il n'étoit pas permis en
Egypte de louer indifféremment tous les morts : il falloit avoir
cet honneur par un jugement public [2]. Aussitôt qu'un homme
étoit mort, on l'amenoit en jugement. L'accusateur public étoit
écouté. S'il prouvoit que la conduite du mort eût été mauvaise,
on en condamnoit la mémoire, et il étoit privé de la sépulture. Le
peuple admiroit le pouvoir des lois, qui s'étendoit jusqu'après la
mort, et chacun touché de l'exemple craignoit de déshonorer sa
mémoire et sa famille. Que si le mort n'étoit convaincu d'aucune
faute, on l'ensevelissoit honorablement : on faisoit son panégy-
rique, mais sans y rien mêler de sa naissance. Toute l'Egypte
étoit noble, et d'ailleurs on n'y goûtoit de louanges que celles
qu'on s'attiroit par son mérite.

Chacun sait combien curieusement les Egyptiens conservoient
les corps morts. Leurs momies se voient encore. Ainsi leur reconnoissance envers leurs parens étoit immortelle : les enfans en

[1] Diod., lib. I, sect. 2, n. 26. — [2] Ibid.

voyant les corps de leurs ancêtres, se souvenoient de leurs vertus que le public avoit reconnues, et s'excitoient à aimer les lois qu'ils leur avoient laissées.

Pour empêcher les emprunts, d'où naissent la fainéantise, les fraudes et la chicane, l'ordonnance du roi Asychis ne permettoit d'emprunter qu'à condition d'engager le corps de son père à celui dont on empruntoit [1]. C'étoit une impiété et une infamie tout ensemble de ne pas retirer assez promptement un gage si précieux; et celui qui mouroit sans s'être acquitté de ce devoir, étoit privé de la sépulture.

Le royaume étoit héréditaire; mais les rois étoient obligés plus que tous les autres à vivre selon les lois. Ils en avoient de particulières qu'un roi avoit digérées, et qui faisoient une partie des livres sacrés [2]. Ce n'est pas qu'on disputât rien aux rois, ou que personne eût droit de les contraindre; au contraire on les respectoit comme des dieux : mais c'est qu'une coutume ancienne avoit tout réglé, et qu'ils ne s'avisoient pas de vivre autrement que leurs ancêtres. Ainsi ils souffroient sans peine non-seulement que la qualité des viandes et la mesure du boire et du manger leur fût marquée (car c'étoit une chose ordinaire en Egypte, où tout le monde étoit sobre, et où l'air du pays inspiroit la frugalité [3]), mais encore que toutes leurs heures fussent destinées [4]. En s'éveillant au point du jour, lorsque l'esprit est le plus net et les pensées les plus pures, ils lisoient leurs lettres, pour prendre une idée plus droite et plus véritable des affaires qu'ils avoient à décider. Sitôt qu'ils étoient habillés, ils alloient sacrifier au temple. Là environnés de toute leur Cour, et les victimes étant à l'autel, ils assistoient à une prière pleine d'instruction, où le pontife prioit les dieux de donner au prince toutes les vertus royales, en sorte qu'il fût religieux envers les dieux, doux envers les hommes, modéré, juste, magnanime, sincère et éloigné du mensonge, libéral, maître de lui-même, punissant au-dessous du mérite et récompensant au-dessus. Le pontife parloit ensuite des fautes que les rois pouvoient commettre : mais il supposoit toujours qu'ils n'y tomboient que par surprise ou par igno-

---

[1] Herod., lib. II, c. 136; Diod., lib. I, sect. 2, n. 34.— [2] *Ibid.*, n. 22.—[3] Herod., lib. II. — [4] Diod., lib. I, sect. 2, n. 22.

rance, chargeant d'imprécations les ministres qui leur donnoient de mauvais conseils, et leur déguisoient la vérité. Telle étoit la manière d'instruire les rois. On croyoit que les reproches ne faisoient qu'aigrir leurs esprits ; et que le moyen le plus efficace de leur inspirer la vertu, étoit de leur marquer leur devoir dans des louanges conformes aux lois, et prononcées gravement devant les dieux. Après la prière et le sacrifice, on lisoit au roi dans les saints livres les conseils et les actions des grands hommes, afin qu'il gouvernât son Etat par leurs maximes, et maintînt les lois qui avoient rendu ses prédécesseurs heureux aussi bien que leurs sujets.

Ce qui montre que ces remontrances se faisoient et s'écoutoient sérieusement, c'est qu'elles avoient leur effet. Parmi les Thébains, c'est-à-dire dans la dynastie principale, celle où les lois étoient en vigueur, et qui devint à la fin la maîtresse de toutes les autres, les plus grands hommes ont été les rois. Les deux Mercures auteurs des sciences, et de toutes les institutions des Egyptiens, l'un voisin des temps du déluge, et l'autre qu'ils ont appelé le *Trismégiste* ou le trois fois grand, contemporain de Moïse, ont été tous deux rois de Thèbes. Toute l'Egypte a profité de leurs lumières, et Thèbes doit à leurs instructions d'avoir eu peu de mauvais princes. Ceux-ci étoient épargnés pendant leur vie ; le repos public le vouloit ainsi : mais ils n'étoient pas exempts du jugement qu'il falloit subir après la mort [1]. Quelques-uns ont été privés de la sépulture, mais on en voit peu d'exemples ; et au contraire la plupart des rois ont été si chéris des peuples, que chacun pleuroit leur mort autant que celle de son père ou de ses enfans.

Cette coutume de juger les rois après leur mort parut si sainte au peuple de Dieu, qu'il l'a toujours pratiquée. Nous voyons dans l'Ecriture que les méchans rois étoient privés de la sépulture de leurs ancêtres, et nous apprenons de Josèphe [2] que cette coutume duroit encore du temps des Asmonéens. Elle faisoit entendre aux rois que si leur majesté les met au-dessus des jugemens humains pendant leur vie, ils y reviennent enfin quand la mort les a égalés aux autres hommes.

[1] Diod., lib. 1, sect. 2, n. 23. — [2] *Antiq.*, lib. XIII, c. 23, al. 15.

Les Egyptiens avoient l'esprit inventif, mais ils le tournoient aux choses utiles. Leurs Mercures ont rempli l'Egypte d'inventions merveilleuses, et ne lui avoient presque rien laissé ignorer de ce qui pouvoit rendre la vie commode et tranquille. Je ne puis laisser aux Egyptiens la gloire qu'ils ont donnée à leur Osiris, d'avoir inventé le labourage[1] ; car on le trouve de tout temps dans les pays voisins de la terre d'où le genre humain s'est répandu, et on ne peut douter qu'il ne fût connu dès l'origine du monde. Aussi les Egyptiens donnent-ils eux-mêmes une si grande antiquité à Osiris, qu'on voit bien qu'ils ont confondu son temps avec celui des commencemens de l'univers, et qu'ils ont voulu lui attribuer les choses dont l'origine passoit de bien loin tous les temps connus dans leur histoire. Mais si les Egyptiens n'ont pas inventé l'agriculture, ni les autres arts que nous voyons devant le déluge, ils les ont tellement perfectionnés, et ont pris un si grand soin de les rétablir parmi les peuples où la barbarie les avoit fait oublier, que leur gloire n'est guère moins grande que s'ils en avoient été les inventeurs.

Il y en a même de très-importans dont on ne peut leur disputer l'invention. Comme leur pays étoit uni, et leur ciel toujours pur et sans nuage, ils ont été les premiers à observer le cours des astres[2]. Ils ont aussi les premiers réglé l'année. Ces observations les ont jetés naturellement dans l'arithmétique ; et s'il est vrai, ce que dit Platon[3], que le soleil et la lune aient enseigné aux hommes la science des nombres, c'est-à-dire qu'on ait commencé les comptes réglés par celui des jours, des mois et des ans, les Egyptiens sont les premiers qui aient écouté ces merveilleux maîtres. Les planètes et les autres astres ne leur ont pas été moins connus, et ils ont trouvé cette grande année qui ramène tout le ciel à son premier point. Pour reconnoître leurs terres tous les ans couvertes par le débordement du Nil, ils ont été obligés de recourir à l'arpentage, qui leur a bientôt appris la géométrie[4]. Ils étoient grands observateurs de la nature, qui dans un air si se-

---

[1] Diod., lib. I, sect. 1. n. 8 ; Plut., *de Isid. et Osir.* — [2] Plat., *Epin.* ; Diod., lib. I, sect. 2, n. 8 ; Herod., liv. II, c. 4. — [3] Plat., *in Tim.* — [4] Diod., lib. I, sect. 2, n. 29.

rein et sous un soleil si ardent, étoit forte et féconde parmi eux [1].
C'est aussi ce qui leur a fait inventer ou perfectionner la médecine. Ainsi toutes les sciences ont été en grand honneur parmi
eux. Les inventeurs des choses utiles recevoient, et de leur vivant
et après leur mort, de dignes récompenses de leurs travaux.
C'est ce qui a consacré les livres de leurs deux Mercures, et les a
fait regarder comme des livres divins. Le premier de tous les
peuples où on voie des bibliothèques, est celui d'Egypte. Le
titre qu'on leur donnoit inspiroit l'envie d'y entrer, et d'en pénétrer les secrets : on les appeloit *le trésor des remèdes de l'ame* [2].
Elle s'y guérissoit de l'ignorance, la plus dangereuse de ses maladies, et la source de toutes les autres.

Une des choses qu'on imprimoit le plus fortement dans l'esprit
des Egyptiens, étoit l'estime et l'amour de leur patrie. Elle étoit,
disoient-ils, le séjour des dieux : ils y avoient régné durant des
milliers infinis d'années. Elle étoit la mère des hommes et des
animaux, que la terre d'Egypte arrosée du Nil avoit enfantés
pendant que le reste de la nature étoit stérile [3]. Les prêtres qui
composoient l'histoire d'Egypte de cette suite immense de siècles,
qu'ils ne remplissoient que de fables et des généalogies de leurs
dieux, le faisoient pour imprimer dans l'esprit des peuples l'antiquité et la noblesse de leur pays. Au reste leur vraie histoire
étoit renfermée dans des bornes raisonnables ; mais ils trouvoient
beau de se perdre dans un abîme infini de temps qui sembloit les
approcher de l'éternité.

Cependant l'amour de la patrie avoit des fondemens plus solides. L'Egypte étoit en effet le plus beau pays de l'univers, le
plus abondant par la nature, le mieux cultivé par l'art, le plus
riche, le plus commode, et le plus orné par les soins et la magnificence de ses rois.

Il n'y avoit rien que de grand dans leurs desseins et dans leurs
travaux. Ce qu'ils ont fait du Nil est incroyable. Il pleut rarement
en Egypte : mais ce fleuve qui l'arrose toute par ses débordemens réglés, lui apporte les pluies et les neiges des autres pays.

---

[1] Diod., lib. 1, sect. 2, n. 29 et 30 ; Herod., lib. II, cap. 4. — [2] Diod., lib. I,
sect. 2, n. 5. — [3] Plat. *in Tim.* ; Diod., lib. I, sect. 1, n. 5.

Pour multiplier un fleuve si bienfaisant, l'Egypte étoit traversée
d'une infinité de canaux d'une longueur et d'une largeur incroyables [1]. Le Nil portoit partout la fécondité avec ses eaux salutaires, unissoit les villes entre elles, et la Grande mer avec la mer
Rouge, entretenoit le commerce au dedans et au dehors du
royaume, et le fortifioit contre l'ennemi : de sorte qu'il étoit tout
ensemble et le nourricier et le défenseur de l'Egypte. On lui
abandonnoit la campagne : mais les villes, rehaussées avec des
travaux immenses, et s'élevant comme des îles au milieu des
eaux, regardoient avec joie de cette hauteur toute la plaine inondée
et tout ensemble fertilisée par le Nil. Lorsqu'il s'enfloit outre
mesure, de grands lacs creusés par les rois tendoient leur sein
aux eaux répandues. Ils avoient leurs décharges préparées : de
grandes écluses les ouvroient ou les fermoient selon le besoin; et
les eaux ayant leur retraite ne séjournoient sur les terres qu'autant qu'il falloit pour les engraisser.

Tel étoit l'usage de ce grand lac qu'on appeloit le lac de
Myris ou de *Mœris* : c'étoit le nom du roi qui l'avoit fait faire [2].
On est étonné quand on lit, ce qui néanmoins est certain, qu'il
avoit de tour environ cent quatre-vingts de nos lieues. Pour ne
point perdre trop de bonnes terres en le creusant, on l'avoit
étendu principalement du côté de la Libye. La pêche en valoit au
prince des sommes immenses; et ainsi quand la terre ne produi-
soit rien, on en tiroit des trésors en la couvrant d'eaux. Deux
pyramides, dont chacune portoit sur un trône deux statues co-
lossales, l'une de Myris, et l'autre de sa femme, s'élevoient de
trois cents pieds au milieu du lac, et occupoient sous les eaux
un pareil espace. Ainsi elles faisoient voir qu'on les avoit érigées
avant que le creux eût été rempli, et montroient qu'un lac de
cette étendue avoit été fait de main d'homme sous un seul prince.

Ceux qui ne savent pas jusques à quel point on peut ménager
la terre, prennent pour fable ce qu'on raconte du nombre des
villes d'Egypte [3]. La richesse n'en étoit pas moins incroyable. Il

---

[1] Herod., lib. II, c. 108; Diod., lib. I, sect. 2, n. 10, 14. — [2] Herod., lib. II,
c. 101, 149; Diod., lib. I, sect. 2, n. 8. — [3] Herod., lib. II, c. 177; Diod., lib. I,
sect. 2, n. 6 et seq.

n'y en avoit point qui ne fût remplie de temples magnifiques et de
superbes palais [1]. L'architecture y montroit partout cette noble
simplicité, et cette grandeur qui remplit l'esprit. De longues galeries y étaloient des sculptures que la Grèce prenoit pour mo-
dèles. Thèbes le pouvoit disputer aux plus belles villes de l'univers [2]. Ses cent portes chantées par Homère sont connues de tout
le monde. Elle n'étoit pas moins peuplée qu'elle étoit vaste, et on
a dit qu'elle pouvoit faire sortir ensemble dix mille combattans
par chacune de ses portes [3]. Qu'il y ait, si l'on veut, de l'exagération dans ce nombre, toujours est-il assuré que son peuple
étoit innombrable. Les Grecs et les Romains ont célébré sa magnificence et sa grandeur [4], encore qu'ils n'en eussent vu que les
ruines : tant les restes en étoient augustes.

Si nos voyageurs avoient pénétré jusqu'au lieu où cette ville
étoit bâtie, ils auroient sans doute encore trouvé quelque chose
d'incomparable dans ses ruines : car les ouvrages des Egyptiens
étoient faits pour tenir contre le temps. Leurs statues étoient des
colosses. Leurs colonnes étoient immenses [5]. L'Egypte visoit au
grand, et vouloit frapper les yeux de loin, mais toujours en les
contentant par la justesse des proportions. On a découvert dans
le Saïde (vous savez bien que c'est le nom de la Thébaïde) des
temples et des palais presque encore entiers, où ces colonnes et
ces statues sont innombrables [6]. On y admire surtout un palais
dont les restes semblent n'avoir subsisté que pour effacer la
gloire de tous les plus grands ouvrages. Quatre allées à perte de
vue, et bornées de part et d'autre par des sphinx d'une matière
aussi rare que leur grandeur est remarquable, servent d'avenues
à quatre portiques dont la hauteur étonne les yeux. Quelle magnificence, et quelle étendue! Encore ceux qui nous ont décrit ce
prodigieux édifice n'ont-ils pas eu le temps d'en faire le tour, et
ne sont pas même assurés d'en avoir vu la moitié; mais tout ce
qu'ils y ont vu étoit surprenant. Une salle qui apparemment faisoit le milieu de ce superbe palais, étoit soutenue de six-vingts

---

[1] Herod., lib. II, c. 148, 153, etc. — [2] Diod., lib. I, sect. 2, n. 4. — [3] Pomp.
Mela, lib. I, cap. 9.— [4] Strab., liv. XVII; Tacit., *Annal.*, lib. II. c. 60 — [5] Herod.
et Diod., *loc. cit.* — [6] Voyages du Levant, *par M. Thevenot*, liv. II, chap. 5.

colonnes de six brassées de grosseur, grandes à proportion, et
entremêlées d'obélisques que tant de siècles n'ont pu abattre. Les
couleurs mêmes, c'est-à-dire ce qui éprouve le plus tôt le pouvoir du temps, se soutiennent encore parmi les ruines de cet admirable édifice, et y conservent leur vivacité : tant l'Egypte savoit imprimer le caractère d'immortalité à tous ses ouvrages.
Maintenant que le nom du Roi pénètre aux parties du monde les
plus inconnues, et que ce prince étend aussi loin les recherches
qu'il fait faire des plus beaux ouvrages de la nature et de l'art,
ne seroit-ce pas un digne objet de cette noble curiosité, de découvrir les beautés que la Thébaïde renferme dans ses déserts, et
d'enrichir notre architecture des inventions de l'Egypte? Quelle
puissance et quel art a pu faire d'un tel pays la merveille de l'univers? Et quelles beautés ne trouveroit-on si on pouvoit aborder la
ville royale, puisque si loin d'elle on découvre des choses si merveilleuses?

Il n'appartenoit qu'à l'Egypte de dresser des monumens pour
la postérité. Ses obélisques font encore aujourd'hui, autant par
leur beauté que par leur hauteur, le principal ornement de Rome;
et la puissance romaine désespérant d'égaler les Egyptiens, a cru
faire assez pour sa grandeur d'emprunter les monumens de leurs
rois.

L'Egypte n'avoit point encore vu de grands édifices que la tour
de Babel, quand elle imagina ses pyramides, qui par leur figure
autant que par leur grandeur triomphent du temps et des barbares. Le bon goût des Egyptiens leur fit aimer dès lors la solidité et la régularité toute nue. N'est-ce point que la nature porte
d'elle-même à cet air simple auquel on a tant de peine à revenir,
quand le goût a été gâté par des nouveautés et des hardiesses
bizarres? Quoi qu'il en soit, les Egyptiens n'ont aimé qu'une
hardiesse réglée : ils n'ont cherché le nouveau et le surprenant
que dans la variété infinie de la nature; et ils se vantoient d'être
les seuls qui avoient fait, comme les dieux, des ouvrages immortels. Les inscriptions des pyramides n'étoient pas moins nobles
que l'ouvrage. Elles parloient aux spectateurs[1]. Une de ces pyra-

[1] Herod., lib. II, c. 136.

mides bâtie de brique, avertissoit par son titre qu'on se gardât bien de la comparer aux autres, et « qu'elle étoit autant au-dessus de toutes les pyramides que Jupiter étoit au-dessus de tous les dieux. »

Mais quelque effort que fassent les hommes, leur néant paroît partout. Ces pyramides étoient des tombeaux[1]; encore les rois qui les ont bâties n'ont-ils pas eu le pouvoir d'y être inhumés, et ils n'ont pas joui de leur sépulcre.

Je ne parlerois pas de ce beau palais qu'on appeloit le Labyrinthe[2], si Hérodote, qui l'a vu, ne nous assuroit qu'il étoit plus surprenant que les pyramides. On l'avoit bâti sur le bord du lac de Myris, et on lui avoit donné une vue proportionnée à sa grandeur. Au reste ce n'étoit pas tant un seul palais qu'un magnifique amas de douze palais disposés régulièrement, et qui communiquoient ensemble. Quinze cents chambres mêlées de terrasses s'arrangeoient autour de douze salles, et ne laissoient point de sortie à ceux qui s'engageoient à les visiter. Il y avoit autant de bâtimens par-dessous terre. Ces bâtimens souterrains étoient destinés à la sépulture des rois, et encore (qui le pourroit dire sans honte et sans déplorer l'aveuglement de l'esprit humain?) à nourrir les crocodiles sacrés, dont une nation d'ailleurs si sage faisoit ses dieux.

Vous vous étonnez de voir tant de magnificence dans les sépulcres de l'Egypte : c'est qu'outre qu'on les érigeoit comme des monumens sacrés pour porter aux siècles futurs la mémoire des grands princes, on les regardoit encore comme des demeures éternelles[3]. Les maisons étoient appelées des hôtelleries, où l'on n'étoit qu'en passant et pendant une vie trop courte pour terminer tous nos desseins : mais les maisons véritables étoient les tombeaux que nous devions habiter durant des siècles infinis.

Au reste ce n'étoit pas sur les choses inanimées que l'Egypte travailloit le plus. Ses plus nobles travaux et son plus bel art consistoit à former les hommes. La Grèce en étoit si persuadée, que ses plus grands hommes, un Homère, un Pythagore, un

[1] Herod., lib. II, c. 136; ., lib. I Diod., sect. 2, n. 15, 16, 17. — [2] Herod., lib. II, c. 148; Diod., ibid., n. 13. — [3] Ibid.

Platon, Lycurgue même et Solon ces deux grands législateurs ,
et les autres qu'il n'est pas besoin de nommer, allèrent apprendre
la sagesse en Egypte [1]. Dieu a voulu que Moïse même *fût instruit dans toute la sagesse des Egyptiens :* c'est par là qu'il a
commencé *à être puissant en paroles et en œuvres* [2]. La vraie sagesse se sert de tout *;* et Dieu ne veut pas que ceux qu'il inspire
négligent les moyens humains, qui viennent aussi de lui à leur
manière.

Ces sages d'Egypte avoient étudié le régime qui fait les esprits
solides, les corps robustes, les femmes fécondes, et les enfans vigoureux. Par ce moyen le peuple croissoit en nombre et en
forces. Le pays étoit sain naturellement; mais la philosophie leur
avoit appris que la nature veut être aidée. Il y a un art de former les corps aussi bien que les esprits. Cet art que notre nonchalance nous a fait perdre, étoit bien connu des anciens , et l'E-
gypte l'avoit trouvé. Elle employoit principalement à ce beau
dessein la frugalité et les exercices [3]. Dans un grand champ de
bataille, qui a été vu par Hérodote [4], les crânes des Perses aisés
à percer, et ceux des Egyptiens plus durs que les pierres auxquelles ils étoient mêlés, montroient la mollesse des uns et la ro-
buste constitution qu'une nourriture frugale et de vigoureux
exercices donnoient aux autres. La course à pied, *la course à
cheval, la course dans les chariots* se pratiquoit en Egypte avec
une adresse admirable; et il n'y avoit point dans tout l'univers de
meilleurs hommes de cheval que les Egyptiens. Quand Diodore
nous dit qu'ils rejetoient la lutte [5] comme un exercice qui donnoit
une force dangereuse et peu durable, il a dû l'entendre de la
lutte outrée des athlètes, que la Grèce elle-même, qui la couron-
noit dans ses jeux, avoit blâmée comme peu convenable aux personnes libres : mais avec une certaine modération, elle étoit digne
des honnêtes gens, et Diodore lui-même nous apprend [6] que le
Mercure des Egyptiens en avoit inventé les règles aussi bien que
l'art de former les corps. Il faut entendre de même ce que dit en-

---

[1] Diod., lib. I, sect. 2, n. 36 ; Plut., *de Isid.*, c. 5. — [2] *Act.*, VII, 22. — [3] Diod.,
lib. I, sect. 2, n. 29. — [4] Herod., lib. III, c. 12. — [5] Diod , lib. I, sect. 2,
n. 29. — [6] *Ibid.*, sect. 1, n. 8.

core cet auteur touchant la musique [1]. Celle qu'il fait mépriser
aux Egyptiens comme capable de ramollir les courages, étoit
sans doute cette musique molle et efféminée qui n'inspire que les
plaisirs et une fausse tendresse. Car pour cette musique géné-
reuse dont les nobles accords élèvent l'esprit et le cœur, les
Egyptiens n'avoient garde de la mépriser, puisque, selon Diodore même [2], leur Mercure l'avoit inventée, et avoit aussi inventé le plus grave des instrumens de musique. Dans la proces-
sion solennelle des Egyptiens, où l'on portoit en cérémonie les
livres de Trismégiste, on voit marcher à la tête le chantre tenant en main *un symbole de la musique* (je ne sais pas ce que
c'est) *et le livre des hymnes sacrés* [3]. Enfin l'Egypte n'oublioit
rien pour polir l'esprit, ennoblir le cœur, et fortifier le corps.
Quatre cent mille soldats qu'elle entretenoit étoient ceux de ses
citoyens qu'elle exerçoit avec plus de soin. Les lois de la milice
se conservoient aisément, et comme par elles-mêmes, parce que
les pères les apprenoient à leurs enfans : car la profession de la
guerre passoit de père en fils comme les autres ; et après les familles sacerdotales, celles qu'on estimoit les plus illustres
étoient, comme parmi nous, les familles destinées aux armes. Je
ne veux pas dire pourtant que l'Egypte ait été guerrière. On a
beau avoir des troupes réglées et entretenues, on a beau les exercer à l'ombre dans les travaux militaires et parmi les images des
combats : il n'y a jamais que la guerre et les combats effectifs
qui fassent les hommes guerriers. L'Egypte aimoit la paix,
parce qu'elle aimoit la justice, et n'avoit des soldats que pour sa
défense. Contente de son pays où tout abondoit, elle ne songeoit
point aux conquêtes. Elle s'étendoit d'une autre sorte en envoyant
ses colonies par toute la terre, et avec elles la politesse et les
lois. Les villes les plus célèbres venoient apprendre en Egypte
leurs antiquités, et la source de leurs plus belles institutions [4]. On
la consultoit de tous côtés sur les règles de la sagesse. Quand
ceux d'Elide eurent établi les jeux olympiques les plus illustres
de la Grèce, ils recherchèrent par une ambassade solennelle l'ap-

---

[1] Diod., lib. I, sect. 2, n. 29. — [2] *Ibid.*, sect 1, n. 8. — [4] Clem. Alex., *Strom.*,
lib. VI. — [4] Plat., *in Tim.*

probation des Egyptiens, et apprirent d'eux de nouveaux moyens d'encourager les combattans [1]. L'Egypte régnoit par ses conseils, et cet empire d'esprit lui parut plus noble et plus glorieux que celui qu'on établit par les armes. Encore que les rois de Thèbes fussent sans comparaison les plus puissans de tous les rois de l'Egypte, jamais ils n'ont entrepris sur les dynasties voisines, qu'ils ont occupées seulement quand elles eurent été envahies par les Arabes ; de sorte qu'à vrai dire ils les ont plutôt enlevées aux étrangers, qu'ils n'ont voulu dominer sur les naturels du pays. Mais quand ils se sont mêlés d'être conquérans, ils ont surpassé tous les autres. Je ne parle point d'Osiris vainqueur des Indes ; apparemment c'est Bacchus, ou quelque autre héros aussi fabuleux. Le père de Sésostris (les doctes veulent que ce soit Aménophis, autrement Memnon) ou par instinct, ou par humeur, ou, comme le disent les Egyptiens, par l'autorité d'un oracle, conçut le dessein de faire de son fils un conquérant [2]. Il s'y prit à la manière des Egyptiens, c'est-à-dire avec de grandes pensées. Tous les enfans qui naquirent le même jour que Sésostris furent amenés à la Cour par ordre du roi. Il les fit élever comme ses enfans, et avec les mêmes soins que Sésostris près duquel ils étoient nourris. Il ne pouvoit lui donner de plus fidèles ministres, ni des compagnons plus zélés de ses combats. Quand il fut un peu avancé en âge, il lui fit faire son apprentissage par une guerre contre les Arabes. Ce jeune prince y apprit à supporter la faim et la soif, et soumit cette nation jusqu'alors indomptable. Accoutumé aux travaux guerriers par cette conquête, son père le fit tourner vers l'occident de l'Egypte : il attaqua la Libye, et la plus grande partie de cette vaste région fut subjuguée. En ce temps son père mourut, et le laissa en état de tout entreprendre. Il ne conçut pas un moindre dessein que celui de la conquête du monde : mais avant que de sortir de son royaume, il pourvut à la sûreté du dedans, en gagnant le cœur de tous ses peuples par la libéralité et par la justice, et réglant au reste le gouvernement avec une extrême prudence [3]. Cependant il faisoit ses préparatifs : il levoit des troupes, et leur donnoit pour capi-

[1] Herod., lib. II, c. 160. — [2] Diod., lib. I, sect. 2, n. 9. — [3] *Ibid.*

taines les jeunes gens que son père avoit fait nourrir avec lui.
Il y en avoit dix-sept cents capables de répandre dans toute l'armée le courage, la discipline, et l'amour du prince. Cela fait, il
entra dans l'Ethiopie, qu'il se rendit tributaire. Il continua ses
victoires dans l'Asie. Jérusalem fut la première à sentir la force
de ses armes. Le téméraire Roboam ne put lui résister, et Sésostris enleva les richesses de Salomon. Dieu par un juste jugement
les avoit livrées entre ses mains. Il pénétra dans les Indes plus
loin qu'Hercule ni que Bacchus, et plus loin que ne fit depuis
Alexandre, puisqu'il soumit le pays au delà du Gange. Jugez
par là si les pays plus voisins lui résistèrent. Les Scythes
obéirent jusqu'au Tanaïs : l'Arménie et la Cappadoce lui furent
sujettes. Il laissa une colonie dans l'ancien royaume de Colchos,
où les mœurs d'Egypte sont toujours demeurées depuis. Hérodote a vu dans l'Asie Mineure, d'une mer à l'autre, les monumens de ses victoires, avec les superbes inscriptions de Sésostris
roi des rois et seigneur des seigneurs. Il y en avoit jusque dans
la Thrace, et il étendit son empire depuis le Gange jusqu'au Danube. La difficulté des vivres l'empêcha d'entrer plus avant dans
l'Europe. Il revint après neuf ans chargé des dépouilles de tous
les peuples vaincus. Il y en eut qui défendirent courageusement
leur liberté : d'autres cédèrent sans résistance. Sésostris eut soin
de marquer dans ses monumens la différence de ces peuples en
figures hiéroglyphiques, à la manière des Egyptiens. Pour dé-
crire son empire, il inventa les cartes de géographie. Cent
temples fameux érigés en action de graces aux dieux tutélaires
de toutes les villes, furent les premières aussi bien que les plus
belles marques de ses victoires; et il eut soin de publier par les
inscriptions, que ces grands ouvrages avoient été achevés sans
fatiguer ses sujets [1]. Il mettoit sa gloire à les ménager, et à ne
faire travailler aux monumens de ses victoires que les captifs.
Salomon lui en avoit donné l'exemple. Ce sage prince n'avoit
employé que les peuples tributaires dans les grands ouvrages qui
ont rendu son règne immortel [2]. Les citoyens étoient attachées à

[1] Herod., lib. II, cap. 102 et seq.; Diod., lib. I, sect. 2, n. 10. — [2] II *Par.*,
VIII, 9.

de plus nobles exercices : ils apprenoient à faire la guerre, et à commander. Sésostris ne pouvoit pas se régler sur un plus parfait modèle. Il régna trente-trois ans, et jouit longtemps de ses triomphes, beaucoup plus digne de gloire, si la vanité ne lui eût pas fait traîner son char par les rois vaincus [1]. Il semble qu'il ait dédaigné de mourir comme les autres hommes. Devenu aveugle dans sa vieillesse, il se donna la mort à lui-même, et laissa l'Egypte riche à jamais. Son empire pourtant ne passa pas la quatrième génération. Mais il restoit encore du temps de Tibère des monumens magnifiques, qui en marquoient l'étendue et la quantité des tributs [2]. L'Egypte retourna bientôt à son humeur pacifique. On a même écrit que Sésostris fut le premier à ramollir après ses conquêtes, les mœurs de ses Egyptiens, dans la crainte des révoltes [3]. S'il le faut croire, ce ne pouvoit être qu'une précaution qu'il prenoit pour ses successeurs. Car pour lui, sage et absolu comme il étoit, on ne voit pas ce qu'il pouvoit craindre de ses peuples qui l'adoroient. Au reste cette pensée est peu digne d'un si grand prince ; et c'étoit mal pourvoir à la sûreté de ses conquêtes, que de laisser affoiblir le courage de ses sujets. Il est vrai aussi que ce grand empire ne dura guère. Il faut périr par quelque endroit. La division se mit en Egypte. Sous Anysis l'Aveugle, l'Ethiopien Sabacon envahit le royaume [4] : il en traita aussi bien les peuples, et y fit d'aussi grandes choses qu'aucun des rois naturels. Jamais on ne vit une modération pareille à la sienne, puisque après cinquante ans d'un règne heureux, il retourna en Ethiopie pour obéir à des avertissemens qu'il crut divins. Le royaume abandonné tomba entre les mains de Sethon prêtre de Vulcain, prince religieux à sa mode, mais peu guerrier, et qui acheva d'énerver la milice en maltraitant les gens de guerre. Depuis ce temps l'Egypte ne se soutint plus que par des milices étrangères. On trouve une espèce d'anarchie. On trouve douze rois choisis par le peuple, qui partagèrent entre eux le gouvernement du royaume. C'est eux qui ont bâti ces douze pa-

---

[1] Diod., lib. I, sect. 2, n. 10.—[2] Tacit., *Annal*, lib. II, cap. 60 — [3] Nymphodor., lib. XIII, *Rer. Barbar.*, in *Excerpt.* post Herodot.— [4] Herod., lib. II, cap. 137; Diod., lib. I. sect. 2, n. 18.

laïs qui composoient le Labyrinthe. Quoique l'Egypte ne pût oublier ses magnificences, elle fut foible et divisée sous ces douze princes. Un d'eux (ce fut Psammitique) se rendit le maître par le secours des étrangers. L'Egypte se rétablit, et demeura assez puissante pendant cinq ou six règnes. Enfin cet ancien royaume, après avoir duré environ seize cents ans, affoibli par les rois de Babylone et par Cyrus, devint la proie de Cambyse, le plus insensé de tous les princes.

Ceux qui ont bien connu l'humeur de l'Egypte, ont reconnu qu'elle n'étoit pas belliqueuse [1] : vous en avez vu les raisons. Elle avoit vécu en paix environ treize cents ans, quand elle produisit son premier guerrier, qui fut Sésostris. Aussi malgré sa milice si soigneusement entretenue, nous voyons sur la fin que les troupes étrangères font toute sa force, qui est un des plus grands défauts que puisse avoir un Etat. Mais les choses humaines ne sont point parfaites, et il est malaisé d'avoir ensemble dans la perfection les arts de la paix avec les avantages de la guerre. C'est une assez belle durée d'avoir subsisté seize siècles. Quelques Ethiopiens ont régné à Thèbes dans cet intervalle, entre autres Sabacon, et à ce qu'on croit Tharaca. Mais l'Egypte tiroit cette utilité de l'excellente constitution de son Etat, que les étrangers qui la conquéroient entroient dans ses mœurs plutôt que d'y introduire les leurs : ainsi changeant de maîtres, elle ne changeoit pas de gouvernement. Elle eut peine à souffrir les Perses, dont elle voulut souvent secouer le joug. Mais elle n'étoit pas assez belliqueuse pour se soutenir par sa propre force contre une si grande puissance; et les Grecs qui la défendoient, occupés ailleurs, étoient contraints de l'abandonner : de sorte qu'elle retomboit toujours sous ses premiers maîtres, mais toujours opiniâtrément attachée à ses anciennes coutumes, et incapable de démentir les maximes de ses premiers rois. Quoiqu'elle en retînt beaucoup de choses sous les Ptolomées, le mélange des mœurs grecques et asiatiques y fut si grand, qu'on n'y reconnut presque plus l'ancienne Egypte.

Il ne faut pas oublier que les temps des anciens rois d'Egypte

_____
[1] Strab., lib. XVII.

sont fort incertains, même dans l'histoire des Egyptiens. On a peine à placer Osymanduas, dont nous voyons de si magnifiques monumens dans Diodore [1], et de si belles marques de ses combats. Il semble que les Egyptiens n'aient pas connu le père de Sésostris, qu'Hérodote et Diodore n'ont pas nommé. Sa puissance est encore plus marquée par les monumens qu'il a laissés dans toute la terre, que par les mémoires de son pays; et ces raisons nous font voir qu'il ne faut pas croire, comme quelques-uns, que ce que l'Egypte publioit de ses antiquités ait toujours été aussi exact qu'elle s'en vantoit, puisqu'elle-même est si incertaine des temps les plus éclatans de sa monarchie.

CHAPITRE IV.

LES ASSYRIENS ANCIENS ET NOUVEAUX, LES MÈDES ET CYRUS.

Le grand empire des Egyptiens est comme détaché de tous les autres, et n'a pas, comme vous voyez, une longue suite. Ce qui nous reste à dire est plus soutenu, et a des dates plus précises.

Nous avons néanmoins encore très-peu de choses certaines touchant le premier empire des Assyriens : mais enfin, en quelque temps qu'on en veuille placer les commencemens, selon les diverses opinions des historiens, vous verrez que lorsque le monde étoit partagé en plusieurs petits Etats dont les princes songeoient plutôt à se conserver qu'à s'accroître, Ninus plus entreprenant et plus puissant que ses voisins, les accabla les uns après les autres, et poussa bien loin ses conquêtes du côté de l'Orient [2]. Sa femme Sémiramis, qui joignit à l'ambition assez ordinaire à son sexe, un courage et une suite de conseils qu'on n'a pas accoutumé d'y trouver, soutint les vastes desseins de son mari, et acheva de former cette monarchie.

Elle étoit grande sans doute; et la grandeur de Ninive, qu'on met au-dessus de celle de Babylone [3], le montre assez. Mais comme les historiens les plus judicieux [4] ne font pas cette monarchie si ancienne que les autres nous la représentente, ils ne la

---

[1] Diod., lib. I, sect. 2, n. 5. — [2] Diod., lib. II, c. 2; Just., lib I, c. 1. — [3] Strab., lib. XVI. — [4] Herod., lib I, c. 178, etc.; Dion. Hal., *Ant. Rom.*, lib. I, *Præf., App. Præf.*, op.

font pas non plus si grande. On voit durer trop longtemps les petits royaumes [1] dont il la faudroit composer, si elle étoit aussi ancienne et aussi étendue que le fabuleux Ctésias, et ceux qui l'en ont cru sur sa parole, nous la décrivent. Il est vrai que Platon [2], curieux observateur des antiquités, fait le royaume de Troie du temps de Priam une dépendance de l'empire des Assyriens. Mais on n'en voit rien dans Homère, qui dans le dessein qu'il avoit de relever la gloire de la Grèce, n'auroit pas oublié cette circonstance; et on peut croire que les Assyriens étoient peu connus du côté de l'Occident, puisqu'un poëte si savant et si curieux d'orner son poëme de tout ce qui appartenoit à son sujet, ne les y fait point paroître.

Cependant selon la supputation que nous avons jugée la plus raisonnable, le temps du siége de Troie étoit le beau temps des Assyriens, puisque c'est celui des conquêtes de Sémiramis : mais c'est qu'elles s'étendirent seulement vers l'Orient [3]. Ceux qui la flattent le plus lui font tourner ses armes de ce côté-là. Elle avoit eu trop de part aux conseils et aux victoires de Ninus pour ne pas suivre ses desseins, si convenables d'ailleurs à la situation de son empire; et je ne crois pas qu'on puisse douter que Ninus ne se soit attaché à l'Orient, puisque Justin même qui le favorise autant qu'il peut, lui fait terminer aux frontières de la Libye les entreprises qu'il fit du côté de l'Occident.

Je ne sais donc plus en quel temps Ninive auroit poussé ses conquêtes jusqu'à Troie, puisqu'on voit si peu d'apparence que Ninus et Sémiramis aient rien entrepris de semblable; et que tous leurs successeurs, à commencer depuis leur fils Ninyas, ont vécu dans une telle mollesse et avec si peu d'action, qu'à peine leur nom est-il venu jusqu'à nous, et qu'il faut plutôt s'étonner que leur empire ait pu subsister, que de croire qu'il ait pu s'étendre.

Il fut sans doute beaucoup diminué par les conquêtes de Sésostris : mais comme elles furent de peu de durée, et peu soutenues par ses successeurs, il est à croire que les pays qu'elles

---

[1] *Gen.*, XIV, 1, 2; *Judic.*, III, 8.—[2] Plat., *de Leg.*, lib. III.— [3] Just., lib. I, cap.   ; Diod., lib. II, cap. 12.

enlevèrent aux Assyriens, accoutumés dès longtemps à leur domination, y retournèrent naturellement : de sorte que cet empire
se maintint en grande puissance et en grande paix, jusqu'à ce
qu'Arbace ayant découvert la mollesse de ses rois si longtemps
cachée dans le secret du palais, Sardanapale, célèbre par ses infamies, devint non-seulement méprisable, mais encore insupportable à ses sujets.

Vous avez vu les royaumes qui sont sortis du débris de ce premier empire des Assyriens, entre autres celui de Ninive et celui
de Babylone. Les rois de Ninive retinrent le nom de rois d'Assyrie, et furent les plus puissans. Leur orgueil s'éleva bientôt au
delà de toutes bornes par les conquêtes qu'ils firent, parmi lesquelles on compte celle du royaume des Israélites ou de Samarie.
Il ne fallut rien moins que la main de Dieu et un miracle visible,
pour les empêcher d'accabler la Judée sous Ezéchias ; et on ne
sut plus quelles bornes on pourroit donner à leur puissance,
quand on leur vit envahir un peu après dans leur voisinage le
royaume de Babylone, où la famille royale étoit défaillie.

Babylone sembloit être née pour commander à toute la terre.
Ses peuples étoient pleins d'esprit et de courage. De tout temps
la philosophie régnoit parmi eux avec les beaux arts, et l'Orient
n'avoit guère de meilleurs soldats que les Chaldéens[1]. L'antiquité admire les riches moissons d'un pays que la négligence de
ses habitans laisse maintenant sans culture ; et son abondance le
fit regarder sous les anciens rois de Perse comme la troisième
partie d'un si grand empire[2]. Ainsi les rois d'Assyrie, enflés d'un
accroissement qui ajoutoit à leur monarchie une ville si opulente, conçurent de nouveaux desseins. Nabuchodonosor I crut
son empire indigne de lui, s'il n'y joignoit tout l'univers. Nabuchodonosor II superbe plus que tous les rois ses prédécesseurs,
après des succès inouïs et des conquêtes surprenantes, voulut
plutôt se faire adorer comme un dieu que commander comme un
roi. Quels ouvrages n'entreprit-il point dans Babylone ! Quelles
murailles, quelles tours, quelles portes, et quelle enceinte y vit-
on paroître ! Il sembloit que l'ancienne tour de Babel allât être

[1] Xenoph., *Cyropæd.*, lib. III, IV. — [2] Herod., lib. I, c. 192.

renouvelée dans la hauteur prodigieuse du temple de Bel, et que Nabuchodonosor voulût de nouveau menacer le ciel. Son orgueil, quoique abattu par la main de Dieu, ne laissa pas de revivre dans ses successeurs. Ils ne pouvoient souffrir autour d'eux aucune domination ; et voulant tout mettre sous le joug, ils devinrent insupportables aux peuples voisins. Cette jalousie réunit contre eux avec les rois de Médie et les rois de Perse, une grande partie des peuples d'Orient. L'orgueil se tourne aisément en cruauté. Comme les rois de Babylone traitoient inhumainement leurs sujets, des peuples entiers aussi bien que des principaux seigneurs de leur empire se joignirent à Cyrus et aux Mèdes [1]. Babylone trop accoutumée à commander et à vaincre pour craindre tant d'ennemis ligués contre elle, pendant qu'elle se croit invincible, devint captive des Mèdes qu'elle prétendoit subjuguer, et périt enfin par son orgueil.

La destinée de cette ville fut étrange, puisqu'elle périt par ses propres inventions. L'Euphrate faisoit à peu près dans ses vastes plaines le même effet que le Nil dans celles d'Egypte : mais pour le rendre commode, il falloit encore plus d'art et plus de travail que l'Egypte n'en employoit pour le Nil. L'Euphrate étoit droit dans son cours, et jamais ne se débordoit [2]. Il lui fallut faire dans tout le pays un nombre infini de canaux, afin qu'il en pût arroser les terres, dont la fertilité devenoit incomparable par ce secours. Pour rompre la violence de ses eaux trop impétueuses, il fallut le faire couler par mille détours, et lui creuser de grands lacs qu'une sage reine revêtit avec une magnificence incroyable. Nitocris mère de Labynithe, autrement nommé Nabonide ou Baltasar, dernier roi de Babylone, fit ces grands ouvrages. Mais cette reine entreprit un travail bien plus merveilleux : ce fut d'élever sur l'Euphrate un pont de pierre, afin que les deux côtés de la ville, que l'immense largeur de ce fleuve séparoit trop, pussent communiquer ensemble. Il fallut donc mettre à sec une rivière si rapide et si profonde, en détournant ses eaux dans un lac immense que la reine avoit fait creuser. En même temps on bâtit le pont, dont les solides matériaux étoient préparés, et on revêtit

[1] Xenoph., *Cyrop.*, lib. III, IV. — [2] *Herod.*, lib. I, c. 193.

de brique les deux bords du fleuve jusqu'à une hauteur étonnante, en y laissant des descentes revêtues de même, et d'un
aussi bel ouvrage que les murailles de la ville. La diligence du
travail en égala la grandeur[1]. Mais une reine si prévoyante ne
songea pas qu'elle apprenoit à ses ennemis à prendre sa ville. Ce
fut dans le même lac qu'elle avoit creusé, que Cyrus détourna
l'Euphrate, quand, désespérant de réduire Babylone ni par force
ni par famine, il s'y ouvrit des deux côtés de la ville le passage
que nous avons vu tant marqué par les prophètes.

Si Babylone eût pu croire qu'elle eût été périssable comme
toutes les choses humaines, et qu'une confiance insensée ne l'eût
pas jetée dans l'aveuglement : non-seulement elle eût pu prévoir
ce que fit Cyrus, puisque la mémoire d'un travail semblable étoit
récente ; mais encore en gardant toutes les descentes, elle eût accablé les Perses dans le lit de la rivière où ils passoient. Mais on
ne songeoit qu'aux plaisirs et aux festins : il n'y avoit ni ordre ni
commandement réglé. Ainsi périssent non-seulement les plus
fortes places, mais encore les plus grands empires. L'épouvante
se mit partout : le roi impie fut tué ; et Xénophon qui donne ce
titre au dernier roi de Babylone[2], semble désigner par ce mot les
sacriléges de Baltasar, que Daniel nous fait voir punis par une
chute si surprenante.

Les Mèdes qui avoient détruit le premier empire des Assyriens,
détruisirent encore le second, comme si cette nation eût dû être
toujours fatale à la grandeur assyrienne. Mais à cette dernière
fois la valeur et le grand nom de Cyrus fit que les Perses ses sujets eurent la gloire de cette conquête.

En effet elle est due entièrement à ce héros, qui ayant été élevé
sous une discipline sévère et régulière, selon la coutume des
Perses, peuples alors aussi modérés que depuis ils ont été volup-
tueux, fut accoutumé dès son enfance à une vie sobre et militaire[3]. Les Mèdes autrefois si laborieux et si guerriers[4], mais à la
fin ramollis par leur abondance, comme il arrive toujours, avoient
besoin d'un tel général. Cyrus se servit de leurs richesses et de

---

Herod., lib. II, c. 18 et seq. — [2] Xenoph., *Cyropæd.*, lib. VII, c. 5.— [3] *Ibid.*,
lib. I. — [4] Polyb., lib. V, c. 44; lib. X, c. 24.

leur nom toujours respecté en Orient ; mais il mettoit l'espérance du succès dans les troupes qu'il avoit amenées de Perse. Dès la première bataille le roi de Babylone fut tué, et les Assyriens mis en déroute[1]. Le vainqueur offrit le duel au nouveau roi ; et en montrant son courage, il se donna la réputation d'un prince clément qui épargne le sang des sujets. Il joignit la politique à la valeur. De peur de ruiner un si beau pays, qu'il regardoit déjà comme sa conquête, il fit résoudre que les laboureurs seroient épargnés de part et d'autre[2]. Il sut réveiller la jalousie des peuples voisins contre l'orgueilleuse puissance de Babylone qui alloit tout envahir ; et enfin la gloire qu'il s'étoit acquise autant par sa générosité et par sa justice que par le bonheur de ses armes, les ayant tous réunis sous ses étendards, avec de si grands secours il soumit cette vaste étendue de terre dont il composa son empire.

C'est par là que s'éleva cette monarchie. Cyrus la rendit si puissante, qu'elle ne pouvoit guère manquer de s'accroître sous ses successeurs. Mais pour entendre ce qui l'a perdue, il ne faut que comparer les Perses et les successeurs de Cyrus avec les Grecs et leurs généraux, surtout avec Alexandre.

CHAPITRE V.

LES PERSES, LES GRECS, ET ALEXANDRE.

Cambyse fils de Cyrus fut celui qui corrompit les mœurs des Perses[3]. Son père si bien élevé parmi les soins de la guerre, n'en prit pas assez de donner au successeur d'un si grand empire une éducation semblable à la sienne ; et par le sort ordinaire des choses humaines, trop de grandeur nuisit à la vertu. Darius fils d'Hystaspe, qui d'une vie privée fut élevé sur le trône, apporta de meilleures dispositions à la souveraine puissance, et fit quelques efforts pour réparer les désordres. Mais la corruption étoit déjà trop universelle : l'abondance avoit introduit trop de déréglement dans les mœurs ; et Darius n'avoit pas lui-même conservé assez de force pour être capable de redresser tout à fait les

[1] Xenoph., *Cyropæd.*, lib. IV, V. — [2] *Ibid.*, lib. V. — [3] Plat., *de Leg.*, lib. III.

autres. Tout dégénéra sous ses successeurs, et le luxe des Perses n'eut plus de mesure.

Mais encore que ces peuples devenus puissans eussent beaucoup perdu de leur ancienne vertu en s'abandonnant aux plaisirs, ils avoient toujours conservé quelque chose de grand et de noble. Que peut-on voir de plus noble que l'horreur qu'ils avoient pour le mensonge[1], qui passa toujours parmi eux pour un vice honteux et bas? Ce qu'ils trouvoient le plus lâche après le mensonge, étoit de vivre d'emprunt. Une telle vie leur paroissoit fainéante, honteuse, servile, et d'autant plus méprisable qu'elle portoit à mentir. Par une générosité naturelle à leur nation, ils traitoient honnêtement les rois vaincus. Pour peu que les enfans de ces princes fussent capables de s'accommoder avec les vainqueurs, ils les laissoient commander dans leur pays avec presque toutes les marques de leur ancienne grandeur[2]. Les Perses étoient honnêtes, civils, libéraux envers les étrangers, et ils savoient s'en servir. Les gens de mérite étoient connus parmi eux, et ils n'épargnoient rien pour les gagner. Il est vrai qu'ils ne sont pas arrivés à la connoissance parfaite de cette sagesse qui apprend à bien gouverner. Leur grand empire fut toujours régi avec quelque confusion. Ils ne surent jamais trouver ce bel art depuis si bien pratiqué par les Romains, d'unir toutes les parties d'un grand Etat, et d'en faire un tout parfait. Aussi n'étoient-ils presque jamais sans révoltes considérables. Ils n'étoient pourtant pas sans politique. Les règles de la justice étoient connues parmi eux, et ils ont eu de grands rois qui les faisoient observer avec une admirable exactitude. Les crimes étoient sévèrement punis[3]; mais avec cette modération, qu'en pardonnant aisément les premières fautes, on réprimoit les rechutes par de rigoureux châtimens. Ils avoient beaucoup de bonnes lois, presque toutes venues de Cyrus, et de Darius fils d'Hystaspe[4]. Ils avoient des maximes de gouvernement, des conseils réglés pour les maintenir[5], et une grande surdordination dans tous les emplois. Quand on disoit que les grands qui composoient le conseil étoient les yeux et les

[1] Plat., *Alcib.*, 1; Herod., lib. I, c. 138.—[2] Herod., lib. III, c. 15.—[3] Herod., lib. I, c. 137.—[4] Plat., *de Leg.*, lib. III.—[5] *Esth.*, 1, 13.

oreilles du prince [1] : on avertissoit tout ensemble, et le prince, qu'il avoit ses ministres comme nous avons les organes de nos sens, non pas pour se reposer, mais pour agir par leur moyen ; et les ministres, qu'ils ne devoient pas agir pour eux-mêmes, mais pour le prince qui étoit leur chef, et pour tout le corps de l'Etat. Ces ministres devoient être instruits des anciennes maximes de la monarchie [2]. Le registre qu'on tenoit des choses passées [3], servoit de règle à la postérité. On y marquoit les services que chacun avoit rendus, de peur qu'à la honte du prince, et au grand malheur de l'Etat, ils ne demeurassent sans récompense. C'étoit une belle manière d'attacher les particuliers au bien public, que de leur apprendre qu'ils ne devoient jamais sacrifier pour eux seuls, mais pour le roi et pour tout l'Etat où chacun se trouvoit avec tous les autres. Un des premiers soins du prince étoit de faire fleurir l'agriculture ; et les satrapes dont le gouvernement étoit le mieux cultivé, avoient la plus grande part aux graces [4]. Comme il y avoit des charges établies pour la conduite des armes, il y en avoit aussi pour veiller aux travaux rustiques : c'étoit deux charges semblables, dont l'une prenoit soin de garder le pays, et l'autre de le cultiver. Le prince les protégeoit avec une affection presque égale, et les faisoit concourir au bien public. Après ceux qui avoient remporté quelque avantage à la guerre, les plus honorés étoient ceux qui avoient élevé beaucoup d'enfans [5]. Le respect qu'on inspiroit aux Perses dès leur enfance pour l'autorité royale, alloit jusqu'à l'excès, puisqu'ils y mêloient de l'adoration, et paroissoient plutôt des esclaves que des sujets soumis par raison à un empire légitime : c'étoit l'esprit des Orientaux, et peut-être que le naturel vif et violent de ces peuples demandoit un gouvernement plus ferme et plus absolu.

La manière dont on élevoit les enfans des rois est admirée par Platon [6], et proposée aux Grecs comme le modèle d'une éducation parfaite. Dès l'âge de sept ans on les tiroit des mains des eunuques pour les faire monter à cheval, et les exercer à la

[1] Xenoph., *Cyropæd.*, lib. VIII. — [2] *Esth.*, I, 13. — [3] *Ibid.*, VI, 1. — [4] Xenoph., *Œconom.* — [5] Herod., lib. I, c. 136. — [6] Plat., *Alcib.*, 1.

chasse. A l'âge de quatorze ans, lorsque l'esprit commence à se former, on leur donnoit pour leur instruction quatre hommes des plus vertueux et des plus sages de l'Etat. Le premier, dit Platon, leur apprenoit la magie, c'est-à-dire dans leur langage, le culte des dieux selon les anciennes maximes et selon les lois de Zoroastre fils d'Oromase. Le second les accoutumoit à dire la vérité, et à rendre la justice. Le troisième leur enseignoit à ne se laisser pas vaincre par les voluptés, afin d'être toujours libres et vraiment rois, maîtres d'eux-mêmes et de leurs désirs. Le quatrième fortifioit leur courage contre la crainte qui en eût fait des esclaves, et leur eût ôté la confiance si nécessaire au commandement. Les jeunes seigneurs étoient élevés à la porte du roi avec ses enfans [1]. On prenoit un soin particulier qu'ils ne vissent ni n'entendissent rien de malhonnête. On rendoit compte au roi de leur conduite. Ce compte qu'on lui en rendoit étoit suivi par son ordre de châtimens et de récompenses. La jeunesse qui les voyoit, apprenoit de bonne heure avec la vertu, la science d'obéir et de commander. Avec une si belle institution que ne devoit-on pas espérer des rois de Perse et de leur noblesse, si on eût eu autant de soin de les bien conduire dans le progrès de leur âge qu'on en avoit de les bien instruire dans leur enfance ? Mais les mœurs corrompues de la nation les entraînoient bientôt dans les plaisirs, contre lesquels nulle éducation ne peut tenir. Il faut pourtant confesser que malgré cette mollesse des Perses, malgré le soin qu'ils avoient de leur beauté et de leur parure, ils ne manquoient pas de valeur. Ils s'en sont toujours piqués, et ils en ont donné d'illustres marques. L'art militaire avoit parmi eux la préférence qu'il méritoit, comme celui à l'abri duquel tous les autres peuvent s'exercer en repos [2]. Mais jamais ils n'en connurent le fond, ni ne surent ce que peut dans une armée la sévérité, la discipline, l'arrangement des troupes, l'ordre des marches et des campemens, et enfin une certaine conduite qui fait remuer ces grands corps sans confusion et à propos. Ils croyoient avoir tout fait quand ils avoient ramassé sans choix un peuple immense, qui alloit au combat assez résolument, mais sans ordre, et

[1] Xenoph., *de Exped. Cyri Jun.*, lib. I. — [2] Xenoph., Œconom.

qui se trouvoit embarrassé d'une multitude infinie de personnes
inutiles que le roi et les grands traînoient après eux seulement
pour le plaisir. Car leur mollesse étoit si grande, qu'ils vouloient
trouver dans l'armée la même magnificence et les mêmes délices
que dans les lieux où la Cour faisoit sa demeure ordinaire ; de
sorte que les rois marchoient accompagnés de leurs femmes, de
leurs concubines, de leurs eunuques, et de tout ce qui servoit à
leurs plaisirs. La vaisselle d'or et d'argent, et les meubles précieux suivoient dans une abondance prodigieuse, et enfin tout
l'attirail que demande une telle vie. Une armée composée de cette
sorte et déjà embarrassée de la multitude excessive de ses soldats,
étoit surchargée par le nombre démesuré de ceux qui ne combattoient point. Dans cette confusion, on ne pouvoit se mouvoir de
concert ; les ordres ne venoient jamais à temps, et dans une
action tout alloit comme à l'aventure, sans que personne fût en
état de pourvoir à ce désordre (a). Joint encore qu'il falloit avoir
fini bientôt, et passer rapidement dans un pays : car ce corps
immense et avide non-seulement de ce qui étoit nécessaire pour
la vie, mais encore de ce qui servoit au plaisir, consumoit tout
en peu de temps ; et on a peine à comprendre d'où il pouvoit
tirer sa subsistance.

Cependant avec ce grand appareil, les Perses étonnoient les
peuples qui ne savoient pas mieux la guerre qu'eux. Ceux
mêmes qui la savoient se trouvèrent ou affoiblis par leurs propres
divisions, ou accablés par la multitude de leurs ennemis, et c'est
par là que l'Egypte, toute superbe qu'elle étoit, et de son antiquité, et de ses sages institutions, et des conquêtes de son Sésostris, devint sujette des Perses. Il ne leur fut pas malaisé de
dompter l'Asie Mineure, et même les colonies grecques que la
mollesse de l'Asie avoit corrompues. Mais quand ils vinrent à la
Grèce même, ils trouvèrent ce qu'ils n'avoient jamais vu, une
milice réglée, des chefs entendus, des soldats accoutumés à vivre
de peu, des corps endurcis au travail, que la lutte et les autres
exercices ordinaires dans ce pays rendoient adroits : des armées
médiocres à la vérité, mais semblables à ces corps vigoureux où

(a) 1ʳᵉ *édit.* : Comme il pouvoit, sans que personne fût en état d'y pourvoir.

il semble que tout soit nerf, et où tout est plein d'esprits; au
reste si bien commandées et si souples aux ordres de leurs généraux, qu'on eût cru que les soldats n'avoient tous qu'une
même ame, tant on voyoit de concert dans leurs mouvemens.

Mais ce que la Grèce avoit de plus grand, étoit une politique
ferme et prévoyante, qui savoit abandonner, hasarder, et défendre ce qu'il falloit; et ce qui est plus grand encore, un courage que l'amour de la liberté et celui de la patrie rendoit invincible.

Les Grecs naturellement pleins d'esprit et de courage, avoient
été cultivés de bonne heure par des rois et des colonies venues
d'Egypte, qui s'étant établies dès les premiers temps en divers
endroits du pays, avoient répandu partout cette excellente police
des Egyptiens. C'est de là qu'ils avoient appris les exercices du
corps, la lutte, la course à pied, la course à cheval et sur des
chariots, et les autres exercices qu'ils mirent dans leur perfection
par les glorieuses couronnes des jeux olympiques. Mais ce que
les Egyptiens leur avoient appris de meilleur, étoit à se rendre
dociles, et à se laisser former par les lois pour le bien public.
Ce n'étoit pas des particuliers qui ne songent qu'à leurs affaires,
et ne sentent les maux de l'Etat qu'autant qu'ils en souffrent eux-
mêmes, ou que le repos de leur famille en est troublé. Les Grecs
étoient instruits à se regarder, et à regarder leur famille comme
partie d'un plus grand corps, qui étoit le corps de l'Etat. Les
pères nourrissoient leurs enfans dans cet esprit; et les enfans
apprenoient dès le berceau à regarder la patrie comme une mère
commune; à qui ils appartenoient plus encore qu'à leurs parens.
Le mot de *civilité* ne signifioit pas seulement parmi les Grecs la
douceur et la déférence mutuelle qui rend les hommes sociables :
l'homme civil n'étoit autre chose qu'un bon citoyen qui se regarde toujours comme membre de l'Etat, qui se laisse conduire
par les lois, et conspire avec elles au bien public, sans rien entreprendre sur personne. Les anciens rois que la Grèce avoit eus
en divers pays, un Minos, un Cécrops, un Thésée, un Codrus,
un Temène, un Cresphonte, un Eurysthène, un Patrocles, et les
autres semblables, avoient répandu cet esprit dans toute la na-

tion [1]. Ils furent tous populaires, non point en flattant le peuple, mais en procurant son bien, et en faisant régner la loi.

Que dirai-je de la sévérité des jugemens? Quel plus grave tribunal y eut-il jamais que celui de l'Aréopage, si révéré dans toute la Grèce, qu'on disoit que les dieux mêmes y avoient comparu? Il a été célèbre dès les premiers temps, et Cécrops apparemment l'avoit fondé sur le modèle des tribunaux de l'Egypte. Aucune compagnie n'a conservé si longtemps la réputation de son ancienne sévérité, et l'éloquence trompeuse en a toujours été bannie.

Les Grecs ainsi policés peu à peu se crurent capables de se gouverner eux-mêmes, et la plupart des villes se formèrent en républiques. Mais de sages législateurs qui s'élevèrent en chaque pays, un Thalès, un Pythagore, un Pittacus, un Lycurgue, un Solon, un Philolas, et tant d'autres que l'histoire marque, empêchèrent que la liberté ne dégénérât en licence. Des lois simplement écrites et en petit nombre, tenoient les peuples dans le devoir, et les faisoient concourir au bien commun du pays.

L'idée de liberté qu'une telle conduite inspiroit, étoit admirable. Car la liberté que se figuroient les Grecs, étoit une liberté soumise à la loi, c'est-à-dire à la raison même reconnue par tout le peuple. Ils ne vouloient pas que les hommes eussent du pouvoir parmi eux. Les magistrats redoutés durant le temps de leur ministère, redevenoient des particuliers qui ne gardoient d'autorité qu'autant que leur en donnoit leur expérience. La loi étoit regardée comme la maîtresse : c'étoit elle qui établissoit les magistrats, qui en régloit le pouvoir, et qui enfin châtioit leur mauvaise administration.

Il n'est pas ici question d'examiner si ces idées sont aussi solides que spécieuses. Enfin la Grèce en étoit charmée, et préféroit les inconvéniens de la liberté à ceux de la sujétion légitime, quoiqu'en effet beaucoup moindres. Mais comme chaque forme de gouvernement a ses avantages, celui que la Grèce tiroit du sien, étoit que les citoyens s'affectionnoient d'autant plus à

---

[1] Plat., *de Leg.*, lib. III.

leur pays, qu'ils le conduisoient en commun, et que chaque particulier pouvoit parvenir aux premiers honneurs.

Ce que fit la philosophie pour conserver l'état de la Grèce,
n'est pas croyable. Plus ces peuples étoient libres, plus il étoit
nécessaire d'y établir par de bonnes raisons les règles des mœurs,
et celles de la société. Pythagore, Thalès, Anaxagore, Socrate,
Archytas, Platon, Xénophon, Aristote, et une infinité d'autres,
remplirent la Grèce de ces beaux préceptes. Il y eut des extravagans qui prirent le nom de philosophes : mais ceux qui étoient
suivis, étoient ceux qui enseignoient à sacrifier l'intérêt particulier et même la vie à l'intérêt général et au salut de l'Etat; et
c'étoit la maxime la plus commune des philosophes, qu'il falloit
ou se retirer des affaires publiques, ou n'y regarder que le bien
public.

Pourquoi parler des philosophes? Les poëtes mêmes qui étoient
dans les mains de tout le peuple, les instruisoient plus encore
qu'ils ne les divertissoient. Le plus renommé des conquérans regardoit Homère comme un maître qui lui apprenoit à bien régner.
Ce grand poëte n'apprenoit pas moins à bien obéir, et à être bon
citoyen. Lui et tant d'autres poëtes, dont les ouvrages ne sont
pas moins graves qu'ils sont agréables, ne célèbrent que les arts
utiles à la vie humaine, ne respirent que le bien public, la patrie,
la société, et cette admirable civilité que nous avons expliquée.

Quand la Grèce ainsi élevée regardoit les Asiatiques avec leur
délicatesse, avec leur parure et leur beauté semblable à celle des
femmes, elle n'avoit que du mépris pour eux. Mais leur forme
de gouvernement qui n'avoit pour règle que la volonté du prince,
maîtresse de toutes les lois et même des plus sacrées, lui inspiroit de l'horreur; et l'objet le plus odieux qu'eût toute la Grèce,
étoient les Barbares [1].

Cette haine étoit venue aux Grecs dès les premiers temps, et
leur étoit devenue comme naturelle. Une des choses qui faisoit
aimer la poésie d'Homère, est qu'il chantoit les victoires et les
avantages de la Grèce sur l'Asie. Du côté de l'Asie étoit Vénus,
c'est-à-dire, les plaisirs, les folles amours et la mollesse : du côté

[1] Isoc., *Paneg.*

de la Grèce étoit Junon, c'est-à-dire la gravité avec l'amour conjugal, Mercure avec l'éloquence, Jupiter et la sagesse politique. Du côté de l'Asie étoit Mars impétueux et brutal, c'est-à-dire la guerre faite avec fureur : du côté de la Grèce étoit Pallas, c'est-à-dire l'art militaire et la valeur conduite par esprit. La Grèce depuis ce temps avoit toujours cru que l'intelligence et le vrai courage étoit son partage naturel. Elle ne pouvoit souffrir que l'Asie pensât à la subjuguer ; et en subissant ce joug, elle eût cru assujettir la vertu à la volupté, l'esprit au corps, et le véritable courage à une force insensée qui consistoit seulement dans la multitude.

La Grèce étoit pleine de ces sentimens, quand elle fut attaquée par Darius fils d'Hystaspe, et par Xerxès, avec des armées dont la grandeur paroît fabuleuse, tant elle est énorme. Aussitôt chacun se prépare à défendre sa liberté. Quoique toutes les villes de Grèce fissent autant de républiques, l'intérêt commun les réunit, et il ne s'agissoit entre elles que de voir qui feroit le plus pour le bien public. Il ne coûta rien aux Athéniens d'abandonner leur ville au pillage et à l'incendie ; et après qu'ils eurent sauvé leurs vieillards et leurs femmes avec leurs enfans, ils mirent sur des vaisseaux tout ce qui étoit capable de porter les armes. Pour arrêter quelques jours l'armée persienne à un passage difficile, et pour lui faire sentir ce que c'étoit que la Grèce, une poignée de Lacédémoniens courut avec son roi à une mort assurée, contens en mourant d'avoir immolé à leur patrie un nombre infini de ces barbares, et d'avoir laissé à leurs compatriotes l'exemple d'une hardiesse inouïe. Contre de telles armées et une telle conduite, la Perse se trouva foible, et éprouva plusieurs fois à son dommage, ce que peut la discipline contre la multitude et la confusion, et ce que peut la valeur conduite avec art contre une impétuosité aveugle.

Il ne restoit à la Perse tant de fois vaincue, que de mettre la division parmi les Grecs ; et l'état même où ils se trouvoient par leurs victoires, rendoit cette entreprise facile [1]. Comme la crainte les tenoit unis, la victoire et la confiance rompit l'union. Accou-

[1] Plat., *de Leg.*, lib. III.

tumés à combattre et à vaincre, quand ils crurent n'avoir plus à
craindre la puissance des Perses, ils se tournèrent les uns contre
les autres. Mais il faut expliquer un peu davantage cet état des
Grecs, et ce secret de la politique persienne.

Parmi toutes les républiques dont la Grèce étoit composée,
Athènes et Lacédémone étoient sans comparaison les principales.
On ne peut avoir plus d'esprit qu'on en avoit à Athènes, ni plus
de force qu'on en avoit à Lacédémone. Athènes vouloit le plaisir :
la vie de Lacédémone étoit dure et laborieuse. L'une et l'autre
aimoit la gloire et la liberté : mais à Athènes la liberté tendoit
naturellement à la licence ; et contrainte par des lois sévères à
Lacédémone, plus elle étoit réprimée au dedans, plus elle cherchoit à s'étendre en dominant au dehors. Athènes vouloit aussi
dominer, mais par un autre principe. L'intérêt se mêloit à la
gloire. Ses citoyens excelloient dans l'art de naviguer ; et la mer
où elle régnoit l'avoit enrichie. Pour demeurer seule maîtresse
de tout le commerce, il n'y avoit rien qu'elle ne voulût assujettir ; et ses richesses qui lui inspiroient ce désir, lui fournissoient
le moyen de le satisfaire. Au contraire à Lacédémone, l'argent
étoit méprisé. Comme toutes ses lois tendoient à en faire une république guerrière, la gloire des armes étoit le seul charme dont
les esprits de ses citoyens fussent possédés. Dès là naturellement
elle vouloit dominer ; et plus elle étoit au-dessus de l'intérêt, plus
elle s'abandonnoit à l'ambition.

Lacédémone par sa vie réglée étoit ferme dans ses maximes et
dans ses desseins. Athènes étoit plus vive, et le peuple y étoit
trop maître. La philosophie et les lois faisoient à la vérité de
beaux effets dans des naturels si exquis ; mais la raison toute
seule n'étoit pas capable de les retenir. Un sage Athénien [1], et
qui connoissoit admirablement le naturel de son pays, nous
apprend que la crainte étoit nécessaire à ces esprits trop vifs et
trop libres ; et qu'il n'y eut plus moyen de les gouverner, quand
la victoire de Salamine les eut rassurés contre les Perses.

Alors deux choses les perdirent, la gloire de leurs belles
actions, et la sûreté où ils croyoient être. Les magistrats n'étoient

[1] Plat., *de Leg.*, lib. III.

plus écoutés ; et comme la Perse étoit affligée par une excessive sujétion, Athènes, dit Platon, ressentit les maux d'une liberté excessive.

Ces deux grandes républiques si contraires dans leurs mœurs et dans leur conduite, s'embarrassoient l'une l'autre dans le dessein qu'elles avoient d'assujettir toute la Grèce ; de sorte qu'elles étoient toujours ennemies, plus encore par la contrariété de leurs intérêts, que par l'incompatibilité de leurs humeurs.

Les villes grecques ne vouloient la domination ni de l'une ni de l'autre : car outre que chacun souhaitoit pouvoir conserver sa liberté, elles trouvoient l'empire de ces deux républiques trop fâcheux. Celui de Lacédémone étoit dur. On remarquoit dans son peuple je ne sais quoi de farouche. Un gouvernement trop rigide et une vie trop laborieuse y rendoit les esprits trop fiers, trop austères, et trop impérieux [1] : joint qu'il falloit se résoudre à n'être jamais en paix sous l'empire d'une ville qui étant formée pour la guerre, ne pouvoit se conserver qu'en la continuant sans relâche [2]. Ainsi les Lacédémoniens vouloient commander, et tout le monde craignoit qu'ils ne commandassent [3]. Les Athéniens étoient naturellement plus doux et plus agréables. Il n'y avoit rien de plus délicieux à voir que leur ville, où les fêtes et les jeux étoient perpétuels ; où l'esprit, où la liberté et les passions donnoient tous les jours de nouveaux spectacles [4]. Mais leur conduite inégale déplaisoit à leurs alliés, et étoit encore plus insupportable à leurs sujets. Il falloit essuyer les bizarreries d'un peuple flatté, c'est-à-dire, selon Platon, quelque chose de plus dangereux que celles d'un prince gâté par la flatterie.

Ces deux villes ne permettoient point à la Grèce de demeurer en repos. Vous avez vu la guerre du Péloponnèse, et les autres toujours causées ou entretenues par les jalousies de Lacédémone et d'Athènes. Mais ces mêmes jalousies qui troubloient la Grèce, la soutenoient en quelque façon, et l'empêchoient de tomber dans la dépendance de l'une ou de l'autre de ces républiques.

[1] Arist., *Polit.*, lib. VIII, c. 4. — [2] *Ibid.*, lib. VII, c. 14. — [3] Xenoph., *de Rep. Lac.* — [4] Plat., *de Rep.*, lib. VII.

Les Perses aperçurent bientôt cet état de la Grèce. Ainsi tout le secret de leur politique étoit d'entretenir ces jalousies, et de fomenter ces divisions. Lacédémone qui étoit la plus ambitieuse, fut la première à les faire entrer dans les querelles des Grecs. Ils y entrèrent dans le dessein de se rendre maîtres de toute la nation ; et soigneux d'affoiblir les Grecs les uns par les autres, ils n'attendoient que le moment de les accabler tous ensemble. Déjà les villes de Grèce ne regardoient dans leurs guerres que le roi de Perse, qu'elles appeloient le grand Roi[1], ou le Roi par excellence, comme si elles se fussent déjà comptées pour sujettes : mais il n'étoit pas possible que l'ancien esprit de la Grèce ne se réveillât à la veille de tomber dans la servitude, et entre les mains des barbares. De petits rois grecs entreprirent de s'opposer à ce grand roi, et de ruiner son empire. Avec une petite armée, mais nourrie dans la discipline que nous avons vue, Agésilas roi de Lacédémone fit trembler les Perses dans l'Asie Mineure[2], et montra qu'on les pouvoit abattre. Les seules divisions de la Grèce arrêtèrent ses conquêtes : mais il arriva dans ces temps-là que le jeune Cyrus frère d'Artaxerxe se révolta contre lui. Il avoit dix mille Grecs dans ses troupes, qui seuls ne purent être rompus dans la déroute universelle de son armée. Il fut tué dans la bataille, et de la main d'Artaxerxe, à ce qu'on dit. Nos Grecs se trouvoient sans protecteur au milieu des Perses et aux environs de Babylone. Cependant Artaxerxe victorieux ne put ni les obliger à poser volontairement les armes, ni les y forcer. Ils conçurent le hardi dessein de traverser en corps d'armée tout son empire pour retourner en leur pays, et ils en vinrent à bout. C'est la belle histoire qu'on trouve si bien racontée par Xénophon dans son livre de la *Retraite des dix mille,* ou de l'*Expédition du jeune Cyrus* (a). Toute la Grèce vit alors plus que jamais, qu'elle nourrissoit une milice invincible à laquelle tout devoit céder, et que ses seules divisions la pouvoient soumettre à un ennemi trop foible pour lui résister quand elle seroit unie. Philippe roi de Ma-

---

[1] Plat., *de Leg.*, lib. III; Isoc., *Paneg.*, etc. — [2] Polyb., lib. III, c. 6.

(a) La phrase, depuis *c'est* jusqu'à *Cyrus*, ne se trouve point dans la première édition.

cédoine, également habile et vaillant, ménagea si bien les avantages que lui donnoit contre tant de villes et de républiques divisées un royaume petit, à la vérité, mais uni, et où la puissance royale étoit absolue, qu'à la fin moitié par adresse et moitié par force, il se rendit le plus puissant de la Grèce, et obligea tous les Grecs à marcher sous ses étendards contre l'ennemi commun. Il fut tué dans ces conjonctures : mais Alexandre son fils succéda à son royaume et à ses desseins.

Il trouva les Macédoniens non-seulement aguerris, mais encore triomphans, et devenus par tant de succès presque autant supérieurs aux autres Grecs en valeur et en discipline, que les autres Grecs étoient au-dessus des Perses et de leurs semblables.

Darius qui régnoit en Perse de son temps étoit juste, vaillant, généreux, aimé de ses peuples, et ne manquoit ni d'esprit ni de vigueur pour exécuter ses desseins. Mais si vous le comparez avec Alexandre : son esprit avec ce génie perçant et sublime; valeur avec la hauteur et la fermeté de ce courage invincible qui se sentoit animé par les obstacles; avec cette ardeur immense d'accroître tous les jours son nom, qui lui faisoit préférer à tous les périls, à tous les travaux, et à mille morts, le moindre degré de gloire; enfin avec cette confiance qui lui faisoit sentir au fond de son cœur que tout lui devoit céder comme à un homme que sa destinée rendoit supérieur aux autres, confiance qu'il inspiroit non-seulement à ses chefs, mais encore aux moindres de ses soldats, qu'il élevoit par ce moyen au-dessus des difficultés, et au-dessus d'eux-mêmes : vous jugerez aisément auquel des deux appartenoit la victoire. Et si vous joignez à ces choses les avantages des Grecs et des Macédoniens au-dessus de leurs ennemis, vous avouerez que la Perse attaquée par un tel héros et par de telles armées, ne pouvoit plus éviter de changer de maître. Ainsi vous découvrirez en même temps ce qui a ruiné l'empire des Perses, et ce qui a élevé celui d'Alexandre.

Pour lui faciliter la victoire, il arriva que la Perse perdit le seul général qu'elle pût opposer aux Grecs : c'étoit Memnon Rhodien [1]. Tant qu'Alexandre eut en tête un si fameux capitaine, il

[1] Diod., lib. XVII, sect. 1, n. 5.

put se glorifier d'avoir vaincu un ennemi digne de lui. Au lieu
de hasarder contre les Grecs une bataille générale, Memnon vouloit qu'on leur disputât tous les passages, qu'on leur coupât les
vivres, qu'on les allât attaquer chez eux, et que par une attaque
vigoureuse on les forçât à venir défendre leur pays. Alexandre y
avoit pourvu, et les troupes qu'il avoit laissées à Antipater suffisoient pour garder la Grèce. Mais sa bonne fortune le délivra tout
d'un coup de cet embarras. Au commencement d'une diversion
qui déjà inquiétoit toute la Grèce, Memnon mourut, et Alexandre
mit tout à ses pieds.

Ce prince fit son entrée dans Babylone avec un éclat qui surpassoit tout ce que l'univers avoit jamais vu; et après avoir vengé
la Grèce, après avoir subjugué avec une promptitude incroyable
toutes les terres de la domination persienne, pour assurer de tous
côtés son nouvel empire, ou plutôt pour contenter son ambition,
et rendre son nom plus fameux que celui de Bacchus, il entra
dans les Indes où il poussa ses conquêtes plus loin que ce célèbre
vainqueur. Mais celui que les déserts, les fleuves, et les montagnes n'étoient pas capables d'arrêter, fut contraint de céder à
ses soldats rebutés qui lui demandoient du repos. Réduit à se contenter des superbes monumens qu'il laissa sur le bord de l'A-
raspe, il ramena son armée par une autre route que celle qu'il
avoit tenue, et dompta tous les pays qu'il trouva sur son passage.

Il revint à Babylone craint et respecté non pas comme un conquérant, mais comme un dieu. Mais cet empire formidable qu'il
avoit conquis, ne dura pas plus longtemps que sa vie, qui fut
fort courte. A l'âge de trente-trois ans, au milieu des plus vastes
desseins qu'un homme ait jamais conçus, et avec les plus justes
espérances d'un heureux succès, il mourut sans avoir eu le loisir
d'établir solidement ses affaires, laissant un frère imbécile, et des
enfans en bas âge, incapables de soutenir un si grand poids. Mais
ce qu'il y avoit de plus funeste pour sa maison et pour son empire, est qu'il laissoit des capitaines à qui il avoit appris à ne respirer que l'ambition et la guerre. Il prévit à quels excès ils se por-
teroient quand il ne seroit plus au monde : pour les retenir, et

de peur d'en être dédit, il n'osa nommer ni son successeur ni le tuteur de ses enfans. Il prédit seulement que ses amis célébreroient ses funérailles avec des batailles sanglantes ; et il expira dans la fleur de son âge, plein des tristes images de la confusion qui devoit suivre sa mort.

En effet vous avez vu le partage de son empire, et la ruine affreuse de sa maison. La Macédoine son ancien royaume tenu par ses ancêtres depuis tant de siècles, fut envahi de tous côtés comme une succession vacante ; et après avoir été longtemps la proie du plus fort, il passa enfin à une autre famille. Ainsi ce grand conquérant, le plus renommé et le plus illustre qui fût jamais, a été le dernier roi de sa race. S'il fût demeuré paisible dans la Macédoine, la grandeur de son empire n'auroit pas tenté ses capitaines, et il eût pu laisser à ses enfans le royaume de ses pères. Mais parce qu'il avoit été trop puissant, il fut cause de la perte de tous les siens, et voilà le fruit glorieux de tant de conquêtes.

Sa mort fut la seule cause de cette grande révolution. Car il faut dire à sa gloire, que si jamais homme a été capable de soutenir un si vaste empire, quoique nouvellement conquis, ç'a été sans doute Alexandre, puisqu'il n'avoit pas moins d'esprit que de courage. Il ne faut donc point imputer à ses fautes, quoiqu'il en ait fait de grandes, la chute de sa famille, mais à la seule mortalité ; si ce n'est qu'on veuille dire qu'un homme de son humeur, et que son ambition engageoit toujours à entreprendre, n'eût jamais trouvé le loisir d'établir les choses.

Quoi qu'il en soit, nous voyons par son exemple, qu'outre les fautes que les hommes pourroient corriger, c'est-à-dire celles qu'ils font par emportement ou par ignorance, il y a un foible irrémédiable inséparablement attaché aux desseins humains, et c'est la mortalité. Tout peut tomber en un moment par cet endroit-là : ce qui nous force d'avouer que comme le vice le plus inhérent, si je puis parler de la sorte, et le plus inséparable des choses humaines, c'est leur propre caducité ; celui qui sait conserver et affermir un Etat, a trouvé un plus haut point de sagesse que celui qui sait conquérir et gagner des batailles.

Il n'est pas besoin que je vous raconte en détail ce qui fit périr

les royaumes formés du débris de l'empire d'Alexandre, c'est-à-
dire celui de Syrie, celui de Macédoine et celui d'Egypte. La
cause commune de leur ruine est qu'ils furent contraints de céder
à une plus grande puissance, qui fut la puissance romaine. Si
toutefois nous voulions considérer le dernier état de ces monarchies, nous trouverions aisément les causes immédiates de leur
chute ; et nous verrions entre autres choses que la plus puissante
de toutes, c'est-à-dire celle de Syrie, après avoir été ébranlée par
la mollesse et le luxe de la nation, reçut enfin le coup mortel par
la division de ses princes.

CHAPITRE VI.

L'EMPIRE ROMAIN : ET EN PASSANT, CELUI DE CARTHAGE ET SA MAUVAISE CONSTITUTION (a).

Nous sommes enfin venus à ce grand empire qui a englouti
tous les empires de l'univers, d'où sont sortis les plus grands
royaumes du monde que nous habitons, dont nous respectons
encore les lois, et que nous devons par conséquent mieux connoître que tous les autres empires. Vous entendez bien que je
parle (b) de l'empire romain. Vous en avez vu la longue et mémorable histoire dans toute sa suite. Mais pour entendre parfaitement les causes de l'élévation de Rome, et celles des grands
changemens qui sont arrivés dans son état, considérez attentivement avec les mœurs des Romains, les temps d'où dépendent
tous les mouvemens de ce vaste empire.

De tous les peuples du monde le plus fier et le plus hardi, mais
tout ensemble le plus réglé dans ses conseils, le plus constant
dans ses maximes, le plus avisé, le plus laborieux, et enfin le plus
patient, a été le peuple romain.

De tout cela s'est formée la meilleure milice et la politique la
plus prévoyante, la plus ferme et la plus suivie qui fut jamais.

Le fond d'un Romain, pour ainsi parler, étoit l'amour de sa
liberté et de sa patrie. Une de ces choses lui faisoit aimer l'autre :

(a) Ire édit. : L'empire romain. — (b) Vous entendez bien, Monseigneur, que
je parle.

car parce qu'il aimoit sa liberté, il aimoit aussi sa patrie comme une mère qui le nourrissoit dans des sentimens également généreux et libres.

Sous ce nom de liberté, les Romains se figuroient avec les Grecs un état ou personne ne fût sujet que de la loi, et où la loi fût plus puissante que les hommes.

Au reste quoique Rome fût née sous un gouvernement royal, elle avoit même sous ses rois une liberté qui ne convient guère à une monarchie réglée. Car outre que les rois étoient électifs, et que l'élection s'en faisoit par tout le peuple, c'étoit encore au peuple assemblé à confirmer les lois, et à résoudre la paix ou la guerre. Il y avoit même des cas particuliers où les rois déféroient au peuple le jugement souverain : témoin Tullus Hostilius, qui n'osant ni condamner ni absoudre Horace comblé tout ensemble et d'honneur pour avoir vaincu les Curiaces, et de honte pour avoir tué sa sœur, le fit juger par le peuple. Ainsi les rois n'avoient proprement que le commandement des armées, et l'autorité de convoquer les assemblées légitimes, d'y proposer les affaires, de maintenir les lois, et d'exécuter les décrets publics.

Quand Servius Tullius conçut le dessein que vous avez vu de réduire Rome en république, il augmenta dans un peuple déjà si libre l'amour de la liberté; et de là vous pouvez juger combien les Romains en furent jaloux quand ils l'eurent goûtée toute entière sous leurs consuls.

On frémit encore en voyant dans les histoires la triste fermeté du consul Brutus, lorsqu'il fit mourir à ses yeux ses deux enfans, qui s'étoient laissé entraîner aux sourdes pratiques que les Tarquins faisoient dans Rome pour y rétablir leur domination. Combien fut affermi dans l'amour de la liberté un peuple qui voyoit ce consul sévère immoler à la liberté sa propre famille! Il ne faut plus s'étonner, si on méprisa dans Rome les efforts des peuples voisins, qui entreprirent de rétablir les Tarquins bannis [1]. Ce fut en vain que le roi Porsenna les prit en sa protection. Les Romains presque affamés, lui firent connoître par leur fermeté qu'ils vouloient du moins mourir libres. Le peuple fut encore

[1] Dion. Halicarn., *Ant. Rom.*, lib. V, c. 1.

plus ferme que le sénat; et Rome entière fit dire à ce puissant
roi, qui venoit de la réduire à l'extrémité, qu'il cessât d'intercéder pour les Tarquins, puisque résolue de tout hasarder pour sa
liberté, elle recevroit plutôt ses ennemis que ses tyrans[1]. Porsenna
étonné de la fierté de ce peuple, et de la hardiesse plus qu'humaine de quelques particuliers, résolut de laisser les Romains
jouir en paix d'une liberté qu'ils savoient si bien défendre.

La liberté leur étoit donc un trésor qu'ils préféroient à toutes
les richesses de l'univers. Aussi avez-vous vu que dans leurs
commencemens, et même bien avant dans leurs progrès, la
pauvreté n'étoit pas un mal pour eux : au contraire ils la regardoient comme un moyen de garder leur liberté plus entière, n'y
ayant rien de plus libre ni de plus indépendant qu'un homme qui
sait vivre de peu, et qui sans rien attendre de la protection ou de
la libéralité d'autrui, ne fonde sa subsistance que sur son industrie et sur son travail.

C'est ce que faisoient les Romains. Nourrir du bétail, labourer
la terre, se dérober à eux-mêmes tout ce qu'ils pouvoient, vivre
d'épargne et de travail : voilà quelle étoit leur vie; c'est de quoi
ils soutenoient leur famille, qu'ils accoutumoient à de semblables
travaux.

Tite-Live a raison de dire qu'il n'y eut jamais de peuple où la
frugalité, où l'épargne, où la pauvreté aient été plus longtemps
en honneur. Les sénateurs les plus illustres, à n'en regarder que
l'extérieur, différoient peu des paysans, et n'avoient d'éclat ni de
majesté qu'en public, et dans le sénat. Du reste on les trouvoit
occupés du labourage et des autres soins de la vie rustique, quand
on les alloit quérir pour commander les armées. Ces exemples
sont fréquens dans l'histoire romaine. Curius et Fabrice, ces
grands capitaines qui vainquirent Pyrrhus un roi si riche, n'a-
voient que de la vaisselle de terre; et le premier à qui les Samnites en offroient d'or et d'argent, répondit que son plaisir n'étoit
point d'en avoir, mais de commander à qui en avoit. Après avoir
triomphé, et avoir enrichi la république des dépouilles de ses
ennemis, ils n'avoient pas de quoi se faire enterrer. Cette modé-

[1] Tit. Liv., lib. II, c. 13, 15.

ration duroit encore pendant les guerres Puniques. Dans la première on voit Régulus général des armées romaines demander
son congé au sénat pour aller cultiver sa métairie abandonnée
pendant son absence [1]. Après la ruine de Carthage, on voit encore
de grands exemples de la première simplicité. Æmilius Paulus
qui augmenta le trésor public par le riche trésor des rois de Macédoine, vivoit selon les règles de l'ancienne frugalité, et mourut
pauvre. Mummius en ruinant Corinthe, ne profita que pour le
public des richesses de cette ville opulente et voluptueuse [2].
Ainsi les richesses étoient méprisées : la modération et l'innocence des généraux romains faisoit l'admiration des peuples
vaincus.

Cependant dans ce grand amour de la pauvreté, les Romains
n'épargnoient rien pour la grandeur et pour la beauté de leur
ville. Dès leurs commencemens les ouvrages publics furent tels,
que Rome n'en rougit pas depuis même qu'elle se vit maîtresse
du monde. Le Capitole bâti par Tarquin le Superbe, et le temple
qu'il éleva à Jupiter dans cette forteresse, étoient dignes dès lors
de la majesté du plus grand des dieux, et de la gloire future du
peuple Romain. Tout le reste répondoit à cette grandeur. Les
principaux temples, les marchés, les bains, les places publiques,
les grands chemins, les aqueducs, les cloaques mêmes et les
égouts de la ville avoient une magnificence qui paroîtroit incroyable, si elle n'étoit attestée par tous les historiens [3], et confirmée par les restes que nous en voyons. Que dirai-je de la pompe
des triomphes, des cérémonies de la religion, des jeux et des
spectacles qu'on donnoit au peuple [4]? En un mot, tout ce qui
servoit au public, tout ce qui pouvoit donner aux peuples une
grande idée de leur commune patrie, se faisoit avec profusion
autant que le temps le pouvoit permettre. L'épargne régnoit
seulement dans les maisons particulières. Celui qui augmentoit
ses revenus et rendoit ses terres plus fertiles par son industrie et
par son travail, qui étoit le meilleur économe, et prenoit le plus

---

[1] Tit. Liv., *Epit.*, liv. XVIII. — [2] Cic., *de Offic.*, lib. II, c. 22, n. 76. — [3] Tit.
Liv., lib. I, c. 53, 55; liv. VI, c, 4; Dion. Halicarn., *Ant. Rom.*, lib. III, c. 20,
21; lib. IV, c. 13; Tacit., *Hist.*, lib. III, c. 72; Plin., *Hist. natur.*, lib. XXXVI,
cap. 15. — [4] Dion. Halicarn., lib. VII, cap. 13.

sur lui-même, s'estimoit le plus libre, le plus puissant et le plus heureux.

Il n'y a rien de plus éloigné d'une telle vie que la mollesse. Tout tendoit plutôt à l'autre excès, je veux dire à la dureté. Aussi les mœurs des Romains avoient-elles naturellement quelque chose, non-seulement de rude et de rigide, mais encore de sauvage et de farouche. Mais ils n'oublièrent rien pour se réduire eux-mêmes sous de bonnes lois; et le peuple le plus jaloux de sa liberté que l'univers ait jamais vu, se trouva en même temps le plus soumis à ses magistrats et à la puissance légitime.

La milice d'un tel peuple ne pouvoit manquer d'être admirable, puisqu'on y trouvoit avec des courages fermes et des corps vigoureux, une si prompte et si exacte obéissance.

Les lois de cette milice étoient dures, mais nécessaires. La victoire étoit périlleuse, et souvent mortelle à ceux qui la gagnoient contre les ordres. Il y alloit de la vie, non-seulement à fuir, à quitter ses armes, à abandonner son rang, mais encore à se remuer pour ainsi dire, et à branler tant soit peu sans le commandement du général. Qui mettoit les armes bas devant l'ennemi, qui aimoit mieux se laisser prendre que de mourir glorieusement pour sa patrie, étoit jugé indigne de toute assistance. Pour l'ordinaire on ne comptoit plus les prisonniers parmi les citoyens, et on les laissoit aux ennemis comme des membres retranchés de la république. Vous avez vu dans Florus et dans Cicéron [1] l'histoire de Régulus, qui persuada au sénat aux dépens de sa propre vie, d'abandonner les prisonniers aux Carthaginois. Dans la guerre d'Annibal, et après la perte de la bataille de Cannes, c'est-à-dire dans le temps où Rome épuisée par tant de pertes manquoit le plus de soldats, le sénat aima mieux armer contre sa coutume huit mille esclaves, que de racheter huit mille Romains qui ne lui auroient pas plus coûté que la nouvelle milice qu'il fallut lever [2]. Mais dans la nécessité des affaires on établit plus que jamais comme une loi inviolable, qu'un soldat romain devoit ou vaincre ou mourir.

[1] Cic., de Offic., lib. III, c. 23, n. 110; Florus, lib. II, c. 2. — [2] Polyb., lib. c. 65; Tit. Liv., lib. XXII, c. 57, 58; Cic., de Offic., lib. III, c. 26, n. 114.

Par cette maxime les armées romaines, quoique défaites et
rompues, combattoient et se rallioient jusqu'à la dernière extrémité; et, comme remarque Salluste [1], il se trouve parmi les Romains plus de gens punis pour avoir combattu sans en avoir
ordre, que pour avoir lâché le pied et quitté son poste : de sorte
que le courage avoit plus besoin d'être réprimé, que la lâcheté
n'avoit besoin d'être excitée.

Ils joignirent à la valeur l'esprit et l'invention. Outre qu'ils
étoient par eux-mêmes appliqués et ingénieux, ils savoient profiter admirablement de tout ce qu'ils voyoient dans les autres
peuples de commode pour les campemens, pour les ordres de bataille, pour le genre même des armes, en un mot pour faciliter
tant l'attaque que la défense. Vous avez vu dans Salluste et dans
les autres auteurs, ce que les Romains ont appris de leurs voisins
et de leurs ennemis mêmes. Qui ne sait qu'ils ont appris des
Carthaginois l'invention des galères par lesquelles ils les ont
battus, et enfin qu'ils ont tiré de toutes les nations qu'ils ont connues de quoi les surmonter toutes?

En effet il est certain de leur aveu propre, que les Gaulois les
surpassoient en force de corps, et ne leur cédoient pas en courage. Polybe nous fait voir qu'en une rencontre décisive les Gaulois, d'ailleurs plus forts en nombre, montrèrent plus de hardiesse que les Romains, quelque déterminés qu'ils fussent [2]; et
nous voyons toutefois en cette même rencontre ces Romains inférieurs en tout le reste, l'emporter sur les Gaulois, parce qu'ils savoient choisir de meilleures armes, se ranger dans un meilleur
ordre, et mieux profiter du temps dans la mêlée. C'est ce que
vous pourrez voir quelque jour plus exactement dans Polybe; et
vous avez souvent remarqué vous-même dans les *Commentaires*
de César, que les Romains commandés par ce grand homme ont
subjugué les Gaulois plus encore par les adresses de l'art militaire que par leur valeur.

Les Macédoniens si jaloux de conserver l'ancien ordre de leur
milice formée par Philippe et par Alexandre, croyoient leur phalange invincible, et ne pouvoient se persuader que l'esprit hu-

---

[1] Sallust., *de Bell. Catil.*, n. 9. — [2] Polyb., lib. II, c. 28 et seq.

main fût capable de trouver quelque chose de plus ferme. Cependant le même Polybe et Tite-Live après lui [1] ont démontré, qu'à considérer seulement la nature des armées romaines et de celles des Macédoniens, les dernières ne pouvoient manquer d'être battues à la longue, parce que la phalange macédonienne qui n'étoit qu'un gros bataillon carré, fort épais de toutes parts, ne pouvoit se mouvoir que tout d'une pièce, au lieu que l'armée romaine distinguée en petits corps, étoit plus prompte et plus disposée à toute sorte de mouvemens.

Les Romains ont donc trouvé, ou ils ont bientôt appris l'art de diviser les armées en plusieurs bataillons et escadrons, et de former les corps de réserve, dont le mouvement est si propre à pousser ou à soutenir ce qui s'ébranle de part et d'autre. Faites marcher contre des troupes ainsi disposées la phalange macédonienne : cette grosse et lourde machine sera terrible à la vérité à une armée sur laquelle elle tombera de tout son poids; mais, comme parle Polybe, elle ne peut conserver longtemps sa propriété naturelle, c'est-à-dire sa solidité et sa consistance, parce qu'il lui faut des lieux propres, et pour ainsi dire faits exprès, et qu'à faute de les trouver, elle s'embarrasse elle-même, ou plutôt elle se rompt par son propre mouvement; joint qu'étant une fois enfoncée, elle ne sait plus se rallier. Au lieu que l'armée romaine divisée en ses petits corps, profite de tous les lieux, et s'y accommode : on l'unit et on la sépare comme on veut; elle défile aisément, et se rassemble sans peine; elle est propre aux détachemens, aux ralliemens, à toute sorte de conversions et d'évolutions qu'elle fait ou toute entière ou en partie, selon qu'il est convenable; enfin elle a plus de mouvemens divers, et par conséquent plus d'action et plus de force que la phalange. Concluez donc avec Polybe qu'il falloit que la phalange lui cédât, et que la Macédoine fût vaincue.

Il y a plaisir, Monseigneur, à vous parler de ces choses dont vous êtes si bien instruit par d'excellens maîtres, et que vous voyez pratiquées sous les ordres de Louis le Grand d'une manière

---

[1] Polyb., lib. XVII, *in Excerpt.*, c. 24 et seq.; Tit. Liv., liv. IX, c. 19; lib. XXXI, c. 39, etc.

si admirable, que je ne sais si la milice romaine a jamais rien eu de plus beau. Mais sans vouloir ici la mettre aux mains avec la milice françoise, je me contente que vous ayez vu que la milice romaine, soit qu'on regarde la science même de prendre ses avantages, ou qu'on s'attache à considérer son extrême sévérité à faire garder tous les ordres de la guerre, a surpassé de beaucoup tout ce qui avoit paru dans les siècles précédens.

Après la Macédoine, il ne faut plus vous parler de la Grèce : vous avez vu que la Macédoine y tenoit le dessus, et ainsi elle vous apprend à juger du reste. Athènes n'a plus rien produit depuis les temps d'Alexandre. Les Etoliens qui se signalèrent en diverses guerres, étoient plutôt indociles que libres, et plutôt brutaux que vaillans. Lacédémone avoit fait son dernier effort pour la guerre en produisant Cléomène; et la ligue des Achéens, en produisant Philopœmen. Rome n'a point combattu contre ces deux grands capitaines; mais le dernier qui vivoit du temps d'Annibal et de Scipion, à voir agir les Romains dans la Macédoine, jugea bien que la liberté de la Grèce alloit expirer, et qu'il ne lui restoit plus qu'à reculer le moment de sa chute[1]. Ainsi les peuples les plus belliqueux cédoient aux Romains. Les Romains ont triomphé du courage dans les Gaulois, du courage et de l'art dans les Grecs, et de tout cela soutenu de la conduite la plus raffinée, en triomphant d'Annibal; de sorte que rien n'égala jamais la gloire de leur milice.

Aussi n'ont-ils rien eu dans tout leur gouvernement, dont ils se soient tant vantés que de leur discipline militaire. Ils l'ont toujours considérée comme le fondement de leur empire. La discipline militaire est la chose qui a paru la première dans leur Etat, et la dernière qui s'y est perdue : tant elle étoit attachée à la constitution de leur république.

Une des plus belles parties de la milice romaine étoit qu'on n'y louoit point la fausse valeur. Les maximes du faux honneur qui ont fait périr tant de monde parmi nous, n'étoient pas seulement connues dans une nation si avide de gloire. On remarque de Scipion[2] et de César, les deux premiers hommes de guerre et les

___

[1] Plut., *in Philop.* — [2] Polyb. lib. X, c. 13.

plus vaillans qui aient été parmi les Romains, qu'ils ne se sont jamais exposés qu'avec précaution, et lorsqu'un grand besoin le demandoit. On n'attendoit rien de bon d'un général qui ne savoit pas connoître le soin qu'il devoit avoir de conserver sa personne [1], et on réservoit pour le vrai service les actions d'une hardiesse extraordinaire. Les Romains ne vouloient point de batailles hasardées mal à propos, ni de victoires qui coûtassent trop de sang; de sorte qu'il n'y avoit rien de plus hardi, ni tout ensemble de plus ménagé qu'étoient les armées romaines.

Mais comme il ne suffit pas d'entendre la guerre si on n'a un sage conseil pour l'entreprendre à propos, et tenir le dedans de l'Etat dans un bon ordre, il faut encore vous faire observer la profonde politique du sénat romain. A le prendre dans les bons temps de la république, il n'y eut jamais d'assemblée où les affaires fussent traitées plus mûrement, ni avec plus de secret, ni avec une plus longue prévoyance, ni dans un plus grand concours, et avec un plus grand zèle pour le bien public.

Le Saint-Esprit n'a pas dédaigné de marquer ceci dans le livre des *Machabées* [2], ni de louer la haute prudence et les conseils vigoureux de cette sage compagnie où personne ne se donnoit de l'autorité que par la raison, et dont tous les membres conspiroient à l'utilité publique sans partialité et sans jalousie.

Pour le secret, Tite-Live nous en donne un exemple illustre [3]. Pendant qu'on méditoit la guerre contre Persée, Eumènes roi de Pergame, ennemi de ce prince, vint à Rome pour se liguer contre lui avec le sénat. Il y fit ses propositions en pleine assemblée, et l'affaire fut résolue par les suffrages d'une compagnie composée de trois cents hommes. Qui croiroit que le secret eût été gardé, et qu'on n'ait jamais rien su de la délibération que quatre ans après, quand la guerre fut achevée? Mais ce qu'il y a de plus surprenant, est que Persée avoit à Rome ses ambassadeurs pour observer Eumènes. Toutes les villes de Grèce et d'Asie, qui craignoient d'être enveloppées dans cette querelle, avoient aussi envoyé les leurs, et tous ensemble tâchoient à découvrir une affaire

---

[1] Polyb., lib. X, c. 29. — [2] I *Machab.*, VIII, 15, 16. — [3] Tit. Liv., lib. XLII cap. 14.

d'une telle conséquence. Au milieu de tant d'habiles négociateurs, le sénat fut impénétrable. Pour faire garder le secret, on n'eut jamais besoin de supplices, ni de défendre le commerce avec les étrangers sous des peines rigoureuses. Le secret se recommandoit comme tout seul, et par sa propre importance.

C'est une chose suprenante dans la conduite de Rome, d'y voir le peuple regarder presque toujours le sénat avec jalousie, et néanmoins lui déférer tout dans les grandes occasions, et surtout dans les grands périls. Alors on voyoit tout le peuple tourner les yeux sur cette sage compagnie, et attendre ses résolutions comme autant d'oracles.

Une longue expérience avoit appris aux Romains que de là étoient sortis tous les conseils qui avoient sauvé l'Etat. C'étoit dans le sénat que se conservoient les anciennes maximes, et l'esprit, pour ainsi parler, de la république. C'étoit là que se formoient les desseins qu'on voyoit se soutenir par leur propre suite ; et ce qu'il y avoit de plus grand dans le sénat, est qu'on n'y prenoit jamais des résolutions plus vigoureuses que dans les plus grandes extrémités.

Ce fut au plus triste état de la république, lorsque foible encore et dans sa naissance, elle se vit tout ensemble et divisée au dedans par les tribuns, et pressée au dehors par les Volsques que Coriolan irrité menoit contre sa patrie [1] : ce fut, dis-je, en cet état que le sénat parut le plus intrépide. Les Volsques toujours battus par les Romains (a), espérèrent de se venger ayant à leur tête le plus grand homme de Rome, le plus entendu à la guerre, le plus libéral, le plus incompatible avec l'injustice ; mais le plus dur, le plus difficile et le plus aigri. Ils vouloient se faire citoyens par force ; et après de grandes conquêtes, maîtres de la campagne et du pays, ils menaçoient de tout perdre si on n'accordoit leur demande. Rome n'avoit ni armée ni chefs ; et néanmoins dans ce triste état, et pendant qu'elle avoit tout à craindre, on vit sortir tout à coup ce hardi décret du sénat, qu'on périroit plutôt que

---

[1] Dion. Halicarn., lib. VIII, c. 5 ; Tit. Liv., lib. II, c. 39.

(a) 1re édit. : Menoit contre sa patrie. Ces peuples toujours battus par les Romains.

de rien céder à l'ennemi armé, et qu'on lui accorderoit des con-ditions équitables après qu'il auroit retiré ses armes.

La mère de Coriolan qui fut envoyée pour le fléchir, lui disoit entre autres raisons : « Ne connoissez-vous pas les Romains ? Ne savez-vous pas, mon fils, que vous n'en aurez rien que par les prières, et que vous n'en obtiendrez ni grande ni petite chose par la force[1] ? » Le sévère Coriolan se laissa vaincre : il lui en coûta la vie, et les Volsques choisirent d'autres généraux : mais le sénat demeura ferme dans ses maximes ; et le décret qu'il donna de ne rien accorder par force, passa pour une loi fondamentale de la politique romaine, dont il n'y a pas un seul exemple que les Romains se soient départis dans tous les temps de la répu-blique[2]. Parmi eux, dans les états les plus tristes, jamais les foibles conseils n'ont été seulement écoutés. Ils étoient toujours plus traitables victorieux que vaincus : tant le sénat savoit main-tenir les anciennes maximes de la république, et tant il y savoit confirmer le reste des citoyens.

De ce même esprit sont sorties les résolutions prises tant de fois dans le sénat, de vaincre les ennemis par la force ouverte, sans y employer les ruses ou les artifices, même ceux qui sont permis à la guerre : ce que le sénat ne faisoit ni par un faux point d'honneur, ni pour avoir ignoré les lois de la guerre, mais parce qu'il ne jugeoit rien de plus efficace pour abattre un ennemi orgueilleux, que de lui ôter toute l'opinion qu'il pourroit avoir de ses forces, afin que, vaincu jusque dans le cœur, il ne vît plus de salut que dans la clémence du vainqueur.

C'est ainsi que s'établit par toute la terre cette haute opinion des armes romaines. La créance répandue partout que rien ne leur résistoit, faisoit tomber les armes des mains à leurs ennemis, et donnoit à leurs alliés un invincible secours. Vous voyez ce que fait dans toute l'Europe une semblable opinion des armes fran-çoises ; et le monde étonné des exploits du Roi, confesse qu'il n'ap-partenoit qu'à lui seul de donner des bornes à ses conquêtes.

La conduite du sénat romain si forte contre les ennemis, n'é-

---

[1] Dion. Halicarn., lib. VIII, cap. 7.— [2] Polyb., lib. VI, cap. 56 ; *Excerpt., de Legat.*, cap. 69 ; Dion. Halicarn., lib. VIII, cap. 5.

toit pas moins admirable dans la conduite du dedans. Ces sages
sénateurs avoient quelquefois pour le peuple une juste condescendance; comme lorsque dans une extrême nécessité, non-seulement ils se taxèrent eux-mêmes plus haut que les autres, ce
qui leur étoit ordinaire, mais encore qu'ils déchargèrent le menu
peuple de tout impôt, ajoutant « que les pauvres payoient un
assez grand tribut à la république, en nourrissant leurs enfans [1]. »

Le sénat montra par cette ordonnance, qu'il savoit en quoi
consistoient les vraies richesses d'un Etat; et un si beau sentiment joint aux témoignages d'une bonté paternelle, fit tant d'impression dans l'esprit des peuples, qu'ils devinrent capables de
soutenir les dernières extrémités pour le salut de leur patrie.

Mais quand le peuple méritoit d'être blâmé, le sénat le faisoit
aussi avec une gravité et une vigueur digne de cette sage compagnie, comme il arriva dans le démêlé entre ceux d'Ardée et
d'Aricie. L'histoire en est mémorable, et mérite de vous être racontée. Ces deux peuples étoient en guerre pour des terres que
chacun d'eux prétendoit [2]. Enfin las de combattre, ils convinrent
de se rapporter au jugement du peuple romain, dont l'équité étoit
révérée par tous les voisins. Les tribus furent assemblées, et le
peuple ayant connu dans la discussion que ces terres prétendues
par d'autres lui appartenoient de droit, se les adjugea. Le sénat,
quoique convaincu que le peuple dans le fond avoit bien jugé,
ne put souffrir que les Romains eussent démenti leur générosité
naturelle, ni qu'ils eussent lâchement trompé l'espérance de leurs
voisins qui s'étoient soumis à leur arbitrage. Il n'y eut rien que
ne fît cette compagnie pour empêcher un jugement d'un si pernicieux exemple, où les juges prenoient pour eux les terres con-
testées par les parties. Après que la sentence eut été rendue,
ceux d'Ardée dont le droit étoit le plus apparent, indignés d'un
jugement si inique, étoient prêts à s'en venger par les armes. Le
sénat ne fit point de difficulté de leur déclarer publiquement qu'il
étoit aussi sensible qu'eux-mêmes à l'injure qui leur avoit été
faite; qu'à la vérité il ne pouvoit pas casser un décret du peuple;

[1] Tit. Liv., lib. II, cap. 9. — [2] Ibid., lib. III, c. 71; lib. IV, cap. 7, 9, 10.

mais que si après cette offense ils vouloient bien se fier à la compagnie de la réparation qu'ils avoient raison de prétendre, le
sénat prendroit un tel soin de leur satisfaction, qu'il ne leur resteroit aucun sujet de plainte. Les Ardéates se fièrent à cette parole. Il leur arriva une affaire capable de ruiner leur ville de fond
en comble. Ils reçurent un si prompt secours par les ordres du
sénat, qu'ils se crurent trop bien payés de la terre qui leur avoit
été ôtée, et ne songeoient plus qu'à remercier de si fidèles amis.
Mais le sénat ne fut pas content jusqu'à ce qu'en leur faisant
rendre la terre que le peuple romain s'étoit adjugée, il abolit la
mémoire d'un si infâme jugement.

Je n'entreprends pas ici de vous dire combien le sénat a fait
d'actions semblables ; combien il a livré aux ennemis de citoyens
parjures qui ne vouloient pas leur tenir parole, ou qui chicanoient
sur leurs sermens ; combien il a condamné de mauvais conseils
qui avoient eu d'heureux succès [1] : je vous dirai seulement que
cette auguste compagnie n'inspiroit rien que de grand au peuple
romain, et donnoit en toutes rencontres une haute idée de ses
conseils, persuadée qu'elle étoit que la réputation étoit le plus
ferme appui des Etats.

On peut croire que dans un peuple si sagement dirigé, les
récompenses et les châtimens étoient ordonnés avec grande considération. Outre que le service et le zèle au bien de l'Etat étoient
le moyen le plus sûr pour s'avancer dans les charges, les actions
militaires avoient mille récompenses qui ne coûtoient rien au
public, et qui étoient infiniment précieuses aux particuliers,
parce qu'on y avoit attaché la gloire si chère à ce peuple belliqueux. Une couronne d'or très-mince, et le plus souvent une
couronne de feuilles de chêne, ou de laurier, ou de quelque her-
bage plus vil encore, devenoit inestimable parmi les soldats,
qui ne connoissoient point de plus belles marques que celles de
la vertu, ni de plus noble distinction que celle qui venoit des
actions glorieuses.

Le sénat dont l'approbation tenoit lieu de récompense, savoit
louer et blâmer quand il falloit. Incontinent après le combat, les

---

[1] Polyb.; Tit. Liv.; Cic., *de Off.*, lib. III, c. 23, 26, etc.

consuls et les autres généraux donnoient publiquement aux soldats et aux officiers la louange ou le blâme qu'ils méritoient : mais eux-mêmes ils attendoient en suspens le jugement du sénat qui jugeoit de la sagesse des conseils, sans se laisser éblouir par le bonheur des événemens. Les louanges étoient précieuses, parce qu'elles se donnoient avec connoissance : le blâme piquoit au vif les cœurs généreux, et retenoit les plus foibles dans le devoir. Les châtimens qui suivoient les mauvaises actions, tenoient les soldats en crainte, pendant que les récompenses et la gloire bien dispensée les élevoit au-dessus d'eux-mêmes.

Qui peut mettre dans l'esprit des peuples la gloire, la patience dans les travaux, la grandeur de la nation, et l'amour de la patrie, peut se vanter d'avoir trouvé la constitution de l'Etat la plus propre à produire de grands hommes. C'est sans doute les grands hommes qui font la force d'un empire. La nature ne manque pas de faire naître dans tous les pays des esprits et des courages élevés, mais il faut lui aider à les former. Ce qui les forme, ce qui les achève, ce sont des sentimens forts et de nobles impressions qui se répandent dans tous les esprits, et passent insensiblement de l'un à l'autre. Qu'est-ce qui rend notre foiblesse si fière dans les combats, et si hardie dans les entreprises? c'est l'opinion reçue dès l'enfance, et établie par le sentiment unanime de la nation, qu'un gentilhomme sans cœur se dégrade lui-même, et n'est plus digne de voir le jour. Tous les Romains étoient nourris dans ces sentimens, et le peuple disputoit avec la noblesse à qui agiroit le plus par ses vigoureuses maximes. Durant les bons temps de Rome, l'enfance même étoit exercée par les travaux : on n'y entendoit parler d'autre chose que de la grandeur du nom romain. Il falloit aller à la guerre quand la république l'ordonnoit, et là travailler sans cesse, camper hiver et été, obéir sans résistance, mourir ou vaincre. Les pères qui n'élevoient pas leurs enfans dans ces maximes, et comme il falloit pour les rendre capables de servir l'Etat, étoient appelés en justice par les magistrats, et jugés coupables d'un attentat envers le public. Quand on a commencé à prendre ce train, les grands hommes se font les uns les autres : et si Rome en a plus porté qu'aucune autre ville qui eût été avant elle, ce n'a point été par hasard ; mais c'est que l'Etat romain constitué de la manière que nous avons vue, étoit pour ainsi parler du tempérament qui devoit être le plus fécond en héros.

Un Etat qui se sent ainsi formé, se sent aussi en même temps d'une force incomparable, et ne se croit jamais sans ressource. Aussi voyons-nous que les Romains n'ont jamais désespéré de leurs affaires, ni quand Porsenna, roi d'Etrurie, les affamoit dans leurs murailles ; ni quand les Gaulois, après avoir brûlé leur ville, inondoient tout leur pays, et les tenoient serrés dans le Capitole ; ni quand Pyrrhus, roi des Epirotes, aussi habile qu'entreprenant, les effrayoit par ses éléphans, et défaisoit toutes leurs armées ; ni quand Annibal déjà tant de fois vainqueur, leur tua encore plus de cinquante mille hommes et leur meilleure milice dans la bataille de Cannes.

Ce fut alors que le consul Térentius Varro, qui venoit de perdre par sa faute une si grande bataille, fut reçu à Rome comme s'il eût été victorieux, parce que seulement dans un si grand malheur il n'avoit point désespéré des affaires de la république. Le sénat l'en remercia publiquement, et dès lors on résolut selon les anciennes maximes, de n'écouter dans ce triste état aucune proposition de paix. L'ennemi fut étonné ; le peuple reprit cœur, et crut avoir des ressources que le sénat connoissoit par sa prudence.

En effet cette constance du sénat, au milieu de tant de malheurs qui arrivoient coup sur coup, ne venoit pas seulement d'une résolution opiniâtre de ne céder jamais à la fortune, mais encore d'une profonde (a) connoissance des forces romaines et des forces ennemies. Rome savoit par son cens, c'est-à-dire par le rôle de ses citoyens toujours exactement continué depuis Servius Tullius ; elle savoit, dis-je, tout ce qu'elle avoit de citoyens capables de porter les armes, et ce qu'elle pouvoit espérer de la jeunesse qui s'élevoit tous les jours. Ainsi elle ménageoit ses forces contre un ennemi qui venoit des bords de l'Afrique ; que le temps devoit détruire tout seul dans un pays étranger, où les

(a) 1ʳᵉ édit. : Mais d'une profonde.

secours étoient si tardifs; et à qui ses victoires mêmes qui lui coûtoient tant de sang, étoient fatales. C'est pourquoi, quelque perte qui fût arrivée, le sénat toujours instruit de ce qui lui restoit de bons soldats, n'avoit qu'à temporiser, et ne se laissoit jamais abattre. Quand par la défaite de Cannes et par les révoltes qui suivirent, il vit les forces de la république tellement diminuées, qu'à peine eût-on pu se défendre si les ennemis eussent pressé, il se soutint par courage; et sans se troubler de ses pertes, il se mit à regarder les démarches du vainqueur. Aussitôt qu'on eut aperçu qu'Annibal, au lieu de poursuivre sa victoire, ne songeoit durant quelque temps qu'à en jouir, le sénat se rassura, et vit bien qu'un ennemi capable de manquer à sa fortune, et de se laisser éblouir par ses grands succès, n'étoit pas né pour vaincre les Romains. Dès lors Rome fit tous les jours de plus grandes entreprises; et Annibal, tout habile, tout courageux, tout victorieux qu'il étoit, ne put tenir contre elle.

Il est aisé de juger par ce seul événement à qui devoit enfin demeurer tout l'avantage. Annibal enflé de ses grands succès, crut la prise de Rome trop aisée, et se relâcha. Rome au milieu de ses malheurs ne perdit ni le courage ni la confiance, et entreprit de plus grandes choses que jamais. Ce fut incontinent après la défaite de Cannes qu'elle assiégea Syracuse et Capoue, l'une infidèle aux traités, et l'autre rebelle. Syracuse ne put se défendre, ni par ses fortifications, ni par les inventions d'Archimède. L'armée victorieuse d'Annibal vint vainement au secours de Capoue. Mais les Romains firent lever à ce capitaine le siége de Nole. Un peu après les Carthaginois defirent et tuèrent en Espagne les deux Scipions. Dans toute cette guerre, il n'étoit rien arrivé de plus sensible ni de plus funeste aux Romains. Leur perte leur fit faire les derniers efforts : le jeune Scipion fils d'un de ces généraux, non content d'avoir relevé les affaires de Rome en Espagne, alla porter la guerre aux Carthaginois dans leur propre ville, et donna le dernier coup à leur empire.

L'état de cette ville ne permettoit pas que Scipion y trouvât la même résistance qu'Annibal trouvoit du côté de Rome ; et vous en serez convaincu si peu que vous regardiez la constitution de ces deux villes.

Rome étoit dans sa force ; et Carthage qui avoit commencé de baisser, ne se soutenoit plus que par Annibal [1]. Rome avoit son sénat uni, et c'est précisément dans ces temps que s'y est trouvé ce concert tant loué dans le livre des *Machabées*. Le sénat de Carthage étoit divisé par de vieilles factions irréconciliables ; et la perte d'Annibal eût fait la joie de la plus notable partie des grands seigneurs. Rome encore pauvre et attachée à l'agriculture, nourrissoit une milice admirable, qui ne resp°roit que la gloire, et ne songeoit qu'à agrandir le nom romain. Carthage enrichie par son trafic, voyoit tous ses citoyens attachés à leurs richesses, et nullement exercés dans la guerre. Au lieu que les armées romaines étoient presque toutes composées de citoyens, Carthage au contraire tenoit pour maxime de n'avoir que des troupes étrangères, souvent autant à craindre à ceux qui les paient qu'à ceux contre qui on les emploie.

Ces défauts venoient en partie de la première institution de la république de Carthage, et en partie s'y étoient introduits avec le temps. Carthage a toujours aimé les richesses ; et Aristote l'accuse d'y être attachée jusqu'à donner lieu à ses citoyens de les préférer à la vertu [2]. Par là une république toute faite pour la guerre, comme le remarque le même Aristote, à la fin en a négligé l'exercice. Ce philosophe ne la reprend pas de n'avoir que des milices étrangères ; et il est à croire qu'elle n'est tombée que longtemps après dans ce défaut. Mais les richesses y mènent naturellement une république marchande ; on veut jouir de ses biens, et on croit tout trouver dans son argent. Carthage se croyoit forte, parce qu'elle avoit beaucoup de soldats, et n'avoit pu apprendre par tant de révoltes arrivées (a) dans les derniers temps, qu'il n'y a rien de plus malheureux qu'un État qui ne se soutient que par les étrangers, où il ne trouve ni zèle, ni sûreté, ni obéissance.

Il est vrai que le grand génie d'Annibal sembloit avoir remédié

[1] Polyb., lib. I, III, VI, c. 49, etc. — [2] Arist., *Polit*, lib. II, c. 11.

(a) 1ʳᵉ *édit. :* Qu'elle avoit vues arriver.

aux défauts de sa république. On regarde comme un prodige que dans un pays étranger, et durant seize ans entiers, il n'ait jamais vu, je ne dis pas de sédition, mais de murmure, dans une armée toute composée de peuples divers, qui sans s'entendre entre eux s'accordoient si bien à entendre les ordres de leur général [1]. Mais l'habileté d'Annibal ne pouvoit pas soutenir Carthage, lorsqu'attaquée dans ses murailles par un général comme Scipion, elle se trouva sans forces. Il fallut rappeler Annibal, à qui il ne restoit plus que des troupes affoiblies plus par leurs propres victoires que par celles des Romains, et qui achevèrent de se ruiner par la longueur du voyage. Ainsi Annibal fut battu : et Carthage autrefois maîtresse de toute l'Afrique, de la mer Méditerranée et de tout le commerce de l'univers, fut contrainte de subir le joug que Scipion lui imposa.

Voilà le fruit glorieux de la patience romaine. Des peuples qui s'enhardissoient et se fortifioient par leurs malheurs, avoient bien raison de croire qu'on sauvoit tout pourvu qu'on ne perdît pas l'espérance ; et Polybe a très-bien conclu que Carthage devoit à la fin obéir à Rome par la seule nature des deux républiques.

Que si les Romains s'étoient servis de ces grandes qualités politiques et militaires seulement pour conserver leur Etat en paix, ou pour protéger leurs alliés opprimés, comme ils en faisoient le semblant, il faudroit autant louer leur équité que leur valeur et leur prudence. Mais quand ils eurent goûté la douceur de la victoire, ils voulurent que tout leur cédât, et ne prétendirent à rien moins qu'à mettre premièrement leurs voisins, et ensuite tout l'univers sous leurs lois.

Pour parvenir à ce but, ils surent parfaitement conserver leurs alliés, les unir entre eux, jeter la division et la jalousie parmi leurs ennemis, pénétrer leurs conseils, découvrir leurs intelligences, et prévenir leurs entreprises.

Ils n'observoient pas seulement les démarches de leurs ennemis, mais encore tous les progrès de leurs voisins : curieux surtout, ou de diviser, ou de contre-balancer par quelque autre

---

[1] Polyb., lib. I, c. 17.

endroit les puissances qui devenoient trop redoutables, ou qui mettoient de trop grands obstacles à leurs conquêtes.

Ainsi les Grecs avoient tort de s'imaginer du temps de Polybe, que Rome s'agrandissoit plutôt par hasard que par conduite[1]. Ils étoient trop passionnés pour leur nation, et trop jaloux des peuples qu'ils voyoient s'élever au-dessus d'eux : ou peut-être que voyant de loin l'empire romain s'avancer si vite, sans pénétrer les conseils qui faisoient mouvoir ce grand corps, ils attribuoient au hasard, selon la coutume des hommes, les effets dont les causes ne leur étoient pas connues. Mais Polybe que son étroite familiarité avec les Romains faisoit entrer si avant dans le secret des affaires, et qui observoit de si près la politique romaine durant les guerres Puniques, a été plus équitable que les autres Grecs, et a vu que les conquêtes de Rome étoient la suite d'un dessein bien entendu. Car il voyoit les Romains du milieu de la mer Méditerranée porter leurs regards partout aux environs jusqu'aux Espagnes et jusqu'en Syrie; observer ce qui s'y passoit, s'avancer régulièrement et de proche en proche; s'affermir avant que de s'étendre; ne se point charger de trop d'affaires; dissimuler quelque temps, et se déclarer à propos; attendre qu'Annibal fût vaincu pour désarmer Philippe roi de Macédoine qui l'avoit favorisé; après avoir commencé l'affaire, n'être jamais las ni contens jusqu'à ce que tout fût fait; ne laisser aux Macédoniens aucun moment pour se reconnoître; et après les avoir vaincus, rendre par un décret public à la Grèce si longtemps captive, la liberté à laquelle elle ne pensoit plus; par ce moyen répandre d'un côté la terreur, et de l'autre la vénération de leur nom : c'en étoit assez pour conclure que les Romains ne s'avançoient pas à la conquête du monde par hasard, mais par conduite.

C'est ce qu'a vu Polybe dans le temps des progrès de Rome. Denis d'Halicarnasse qui a écrit après l'établissement de l'Empire et du temps d'Auguste, a conclu la même chose[2], en reprenant dès leur origine les anciennes institutions de la république romaine, si propres de leur nature à former un peuple invincible et dominant. Vous en avez assez vu pour entrer dans les

[1] Polyb., lib. 1, c. 63. — [2] Dion. Halicarn., *Ant. Rom.*, lib. I, II.

sentimens de ces sages historiens, et pour condamner Plutarque, qui toujours trop passionné pour ses Grecs, attribue à la seule fortune la grandeur romaine, et à la seule vertu celle d'Alexandre [1].

Mais plus ces historiens font voir de dessein dans les conquêtes de Rome, plus ils y montrent d'injustice. Ce vice est inséparable du désir de dominer, qui aussi pour cette raison est justement condamné par les règles de l'Evangile. Mais la seule philosophie suffit pour nous faire entendre que la force nous est donnée pour conserver notre bien, et non pas pour usurper celui d'autrui. Cicéron l'a reconnu; et les règles qu'il a données pour faire la guerre [2], sont une manifeste condamnation de la conduite des Romains.

Il est vrai qu'ils parurent assez équitables au commencement de leur république. Il sembloit qu'ils vouloient eux-mêmes modérer leur humeur guerrière, en la resserrant dans les bornes que l'équité prescrivoit. Qu'y a-t-il de plus beau et de plus saint que le collége des Féciaux, soit que Numa en soit le fondateur, comme le dit Denis d'Halicarnasse [3], ou que ce soit Ancus Martius, comme le veut Tite-Live [4]? Ce conseil étoit établi pour juger si une guerre étoit juste : avant que le sénat la proposât, ou que le peuple la résolût, cet examen d'équité précédoit toujours. Quand la justice de la guerre étoit reconnue, le sénat prenoit ses mesures pour l'entreprendre : mais on envoyoit avant toutes choses redemander dans les formes à l'usurpateur les choses injustement ravies, et on n'en venoit aux extrémités qu'après avoir épuisé les voies de douceur. Sainte institution s'il en fut jamais, et qui fait honte aux chrétiens, à qui un Dieu venu au monde pour pacifier toutes choses, n'a pu inspirer la charité et la paix. Mais que servent les meilleures institutions, quand enfin elles dégénèrent en pures cérémonies? La douceur de vaincre et de dominer corrompit bientôt dans les Romains ce que l'équité naturelle leur avoit donné de droiture. Les délibérations des Féciaux

---

[1] Plut., lib. de Fort. Alex. et de Fort., Rom. — [2] Cic., de Off., lib. 1, cap. 11, ib. III, c. 25. — [3] Dion. Halicarn., Ant. Rom., lib. II, c. 19. — [4] Tit. Liv., 12; lib. 1, cap. 32.

ne furent plus parmi eux qu'une formalité inutile; et encore
qu'ils exerçassent envers leurs plus grands ennemis des actions de grande équité, et même de grande clémence, l'ambition ne permettoit pas à la justice de régner dans leurs conseils.

Au reste leurs injustices étoient d'autant plus dangereuses,
qu'ils savoient mieux les couvrir du prétexte spécieux de l'é-
quité, et qu'ils mettoient sous le joug insensiblement les rois et
les nations sous couleur de les protéger et de les défendre.

Ajoutons encore qu'ils étoient cruels à ceux qui leur résistoient : autre qualité assez naturelle aux conquérans, qui savent
que l'épouvante fait plus de la moitié des conquêtes. Faut-il dominer à ce prix ; et le commandement est-il si doux, que les
hommes le veuillent acheter par des actions si inhumaines ? Les
Romains, pour répandre partout la terreur, affectoient de laisser
dans les villes prises des spectacles terribles de cruauté[1], et de
paroître impitoyables à qui attendoit la force, sans même épargner les rois qu'ils faisoient mourir inhumainement, après les
avoir menés en triomphe chargés de fers, et traînés à des chariots
comme des esclaves.

Mais s'ils étoient cruels et injustes pour conquérir, ils gouver-
noient avec équité les nations subjuguées. Ils tâchoient de faire
goûter leur gouvernement aux peuples soumis, et croyoient que
c'étoit le meilleur moyen de s'assurer leurs conquêtes. Le sénat
tenoit en bride les gouverneurs, et faisoit justice aux peuples.
Cette compagnie étoit regardée comme l'asile des oppressés : aussi
les concussions et les violences ne furent-elles connues parmi les
Romains que dans les derniers temps de la république, et jusqu'à
ce temps la retenue de leurs magistrats (a) étoit l'admiration de
toute la terre.

Ce n'étoit donc pas de ces conquérans brutaux et avares qui ne
respirent que le pillage, ou qui établissent leur domination sur
la ruine des pays vaincus. Les Romains rendoient meilleurs tous
ceux qu'ils prenoient, en y faisant fleurir la justice, l'agriculture,

---

[1] Polyb , lib. X , c. 15.

(a) 1re *édit*. Et la retenue de leurs magistrats.

le commerce, les arts mêmes et les sciences, après qu'ils les eurent une fois goûtées.

C'est ce qui leur a donné l'empire le plus florissant et le mieux
établi, aussi bien que le plus étendu qui fut jamais. Depuis l'Euphrate et le Tanaïs jusqu'aux Colonnes d'Hercule et à la mer At-
lantique, toutes les terres et toutes les mers leur obéissoient : du
milieu et comme du centre de la mer Méditerranée, ils embras-
soient toute l'étendue de cette mer, pénétrant au long et au large
tous les Etats d'alentour, et la tenant entre deux pour faire la
communication de leur empire. On est encore effrayé quand on
considère que les nations qui font à présent des royaumes si redoutables, toutes les Gaules, toutes les Espagnes, la Grande-Bretagne presque toute entière, l'Illyrique jusqu'au Danube, la Germanie jusqu'à l'Elbe, l'Afrique jusqu'à ses déserts affreux et
impénétrables, la Grèce, la Thrace, la Syrie, l'Egypte, tous les
royaumes de l'Asie-Mineure, et ceux qui sont enfermés entre le
Pont-Euxin et la mer Caspie, et les autres que j'oublie peut-être,
ou que je ne veux pas rapporter, n'ont été durant plusieurs siècles que des provinces romaines. Tous les peuples de notre monde
jusqu'aux plus barbares, ont respecté leur puissance, et les Romains y ont établi presque partout avec leur empire les lois et la
politesse.

C'est une espèce de prodige, que dans un si vaste empire, qui
embrassoit tant de nations et tant de royaumes, les peuples aient
été si obéissans et les révoltes si rares. La politique romaine y
avoit pourvu par divers moyens qu'il faut vous expliquer en peu
de mots.

Les colonies romaines établies de tous côtés dans l'empire, faisoient deux effets admirables : l'un, de décharger la ville d'un
grand nombre de citoyens, et la plupart pauvres ; l'autre, de garder les postes principaux, et d'accoutumer peu à peu les peuples
étrangers aux mœurs romaines.

Ces colonies qui portoient avec elles leurs priviléges, demeuroient toujours attachées au corps de la république, et peuploient
tout l'empire de Romains.

Mais outre les colonies, un grand nombre de villes obtenoient pour leurs citoyens le droit de citoyens romains ; et unies par leur intérêt au peuple dominant, elles tenoient dans le devoir les villes voisines.

Il arriva à la fin que tous les sujets de l'empire se crurent Romains. Les honneurs du peuple victorieux peu à peu se communiquèrent aux peuples vaincus ; le sénat leur fut ouvert, et ils pouvoient aspirer jusqu'à l'empire. Ainsi par la clémence romaine, toutes les nations n'étoient plus qu'une seule nation, et Rome fut regardée comme la commune patrie.

Quelle facilité n'apportoit pas à la navigation et au commerce cette merveilleuse union de tous les peuples du monde sous un même empire ? La société romaine embrassoit tout ; et à la réserve de quelques frontières inquiétées quelquefois par les voisins, tout le reste de l'univers jouissoit d'une paix profonde. Ni la Grèce, ni l'Asie-Mineure, ni la Syrie, ni l'Egypte, ni enfin la plupart des autres provinces n'ont jamais été sans guerre que sous l'empire romain ; et il est aisé d'entendre qu'un commerce si agréable des nations servoit à maintenir dans tout le corps de l'empire la concorde et l'obéissance.

Les légions distribuées pour la garde des frontières, en défendant le dehors, affermissoient le dedans. Ce n'étoit pas la coutume des Romains d'avoir des citadelles dans leurs places, ni de fortifier leurs frontières ; et je ne vois guère commencer ce soin que sous Valentinien I. Auparavant on mettoit la force et la sûreté de l'empire uniquement dans les troupes, qu'on disposoit de manière qu'elles se prêtoient la main les unes aux autres. Au reste comme l'ordre étoit qu'elles campassent toujours, les villes n'en étoient point incommodées ; et la discipline ne permettoit pas aux soldats de se répandre dans la campagne. Ainsi les armées romaines ne troubloient ni le commerce ni le labourage. Elles faisoient dans leur camp comme une espèce de villes, qui ne différoient des autres que parce que les travaux y étoient continuels, la discipline plus sévère, et le commandement plus ferme. Elles étoient toujours prêtes pour le moindre mouvement ; et c'étoit assez pour tenir les peuples dans le devoir, que de leur montrer seulement dans le voisinage cette milice invincible.

Mais rien ne maintenoit tant la paix de l'empire, que l'ordre de la justice. L'ancienne république l'avoit établi : les empereurs et les sages l'ont expliqué sur les mêmes fondemens : tous les peuples jusqu'aux plus barbares, le regardoient avec admiration, et c'est par là principalement que les Romains étoient jugés dignes d'être les maîtres du monde. Au reste si les lois romaines ont paru si saintes, que leur majesté subsiste encore malgré la ruine de l'empire, c'est que le bon sens, qui est le maître de la vie humaine, y règne partout, et qu'on ne voit nulle part une plus belle application des principes de l'équité naturelle.

Malgré cette grandeur du nom romain, malgré la politique profonde, et toutes les belles institutions de cette fameuse république, elle portoit en son sein la cause de sa ruine dans la jalousie perpétuelle du peuple contre le sénat, ou plutôt des Plébéiens contre les Patriciens. Romulus avoit établi cette distinction[1]. Il falloit bien que les rois eussent des gens distingués qu'ils attachassent à leur personne par des liens particuliers, et par lesquels ils gouvernassent le reste du peuple. C'est pour cela que Romulus choisit les Pères dont il forma le corps du sénat. On les appeloit ainsi à cause de leur dignité et de leur âge ; et c'est d'eux que sont sorties les familles (a) patriciennes. Au reste quelque autorité que Romulus eût réservée au peuple, il avoit mis les Plébéiens en plusieurs manières dans la dépendance des Patriciens ; et cette subordination nécessaire à la royauté avoit été conservée, non-seulement sous les rois, mais encore dans la république. C'étoit parmi les Patriciens qu'on prenoit toujours les sénateurs. Aux Patriciens appartenoient les emplois, les commandemens, les dignités, même celle du sacerdoce ; et les Pères qui avoient été les auteurs de la liberté, n'abandonnèrent pas leurs prérogatives. Mais la jalousie se mit bientôt entre les deux ordres. Car je n'ai pas besoin de parler ici des Chevaliers romains, troisième ordre comme mitoyen entre les Patriciens et le simple peuple, qui prenoit tantôt un parti et tantôt l'autre. Ce fut donc entre ces deux ordres que se mit la jalousie : elle se réveil-

[1] Dion. Hal., lib. II, c, 4.

(a) 1re *édit.* : Et c'est d'eux que sont sorties dans la suite les familles.

loit en diverses occasions; mais la cause profonde qui l'entretenoit étoit l'amour de la liberté.

La maxime fondamentale de la république étoit de regarder la liberté comme une chose inséparable du nom romain. Un peuple nourri dans cet esprit; disons plus, un peuple qui se croyoit né pour commander aux autres peuples, et que Virgile pour cette raison appelle si noblement un *peuple-roi*, ne vouloit recevoir de loi que de lui-même.

L'autorité du sénat étoit jugée nécessaire pour modérer les conseils publics, qui sans ce tempérament eussent été trop tumultueux. Mais au fond c'étoit au peuple à donner les commandemens, à établir les lois, à décider de la paix et de la guerre. Un peuple qui jouissoit des droits les plus essentiels de la royauté, entroit en quelque sorte dans l'humeur des rois. Il vouloit bien être conseillé, mais non pas forcé par le sénat. Tout ce qui paroissoit trop impérieux, tout ce qui s'élevoit au-dessus des autres, en un mot tout ce qui blessoit ou sembloit blesser l'égalité que demande un Etat libre, devenoit suspect à ce peuple délicat. L'amour de la liberté, celui de la gloire et des conquêtes rendoit de tels esprits difficiles à manier; et cette audace qui leur faisoit tout entreprendre au dehors, ne pouvoit manquer de porter la division au dedans.

Ainsi Rome si jalouse de sa liberté, par cet amour de la liberté qui étoit le fondement de son Etat, a vu la division se jeter entre tous les ordres dont elle étoit composée. De là ces jalousies furieuses entre le sénat et le peuple, entre les Patriciens et les Plébéiens; les uns alléguant toujours que la liberté excessive se détruit enfin elle-même; et les autres craignant au contraire que l'autorité qui de sa nature croît toujours, ne dégénérât enfin en tyrannie.

Entre ces deux extrémités, un peuple d'ailleurs si sage ne put trouver le milieu. L'intérêt particulier qui fait que de part ou d'autre on pousse plus loin qu'il ne faut même ce qu'on a commencé pour le bien public, ne permettoit pas qu'on demeurât dans des conseils modérés. Les esprits ambitieux et remuans excitoient les jalousies pour s'en prévaloir; et ces jalousies tantôt plus couvertes, et tantôt plus déclarées selon les temps, mais toujours vivantes dans le fond des cœurs, ont enfin causé ce grand changement qui arriva du temps de César, et les autres qui ont suivi.

CHAPITRE VII.

LA SUITE DES CHANGEMENS DE ROME EST EXPLIQUÉE.

Il vous sera aisé d'en découvrir toutes les causes, si, après avoir bien compris l'humeur des Romains et la constitution de leur république, vous prenez soin d'observer un certain nombre d'événemens principaux, qui. quoique arrivés en des temps assez éloignés, ont une liaison manifeste. Les voici ramassés ensemble pour une plus grande facilité.

Romulus nourri dans la guerre, et réputé fils de Mars, bâtit Rome, qu'il peupla de gens ramassés, bergers, esclaves, voleurs, qui étoient venus chercher la franchise et l'impunité dans l'asile qu'il avoit ouvert à tous venans : il en vint aussi quelques-uns plus qualifiés et plus honnêtes.

Il nourrit ce peuple farouche dans l'esprit de tout entreprendre par la force, et ils eurent par ce moyen jusqu'aux femmes qu'ils épousèrent.

Peu à peu il établit l'ordre, et réprima les esprits par des lois très-saintes. Il commença par la religion, qu'il regarda comme le fondement des Etats [1]. Il la fit aussi sérieuse, aussi grave, et aussi modeste que les ténèbres de l'idolâtrie le pouvoient permettre. Les religions étrangères et les sacrifices qui n'étoient pas établis par les coutumes romaines, furent défendus. Dans la suite on se dispensa de cette loi; mais c'étoit l'intention de Romulus qu'elle fût gardée, et on en retint toujours quelque chose.

Il choisit parmi tout le peuple ce qu'il y avoit de meilleur, pour en former le conseil public, qu'il appela le *Sénat*. Il le composa de deux ou trois cents (a) sénateurs, dont le nombre fut encore après augmenté; et de là sortirent les familles nobles, qu'on ap-

---

[1] Dion. Halicarn., lib. II, c. 16.

(a) *1re édit. :* Deux cents.

peloit *Patriciennes*. Les autres s'appeloient les *Plébéiens*, c'est-à-
dire le commun peuple.

Le sénat devoit digérer et proposer toutes les affaires : il en
régloit quelques-unes souverainement avec le roi ; mais les plus
générales étoient rapportées au peuple, qui en décidoit.

Romulus, dans une assemblée où il survint tout à coup un
grand orage, fut mis en pièces par les sénateurs, qui le trouvoient trop impérieux ; et l'esprit d'indépendance commença dès
lors à paroître dans cet ordre.

Pour apaiser le peuple qui aimoit son prince, et donner une
grande idée du fondateur de la ville, les sénateurs publièrent que
les dieux l'avoient enlevé au ciel, et lui firent dresser des autels.

Numa Pompilius second roi, dans une longue et profonde paix
acheva de former les mœurs, et de régler la religion sur les
mêmes fondemens que Romulus avoit posés.

Tullus Hostilius établit par de sévères règlemens la discipline
militaire et les ordres de la guerre, que son successeur Ancus
Martius accompagna de cérémonies sacrées, afin de rendre la
milice sainte et religieuse.

Après lui Tarquin l'Ancien, pour se faire des créatures, augmenta le nombre des sénateurs jusqu'au nombre de trois cents,
où ils demeurèrent fixés durant plusieurs siècles, et commença
les grands ouvrages qui devoient servir à la commodité publique.

Servius Tullius projeta l'établissement d'une république sous
le commandement de deux magistrats annuels qui seroient choisis
par le peuple.

En haine de Tarquin le Superbe, la royauté fut abolie avec des
exécrations horribles contre tous ceux qui entreprendroient de la
rétablir : et Brutus fit jurer au peuple qu'il se maintiendroit éternellement dans sa liberté.

Les mémoires de Servius Tullius furent suivis dans ce changement. Les consuls élus par le peuple entre les Patriciens étoient
égalés aux rois, à la réserve qu'ils étoient deux qui avoient entre
eux un tour réglé pour commander, et qu'ils changeoient tous
les ans.

Collatin nommé consul avec Brutus comme ayant été avec lui l'auteur de la liberté, quoique mari de Lucrèce, dont la mort avoit donné lieu au changement et intéressé plus que tous les autres à la vengeance de l'outrage qu'elle avoit reçu, devint suspect, parce qu'il étoit de la famille royale, et fut chassé.

Valère substitué à sa place, au retour d'une expédition où il avoit délivré sa patrie des Véientes et des Etruriens, fut soupçonné par le peuple d'affecter la tyrannie à cause d'une maison qu'il faisoit bâtir sur une éminence. Non-seulement il cessa de bâtir; mais devenu tout populaire, quoique patricien, il établit la loi qui permet d'appeler au peuple, et lui attribue en certains cas le jugement en dernier ressort.

Par cette nouvelle loi, la puissance consulaire fut affoiblie dans son origine, et le peuple étendit ses droits.

A l'occasion des contraintes qui s'exécutoient pour dettes par les riches contre les pauvres, le peuple soulevé contre la puissance des consuls et du sénat, fit cette retraite fameuse au mont Aventin.

Il ne se parloit que de liberté dans ces assemblées; et le peuple romain ne se crut pas libre s'il n'avoit des voies légitimes pour résister au sénat[1]. On fut contraint de lui accorder des magistrats particuliers appelés tribuns du peuple, qui pussent l'assembler, et le secourir contre l'autorité des consuls par opposition ou par appel.

Ces magistrats, pour s'autoriser, nourrissoient la division entre les deux ordres, et ne cessoient de flatter le peuple, en proposant que les terres des pays vaincus, ou le prix qui proviendroit de leur vente, fût partagé entre les citoyens.

Le sénat s'opposoit toujours constamment à ces lois ruineuses à l'Etat, et vouloit que le prix des terres fût adjugé au trésor public.

Le peuple se laissoit conduire à ses magistrats séditieux, et conservoit néanmoins assez d'équité pour admirer la vertu des grands hommes qui lui résistoient.

Contre ces dissensions domestiques, le sénat ne trouvoit point

[1] Dion. Halicarn., lib. VI, cap. 8 et seq.

de meilleur remède que de faire naître continuellement des occasions de guerres étrangères. Elles empêchoient les divisions d'être poussées à l'extrémité, et réunissoient les ordres dans la défense de la patrie.

Pendant que les guerres réussissent, et que les conquêtes s'augmentent, les jalousies se réveillent.

Les deux partis, fatigués de tant de divisions qui menaçoient l'Etat de sa ruine, conviennent de faire des lois pour donner le repos aux uns et aux autres, et établir l'égalité qui doit être dans une ville libre.

Chacun des ordres prétend que c'est à lui qu'appartient l'établissement de ces lois.

La jalousie, augmentée par ces prétentions, fait qu'on résout d'un commun accord une ambassade en Grèce pour y rechercher les institutions des villes de ce pays, et surtout les lois de Solon qui étoient les plus populaires. Les lois des Douze Tables sont établies; mais les Décemvirs (a) qui les rédigèrent, furent privés du pouvoir dont ils abusoient.

Pendant que tout est tranquille (b), et que des lois si équitables semblent établir pour jamais le repos public, les dissensions se réchauffent par les nouvelles prétentions du peuple, qui aspire aux honneurs et au consulat réservé jusqu'alors au premier ordre.

La loi pour les y admettre est proposée. Plutôt que de rabaisser le consulat, les Pères consentent à la création de trois nouveaux magistrats qui auroient l'autorité des consuls sous le nom de *tribuns militaires*, et le peuple est admis à cet honneur.

Content d'établir son droit, il use modérément de sa victoire, et continue quelque temps à donner le commandement aux seuls Patriciens.

Après de longues disputes on revient au consulat, et peu à peu les honneurs deviennent communs entre les deux ordres, quoique les Patriciens soient toujours plus considérés dans les élections.

(a) 1ʳᵉ *édit.* : Et les Décemvirs. — (b) 1ʳᵉ *édit.* : Pendant qu'on voit tout tranquille.

Les guerres continuent, et les Romains soumettent, après cinq cents ans, les Gaulois Cisalpins leurs principaux ennemis, et toute l'Italie [1].

Là commencent les guerres Puniques; et les choses en viennent si avant, que chacun de ces deux peuples jaloux croit ne pouvoir subsister que par la ruine de l'autre.

Rome prête à succomber se soutient principalement durant ses malheurs, par la constance et par la sagesse du sénat.

A la fin la patience romaine l'emporte : Annibal est vaincu, et Carthage subjuguée par Scipion l'Africain.

Rome victorieuse s'étend prodigieusement durant deux cents ans par mer et par terre, et réduit tout l'univers sous sa puissance.

En ces temps et depuis la ruine de Carthage, les charges dont la dignité aussi bien que le profit s'augmentoit avec l'empire, furent briguées avec fureur. Les prétendans ambitieux ne songèrent qu'à flatter le peuple; et la concorde des ordres entretenue par l'occupation des guerres puniques, se troubla plus que jamais. Les Gracques mirent tout en confusion, et leurs séditieuses propositions furent le commencement de toutes les guerres civiles.

Alors on commença à porter des armes, et à agir par la force ouverte dans les assemblées du peuple romain, où chacun auparavant vouloit l'emporter par les seules voies légitimes, et avec la liberté des opinions [2].

La sage conduite du sénat et les grandes guerres survenues modérèrent les brouilleries.

Marius plébéien, grand homme de guerre, avec son éloquence militaire et ses harangues séditieuses, où il ne cessoit d'attaquer l'orgueil de la noblesse, réveilla la jalousie du peuple, et s'éleva par ce moyen aux plus grands honneurs.

Sylla patricien se mit à la tête du parti contraire, et devint l'objet de la jalousie de Marius.

Les brigues et la corruption peuvent tout dans Rome. L'amour de la patrie et le respect des lois s'y éteint.

[1] App., *Præf. op.* — [2] Vell. Paterc., lib. II, cap. 3.

Pour comble de malheurs, les guerres d'Asie apprennent le luxe aux Romains, et augmentent l'avarice.

En ce temps les généraux commencèrent à s'attacher leurs soldats, qui ne regardoient en eux jusqu'alors que le caractère de l'autorité publique.

Sylla, dans la guerre contre Mithridate, laissoit enrichir ses soldats pour les gagner.

Marius de son côté proposoit à ses partisans des partages d'argent et de terre.

Par ce moyen maîtres de leurs troupes, l'un sous prétexte de soutenir le sénat, et l'autre sous le nom du peuple, ils se firent une guerre furieuse jusque dans l'enceinte de la ville.

Le parti de Marius et du peuple fut tout à fait abattu, et Sylla se rendit souverain sous le nom de *dictateur*.

Il fit des carnages effroyables, et traita durement le peuple, et par voie de fait et de paroles, jusque dans les assemblées légitimes.

Plus puissant et mieux établi que jamais, il se réduisit de lui-même à la vie privée, mais après avoir fait voir que le peuple Romain pouvoit souffrir un maître.

Pompée que Sylla avoit élevé, succéda à une grande partie de sa puissance. Il flattoit tantôt le peuple et tantôt le sénat pour s'établir : mais son inclination et son intérêt l'attachèrent enfin au dernier parti.

Vainqueur des pirates, des Espagnes et de tout l'Orient, il devient tout-puissant dans la république, et principalement dans le sénat.

César qui veut du moins être son égal, se tourne du côté du peuple ; et imitant dans son consulat les tribuns les plus séditieux, il propose avec des partages de terre les lois les plus populaires qu'il put inventer.

La conquête des Gaules porte au plus haut point la gloire et la puissance de César.

Pompée et lui s'unissent par intérêt, et puis se brouillent par jalousie. La guerre civile s'allume. Pompée croit que son seul nom soutiendra tout, et se néglige. César actif et prévoyant remporte la victoire, et se rend le maître.

Il fait diverses tentatives pour voir si les Romains pourroient s'accoutumer au nom de roi. Elles ne servent qu'à le rendre odieux. Pour augmenter la haine publique, le sénat lui décerne des honneurs jusqu'alors inouïs dans Rome : de sorte qu'il est tué en plein sénat comme un tyran.

Antoine sa créature, qui se trouva consul au temps de sa mort, émut le peuple contre ceux qui l'avoient tué, et tâcha de profiter des brouilleries pour usurper l'autorité souveraine. Lépidus qui avoit aussi un grand commandement sous César, tâcha de le maintenir. Enfin le jeune César à l'âge de dix-neuf ans, entreprit de venger la mort de son père, et chercha l'occasion de succéder à sa puissance.

Il sut se servir pour ses intérêts des ennemis de sa maison, et même de ses concurrens.

Les troupes de son père se donnèrent à lui, touchées du nom de César, et des largesses prodigieuses qu'il leur fit.

Le sénat ne peut plus rien : tout se fait par la force et par les soldats, qui se livrent à qui plus leur donne.

Dans cette funeste conjoncture, le triumvirat abattit tout ce que Rome nourrissoit de plus courageux et de plus opposé à la tyrannie. César et Antoine défirent Brutus et Cassius : la liberté expira avec eux. Les vainqueurs, après s'être défaits du foible Lépide, firent divers accords et divers partages où César, comme plus habile, trouvant toujours le moyen d'avoir la meilleure part, mit Rome dans ses intérêts, et prit le dessus. Antoine entreprend en vain de se relever, et la bataille Actiaque soumet tout l'empire à la puissance d'Auguste César.

Rome fatiguée et épuisée par tant de guerres civiles, pour avoir du repos, est contrainte de renoncer à sa liberté.

La maison des Césars, s'attachant sous le grand nom d'empereur le commandement des armées, exerce une puissance absolue.

Rome sous les Césars, plus soigneuse de se conserver que de s'étendre, ne fait presque plus de conquêtes que pour éloigner les barbares qui vouloient entrer dans l'empire.

A la mort de Caligula, le sénat sur le point de rétablir la liberté

et la puissance consulaire, en est empêché par les gens de guerre
qui veulent un chef perpétuel, et que leur chef soit le maître.

Dans les révoltes causées par les violences de Néron, chaque
armée élit un empereur ; et les gens de guerre connoissent qu'ils
sont maîtres de donner l'empire.

Ils s'emportent jusqu'à le vendre publiquement au plus offrant,
et s'accoutument à secouer le joug. Avec l'obéissance, la discipline se perd. Les bons princes s'obstinent en vain à la conserver ; et leur zèle pour maintenir l'ancien ordre de la milice romaine, ne sert qu'à les exposer à la fureur des soldats.

Dans les changemens d'empereur, chaque armée entreprenant
de faire le sien, il arrive des guerres civiles, et des massacres effroyables.

Ainsi l'empire s'énerve par le relâchement de la discipline, et
tout ensemble il s'épuise par tant de guerres intestines.

Au milieu de tant de désordres, la crainte et la majesté du nom
romain diminue. Les Parthes souvent vaincus deviennent redoutables du côté de l'Orient, sous l'ancien nom de Perses qu'ils re-
prennent. Les nations septentrionales qui habitoient des terres
froides et incultes, attirées par la beauté et par la richesse de
celles de l'empire, en tentent l'entrée de toutes parts.

Un seul homme ne suffit plus à soutenir le fardeau d'un empire si vaste et si fortement attaqué.

La prodigieuse multitude des guerres, et l'humeur des soldats
qui vouloient voir à leur tête des empereurs et des césars, oblige
à les multiplier.

L'empire même étant regardé comme un bien héréditaire, les
empereurs se multiplient naturellement par la multitude des enfans des princes.

Marc-Aurèle associe son frère à l'empire. Sévère fait ses deux
enfans empereurs. La nécessité des affaires oblige Dioclétien à
partager l'Orient et l'Occident entre lui et Maximien : chacun
d'eux surchargé se soulage en élisant deux césars.

Par cette multitude d'empereurs et de césars, l'Etat est accablé
d'une dépense excessive, le corps de l'empire est désuni, et les
guerres civiles se multiplient.

Constantin fils de l'empereur Constantius Chlorus, partage l'empire comme un héritage entre ses enfans : la postérité suit ces exemples, et on ne voit presque plus un seul empereur.

La mollesse d'Honorius et celle de Valentinien III, empereurs d'Occident, fait tout périr.

L'Italie et Rome même sont saccagées à diverses fois, et deviennent la proie des barbares.

Tout l'Occident est à l'abandon. L'Afrique est occupée par les Vandales, l'Espagne par les Visigoths, la Gaule par les Francs, la Grande-Bretagne par les Saxons, Rome et l'Italie même par les Hérules, et ensuite par les Ostrogoths. Les empereurs romains se renferment dans l'Orient, et abandonnent le reste, même Rome et l'Italie.

L'empire reprend quelque force sous Justinien, par la valeur de Bélisaire et de Narsès. Rome souvent prise et reprise, demeure enfin aux empereurs. Les Sarrasins devenus puissans par la division de leurs voisins et par la nonchalance des empereurs, leur enlèvent la plus grande partie de l'Orient, et les tourmentent tellement de ce côté-là, qu'ils ne songent plus à l'Italie. Les Lombards y occupent les plus belles et les plus riches provinces. Rome réduite à l'extrémité par leurs entreprises continuelles, et demeurée sans défense du côté de ses empereurs, est contrainte de se jeter entre les bras des François. Pepin roi de France passe les Monts, et réduit les Lombards. Charlemagne, après en avoir éteint la domination, se fait couronner roi d'Italie, où sa seule modération conserve quelques petits restes aux successeurs des Césars; et en l'an 800 de Notre-Seigneur, élu empereur par les Romains, il fonde le nouvel empire.

Il est maintenant aisé (a) de connoître les causes de l'élévation et de la chute de Rome.

Vous voyez que cet Etat fondé sur la guerre, et par là naturellement disposé à empiéter sur ses voisins, a mis tout l'univers sous le joug pour avoir porté au plus haut point la politique et l'art militaire.

Vous voyez les causes des divisions de la républiqne, et finale-

(a) 1re *édit.* : Il vous est maintenant aisé.

ment de sa chute, dans les jalousies de ses citoyens, et dans l'amour de la liberté poussé jusqu'à un excès et une délicatesse insupportable.

Vous n'avez plus de peine à distinguer tous les temps de Rome, soit que vous vouliez la considérer en elle-même, soit que vous la regardiez par rapport aux autres peuples; et vous voyez les changemens qui devoient suivre la disposition des affaires en chaque temps.

En elle-même vous la voyez au commencement dans un état monarchique établi selon ses lois primitives, ensuite dans sa liberté, et enfin soumise encore une fois au gouvernement monarchique, mais par force et par violence.

Il est aisé (a) de concevoir de quelle sorte s'est formé l'état populaire, ensuite des commencemens qu'il avoit dès les temps de la royauté; et vous ne voyez pas dans une moindre évidence, comment dans la liberté s'établissoient peu à peu les fondemens de la nouvelle monarchie.

Car de même que vous avez vu le projet de république dressé dans la monarchie par Servius Tullius, qui donna comme un premier goût de la liberté au peuple Romain, vous avez aussi observé que la tyrannie de Sylla, quoique passagère, quoique courte, a fait voir que Rome malgré, sa fierté, étoit autant capable de porter le joug que les peuples qu'elle tenoit asservis.

Pour connoître ce qu'a opéré successivement cette jalousie furieuse entre les ordres, vous n'avez qu'à distinguer les deux temps que je vous ai expressément marqués : l'un, où le peuple étoit retenu dans certaines bornes par les périls qui l'environnoient de tous côtés; et l'autre, où n'ayant plus rien à craindre au dehors, il s'est abandonné sans réserve à sa passion.

Le caractère essentiel de chacun de ces deux temps, est que dans l'un l'amour de la patrie et des lois retenoit les esprits; et que dans l'autre tout se décidoit par l'intérêt et par la force.

De là s'ensuivoit encore que dans le premier de ces deux temps, les hommes de commandement, qui aspiroient aux honneurs par les moyens légitimes, tenoient les soldats en bride et attachés à

(a) 1ʳᵉ *édit.* : Il vous est aisé.

la république; au lieu que dans l'autre temps, où la violence emportoit tout, ils ne songeoient qu'à les ménager pour les faire entrer dans leurs desseins malgré l'autorité du sénat.

Par ce dernier état la guerre étoit nécessairement dans Rome, et par le génie de la guerre le commandement venoit naturellement entre les mains d'un seul chef : mais parce que dans la guerre (a) où les lois ne peuvent plus rien, la seule force décide, il falloit que le plus fort demeurât le maître, par conséquent que l'empire retournât en la puissance d'un seul.

Et les choses s'y disposoient tellement par elles-mêmes, que Polybe qui a vécu dans le temps le plus florissant de la république, a prévu par la seule disposition des affaires que l'état de Rome à la longue reviendroit à la monarchie [1].

La raison de ce changement est que la division entre les ordres n'a pu cesser parmi les Romains que par l'autorité d'un maître absolu, et que d'ailleurs la liberté étoit trop aimée pour être abandonnée volontairement. Il falloit donc peu à peu l'affoiblir par des prétextes spécieux, et faire par ce moyen qu'elle pût être ruinée par la force ouverte.

La tromperie, selon Aristote [2], devoit commencer en flattant le peuple, et devoit naturellement être suivie de la violence.

Mais delà on devoit tomber dans un autre inconvénient par la puissance des gens de guerre, mal inévitable à cet état.

En effet cette monarchie que formèrent les Césars s'étant érigée par les armes, il falloit qu'elle fût toute militaire ; et c'est pourquoi elle s'établit sous le nom d'empereur, titre propre et naturel du commandement des armées.

Par là vous avez pu voir que comme la république avoit son foible inévitable , c'est-à-dire la jalousie entre le peuple et le sénat, la monarchie des Césars avoit aussi le sien ; et ce foible étoit la licence des soldats qui les avoient faits.

Car il n'étoit pas possible que les gens de guerre qui avoient changé le gouvernement, et établi les empereurs, fussent long-

[1] Polyb., lib. VI, c. 1 et seq.; c. 41 et seq. — [2] Arist. *Polit*, lib. V, c. 4.

(a) I*re édit.* : Par ce dernier état la guerre étoit nécessairement dans Rome ; et parce que dans la guerre où les lois.

temps sans s'apercevoir que c'étoit eux en effet qui disposoient
de l'empire.

Vous pouvez maintenant ajouter aux temps que vous venez
d'observer, ceux qui vous marquent l'état et le changement de
la milice ; celui où elle est soumise et attachée au sénat et au
peuple Romain ; celui où elle s'attache à ses généraux ; celui où
elle les élève à la puissance absolue sous le titre militaire d'empereurs ; celui où maîtresse en quelque façon de ses propres
empereurs qu'elle créoit, elle les fait et les défait à sa fantaisie.
De là le relâchement ; de là les séditions et les guerres que vous
avez vues ; de là enfin la ruine de la milice avec celle de l'empire.

Tels sont les temps remarquables qui nous marquent les changemens de l'état de Rome considérée en elle-même. Ceux qui
nous la font connoître par rapport aux autres peuples, ne sont
pas moins aisés à discerner.

Il y a le temps où elle combat contre ses égaux, et où elle est
en péril. Il dure un peu plus de cinq cents ans, et finit à la ruine
des Gaulois en Italie, et de l'empire des Carthaginois.

Celui où elle combat, toujours plus forte et sans péril, quelque
grandes que soient les guerres qu'elle entreprenne. Il dure deux
cents ans, et va jusqu'à l'établissement de l'empire des Césars.

. Celui où elle conserve son empire et sa majesté. Il dure quatre
cents ans, et finit au règne de Théodose le Grand.

Celui enfin où son empire entamé de toutes parts, tombe peu
à peu. Cet état qui dure aussi quatre cents ans, commence aux
enfans de Théodose, et se termine enfin à Charlemagne.

Je n'ignore pas, Monseigneur, qu'on pourroit ajouter aux
causes de la ruine de Rome beaucoup d'incidens particuliers. Les
rigueurs des créanciers sur leurs débiteurs ont excité de grandes
et de fréquentes révoltes. La prodigieuse quantité de gladiateurs
et d'esclaves dont Rome et l'Italie étoit surchargée, ont causé
d'effroyables violences, et même des guerres sanglantes. Rome
épuisée par tant de guerres civiles et étrangères, se fit tant de
nouveaux citoyens ou par brigue ou par raison, qu'à peine pou-
voit-elle se reconnoître elle-même parmi tant d'étrangers qu'elle
avoit naturalisés. Le sénat se remplissoit de barbares : le sang

romain se mêloit : l'amour de la patrie par lequel Rome s'étoit élevée au-dessus de tous les peuples du monde, n'étoit pas naturel à ces citoyens venus de dehors ; et les autres se gâtoient par le mélange. Les partialités se multiplioient avec cette prodigieuse multiplicité de citoyens nouveaux ; et les esprits turbulens y trouvoient de nouveaux moyens de brouiller et d'entreprendre.

Cependant le nombre des pauvres s'augmentoit sans fin par le luxe, par les débauches, et par la fainéantise qui s'introduisoit. Ceux qui se voyoient ruinés n'avoient de ressource que dans les séditions, et en tout cas se soucioient peu que tout pérît après eux. On sait que (*a*) c'est ce qui fit la conjuration de Catilina. Les grands ambitieux et les misérables qui n'ont rien à perdre, aiment toujours le changement. Ces deux genres de citoyens prévaloient dans Rome ; et l'état mitoyen qui seul tient tout en balance dans les Etats populaires, étant le plus foible, il falloit que la république tombât.

On peut joindre encore à ceci l'humeur et le génie particulier de ceux qui ont causé les grands mouvemens, je veux dire des Gracques, de Marius, de Sylla, de Pompée, de Jules César, d'Antoine et d'Auguste. J'en ai marqué quelque chose ; mais je me suis attaché principalement à vous découvrir les causes universelles et la vraie racine du mal, c'est-à-dire cette jalousie entre les deux ordres, dont il vous étoit important de considérer toutes les suites.

CHAPITRE VIII.

CONCLUSION DE TOUT LE DISCOURS PRÉCÉDENT, OU L'ON MONTRE QU'IL FAUT TOUT RAPPORTER A UNE PROVIDENCE (*b*).

Mais souvenez-vous, Monseigneur, que ce long enchaînement des causes particulières qui font et défont les empires, dépend des ordres secrets de la divine Providence. Dieu tient du plus haut des cieux les rênes de tous les royaumes ; il a tous les cœurs en sa main : tantôt il retient les passions, tantôt il leur lâche la

(*a*) *I*re *édit. :* Vous savez que. — (*b*) Titre ajouté dans la IIIe édition.

bride, et par là il remue tout le genre humain. Veut-il faire des conquérans ? Il fait marcher l'épouvante devant eux, et il inspire à eux et à leurs soldats une hardiesse invincible. Veut-il faire des législateurs? Il leur envoie son esprit de sagesse et de prévoyance; il leur fait prévenir les maux qui menacent les Etats, et poser les fondemens de la tranquillité publique. Il connoît la sagesse humaine, toujours courte par quelque endroit; il l'éclaire, il étend ses vues, et puis il l'abandonne à ses ignorances : il l'aveugle, il la précipite, il la confond par elle-même , elle s'enveloppe, elle s'embarrasse dans ses propres subtilités, et ses précautions lui sont un piége. Dieu exerce par ce moyen ses redoutables jugemens, selon les règles de sa justice toujours infaillible. C'est lui qui prépare les effets dans les causes les plus éloignées, et qui frappe ces grands coups dont le contre-coup porte si loin. Quand il veut lâcher le dernier, et renverser les empires, tout est foible et irrégulier dans les conseils. L'Egypte autrefois si sage, marche enivrée, étourdie et chancelante, parce que le Seigneur a répandu l'esprit de vertige dans ses conseils ; elle ne sait plus ce qu'elle fait, elle est perdue. Mais que les hommes ne s'y trompent pas : Dieu redresse quand il lui plaît le sens égaré ; et celui qui insultoit à l'aveuglement des autres tombe lui-même dans des ténèbres plus épaisses, sans qu'il faille souvent autre chose pour lui renverser le sens que ses longues prospérités.

C'est ainsi que Dieu règne sur tous les peuples. Ne parlons plus de hasard ni de fortune, ou parlons-en seulement comme d'un nom dont nous couvrons notre ignorance. Ce qui est hasard à l'égard de nos conseils incertains, est un dessein concerté dans un conseil plus haut, c'est-à-dire dans ce conseil éternel qui renferme toutes les causes et tous les effets dans un même ordre. De cette sorte tout concourt à la même fin , et c'est faute d'entendre le tout , que nous trouvons du hasard ou de l'irrégularité dans les rencontres particulières.

Par là se vérifie ce que dit l'Apôtre, que « Dieu est heureux et le seul puissant, Roi des rois, et Seigneur des seigneurs [1]. » Heureux, dont le repos est inaltérable, qui voit tout changer

---

[1] I *Tim.*, VI, 15.

sans changer lui-même, et qui fait tous les changemens par un conseil immuable; qui donne, et qui ôte la puissance; qui la transporte d'un homme à un autre, d'une maison à une autre, d'un peuple à un autre, pour montrer qu'ils ne l'ont tous que par emprunt, et qu'il est le seul en qui elle réside naturellement.

C'est pourquoi tous ceux qui gouvernent se sentent assujettis à une force majeure. Ils font plus ou moins qu'ils ne pensent, et leurs conseils n'ont jamais manqué d'avoir des effets imprévus. Ni ils ne sont maîtres des dispositions que les siècles passés ont mises dans les affaires, ni ils ne peuvent prévoir le cours que prendra l'avenir, loin qu'ils le puissent forcer. Celui-là seul tient tout en sa main, qui sait le nom de ce qui est et de ce qui n'est pas encore, qui préside à tous les temps, et prévient tous les conseils.

Alexandre ne croyoit pas travailler pour ses capitaines, ni ruiner sa maison par ses conquêtes. Quand Brutus inspiroit au peuple Romain un amour immense de la liberté, il ne songeoit pas qu'il jetoit dans les esprits le principe de cette licence effrénée, par laquelle la tyrannie qu'il vouloit détruire devoit être un jour rétablie plus dure que sous les Tarquins. Quand les Césars flattoient les soldats, ils n'avoient pas dessein de donner des maîtres à leurs successeurs et à l'empire. En un mot, il n'y a point de puissance humaine qui ne serve malgré elle à d'autres desseins que les siens. Dieu seul sait tout réduire à sa volonté. C'est pourquoi tout est surprenant à ne regarder que les causes particulières, et néanmoins tout s'avance avec une suite réglée. Ce Discours vous le fait entendre; et pour ne plus parler des autres empires, vous voyez par combien de conseils imprévus, mais toutefois suivis en eux-mêmes, la fortune de Rome a été menée depuis Romulus jusqu'à Charlemagne.

Vous croirez peut-être, Monseigneur, qu'il auroit fallu vous dire quelque chose de plus de vos François et de Charlemagne qui a fondé le nouvel empire. Mais outre que son histoire fait partie de celle de France que vous écrivez vous-même, et que vous avez déjà si fort avancée, je me réserve à vous faire un second Discours, où j'aurai une raison nécessaire de vous parler de la France et de ce grand conquérant, qui étant égal en valeur à ceux que l'antiquité a le plus vantés, les surpasse en piété, en sagesse et en justice.

Ce même Discours vous découvrira les causes des prodigieux succès de Mahomet et de ses successeurs. Cet empire qui a commencé deux cents ans avant Charlemagne, pouvoit trouver sa place dans ce Discours : mais j'ai cru qu'il valoit mieux vous faire voir dans une même suite ses commencemens et sa décadence.

Ainsi je n'ai plus rien à vous dire sur la première partie de l'histoire universelle. Vous en découvrez tous les secrets, et il ne tiendra plus qu'à vous d'y remarquer toute la suite de la religion et celle des grands empires jusqu'à Charlemagne.

Pendant que vous les verrez tomber presque tous d'eux-mêmes, et que vous verrez la religion se soutenir par sa propre force, vous connoîtrez aisément quelle est la solide grandeur, et où un homme sensé doit mettre son espérance.

FIN DU VINGT QUATRIÈME VOLUME.

TABLE

POLITIQUE

TIRÉE DES PROPRES PAROLES DE L'ÉCRITURE SAINTE.

LIVRE VI.

Les devoirs des sujets envers le prince, établis par la doctrine précédente

LIVRE VII.

Des devoirs particuliers de la royauté.

ARTICLE V. — *Quel soin ont eu les grands rois du culte de Dieu.*

ARTICLE VI. — *Des motifs de religion particuliers aux rois.*

LIVRE VIII.

SUITE DES DEVOIRS PARTICULIERS DE LA ROYAUTÉ.

De la justice.

ARTICLE PREMIER. — *Que la justice est établie sur la religion.*

ARTICLE II. — *Du gouvernement que l'on nomme arbitraire.*

ARTICLE III. — *De la législation, et des jugemens.*

ARTICLE IV. — *Des vertus qui doivent accompagner la justice.*

LIVRE IX.

DES SECOURS DE LA ROYAUTÉ.

Les armes ; les richesses, ou les finances ; les conseils.

ARTICLE PREMIER. — *De la guerre, et de ses justes motifs, généraux et particuliers.*

ARTICLE II. — *Des injustes motifs de la guerre.*

ARTICLE III. — *Des guerres entre les citoyens, avec leurs motifs ; et des règles qu'on y doit suivre.*

ARTICLE IV. — *Encore que Dieu fît la guerre pour son peuple, d'une façon extraordinaire et miraculeuse, il voulut qu'il s'aguerrît, en lui donnant des rois belliqueux, et de grands capitaines.*

LIVRE X ET DERNIER.

SUITE DES SECOURS DE LA ROYAUTÉ.

Les richesses, ou les finances; les conseils; les inconvéniens et tentations qui accompagnent la royauté, et les remèdes qu'on doit y apporter.

ARTICLE PREMIER. — *Des richesses ou des finances : du commerce et des impôts.*

ARTICLE II. — *Les conseils.*

ARTICLE III. — *On propose au prince divers caractères des ministres ou conseillers : bons, mêlés de bien et de mal, et méchans.*

ARTICLE IV. — *Pour aider le prince à bien connoître les hommes, on lui en montre en général quelques caractères, tracés par le Saint-Esprit dans les livres de la Sagesse.*

ARTICLE V. — *De la conduite du prince dans sa famille ; et du soin qu'il doit avoir de sa santé.*

ARTICLE VI ET DERNIER. — *Les inconvéniens et tentations qui accompagnent la royauté ; et les remèdes qu'on y doit apporter.*

DISCOURS

SUR L'HISTOIRE UNIVERSELLE.

PREMIÈRE PARTIE.

Les époques ou la suite des temps.

SECONDE PARTIE.

La suite de la Religion.

TROISIÈME PARTIE.

Les empires.

FIN DE LA TABLE DU VINGT-QUATRIÈME VOLUME.

BESANÇON. — IMPRIMERIE D'OUTHENIN CHALANDRE FILS.

GRAND CATÉCHISME

OU

EXPOSITION SOMMAIRE DE LA DOCTRINE CHRÉTIENNE

APPUYÉE SUR LES TÉMOIGNAGES DE L'ÉCRITURE ET DES PÈRES

PAR LE R. P. CANISIUS

de la Compagnie de Jésus.

OUVRAGE TRADUIT ET ANNOTÉ PAR L'ABBÉ PELTIER

Traducteur de la *Règle de Foi* du P. PERRONE.

RENFERMANT LE TEXTE LATIN.

DEUXIÈME ÉDITION

AUGMENTÉE D'UNE TABLE GÉNÉRALE DES MATIÈRES ET D'UNE THÉORIE DE LA FOI.

7 volumes in-8º. — Prix : 35 francs.

Ce livre est du petit nombre de ceux qui portent avec eux-mêmes leur recommandation. Les éditions latines qui existent de cet ouvrage sont innombrables. Il y en a eu 400 en moins d'un siècle.

Pour donner une idée du mérite et de l'importance de cet ouvrage, il nous suffira de dire qu'il est à la Doctrine ce qu'est aux Evangiles la *Chaîne d'or* de saint Thomas; c'est également un enchaînement continuel de l'Ecriture et des Pères.

BESANÇON. — IMPRIMERIE D'OUTHENIN CHALANDRE FILS.